DIREITO DAS ORGANIZAÇÕES INTERNACIONAIS

Casos e problemas

DIREITO DAS ORGANIZAÇÕES INTERNACIONAIS
Casos e problemas

PAULA WOJCIKIEWICZ ALMEIDA
RAFAEL ZELESCO BARRETTO

FGV DIREITO RIO

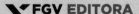

Copyright © 2014 Paula Wojcikiewicz Almeida; Rafael Zelesco Barretto

Direitos desta edição reservados à
EDITORA FGV
Rua Jornalista Orlando Dantas, 37
22231-010 | Rio de Janeiro, RJ | Brasil
Tels.: 0800-021-7777 | 21-3799-4427
Fax: 21-3799-4430
editora@fgv.br | pedidoseditora@fgv.br
www.fgv.br/editora

Impresso no Brasil | *Printed in Brazil*

Todos os direitos reservados. A reprodução não autorizada desta publicação, no todo ou em parte, constitui violação do copyright (Lei nº 9.610/98).

Os conceitos emitidos neste livro são de inteira responsabilidade dos autores.

1ª edição: 2014

Preparação de originais: Sandra Frank
Diagramação: Cristiana Ribas
Revisão: Fernanda Mello
Projeto gráfico de capa: 2abad

Ficha catalográfica elaborada pela
Biblioteca Mario Henrique Simonsen

Almeida, Paula Wojcikiewicz
  Direito das organizações internacionais : casos e problemas / Paula Wojcikiewicz Almeida, Rafael Zelesco Barretto. – Rio de Janeiro : Editora FGV, 2014.

  832 p.
  ISBN: 978-85-225-1479-3
  Inclui bibliografia.

  1. Organizações internacionais. 2. Direito internacional público. 3. União Europeia. 4. Mercosul. 5. Relações internacionais. 6. Tribunais internacionais. I. Barretto, Rafael Zelesco. II. Fundação Getulio Vargas. III. Título.

CDD – 341.1151

Sumário

Introdução   13

LIVRO I. As organizações internacionais com vocação regional   21

Parte I. Introdução ao estudo das organizações internacionais   23

Capítulo 1. A superação do interestatismo
e o surgimento das organizações internacionais universais   25
- 1.1   O sistema internacional clássico e as primeiras organizações internacionais   25
- 1.2   A Sociedade das Nações   29
- 1.3   Questões para fixação e aprofundamento   34

Capítulo 2. A superação do intergovernamentalismo e o surgimento das organizações internacionais de integração regional   37
- 2.1   Os antecedentes da união entre os países europeus   37
- 2.2   A importância do pensamento de Jean Monnet na construção da Europa   41
- 2.3   A importância de Konrad Adenauer e Charles de Gaulle na construção política da União Europeia   46
- 2.4   Observações sobre os tratados constitutivos da União Europeia   53
- 2.5   Questões para fixação e aprofundamento   55

**Parte II. O sistema jurídico-institucional
da União Europeia**   **57**

Título I. A ordem jurídica da União Europeia   **59**

  Capítulo 3. A instituição de uma ordem jurídica *sui generis*   61
    3.1   O caso "Van Gend en Loos"   61
    3.2   O Tribunal de Justiça da União Europeia e o governo dos juízes   67
    3.3   O caso "Costa *vs.* Enel"   72
    3.4   Questões para fixação e aprofundamento   82

  Capítulo 4. O direito da União Europeia: o espaço Schengen   85
    4.1   O difícil tema da imigração ilegal na Europa   85
    4.2   Notícia do Parlamento Europeu imediatamente antes
da aprovação da Diretiva de Retorno   88
    4.3   Texto da Diretiva nº 2008/115 (Diretiva de Retorno)   93
    4.4   Caso "El Dridi"   114
    4.5   Caso "Kadzoev"   119
    4.6   A Decisão nº 2004/573/CE de 29 de abril de 2004 (Decisão dos Voos de Expulsão Coletivos, ou Decisão "Charter")   126
    4.7   Trechos da Resolução nº 1.805 da Assembleia Parlamentar do Conselho da Europa (2011)   128
    4.8   Questões para fixação e aprofundamento   131

Título II. O sistema de solução de controvérsias da União Europeia   **133**

  Capítulo 5. A articulação entre os tribunais europeus
e os tribunais nacionais   135
    5.1   Os tribunais comunitários nos sistemas de integração regional   135
    5.2   Artigo sobre a difícil relação entre a Guatemala
e a Corte Centro-americana de Justiça   139
    5.3   O reenvio prejudicial na União Europeia   142
    5.4   Reenvio prejudicial no âmbito
da Corte Internacional de Justiça?   145
    5.5   A aceitação da competência do Tribunal de Justiça
da União Europeia pelas jurisdições nacionais   148

5.6 O juiz nacional como juiz comunitário:
o caso "Da Costa en Schaake" 160
5.7 O caso "Oteiza" e o respeito do Tribunal de Justiça
da União Europeia pelos juízes nacionais 161
5.8 Questões para fixação e aprofundamento 166

**Capítulo 6. As consequências do descumprimento
do direito da União Europeia** 167
6.1 As competências do Tribunal de Justiça da União Europeia
e do Tribunal Geral 167
6.2 O descumprimento perante o Tribunal de Justiça
da União Europeia 180
6.3 O caso "Poissons sous taille" 186
6.4 O caso "T-33/09" 195
6.5 O descumprimento perante os tribunais nacionais:
caso "Francovich" 203
6.6 Casos "Brasserie du Pêcheur" e "Factortame" 211
6.7 Questões para fixação e aprofundamento 221

Parte III. O sistema jurídico-institucional do Mercosul 223

Título I. A ordem jurídica do Mercosul 225

Capítulo 7. A instituição de uma ordem jurídica no Mercosul 227
7.1 O Mercosul e as possibilidades da integração econômica 227
7.2 Histórico do estabelecimento do Mercosul 236
7.3 A estrutura do Mercosul 247
7.4 A legislação do Mercosul 252
7.5 A Opinião Consultiva nº 1/2007 perante
o Tribunal Permanente de Revisão do Mercosul 258
7.6 As opiniões consultivas nºs 1/2008 e 1/2009 perante
o Tribunal Permanente de Revisão do Mercosul 262
7.7 Questões para fixação e aprofundamento 270

Capítulo 8. Os princípios aplicáveis à incorporação
do direito do Mercosul na ordem jurídica interna — 273
    8.1   A controvérsia entre Brasil e Argentina sobre aplicação de salvaguardas a produtos têxteis importados e seu laudo arbitral do Mercosul (Laudo nº 3) — 273
    8.2   O sistema de incorporação das normas do Mercosul do Protocolo de Ouro Preto e os desenvolvimentos subsequentes — 280
    8.3   A controvérsia entre Argentina e Brasil acerca da não incorporação de resoluções do Grupo Mercado Comum e seu laudo arbitral do Mercosul (Laudo nº 7) — 291
    8.4   Questões para fixação e aprofundamento — 297

Capítulo 9. O procedimento aplicável à incorporação do direito
do Mercosul na ordem jurídica interna — 299
    9.1   O procedimento relativo à incorporação de tratados no direito brasileiro — 299
    9.2   O papel do Parlamento do Mercosul no processo de aceleração da incorporação das normas — 307
    9.3   A representação brasileira no Parlamento do Mercosul — 310
    9.4   Questões para fixação e aprofundamento — 313

Capítulo 10. A posição do direito do Mercosul
na ordem jurídica interna — 315
    10.1   O caso "Ekmekdjian *vs.* Sofovich" perante a Corte Suprema de Justicia de la Nación e a relação entre direito internacional e direito interno — 315
    10.2   O caso "Simmenthal" — 323
    10.3   O agravo regimental na Carta Rogatória nº 8.279-4 – Argentina — 328
    10.4   Questões para fixação e aprofundamento — 334

Título II. O sistema de solução de controvérsias do Mercosul — 337

Capítulo 11. O funcionamento do sistema de solução
de controvérsias: o caso das fábricas de papel celulose — 339
    11.1   O sistema de solução de controvérsias do Mercosul — 339

11.2 O caso das *papeleras* na Corte Internacional de Justiça 353
11.3 A disputa das *papeleras* perante o sistema
      de solução de controvérsias do Mercosul 363
11.4 Questões para fixação e aprofundamento 377

Capítulo 12. As consequências do descumprimento do direito
do Mercosul: o caso dos pneus 379

12.1 O mecanismo de determinação e prevenção
      do descumprimento do direito do Mercosul 379
12.2 O caso dos pneus recauchutados entre Uruguai e Brasil
      perante o Tribunal Arbitral *ad hoc* do Mercosul 384
12.3 O caso dos pneus recauchutados entre Uruguai e Argentina
      perante o Tribunal Arbitral *ad hoc* do Mercosul 394
12.4 O Recurso de Revisão nº 1/2005 contra o laudo arbitral
      sobre a "Proibição de importação de pneus remodelados
      procedentes do Uruguai" (Uruguai *vs.* Argentina) perante
      o Tribunal Permanente de Revisão do Mercosul 401
12.5 O Laudo nº 1/2006: recurso de esclarecimento
      apresentado pela Argentina perante o TPR 406
12.6 O Laudo nº 1/2007, sobre possível excesso na
      aplicação de medidas compensatórias, perante o TPR 406
12.7 Questões para fixação e aprofundamento 409

LIVRO II. AS ORGANIZAÇÕES INTERNACIONAIS COM VOCAÇÃO UNIVERSAL 411

Parte I. A ONU e a regulação jurídica do uso da força nas relações internacionais 413

Capítulo 13. O princípio da proibição do uso da força 415

13.1 A invasão da Etiópia e o fracasso do sistema de segurança
      da Sociedade das Nações 415
13.2 A Organização das Nações Unidas 423
13.3 A Resolução "Uniting for Peace" 437
13.4 A guerra da Coreia e a ação das Nações Unidas 450
13.5 Questões para fixação e aprofundamento 454

Capítulo 14. As exceções ao uso unilateral da força:
o caso "Nicarágua" — 455
  14.1 A Corte Internacional de Justiça — 455
  14.2 A demanda da Nicarágua perante a CIJ — 463
  14.3 O contexto da disputa — 469
  14.4 A discussão sobre a admissibilidade do caso perante a Corte — 471
  14.5 Questões para fixação e aprofundamento — 474

Capítulo 15. A responsabilidade de proteger:
um novo contexto para o uso da força — 477
  15.1 A guerra do Kosovo — 477
  15.2 O genocídio em Ruanda e o direito internacional — 494
  15.3 A intervenção da Otan na Líbia — 500
  15.4 A proposta brasileira de uma "responsabilidade ao proteger" — 509
  15.5 Questões para fixação e aprofundamento — 513

Parte II. As consequências do uso da força nas relações internacionais — 515

Título I. As consequências do uso indevido da força — 517

Capítulo 16. O caso do Iraque — 519
  16.1 As sanções impostas ao Iraque na sequência da Guerra do Golfo — 519
  16.2 A cronologia da Guerra do Iraque — 529
  16.3 A discussão sobre a legalidade da Guerra do Iraque — 537
  16.4 A definição de agressão e a Guerra do Iraque — 538
  16.5 A possibilidade de responsabilização dos agentes dos EUA perante o Tribunal Penal Internacional — 542
  16.6 A possibilidade de responsabilização internacional dos EUA perante a Corte Internacional de Justiça — 546
  16.7 Questões para fixação e aprofundamento — 549

Capítulo 17. O caso da Faixa de Gaza — 551
  17.1 O histórico da disputa em Gaza — 551

17.2 A operação "Chumbo Fundido" 556
17.3 As Convenções de Genebra 568
17.4 A crise de Gaza no Conselho de Direitos Humanos das Nações Unidas 580
17.5 A Resolução nº 302 (IV) da Assembleia Geral, que criou a Agência das Nações Unidas de Assistência aos Refugiados da Palestina no Oriente Próximo 592
17.6 A Resolução nº 1.860 do Conselho de Segurança (2009) 593
17.7 A possibilidade de responsabilização dos agentes de Israel e Palestina 595
17.8 Questões para fixação e aprofundamento 599

Título II. A atuação dos tribunais penais internacionais **601**

Capítulo 18. Jurisdição antecedente: o Tribunal Militar Internacional de Nuremberg 603
18.1 A tentativa de julgar o imperador alemão ao final da Primeira Guerra Mundial 603
18.2 O estabelecimento do Tribunal Militar Internacional de Nuremberg 607
18.3 O direito internacional positivo aplicável 627
18.4 O costume internacional aplicável 639
18.5 Justiça como fonte de direito 644
18.6 Os acusados no Tribunal de Nuremberg 645
18.7 Algumas reações dos acusados durante o julgamento 651
18.8 Alguns exemplos de atrocidades reveladas no julgamento 658
18.9 O julgamento dos juízes 674
18.10 O Tribunal Militar Internacional de Tóquio 684
18.11 Questões para fixação e aprofundamento 689

Capítulo 19. Os tribunais penais internacionais *ad hoc* 691
19.1 Uma testemunha de Sarajevo 691
19.2 Breve histórico da fragmentação da Iugoslávia 699
19.3 A criação do Tribunal Penal Internacional para a ex-Iugoslávia 702
19.4 Uma testemunha de Ruanda 703

19.5	Breve histórico do genocídio de Ruanda	712
19.6	A criação do Tribunal Penal Internacional para Ruanda	714
19.7	O caso "Tadic" perante o Tribunal Penal Internacional *ad hoc* para a ex-Iugoslávia	715
19.8	Os crimes puníveis pelo Tribunal Penal Internacional para a ex-Iugoslávia de acordo com seu estatuto	724
19.9	Os crimes puníveis pelo Tribunal Penal Internacional para Ruanda de acordo com seu estatuto	727
19.10	A responsabilidade do Estado: o caso Bósnia *vs.* Iugoslávia perante a Corte Internacional de Justiça	729
19.11	Questões para fixação e aprofundamento	734

Capítulo 20. O Tribunal Penal Internacional — 735

20.1	Breve histórico do estabelecimento do Tribunal Penal Internacional	735
20.2	O caso Al-Bashir	736
20.3	A Resolução nº 1.593 (2005) do Conselho de Segurança das Nações Unidas	741
20.4	A materialização da responsabilização penal individual	747
20.5	Questões para fixação e aprofundamento	753

Capítulo 21. Tribunais penais de exceção: Guantánamo — 755

21.1	A base naval de Guantánamo e a "Guerra Global ao Terror"	755
21.2	O caso "Hamdan *vs.* Rumsfeld"	770
21.3	Cinco exemplos de prisioneiros "problemáticos"	776
21.4	A possibilidade de responsabilização dos funcionários norte-americanos	780
21.5	Questões para fixação e aprofundamento	789

Bibliografia	791
Anexo I. Declaração Schuman de 9 de maio de 1950	817
Anexo II. Extratos de discursos de Jean Monnet	821
Anexo III. As principais inovações institucionais do Tratado de Lisboa	825
Anexo IV. Fluxograma do reenvio prejudicial na União Europeia	827
Autores	829

Introdução

O presente *casebook* é fruto de experiências didáticas realizadas durante cerca de cinco anos na FGV Direito Rio. Não se trata de um manual de direito internacional, mas de um produto das aulas ministradas no âmbito da disciplina Direito Global, cujo foco são as organizações internacionais como alternativas institucionais à sociedade tradicional de Estados. Tais organizações marcam uma etapa nova e irreversível do direito internacional em função da perda do monopólio estatal na condução das relações internacionais, ou seja, da superação do interestatismo, da necessidade de cooperação internacional e de coexistência harmoniosa das soberanias. O século XX foi marcado pelo surgimento e evolução das organizações internacionais, consideradas novos sujeitos do direito internacional, bem como por sua multiplicação. O conteúdo do curso é, portanto, de atualidade e importância inquestionáveis.

O fenômeno do surgimento das organizações internacionais caminha ao lado daquele conhecido como a jurisdicionalização do direito internacional. Com efeito, qualquer estudo envolvendo as organizações internacionais não seria possível sem abordar os tribunais internacionais que delas decorrem. Isso porque é comum que as organizações internacionais possuam seu próprio sistema de solução de controvérsias, previsto via tratado. É o caso da antiga Sociedade das Nações, com a Corte Permanente de Justiça Internacional; da Organização das Nações Unidas, com a Corte Internacional de Justiça e com os tribunais penais internacionais *ad hoc* para a ex-Iugoslávia e Ruanda, criados via resolução do Conselho de Segurança; da União Europeia, com o Tribunal de Justiça e o Tribunal Geral; do Mercosul, com o Tribunal Arbitral *ad hoc* e o Tribunal Permanente de Revisão; e da Assembleia dos Estados-Partes, com o Tribunal Penal Internacional.

A preocupação em atrelar o estudo das organizações internacionais aos seus respectivos sistemas de solução de controvérsias perpassa toda a obra. Não há como negar a célebre constatação de Jean Monnet, idealizador da antiga Comunidade Europeia, no sentido de que "a vida das instituições é mais longa que a do homem e elas podem, se forem bem-edificadas, acumular e transmitir a sabedoria às gerações vindouras".[1] É com base nessa ideia que construímos um curso voltado para a análise crítica da criação, da ordem jurídica e do sistema de solução de controvérsias das organizações internacionais, aquelas dotadas tanto de foco regional ou sub-regional quanto de foco universal.

O *casebook* possui uma parte introdutória, na qual são abordados o processo histórico de criação das organizações internacionais, suas principais características e capacidades institucionais, utilizando como pano de fundo a Liga das Nações, primeira organização com foco universal criada no pós-Primeira Guerra Mundial. Em seguida, analisamos as primeiras iniciativas tendentes à criação de uma organização internacional com vocação para a integração regional, identificando as propostas desenhadas no pós-Primeira e Segunda Guerra Mundial que conduziram à atual União Europeia.

Após essa breve contextualização do processo que resultou no surgimento das organizações internacionais estudadas durante o curso, ingressamos na primeira parte do mesmo, intitulada "As organizações internacionais com vocação regional". Sem pretender tratar exaustivamente de todas as organizações internacionais voltadas para a integração

---

[1] No original: "*La vie des institutions est plus longue que celle des hommes et les institutions peuvent ainsi, si elles se sont bien construites, accumuler et transmettre la sagesse des générations successives*". Jean Monnet, discurso pronunciado em Estrasburgo, 11 set. 1952.

regional existentes nos diferentes continentes, nosso objetivo restringe-se ao estudo da União Europeia, em razão de seu pioneirismo, da originalidade de seu modelo institucional e de sua indiscutível importância no cenário internacional; e do Mercosul, organização com foco na integração regional dos países da América do Sul, da qual o Brasil faz parte e na qual exerce grande influência.

Os temas estudados envolvem o direito institucional das referidas organizações, sobretudo a ordem jurídica e o sistema de solução de controvérsias, ambos analisados criticamente e propositivamente, utilizando-se casos práticos para embasar a análise dos conteúdos. Saliente-se aqui que o estudo aprofundado de temas relacionados ao direito institucional e material da União Europeia já é objeto do Módulo Europeu do Programa Jean Monnet da FGV Direito Rio, financiado pela Comissão Europeia e coordenado pela autora.[2] O referido curso é uma iniciativa inovadora da FGV Direito Rio e se insere no objetivo do bloco de estimular o ensino, a pesquisa e a reflexão de temas relacionados à integração europeia em instituições de ensino superior dentro e fora da União Europeia.

A segunda parte do curso é intitulada "As organizações internacionais com vocação universal". Nesse momento, o aluno é confrontado com o estudo das organizações internacionais de foco universal, com ênfase na Organização das Nações Unidas, responsável pela manutenção da paz e da segurança internacional. Analisamos, mediante estudos de caso, a ordem jurídica da ONU, bem como a solução política e jurídica dos conflitos internacionais, com destaque para os tribunais que julgam Estados e indivíduos por violações do direito internacional. O uso da força nas relações internacionais ocupa um lugar de destaque no curso, avaliando-se situações atuais nas quais esta é empregada pelos Estados, seja com base na segurança coletiva, seja com base na legítima defesa, assim como

---

[2] Trata-se de um curso que possui um semestre de duração, aberto aos alunos das quatro escolas da FGV, bem como aos alunos de outras instituições interessados no aprofundamento dos estudos relacionados à integração na União Europeia. O curso possui enfoque no direito institucional do bloco, bem como em áreas substantivas de grande relevância, como direito da sociedade da informação, direito ambiental e direito da concorrência da União Europeia.

cenários que exibem seu uso indevido e as respectivas consequências para o direito internacional. São estudados casos recentes, como a intervenção na ex-Iugoslávia e os conflitos em Ruanda, no Iraque, na Faixa de Gaza e na Líbia, verificando a possibilidade de responsabilização individual e estatal por violações ao direito internacional.

Para ilustrar tais assuntos, o *casebook* utiliza diversas ferramentas didáticas, como casos práticos, notícias de jornal, filmes e documentários relacionados aos assuntos em questão. Além dos filmes, instituiu-se uma atividade extracurricular de extrema relevância, com o objetivo de instrumentalizar o aprendizado com base em casos, intitulada "Visita aos Tribunais Internacionais". Trata-se de um projeto que busca transformar a teoria em realidade, fazendo com que os alunos tenham a oportunidade de conhecer pessoalmente os tribunais internacionais e a jurisprudência estudados em sala de aula, além de ter contato com juízes, promotores e funcionários de cada um dos tribunais localizados na cidade de Haia, Holanda.[3]

A metodologia empregada ao longo do curso que deu origem ao presente *casebook* se insere na proposta mais ampla do curso de direito da FGV Direito Rio: "formar profissionais do direito capazes de praticar o direito em consonância com os padrões de um mercado profissional nacional de ponta e internacional muito exigente, mas também de dotar esses profissionais de instrumentos analíticos e práticos para imaginar os futuros da nossa sociedade".[4] Isto é, o objetivo não é fornecer um conhecimento enciclopédico aos estudantes de direito. Trata-se de estimular o aluno a alcançar, por conta própria, o raciocínio próprio dos juristas, que

---

[3] Durante a primeira edição do projeto, nossos alunos foram carinhosamente recebidos pelo juiz Antônio Augusto Cançado Trindade, da Corte Internacional de Justiça, e pela juíza Sylvia Steiner, do Tribunal Penal Internacional, além de outros promotores e advogados de defesa nos tribunais visitados. Para maiores detalhes e fotos do projeto Visita aos Tribunais Internacionais, vide *site* da FGV Direito Rio: <http://direitorio.fgv.br/tribunaisdehaia2011>.

[4] RODRIGUEZ, Caio Farah; FALCÃO, Joaquim. O projeto da Escola de Direito do Rio de Janeiro da FGV. *Cadernos FGV Direito Rio, Educação e Direito*. Rio de Janeiro: Escola de Direito do Rio de Janeiro da Fundação Getulio Vargas, 2005. v. 1: Projetos para um novo ensino jurídico no Brasil, p. 6.

Introdução

lhe permita resolver os problemas concretos com os quais se defrontará na futura prática profissional.

Para atingir tais objetivos, o método usualmente adotado nas disciplinas oferecidas no curso de direito da FGV Direito Rio pode ser resumido na expressão "mapeamento extensivo e aprofundamento seletivo".[5] Em primeiro lugar, é necessário descortinar para o aluno um panorama da disciplina. Ele deve familiarizar-se com a história, a necessidade, a problemática social, os diplomas legislativos, as instituições e os princípios que orientam a disciplina estudada – evitando-se, no entanto, que tais conhecimentos dominem as atividades docentes. As aulas não devem ser entendidas como transmissão de conteúdo – para isso existem os manuais – e sim como estímulo ao raciocínio próprio a partir de determinadas premissas. Percebe-se então a importância do segundo termo da expressão acima citada. Dentro da vasta gama de conteúdo que o curso apresenta, o professor deverá optar por alguns temas exemplares, em relação aos quais será possível descer a detalhes, sempre através da proposição de debates e da instigação às dúvidas dos alunos. Está aí o "aprofundamento seletivo" – selecionado a partir da utilidade dos temas para ilustrar a lógica e o raciocínio próprios da disciplina.[6]

O que se pretende não é reproduzir informações que os interessados encontrarão facilmente nos excelentes manuais que já existem sobre a matéria. O objetivo do mapeamento das organizações internacionais é introduzir o aluno no modo de funcionamento próprio desses sujeitos do direito internacional com base em casos práticos, levando-o a questionar criticamente a realidade e estabilidade do modelo estatocêntrico que vige atualmente na ordem internacional. Já o aprofundamento seletivo é evidenciado no tratamento preferencial de algumas das controvérsias mais candentes no sistema internacional. O objetivo não é apresentar soluções pré-fabricadas para os problemas tratados, mas sim estimular o aluno

---

[5] Ibid., p. 13-14.
[6] MANGABEIRA UNGER, Roberto. Uma nova faculdade de direito no Brasil. *Cadernos FGV Direito Rio, Educação e Direito*. Rio de Janeiro: Escola de Direito do Rio de Janeiro da Fundação Getulio Vargas, 2005. v. 1: Projetos para um novo ensino jurídico no Brasil, p. 25.

a enfrentar a controvérsia internacional por conta própria, aplicando à mesma os princípios, instituições e técnicas de raciocínio desenvolvidos no mapeamento extensivo.

Este é um livro de casos, pensado para a formação do raciocínio jurídico do estudante de direito internacional e para a expansão dos horizontes dos docentes que desejarem experimentar uma alternativa ao tradicional modelo de aulas expositivas meramente transmissivas do conteúdo dos manuais. Cada capítulo abrange aproximadamente o tema de uma aula, oferecendo mais de uma possibilidade de enfoque do conteúdo. Os tópicos, assim, devem ser entendidos como alternativos, e um curso de direito internacional não deve necessariamente abordar tudo o que se expõe aqui. Ao final de cada tópico, perguntas visam orientar o estudo pessoal sobre os temas tratados, bem como incitar o aprofundamento seletivo em questões mais candentes. Por fim, o *casebook* é complementado com indicações bibliográficas a respeito de cada um dos temas tratados para um maior aprofundamento na matéria. Espera-se, assim, capacitar o aluno para que encerre o curso sendo capaz de manejar os institutos e regras que regem a atual ordem internacional, de modo a poder aplicar seu conhecimento a qualquer situação que o exija.

Como um *casebook*, sua melhor utilização dar-se-á como material didático de sala de aula, a ser consultado conjuntamente por professores e alunos no decurso de uma aula dinâmica. O objetivo é tornar estas páginas o mais dialógicas possível, oferecendo poucas respostas, mas muitos questionamentos, pontos de vista contrastantes e possibilidades múltiplas de reflexão. Tal projeto recebeu apoio institucional da FGV Direito Rio, sendo desenvolvido pelos professores com o auxílio de tutores de pesquisa contratados para este fim.[7] Por esse motivo, gostaria de agradecer imensamente à FGV Direito Rio, especialmente aos professores

---

[7] Um dos diferenciais da FGV Direito Rio consiste na manutenção de tutores acadêmicos junto ao quadro docente. Estes são pós-graduandos ou jovens profissionais com interesse em pesquisa que se dedicam, em diferentes áreas de atuação, de modo específico aos alunos do curso, visando à maximização do seu potencial de aprendizado. Os campos de atuação dos tutores são: apoio pedagógico, ensino, pesquisa e material didático (âmbito no qual foi produzida a presente obra).

Introdução

Joaquim Falcão, Sérgio Guerra e Rodrigo Vianna e, sobretudo, ao tutor da disciplina Direito Global, Rafael Zelesco Barretto, coautor, pelo trabalho conjunto, incessante e minucioso, fundamental para a concretização da presente obra.

Paula Wojcikiewicz Almeida
Professora de Direito Global da FGV Direito Rio

LIVRO I
As organizações internacionais com vocação regional

Parte I
Introdução ao estudo das organizações internacionais

Capítulo 1
A superação do interestatismo e o surgimento das organizações internacionais universais

1.1 O sistema internacional clássico e as primeiras organizações internacionais

Sabemos que, na história, as datas significativas que marcam os começos e fins de épocas são mais auxílios para nos situarmos do que, propriamente, inícios e términos no sentido estrito. No estudo do direito internacional ocorre o mesmo: sua "data de nascimento" oficial é o dia 24 de outubro de 1648, dia da conclusão dos dois tratados que compuseram a Paz de Vestfália. Esta concluiu simultaneamente duas guerras: a guerra de independência das chamadas "Províncias Unidas" (hoje Países Baixos, também conhecidos como Holanda) contra a Espanha, e a Guerra dos Trinta Anos, entre o Sacro Império Romano-Germânico (atual Alemanha e Áustria), a França, a Espanha, a Suécia, a futura Suíça (que lutava para sair do Sacro Império) e os numerosíssimos principados e pequenos Estados de marca feudal que coexistiam no território do grande império alemão.

A Paz de Vestfália tornou-se um marco para o direito internacional moderno por ter sido a primeira conferência organizada para obter uma paz universal, que se estendesse a toda a Europa. Dezesseis Estados europeus enviaram delegações, além de 66 Estados imperiais (partes do Sacro

Império, porém com graus de autonomia variável), que representavam os interesses de 140 entidades do Império (nem todos os membros do Império conseguiram participar, logo, recorreu-se ao expediente comum na época de fazer um Estado representar outros além de si mesmo, com mútuo consentimento). O caráter universalista do tratado ficou claro por reunir potências tradicionalmente vistas como guardiãs da fé católica (Espanha e o Sacro Império) com outras que se identificavam visceralmente com as novas doutrinas protestantes (Holanda, Suécia e vários Estados do centro e norte alemão). Como dúvidas e desconfianças ainda persistiam, foram feitos dois tratados, um envolvendo o imperador e principalmente as partes católicas (em Münster), e outro entre o imperador e uma maioria de governos luteranos e evangélicos (em Osnabrück). A República de Veneza e a Santa Sé atuaram como mediadores.

Pode-se afirmar ainda, sendo muito genérico e passando por cima de diversos fatos históricos posteriores, que, a partir da Paz de Vestfália, a paz passou a ter um peso maior na balança das decisões dos Estados do que a guerra.

Outra marca importante dos dois tratados (de Münster e de Osnabrück) foi o estabelecimento jurídico de algumas das características que os Estados possuem até hoje na ordem internacional: os princípios da soberania e não intervenção foram claramente delimitados em Vestfália na solução do conflito religioso: a questão, que estava entre as origens da Guerra dos Trinta Anos, residia em saber quem poderia impor uma religião aos seus súditos (a liberdade de crença destes ainda não estava em questão). A conclusão foi que cada entidade independente ou autônoma poderia impor seu credo aos habitantes – e estes teriam o "direito" de emigrar se não concordassem com a postura oficial. Isto é: nenhum país poderia intervir em outro por conta de assuntos religiosos; estes passaram a ser considerados "assuntos domésticos", categoria importantíssima que existe até hoje no direito internacional como base da soberania e da não intervenção.

Também enxergamos outra importante característica que fez história nas relações internacionais desde então: o estatismo, isto é, a prevalência, na esfera internacional, do interesse do Estado sobre o do indivíduo. Em

Vestfália, feudos, principados e territórios foram livremente trocados entre as potências ou oferecidos como "compensação" por perdas sofridas na guerra. Também se fizeram disposições, em alguns casos, sobre o futuro das entidades do Império, como trocas de soberania que só ocorreriam após a morte dos então governantes, governos que se alternariam entre católicos e protestantes ou regras sobre eventuais extinções de dinastias. A lógica dominante era a de ajuste entre os governantes e dinastias, pressupondo-se que o interesse dos súditos só tenderia a se realizar se o líder se fortalecesse externamente. Portanto, o estatismo como marca do direito internacional moderno consiste em enxergar o direito internacional pela lógica de um sistema de Estados, que, se funcionar bem, garantirá, como consequência e sem necessidade de preocupação especial, o bem-estar dos indivíduos. A função do direito internacional é obter paz e igualdade de tratamento entre as entidades reconhecidas como independentes, deixando a estas o completo controle sobre o tratamento de seus cidadãos.

Uma última característica do sistema internacional que surge em Vestfália é a igualdade entre os Estados. Com efeito, as regras da etiqueta protocolar necessitaram ser refeitas em grande parte, pois se tratava do primeiro congresso multilateral em que todas as partes – independentemente de seu poder real – compareciam em pé de igualdade, exigindo um tratamento correspondente. Esta igualdade formal entre os participantes do sistema jurídico internacional é uma das mais importantes características da sociedade universal até os dias de hoje.

Portanto, podemos caracterizar o sistema internacional estatista, surgido oficialmente em 1648 na Paz de Vestfália, como um sistema de vocação universal, baseado nos interesses dos Estados, que são vistos de forma igualitária como entes dotados de soberania e que não devem interferir nos assuntos alheios. O sistema estatista permanecerá vigente durante três séculos, e as principais causas de sua crise serão o aumento desenfreado do poder estatal, que desembocará no totalitarismo, a crescente brutalidade das guerras e a necessidade sempre maior que os Estados terão uns dos outros. Esta última é uma das causas do surgimento das organizações internacionais.

A primeira organização internacional no sentido moderno da palavra (envolvendo governos soberanos) é a Comissão Central para a Navegação no Reno, estabelecida em 1815 e integrada por Suíça, Alemanha, França, Bélgica e Holanda. Seu propósito é regular a navegação pelo rio Reno, que atravessa estes países, e sua sede fica em Estrasburgo, na França.

Outras organizações importantes no plano internacional que possuem relevo como organizações históricas são a União Internacional das Telecomunicações, de 1865, e a União Postal Universal (UPU), de 1874. A primeira, com sede em Genebra, na Suíça, dedica-se a atividades que envolvam tecnologia de comunicação no mundo, como distribuição da frequência de rádio e de órbitas satelitares, padronização de instrumentos utilizados na comunicação e promoção da telecomunicação no mundo em desenvolvimento. Já a UPU é responsável por garantir o envio de correspondências internacionais. Uma das mais importantes disposições de seu tratado constitutivo concerne à validade que o selo de um país-membro tem perante os demais integrantes. Isto é, a partir da constituição da UPU, uma mercadoria não precisa mais ser taxada e receber o selo em cada país pelo qual passa em trânsito. Sua sede encontra-se na capital suíça, Berna.

Durante o século XIX, as organizações internacionais se multiplicam. Isto é possível pelas novas formações que os Estados vão adquirindo: estabilidade interna, maior controle sobre a população, fronteiras bem definidas, ausência de um poder superior e maior especialização e eficiência dos governos. Com isso, os Estados passam a visar a determinados "fins" em função do bem-estar de sua população (ainda que este bem-estar fosse em grande parte presumido, e muitas vezes identificado com o interesse do grupo governante). Tais finalidades passam a aproximar os Estados mutuamente, quando fica claro que a cooperação pode ser o melhor meio para a obtenção de fins comuns. Portanto, as primeiras organizações internacionais têm objetivos bastante concretos e restritos, que se resumem à persecução de finalidades estatais, como as três acima apresentadas.

1.2 A Sociedade das Nações

A primeira organização internacional com fins universais foi a Sociedade das Nações. Esta foi constituída pelo Pacto da Sociedade das Nações, incluído na primeira parte do Tratado de Versalhes, logo após o fim da Primeira Guerra Mundial (1919).

> É difícil imaginar hoje que tal projeto pode ser levado a sério. Apenas um punhado de historiadores excêntricos ainda se dão o trabalho de estudar a Sociedade das nações. Seus arquivos, com riqueza de materiais, quase não são consultados. A pura citação de seu nome evoca imagens de zelosos burocratas, defensores liberais confusos, resoluções inúteis, missões investigadoras improdutivas e, sobretudo, fracassos: Manchúria em 1931, Etiópia em 1935 e, o pior de todos, o deflagrar da Segunda Guerra Mundial, apenas vinte anos depois do fim da primeira. Os dinâmicos líderes dos anos entre guerras – Mussolini, Hitler, os militaristas japoneses – zombaram da Liga e acabaram dando-lhe as costas. Os maiores apoios da Liga – Inglaterra, França e democracias menores – foram tíbios e frouxos. A União Soviética só se associou porque Stalin não pôde, na ocasião, pensar em coisa melhor. Os Estados Unidos jamais se associaram. Tal foi a pecha de fracasso que, quando as potências pensaram na possibilidade de uma associação permanente de nações, durante a Segunda Guerra Mundial, decidiram criar uma ONU totalmente nova. A Liga foi declarada oficialmente morta em 1946. Já perdera por completo a importância em 1939.
>
> Na sua última assembleia, Lord Robert Cecil, que lá estivera desde a criação, perguntou: "Será mesmo que todo esse nosso esforço de vinte anos foi jogado fora?" Ele mesmo respondeu com bravura: "Pela primeira vez erigiu-se um organismo, na essência, internacional, não para proteger interesses nacionais deste ou daquele país... mas para abolir a guerra". A Liga fora, concluiu, "uma grande experiência". Concretizara os sonhos e as esperanças daqueles que, através dos séculos, tinham trabalhado pela paz. Deixara como legado a generalizada aceitação da ideia de que as nações do

mundo podiam e deviam trabalhar juntas para a segurança coletiva de todas. "Morreu a Liga das Nações. Vivam as Nações Unidas!"[8]

A Sociedade das Nações surgiu entre as negociações desenvolvidas na Conferência de Paz de Paris, que puseram fim à Primeira Guerra Mundial, em 1919. Participaram da Conferência diplomatas de mais de 29 países, orientados pelas crenças liberais e democráticas do presidente americano Woodrow Wilson, pelas demandas de independência dos numerosos territórios que surgiam do colapso dos impérios alemão, austro-húngaro, turco-otomano e russo, pelas exigências de tratamento igualitário por parte de novas potências (China e Japão) e pelo desejo dos antigos poderes coloniais (Reino Unido e França) de manter o *status quo* o mais possível. A conferência ainda foi marcada pelas atitudes dos vencedores em relação aos vencidos na guerra (Alemanha, Áustria, Hungria e Bulgária) e pelo desejo de impedir, por meios institucionais, que outra confrontação semelhante voltasse a ocorrer.

A Sociedade das Nações nasceu em meio a dezenas de outras preocupações que dominavam a conferência, como o modo de fazer a Alemanha pagar as indenizações pela guerra, o que fazer com os antigos impérios destruídos, como conciliar autodeterminação dos povos com a riquíssima diversidade étnica do Cáucaso ou dos Bálcãs etc.

Ainda, trouxe a marca de seus fundadores. De um lado, o idealismo descompromissado do presidente Wilson ("Cavalheiros, não tenho dúvida de que a próxima geração será de homens inteligentes como os senhores e eu, e de que podemos confiar à Liga a gerência de seus próprios problemas" – objetando sobre os "detalhes excessivos" do Pacto da Liga; "o mundo tem o direito moral de desarmar a Alemanha e sujeitá-la a uma geração de meditação" – sobre a proibição da participação alemã na Sociedade das Nações).[9] De outro, o temor francês de um ressurgimento alemão:

---

[8] MACMILLAN, Margaret. *Paz em Paris, 1919*: a Conferência de Paris e seu mister de encerrar a Grande Guerra. Rio de Janeiro: Nova Fronteira, 2004. p. 99-100.
[9] Ibid., p. 111.

Argumentava[m] que a Liga deveria operar como o sistema de justiça de qualquer estado democrático moderno, com poder para intervir onde houvesse ruptura da paz, restabelecendo a ordem pela força. Dito de outra forma, se surgissem disputas entre os membros da Liga, elas seriam automaticamente submetidas à arbitragem compulsória. Se um estado se recusasse a acatar a decisão da Liga, o passo seguinte, então, seriam as sanções, econômicas e mesmo militares.[10]

Entre os dois, o pragmatismo inglês, que enxergava na Liga um bom meio de se aproximar dos americanos numa aliança estratégica, porém a organização nunca seria "alternativa para a esquadra inglesa", nas palavras de Winston Churchill.

Dividida entre idealismo, revanchismo e uma visão pragmática que a subordinava aos interesses estatais, a Liga nasceu de intenções bastante distintas. O que unia os negociadores em Versalhes talvez se resumisse ao horror à guerra (na verdade, um horror à guerra em larga escala, pois durante todo o ano de 1919 as fronteiras dos novos Estados foram demarcadas ao longo de uma série de pequenas guerras ou escaramuças).

Veja abaixo um exemplo dos problemas gerados pela aplicação universal do princípio da autodeterminação dos povos, esposado pelo presidente Wilson em seus 14 pontos. Tratava-se de uma questão a ser resolvida pelos diplomatas de todo o mundo reunidos em Paris, em 1919, para as negociações de paz que encerrariam a Primeira Guerra Mundial:

> Um mapa da extremidade oriental do Báltico, em 1919, mostraria uma série de pontos de interrogação. Apenas a Finlândia, no norte, conseguira uma espécie de independência precária da Rússia, depois de ferrenha guerra civil entre seus próprios brancos e vermelhos. A Conferência de Paz reconheceu a existência da Finlândia na primavera de 1919. Ao sul, estonianos, letões e lituanos tentaram também a independência da Rússia, mas enfrentaram uma ocupação alemã e suas próprias minorias germânicas ou russas. Ne-

---

[10] Ibid., p. 109.

nhum deles possuía fronteiras seguras ou governos estabelecidos, e o que os russos não tinham destruído, os alemães requisitaram. Russos brancos, bolcheviques vermelhos, anarquistas verdes, Barões do Báltico, flibusteiros alemães, exércitos nacionais embrionários, ou simples quadrilhas iam e vinham pela área. As cidades passavam de mão em mão. No mar, os remanescentes da esquadra imperial russa zarparam de Petrogrado (logo depois chamada de Leningrado).

Os aliados se inquietavam, mas não tinham política coerente. Se reconhecessem as nações bálticas, estariam, de certo modo, interferindo nas questões internas da Rússia. Os americanos eram pela autodeterminação, mas hesitavam em conceder reconhecimento pleno porque Wilson não queria alterar unilateralmente as fronteiras russas. Ingleses e franceses esperavam, pelo menos até o verão de 1919, que o almirante Kolchak[11] derrotasse os bolcheviques, e Kolchak se opunha veementemente à independência de qualquer parte do império russo. Os franceses preferiam deixar que os ingleses se preocupassem com o Báltico enquanto cuidavam da Polônia.[12]

Neste capítulo, será importante perceber o contraste entre as aspirações universalistas referentes aos valores que a organização deveria manter e os hábitos dos países de buscarem somente seus interesses. Ficará claro, portanto, que a Sociedade das Nações constituiu um experimento em um tempo no qual ainda se pensava em termos estatistas, apesar de a realidade fática das sociedades nacionais e internacional não permitir mais este tipo de aproximação.

Também os aspectos propriamente jurídicos do Pacto da Liga merecem um comentário, ao menos na parte em que parecem ter contribuído para o fracasso desta.

Um dos maiores problemas no funcionamento da Sociedade das Nações foi causado pela exigência de unanimidade (art. 5º, §1º) nas decisões do Conselho e da Assembleia, seus dois órgãos principais. Na prática, isto

---

[11] Comandante dos russos anticomunistas na guerra civil russa.
[12] MACMILLAN, Margaret. *Paz em Paris, 1919*, 2004, op. cit., p. 247.

atribuía um poder de veto a cada um dos membros destas instâncias, o que tornava a Liga ineficaz se um membro do Conselho estivesse sob acusação.

Outro artigo que, embora bem-intencionado, acabou contribuindo para o insucesso da organização foi o art. 8º, referente ao desarmamento. Ele estabelecia um procedimento complicado, que deveria ocorrer sob o controle do Conselho, pelo qual seriam traçados planos e metas para redução progressiva dos armamentos em todo o mundo, de acordo com especificidades geográficas e "condições especiais de cada Estado". O resultado foi um redondo fracasso, dado que países-chaves no processo, como a Alemanha, foram impedidos de entrar na Liga, causando a recusa de seus vizinhos (França, Tchecoslováquia e Polônia) a se desarmar. Mas também outros Estados passaram a dificultar e obstar o desarmamento, todos desconfiados de sua vulnerabilidade caso seguissem tal princípio. Como havia exigência de unanimidade para qualquer votação no Conselho, o máximo que se conseguiu foi convocar a Conferência Geral sobre Desarmamento, que se reuniu em 1932, não levou a qualquer resultado prático e foi utilizada como desculpa para a Itália, sob o regime fascista, abandonar qualquer tentativa futura de desarmamento.

Os arts. 12 a 16 tratavam da prevenção a conflitos armados. Entretanto, o modo como o faziam foi justamente criticado como ineficaz e utópico. Em resumo, pedia-se que dois Estados que tivessem uma controvérsia entre si a submetessem ao crivo do Conselho. Após a decisão deste, poderiam, se quisessem, recorrer à guerra, mas só após um prazo de três meses. A disposição, imaginada para dar chances maiores de negociações de última hora que afastassem a causa da guerra, não se coadunava de forma alguma com o mundo real, pois uma das grandes vantagens que podem levar a uma vitória na guerra é a surpresa. No fundo, foi uma contradição a carta não proibir a guerra de uma vez por todas, mas impor um prazo para sua decretação. Assim, favorecia-se indiretamente o Estado mais forte, pois seria o mais fraco o que mais se beneficiaria de uma investida surpresa.

Ainda, a remissão a procedimentos obrigatórios de arbitragem e de discussão política no Conselho era uma tentativa de afogar eventuais controvérsias em mares de burocracia. A estratégia não funcionou em grandes crises, como na Guerra Civil Espanhola, na remilitarização alemã da Renânia e na invasão e conquista da Etiópia pela Itália.

O texto do art. 16, estabelecendo sanções para os países que violassem a paz fora do procedimento previsto no Pacto, também não ajudou a impor a paz que se esperava. Ele estabelecia sanções econômicas, diplomáticas e políticas para o Estado violador, e poderia incluir até mesmo respostas militares – desde que os Estados-membros da Liga fornecessem os meios para tal, o que nunca ocorreu. No entanto, o texto do art. 16 é por demais genérico para intimidar possíveis violadores, e ainda se encontra redigido na forma das antigas alianças militares.

Por fim, um último tema que causou o descrédito da Sociedade das Nações brilha no Pacto por sua ausência: trata-se da cláusula da igualdade racial, uma solicitação da delegação do Japão recusada pelas potências europeias, pelos domínios do Império Britânico (especialmente a Austrália) e pelos EUA, sob influência dos parlamentares segregacionistas dos estados do sul. A não inclusão deste tema acabou fazendo a nova organização parecer, na visão dos Estados não europeus, um clube de ricos, no qual os outros países nunca teriam representação e voz paritárias. O Japão, por exemplo, não teve dúvidas em se retirar da organização em 1933, quando esta condenou a invasão perpetrada por este na China (Guerra da Manchúria).

No estudo da Sociedade das Nações, mais importante do que conhecer os mecanismos que faziam a estrutura funcionar, o que mais vale hoje é exatamente o mais difícil de determinar: quais eram os princípios por detrás da Liga? Quanto de seu "fracasso" se deve à sua própria constituição deficiente, e por qual "percentual" de seu insucesso a Liga foi responsável, em comparação com os homens que, representando diversos Estados, a compuseram?

1.3 Questões para fixação e aprofundamento

1. Compreendendo o título: (i) O que significa interestatismo?; (ii) O que são organizações internacionais universais?

2. Como surgiu a primeira organização internacional?
3. Quais são as características da Sociedade das Nações?
4. Qual a importância dos 14 pontos de Wilson para o direito internacional?
5. Considerando os 14 pontos de Wilson, observe o Tratado de Versalhes: quais foram os pontos recepcionados e os não recepcionados pelo Tratado?
6. Quais são as críticas endereçadas à Sociedade das Nações, instituída pelo Tratado de Versalhes?
7. Comente a afirmação seguinte: Ao mesmo tempo que Versalhes marca a passagem de um direito internacional de mera coexistência e mútua abstenção para um direito internacional de cooperação, também pode ser considerado como a semente da catástrofe por ter contribuído para o contexto europeu que culminou na Segunda Guerra Mundial.

Capítulo 2
A superação do intergovernamentalismo e o surgimento das organizações internacionais de integração regional

2.1 Os antecedentes da união entre os países europeus

Os primórdios de uma união entre os países europeus podem ser encontrados antes da Segunda Guerra Mundial. Costumam ser mencionados o movimento pela União Pan-Europeia e os esforços do diplomata francês Aristide Briand.

A ideia da união foi lançada, de certa forma, quando o nipo-austríaco conde Richard Coudenhove-Kalergi (1894-1972) publicou seu livro *Pan-Europa: uma sugestão*, no qual sugeria a criação de um super-Estado europeu sobre as bases do liberalismo, cristianismo, responsabilidade social e europeísmo. Criando a União Pan-Europeia Internacional, em 1923, Coudenhove-Kalergi contou com o apoio de numerosos políticos e intelectuais influentes, como Paul Valéry, Heinrich e Thomas Mann, Stefan Zweig, Sigmund Freud, Albert Einstein e o filósofo espanhol Ortega y Gasset, além do então prefeito de Colônia, que mais tarde viria a se tornar o chanceler alemão Konrad Adenauer. O chanceler federal austríaco Ignaz Seipel chegou a ser nomeado presidente do Comitê Austríaco da União.

Em 1927, o ministro do Exterior francês, Aristide Briand, que mais tarde seria recordado como um dos negociadores do Pacto para a Renúncia da Guerra, torna-se o presidente honorário do movimento. Briand possui o mérito de ter levantado a ideia de uma união europeia no seio da Sociedade das Nações. Com a ascensão dos sistemas de governo totalitaristas, no entanto, a influência do movimento pan-europeu diminuiu consideravelmente. O último discurso do conde Coudenhove-Kalergi em solo alemão ocorre em 30 de janeiro de 1933 – dia da nomeação de Adolf Hitler como chanceler.

A União Pan-Europeia existe até hoje. Atualmente o movimento pan-europeu se constitui numa grande ONG transnacional integrada por comitês em diversos países europeus. Dos comitês pan-europeus participam alguns membros do Parlamento Europeu (120), sem que tenham vinculação partidária ao movimento. Este último pode ser definido como um grupo de pressão que atua frente ao Parlamento Europeu e instituições europeias. O principal objetivo atual é a defesa de uma Europa unida política, econômica e militarmente, formando uma comunidade baseada na lei, na paz, na liberdade e nos valores cristãos. Nota-se que muitos dos ideais da União possuem influência da visão política do antigo Império Austro-Húngaro – talvez o primeiro Estado assumidamente multiétnico na modernidade –, onde nasceu seu fundador e primeiro presidente: conde Coudenhove-Kalergi. A base em valores cristãos, o paradigma de unir a Europa num só Estado e a crença no papel europeu de representar um *"superpower of peace"* parecem legítimos objetivos que o antigo Império Austríaco não rejeitaria. Não pode ser por acaso que o segundo presidente da União foi o herdeiro do extinto trono imperial, Otto von Habsburg.

Outra tentativa de aproximar os membros da Europa foi a desenvolvida pelo ministro e primeiro-ministro do governo francês Aristide Briand. Num memorando distribuído aos governos de todos os países europeus presentes na Sociedade das Nações, expôs suas ideias, que, no entanto, não tiveram significativa sequência após sua morte, em 1932.

As duas ideias se diferenciam em alguns pontos importantes da atual União Europeia, em especial no que diz respeito ao caráter da supraestatalidade, que ainda não se encontra presente nas organizações aqui apresentadas, pois estas são ou intergovernamentais (no plano da realidade fática) ou indiferentes ao Estado (como parece ser o caso com a União Pan-Europeia, que abarca delegados agindo em nome próprio).

Um marco importante no movimento mais concreto de integração europeia é representado pelo discurso de Winston Churchill, que acabava de encerrar um mandato como primeiro-ministro britânico, na Universidade de Zurique, na Suíça, em 19 de setembro de 1946:[13]

> Desejo falar a vocês hoje sobre a tragédia da Europa. Este nobre continente, que compreende as mais agradáveis e cultivadas regiões da terra, desfrutando de um clima estável e temperado, é o lar de todas as grandes raças originais do mundo ocidental. É a fonte da fé cristã e da ética cristã. É a origem de boa parte da cultura, das artes, da filosofia e da ciência, tanto nos tempos antigos como nos tempos modernos. Se a Europa estivesse alguma vez unida a compartilhar sua herança comum, não haveria limite à felicidade, à prosperidade e à glória que os 300 ou 400 milhões de europeus desfrutariam. Ainda assim, foi na Europa [...] que vimos arruinar a paz e as esperanças de toda a humanidade, mesmo nestes século XX e em nosso próprio período de vida. [...]
>
> Há um remédio que, se fosse adotado por todos de forma espontânea, transformaria como por um milagre todo o cenário e faria, em poucos anos, com que toda a Europa, ou a sua maior parte, fosse tão livre e feliz como é hoje a Suíça. Que remédio soberano é esse? É recriar a família europeia, ou o máximo que pudermos, e lhe fornecer uma estrutura na qual esta possa viver em paz, segurança e liberdade. Precisamos construir uma espécie de Estados Unidos da Europa. Somente dessa maneira, as centenas de milhões de trabalhadores serão capazes de retomar as alegrias e esperanças que fazem a vida valer a pena ser vivida. O processo é simples. Tudo o que é necessário

---

[13] Texto completo (em espanhol) disponível em: <www.historiasiglo20.org/TEXT/zurich-churchill.htm>. Acesso em: 26 ago. 2011. O discurso em inglês pode ser ouvido em: <www.youtube.com/watch?v=Q8oUyFS556s> (primeira parte) e em: <www.youtube.com/watch?v=RzfngEzmiSs&feature=related> (segunda parte). Acesso em: 26 ago. 2011.

é a determinação de centenas de milhões de homens e mulheres para fazer o certo no lugar do errado e ganhar, em recompensa, a redenção no lugar da maldição. [...]

Por que não poderia haver um agrupamento europeu que pudesse dar um sentido de patriotismo ampliado e cidadania comum aos povos perturbados deste turbulento e poderoso continente? E por que este não poderia tomar o seu lugar, com outros grandes agrupamentos, na construção dos destinos dos homens?

A fim de que isso possa ser conseguido, tem de haver um ato de fé no qual milhões de famílias, mesmo falando línguas diferentes, precisam tomar parte conscientemente. [...]

Os culpados devem ser punidos. A Alemanha deve ser desprovida do poder de se rearmar e de fazer uma outra guerra agressiva. Mas, depois que tudo isso tiver sido feito [...] tem de haver um fim à retaliação [...] um ato bendito de esquecimento. [...] Se for para salvar a Europa da miséria infinita e, de fato, do caos final, é preciso que haja um ato de fé na família europeia e um ato de esquecimento de todos os crimes e loucuras do passado. [...]

Vou dizer algo que vai espantá-los. O primeiro passo na recriação da família europeia deve ser uma parceria entre a França e a Alemanha. Apenas deste modo, a França pode recuperar a liderança moral da Europa. A Europa não pode renascer sem uma França espiritualmente forte e sem uma Alemanha espiritualmente forte. A estrutura dos Estados Unidos da Europa, se for verdadeiramente bem construída, fará com que a força material de um Estado individual se torne pouco importante. [...]

Mas tenho de lhes avisar. O tempo pode ser curto. [...] Nos dias atuais, funcionamos de modo estranho e precário sob o escudo e a proteção da bomba atômica. A bomba atômica ainda está apenas nas mãos de um Estado e de uma nação que sabemos que jamais irá usá-la exceto pela causa do direito e da liberdade. Mas é possível que, dentro de alguns anos, este terrível instrumento de destruição esteja espalhado – e a catástrofe que pode seguir ao seu uso por várias nações guerreiras irá trazer não só um fim a tudo o que chamamos de civilização, mas também pode possivelmente desintegrar o próprio globo.

Devo agora resumir as proposições que estão à sua frente. Nosso objetivo constante deve ser construir e consolidar a força da ONU. Sob este conceito global, devemos recriar a família europeia numa estrutura regional chamada, digamos, de Estados Unidos da Europa. O primeiro passo é formar um Conselho da Europa. Se, de início, todos os Estados da Europa não estiverem com desejo ou capacidade de se juntar à união, devemos não obstante dar prosseguimento à assembleia e reunir aqueles que querem e aqueles que podem.

A salvação das pessoas comuns de todas as raças e de todas as terras da guerra e da servidão deve ser estabelecida com fundações sólidas e deve ser protegida pela prontidão de todos os homens e as mulheres para morrer em vez de se submeter à tirania. Em todo este trabalho urgente, a França e a Alemanha precisam tomar a dianteira. A Grã-Bretanha, a Comunidade dos Estados Britânicos, a poderosa América e, confio, a Rússia soviética [...] devem ser os amigos e patrocinadores da nova Europa e promover o direito de viver e brilhar.[14]

Pergunta

1. Compare o idealismo de Churchill com o dos fundadores da Sociedade das Nações. Quais suas relativas vantagens e desvantagens?

2.2 A importância do pensamento de Jean Monnet na construção da Europa

Para que se possa ter uma boa ideia do pioneirismo representado pela União Europeia, vamos descrever brevemente a vida e as ideias de dois

---

[14] CHURCHILL, Winston L. S. Estados Unidos da Europa: discurso proferido na Universidade de Zurique (Suíça) em 19 de setembro de 1946. In: _____. *Jamais ceder!*. Rio de Janeiro: Jorge Zahar, 2005a.

homens que fazem parte do seleto grupo de pessoas conhecidas como "os pais da Europa": o francês Jean Monnet e o alemão Konrad Adenauer.[15]

Jean Monnet (1888-1979) nasceu na cidade francesa com o sugestivo nome de Cognac – o que se refletia na ocupação de sua família, composta de negociantes de bebidas alcoólicas. Não por acaso, o conhaque foi um dos primeiros produtos franceses a estruturar um comércio em escala global na modernidade. Com apenas 26 anos, após lutar durante os dois primeiros anos da Primeira Guerra Mundial, recebe o cargo de alto funcionário interaliado, com responsabilidade de coordenar o movimento das frotas mercantes francesa e inglesa.

Tendo trabalhado na criação da Sociedade das Nações, Jean Monnet é convidado para o posto de secretário-geral adjunto da organização – o segundo posto em importância. Conta, então, pouco mais de 30 anos.

Durante a Segunda Guerra Mundial, Jean Monnet foge para Londres com a ocupação da França pela Alemanha e tenta defender seu país por meio de alianças internacionais, com a Inglaterra e com os EUA. Sobre estes movimentos, deve ser registrado que Monnet não era um político e não representava o governo francês no exílio (salvo quando viajou aos EUA para pedir que intensificassem a produção de armas para os antinazistas). Seus entendimentos com os governantes da época (de Gaulle, Churchill, Roosevelt) se davam através de correspondências, visitas e conversas, não em negociações diplomáticas.

Ao fim da guerra, Monnet foi nomeado comissário do Plano de Modernização e Equipamento da França. Detentor de uma visão que se estendia acima das minúcias do tempo em que vivia e das estreitas

---

[15] Os "pais da Europa", como são conhecidos, são as sete personalidades que tiveram papel fundamental na construção das comunidades (a partir da Ceca) que pavimentaram o caminho para a União Europeia. São eles: o chanceler alemão Konrad Adenauer, o ministro francês das Relações Exteriores Robert Schuman, o presidente do Conselho de Ministros (primeiro-ministro) italiano Alcide De Gasperi, o primeiro-ministro belga e secretário-geral da Otan Paul-Henri Spaak, o ministro das Relações Exteriores e presidente de Luxemburgo Joseph Bech, o ministro das Relações Exteriores holandês Johan Willem Beyen e, por fim, Jean Monnet, que constituiu a exceção entre a classe de homens políticos que formam os "pais da Europa".

fronteiras de seu país, ele percebeu rapidamente a situação ameaçadora com que a Europa se deparava no pós-guerra: de um lado, o início da Guerra Fria marcava o perigo do expansionismo soviético-comunista, que poderia ameaçar as frágeis e recém-despertas democracias europeias da Alemanha, França, Itália etc. De outro lado, a prostração do continente após a selvageria e destruição de 1939-45 só fazia ressaltar o poderio incontrastável dos EUA no mundo ocidental. Esta assimetria ficou mais clara com os recursos e o sucesso do Plano Marshall, pelo qual dólares norte-americanos eram investidos nos países europeus visando a sua rápida recuperação – mas promovendo entre os destinatários a certeza de que agora seriam países clientes dos americanos.

Além de tudo isso, as relações entre a França e a Alemanha, seu poderoso vizinho do Leste, continuavam marcadas pela desconfiança.

A solução imaginada por Monnet para dar um novo dinamismo à Europa traduziu-se na proposta – transmitida ao ministro dos Negócios Estrangeiros da França Robert Schuman e publicada por este na "Declaração Schuman", proclamada em 9 de maio de 1950 – da criação da Comunidade Europeia do Carvão e do Aço. Deste modo, os recursos abundantes presentes na zona fronteiriça entre Alemanha, França e Luxemburgo, estendendo-se até a Bélgica e Holanda, estariam sob controle de uma autoridade supranacional, que regularia sua exploração comum.

A área de atuação da comunidade não foi escolhida por acaso: carvão e aço eram os principais componentes da produção bélica, além de serem recursos vitais no esforço de reindustrialização destes países. Ademais, toda a região entre o vale do Ruhr, as províncias da Alsácia e da Lorena e o Benelux foram historicamente contestadas entre França e Alemanha, seja pelo potencial industrial, seja pela situação de fronteira entre dois Estados poderosos.

Portanto, retirando-se a exclusividade do controle sobre a produção de carvão e aço dos governos nacionais, garantia-se a importância da nova organização, bem como a cooperação entre os dois grandes antigos adversários.

Em 18 de abril de 1951, era assinado o Tratado de Paris por representantes da França, Alemanha, Itália, Bélgica, Países Baixos e Luxemburgo, instituindo a Comunidade Europeia do Carvão e do Aço – cuja estrutura institucional e princípios foram arquitetados em grande parte por Jean Monnet e propostos em seguida por Robert Schuman à aceitação internacional.

Seis anos mais tarde, em 25 de março de 1957, o Tratado de Roma foi assinado pelos países-membros da Ceca, instituindo mais duas organizações internacionais supranacionais: a Comunidade Europeia da Energia Atômica (Euratom) e a Comunidade Econômica Europeia (CEE).

Quanto a Monnet, este foi nomeado presidente da Alta Autoridade, a entidade à frente da Ceca, de onde se desligou em 1954, quando um novo projeto seu, a criação de uma Comunidade Europeia de Defesa aglutinando tropas das Forças Armadas dos seis países-membros da Ceca sob um único órgão, foi rejeitado pelo Legislativo francês.

Teve parte ainda no crescimento da importância do Conselho Europeu, órgão de consultas informais entre os líderes dos países-membros das – então – Comunidades Europeias. Por instigação, entre outros, de Jean Monnet, este órgão passou a ter um papel mais estratégico, definindo-se como a instância formuladora das políticas gerais e estratégias da união dos Estados europeus e também para soluções de eventuais crises. Decisões sobre, por exemplo, a expansão da CE (hoje, da UE) e a adoção da moeda única (euro) foram adotadas primeiramente pelo Conselho, e depois repassadas ao trabalho das demais instâncias comunitárias.

A importância do papel do Conselho Europeu está em constituir uma esfera de apaziguamento de eventuais crises que possam surgir entre os países-membros. O fortalecimento descrito no parágrafo anterior, por exemplo, foi visto como necessário após os anos da política francesa da "cadeira vazia", na qual a França não se fazia representar nas instâncias comunitárias como protesto pelo que via como invasão da Comissão Europeia e de outros órgãos europeus em sua área de atuação doméstica.

Por fim, vale apresentar três ideias principais que nortearam o trabalho de Jean Monnet e inspiram muitas das ações da União Europeia até os dias de hoje.

Em primeiro lugar, temos o federalismo europeu como objetivo. Para Jean Monnet, a Europa deveria se unir em uma única entidade, dissolvendo os Estados em seu interior. A Ceca sempre foi vista por ele como um primeiro passo neste sentido, para iniciar a cooperação interestatal por um campo mais atraente e dinâmico e estendê-la posteriormente para áreas mais delicadas e sujeitas a um maior controle estatal, até que todas as competências dos Estados fossem assumidas por um ente europeu. Esta crença no supranacionalismo, que Monnet apresentava como algo tão natural menos de 10 anos após as nações europeias terem buscado sua mútua destruição, pareceria revestir-se de um caráter místico ou profético, não fossem os passos cautelosos e extremamente realistas que seu idealizador propôs. Mas esta certeza na integração total como fim da União Europeia permanece até hoje, sendo tanto promovida quanto criticada.

A segunda ideia fundamental referia-se à transferência de soberania dos Estados para a organização. Este era um ponto no qual não se poderia transigir: quando o Reino Unido, participante ativo nas discussões sobre a Ceca, apresentou dificuldades com a transferência de soberania, Monnet foi taxativo: "as propostas Schuman [...] são revolucionárias ou não são nada. O princípio fundamental é a delegação de soberania em um domínio limitado, mas decisivo".[16] Para atingir os altos fins a que se propunham, os membros da nova organização não poderiam abrir mão de alguns sacrifícios. Orgulho nacional, desconfiança dos vizinhos, tópicos de teoria geral do Estado, desconhecimento da nova realidade que se estava criando e desprezo pelo "pequeno burocrata" Monnet deveriam ser vencidos, ainda que com eventuais custos políticos, para que se fizesse a integração. Afinal, é mais fácil iniciar uma guerra que um processo

---

[16] SILVA, Karine de Souza. O 50º aniversário dos tratados de Roma e os desafios impostos à União Europeia: um estudo de caso a partir do pensamento de Jean Monnet. *All Academic Research*, 2009. Disponível em: <www.allacademic.com//meta/p_mla_apa_research_citation/3/8/0/9/9/pages380995/p380995-1.php>. Acesso em: 7 jun. 2011.

de paz. Note-se ainda que, segundo Monnet, a opção pela integração na Comunidade era uma "via sem retorno": quando o Estado cede sua soberania, ele não é livre para retomá-la.

A terceira ideia, exposta de modo mais difuso, referia-se ao "espírito de federalismo". Para que, no futuro, a integração fosse completa, não bastariam os instrumentos tradicionais da engenharia jurídico-institucional. Era preciso promover e difundir um sentimento europeu, e Monnet foi um dos pioneiros nesta percepção, ao designar, ainda em 1950, a nova organização como uma "Comunidade". Não era um nome usual para uma organização internacional – mas a ideia do "visionário pragmático" também não era criar mais uma organização como as que já existiam. A necessidade de propagação do "espírito de união" pode ser vista até hoje, quando todos os órgãos europeus se preocupam em manter um contato direto com a população, de forma que a União Europeia seja vista de modo cada vez mais normal por todos. Também desta terceira ideia de Jean Monnet partem as atuais dúvidas e interrogações sobre a democracia dos órgãos europeus: pode-se almejar uma federação europeia soberana com as instituições atuais? Até que ponto o cidadão comum é alienado pela multiplicação dos órgãos, das línguas e dos funcionários europeus? Qual o grau de influência do indivíduo na formulação das políticas da União, quando estas políticas, ao interferirem na realidade do indivíduo, o fazem com argumentos europeus, visando ao bem-estar da União como um todo, numa lógica que frequentemente escapa totalmente à percepção do cidadão comum?

2.3 A importância de Konrad Adenauer e Charles de Gaulle na construção política da União Europeia

Não importa o quanto Jean Monnet tivesse influenciado o governo francês de Robert Schuman e do presidente De Gaulle, a integração europeia não teria acontecido se o "outro lado" não contasse com um líder firmemente decidido a superar o passado e reconquistar a confiança do mundo na

Alemanha. O chanceler alemão democrata-cristão Konrad Adenauer (1876-1967), antigo prefeito de Colônia e prisioneiro político durante os anos do nazismo, abraçou com entusiasmo os objetivos propostos na declaração de Schuman.

O chanceler alemão tinha seus próprios problemas para se preocupar: ele se deparava com uma Alemanha fraca, ocupada, com limitações sérias a sua soberania (que só seria plenamente retomada em 1990) e desprezada pelo resto do mundo. Além disso, havia o perigo comunista totalitário à espreita – uma perspectiva muito realista, já que metade do país fora englobado pela União Soviética. Estes dois fatores levaram Adenauer a concluir que a melhor chance para a Alemanha consistia na aproximação com as potências ocidentais, dos EUA à França (incluindo até mesmo Israel, com o qual o governo alemão concluiu um acordo de 7,38 bilhões de euros em valores atuais como reparação pelos judeus que fugiram do antigo regime nazista).

Na expressão do chanceler: "O povo precisa de uma nova ideologia. E só pode ser uma ideologia europeia".[17]

Adenauer estava preparado até mesmo para aceitar a solução proposta por Monnet sobre as Forças Armadas europeias, através da qual importantes contingentes militares seriam amalgamados na Comunidade Europeia de Defesa. Havia, para a Alemanha, uma vantagem, que consistia na possibilidade de reestruturação de suas Forças Armadas (na década de 1950 ainda não estava claro se e em que medida isso poderia ocorrer). Mas o grande perigo consistia em submeter estas novas Forças Armadas a um comando composto pelas antigas vítimas França, Holanda, Bélgica e Luxemburgo, ansiosas para diluir o contingente alemão, espalhando-o por diversas unidades inofensivas estacionadas em locais alternativos. A oposição do Parlamento francês, contudo, como já dito, impediu tal proposta. Em vez disso, Adenauer celebrou uma importante conquista em suas metas de aproximação com o Ocidente e rearmamento com a admissão da República Federal da Alemanha à Otan, em 1955.

---

[17] JUDT, Tony. *Pós-guerra*: uma história da Europa desde 1945. Rio de Janeiro: Objetiva, 2008. p. 283.

O último grande obstáculo que o chanceler necessitou superar, e que só pode ser corretamente dimensionado quando se imagina o que representou para a Alemanha a súbita divisão em dois, foi a questão da renúncia tácita à reunificação a curto e médio prazo. Com efeito, em 1952, quando a Ceca ainda dava seus primeiros passos, o ditador soviético Josef Stalin escreveu a Adenauer, oferecendo a reunificação alemã em troca da neutralização do país. Tal oferta foi rejeitada tanto pelo chanceler quanto pela opinião pública alemã e pelos governos das demais potências que ocupavam a Alemanha (EUA, Reino Unido e França), porém até hoje se discute se Stalin realmente falava a sério. Fosse este o caso, entende-se que o chanceler fez um grande sacrifício em nome da integração europeia, pois não via qualquer futuro numa Alemanha neutra, que seria um Estado-tampão no meio da Guerra Fria, sempre ameaçada pela União Soviética e sem ter conseguido livrar-se do estigma dos anos anteriores.

Isto é: quando opta por virar-se para o Oeste, a Alemanha deliberadamente dá as costas ao Leste – onde se encontravam milhões de compatriotas efetivamente presos. Fez-se o que era possível, e o caminho da integração mostrou-se acertado – ou ao menos é o que parece hoje.

Além destes dois países fundadores, também vale mencionar o papel do general Charles de Gaulle (1890-1970), presidente francês entre 1959 e 1969. Este herói da resistência francesa ao nazismo possuía uma visão muito particular da importância de seu país na Europa. Para De Gaulle, a França seria a líder natural da Europa não comunista do pós-guerra. Ele via com crescente desconfiança a aproximação do Reino Unido com os EUA (chegando a apelidar os ingleses de "cavalo de Troia americano"),[18] e insistia na tese de uma cooperação estreita com a Alemanha, de forma a minimizar um possível ressentimento germânico e qualquer ameaça de confrontação futura, e de garantir e controlar, ao mesmo tempo, sua recuperação econômica.

---

[18] CENTRE VIRTUEL DE LA CONNAISSANCE SUR L'ÉUROPE (CVCE). *Le premier véto du général De Gaulle*. Luxemburgo, [s.d.]. Disponível em: <www.cvce.eu/collections/unit-content>. Acesso em: 20 jun. 2012.

Neste sentido, ele via a Comunidade Econômica Europeia como

um consórcio franco-germânico no qual Bonn [capital da Alemanha Ocidental] garantia as finanças e Paris ditava as políticas. Por conseguinte, o desejo da Alemanha Ocidental de integrar a Comunidade Europeia custou caro, mas durante várias décadas Adenauer e seus sucessores pagariam o preço sem se queixar, agarrando-se à aliança com a França – para a surpresa dos britânicos.[19]

Como disse a Adenauer,

a Europa é um negócio conjunto dos franceses e dos alemães. É o bom senso. Sós, não temos os meios para conduzir a Europa. Vocês tampouco. Mas, juntos, podemos fazê-lo. Devemos andar de mãos dadas. O fato de os interesses econômicos não serem sempre os mesmos não constitui um impedimento fundamental.[20]

Nas palavras do próprio general, em suas memórias,

considero necessário que ela [a Alemanha] seja parte integrante da cooperação organizada dos Estados, a qual eu objetivo para todo o nosso Continente. Assim seria garantida a segurança de todos entre o Atlântico e os Urais, e se criaria uma tal mudança na situação das coisas, dos espíritos e das relações que a reunião dos três pedaços do povo alemão encontraria sem dúvida sua oportunidade.[21]

---

[19] JUDT, Tony. *Pós-guerra*, 2008, op. cit., p. 316.
[20] FONDATION CHARLES DE GAULLE. Citação disponível em: <www.charles-de-gaulle.org/pages/l-homme/accueil/de-gaulle-de-a-a-z.php>. Acesso em: 28 ago. 2011. Tradução livre do original em francês: "*L'Europe, c'est une affaire combinée des Français et des Allemands ensemble. C'est le bon sens. Seuls, nous n'avons pas les moyens de conduire l'Europe. Vous non plus. Mais, ensemble, nous pouvons le faire. Nous devons marcher la main dans la main. Que les intérêts économiques ne soient pas forcément les mêmes ne constitue pas un empêchement fondamental*".
[21] FONDATION CHARLES DE GAULLE. Citação disponível em: <www.charles-de-gaulle.org/pages/l-homme/accueil/de-gaulle-de-a-a-z.php>. Acesso em: 28 ago. 2011. Tradução livre

Com "três pedaços do povo alemão", o presidente se referia possivelmente aos prussianos, bávaros e renanos, sendo que os primeiros, na visão francesa tradicional esposada por De Gaulle,[22] eram "maus" (devido à derrota francesa para o Império Alemão, formado basicamente pelo Exército e políticos prussianos, em 1870), e os demais, "bons" (por serem católicos e amistosos com os franceses desde Napoleão, além do fato de seu grande admirador, Adenauer, ter nascido em Colônia, na Renânia). Ora, se os "maus" prussianos se encontravam do outro lado da cortina de ferro, nada mais natural do que uma aliança com os "bons" alemães, para uma condução bilateral dos assuntos europeus – liderança que, na prática, seria exercida pela França, enquanto a Alemanha se sentiria mais do que recompensada em poder participar das relações europeias em condições de igualdade, sem ter qualquer pretensão de exercer uma liderança mais ativa.

Em relação à Comunidade Econômica Europeia, o general De Gaulle era um forte defensor da autonomia dos Estados. Chegou a dizer, de Jean Monnet, que seria um "apátrida".[23] Em geral, atribuía pouco valor à Comunidade, embora respeitando, em geral, a ideia de uma Europa unida. Mas a ideia de De Gaulle era que os organismos de integração não passavam de etapas a serem vencidas para o advento da "Europa das Nações", conceito que exprimia um continente, "do Atlântico aos Urais", formado por Estados soberanos estreitamente ligados entre si por laços políticos e econômicos, sem a mediação de instituições comunitárias.

Dois episódios ilustram bem a posição do presidente francês acerca do projeto europeu.

---

do original em francês: "[...] j'estime nécessaire qu'elle (l'Allemagne) fasse partie intégrante de la coopération organisée des Etats, à laquelle je vise pour l'ensemble de notre Continent. Ainsi serait garantie la sécurité de tous entre l'Atlantique et l'Oural et créé dans la situation des choses, des esprits et des rapports un changement tel que la réunion des trois tronçons du peuple allemand y trouverait sans doute sa chance".

[22] Ibid.
[23] Ibid. Também: JUDT, Tony. *Pós-guerra*, 2008, op. cit., p. 309-317.

O primeiro é o veto à admissão do Reino Unido na CEE.[24] Os ingleses solicitaram ingresso no mercado comum por duas vezes, em 1961 e 1967 – sendo rejeitados ambas as vezes pela opinião unilateral em contrário do presidente francês. De Gaulle possuía vários motivos para rechaçar as propostas britânicas: em primeiro lugar, havia o temor de que o ingresso do Reino Unido, que mantinha uma vasta zona de livre comércio de gêneros alimentícios com suas ex-colônias, prejudicasse o funcionamento da política externa comum, pela qual os agricultores da CEE eram subsidiados por seus governos, que garantiam a fixação de preços sobrelevados para manter os camponeses europeus face à concorrência mundial. Ademais, havia o motivo político: a grande aproximação do Reino Unido com os EUA transformaria o propósito do bloco, que poderia passar de "Europa europeia" para "Europa atlântica". Por fim, o general era decididamente antibritânico. Outro motivo, vinculado ao projeto da CEE, era que a aproximação do Reino Unido foi vista como mero oportunismo econômico, pois o governo britânico estava em busca de um mercado mais atraente para suas exportações que as distantes e instáveis ex-colônias. No entanto, não era segredo que Londres desconfiava enormemente de qualquer tipo de autoridade central comunitária. Sua apreensão neste sentido era maior até que a do próprio presidente francês: enquanto De Gaulle sentia-se perfeitamente confortável com órgãos comunitários intergovernamentais, os ingleses não queriam nada além de acordos econômicos, sendo uma força fortemente "centrífuga", conforme os apelidou o general.[25] Desta forma, De Gaulle temia que o crescimento da Comunidade – Irlanda, Dinamarca e Noruega acompanharam o Reino Unido na solicitação de ingresso – fizesse a CEE regredir para uma zona de livre comércio, privando a França de sua liderança política e o general De Gaulle de seu projeto de uma Europa unida e independente frente aos EUA.

---

[24] CENTRE VIRTUEL DE LA CONNAISSANCE SUR L'ÉUROPE (CVCE). Luxemburgo, [s.d.]. Disponível em: <www.cvce.eu/collections/unit-content>. Acesso em: 28 ago. 2011.
[25] FONDATION CHARLES DE GAULLE. Citação disponível em: <www.charles-de-gaulle.org/pages/l-homme/dossiers-thematiques/de-gaulle-et-le-monde>. Acesso em: 28 ago. 2011.

O segundo episódio esclarecedor é a chamada "crise da cadeira vazia" (*chaise vide*).[26] Esta se deu devido às negociações de 1965 sobre o financiamento da Política Agrícola Comum (PAC), um dos atributos da CEE que a França, com suas grandes terras e pequenas propriedades agrícolas antiquadas, mais valorizava. Quando a Comissão Europeia decidiu que a Política Agrícola Comum passaria a ser financiada diretamente pela Comunidade, através de dotações orçamentárias recebidas de cada um dos seus integrantes, a França enxergou nisso uma perda inaceitável em sua soberania. Com efeito, a Comissão propunha um fortalecimento importante de seu poder, que teria efeitos concretos na agricultura dos seis membros da CEE. A França, que era o país mais interessado na PAC, temeu que os demais membros votassem a favor de reduções nos recursos destinados à mesma.

Outro fator a aumentar as suspeitas do general foi a adoção, prevista para 1966, do voto majoritário (e não mais unânime) na grande maioria das decisões do Conselho de Ministros. Apesar de tal mudança estar detalhada no Tratado de Roma desde 1957, o general De Gaulle não se sentia preparado para aceitar eventuais derrotas que acarretariam decisões de um órgão extranacional produzindo efeitos na França.

Os dois motivos levaram a França, em 1º de julho de 1965, a chamar de volta seu embaixador em Bruxelas (sede da CEE) e a declarar que não mais tomaria parte nas deliberações da CEE até que suas demandas fossem atendidas. Durante seis meses, assistiu-se à cena da "cadeira vazia", na qual a Comunidade funcionava com a presença de somente cinco delegações. O efeito danoso para a economia francesa e a ameaça de isolamento internacional, contudo, fizeram com que as partes voltassem à negociação. No princípio de 1966, chegou-se ao "Acordo de Luxemburgo", pelo qual, sempre que um Estado-membro considerar que seus interesses essenciais estão sendo ameaçados, dever-se-ão estabelecer negociações até que um compromisso aceitável para todas as partes seja alcançado. Na prática, isto representou uma maior salvaguarda para os Estados e um escudo contra

---

[26] CENTRE VIRTUEL DE LA CONNAISSANCE SUR L'ÉUROPE (CVCE). Luxemburgo, [s.d.]. Disponível em: <www.cvce.eu/collections/unit-content>. Acesso em: 28 ago. 2011.

a supranacionalidade, o que só seria alterado em 1987, com a adoção do Ato Único Europeu.

2.4 Observações sobre os tratados constitutivos da União Europeia

A União Europeia rege-se hoje basicamente por dois grandes tratados: o Tratado da União Europeia e o Tratado sobre o Funcionamento da União Europeia.[27]

O primeiro foi assinado originalmente na cidade holandesa de Maastricht, em 7 de fevereiro de 1992, entrando em vigor em 1º de novembro de 1993. Sofreu emendas pelos tratados subsequentes de Amsterdam (concluído em 1997, em vigor em 1999), Nice (concluído em 2001, em vigor em 2003) e Lisboa (concluído em 13 de dezembro de 2007, em vigor em 1º de dezembro de 2009). Nos documentos e *sites* da União Europeia, é costume referir-se à versão atual do Tratado da União Europeia como "versão consolidada". Sua abreviatura, nas traduções em português, é "TUE" ou "Tratado UE".

O segundo tratado é chamado, hoje, de Tratado sobre o Funcionamento da União Europeia (TFUE). Foi assinado originalmente em Roma, em 25 de março de 1957, entrando em vigor em 1º de janeiro de 1958. Era então conhecido por "Tratado Constitutivo da Comunidade Econômica Europeia". Outro nome que se lhe dava era "Tratado que Constitui a Comunidade Econômica Europeia". Posteriormente, o "Econômica" foi retirado. Tal tratado foi modificado pelo Ato Único Europeu, em 1986 (em vigor a partir de 1987), e pelos tratados de Maastricht, Amsterdam, Nice e Lisboa.

Em resumo muito sintético, pode-se dizer que o Tratado da União Europeia expressa os grandes princípios que nortearão o funcionamento

---

[27] Ambos podem ser encontrados, em português, em: <http://pt.scribd.com/doc/35587084/Versoes-consolidadas-do-Tratado-da-Uniao-Europeia-e-do-Tratado-sobre-o-Funcionamento-da--Uniao-Europeia>. Acesso em: 25 nov. 2011.

das instituições europeias, a democracia em seus Estados-membros e as relações exteriores do bloco. Já o segundo pacto, o Tratado sobre o Funcionamento da União Europeia, aborda em maiores detalhes a dinâmica europeia, regulando os procedimentos necessários à integração. Nos documentos atuais da União Europeia, é mais comum encontrar-se referência ao TUE e ao TFUE, sendo que os tratados históricos (Roma, Maastricht, Amsterdam, Nice e Lisboa) só são mencionados quando se trata de especificar alguma emenda específica a algum dos dois tratados principais. É importante lembrar que, desde Maastricht, os tratados subsequentes não possuem texto próprio, tendo realmente o caráter de uma "emenda dupla", só modificando os dois grandes pactos constitutivos da União Europeia.

É necessário fazer ainda um último adendo sobre a denominação utilizada para referir-se ao direito do bloco de integração europeu. Até o advento do Tratado de Lisboa, em 2009, o direito proveniente das instituições do bloco era designado como "direito comunitário", pois somente as Comunidades Europeias (uma das partes, ou "pilares" da União Europeia, juntamente com a Política Externa e de Segurança Comum – segundo pilar – e a Cooperação Política e Judiciária em Matéria Penal – terceiro pilar) possuíam personalidade jurídica. A partir do Tratado de Lisboa, a expressão correta passa a ser "direito da União Europeia", pois a estrutura de pilares foi extinta, conferindo-se plena personalidade jurídica à União Europeia, formada pela consolidação e unificação dos três antigos pilares.

Ao longo deste material, portanto, utilizar-se-á a expressão "direito comunitário" para referir-se ao ordenamento jurídico procedente da estrutura das Comunidades Europeias e para fazer referência à jurisprudência anterior à entrada em vigor do Tratado de Lisboa. Para mencionar o direito produzido a partir de 2009, ou as tendências e características atuais do direito europeu, a expressão será "direito da União Europeia".

2.5 Questões para fixação e aprofundamento

1. O que significa intergovernamentalismo?
2. Como surgiram as primeiras organizações internacionais de integração regional?
3. Quais são as características que diferenciam as organizações de integração regional das demais organizações internacionais?
4. Quais foram os passos necessários para a instituição da atual União Europeia?
5. Por que Jean Monnet foi alcunhado "visionário pragmático"?
6. Qual foi o contexto histórico do surgimento dos ideais de Jean Monnet, expostos no plano Schuman?
7. Por que foi escolhido o setor do carvão e do aço? Como deveria ser gerida a produção do carvão e do aço?
8. Quantos países aderiram à proposta de Jean Monnet, responsável pela criação da Ceca?
9. Quais seriam as bases da nova organização internacional proposta por Jean Monnet?
10. Qual é a diferença entre as organizações internacionais clássicas e a organização supraestatal proposta por Jean Monnet?
11. Quais eram os órgãos que formavam a Ceca?
12. Quais foram as etapas posteriores à criação da Ceca?
13. Em que consiste a discussão em torno do déficit democrático da União Europeia?

Parte II
O sistema jurídico-institucional da União Europeia

Título I
A ordem jurídica da União Europeia

Capítulo 3
A instituição de uma ordem jurídica *sui generis*

3.1 O caso "Van Gend en Loos"[28]

Considere os seguintes artigos do tratado para a constituição de uma Comunidade Econômica Europeia (Tratado de Roma), de 1957:[29]

> Artigo 12. Os Estados-membros abster-se-ão de introduzir quaisquer novas tarifas alfandegárias sobre importações ou exportações ou quaisquer cobranças que produzam efeitos equivalentes, bem como de aumentar as que já forem aplicadas no comércio entre os mesmos.[30]
> Artigo 177. O Tribunal de Justiça será competente para tomar uma decisão preliminar acerca:
> a) da interpretação deste Tratado;

---

[28] Tribunal de Justiça das Comunidades Europeias (TJCE), 5-2-1963. Van Gend en Loos *vs.* Nederlandse Administratie der Belastingen, C-26/62. Disponível em: <http://eur-lex.europa.eu>. Acesso em: 3 set. 2011.

[29] Disponível, em inglês, em: <www.hri.org/docs/Rome57/Part5Title1.html>. Aceso em: 28 dez. 2012.

[30] Tradução livre da versão em inglês, cujo teor é: *"Article 12. Member States shall refrain from introducing between themselves any new customs duties on imports or exports or any charges having equivalent effect, and from increasing those which they already apply in their trade with each other".* Disponível em: <www.hri.org/docs/Rome57/Part5Title1.html>. Acesso em: 28 dez. 2012.

b) da validade e interpretação de atos das instituições da Comunidade; e
c) da interpretação dos estatutos de quaisquer entes criados por um ato do Conselho, sempre que tais estatutos o prevejam.

Quando uma tal questão for levantada perante uma corte ou tribunal de algum dos Estados-membros, tal corte ou tribunal poderá, caso considere que sua sentença depende de uma decisão preliminar sobre tal questão, requerer ao Tribunal de Justiça que se pronuncie acerca da mesma.

Quando uma tal questão for levantada no âmbito de um caso que esteja sendo julgado perante uma corte ou tribunal domésticos de cuja decisão não cabe recurso segundo a lei nacional, tal corte ou tribunal deverá remeter o caso ao Tribunal de Justiça.[31]

A empresa holandesa NV Algemene Transport – *en expeditie onderneming* "Van Gend & Loos" (a partir daqui, "Van Gend en Loos") – importou, em 9 de setembro de 1960, para os Países Baixos, determinada quantidade do produto químico *ureaformaldehyde*, provindo da Alemanha. Por tal operação, a administração fiscal holandesa cobrou-lhe uma taxa no valor de 8% do bem importado.

A importadora contestou a cobrança, alegando que, até o dia 1º de março de 1960, a tarifa devida estava fixada em 3%, tendo sido aumentada depois da entrada em vigor do Tratado de Roma, que instituiu a Comunidade Econômica Europeia (1957). O aumento do imposto, na visão da empresa privada em questão, constituiu uma violação ao art. 12

---

[31] Tradução livre da versão em inglês, cujo teor é: *"Article 177. The Court of Justice shall be competent to make a preliminary decision concerning:*
(a) the interpretation of this Treaty; (b) the validity and interpretation of acts of the institutions of the Community; and
(c) the interpretation of the statutes of any bodies set up by an act of the Council, where such statutes so provide.
Where any such question is raised before a court or tribunal of one of the Member States, such court or tribunal may, if it considers that its judgment depends on a preliminary decision on this question, request the Court of Justice to give a ruling thereon. Where any such question is raised in a case pending before a domestic court or tribunal from whose decisions no appeal lies under municipal law, such court or tribunal shall refer the matter to the Court of Justice". Disponível em: <www.hri.org/docs/Rome57/Part5Title1.html>. Acesso em: 28 dez. 2012.

do Tratado de 1957. Portanto, ela levou sua reclamação ao governo dos Países Baixos, que recusou segui-la, ao argumento de que a reclamante não classificara corretamente o produto em questão: antes da mudança no ano de 1960, o produto estaria situado entre os que fariam incidir uma cobrança no valor de 10%, e não de 3% como alegou a empresa. Portanto, não haveria aí um verdadeiro aumento.

Em grau de recurso, a ação foi analisada pela mais alta jurisdição holandesa em matéria de direito tributário, o Tarifcommissie. Este concluiu tratar-se de uma questão afeta à interpretação do Tratado da CEE e, no espírito do art. 177 do Tratado de Roma, suspendeu os procedimentos e remeteu o processo ao Tribunal de Justiça das Comunidades Europeias (TJCE).

Os argumentos em relação à correta classificação do produto não serão mais resumidos aqui, por tratar-se de tema mais técnico e de menor interesse frente às conclusões alcançadas pelo Tribunal.

No processo perante a instância comunitária, os governos dos Países Baixos e da Bélgica argumentaram, respectivamente, que somente um Estado-membro ou a Comissão Europeia possuem atribuição para iniciar uma ação contra outro Estado-membro por violação às disposições do Tratado. Logo, Van Gend en Loos não poderia ter seu caso específico julgado pelo Tribunal. E que o art. 177 não se aplicaria, pelo fato de a situação configurar dúvida a respeito da aplicação do Tratado a um caso concreto, e não sobre a interpretação de tal instrumento. Isto porque a visão destes governos era a de que o indivíduo isolado não possuiria competência para propor ou para ser parte numa ação perante o Tribunal de Justiça Europeu.

Outro ponto interessante levantado pelo governo réu foi o de que o alegado aumento tarifário fora executado por conta de uma previsão em outro tratado internacional (o Protocolo de Bruxelas, de 1958, em sua seção VII, capítulo 39, item 39.01, "a"),[32] assinado entre os Países Baixos, a Bélgica e Luxemburgo. O Protocolo de Bruxelas de 1958 modificava

---

[32] Disponível em: <http://reflex.raadvst-consetat.be>. Acesso em: 21 jun. 2011.

a Convenção Aduaneira Belgo-Luxemburgo-Holandesa de 1944, a qual instituía um regime alfandegário comum e fixava, entre outras disposições, tarifas externas iguais a serem cobradas em importações provindas de outros países. A Convenção foi uma peça importante na construção da União Alfandegária do Benelux, em 1948. O Benelux, cujo nome é formado pelas iniciais de seus três Estados-membros, é uma organização intergovernamental que promove a integração das políticas entre seus membros, três pequenos países fronteiriços no centro da Europa, em diversas áreas.

A Convenção Aduaneira de 1948 foi sucessivamente modificada, para que seus valores fossem atualizados. Uma destas modificações foi efetuada pelo citado Protocolo de Bruxelas, assinado pelos três países na capital belga em 25 de julho de 1958, e internalizado pelo Reino dos Países Baixos por uma lei interna em 16 de dezembro de 1959. Ora, este Protocolo impunha a tarifa de 10% ao produto químico em questão.

Segundo o governo belga, que interveio, ao lado do govero holandês, no caso em exame pelo Tribunal de Justiça Europeu, haveria na verdade um conflito entre duas leis internas dos Países Baixos: a lei de 16 de dezembro de 1959, internalizando o Tratado do Benelux, e a lei de 5 de dezembro de 1957, internalizando o tratado que estabelecia a CEE. Tal conflito, na visão do governo neerlandês, só poderia ser decidido de acordo com as regras internas batavas de solução de oposições entre normas.[33]

Já a Comissão Europeia defendeu que não caberia à lei interna de cada país resolver os conflitos entre as respectivas leis nacionais e as disposições do Tratado. Estes deveriam ser solucionados de acordo com as provisões do próprio Tratado.

O tribunal holandês responsável por matéria tributária remeteu a questão ao Tribunal Europeu através de duas perguntas. A segunda per-

---

[33] O que o governo belga não afirmou, porém sem dúvida pretendia, era que, como as leis nacionais sobre conflito de normas via de regra fazem prevalecer a lei posterior sobre a anterior, as disposições do Protocolo do Benelux seriam mantidas e afastariam, neste caso em particular, a incidência do art. 12 do Tratado de Roma.

gunta dirigia-se aos mecanismos empregados pelo governo do Reino que tiveram por consequência o aumento tarifário. Seu exame não possui tanta importância quando comparado ao caráter potencialmente inovador da primeira. Já o teor desta era o seguinte: "O artigo 12 do Tratado CEE tem efeito interno, isto é, os particulares podem, com base neste artigo, fazer valer direitos individuais que o juiz deva tutelar?"

O advogado-geral da CEE, Karl Roemer, em seu parecer sobre o caso perante o Tribunal,[34] considerou que a resposta à primeira pergunta dependerá do direito constitucional interno de cada país. Ao mesmo tempo, os efeitos de um tratado se relacionam à eficácia legal pretendida por seus autores. Neste sentido, o advogado-geral examinou as disposições do art. 66 da constituição holandesa, a qual confere precedência aos tratados internacionais sobre as normas de direito interno. Karl Roemer distinguiu, dentro das disposições do Tratado, entre aquelas que criavam direito imediatamente aplicável e exigível pelos cidadãos europeus e as que, pelo contrário, estabelecem obrigações para os Estados-membros, obrigações estas que somente serão exigíveis pelos demais Estados, sem possuir efeito direto algum no interior de cada país.

Voltando-se ao art. 12 do Tratado, Roemer nota, em primeiro lugar, que este possui eficácia desde logo, sem necessitar de maiores regulamentações. Entretanto, o art. 12, na opinião do advogado-geral, não possui efeito direto interno, isto é, parece voltar-se ao governo do Estado em suas obrigações internacionais, e não às autoridades administrativas internas de cada Estado em suas relações com os particulares. Examinando o conteúdo do art. 12, Roemer alertou que conferir-lhe efeito e aplicabilidade diretas poderia conduzir a grandes revisões administrativas das leis em vigor nos Estados-membros, pois o texto do art. 12 é muito amplo. Portanto, ferir-se-ia a segurança jurídica, eis que os particulares possuem maior certeza no conhecimento das disposições de seus respectivos direitos internos que na vigência de uma interpretação específica do art. 12 (que lhe conferiria efeito direto no plano nacional).

---

[34] O parecer se encontra disponível em: <http://eur-lex.europa.eu>. Acesso em: 3 set. 2011.

Outro argumento citado pelo advogado-geral para justificar seu parecer contrário ao efeito direto do art. 12 foi a discrepância entre os ordenamentos internos dos países que compunham a CEE, pois, caso tal efeito fosse admitido, haveria conflitos entre o Tratado de Roma e as leis nacionais que disciplinavam os valores alfandegários. E tais conflitos são resolvidos de formas diferentes pelos diversos ordenamentos jurídicos. Segundo sua pesquisa, os Países Baixos, Luxemburgo e a França pareciam conferir primazia aos instrumentos de direito internacional. Já os direitos belga, italiano e alemão não conferiam uma primazia geral a tratados por sobre as leis nacionais. O advogado-geral chamava, portanto, a atenção para o fato de a interpretação do art. 12 do Tratado de Roma como possuindo efeito direto conduzir a um desenvolvimento desigual do direito comunitário nos diversos países da CEE, visto que, em alguns destes, o direito comunitário alfandegário prevaleceria automaticamente, enquanto que, em outros, tratar-se-ia de um direito com o mesmo *status* da lei interna. E tal discrepância – lembrava o parecer – não poderia ser solucionada com recurso ao Tribunal Europeu por via do art. 177, uma vez que este dispositivo não determina a competência da jurisdição comunitária para avaliar a compatibilidade do direito interno com o europeu.

Portanto, o advogado-geral do Tribunal de Justiça Europeu, Karl Roemer, respondeu à primeira questão de forma negativa: o art. 12 não possuiria efeito direto no interior dos Estados membros da CEE. Como visto, a questão a ser respondida pelo Tribunal diz respeito à extensão dos efeitos dos artigos do Tratado: estes podem ser aplicados diretamente a casos concretos, independentemente de regulação pelo Estado-membro? Ou dependem, para ter efeito, de uma "regularidade interna", isto é, devem estar de acordo com o direito interno do Estado-membro?

Ainda: a obrigação estabelecida pelo art. 12 do Tratado é devida aos outros Estados-membros ou também aos cidadãos individuais? O art. 12 tenciona proteger os países de uma guerra fiscal, ou resguardar os cidadãos de tarifas elevadas? Dependendo da resposta, a ação de Van Gend en Loos contra seu Estado poderá, ou não, ser admitida.

A instituição de uma ordem jurídica *sui generis*

Com base nos princípios que nortearam a criação da União Europeia, em seus estudos sobre a mesma até o momento e em seus conhecimentos de direito internacional, apresente argumentos a favor e contrários ao efeito direto das disposições comunitárias nas ordens internas dos Estados-membros.

Pergunta

1. Qual seria a consequência, para a parte autora da demanda, da possível adoção da posição do advogado-geral Karl Roemer pelo Tribunal?

3.2 O Tribunal de Justiça da União Europeia e o governo dos juízes

A decisão do caso "Van Gend en Loos", juntamente com a decisão "Costa *vs.* Enel", representa dois marcos na evolução do direito comunitário europeu. Nos dois acórdãos, é notável observar que sua importância reside tanto em seu conteúdo quanto em sua origem: com efeito, são produto do Tribunal de Justiça da União Europeia, sendo que suas fundamentações só podem ser encontradas em parte nos tratados comunitários então em vigor.

Alguns historiadores da integração europeia realçam o fato de que o papel da Corte comunitária ganha importância cada vez maior exatamente durante a década de 1970, no período em que o processo integracional parecia exaurido diante de sucessivas crises econômicas e de uma difícil integração do Reino Unido ao grupo europeu. Assim, enquanto os planos político e econômico exibiam complicações em relação à realidade da integração europeia, tal ideal foi abraçado com entusiasmo pelos juízes do tribunal europeu. Para alguns, haveria até mesmo uma circularidade entre a estagnação política e a aceleração judicial da integração. Segundo tal raciocínio, os Estados possuíam grande margem de manobra dentro da Comunidade Econômica Europeia e utilizavam-se deste poder para impor suas vontades em detrimento da persecução de políticas comuns (vide as crises provocadas pelo governo francês de Charles de Gaulle, mencionadas no capítulo 2). A reação natural das instâncias comunitárias seria, então, intensificar a importância da jurisprudência europeia, de modo a "fechar a saída" da soberania nacional, utilizada pelos Estados para obstaculizar a integração a seu bel-prazer. "Em outras palavras, enquanto que a esclerose política era o resultado das preocupações dos Estados-membros com a crescente influência do TJCE, a crescente atividade da Corte era, por sua vez, o resultado da estagnação da frente política".[35]

Por mais que seja recomendável manter certa cautela perante tal posicionamento, lembrando que o processo circular não pode ser tomado como representativo dos fatores únicos que motivaram a estagnação política e o ativismo judicial, ainda assim é válido lembrar que

> o direito comunitário havia, de fato, experimentado um desenvolvimento surpreendente desde a assinatura do Tratado de Roma. Inicialmente, a execução do direito comunitário, tal qual o do direito internacional, dependia inteiramente da ação dos legislativos nacionais dos Estados-membros. Por volta de meados dos anos 1960, já havia a possibilidade de que um cidadão de qualquer Estado-membro pedisse a um tribunal doméstico que invalidasse leis nacionais consideradas em conflito com disposições diretamente aplicáveis do Tratado de Roma. Uma década mais tarde, qualquer cidadão poderia fazer o mesmo contra qualquer lei nacional considerada como em conflito com as disposições autoexecutáveis da legislação publicada pelo Conselho de Ministros.[36]

---

[35] GRIFFITHS, Richard T. A dismal decade? European integration in the 1970s. In: DINAN, Desmond. *Origins and evolution of the European Union*. Nova York: Oxford University Press, 2006. p. 170-171. Tradução livre do original em inglês: "*In other words, while political sclerosis was the result of member states concerns over the growing influence of the ECJ, the increased activity of the Court was, in its turn, the result of stagnation on the political front*".

[36] Ibid., p. 171. Tradução livre do original em inglês: "*Community law had indeed experienced a dazzling development since the signing of the Rome Treaty. Initially, enforcement of Community law, like that of all international law, depended entirely on action by the national legislatures of the member states. By the mid-1960s it was already the case that a citizen of any member state could ask a national court to invalidate domestic laws found to be in conflict with directly applicable provi-*

A instituição de uma ordem jurídica *sui generis*

Também deve ser mencionado:

> É igualmente evidente que a crescente importância do TJCE não fora antecipada por seus criadores políticos. [...] Portanto, a crescente autoridade do TJCE se devia a sua própria jurisprudência e não era o resultado de (re)considerações políticas no interior dos Estados-membros.[37]

Em 1979, o Tribunal de Justiça deu um passo decisivo para superar o maior obstáculo que até então se opunha ao programa do mercado comunitário comum: a aplicação de barreiras não tarifárias aos produtos de outros Estados-membros. Normas técnicas, sanitárias e de segurança eram muitas vezes invocadas por algum Estado-membro para impedir – ou encarecer – a importação de produtos oriundos de outro país integrante da Comunidade.

Neste sentido, o acórdão Cassis de Dijon (1979)[38][39] foi o *leading-case*[40] para afirmar a validade do princípio insculpido no art. 30 do Tratado de Roma:

> Artigo 30. Restrições quantitativas a importações e todas as medidas que possuam efeito equivalente deverão [...] ser proibidas entre os Estados-membros.[41]

---

sions *of the Rome Treaty. A decade later, any citizen could do the same with any national law found to be in conflict with the self-executing provisions of legislation enacted by the Council of Ministers"*.

[37] Ibid., p. 171. Tradução livre do original em inglês: *"It is also clear that the increasing importance of the ECJ was not anticipated by its political makers. [...] Thus, the growing authority of the ECJ was due to its own jurisprudence and was not the result of political (re)considerations within the member states"*.

[38] TJCE, 20-2-1979. Rewe-Zentral AG *vs*. Bundesmonopolverwaltung für Branntwein (Cassis de Dijon), C-120/78. Disponível em inglês (ou espanhol) em: <http://eur-lex.europa.eu>. Acesso em: 3 set. 2012. Ainda não há tradução oficial para o português.

[39] LUDLOW, N. Piers. From deadlock to dynamism: the EC in the 1980s. In: DINAN, Desmond. *Origins and evolution of the European Union*. Nova York: Oxford University Press, 2006. p. 273.

[40] Ibid., p. 223.

[41] Tradução livre da versão em inglês, cujo teor é: *"Article 30. Quantitative restrictions on imports and all measures having equivalent effect shall, without prejudice to the following provisions, be pro-*

A controvérsia[42] opunha uma empresa alemã importadora de bebidas – que desejava comercializar um licor francês (o Cassis de Dijon, que deu nome ao acórdão) em território alemão – ao órgão germânico de regulação do comércio de licores (Bundesmonopolverwaltung für Branntwein). A importação do destilado foi negada pela administração em virtude de seu baixo teor alcoólico (na Alemanha, um licor deve ter um teor alcoólico de, no mínimo, 25%, enquanto que a bebida francesa apresentava 20%). A razão dada para a proibição foi a desobediência às normas alemãs que visavam controlar o consumo de bebidas alcoólicas, pois, na ótica dos responsáveis por tal política de líquidos, as bebidas com teor menor tenderiam a facilitar vícios e promover uma inundação de álcool no mercado alemão. Além disso, a tributação sobre tais produtos baseava-se no percentual de álcool neles encontrados – ou seja, o Cassis de Dijon levaria vantagem sobre seus concorrentes alemães por conta de sua suavidade.

Para resolver o caso, que lhe foi submetido por via de recurso prejudicial, o Tribunal verificou se as regulações alemãs visavam a alguma finalidade importante na ótica dos tratados comunitários. Concluíram os juízes que as disposições sobre circulação de destilados não poderiam sobrepor-se a um interesse fundamental da Comunidade Econômica Europeia, como o livre comércio. A Corte prosseguiu, indicando que, na circulação de produtos dentro do mercado comum, não haveria lugar para a aplicação de disposições dos distintos direitos nacionais acerca de aspectos técnicos dos produtos, sempre que tais disposições conduzissem a uma restrição na referida liberdade de circulação. O fato de um determinado produto ter sido controlado pelo país no qual foi fabricado deveria ser reconhecido pelos demais Estados-membros, que, portanto, deveriam abster-se de aplicar-lhe novas exigências e regulações.

---

hibited between Member States". Disponível em: <www.hri.org/docs/Rome57/Part5Title1.html>. Acesso em: 28 dez. 2012.

[42] HUMMER Waldemar et al. *Europarecht in Fällen*. Baden-Baden: Nomos Verlagsgesellschaft, 1991. p. 419-422.

A instituição de uma ordem jurídica *sui generis*

Este caso é um claro exemplo de interpretação teleológica empreendida pelos juízes europeus. Com efeito, partindo de uma disposição genérica do Tratado de Roma, que não se aplicava diretamente a regulações impostas pela soberania nacional ao seu próprio mercado, os magistrados acabaram por concluir que tal artigo exprimia um princípio mais amplo, o da liberdade de circulação de produtos e da igualdade, neste âmbito, entre mercadoria nacional e estrangeira. A partir daí, a jurisprudência chegou ao princípio do reconhecimento mútuo, através do qual, desde que padrões mínimos de segurança fossem respeitados, a autorização governamental para circulação comercial num Estado-membro deveria ser reconhecida como suficiente para todos os demais.

A evolução do direito comunitário da União Europeia se deu, em grande medida, através do trabalho do órgão jurisdicional que, deparando-se com lacunas nos tratados e disposições comunitárias, buscava solucioná-las deduzindo novas regras a partir dos princípios comunitários e das finalidades do processo de integração.[43] Lançou mão assim, frequentemente, da interpretação teleológica, facilitada pela multiplicidade de declarações, acordos, atas e formulações de propósitos entre os políticos que impulsionavam a união entre os Estados – materiais que permitiam enxergar de modo relativamente fácil quais eram os propósitos de todo o mecanismo da aproximação europeia.

Uma acusação frequentemente dirigida ao Tribunal de Justiça da União Europeia é no sentido de que este órgão estaria usurpando a competência conferida pelos tratados comunitários aos Estados nacionais e a seus órgãos administrativos e judiciários. Com efeito, cada decisão do Tribunal que inove na interpretação dos dispositivos comunitários vinculará os Estados-membros da União Europeia a novos significados das normas, os quais possivelmente não eram previstos quando da negociação de tais normas pelos Estados, e muitas vezes nem sequer desejados pelos membros. O Tribunal estaria, desta maneira, através da interpretação de princípios e finalidades da União, transformando-se num efetivo gover-

---

[43] RIDEAU, Joël. *Droit institutionnel de l'Union et des Communautés Européennes*. Paris: LGDJ, 2006. p. 192.

nante da UE. Daí a utilização, para referir-se ao processo de integração europeu, da expressão "governo dos juízes" – que não era nova, e invocada desde os primórdios da Suprema Corte dos EUA sempre que o Judiciário parecesse imiscuir-se em questões políticas.

Na atual conjuntura da União Europeia, entretanto, em que as bases da ordem jurídica comunitária já foram assentadas e passaram por um reconhecimento amplo dos países que integram o espaço europeu, talvez seja mais apropriado falar-se em "diálogo dos juízes" do que no "governo" destes. Tal diálogo dar-se-ia, principalmente, pelo mecanismo do "reenvio prejudicial", a ser estudado no capítulo 5.

3.3 O caso "Costa *vs.* Enel"[44]

Flaminio Costa, cidadão italiano, opôs-se à nacionalização, promovida por seu governo, da empresa de energia Enel, da qual era acionista. Recorreu ao Judiciário italiano, ao argumento de que tal medida violaria as leis europeias referentes ao funcionamento regular do mercado. Apontando a possível violação de artigos do Tratado Comunitário de Roma, de 1957, requereu ao juiz nacional que suspendesse o processo e enviasse os autos ao Tribunal de Justiça da União Europeia, o que foi acatado pela jurisdição interna.

Os artigos que Costa alegava terem sido violados eram o 37, o 53, o 93 e o 102 (ver no anexo). O art. 37, §1º tratava da progressiva adaptação dos monopólios nacionais existentes, a fim de assegurar a não discriminação entre os nacionais dos diversos Estados da CEE quanto ao abastecimento e comércio dos produtos. O art. 37, §2º avançava uma disposição mais concreta neste sentido, dispondo que os Estados-membros não poderiam tomar qualquer medida que contrariasse o espírito do §1º.

---

[44] TJCE, 15-7-1964. Flaminio Costa *vs.* Enel, C-6/64. Disponível, inclusive em português, em: <http://eur-lex.europa.eu>. Acesso em: 3 set. 2012.

A instituição de uma ordem jurídica *sui generis*

De acordo com a sentença do Tribunal,

> nos termos do artigo 53º, os Estados-membros comprometem-se, salvo disposição em contrário do Tratado, a não introduzir novas restrições ao estabelecimento, no seu território, dos nacionais dos outros Estados-membros.[45]

Já o art. 93 estabelecia um procedimento de acompanhamento, pela Comissão Europeia, dos regimes de subsídios dos Estados-membros, de forma a possibilitar o mercado comum e impedir que auxílios estatais degenerem numa competição entre os membros da CEE.
Por fim,

> nos termos do artigo 102º, quando houver motivo para recear que a adopção de uma disposição legislativa provoque uma distorção, o Estado-membro que pretenda tomar essa medida consultará a Comissão. Esta pode seguidamente recomendar aos Estados-membros as medidas adequadas para evitar a distorção receada.[46]

Diante das alegações de que o direito comunitário fora violado, o juiz italiano (*giudice conciliatore*) de Milão decidiu ordenar a suspensão do processo e remetê-lo, junto com a ordem de suspensão, ao Tribunal de Justiça da Comunidade Econômica Europeia (hoje chamado de Tribunal de Justiça Europeu), em Luxemburgo. A ordem foi assim redigida na sentença do Tribunal de Justiça Europeu:

> Por despacho de 16 de Janeiro de 1964, regularmente enviado ao Tribunal de Justiça, o Giudice Conciliatore de Milão, "considerando o disposto no artigo 177º do Tratado de 25 de Março de 1957 que institui a CEE, integrado na legislação italiana pela Lei nº 1203, de 14 de Outubro de 1957, e vista a alegação segundo a qual a Lei nº 1643, de 6 de Dezembro de 1962, e os decretos presidenciais que regulamentam aquela lei [...] violam os artigos

---
[45] Ibid., p. 558.
[46] Ibid., p. 557.

102º, 93, 53º e 37º do Tratado", suspendeu a instância e ordenou a remessa dos autos ao Tribunal.[47]

O governo italiano contestou a competência do órgão europeu, defendendo ter o *giudice conciliatore* extrapolado de sua função prevista no Tratado de Roma, pois não se limitou a solicitar do Tribunal Europeu uma interpretação do tratado, mas também pediu que o órgão comunitário avaliasse a compatibilidade da lei interna italiana com a ordem da Comunidade Europeia. Ora, segundo o governo italiano, o procedimento adequado para situações nas que se alegasse um descumprimento da normativa comunitária seria o exposto nos arts. 169 e 170, que somente admitiam, nos procedimentos por eles regulados, a figuração da Comissão Europeia ou de algum Estado-membro como autores. Logo, Flaminio Costa não teria capacidade para agir junto ao Tribunal Europeu.

A Corte europeia, no entanto, considerou que não estava julgando a validade da lei itálica pelos padrões comunitários, e sim avaliando a interpretação dos artigos do Tratado de Roma de 1957 à luz do caso concreto e dos questionamentos levantados pelo *giudice conciliatore* de Milão. Portanto, do ponto de vista do Tribunal Europeu, o pedido seria regular e poderia ser apreciado.

O governo da Itália também alegou a inadmissibilidade do pedido do juiz milanês ao fundamento de que este deveria contentar-se em aplicar a lei interna italiana, e não possuiria legitimidade para contestá-la com base em tratados internacionais. Portanto, a Itália acredita que a ordem criada pelo Tratado de Roma de 1957 possui efeitos meramente interestatais, podendo ser invocada unicamente pelos Estados que se obrigaram pelo tratado. O juiz interno não poderia valer-se do tratado comunitário para satisfazer uma pretensão individual, pois, como funcionário do governo italiano, ele deveria obediência, antes de mais nada, às leis do país. A compatibilidade das leis com tratados internacionais, quaisquer que sejam estes últimos, é matéria que interessa somente aos Estados.

---

[47] Ibid., p. 554.

A instituição de uma ordem jurídica *sui generis*

Neste caso, o principal tema a ser tratado pelo Tribunal pode ser resumido nas seguintes perguntas:
- O Tratado de Roma de 1957 criou uma ordem jurídica comunitária, à qual os sistemas legislativos nacionais se deveriam subordinar?
- As disposições comunitárias, por seu mero surgimento no plano internacional, já confeririam direitos e deveres aos indivíduos, ou dependeriam de uma internalização pelo Estado?
- Caso uma lei nacional contrariasse a ordem comunitária, a lei poderia ser deixada sem efeito por um juiz nacional?
- Este poderia aplicar diretamente as normativas da Comunidade Econômica Europeia?
- E, no caso concreto, quais dos quatro artigos citados por Flaminio Costa efetivamente criam direitos para os cidadãos europeus, que possam ser reclamados em juízo?

Lembre-se de que, caso tais questões sejam superadas e o Tribunal decida pela aplicabilidade direta do direito comunitário, será o juiz nacional italiano quem, a princípio, executará tal operação, interpretando os artigos do Tratado de Roma à luz do caso concreto.

Perguntas

2. Seria correto dizer que, pela letra do art. 177 do Tratado de Roma de 1957, um indivíduo podia provocar o Tribunal de Justiça Europeu para obter deste uma declaração sobre a correta interpretação do Tratado?
3. Considere o seguinte artigo do Tratado de Roma de 1957:

> Artigo 177. O Tribunal de Justiça será competente para tomar uma decisão preliminar acerca:
> a) da interpretação deste Tratado;
> b) da validade e interpretação de atos das instituições da Comunidade; e
> c) da interpretação dos estatutos de quaisquer entes criados por um ato do Conselho, sempre que tais estatutos o prevejam.

Quando uma tal questão for levantada perante uma corte ou tribunal de algum dos Estados-membros, tal corte ou tribunal poderá, caso considere que sua sentença depende de uma decisão preliminar sobre tal questão, requerer ao Tribunal de Justiça que se pronuncie acerca da mesma.

Quando uma tal questão for levantada no âmbito de um caso que esteja sendo julgado perante uma corte ou tribunal domésticos de cuja decisão não cabe recurso segundo a lei nacional, tal corte ou tribunal deverá remeter o caso ao Tribunal de Justiça.[48]

A partir do texto do art. 177, um juiz de Estado-membro da Comunidade poderia deixar de aplicar sua lei nacional para aplicar uma decisão do Tribunal de Justiça Europeu? Em caso afirmativo, qual a consequência para a soberania deste Estado-membro?

4. Nesta demanda, o governo italiano considerava que a primeira obrigação de um juiz nacional é com as leis de seu país. Segundo a Corte, tal posicionamento conflita com o art. 7º do Tratado. Como você vê esta relação?

5. Em relação aos dois casos, como você avalia o papel dos juízes do Tribunal de Justiça da Comunidade Econômica Europeia (atual Tribunal de Justiça Europeu) na formação da ideia de direito comunitário?

Considere, agora, o art. 20 do Protocolo ao Tratado de Roma de 1957 sobre o Estatuto do Tribunal de Justiça da Comunidade Econômica Europeia:

---

[48] Tradução livre da versão em inglês, cujo teor é: *"Article 177. The Court of Justice shall be competent to make a preliminary decision concerning:(a) the interpretation of this Treaty; (b) the validity and interpretation of acts of the institutions of the Community; and (c) the interpretation of the statutes of any bodies set up by an act of the Council, where such statutes so provide. Where any such question is raised before a court or tribunal of one of the Member States, such court or tribunal may, if it considers that its judgment depends on a preliminary decision on this question, request the Court of Justice to give a ruling thereon. Where any such question is raised in a case pending before a domestic court or tribunal from whose decisions no appeal lies under municipal law, such court or tribunal shall refer the matter to the Court of Justice"*. Disponível em: <www.hri.org/docs/Rome57/Part5Title1.html>. Acesso em: 28 dez. 2012.

Artigo 20. Nos casos previstos pelo art. 177 deste Tratado, a decisão da corte ou tribunal doméstico que suspenda seu procedimento e o remeta ao Tribunal será notificada ao Tribunal pela corte doméstica ou tribunal nacional em questão. Tal decisão será, em seguida, notificada pelo notário às partes no caso, aos Estados-membros e à Comissão, e também ao Conselho caso o ato cuja validade ou interpretação estiver em disputa tenha origem no Conselho. As partes, os Estados-membros, a Comissão e, quando apropriado, o Conselho estão legitimados para submeter ao Tribunal, dentro de um período de dois meses após referida notificação, memoriais ou comentários escritos.[49]

No caso "Van Gend en Loos", os governos da Bélgica e da Alemanha submeteram ao Tribunal de Justiça Europeu observações escritas sobre o caso. A respeito da dúvida sobre o efeito interno do art. 12, ambos os governos coincidiram em defender a não aplicabilidade direta da disposição comunitária. O memorial alemão continha inclusive a afirmativa de que *"in German law a legal provision which laid down a customs duty contrary to the provisions of Article 12 would be perfectly valid"*. (Tradução livre: "Segundo a lei alemã, uma disposição legal que instituísse uma tarifa alfandegária contrária às previsões do art. 12 seria perfeitamente válida".)

Perguntas

6. De acordo com o que você estudou sobre a ordem jurídica europeia, qual a importância das previsões deste art. 20 do Protocolo para o desenvolvimento do direito comunitário?

---

[49] Tradução livre da versão em inglês, cujo teor é: *"Article 20. In cases provided for under Article 177 of this Treaty, the decision of the domestic. court or tribunal which suspends its proceedings and makes a reference to the Court shall be notified to the Court by the domestic court or tribunal concerned. Such decision shall then be notified by the registrar to the parties in the case, to the Member States and to the Commission, and also to the Council if the act whose validity or interpretation is in dispute originates from the Council. The parties, the Member States, the Commission and, where appropriate, the Council are entitled to submit to the Court, within a period of two months after the latter notification, memoranda or written comments"*. Disponível em: <www.hri.org/docs/Rome57/Part5Title1.html>. Acesso em: 28 dez. 2012.

7. Por que motivo você acredita que os governos de outros países se manifestaram contrariamente ao efeito direto das normas comunitárias? Qual a possível relação da decisão do Tribunal sobre a soberania dos Estados-membros?
8. Como seria hoje o direito da União Europeia sem o efeito direto?

Considere o seguinte trecho da sentença do Tribunal de Justiça Europeu no caso "Flaminio Costa *vs.* Enel":

> O primado do direito comunitário é confirmado pelo artigo 189º, nos termos do qual os regulamentos têm valor "obrigatório" e são directamente aplicáveis "em todos os Estados-membros". Esta disposição, que não é acompanhada de qualquer reserva, seria destituída de significado se um Estado pudesse, unilateralmente, anular os seus efeitos através de um acto legislativo oponível aos textos comunitários.
>
> Resulta do conjunto destes elementos que ao direito emergente do Tratado, emanado de uma fonte autónoma, em virtude da sua natureza originária específica, não pode ser oposto em juízo um texto interno, qualquer que seja, sem que perca a sua natureza comunitária e sem que sejam postos em causa os fundamentos jurídicos da própria Comunidade.[50]

Veja artigos relevantes do Tratado de Roma estabelecendo a Comunidade Econômica Europeia, como vigorava à época do caso "Flaminio Costa" (1964):

Artigo 37. 1. Os Estados-membros deverão ajustar progressivamente todo tipo de monopólio estatal de caráter comercial, de forma a assegurar que, ao término do período de transição, não exista qualquer discriminação entre seus nacionais acerca das condições sob as quais os bens são produzidos e comercializados.

As disposições deste artigo são aplicáveis a qualquer ente através do qual um Estado-membro, pela lei ou na prática, direta ou indiretamente supervisiona,

---

[50] TJCE, 15-7-1964. Flaminio Costa *vs.* Enel, C-6/64, p. 556. Disponível, inclusive em português, em: <http://eur-lex.europa.eu>. Acesso em: 3 set. 2012.

determina ou influencia consideravelmente as importações e exportações entre os Estados-membros. As disposições são igualmente aplicáveis a monopólios delegados pelo Estado a terceiros.

2. Os Estados-membros abster-se-ão de introduzir qualquer nova medida que seja contrária aos princípios expostos no parágrafo 1, ou que restrinja o propósito dos artigos acerca da abolição das taxas alfandegárias e das restrições quantitativas entre os Estados-membros.

3. O cronograma para as medidas referidas no parágrafo 1º será harmonizado com a abolição das restrições quantitativas aos mesmos produtos, previstas nos artigos 30 a 34. Se um produto foi objeto de monopólio estatal de natureza comercial em um ou mais Estados-membros, a Comissão poderá autorizar outros Estados-membros a aplicar medidas protetivas até que o ajustamento previsto no parágrafo 1º seja efetuado; a Comissão deverá determinar as condições e detalhes de tais medidas.

4. Se um monopólio estatal de caráter comercial possuir regras designadas para facilitar o tratamento de produtos agrícolas ou a obtenção da maior produtividade a partir dos mesmos, a aplicação das regras deste artigo deverá ser efetuada assegurando-se salvaguardas para o emprego e nível de vida dos produtores envolvidos, levando-se em conta os possíveis ajustes e o grau de especialização que será necessário com o passar do tempo.

5. As obrigações dos Estados-membros serão cogentes na medida em que forem compatíveis com os acordos internacionais em vigor.

6. A Comissão fará recomendações, desde o primeiro estágio, acerca do modo e do cronograma segundo os quais os ajustes previstos neste artigo serão desenvolvidos.[51]

---

[51] Tradução livre da versão em inglês, cujo teor é: "*Article 37.1. Member States shall progressively adjust any State monopolies of a commercial character so as to ensure that when the transitional period has ended no discrimination regarding the conditions under which goods are procured and marketed exists between nationals of Member States.*
The provisions of this Article shall apply to any body through which a Member State, in law or in fact, either directly or indirectly supervises, determines or appreciably influences imports or exports between Member States. These provisions shall likewise apply to monopolies delegated by the State to others. 2. Member States shall refrain from introducing any new measure which is contrary to the principles laid down in paragraph 1 or which restricts the scope of the Articles dealing with the abolition of customs duties and quantitative restrictions between Member States. 3. The timetable for the measures referred

Artigo 53. Os Estados-membros não introduzirão qualquer nova restrição ao direito de nacionais de outros Estados-membros estabelecerem-se em seus territórios, a não ser que este Tratado disponha diferentemente.[52]

Artigo 93. 1. A Comissão, em cooperação com os Estados-membros, deverá manter todo sistema de auxílio existente nestes Estados sob revisão permanente. Deverá propor aos mesmos quaisquer medidas apropriadas requeridas pelo desenvolvimento progressivo ou pelo funcionamento do mercado comum.

2. Caso a Comissão, após notificar os Estados interessados para que lhe submetam seus comentários, conclua que um auxílio disponibilizado por um Estado ou através de recursos estatais não é compatível com o mercado comum considerando-se o artigo 92, ou que tal auxílio vem sendo mal utilizado, decidirá que o Estado interessado deverá abolir ou alterar tal auxílio em período de tempo a ser determinado pela Comissão.

Se o Estado interessado não obedecer a esta decisão dentro do tempo prescrito, a Comissão ou qualquer outro Estado interessado poderá, não obstante as disposições dos artigos 169 e 170, levar a questão diretamente ao Tribunal de Justiça. A partir de uma demanda de um Estado-membro, o

---

to in paragraph 1 shall be harmonised with the abolition of quantitative restrictions on the same products provided for in Articles 30 to 34. If a product is subject to a State monopoly of a commercial character in only one or some Member States, the Commission may authorise the other Member States to apply protective measures until the adjustment provided for in paragraph 1 has been effected; the Commission shall determine the conditions and details of such measures. 4. If a State monopoly of a commercial character has rules which are designed to make it easier to dispose of agricultural products or obtain for them the best return, steps should be taken in applying the rules contained in this Article to ensure equivalent safeguards for the employment and standard of living of the producers concerned, account being taken of the adjustments that will be possible and the specialisation that will be needed with the passage of time. 5. The obligations on Member States shall be binding only in so far as they are compatible with existing international agreements. 6. With effect from the first stage the Commission shall make recommendations as to the manner in which and the timetable according to which the adjustment provided for in this Article shall be carried out." Disponível em: <www.hri.org/docs/Rome57/Part5Title1.html>. Acesso em: 28 dez. 2012.

[52] Tradução livre da versão em inglês, cujo teor é: *"Article 53. Member States shall not introduce any new restrictions on the right of establishment in their territories of nationals of other Member States, save as otherwise provided in this Treaty."* Disponível em: <www.hri.org/docs/Rome57/Part5Title1.html>. Acesso em: 28 dez. 2012.

A instituição de uma ordem jurídica *sui generis*

Conselho poderá, agindo em unanimidade, decidir que o auxílio que determinado Estado providencia ou tenciona providenciar deverá ser considerado compatível com o mercado comum, não obstante as disposições do artigo 92 ou as regulamentações previstas no artigo 94. Tal decisão deverá ser justificada por circunstâncias excepcionais. Caso, em relação ao auxílio em questão, a Comissão já tenha iniciado o procedimento previsto no primeiro subparágrafo deste parágrafo, então o fato de que o Estado interessado peticionou o Conselho terá o efeito de suspender tal procedimento até que o Conselho dê a conhecer sua atitude. Porém, se o Conselho não der sua atitude a conhecer dentro de três meses após o processamento da petição incial, então a Comissão decidirá o caso.
3. A Comissão deverá ser informada, em tempo que lhe permita submeter seus comentários, sobre quaisquer planos de providenciar ou alterar auxílios. Caso ela considere que qualquer um destes planos não é compatível com o mercado comum de acordo com o artigo 92, deverá sem demora iniciar o procedimento previsto no parágrafo 2º. O Estado-membro interessado não deverá concretizar suas medidas planejadas até que tal procedimento resulte numa decisão final.[53]

---

[53] Tradução livre da versão em inglês, cujo teor é: "*Article 93. 1. The Commission shall, in cooperation with Member States, keep under constant review all systems of aid existing in those States. It shall propose to the latter any appropriate measures required by the progressive development or by the functioning of the common market. 2. If, after giving notice to the parties concerned to submit their comments, the Commission finds that aid granted by a State or through State resources is not compatible with the common market having regard to Article 92, or that such aid is being misused, it shall decide that the State concerned shall abolish or alter such aid within a period of time to be determined by the Commission. If the State concerned does not comply with this decision within the prescribed time, the Commission or any other interested State may, in derogation from the provisions of Articles 169 and 170, refer the matter to the Court of Justice direct. On application by a Member State, the Council, may, acting unanimously, decide that aid which that State is granting or intends to grant shall be considered to be compatible with the common market, in derogation from the provisions of Article 92 or from the regulations provided for in Article 94, if such a decision is justified by exceptional circumstances. If, as regards the aid in question, the Commission has already initiated the procedure provided for in the first subparagraph of this paragraph, the fact that the State concerned has made its application to the Council shall have the effect of suspending that procedure until the Council has made its attitude known. If, however, the Council has not made its attitude known within three months of the said application being made, the Commission shall give its decision on the case. 3. The Commission shall be informed, in sufficient time to enable it to submit its comments, of any plans*

Artigo 102. 1. Havendo razões para temer que a adoção ou modificação de uma disposição prevista em lei, regulação ou ato administrativo possa causar distorções considerando o sentido do artigo 101, o Estado-membro responsável deverá consultar a Comissão. Após consulta aos Estados-membros, a Comissão recomendará aos Estados interessados as medidas apropriadas para evitar a distorção em questão.

2. Se o Estado que pretender introduzir novas disposições ou modificar suas próprias disposições já existentes não obedecer à recomendação que lhe foi endereçada pela Comissão, outros Estados-membros não serão instados a emendar suas próprias disposições de modo a eliminar aquela distorção, na forma do artigo 101. Se o Estado-membro que ignorou a recomendação da Comissão causar uma distorção apenas em seu detrimento, as disposições do artigo 101 não se aplicarão.[54]

3.4 Questões para fixação e aprofundamento

1. Quais são as fontes do direito da UE?
2. Quais são os princípios que regem a ordem jurídica europeia?

---

to grant or alter aid. If it considers that any such plan is not compatible with the common market having regard to Article 92, it shall without delay initiate the procedure provided for in paragraph 2. The Member State concerned shall not put its proposed measures into effect until this procedure has resulted in a final decision." Disponível em: <www.hri.org/docs/Rome57/Part5Title1.html>. Acesso em: 28 dez. 2012.

[54] Tradução livre da versão em inglês, cujo teor é: "*Article 102. 1. Where there is reason to fear that the adoption or amendment of a provision laid down by law, regulation or administrative action may cause distortion within the meaning of Article 101, a Member State desiring to proceed therewith shall consult the Commission. After consulting the Member States, the Commission shall recommend to the States concerned such measures as may be appropriate to avoid the distortion in question. 2. If a State desiring to introduce or amend its own provisions does not comply with the recommendation addressed to it by the Commission, other Member States shall not be required, in pursuance of Article 101, to amend their own provisions in order to eliminate such distortion. If the Member State which has ignored the recommendation of the Commission causes distortion detrimental only to itself, the provisions of Article 101 shall not apply*". Disponível em: <www.hri.org/docs/Rome57/Part5Title1.html>. Acesso em: 28 dez. 2012.

3. Esses princípios decorrem do tratado ou resultam de interpretação jurisprudencial do TJUE?
4. A ordem jurídica europeia é geralmente considerada uma ordem jurídica *sui generis*. Por quê?
5. Em que medida a lógica do direito comunitário europeu diferencia-se do direito internacional e do direito nacional?
6. O direito comunitário europeu possui autonomia?
7. Sobre a primazia: (i) Em que medida a primazia, estabelecida pelo TJUE, é incondicional?; (ii) Em que medida a primazia, reconhecida pelos tribunais constitucionais nacionais, é condicional?; (iii) Quais são as consequências da primazia para o juiz nacional?; (iv) O juiz nacional poderá afastar a norma nacional em contradição com o direito do bloco europeu sem remeter a questão ao tribunal constitucional?; (v) O que ocorreu no caso "Solange I" (1967) e II (1986) perante a Suprema Corte alemã?
8. Sobre o efeito direto: (i) Qual foi a decisão que reconheceu sua existência?; (ii) Quais as condições para que uma norma comunitária europeia produza efeitos diretos?; (iii) O efeito direto converte os tribunais nacionais nos principais patrocinadores dos direitos subjetivos criados pelas instituições do bloco?
9. No que consiste o direito primário e derivado? Quais são seus respectivos efeitos? A diretiva produz efeitos diretos em que condições? Por que foi instituído o efeito direto das diretivas?
10. É necessário que as constituições dos Estados-membros disponham de "cláusulas europeias" ou habilitações permitindo a transferência de competências para instituições europeias?

Capítulo 4
O direito da União Europeia: o espaço Schengen

4.1 O difícil tema da imigração ilegal na Europa

O tema da imigração ilegal é um dos assuntos mais pungentes nas políticas europeias. Estimativas dão conta de que, a cada ano, 2 milhões de estrangeiros migram de modo legal para os Estados-membros da União Europeia. Este número é complementado pelos cerca de 8 milhões de imigrantes que já residem ilegalmente no bloco. A tendência atual que se observa a nível europeu, manifestada tanto nas legislações e políticas nacionais quanto nos instrumentos comunitários, vai no sentido de maiores restrições à imigração ilegal, favorecendo a expulsão dos extracomunitários que se encontrem nos países da UE sem justificativa legal para tanto.

Neste sentido, o Conselho da União Europeia, em procedimento de codecisão com o Parlamento Europeu, adotou a Diretiva 2008/115/CE, de 16 de dezembro de 2008, "relativa a normas e procedimentos comuns nos Estados-membros para o regresso de nacionais de países terceiros em situação irregular".

Esta disposição deveria solucionar problemas em dois campos distintos: em primeiro lugar, intentou-se harmonizar as diferentes legislações nacionais sobre o tema da expulsão dos estrangeiros ilegais e, em segundo lugar, seria necessário observar as garantias decorrentes dos direitos fundamentais dos imigrantes ilegais.

Na terminologia do direito comunitário europeu, a diretiva é um instrumento de harmonização das legislações e regulamentações nacionais. Isto é, ela não visa substituir as legislaturas dos Estados-membros, mas prescreve certas finalidades e exigências que as normas nacionais deverão seguir quando tratarem do seu tema. Por isso, pode-se dizer que a diretiva confere uma margem autônoma de apreciação ao Estado-membro, cuja amplitude variará na proporção inversa ao grau de detalhamento do seu texto.

A Diretiva nº 2008/115/CE, batizada de Diretiva de Retorno, possui um âmbito de aplicação específico: trata das pessoas que não sejam cidadãs dos Estados europeus que seguem o Código das Fronteiras Schengen e que se encontrem em situação irregular dentro de tais países. O conjunto dos Estados que aceitou o Código de Fronteiras é conhecido em geral como Espaço Schengen. Deste, fazem parte os seguintes Estados: Alemanha, Áustria, Bélgica, Dinamarca, Eslováquia, Eslovênia, Espanha, Estônia, Finlândia, França, Grécia, Holanda, Hungria, Itália, Letônia, Lituânia, Luxemburgo, Malta, Polônia, Portugal, República Tcheca e Suécia. Apesar de o Código originar-se das instituições da União Europeia (Parlamento Europeu e Conselho da Europa), três Estados associados também fazem parte do espaço: Noruega, Islândia e Suíça. Bulgária, Chipre e Romênia ainda não se tornaram membros, sendo que o Reino Unido e a Irlanda obtiveram um *status* particular, aplicando somente algumas disposições do acervo de Schengen.

O Código é bastante claro quanto à obrigação de controle de todo cidadão na entrada do espaço europeu. Assim, dispõem as cláusulas 6ª, 7ª e 8ª de seu preâmbulo:[55]

---

[55] A tradução fornecida pela União Europeia é somente para o português na variante falada em Portugal. Disponível em: <http://eur-lex.europa.eu/LexUriServ/LexUriServ.do?uri=CELEX:32006R0562:PT:NOT>. Acesso em: 4 abr. 2013.

(6) O controlo fronteiriço não é efectuado exclusivamente no interesse do Estado-Membro em cujas fronteiras externas se exerce, mas no interesse de todos os Estados-Membros que suprimiram o controlo nas suas fronteiras internas. O controlo fronteiriço deverá contribuir para a luta contra a imigração clandestina e o tráfico de seres humanos, bem como para a prevenção de qualquer ameaça para a segurança interna, a ordem pública, a saúde pública e as relações internacionais dos Estados--Membros.

(7) Os controlos de fronteira deverão ser efectuados de modo a assegurar o pleno respeito pela dignidade humana. O controlo fronteiriço deverá ser efectuado de forma profissional e respeitadora, e ser proporcional aos objectivos prosseguidos.

(8) O controlo fronteiriço inclui não só os controlos das pessoas nos pontos de passagem de fronteira e a vigilância entre estes pontos de passagem, mas igualmente a análise dos riscos para a segurança interna e a análise das ameaças que possam afectar a segurança das fronteiras externas. Convém, portanto, estabelecer as condições, os critérios e as regras práticas que regulam tanto os controlos nos pontos de passagem de fronteira como a vigilância.

Já o art. 4º, §3º, do Código de Fronteiras apresenta uma obrigação dos Estados que também foi considerada na elaboração da Diretiva de Retorno:

3. Sem prejuízo das excepções previstas no nº 2 e das suas obrigações em matéria de protecção internacional, os Estados-Membros instauram sanções, nos termos do respectivo direito nacional, no caso de passagem não autorizada das fronteiras externas fora dos pontos de passagem de fronteira e das horas de abertura fixadas. Essas sanções devem ser efectivas, proporcionadas e dissuasivas.

Assim, a dita diretiva visa regular a situação do extracomunitário que esteja de forma irregular dentro do Espaço Schengen, isto é, uma pessoa que atravessou a fronteira deste espaço de modo ilegal, ou cuja permanência na Europa se haja prolongado por mais tempo do que o autorizado em sua entrada.

4.2 Notícia do Parlamento Europeu imediatamente antes da aprovação da Diretiva de Retorno

Do *site* do Parlamento Europeu:[56]

> Parlamento Europeu vota sobre a directiva do retorno
> **Imigração – 11-6-2008 – 23:18**
> Parte superior do formulário
> **O Parlamento Europeu vai debater, a 17 de Junho, e votar, no dia 18, sobre a proposta de "directiva do retorno" de imigrantes ilegais, matéria sobre a qual legisla em pé de igualdade com o Conselho. Os eurodeputados irão definir a sua posição sobre assuntos polémicos como o período máximo de detenção de imigrantes ilegais, a interdição de readmissão na UE por um período máximo de cinco anos, as condições para a detenção de crianças e o apoio judiciário que será assegurado pelos Estados-Membros.**
> A chamada "directiva do retorno" estabelece normas e procedimentos comuns nos Estados-Membros para o regresso de nacionais de países terceiros em situação irregular.
> Esta é a primeira de três directivas sobre uma política comum de imigração a ser submetida à votação do plenário: a proposta de directiva que estabelece sanções contra os empregadores de imigrantes ilegais e a proposta relativa às condições de entrada e de residência de nacionais de países terceiros para efeitos de emprego altamente qualificado estão neste momento a ser examinadas na comissão parlamentar das Liberdades Cívicas, Justiça e Assuntos

---
[56] Disponível em: < www.europarl.europa.eu/portal/pt>. Acesso em: 29 dez. 2012. A tradução fornecida pela União Europeia é somente para o português na variante falada em Portugal. Disponível em: <http://eur-lex.europa.eu/LexUriServ/LexUriServ.do?uri=CELEX:32006R0562:PT:NOT>. Acesso em: 4 abr. 2013.

Internos, devendo chegar a plenário em Outubro ou Novembro, já durante a Presidência francesa da UE.

Promover o regresso voluntário de imigrantes ilegais
A proposta inicial, apresentada pela Comissão Europeia, visa promover o regresso voluntário, estabelecendo uma norma geral em que um *prazo para a partida* deve ser normalmente concedido ao imigrante ilegal. A proposta estabelece um procedimento harmonizado em duas fases: uma *decisão de regresso* numa primeira fase e, se o imigrante ilegal em causa não regressar de forma voluntária, uma *medida de afastamento* numa segunda fase, assim se alinhando em certa medida os sistemas actualmente divergentes dos Estados-Membros.

A proposta de directiva confere uma dimensão europeia aos efeitos das medidas nacionais de regresso estabelecendo uma *interdição de readmissão válida em toda a UE*.

O documento prevê também um conjunto mínimo de garantias processuais, limita o recurso a medidas coercivas e à prisão preventiva, recompensa o cumprimento (incluindo a opção de retirar uma interdição de readmissão) e penaliza o incumprimento (incluindo a opção de alargar uma interdição de readmissão).

Estabelecimento de um período máximo de detenção
A prisão preventiva só será utilizada se for necessária para prevenir o risco de fuga e se não for suficiente a aplicação de medidas coercivas menos severas. As razões para manter o imigrante ilegal em prisão preventiva deverão ser regularmente reapreciadas por uma autoridade judicial.

O período máximo de prisão preventiva – actualmente, pelo menos sete Estados-Membros não preveem qualquer período máximo de detenção de imigrantes ilegais – deve garantir que esta não possa ser indevidamente prorrogada. Esta harmonização das regras nacionais em matéria de prisão preventiva destina-se igualmente a evitar movimentos secundários entre Estados-Membros de pessoas em situação irregular.

Em Portugal, a detenção de um cidadão estrangeiro em situação ilegal não pode exceder 60 dias, de acordo com o artigo 146º, nº 3 da Lei nº 23/2007, de 4 de Julho, que aprova o regime jurídico de entrada, permanência, saída e afastamento de estrangeiros do território nacional (também conhecida por "lei da imigração").

Segundo a proposta de directiva inicial da Comissão Europeia a prisão preventiva poderia ser prorrogada pelas autoridades judiciais por um período máximo de *seis meses*.

Em Setembro do ano passado, a Comissão das Liberdades Cívicas do PE aprovou um relatório, elaborado pelo eurodeputado alemão Manfred WEBER (PPE/DE), que estabelecia que os Estados-Membros deveriam prever um período de *três meses, podendo reduzir este período ou prolongá-lo até dezoito meses*, em circunstâncias especiais.

Os representantes do Parlamento Europeu, do Conselho e da Comissão têm-se reunido regularmente em "trílogos", o que possibilitou um aproximar de posições e resultou mesmo, em 23 de Abril, num texto de compromisso entre o relator do PE e a Presidência do Conselho. Esse texto não obteve, no entanto, o apoio de todos os grupos políticos.

No texto negociado a 4 de Junho a nível do comité dos representantes permanentes dos Estados-Membros junto da UE (COREPER) lê-se que cada Estado-Membro estabelecerá um período limitado de detenção, que não poderá exceder *seis meses*. Em casos específicos, este período poderá ser estendido *por mais 12 meses* (o que perfaz um total de dezoito meses).

O *período para a partida voluntária* deverá situar-se, de acordo com este compromisso, entre sete e trinta dias. Em Portugal é entre dez e vinte dias, segundo o artigo 138º da lei da imigração.

Quanto à *interdição de readmissão na UE*, não deverá exceder cinco anos, excepto se a pessoa em causa representar uma ameaça grave à segurança pública ou à segurança nacional. No caso português, a interdição de entrada é apenas aplicável em caso de afastamento coercivo (ao cidadão estrangeiro expulso é vedada a entrada em território nacional por "período não inferior a cinco anos", de acordo com o artigo 144º da lei da imigração). O imigrante em situação ilegal que se decida pelo regresso voluntário passa a estar numa situação mais favorável do que a do expulsando, na medida em que pode voltar a imigrar legalmente, embora quando o faça no período de três anos tenha a obrigação de reembolsar o Estado pelas quantias gastas com o seu regresso.

O novo texto prevê *condições específicas para o caso de detenção de crianças*: as crianças não acompanhadas e as famílias com crianças só poderão ser detidas "como medida de último recurso e pelo período mais curto possível". As crianças detidas deverão ter acesso a actividades lúdicas ou recreativas adequadas à sua idade e, dependendo da duração da permanência, acesso à educação, como defendido pelos representantes do Parlamento Europeu. As crianças não acompanhadas deverão, na medida do possível, ser alojadas em estabelecimentos que disponham de pessoal e de instalações adequados às necessidades das crianças da sua idade.

A questão do apoio judiciário

Tanto a proposta inicial como o relatório da Comissão das Liberdades Cívicas do PE estipulavam o seguinte: "Os Estados-Membros assegurarão que o nacional de país terceiro em causa tenha a possibilidade de obter a assistência e a representação de um advogado e, se necessário, os serviços de um intérprete. É concedido apoio judiciário a quem não disponha de recursos suficientes".

Após algumas posições divergentes entre os Estados-Membros sobre esta matéria, o texto acordado no COREPER prevê que os Estados-Membros "assegurarão" que a necessária assistência judiciária e/ou representação seja disponibilizada sem encargos, "de acordo com a legislação nacional relativa ao apoio judiciário".

E agora?

Tudo resta em aberto para a votação em plenário. O compromisso saído do COREPER (e apoiado, em princípio, no Parlamento pelos grupos PPE/DE, ALDE e UEN) irá ser submetido à votação dos eurodeputados sob a forma de alterações ao relatório de Manfred WEBER. No entanto, os grupos políticos poderão ainda apresentar outras alterações (o prazo de entrega é quarta-feira, 11 de Junho, às 12 horas), pelo que o texto que será aprovado no Parlamento Europeu a 18 de Junho, em primeira leitura, poderá trazer várias novidades. O processo de co-decisão poderá mesmo continuar para uma segunda leitura.

Transposição para a legislação nacional

Quando esta directiva for aprovada, os Estados-Membros terão 24 meses após a data da publicação no Jornal Oficial da UE para transpô-la para o direito nacional. No caso da regra relativa ao apoio judiciário, o prazo de transposição é de 36 meses.

Estado-membro	Duração máxima do período de detenção
França	32 dias
Chipre	32 dias
Itália	40 dias
Espanha	40 dias
Irlanda	8 semanas
Portugal	60 dias
Luxemburgo	3 meses
Grécia	3 meses
Eslovénia	6 meses
Eslováquia	6 meses
República Checa	6 meses
Hungria	6 meses
Roménia	6 meses
Bélgica	8 meses
Áustria	10 meses
Polónia	12 meses
Malta	18 meses
Alemanha	18 meses
Letónia	20 meses
Dinamarca	Duração ilimitada
Estónia	Duração ilimitada
Finlândia	Duração ilimitada
Lituânia	Duração ilimitada
Países Baixos	Duração ilimitada
Reino Unido	Duração ilimitada
Suécia	Duração ilimitada

4.3 Texto da Diretiva nº 2008/115 (Diretiva de Retorno)[57]

DIRECTIVA 2008/115/CE DO PARLAMENTO EUROPEU E DO CONSELHO, de 16 de Dezembro de 2008 – relativa a normas e procedimentos comuns nos Estados-Membros para o regresso de nacionais de países terceiros em situação irregular

O PARLAMENTO EUROPEU E O CONSELHO DA UNIÃO EUROPEIA,

Tendo em conta o Tratado que institui a Comunidade Europeia, nomeadamente a alínea b) do ponto 3 do artigo 63º,

Tendo em conta a proposta da Comissão,

Deliberando nos termos do artigo 251º do Tratado (1),

Considerando o seguinte:

(1) O Conselho Europeu de Tampere, de 15 e 16 de Outubro de 1999, estabeleceu uma abordagem coerente no âmbito da imigração e do asilo, que tem por objecto, ao mesmo tempo, a criação de um sistema comum de asilo, a política de imigração legal e a luta contra a imigração clandestina.

(2) O Conselho Europeu de Bruxelas, de 4 e 5 de Novembro de 2004, apelou à definição de uma política eficaz de afastamento e repatriamento, baseada em normas comuns, para proceder aos repatriamentos em condições humanamente dignas e com pleno respeito pelos direitos fundamentais e a dignidade das pessoas.

(3) Em 4 de Maio de 2005, o Comité de Ministros do Conselho da Europa aprovou as "Vinte orientações sobre o regresso forçado".

(4) Importa estabelecer normas claras, transparentes e justas para uma política de regresso eficaz, enquanto elemento necessário de uma política de migração bem gerida.

(5) A presente directiva deverá estabelecer um conjunto de normas horizontais aplicáveis a todos os nacionais de países terceiros que não preencham ou tenham deixado de preencher as condições de entrada, permanência ou residência num Estado-Membro.

---

[57] Disponível em: <http://eur-lex.europa.eu/>. Acesso em: 29 dez. 2012. A tradução fornecida pela União Europeia é somente para o português na variante falada em Portugal.

(6) Os Estados-Membros deverão assegurar a cessação das situações irregulares de nacionais de países terceiros através de um procedimento justo e transparente. De acordo com os princípios gerais do direito comunitário, as decisões ao abrigo da presente directiva deverão ser tomadas caso a caso e ter em conta critérios objectivos, sendo que a análise não se deverá limitar ao mero facto da permanência irregular. Ao utilizar os formulários para as decisões relacionadas com o regresso, nomeadamente decisões de regresso e, se tiverem sido emitidas, decisões de proibição de entrada e decisões de afastamento, os Estados-Membros deverão respeitar aquele princípio e cumprir integralmente todas as disposições aplicáveis da presente directiva.

(7) É de salientar que são necessários acordos de readmissão comunitários e bilaterais com os países terceiros para facilitar o procedimento de regresso. A cooperação internacional com os países de origem em todas as etapas do procedimento de regresso constitui um requisito prévio para a sustentabilidade do regresso.

(8) Reconhece-se que é legítimo que os Estados-Membros imponham o regresso dos nacionais de países terceiros em situação irregular, desde que existam sistemas de asilo justos e eficientes, que respeitem plenamente o princípio da não-repulsão.

(9) Nos termos da Directiva 2005/85/CE do Conselho, de 1 de Dezembro de 2005, relativa a normas mínimas aplicáveis ao procedimento de concessão e retirada do estatuto de refugiado nos Estados-Membros (2), um nacional de país terceiro que tenha requerido asilo num Estado-Membro não deverá considerar-se em situação irregular no território desse Estado-Membro enquanto não entrar em vigor a decisão de indeferimento do pedido ou a decisão que ponha termo ao seu direito de permanência enquanto requerente de asilo.

(10) Sempre que não haja razões para considerar que tal pode prejudicar o objectivo de um procedimento de regresso, deverá preferir-se o regresso voluntário em relação ao regresso forçado e deverá ser concedido um prazo para o regresso voluntário. Deverá conceder-se a prorrogação do prazo de regresso voluntário sempre que tal seja considerado necessário à luz das circunstâncias do caso concreto. A fim de promover o regresso voluntário,

os Estados-Membros deverão reforçar a assistência e o aconselhamento em matéria de regresso e utilizar da melhor forma as possibilidades de financiamento oferecidas pelo Fundo Europeu de Regresso.

(11) Deverá estabelecer-se um conjunto mínimo comum de garantias em matéria de decisões relacionadas com o regresso, por forma a assegurar a protecção efectiva dos interesses das pessoas em causa. Deverá ser disponibilizada a necessária assistência jurídica a todos aqueles que não disponham de recursos suficientes. Os Estados-Membros deverão definir na sua legislação nacional os casos em que a assistência jurídica deve ser considerada necessária.

(12) Deverá ser resolvida a situação dos nacionais de países terceiros que se encontram em situação irregular, mas que ainda não podem ser repatriados. As condições básicas de subsistência dessas pessoas deverão ser definidas de acordo com a lei nacional. Para poderem provar a sua situação específica em caso de inspecções ou controlos administrativos, essas pessoas deverão obter confirmação escrita da situação em que se encontram. Os Estados-Membros deverão gozar de amplo poder discricionário em relação à forma e ao formato da confirmação escrita, podendo também inclui-la nas decisões relacionadas com o regresso tomadas ao abrigo da presente directiva.

(13) O recurso a medidas coercivas deverá estar expressamente sujeito aos princípios da proporcionalidade e da eficácia no que respeita aos meios utilizados e aos objectivos perseguidos. Deverão ser estabelecidas garantias mínimas para a execução de regressos forçados, tendo em conta a Decisão 2004/573/CE do Conselho, de 29 de Abril de 2004, relativa à organização de voos comuns para o afastamento do território de dois ou mais Estados-Membros de nacionais de países terceiros que estejam sujeitos a decisões individuais de afastamento (1). Os Estados-Membros deverão poder recorrer a várias possibilidades de fiscalização de regressos forçados.

(14) Importa conferir uma dimensão europeia aos efeitos das medidas nacionais de regresso, mediante a previsão de uma proibição de entrada que impeça a entrada e a permanência no território de todos os Estados-Membros. A duração da proibição de entrada deverá ser determinada tendo

na devida consideração todas as circunstâncias relevantes do caso concreto e não deverá, em princípio, ser superior a cinco anos. Neste contexto, deverá ter-se especialmente em conta o facto de o nacional de um país terceiro em causa já ter sido sujeito a mais do que uma decisão de regresso ou ordem de afastamento ou já ter entrado no território de um Estado-Membro durante a proibição de entrada.

(15) Deverão ser os Estados-Membros a decidir se, na reapreciação de decisões relacionadas com o regresso, a autoridade ou o órgão de recurso tem competência para substituir a decisão anterior pela sua decisão.

(16) O recurso à detenção para efeitos de afastamento deverá ser limitado e sujeito ao princípio da proporcionalidade no que respeita aos meios utilizados e aos objectivos perseguidos. A detenção só se justifica para preparar o regresso ou para o processo de afastamento e se não for suficiente a aplicação de medidas coercivas menos severas.

(17) Os nacionais de países terceiros detidos deverão ser tratados de forma humana e digna, no respeito pelos seus direitos fundamentais e nos termos do direito internacional e do direito nacional. Sem prejuízo da detenção inicial pelas entidades competentes para a aplicação da lei, que se rege pelo direito nacional, a detenção deverá, por norma, ser executada em centros de detenção especializados.

(18) Os Estados-Membros deverão ter acesso rápido às informações sobre as proibições de entrada emitidas por outros Estados-Membros. Esta partilha de informações deverá cumprir o disposto no Regulamento (CE) nº 1987/2006 do Parlamento Europeu e do Conselho, de 20 de Dezembro de 2006, relativo ao estabelecimento, ao funcionamento e à utilização do Sistema de Informação de Schengen de segunda geração (SIS II) (2).

(19) A aplicação da presente directiva deverá ser acompanhada da cooperação entre as instituições implicadas em todas as etapas do procedimento de regresso e do intercâmbio e promoção das melhores práticas, as quais deverão constituir uma mais-valia europeia.

(20) Atendendo a que o objectivo da presente directiva, a saber, estabelecer normas comuns em matéria de regresso, afastamento, recurso a medidas coercivas, detenção e proibições de entrada, não pode ser suficientemente

realizado pelos Estados-Membros, e pode, pois, devido à sua dimensão e efeitos, ser melhor alcançado a nível comunitário, a Comunidade pode tomar medidas em conformidade com o princípio da subsidiariedade consagrado no artigo 5º do Tratado. Em conformidade com o princípio da proporcionalidade consagrado no mesmo artigo, a presente directiva não excede o necessário para atingir aquele objectivo.

(21) Os Estados-Membros deverão aplicar a presente directiva sem qualquer discriminação em razão do sexo, raça, cor, etnia ou origem social, características genéticas, língua, religião ou crença, opiniões políticas ou outras, pertença a uma minoria nacional, riqueza, nascimento, deficiência, idade ou orientação sexual.

(22) Em consonância com a Convenção das Nações Unidas sobre os Direitos da Criança, de 1989, o "interesse superior da criança" deverá constituir uma consideração primordial dos Estados-Membros na aplicação da presente directiva. Em consonância com a Convenção Europeia para a Protecção dos Direitos do Homem e das Liberdades Fundamentais, o respeito pela vida familiar deverá ser também uma das considerações primordiais dos Estados-Membros na aplicação da presente directiva.

(23) A presente directiva é aplicável sem prejuízo das obrigações decorrentes da Convenção de Genebra relativa ao Estatuto dos Refugiados, de 28 de Julho de 1951, com a redacção que lhe foi dada pelo Protocolo de Nova Iorque, de 31 de Janeiro de 1967.

(24) A presente directiva respeita os direitos fundamentais e os princípios consagrados, em especial, na Carta dos Direitos Fundamentais da União Europeia.

(25) Nos termos dos artigos 1º e 2º do Protocolo relativo à posição da Dinamarca, anexo ao Tratado da União Europeia e ao Tratado que institui a Comunidade Europeia, a Dinamarca não participa na aprovação da presente directiva e não fica a ela vinculada nem sujeita à sua aplicação. Uma vez que a presente directiva constitui – na medida em que se aplica a nacionais de países terceiros que não preencham ou tenham deixado de preencher as condições de entrada ao abrigo do Código das Fronteiras Schengen (1) – um desenvolvimento do acervo de Schengen

em aplicação do disposto no Título IV da Parte III do Tratado que institui a Comunidade Europeia, a Dinamarca deve decidir, nos termos do artigo 5º do referido Protocolo e no prazo de seis meses a contar da data de aprovação da presente directiva, se procede à sua transposição para o seu direito interno.

(26) Na medida em que se aplica aos nacionais de países terceiros que não preenchem ou deixaram de preencher as condições de entrada ao abrigo do Código das Fronteiras Schengen, a presente directiva constitui um desenvolvimento das disposições do acervo de Schengen de que o Reino Unido não faz parte, nos termos da Decisão 2000/365/CE do Conselho, de 29 de Maio de 2000, sobre o pedido do Reino Unido da Grã-Bretanha e da Irlanda do Norte para participar em algumas das disposições do acervo de Schengen (2). Para além disso, nos termos dos artigos 1º e 2º do Protocolo relativo à posição do Reino Unido e da Irlanda, anexo ao Tratado da União Europeia e ao Tratado que institui a Comunidade Europeia, e sem prejuízo do artigo 4º do referido Protocolo, o Reino Unido não participa na aprovação da presente directiva e não fica a ela vinculado nem sujeito à sua aplicação.

(27) Na medida em que se aplica aos nacionais de países terceiros que não preencham ou tenham deixado de preencher as condições de entrada ao abrigo do Código das Fronteiras Schengen, a presente directiva constitui um desenvolvimento das disposições do acervo de Schengen de que a Irlanda não faz parte, nos termos da Decisão 2002/192/CE do Conselho, de 28 de Fevereiro de 2002, sobre o pedido da Irlanda para participar em algumas das disposições do acervo de Schengen (3). Para além disso, nos termos dos artigos 1º e 2º do Protocolo relativo à posição do Reino Unido e da Irlanda, anexo ao Tratado da União Europeia e ao Tratado que institui a Comunidade Europeia, e sem prejuízo do artigo 4º do referido Protocolo, a Irlanda não participa na aprovação da presente directiva e não fica a ela vinculada nem sujeita à sua aplicação.

(28) Em relação à Islândia e à Noruega, a presente directiva constitui – na medida em que se aplica a nacionais de países terceiros que não preencham ou tenham deixado de preencher as condições de entrada ao abrigo do

Código das Fronteiras Schengen – um desenvolvimento das disposições do acervo de Schengen, na acepção do Acordo celebrado pelo Conselho da União Europeia e a República da Islândia e o Reino da Noruega relativo à associação destes dois Estados à execução, à aplicação e ao desenvolvimento do acervo de Schengen, que se inserem no domínio a que se refere o ponto C do artigo 1º da Decisão 1999/437/CE do Conselho (4), relativa a determinadas regras de aplicação do referido acordo.

(29) Em relação à Suíça, a presente directiva constitui – na medida em que se aplica aos nacionais de países terceiros que não preencham ou tenham deixado de preencher as condições de entrada ao abrigo do Código das Fronteiras Schengen – um desenvolvimento das disposições do acervo de Schengen, na acepção do Acordo entre a União Europeia, a Comunidade Europeia e a Confederação Suíça relativo à associação da Confederação Suíça à execução, à aplicação e ao desenvolvimento do acervo de Schengen, que se inserem no domínio a que se refere o ponto C do artigo 1º da Decisão 1999/437/CE do Conselho, conjugado com o artigo 3º da Decisão 2008/146/CE do Conselho (5), respeitante à celebração, em nome da Comunidade Europeia, do referido acordo.

(30) Em relação ao Liechtenstein, a presente directiva constitui – na medida em que se aplica a nacionais de países terceiros que não preencham ou tenham deixado de preencher as condições de entrada ao abrigo do Código das Fronteiras Schengen – um desenvolvimento das disposições do acervo de Schengen, na acepção do Protocolo assinado entre a União Europeia, a Comunidade Europeia, a Confederação Suíça e o Principado do Liechtenstein relativo à adesão do Principado do Liechtenstein ao Acordo entre a União Europeia, a Comunidade Europeia e a Confederação Suíça relativo à associação da Confederação Suíça à execução, à aplicação e ao desenvolvimento do acervo de Schengen, que se inserem no domínio a que se refere o ponto C do artigo 1º da Decisão 1999/437/CE do Conselho, em conjugação com o artigo 3º da Decisão 2008/261/CE do Conselho (6), respeitante à assinatura, em nome da Comunidade Europeia, e à aplicação provisória de certas disposições do referido protocolo,

APROVARAM A PRESENTE DIRECTIVA:

CAPÍTULO I
DISPOSIÇÕES GERAIS
Artigo 1.
Objecto
A presente directiva estabelece normas e procedimentos comuns a aplicar nos Estados-Membros para o regresso de nacionais de países terceiros em situação irregular, no respeito dos direitos fundamentais enquanto princípios gerais do direito comunitário e do direito internacional, nomeadamente os deveres em matéria de protecção dos refugiados e de direitos do Homem.
Artigo 2.
Âmbito de aplicação
1. A presente directiva é aplicável aos nacionais de países terceiros em situação irregular no território de um Estado-Membro.
2. Os Estados-Membros podem decidir não aplicar a presente directiva aos nacionais de países terceiros que:
a) Sejam objecto de recusa de entrada nos termos do artigo 13º do Código das Fronteiras Schengen ou sejam detidos ou interceptados pelas autoridades competentes quando da passagem ilícita das fronteiras externas terrestres, marítimas ou aéreas de um Estado-Membro e não tenham posteriormente obtido autorização ou o direito de permanência nesse Estado-Membro;
b) Estejam obrigados a regressar por força de condenação penal ou em consequência desta, nos termos do direito interno, ou sejam objecto de processo de extradição.
3. A presente directiva não é aplicável aos titulares do direito comunitário à livre circulação a que se refere o nº 5 do artigo 2º do Código das Fronteiras Schengen.
Artigo 3.
Definições
Para efeitos da presente directiva, entende-se por:
1. "Nacional de país terceiro", uma pessoa que não seja cidadão da União, na acepção do nº 1 do artigo 17º do Tratado, e que não beneficie do direito comunitário à livre circulação nos termos do nº 5 do artigo 2º do Código das Fronteiras Schengen;

2. "Situação irregular", a presença, no território de um Estado-Membro, de um nacional de país terceiro que não preencha ou tenha deixado de preencher as condições de entrada previstas no artigo 5º do Código das Fronteiras Schengen ou outras condições aplicáveis à entrada, permanência ou residência nesse Estado-Membro;

3. "Regresso", o processo de retorno de nacionais de países terceiros, a título de cumprimento voluntário de um dever de regresso ou a título coercivo:
– ao país de origem, ou
– a um país de trânsito, ao abrigo de acordos de readmissão comunitários ou bilaterais ou de outras convenções, ou
– a outro país terceiro, para o qual a pessoa em causa decida regressar voluntariamente e no qual seja aceite;

4. "Decisão de regresso", uma decisão ou acto administrativo ou judicial que estabeleça ou declare a situação irregular de um nacional de país terceiro e imponha ou declare o dever de regresso;

5. "Afastamento", a execução do dever de regresso, ou seja, o transporte físico para fora do Estado-Membro;

6. "Proibição de entrada", uma decisão ou acto administrativo ou judicial que proíbe a entrada e a permanência no território dos Estados-Membros durante um período determinado e que acompanha uma decisão de regresso;

7. "Risco de fuga", a existência num caso concreto de razões, baseadas em critérios objectivos definidos por lei, para crer que o nacional de país terceiro objecto de um procedimento de regresso pode fugir;

8. "Partida voluntária", cumprimento do dever de regressar no prazo fixado na decisão de regresso;

9. "Pessoas vulneráveis", menores, menores não acompanhados, pessoas com deficiência, idosos, grávidas, famílias monoparentais com filhos menores e pessoas que tenham sido vítimas de tortura, violação ou outras formas graves de violência psicológica, física ou sexual.

Artigo 4.
Disposições mais favoráveis
1. A presente directiva não prejudica a aplicação de disposições mais favoráveis constantes de:

a) Acordos bilaterais ou multilaterais entre a Comunidade ou a Comunidade e os seus Estados-Membros e um ou mais países terceiros;

b) Acordos bilaterais ou multilaterais entre um ou mais Estados-Membros e um ou mais países terceiros.

2. A presente directiva não prejudica a aplicação de quaisquer disposições mais favoráveis aplicáveis a nacionais de países terceiros, previstas no acervo comunitário em matéria de imigração e asilo.

3. A presente directiva não prejudica o direito dos Estados-Membros de aprovarem ou manterem disposições mais favoráveis relativamente às pessoas abrangidas pelo seu âmbito de aplicação, desde que essas disposições sejam compatíveis com o disposto na presente directiva.

4. No que diz respeito aos nacionais de países terceiros excluídos do âmbito de aplicação da presente directiva por força da alínea a) do nº 2 do artigo 2º, os Estados-Membros devem:

a) Assegurar que o seu tratamento e nível de protecção não sejam menos favoráveis do que os previstos nos nºs 4 e 5 do artigo 8º (restrições à utilização de medidas coercivas), na alínea a) do nº 2 do artigo 9º (adiamento do afastamento), nas alíneas b) e d) do nº 1 do artigo 14º (cuidados de saúde urgentes e tomada em consideração das necessidades das pessoas vulneráveis) e nos artigos 16º e 17º (condições de detenção); e

b) Respeitar o princípio da não repulsão.

Artigo 5.

Não repulsão, interesse superior da criança, vida familiar e estado de saúde

Na aplicação da presente directiva, os Estados-Membros devem ter em devida conta o seguinte:

a) O interesse superior da criança;

b) A vida familiar;

c) O estado de saúde do nacional de país terceiro em causa;

e respeitar o princípio da não-repulsão.

CAPÍTULO II
TERMO DA SITUAÇÃO IRREGULAR

Artigo 6.

Decisão de regresso

1. Sem prejuízo das excepções previstas nos n°s 2 a 5, os Estados-Membros devem emitir uma decisão de regresso relativamente a qualquer nacional de país terceiro que se encontre em situação irregular no seu território.
2. Os nacionais de países terceiros em situação irregular no território de um Estado-Membro, que sejam detentores de um título de residência válido ou de outro título, emitido por outro Estado-Membro e que lhes confira direito de permanência estão obrigados a dirigir-se imediatamente para esse Estado-Membro. Em caso de incumprimento desta exigência pelo nacional de país terceiro em causa ou se for necessária a partida imediata deste por razões de ordem pública ou de segurança nacional, aplica-se o n.º 1.
3. Os Estados-Membros podem abster-se de emitir a decisão de regresso em relação a nacionais de países terceiros que se encontrem em situação irregular no seu território e sejam aceites por outros Estados-Membros ao abrigo de acordos ou convenções bilaterais existentes à data da entrada em vigor da presente directiva. Nesse caso, os Estados-Membros que aceitarem os nacionais de países terceiros em causa devem aplicar o n.º 1.
4. Os Estados-Membros podem, a qualquer momento, conceder autorizações de residência autónomas ou de outro tipo que, por razões compassivas, humanitárias ou outras, confiram o direito de permanência a nacionais de países terceiros em situação irregular no seu território. Neste caso, não pode ser emitida qualquer decisão de regresso. Nos casos em que já tiver sido emitida decisão de regresso, esta deve ser revogada ou suspensa pelo prazo de vigência da autorização de residência ou outra que confira direito de permanência.
5. Sempre que estiver em curso o processo de renovação do título de residência ou de outra autorização que confira um direito de permanência a favor de nacionais de países terceiros em situação irregular no território de um Estado-Membro, este deve ponderar a hipótese de não emitir decisões de regresso até à conclusão do referido processo, sem prejuízo do disposto no n.º 6.
6. A presente directiva não obsta a que os Estados-Membros tomem decisões de cessação da permanência regular a par de decisões de regresso, ordens de afastamento, e/ou proibições de entrada, por decisão ou acto administrativo

ou judicial previsto no respectivo direito interno, sem prejuízo das garantias processuais disponíveis ao abrigo do Capítulo III e de outras disposições aplicáveis do direito comunitário e do direito nacional.
Artigo 7.
Partida voluntária
1. A decisão de regresso deve prever um prazo adequado para a partida voluntária, entre sete e trinta dias, sem prejuízo das excepções previstas nos n.ºs 2 e 4. Os Estados-Membros podem determinar no respectivo direito interno que esse prazo só é concedido a pedido do nacional do país terceiro em causa. Nesse caso, os Estados-Membros informam os nacionais de países terceiros em causa sobre a possibilidade de apresentar tal pedido. O prazo previsto no primeiro parágrafo não exclui a possibilidade de os nacionais de países terceiros em causa partirem antes do seu termo.
2. Sempre que necessário, os Estados-Membros estendem o prazo previsto para a partida voluntária por um período adequado, tendo em conta as especificidades do caso concreto, tais como a duração da permanência, a existência de filhos que frequentem a escola e a existência de outros membros da família e de laços sociais.
3. Podem ser impostas determinadas obrigações para evitar o risco de fuga, designadamente a apresentação periódica às autoridades, o depósito de uma caução adequada, a apresentação de documentos ou a obrigação de permanecer em determinado local durante o prazo de partida voluntária.
4. Se houver risco de fuga ou se tiver sido indeferido um pedido de permanência regular por ser manifestamente infundado ou fraudulento, ou se a pessoa em causa constituir um risco para a ordem ou segurança pública ou para a segurança nacional, os Estados-Membros podem não conceder um prazo para a partida voluntária ou podem conceder um prazo inferior a sete dias.
Artigo 8.
Afastamento
1. Os Estados-Membros tomam todas as medidas necessárias para executar a decisão de regresso se não tiver sido concedido qualquer prazo para a

partida voluntária, nos termos do nº 4 do artigo 7º, ou se a obrigação de regresso não tiver sido cumprida dentro do prazo para a partida voluntária concedido nos termos do artigo 7º.

2. Se o Estado-Membro tiver concedido um prazo para a partida voluntária nos termos do artigo 7º, a decisão de regresso só pode ser executada após o termo desse prazo, salvo se no decurso do prazo surgir um risco na acepção do nº 4 do mesmo artigo.

3. Os Estados-Membros podem emitir uma ordem de afastamento por decisão ou acto administrativo ou judicial autónomo.

4. Se os Estados-Membros utilizarem – como último recurso – medidas coercivas para impor o afastamento de um nacional de país terceiro que resista a este, tais medidas devem ser proporcionadas e não devem exceder o uso razoável da força. Essas medidas devem ser executadas em conformidade com a legislação nacional, de acordo com os direitos fundamentais e no devido respeito pela dignidade e integridade física dos nacionais de países terceiros em causa.

5. Nas operações de afastamento por via aérea, os Estados-Membros devem ter em conta as Orientações comuns em matéria de disposições de segurança nas operações conjuntas de afastamento por via aérea, anexas à Decisão 2004/573/CE.

6. Os Estados-Membros devem prever um sistema eficaz de controlo dos regressos forçados.

Artigo 9.

Adiamento do afastamento

1. Os Estados-Membros adiam o afastamento nos seguintes casos:

a) O afastamento representa uma violação do princípio da não-repulsão; ou

b) Durante a suspensão concedida nos termos do nº 2 do artigo 13º.

2. Os Estados-Membros podem adiar o afastamento por um prazo considerado adequado, tendo em conta as circunstâncias específicas do caso concreto. Os Estados-Membros devem, em particular, ter em conta:

a) O estado físico ou a capacidade mental do nacional de país terceiro;

b) Razões técnicas, nomeadamente a falta de capacidade de transporte ou o afastamento falhado devido à ausência de identificação.

3. Caso o afastamento seja adiado nos termos dos n.ºˢ 1 e 2, podem ser impostas aos nacionais de países terceiros em causa as obrigações previstas no n.º 3 do artigo 7.º.

Artigo 10.
Regresso e afastamento de menores não acompanhados
1. Antes de uma decisão de regresso aplicável a um menor não acompanhado, é concedida assistência pelos organismos adequados para além das autoridades que executam o regresso, tendo na devida conta o interesse superior da criança.
2. Antes de afastar um menor não acompanhado para fora do seu território, as autoridades do Estado-Membro garantem que o menor é entregue no Estado de regresso a um membro da sua família, a um tutor designado ou a uma estrutura de acolhimento adequada.

Artigo 11.
Proibição de entrada
1. As decisões de regresso são acompanhadas de proibições de entrada sempre que:
a) Não tenha sido concedido qualquer prazo para a partida voluntária; ou
b) A obrigação de regresso não tenha sido cumprida.
Nos outros casos, as decisões de regresso podem ser acompanhadas da proibição de entrada.
2. A duração da proibição de entrada é determinada tendo em devida consideração todas as circunstâncias relevantes do caso concreto, não devendo em princípio exceder cinco anos. Essa duração pode, contudo, ser superior a cinco anos se o nacional de país terceiro constituir uma ameaça grave para a ordem pública, a segurança pública ou a segurança nacional.
3. Os Estados-Membros devem ponderar a revogação ou a suspensão da proibição de entrada, se o nacional de país terceiro que seja objecto de proibição de entrada emitida nos termos do segundo parágrafo do n.º 1 provar que deixou o território de um Estado-Membro em plena conformidade com uma decisão de regresso.
As vítimas do tráfico de seres humanos a quem tenha sido concedido título de residência, nos termos da Directiva 2004/81/CE do Conselho, de 29 de

Abril de 2004, relativa ao título de residência concedido aos nacionais de países terceiros que sejam vítimas do tráfico de seres humanos ou objecto de uma acção de auxílio à imigração ilegal, e que cooperem com as autoridades competentes (1), não podem ser objecto de proibição de entrada, sem prejuízo da alínea b) do primeiro parágrafo do n.º 1 e desde que não constituam uma ameaça para a ordem pública, a segurança pública ou a segurança nacional.

Os Estados-Membros podem abster-se de emitir, revogar ou suspender proibições de entrada em determinados casos concretos por razões humanitárias.

Os Estados-Membros podem revogar ou suspender proibições de entrada em determinados casos concretos ou em determinadas categorias de casos por outras razões.

4. Ao ponderarem a emissão de uma autorização de residência ou de outro título que confira direito de permanência a um nacional de país terceiro objecto de proibição de entrada emitida por outro Estado-Membro, os Estados-Membros consultam previamente o Estado-Membro que emitiu a proibição de entrada e têm em conta os seus interesses, em conformidade com o artigo 25.º da Convenção de Aplicação do Acordo de Schengen (2).

5. O disposto nos n.ºs 1 a 4 é aplicável sem prejuízo do direito a protecção internacional nos Estados-Membros, na acepção da alínea a) do artigo 2.º da Directiva 2004/83/CE do Conselho, de 29 de Abril de 2004, que estabelece normas mínimas relativas às condições a preencher por nacionais de países terceiros ou apátridas para poderem beneficiar do estatuto de refugiado ou de pessoa que, por outros motivos, necessite de protecção internacional, bem como relativas ao respectivo estatuto, e relativas ao conteúdo da protecção concedida (3).

CAPÍTULO III
GARANTIAS PROCESSUAIS

Artigo 12.

Forma

1. As decisões de regresso e, se tiverem sido emitidas, as decisões de proibição de entrada e as decisões de afastamento são emitidas por escrito e contêm

as razões de facto e de direito que as fundamentam, bem como informações acerca das vias jurídicas de recurso disponíveis.

As informações sobre as razões de facto podem ser limitadas caso o direito interno permita uma restrição ao direito de informação, nomeadamente para salvaguardar a segurança nacional, a defesa, a segurança pública e a prevenção, investigação, detecção e repressão de infracções penais.

2. A pedido, os Estados-Membros fornecem uma tradução escrita ou oral dos principais elementos das decisões relacionadas com o regresso, a que se refere o nº 1, nomeadamente informações sobre as vias jurídicas de recurso disponíveis, numa língua que o nacional de país terceiro compreenda ou possa razoavelmente presumir-se que compreende.

3. Os Estados-Membros podem decidir não aplicar o disposto no nº 2 aos nacionais de países terceiros que tenham entrado ilegalmente no território de um Estado-Membro e que não tenham obtido, subsequentemente, uma autorização ou o direito de permanência nesse Estado-Membro.

Nesse caso, as decisões relacionadas com o regresso, a que se refere o nº 1, são notificadas através do formulário normalizado previsto na legislação nacional.

Os Estados-Membros facultam folhetos informativos gerais que expliquem os principais elementos do formulário normalizado em pelo menos cinco das línguas mais frequentemente utilizadas ou compreendidas pelos migrantes em situação irregular que entram nesse Estado-Membro.

Artigo 13.
Vias de recurso

1. O nacional de país terceiro em causa deve dispor de vias de recurso efectivo contra as decisões relacionadas com o regresso a que se refere o nº 1 do artigo 12º, ou da possibilidade de requerer a sua reapreciação, perante uma autoridade judicial ou administrativa competente ou um órgão competente composto por membros imparciais que ofereçam garantias de independência.

2. A autoridade ou o órgão acima mencionados são competentes para reapreciar as decisões relacionadas com o regresso a que se refere o nº 1 do artigo 12º, incluindo a possibilidade de suspender temporariamente a sua

execução, a menos que a suspensão temporária já seja aplicável ao abrigo da legislação nacional.

3. O nacional de país terceiro em causa pode obter assistência e representação jurídicas e, se necessário, serviços linguísticos.

4. Os Estados-Membros asseguram a concessão de assistência e/ou representação jurídica gratuita, a pedido, nos termos da legislação nacional aplicável ou da regulamentação relativa à assistência jurídica, e podem prever que a concessão dessa assistência e/ou representação gratuitas esteja sujeita às condições previstas nos n.ºs 3 a 6 do artigo 15.º da Directiva 2005/85/CE.

Artigo 14.º

Garantias enquanto se aguarda o regresso

1. À excepção da situação prevista nos artigos 16.º e 17.º, os Estados-Membros asseguram que sejam tidos em conta, tanto quanto possível, os seguintes princípios em relação aos nacionais de países terceiros durante o prazo para a partida voluntária concedido nos termos do artigo 7.º e durante os períodos de adiamento do afastamento previstos no artigo 9.º:

a) A manutenção da unidade familiar com os membros da família presentes no seu território;

b) A prestação de cuidados de saúde urgentes e o tratamento básico de doenças;

c) A concessão de acesso ao sistema de ensino básico aos menores, consoante a duração da sua permanência;

d) A consideração das necessidades específicas das pessoas vulneráveis.

2. Os Estados-Membros confirmam por escrito às pessoas referidas no n.º 1, em conformidade com a legislação nacional, que o prazo concedido para a partida voluntária foi prorrogado nos termos do n.º 2 do artigo 7.º ou que a decisão de regresso não será temporariamente executada.

CAPÍTULO IV
DETENÇÃO PARA EFEITOS DE AFASTAMENTO

Artigo 15.º

Detenção

1. A menos que no caso concreto possam ser aplicadas com eficácia outras medidas suficientes mas menos coercivas, os Estados-Membros só podem

manter detidos nacionais de países terceiros objecto de procedimento de regresso, a fim de preparar o regresso e/ou efectuar o processo de afastamento, nomeadamente quando:

a) Houver risco de fuga; ou

b) O nacional de país terceiro em causa evitar ou entravar a preparação do regresso ou o procedimento de afastamento.

A detenção tem a menor duração que for possível, sendo apenas mantida enquanto o procedimento de afastamento estiver pendente e for executado com a devida diligência.

2. A detenção é ordenada por autoridades administrativas ou judiciais. A detenção é ordenada por escrito com menção das razões de facto e de direito. Quando a detenção tiver sido ordenada por autoridades administrativas, os Estados-Membros:

a) Preveem o controlo jurisdicional célere da legalidade da detenção, a decidir o mais rapidamente possível a contar do início da detenção; ou

b) Concedem ao nacional de país terceiro em causa o direito de intentar uma acção através da qual a legalidade da sua detenção seja objecto de controlo jurisdicional célere, a decidir o mais rapidamente possível a contar da instauração da acção em causa. Neste caso, os Estados-Membros informam imediatamente o nacional de país terceiro em causa sobre a possibilidade de intentar tal acção.

O nacional de país terceiro em causa é libertado imediatamente se a detenção for ilegal.

3. Em todo o caso, a detenção é objecto de reapreciação a intervalos razoáveis, quer a pedido do nacional de país terceiro em causa, quer oficiosamente. No caso de períodos de detenção prolongados, as reapreciações são objecto de fiscalização pelas autoridades judiciais.

4. Quando, por razões de natureza jurídica ou outra ou por terem deixado de se verificar as condições enunciadas no nº 1, se afigure já não existir uma perspectiva razoável de afastamento, a detenção deixa de se justificar e a pessoa em causa é libertada imediatamente.

5. A detenção mantém-se enquanto se verificarem as condições enunciadas no nº 1 e na medida do necessário para garantir a execução da operação de

afastamento. Cada Estado-Membro fixa um prazo limitado de detenção, que não pode exceder os seis meses.

6. Os Estados-Membros não podem prorrogar o prazo a que se refere o nº 5, excepto por um prazo limitado que não exceda os doze meses seguintes, de acordo com a lei nacional, nos casos em que, independentemente de todos os esforços razoáveis que tenham envidado, se preveja que a operação de afastamento dure mais tempo, por força de:

a) Falta de cooperação do nacional de país terceiro em causa; ou

b) Atrasos na obtenção da documentação necessária junto de países terceiros.

Artigo 16.

Condições de detenção

1. Regra geral, a detenção tem lugar em centros de detenção especializados. Se um Estado-Membro não tiver condições para assegurar aos nacionais de países terceiros a sua detenção num centro especializado e tiver de recorrer a um estabelecimento prisional, os nacionais de países terceiros colocados em detenção ficam separados dos presos comuns.

2. Os nacionais de países terceiros detidos são autorizados, a pedido, a contactar oportunamente os seus representantes legais, os seus familiares e as autoridades consulares competentes.

3. Deve atribuir-se especial atenção à situação das pessoas vulneráveis e ser prestados cuidados de saúde urgentes e o tratamento básico de doenças.

4. As organizações, os órgãos nacionais e internacionais e as organizações e os órgãos não governamentais relevantes e competentes têm a possibilidade de visitar os centros de detenção a que se refere o nº 1, na medida em que estes estejam a ser utilizados para a detenção de nacionais de países terceiros de acordo com o presente capítulo. Essas visitas podem ser sujeitas a autorização.

5. Aos nacionais de países terceiros detidos são sistematicamente fornecidas informações que expliquem as regras aplicadas no centro de detenção e indiquem os seus direitos e deveres. Essas informações incluem, nomeadamente o direito de, nos termos do direito nacional, contactarem as organizações e órgãos referidos no nº 4.

Artigo 17.
Detenção de menores e famílias
1. Os menores não acompanhados e as famílias com menores só podem ser detidos em último recurso e por um prazo adequado que deve ser o mais curto possível.
2. As famílias detidas enquanto se aguarda o afastamento ficam alojadas em locais separados que garantam a devida privacidade.
3. Os menores detidos devem ter a possibilidade de participar em actividades de lazer, nomeadamente em jogos e actividades recreativas próprias da sua idade, e, em função da duração da permanência, devem ter acesso ao ensino.
4. Os menores não acompanhados beneficiam, tanto quanto possível, de alojamento em instituições dotadas de pessoal e instalações que tenham em conta as necessidades de pessoas da sua idade.
5. No contexto da detenção de menores enquanto se aguarda o afastamento, o interesse superior da criança constitui uma consideração primordial.
Artigo 18.
Situações de emergência
1. Caso um número excepcionalmente elevado de nacionais de países terceiros que devam ser objecto de uma operação de regresso sobrecarregue de forma imprevista a capacidade dos centros de detenção de um Estado--Membro ou o seu pessoal administrativo ou judicial, o Estado-Membro em causa, pode, enquanto persistir a situação excepcional, autorizar prazos de controlo jurisdicional superiores aos estabelecidos ao abrigo do terceiro parágrafo do nº 2 do artigo 15º e tomar medidas urgentes em relação às condições de detenção, em derrogação das previstas no nº 1 do artigo 16º e no nº 2 do artigo 17º.
2. O Estado-Membro em causa informa a Comissão sempre que recorra a medidas excepcionais deste tipo. Deve igualmente informar a Comissão logo que os motivos que conduziram à aplicação dessas medidas deixem de existir.
3. O presente artigo em nada prejudica o dever geral dos Estados-Membros de tomarem todas as medidas adequadas, de carácter geral ou específico, para assegurarem o cumprimento das obrigações decorrentes da presente directiva.

CAPÍTULO V
DISPOSIÇÕES FINAIS
Artigo 19.
Relatórios
A Comissão apresenta ao Parlamento Europeu e ao Conselho, de três em três anos, um relatório sobre a aplicação da presente directiva nos Estados--Membros, propondo, se for caso disso, as alterações necessárias.

A Comissão apresenta o seu primeiro relatório até 24 de Dezembro de 2013 e, nessa ocasião, deve centrar-se especialmente na aplicação dada nos Estados-Membros ao artigo 11º, ao nº 4 do artigo 13º e ao artigo 15º. Relativamente ao nº 4 do artigo 13º, a Comissão avalia, em particular, o impacto financeiro e administrativo suplementar nos Estados-Membros.

Artigo 20.
Transposição
1. Os Estados-Membros devem pôr em vigor as disposições legislativas, regulamentares e administrativas necessárias para dar cumprimento à presente directiva, até 24 de Dezembro de 2010. No que diz respeito ao nº 4 do artigo 13º, os Estados-Membros devem pôr em vigor as disposições legislativas, regulamentares e administrativas necessárias para dar cumprimento à presente directiva, até 24 de Dezembro de 2011. Os Estados-Membros devem comunicar imediatamente à Comissão o texto dessas disposições.

Quando os Estados-Membros aprovarem essas disposições, elas devem incluir uma referência à presente directiva ou ser acompanhadas dessa referência aquando da sua publicação oficial. As modalidades dessa referência são aprovadas pelos Estados-Membros.

2. Os Estados-Membros devem comunicar à Comissão o texto das principais disposições de direito interno que aprovarem nas matérias reguladas pela presente directiva.

Artigo 21.
Articulação com a Convenção de Schengen
A presente directiva substitui o disposto nos artigos 23º e 24º da Convenção de Aplicação do Acordo de Schengen.

Artigo 22.
Entrada em vigor
A presente directiva entra em vigor no vigésimo dia seguinte ao da sua publicação no Jornal Oficial da União Europeia.
Artigo 23.
Destinatários
Os Estados-Membros são os destinatários da presente directiva em conformidade com o Tratado que institui a Comunidade Europeia.
Feito no Estrasburgo, em 16 de Dezembro de 2008.
24-12-2008. *Jornal Oficial da União Europeia* L 348/107 PT.

4.4 Caso "El Dridi"[58]

Um tribunal recursal italiano, a Corte d'Appello di Trento, submeteu a seguinte questão ao Tribunal de Justiça Europeu:

À luz do princípio da cooperação leal, cujo efeito útil é alcançar os objectivos da directiva, e dos princípios d[a] proporcionalidade, da adequação e da razoabilidade da pena, os artigos 15º e 16º da Directiva 2008/115[...], obstam:
– à possibilidade de punir, enquanto crime, a violação de uma fase intermédia do procedimento administrativo de regresso, antes de este estar concluído, recorrendo ao máximo rigor ainda possível em matéria de coerção administrativa?
– à possibilidade de punir com pena de prisão que pode ir até quatro anos a simples falta de cooperação, por parte do interessado, no procedimento de expulsão, e em especial, a hipótese de inobservância da primeira ordem de afastamento por parte da autoridade administrativa?[59]

---

[58] TJUE, 28-4-2011. *Hassen El Dridi, alias Soufi Karim*, C-61/11 PPU. Disponível em: <http://curia.europa.eu/juris/liste.jsf?num=C-61/11>. Acesso em: nov. 2012.
[59] A tradução fornecida pela União Europeia é somente para o português na variante falada em Portugal.

A questão referia-se ao julgamento de H. El Dridi, um cidadão extra-comunitário que, após ingressar ilegalmente na Itália, teve sua deportação decretada pelo prefeito de Turim em 2004. Em 21 de maio de 2010, o *questore* de Udine assinou uma ordem para sua saída da Itália, que lhe foi notificada no mesmo dia. Em 29 de setembro de 2010, descobriu-se que o mesmo cidadão continuava vivendo ilegalmente na antiga moradia, sendo então condenado a uma pena de um ano de prisão. A Corte de Apelação de Trento, em dúvida sobre a legalidade comunitária da possibilidade de aplicação de uma pena de prisão durante o procedimento administrativo, remeteu a questão ao Tribunal de Justiça Europeu, de acordo com o art. 267 do Tratado de Roma (versão consolidada). Como visto, a Corte italiana se referiu especialmente aos arts. 15 e 16 da Diretiva nº 2008/115/CE (Diretiva de Retorno), além dos princípios de cooperação (art. 7º, §1º) e humanidade (art. 1º) expressos na disposição.

O tribunal europeu afirmou que a Diretiva nº 2008/115 estabelece um padrão comum aos Estados-membros da União, e que estes só podem adotar medidas divergentes da diretiva quando tais medidas forem mais favoráveis aos estrangeiros ilegais e, ao mesmo tempo, não prejudicarem os objetivos principais da norma comunitária. A eventual remoção de indivíduos deve ser feita com o mínimo possível de coerção. Qualquer tipo de detenção só poderá ser efetuada pelo menor tempo possível (nunca acima de 18 meses) e por motivos razoáveis e passíveis de controle.

O tribunal notou que o governo italiano não transpôs a diretiva em questão no período indicado (Diretiva nº 2008/115, art. 20). Portanto, ela poderia ser invocada diretamente pelos indivíduos contra o governo italiano. A legislação italiana em vigor sobre expulsão de imigrantes ilegais apresentava várias diferenças em relação às normas da diretiva.

Segue trecho do acórdão "El Dridi" que traz uma compilação da legislação italiana relevante para o caso:

> O artigo 13º do decreto legislativo nº 286/1998, de 25 de Julho de 1998, que aprova o texto único das disposições sobre o regime da imigração e normas sobre a condição de estrangeiro (suplemento ordinário à GURI nº

91, de 18 de Agosto de 1998), na redacção dada pela legge nº 94, de 15 de Julho de 2009, que estabelece disposições em matéria de segurança pública (suplemento ordinário à GURI nº 170, de 24 de Julho de 2009, a seguir "decreto legislativo nº 286/1998"), prevê, nos seus nºˢ 2 e 4:
"2. O *prefetto* deve ordenar a expulsão se o estrangeiro:
a) Tiver entrado no território do Estado subtraindose aos controlos fronteiriços e não tiver sido reconduzido [...];
b) Tiver permanecido no território do Estado [...] sem requerer uma autorização de permanência no prazo estabelecido, excepto se o atraso se dever a um caso de força maior ou apesar de a autorização de permanência ter sido revogada ou anulada ou ainda sem requerer a renovação da autorização de permanência não obstante esta ter caducado há mais de 60 dias. [...]
4. A expulsão é sempre executada pelo *questore*, com recondução à fronteira pelas autoridades policiais, excepto nos casos previstos no nº 5."
O artigo 14º do decreto legislativo nº 286/1998 tem a seguinte redacção:
"1. Quando não seja possível executar imediatamente a expulsão com acompanhamento à fronteira ou a recondução, por ser necessário prestar socorro ao estrangeiro ou proceder a verificações adicionais da sua identidade ou nacionalidade ou à aquisição dos documentos de viagem, por indisponibilidade do transportador ou por falta de outro meio de transporte adequado, o *questore* determina a detenção do estrangeiro, pelo período estritamente necessário, no centro de detenção mais próximo de entre os identificados ou constituídos por decreto conjunto do Ministro da Administração Interna e dos Ministros da Solidariedade Social e do Tesouro, do Orçamento e da Programação Económica. [...]
5 *bis*. Se não for possível colocar o estrangeiro num centro de detenção, ou a colocação nesse centro não permitir a expulsão com acompanhamento à fronteira ou a recondução, o *questore* ordena ao estrangeiro que deixe o território do Estado no prazo de cinco dias. A ordem é dada por escrito e indica as sanções aplicáveis em consequência da permanência ilegal, inclusivamente em caso de reincidência. A ordem do *questore* pode ser acompanhada da entrega ao interessado dos documentos necessários para este

se dirigir ao escritório da representação diplomática, mesmo honorária, do seu país em Itália, e para regressar ao Estado de que é nacional ou, se isso não for possível, ao Estado de proveniência.

5 *ter*. O estrangeiro que, sem motivo justificado, permaneça ilegalmente no território do Estado, em violação da ordem dada pelo *questore* nos termos do n.º 5 *bis*, é punido com uma pena de prisão de um a quatro anos se a expulsão ou recondução tiverem sido determinadas com fundamento na entrada ilegal do estrangeiro no território nacional [...], ou com o fundamento de este não ter requerido uma autorização de permanência ou não ter declarado a sua presença no território do Estado no prazo estabelecido, sem que se tenha verificado um caso de força maior, ou ainda de a autorização de permanência ter sido revogada ou anulada. Aplica-se uma pena de prisão de seis meses a um ano se a expulsão tiver sido determinada com o fundamento de a autorização de permanência ter caducado há mais de sessenta dias e não ter sido requerida a respectiva renovação, ou de o requerimento de autorização de permanência ter sido indeferido [...]. Em todo o caso, excepto se o estrangeiro estiver detido, é proferida nova ordem de expulsão com acompanhamento à fronteira pelas autoridades policiais por incumprimento da ordem de afastamento dada pelo *questore* nos termos do n.º 5 *bis*. Quando não seja possível proceder ao acompanhamento à fronteira, aplica-se o disposto nos n.ºˢ 1 e 5 *bis*[...].

5 *quater*. O estrangeiro destinatário da medida de expulsão a que se refere o n.º 5 *ter* e da nova ordem de afastamento a que se refere o n.º 5 *bis*, que continue a permanecer ilegalmente no território do Estado, é punido com pena de prisão de um a cinco anos. Em todo o caso, aplicase o disposto no terceiro e no último período do n.º 5 *ter*.

5 *quinquies*. No que respeita às infracções a que se referem o n.º 5 *ter*, primeiro período, e o n.º 5 *quater*, aplicase o processo sumaríssimo, [rito direttissimo], sendo obrigatória a detenção do autor da infracção."[60]

---

[60] TJUE, 28-4-2011. Hassen El Dridi, alias Soufi Karim, C-61/11 PPU. Disponível em: <http://curia.europa.eu/juris/liste.jsf?num=C-61/11>. Acesso em: nov. 2012.

A Corte comunitária reconheceu que os Estados-membros possuem autonomia para legislar em matéria de direito penal e processo penal. Ainda assim, esta autonomia não pode ser utilizada para ameaçar os objetivos das obrigações decorrentes dos tratados comunitários. Portanto, as metas da Diretiva 2008/115 não podem ser postas em risco pela legislação penal italiana.

A Corte também se deparou com o fato de que a Itália não havia internalizado a Diretiva 2008/115. Assim, esta não integraria, a princípio, o ordenamento jurídico italiano, e sua aplicabilidade ao caso tornar-se-ia duvidosa. Entretanto, os magistrados europeus solucionaram a controvérsia recorrendo a sua jurisprudência:

> 45. [...] importa começar por observar que, como resulta das informações prestadas quer pelo órgão jurisdicional de reenvio quer pelo Governo italiano nas suas observações escritas, a Directiva 2008/115 não foi transposta para o ordenamento jurídico italiano.
> 46. Ora, segundo jurisprudência assente do Tribunal de Justiça, quando o Estado não transpõe uma directiva para o direito nacional no prazo previsto na directiva ou a transpõe incorrectamente, os particulares têm o direito de invocar contra esse Estado as disposições dessa directiva que se revelem incondicionais e suficientemente precisas (v., neste sentido, nomeadamente, acórdãos de 26 de Fevereiro de 1986, Marshall, 152/84, Colect., pag. 723, nº 46, e de 3 de Março de 2011, Auto Nikolovi, C-203/10, Colect., pag. I-0000, nº 61).
> 47. É o que sucede com os artigos 15º e 16º da Directiva 2008/115, os quais, como resulta do nº 40 do presente acórdão, são incondicionais e suficientemente precisos para não carecerem de outros elementos específicos para permitir a respectiva execução pelos Estados-Membros.[61]

Portanto, a inércia do governo italiano em transpor a legislação comunitária ao ordenamento interno não poderia ser utilizada em desfavor de um indivíduo destinatário de tal diretiva.

---

[61] Ibid.

O Tribunal, assim, declarou que a legislação nacional italiana em questão se opunha ao texto da diretiva.

Perguntas

1. A legislação nacional supracitada está em consonância com os princípios e dispositivos estabelecidos pela Diretiva nº 2008/115, acima transcrita? Caso não esteja, qual a consequência para o réu do processo de expulsão?
2. A Itália poderia ter invocado a exceção do art. 2º, §2º "b" (veja acima) para justificar uma ação diversa da prevista na diretiva?
3. O fato de a Itália não ter transposto o conteúdo da Diretiva nº 2008/115 para seu direito interno configura uma violação do ordenamento jurídico europeu?
4. Qual a obrigação do Estado no direito da União Europeia a partir da adoção de uma diretiva?
5. Quais direitos decorrem, para os indivíduos, da falta de transposição de uma diretiva dentro do prazo regular?

4.5 Caso "Kadzoev"[62]

Um tribunal administrativo búlgaro, o Administrativen Sad Sofia-Grad, submeteu ao Tribunal de Justiça da União Europeia quatro questões sobre a Diretiva 2008/115 (Diretiva de Retorno) a título de reenvio prejudicial.

As questões relacionavam-se à situação de Said Shamilovich Kadzoev, um estrangeiro detido por guardas búlgaros na fronteira entre a Turquia e a Bulgária em 21 de outubro de 2006. Kadzoev não possuía documentos de identidade, mas declarou chamar-se Huchbarov e ser originário de Grozny, na Chechênia (Rússia). Encaminhado a um centro

---

[62] TJUE, 30-11-2009. *Said Shamilovich Kadzoev (Huchbarov)*, C-357/09 PPU. Disponível em: <http://curia.europa.eu/juris/liste.jsf?num=C-357/09>. Acesso em: nov. 2012.

de instalação temporária para estrangeiros ilegais, no qual permaneceu detido, o estrangeiro declarou, dois meses depois, chamar-se Kadzoev, e não Huchbarov. No decurso do processo administrativo visando a sua expulsão, foram apresentados documentos de identificação conflitantes, que apontavam Moscou e Grozny como local de nascimento.

Consultada pelas autoridades búlgaras, a Federação Russa afirmou que o documento de identidade emitido pelo governo da República da Chechênia-Itchkéria não era reconhecido pela Rússia e que, portanto, não havia provas de que Kadzoev fosse nativo daquele país, razão pela qual se negou a recebê-lo. Consultadas, Áustria, Geórgia e Turquia também não foram de ajuda. Kadzoev ainda permanecia detido quando o Tribunal Administrativo búlgaro encaminhou as questões supracitadas ao Tribunal de Justiça da União Europeia (fazia três anos de seu ingresso). Seu afastamento da Bulgária não se concretizara por ser impossível determinar com exatidão sua nacionalidade.

Assim, a primeira questão proposta pelo Administrativen Sad era:[63]

1. O artigo 15º, nºˢ 5 e 6, da Directiva 2008/115 [...] deve ser interpretado no sentido de que:
a) quando, até à transposição das exigências da referida directiva, o direito nacional de um Estado-Membro não prescrevia a duração máxima da detenção nem os fundamentos [de prorrogação] da detenção e quando, ao proceder-se à [sua] transposição [...], não foi atribuído efeito retroactivo às novas disposições, as referidas [exigências] da [mesma] directiva só se aplicam a partir da data da sua transposição para o direito nacional do Estado-Membro e só abrangem o período subsequente a essa data?

Ou seja, a jurisdição búlgara queria saber se, ao contar o prazo durante o qual Kadzoev poderia ficar detido para afastamento, dever-se-ia levar em consideração o prazo em que ele permanecera retido antes da transposição da diretiva para o direito búlgaro, uma vez que o prazo de

---

[63] Ibid. A tradução fornecida pela União Europeia é para o português na variante falada em Portugal.

seis meses, prorrogáveis por mais doze, só passou a fazer parte do ordenamento nacional quando do advento da norma comunitária.

O tribunal respondeu que tal período deveria ser considerado, pois o propósito da norma comunitária era que a detenção não excedesse dezoito meses em caso algum.

A segunda questão enviada pelo tribunal balcânico indagava:

1. O artigo 15º, nºs 5 e 6, da Directiva 2008/115 [...] deve ser interpretado no sentido de que:
[...]
b) os períodos d[e] detenção em centro especial para efeitos do afastamento, [na acepção da referida] directiva, não abrangem o período durante o qual a execução de uma decisão de afastamento [do território] do Estado-Membro esteve [suspensa] por força de uma disposição expressa, dado ter sido aberto, a pedido de um nacional de um Estado terceiro, um procedimento de concessão do direito de asilo, ainda que, durante esse procedimento, o estrangeiro tenha permanecido nesse mesmo centro especial de detenção, se a legislação nacional do Estado-Membro o permiti[r]?[64]

Esta questão referia-se ao fato de que, durante o tempo em que permaneceu detido, Kadzoev efetuara um pedido de refúgio e dois de asilo (sendo que desistiu de um destes), negados pelo governo búlgaro. Tratava-se portanto de determinar se, no cálculo do período que o estrangeiro passou detido, o tempo no qual esperava receber a resposta a seus pedidos deveria ou não ser computado, pois, ao formular pedidos de refúgio ou asilo, o cidadão estrangeiro encontrar-se-ia na condição de requerente de asilo, e as normas europeias (diretivas nºs 2003/9 e 2005/85) vedavam a detenção do requerente de asilo, a não ser em alguns casos especiais.

O Tribunal lembrou que o requerente de asilo e o estrangeiro irregular encontravam-se, no direito comunitário, sob dois regimes distintos.

---
[64] Ibid.

Deste modo, a princípio, o tempo em que Kadzoev permaneceu detido enquanto esperava o processamento de seus requerimentos não deveria contar para a Diretiva do Retorno, pois não seria, tecnicamente, uma "detenção para afastamento", e sim uma detenção de requerente de asilo, sujeita às condições das normas específicas do asilo na UE. No entanto, afirmou que caberia às próprias jurisdições búlgaras examinar se este era efetivamente o caso na situação de Kadzoev. Caso este imigrante tenha simplesmente continuado detido após solicitar refúgio e asilo, sem que nenhuma jurisdição fornecesse um novo motivo de acordo com as diretivas n°s 2003/9 e 2005/85, então sua detenção, na prática, continuaria a ser uma "detenção para afastamento" de acordo com a Diretiva de Retorno. Logo, o período deveria ser contado.

Os dias entre os requerimentos de asilo e suas denegações somente deveriam ser excluídos da conta da duração da detenção para afastamento caso as autoridades búlgaras tivessem, logo após receber as solicitações de Kadzoev, proferido outra decisão, na qual justificassem a manutenção de seu confinamento de acordo com a letra das diretivas atinentes ao direito do asilo.

Caberia, na ótica do Tribunal de Justiça, às próprias jurisdições da Bulgária fazer tal exame e concluir pela consideração ou não de tal período.

Outro ponto de dúvida remetido pelo Administrativen Sad à instância comunitária foi o seguinte:

2. O artigo 15º, n°s 5 e 6, da Directiva 2008/115 [...] deve ser interpretado no sentido de que os períodos de detenção em centro especial para efeitos do afastamento, [na acepção da referida] directiva, não abrangem o período durante o qual a execução de uma decisão de afastamento [do território] d[o] Estado-Membro esteve [suspensa] por força de uma disposição expressa pelo facto de estar pendente um recurso judicial contra essa decisão, ainda que, na pendência desse [recurso], [...] o estrangeiro tenha permanecido nesse mesmo centro especial de detenção, quando esse estrangeiro não possui documentos de identidade válidos, havendo,

pois, dúvidas sobre a sua identidade, não possui meios de subsistência e tem um comportamento agressivo?[65]

Ou seja, tratava-se sempre da questão sobre como contar o prazo de detenção de Kadzoev. A instância nacional indagava se, do tempo que o estrangeiro passou detido, o período em que a decisão de afastamento em seu desfavor se encontrava suspensa por força de um recurso com efeito suspensivo também deveria ser levado em conta para saber se o prazo do art. 15, parágrafos 5º e 6º (seis meses de detenção prorrogáveis por, no máximo, mais 12 meses) fora ou não ultrapassado.

O Tribunal afirmou que, se o texto da diretiva não excluía expressamente tal período de tempo, este deveria ser considerado na contagem dos dias que Kadzoev passou detido.

Outra questão sobre a qual o Tribunal de Justiça da União Europeia foi instado a manifestar-se possuía o seguinte teor:

3. O artigo 15º, nº 4, da Directiva 2008/115 [...] deve ser interpretado no sentido de que não há uma perspectiva razoável de afastamento quando:
a) à data da fiscalização da detenção pelo tribunal, o Estado de que o interessado é nacional [...] recusou [...] emitir-lhe um documento de viagem para o seu regresso e, nessa data, não há um acordo com um país terceiro para que o interessado aí seja acolhido, apesar de os órgãos administrativos do Estado[-Membro] continuarem a envidar esforços nesse sentido?
b) à data da fiscalização da detenção pelo tribunal, existia um acordo de readmissão concluído entre a União Europeia e o Estado de que o interessado é nacional, mas, em razão da existência de provas novas – a saber, uma certidão de nascimento do interessado –, o Estado-Membro não se referiu às disposições do referido acordo pelo facto de o interessado não desejar o seu regresso?
c) as possibilidades de [prorrogação] dos períodos de detenção previstas no artigo 15º, nº 6, da Directiva [2008/115] estão esgotadas e, à data da

---

[65] Ibid.

fiscalização pelo tribunal, à luz do artigo 15º, nº 6, alínea b), da directiva, da detenção do interessado, não foi concluído, com nenhum país terceiro, um acordo para a sua readmissão?[66]

Aqui, a controvérsia cingia-se a saber o que fazer com o estrangeiro irregular que, uma vez detido, não parecia suscetível de ser deportado para lugar algum, pois os possíveis países de destino haviam recusado recebê--lo (como a Rússia, sua presumível pátria, para onde Kadzoev também não desejava retornar). Note-se que Kadzoev fora considerado apátrida por algumas instâncias administrativas búlgaras pelo fato de parecer impossível determinar com exatidão seu país de origem.

O Tribunal respondeu às alíneas "a" e "b" da questão no sentido de que a detenção autorizada pelo art. 15 só é justificada enquanto preparatória de um procedimento de regresso. Se, por conta dos problemas elencados pelo órgão búlgaro, não há uma "perspectiva razoável de afastamento" (art. 15, §4º), então a detenção não está mais fundamentada.

Também a questão da alínea "c" foi solucionada de modo taxativo: segundo o Tribunal, o prazo previsto no art. 6º não pode ser prorrogado de nenhum modo. Caso este tenha sido atingido, a pessoa em questão deve ser libertada imediatamente, sem que sejam necessárias mais considerações sobre o grau de probabilidade de seu afastamento.

Por fim, o Administrativen Sad apresentou esta derradeira questão ao órgão comunitário:

4. O artigo 15º, [nºs 4 e 6], da Directiva 2008/115 [...] deve ser interpretado no sentido de que, se se verificar, quando da fiscalização da detenção de um nacional de país terceiro, para efeitos do seu afastamento, que não existe uma perspectiva razoável de afastamento e que estão esgotados os fundamentos [de prorrogação] da sua detenção:
a) não pode ser ordenada a sua libertação imediata, quando se verifiquem cumulativamente as condições seguintes: o interessado não dispõe

[66] Ibid.

de documentos válidos de identidade, qualquer que seja a duração da validade, pelo que existem dúvidas quanto à sua identidade, tem um comportamento agressivo, não dispõe de nenhum meio de subsistência e não há nenhum terceiro que se comprometa a assegurar a sua subsistência?

b) para decidir da sua libertação, é necessário verificar se o nacional de país terceiro dispõe, em conformidade com as disposições do direito nacional do Estado-Membro, dos meios necessários para a sua [permanência] no território do Estado-Membro e um endereço no qual possa residir?[67]

Consoante reiterou o Tribunal, ainda que os fatores elencados pela jurisdição nacional efetivamente se façam presentes, o texto da diretiva não permite a ultrapassagem do prazo fixado no art. 15, §6º. Portanto, o indivíduo deverá ser solto, após o decurso dos 18 meses de sua detenção, ainda que não possua documentos de identidade, meios de subsistência, endereço no território do Estado em questão ou qualquer conhecido que se comprometa a ajudá-lo, exibindo, além de tudo, um comportamento agressivo. Todos estes são motivos não hábeis a ilidir a obrigação do Estado (Bulgária) de respeitar o prazo máximo de detenção, devolvendo a liberdade a Said Kadzoev.

Pergunta

6. Segundo Fabian Lutz, membro da Comissão Europeia, é possível apostar que a diretiva 2008/115, conhecida como Diretiva de Retorno e apelidada pejorativamente de "Diretiva da Vergonha", ainda virá a ser conhecida como "Diretiva da Proteção". Em sua opinião, o acórdão Kadzoev justifica ou contraria tal previsão?

---

[67] Ibid.

4.6 A Decisão nº 2004/573/CE de 29 de abril de 2004 (Decisão dos Voos de Expulsão Coletivos, ou Decisão "Charter")

Esta decisão foi adotada pelo Conselho da União Europeia em procedimento de consulta com o Parlamento Europeu. Entretanto, atipicamente, o Conselho não aguardou o parecer do Parlamento, como seria o procedimento regular, uma vez que, no interior daquele órgão, já se desenhava uma posição contrária à adoção da medida. Tal mudança procedimental foi assim refletida nos considerandos iniciais da decisão:

> O CONSELHO DA UNIÃO EUROPEIA,
> [...]
> Tendo em conta a iniciativa da República Italiana,
> Considerando o seguinte: [...]
> (4) Importa evitar que exista uma lacuna na Comunidade em matéria de organização de voos comuns.
> (5) A partir de 1 de Maio de 2004, o Conselho deixa de poder deliberar com base numa iniciativa de um Estado-Membro.
> (6) O Conselho esgotou todas as possibilidades de obter atempadamente o parecer do Parlamento Europeu.
> (7) Nestas circunstâncias excepcionais, a presente decisão deverá ser aprovada sem o parecer do Parlamento Europeu.[68]

Considere os seguintes dispositivos da decisão do Conselho:

> Artigo 1º. O objectivo da presente decisão consiste em coordenar as operações conjuntas de afastamento por via aérea, do território de dois ou mais Estados-Membros, de nacionais de países terceiros que estejam sujeitos a decisões individuais de afastamento (seguidamente designados "nacionais de países terceiros"). [...]

---

[68] Disponível em: <http://eur-lex.europa.eu/LexUriServ/LexUriServ.do?uri=CELEX:32004D0573:PT:NOT>. Acesso em: 4 abr. 2013.

Artigo 5º. Sempre que decidir participar num voo comum, o Estado-Membro participante:
a) Informa a autoridade nacional do Estado-Membro organizador da sua intenção de participar no voo comum, especificando o número de nacionais de países terceiros que pretende afastar;
b) Fornece um número suficiente de escoltas para cada nacional de um país terceiro a afastar. Se as escoltas forem exclusivamente fornecidas pelo Estado-Membro organizador, cada Estado-Membro participante deve assegurar a presença a bordo de, no mínimo, dois representantes. Esses representantes, cujo estatuto será idêntico ao das escoltas, estão encarregados de entregar às autoridades do país de destino os nacionais de países terceiros que se encontrem sob sua responsabilidade.[69]

Agora, considere este dispositivo do Protocolo 4 à Convenção Europeia para a Proteção dos Direitos do Homem e das Liberdades Fundamentais:

Artigo 4º
Proibição de expulsão colectiva de estrangeiros
São proibidas as expulsões colectivas de estrangeiros.[70]

Pergunta

7. A decisão "Charter" conflita com o mencionado artigo da Convenção Europeia?

---

[69] Disponível em: <http://eur-lex.europa.eu/LexUriServ/LexUriServ.do?uri=CELEX:32004D0573:PT:NOT>. Acesso em: 4 abr. 2013.
[70] Disponível em: <www.echr.coe.int/NR/rdonlyres/7510566B-AE54-44B9-A163-912EF12B-8BA4/0/Convention_POR.pdf>. Acesso em: 4 abr. 2013.

4.7 Trechos da Resolução nº 1.805 da Assembleia Parlamentar do Conselho da Europa (2011)[71]

Chegada em larga escala de imigrantes irregulares, pessoas em busca de asilo e refugiados às costas do sul da Europa

[...] 6. A Assembleia Parlamentar reconhece que uma das prioridades iniciais é lidar com as necessidades de proteção humanitária e internacional daqueles que atingiram o litoral europeu, sobretudo na Itália e em Malta. Os Estados-membros, a União Europeia, as organizações internacionais, a sociedade civil e outros agentes detêm uma relevante contribuição a fazer e devem mostrar solidariedade com os Estados situados geograficamente na primeira linha. Tal solidariedade e prontidão a dividir responsabilidades deve estender-se ao litoral do norte da África e aos muitos milhares de refugiados e deslocados que ainda buscam meios de retornar a seus lares após fugir da Líbia. Também deve-se estender aos migrantes e refugiados que se encontram bloqueados dentro da Líbia esperando por uma chance para escapar.
7. A Assembleia nota que, enquanto houve uma onda de chegadas, ainda não ocorreu a temida avalanche. Tal distinção é importante vez que nem sempre foi claramente feita por políticos, pela mídia e por outros, conduzindo a um estado de medo crescente e a mal-entendidos por parte do público em geral, com pedidos de respostas desproporcionais.
8. A Assembleia reconhece a pressão à qual os países fronteiriços do Conselho da Europa estão submetidos, e apoia seus esforços para providenciar assistência humanitária de acordo com as obrigações internacionais, e os encoraja a que prossigam com tais esforços. A Assembleia recorda aos Estados suas obrigações internacionais no sentido de não repelirem barcos com pessoas necessitadas de proteção internacional a bordo. [...]
12. A Assembleia, reconhecendo que os eventos no norte da África preocupam a todos os Estados-membros do Conselho da Europa, conclama os Estados membros a que:

---

[71] Tradução livre do original em inglês. Disponível em: <http://assembly.coe.int/Mainf.asp?link=/Documents/AdoptedText/ta11/ERES1805.htm>. Acesso em: nov. 2012.

12.1 reconheçam que a chegada de um grande número de imigrantes irregulares ao litoral sul da Europa é de responsabilidade de todos os Estados europeus, e requer uma solução que responda à necessidade de dividir tal responsabilidade coletivamente. A Assembleia recorda aos Estados-membros os apelos repetidos pelo Comissário do Conselho da Europa para os Direitos Humanos pela necessidade de uma efetiva divisão das responsabilidades;

12.2 providenciem ajuda humanitária urgente e assistência a todas as pessoas que alcancem o litoral sul da Europa e demais fronteiras, incluindo o fornecimento de acomodações adequadas, refúgios e cuidados médicos, como anteriormente destacado na Resolução nº 1.637 (2008) da Assembleia, acerca dos "Povos dos barcos da Europa: ondas migratórias mescladas por mar rumo à Europa meridional";

12.3 se abstenham de detenções automáticas e só recorram à detenção nos casos em que não houver outra alternativa razoável, assegurando-se de que as condições sejam compatíveis com os padrões mínimos de direitos humanos tais como definidos pela Resolução nº 1.707 (2010) da Assembleia, sobre detenção de requerentes de asilo e imigrantes ilegais na Europa;

12.4 garantam que pessoas vulneráveis, incluindo mulheres e crianças, vítimas de tortura, vítimas de tráfico de pessoas, e os idosos, não sejam detidos e recebam cuidados e assistência apropriados;

12.5 garantam o direito de asilo e o princípio da não repulsão através de, entre outros:

12.5.1. garantir que os Estados franqueiem o acesso a seu território a pessoas necessitadas de proteção internacional;

12.5.2. assegurar a qualidade e consistência das decisões sobre asilo, estando estas dentro dos parâmetros da Resolução nº 1.695 (2009) da Assembleia, sobre melhorar a qualidade e consistência das decisões sobre asilo nos Estados-membros do Conselho da Europa;

12.6. assegurem que, ao examinar as chegadas e executar determinações de asilo, estas sejam executadas sem delongas, mas que a pressa não exceda a equidade;

12.7. forneçam total assistência ao Alto Comissariado das Nações Unidas para Refugiados (UNHCR), à Organização Internacional para as Migrações (IOM), ao Comitê Internacional da Cruz Vermelha (ICRC) e a outras organizações nacionais e internacionais que ofereçam assistência humanitária e de outro gênero, tanto na África do Norte quanto nos países europeus de destino, e tomem parte generosamente nos programas de deslocamento para os refugiados baseados nos países do norte da África;

12.8. exibam solidariedade frente aos desafios enfrentados, o que inclui dividir responsabilidades com os Estados fronteiriços, inclusive:

12.8.1. dando maior apoio à Agência Europeia de Gestão da Cooperação Operacional nas Fronteiras Externas dos Estados membros da União Europeia (Frontex) e ao recém-estabelecido Gabinete Europeu de Apoio em Matéria de Asilo (EASO), e encorajando a continuidade do uso dos recursos da União Europeia disponíveis através do Fundo Europeu para as Fronteiras Exteriores, do Fundo Europeu para Retorno, do Fundo Europeu para os Refugiados e do Fundo Europeu para a Integração;

12.8.2 examinando a possibilidade de tomar compromissos para o deslocamento daqueles com necessidades de proteção internacional dos Estados europeus de ingresso e de suspender a aplicação das Regras de Dublin, ou de considerar outras formas de dividir a responsabilidade, através do uso de mecanismos existentes previstos nas Regras de Dublin, incluindo a cláusula de solidariedade constante do artigo 3º (2) e a cláusula humanitária do artigo 15;

12.8.3 trabalhando em conjunto, inclusive com a União Europeia, na questão dos retornos voluntários e forçados, levando em conta as salvaguardas necessárias de direitos humanos ao invocar os acordos de readmissão compatíveis com a Resolução nº 1.741 (2010) da Assembleia sobre acordos de readmissão: um mecanismo para o retorno de imigrantes irregulares;

12.8.4 reconhecendo a situação particularmente difícil na qual Malta se encontra, em vista do tamanho de seu território, de sua alta densidade populacional e limitações nos recursos humanos e materiais, e comprometendo-se com a transferência de pessoas com necessidades de proteção internacional. [...]

14. Caso venha a ocorrer um êxodo em massa de refugiados líbios devido ao crescente uso do terror pelo coronel Kadhafi ou pela emergência de uma guerra civil, a Assembleia encoraja os Estados-membros da União Europeia a que considerem a aplicação da diretiva de proteção temporária (Diretiva do Conselho nº 2001/55/EC, de 20 de julho de 2001, sobre padrões mínimos para conceder proteção temporária no evento de um influxo maciço de pessoas deslocadas e sobre medidas que promovam uma combinação entre os esforços dos Estados-membros na recepção a tais pessoas e na assunção das respectivas consequências). É importante, todavia, assegurar que nenhum Estado esteja considerando a hipótese de devolver cidadãos líbios a esta altura e que pelo menos alguma forma de proteção temporária seja providenciada na prática.

4.8 Questões para fixação e aprofundamento

1. Qual foi o contexto da elaboração da Diretiva de Retorno?
2. Qual foi a inovação da diretiva com relação às normas comunitárias preexistentes?
3. Qual é o âmbito de aplicação e o objetivo da Diretiva de Retorno?
4. A partir de quando se aplicarão as disposições da diretiva?
5. A diretiva prevê garantias processuais. Qual é a consistência de tais garantias?
6. Quais são os meios previstos pela diretiva para promover o afastamento?
7. Por que a harmonização das regras relativas à imigração irregular é minimalista? O direito comunitário europeu já possuía regras relativas à imigração irregular, especificamente relativas à obrigação de regresso?
8. Quais as consequências do reconhecimento do princípio da igualdade e não discriminação no domínio do *jus cogens*? Quais são as obrigações *erga omnes* que dele decorrem?

9. A possibilidade de organizar voos coletivos de afastamento viola os direitos fundamentais?
10. Quais são as condições para deter um indivíduo com o objetivo de preparar o afastamento? Qual foi o efeito do estabelecimento de um prazo de detenção pela diretiva nos Estados-membros?
11. Após a leitura da Diretiva de Retorno, quais críticas você faria?

Título II
O sistema de solução de controvérsias da União Europeia

Capítulo 5
A articulação entre os tribunais europeus e os tribunais nacionais

5.1 Os tribunais comunitários nos sistemas de integração regional

A criação de uma organização supranacional envolve necessariamente a atribuição de capacidades legislativas a esta organização. O ordenamento comunitário que se originará deste procedimento deverá ser diferenciado tanto dos tratados internacionais, que vinculam cada Estado aos demais de acordo com os princípios e regras do direito internacional público, quanto do direito interno, que vincula o Estado a seus cidadãos – e estes entre si. O ordenamento jurídico comunitário, ao contrário, obriga os Estados-membros do sistema de integração entre si e com os indivíduos que se encontrem dentro do território destes Estados – mas também os obriga em relação à organização supranacional como um todo. Contrariamente aos direitos interno e internacional, o direito comunitário possui um terceiro polo que deve ser levado em conta nas relações jurídicas: a comunidade de integração em si. Um descumprimento deste direito supranacional regional não diz respeito somente aos indivíduos prejudicados ou beneficiados, ou ao Estado descumpridor ou vítima do descumprimento. Algo mais forte é atingido quando o direito comunitário é desobedecido: trata-se do interesse da "comunidade", que consubstancia o interesse geral de todos os indivíduos que, através dos representantes de seus Estados, concordaram em participar do projeto de integração. Assim, o direito comunitário possui duas características inteiramente novas, que se complementam: não depende unicamente da aplicação da soberania do Estado, e incide sobre os (e dentro dos) Estados-membros da comunidade, sem necessidade total do consentimento expresso destes.

Tais características seriam incompletas, no entanto, caso não se previsse também a existência de um órgão jurisdicional encarregado de aplicar o direito comunitário. Do contrário, cada Judiciário nacional interpretaria as normas supranacionais do modo que bem entendesse, amoldando-as às suas próprias tradições nacionais, histórias constitucionais, panoramas político-econômicos etc., o que terminaria por inviabilizar um processo de integração mais profundo.

Portanto, a criação, desenvolvimento e manutenção de um tribunal de justiça comunitário não é uma exclusividade da União Europeia. Qualquer outro sistema de integração entre Estados que deseje aproximar os países através da edição de normas supranacionais por algum tipo de entidade central deverá contar, obrigatoriamente, com um órgão encarregado de controlar a aplicação de tais regras em casos concretos. Como exemplos, é possível citar o Tribunal de Justiça da Comunidade Andina e a Corte Centroamericana de Justiça.

O Tribunal de Justiça da Comunidade Andina é o órgão jurisdicional da Comunidade Andina, sistema de integração composto por Bolívia, Colômbia, Equador e Peru. O Tribunal foi criado em 28 de maio de 1979, pelo Tratado de Criação do Tribunal de Justiça do Acordo de Cartagena (acordo que estabeleceu a Comunidade). De acordo com tal instrumento, como modificado pelo Protocolo de Cochabamba (1996),[72] o Tribunal é composto por cinco juízes (art. 6º), e possui sede em Quito, no Equador (art. 5º). Possui competência para conhecer das seguintes ações, em defesa do direito comunitário andino:

---

[72] Disponível em: <www.tribunalandino.org.ec>. Acesso em: 2 out. 2011.

- ação de nulidade (art. 17), que pode ser movida por Estados ou por pessoas físicas e jurídicas (art. 19) quando uma norma comunitária afrontar o ordenamento da Comunidade, ou quando viole os "direitos subjetivos ou interesses legítimos" de algum indivíduo;
- ação de descumprimento (art. 23), que pode ser iniciada pela Secretaria-Geral da Comunidade, de ofício ou a requerimento de algum Estado, bem como diretamente por algum indivíduo prejudicado (art. 25), quando o Estado descumprir o ordenamento comunitário;
- interpretação prejudicial (art. 32), quando suscitada por algum juiz nacional que se depare com um caso no qual necessite aplicar ou conhecer alguma norma comunitária sobre a qual haja dúvidas quanto à interpretação. Se a jurisdição nacional requerente consistir no último grau de recurso, então o juiz deverá suspender o processo até a decisão interpretativa do Tribunal comunitário (art. 33);
- recurso por omissão (art. 37), que somente pode ser movido contra algum dos órgãos comunitários, quando este se omitir no cumprimento de alguma obrigação expressa prevista no ordenamento jurídico do sistema andino. Pode ser utilizado por um órgão comunitário, por um Estado ou por um indivíduo prejudicado;
- arbitragem (art. 38), que pode ser utilizada por particulares e órgãos ou instituições da Comunidade Andina, sempre que o objeto da controvérsia seja regido pelo ordenamento jurídico comunitário. A Secretaria-Geral também possui tal competência, em relação a contratos de caráter privado (art. 39);
- jurisdição trabalhista (art. 40), pela qual o Tribunal resolverá as controvérsias trabalhistas no âmbito dos órgãos do Sistema Andino de Integração.

Já a Corte Centro-americana de Justiça é o órgão judicial do Sistema de Integração Centro-americano (Sica), organização composta por Belize, Costa Rica, El Salvador, Guatemala, Honduras,

Nicarágua, Panamá e República Dominicana, esta última como membro associado. A Corte está prevista no Protocolo de Tegucigalpa (1991),[73] que reformou a antiga Carta da Organização de Estados Centro-americanos (Odeca), de 1962. O art. 12 do Protocolo possui o seguinte teor:

> **ARTÍCULO 12.** Para la realización de los fines del SISTEMA DE LA INTEGRACION CENTROAMERICANA se establecen los siguientes órganos:
> a) La Reunión de Presidentes;
> b) El Consejo de Ministros;
> c) El Comité Ejecutivo;
> d) La Secretaría General.
> Forman Parte de este Sistema:
> [...]
> La Corte Centroamericana de Justicia, que garantizará el respeto del derecho, en la interpretación y ejecución del presente Protocolo y sus instrumentos complementarios o actos derivados del mismo. La integración, funcionamiento y atribuciones de la Corte Centroamericana de Justicia deberán regularse en el Estatuto de la misma, el cual deberá ser negociado y suscrito por los Estados Miembros dentro de los noventa días posteriores a la entrada en vigor del presente Protocolo.

No preâmbulo de seu estatuto, descreve-se a competência da Corte:

> Así La Corte Centroamericana de Justicia se concibe como un Tribunal Regional, de jurisdicción privativa para los Estados del Istmo.
> Su competencia se establece como una competencia de atribución, con exclusión de cualquier otro Tribunal y, además, de los conflictos entre los Estados, conocer de los litigios entre las personas naturales o jurídicas residentes en el área y los gobiernos u organismos del Sistema de la Integración Centroamericana.

---

[73] Disponível em: <http://portal.ccj.org.ni>. Acesso em: 2 out. 2011.

A Corte Centro-americana de Justiça possui sede em Manágua, na Nicarágua (art. 7º de seu Estatuto) e é integrada por um ou mais juízes de cada Estado que aceitar sua competência (art. 8º). Atualmente, é composta de dois juízes de cada Estado, que dispõem de suplentes no mesmo número.[74]

5.2 Artigo sobre a difícil relação entre a Guatemala e a Corte Centro-americana de Justiça[75]

¿Prevalece la Corte Centroamericana o la CC?
Guatemala ha incumplido en el pasado las decisiones de esa Corte.
Alexander Aizenstatd [76]
La reciente demanda presentada ante la Corte Centroamericana de Justicia (CCJ) en contra del Estado en relación con la inscripción de la ex primera dama ha generado un nuevo interés en el derecho de la integración regional. Plantea la interrogante de si el tribunal regional puede anular las sentencias nacionales. La CCJ se ha pronunciado sobre el principio de supremacía del derecho comunitario desde hace más de una década. En Guatemala los tribunales han defendido la noción de supremacía constitucional. ¿Cuál prevalece? La respuesta depende si la pregunta se responde desde la óptica nacional o regional.

Algunos han cuestionado la facultad del tribunal regional para decidir sobre temas previstos en nuestras leyes y señalan que esto es una afrenta a nuestra soberanía. Pero una integración es un compromiso de Estados que han decidido ceder parte de sus competencias nacionales. Nuestra Cons-

---

[74] Informação obtida na página da Corte na internet, disponível em: <http://portal.ccj.org.ni>. Acesso em: 25 set. 2011.
[75] Disponível em: <www.elperiodico.com.gt/es>. Acesso em: 25 set. 2011.
[76] Advogado guatemalteco com mestrado em Yale. Professor de direito na Universidad Rafael Landívar e Universidad del Istmo. Autor e conferencista sobre direito da integração centro-americana. Visitante profissional na Corte Interamericana de Direitos Humanos e pesquisador no Instituto Max Planck de Direito Internacional Público na Alemanha. Membro da ordem dos advogados do Estado de Nova York.

titución lo permite en sus Artículos 150 y 171. Claro que esta delegación no es ilimitada, pero tampoco carece de contenido.

Muchos ven en general al sistema de integración como un mecanismo de una clase política para obtener privilegios. Pero tenemos que reconocer que somos responsables de algunas debilidades del tribunal regional. Nos tardamos casi 20 años en aceptar su competencia y han pasado casi 4 sin que la Corte Suprema de Justicia haya designado a los magistrados que nos corresponden. Además, le hemos restado competencia para resolver asuntos de comercio regional y únicamente presentamos casos políticos. Para el tribunal regional también es complejo enfocarse en esos temas en que tendría que enfrentarse a todo el sistema nacional para hacer valer sus pronunciamientos. Si ponemos todo el peso político que implica un caso como este sobre esa institución, se estará contribuyendo a su debilitamiento. No olvidemos que sin tribunal no hay integración.

Algunos consideran que la admisión de la demanda constituye un ataque a nuestro sistema constitucional. Pero tampoco puede descartarse el papel principal que ha tenido nuestro tribunal constitucional en impedir las condiciones que permitan un diálogo prudente. La Corte de Constitucionalidad ha anulado artículos de tratados comunitarios sin siquiera referirse a las decisiones de la CCJ sobre la materia. De ahí que no debe sorprendernos que el tribunal regional haya reaccionado en esa ocasión declarando que esa sentencia del tribunal constitucional era nula, sin que hasta ahora se haya resuelto finalmente el tema. Ese enfrentamiento no beneficia a los ciudadanos. Algunos opinan que parte de la normativa centroamericana debe de ser declarada inconstitucional. Sé que son bien intencionadas pero ante esa posibilidad pido reflexión. No debemos de adoptar soluciones a corto plazo que destruyan el sistema. Eso es incompatible con un esfuerzo responsable de integración. No puede subsistir una sociedad centroamericana donde cada socio decide cuáles reglas va a cumplir. La normativa centroamericana ya contempla suficientes motivos para declararla sin lugar, aunque no todos se hicieron valer en la contestación de la demanda.

En conclusión, puede presumirse que si la CCJ decidiera declarar con lugar la demanda, no será cumplida en el ámbito nacional. Guatemala ha incumplido en el pasado y la mayoría de Estados han incumplido con fallos de ese tribunal. La parte demandante debe de saber esto y evitaría ese desgaste retirando la demanda. Pero la debilidad de la institución regional no debiera de ser objeto de celebración. No por ver el árbol vamos a perder de vista el bosque. Los beneficios de la integración son importantes y cada vez se vuelve más esencial adoptar medidas unificadas para competir en una economía globalizada. Son las únicas instituciones regionales a las cuales podemos acudir para definir estrategias de seguridad regional y combate al crimen organizado. Si en vez de ayudar al fortalecimiento de las instituciones comunitarias las destruimos, no tendremos a quién acudir más adelante para superar los problemas de la región.

Constituição da Guatemala de 1985:[77]

Artigo 150. Da comunidade centroamericana. A Guatemala, enquanto parte da comunidade centroamericana, manterá e cultivará relações de cooperação e solidariedade com os demais Estados que integraram a Federação Centroamericana, e deverá adotar as medidas adequadas para levar à prática, de forma parcial ou total, a união política ou econômica da América Central. As autoridades competentes estão obrigadas a fortalecer a integração econômica centroamericana sobre bases de equidade.
[...]
Artigo 171. Outras atribuições do Congresso. Compete também ao Congresso:
[...]
l) Aprovar, antes de sua ratificação, os tratados, convênios ou qualquer acordo internacional quando:
[...]
2) Afetem o domínio da Nação, estabeleçam a união econômica ou política da América Central, seja parcial ou total, ou atribuam ou transfiram competências a organismos, instituições ou mecanismos criados no âmbito de

---

[77] Tradução livre. Disponível em: <www.quetzalnet.com/Constitucion.html>. Acesso em: 25 set. 2011.

um ordenamento jurídico comunitário concentrado para realizar objetivos regionais e comuns no âmbito centroamericano.

[...]

4) Constituam compromisso para submeter qualquer questão a decisão judicial ou arbitragem internacionais.

5) Contenham cláusula geral de arbitragem ou de submissão a jurisdição internacional.

Pergunta

1. A partir dos artigos mencionados, construa argumentações a favor e contra a posição do autor do artigo jornalístico.

5.3 O reenvio prejudicial na União Europeia

Esta ação, de competência do Tribunal de Justiça da União Europeia, é assim descrita em seu *site* oficial:[78]

> **Reenvio prejudicial**
> O Tribunal de Justiça trabalha em colaboração com todos os órgãos jurisdicionais dos Estados-Membros, que são juízes de direito comum de direito da União. Para garantir uma aplicação efectiva e homogénea da legislação da União e evitar qualquer interpretação divergente, os juízes nacionais podem, e por vezes devem, dirigir-se ao Tribunal de Justiça a fim de lhe pedir que esclareça um ponto de interpretação do direito da União, para poderem, por exemplo, verificar a conformidade da respectiva legislação nacional com este direito. O pedido de decisão prejudicial pode igualmente ter como finalidade a fiscalização da legalidade de um acto de direito da União.

---

[78] Disponível em: <http://europa.eu.int>. Acesso em: 25 set. 2011.

O Tribunal de Justiça responde não através de um simples parecer mas mediante acórdão ou despacho fundamentado. O tribunal nacional destinatário fica vinculado pela interpretação dada. O acórdão do Tribunal de Justiça vincula também os outros órgãos jurisdicionais nacionais a que seja submetido um problema idêntico.

É também no âmbito do processo de reenvio prejudicial que qualquer cidadão europeu pode solicitar que sejam esclarecidas as regras da União que lhe dizem respeito. De facto, embora o processo de reenvio prejudicial só possa ser desencadeado por um órgão jurisdicional nacional, as partes já presentes nos órgãos jurisdicionais nacionais, os Estados-Membros e as instituições da União podem participar no processo perante o Tribunal de Justiça. Foi deste modo que alguns grandes princípios do direito da União foram enunciados a partir de questões prejudiciais, muitas vezes submetidas por órgãos jurisdicionais de primeira instância.

O que é o reenvio prejudicial?

É a ação prevista nos arts. 256 e 267 do Tratado sobre o Funcionamento da União Europeia, cujo teor é:

> Art. 256. [...] 3. O Tribunal Geral é competente para conhecer das questões prejudiciais, submetidas por força do artigo 267º, em matérias específicas determinadas pelo Estatuto.
> Art. 267. O Tribunal de Justiça da União Europeia é competente para decidir, a título prejudicial:
> a) Sobre a interpretação dos Tratados;
> b) Sobre a validade e a interpretação dos actos adoptados pelas instituições, órgãos ou organismos da União.
> Sempre que uma questão desta natureza seja suscitada perante qualquer órgão jurisdicional de um dos Estados-Membros, esse órgão pode, se considerar que uma decisão sobre essa questão é necessária ao julgamento da causa, pedir ao Tribunal que sobre ela se pronuncie.

Sempre que uma questão desta natureza seja suscitada em processo pendente perante um órgão jurisdicional nacional cujas decisões não sejam susceptíveis de recurso judicial previsto no direito interno, esse órgão é obrigado a submeter a questão ao Tribunal.

Se uma questão desta natureza for suscitada em processo pendente perante um órgão jurisdicional nacional relativamente a uma pessoa que se encontre detida, o Tribunal pronunciar-se-á com a maior brevidade possível.[79]

Para que serve o reenvio prejudicial?

Serve para vincular os órgãos jurisdicionais internos a uma mesma interpretação do direito da União Europeia, evitando que normas e atos supranacionais sejam interpretados de forma distinta, ameaçando sua unidade. Também serve para permitir que o juiz nacional assuma uma função de juiz da União Europeia, pois é ele quem será responsável pela aplicação do direito do bloco. O Tribunal de Justiça se limita a apontar a interpretação correta deste último.

Quem é legitimado para mover um reenvio prejudicial?

Somente o juiz nacional, ao deparar-se com uma questão duvidosa sobre a interpretação do direito da União Europeia num caso que esteja examinando.

Qual o efeito do reenvio prejudicial?

O Tribunal de Justiça responde à consulta por meio de uma decisão que vincula o juiz nacional. Tal vinculação se dá em relação à dúvida

---

[79] Disponível em: <http://eur-lex.europa.eu/LexUriServ/LexUriServ.do?uri=OJ:C:2010:083:0047:0200:pt:PDF>. Acesso em: 4 abr. 2013.

que ele havia levantado sobre a interpretação do direito supranacional. Mas o Tribunal de Justiça da União Europeia não pode resolver o caso pelo juiz, isto é, o juiz nacional continua sendo responsável por aplicar o direito (conforme interpretado pelo Tribunal de Justiça) ao caso em questão.

5.4 Reenvio prejudicial no âmbito da Corte Internacional de Justiça?

Uma das características do direito internacional público que se configurou mais recentemente é sua fragmentação, especialmente em vista dos diversos órgãos judiciais existentes no plano internacional. A diferença entre tais jurisprudências pode conduzir a desenvolvimentos desiguais no direito internacional como aplicado por uma ou outra corte. Em seu discurso perante a Assembleia Geral das Nações Unidas, em 26 de outubro de 2000, o então juiz presidente da Corte Internacional de Justiça, Gilbert Guillaume, externalizou uma proposta interessante em prol da harmonização entre os sistemas judiciais internacionais:

> Em relação aos próprios juízes, estes devem estar conscientes do perigo de fragmentação do direito, e até da incoerência jurisprudencial devida à multiplicação dos tribunais. Impõe-se um diálogo interjudiciário. A Corte Internacional de Justiça, principal órgão judicial das Nações Unidas, está pronta para engajar-se, caso lhe sejam fornecidos os meios.
>
> Entretanto, confiar somente na sabedoria dos juízes poderá revelar-se insuficiente. As relações entre os tribunais internacionais deveriam, parece-me, ser melhor estruturadas.
>
> Nesta perspectiva, já se sugeriu confiar à Corte a faculdade de conhecer, em grau de recurso ou de cassação, de sentenças proferidas em todos os demais tribunais. Tal solução pressuporia, no entanto, uma vontade política forte dos Estados, a qual não estou certo que exista.

Outra fórmula já havia sido proposta no ano passado aqui mesmo por meu predecessor, e creio útil retornar à mesma hoje. Tendo em vista reduzir os riscos das interpretações do direito internacional, não conviria encorajar as diversas jurisdições para que, em certos assuntos, solicitassem opiniões consultivas à Corte por intermédio do Conselho de Segurança ou da Assembleia Geral?[80]

Pergunta

2. A proposta do juiz Guillaume assemelha-se ao instituto do reenvio prejudicial? Em que medida?

O papel do juiz comunitário na União Europeia é distinto da função exercida pelos juízes dos tribunais internacionais. A maior diferença em seus *status* parece ser dada pelos sistemas nos quais estão inseridos. A competência do juiz comunitário é definida pelos tratados relativos ao estabelecimento e funcionamento da União Europeia. Os Estados-membros da União Europeia não precisam aceitar a competência da jurisdição comunitária para cada caso em que forem demandados. Quando um Estado

---

[80] Tradução livre do texto em francês, cujo teor é: "*Quant aux magistrats eux-mêmes, ils doivent prendre conscience du danger de fragmentation du droit, voire d'incohérence jurisprudentielle née de la multiplication des tribunaux. Un dialogue interjudiciaire s'impose. La Cour internationale de Justice, organe judiciaire principal des Nations Unies, est prête à s'y employer si les moyens lui en sont donnés. S'en remettre à la sagesse des juges pourrait cependant se révéler insuffisant. Les relations entre les tribunaux internationaux devraient, me semble-t-il, être mieux structurées.*
Dans cette perspective, on a parfois suggéré de confier à la Cour le soin de connaître en appel ou en cassation des jugements rendus par tous les autres tribunaux. Une telle solution impliquerait cependant une volonté politique forte des États dont je ne suis pas certain qu'elle existe.
Une autre formule avait été évoquée l'année dernière par mon prédécesseur ici même et je crois utile aujourd'hui d'y revenir. En vue de réduire les risques d'interprétations du droit international, ne conviendrait-il pas d'encourager les diverses jurisdictions à demander dans certaines affaires des avis consultatifs à la Cour par l'intermédiaire du Conseil de Sécurité ou de l'Assemblée Générale?" (Gilbert Guillaume, em discurso perante a Assembleia Geral das Nações Unidas, em 26-10-2000). Disponível em: <www.icj-cij.org/court/index.php?pr=84&pt=3&p1=1&p2=3&p3=1>. Acesso em: 4 abr. 2013.

passa a integrar a União, ele aceita, com as normas dos tratados aos quais adere, a competência do juiz comunitário. Já o juiz internacional não desfruta desta atribuição prévia de competência. Sua jurisdição deve ser expressamente indicada (em um tratado ou através de algum acordo) para resolver determinado caso ou um grupo de casos. A sociedade internacional apresenta hoje diversos tribunais vinculados ao direito internacional (Corte Internacional de Justiça, Tribunal Internacional do Direito do Mar, Tribunal Penal Internacional com caráter universal, Tribunal Penal Internacional para a Ex-Iugoslávia, Tribunal Penal Internacional para Ruanda e outros tribunais penais especiais com jurisdições espaciais e temporais delimitadas, além da Corte Interamericana de Direitos Humanos, Corte Europeia de Direitos Humanos e outros tribunais de direitos humanos etc.), entre os quais não há hierarquia. Não se pode esquecer, ademais, que os sujeitos ativos e passivos que podem dirigir-se às instâncias judiciárias internacionais e comunitárias são diferentes. Portanto, a proposta do juiz Guillaume requereria que os juízes internacionais enxergassem a Corte Internacional de Justiça de forma análoga à que os magistrados comunitários são vistos na Europa pelos juízes nacionais. Por mais que, na Europa, os juízes nacionais prefiram, por vezes, entender que não há uma hierarquia entre eles e os magistrados comunitários, o fato é que estes últimos são os mais indicados para resolver de modo definitivo e harmônico as controvérsias relativas ao direito comunitário (ou, atualmente, o "direito da União Europeia"). Uma tal "hierarquização" não existe no direito internacional, e é difícil pensar que poderia ser obtida num cenário em que as jurisdições internacionais se multiplicam e cada instância se mostra ciosa de defender suas competências e sua importância.

Ao fim e ao cabo, como toda e qualquer jurisdição internacional necessita constantemente superar o impasse entre a eficácia de suas decisões e a atenção à soberania estatal, pode-se prever que os tribunais verão com desagrado qualquer perspectiva de diminuir (ainda mais) suas possibilidades de concretização, através de uma vinculação hierárquica à Corte Internacional de Justiça. Da mesma forma que lutam para se afirmar contra a soberania dos Estados no plano inferior, é provável que também lutem para manter sua autonomia contra qualquer imposição de um plano superior, como seria a CIJ.

A própria sugestão do juiz Guillaume também poderia ser lida no contexto de buscar uma maior importância para a Corte, aumentando seu papel e prestígio para fazer face aos Estados, sempre desconfiados de sua atuação e da manutenção da integridade de seu próprio domínio reservado (jurisdição doméstica).

5.5 A aceitação da competência do Tribunal de Justiça da União Europeia pelas jurisdições nacionais

Conforme atesta Daniel Sarmiento,[81]

> a proclamação da primazia pelo Tribunal de Justiça não foi assumida de forma incondicional pelas instâncias judiciais nacionais, e, muito especialmente, pelos tribunais de jurisdição constitucional. Estes tribunais, como fiadores e defensores da Constituição nacional, estão convocados a salvaguardar o caráter supremo do texto fundamental, pelo que é fácil imaginar as tensões geradas pela sentença proferida em *Costa vs. Enel* [grifo no original].

O primeiro tribunal nacional a manifestar-se sobre a competência do Tribunal de Justiça europeu foi o Bundesverfassungsgericht (Tribunal Constitucional Federal da Alemanha). Isto ocorreu no quadro de dois processos perante esta jurisdição.

No primeiro, conhecido por "Solange I",[82] o Tribunal de Direito Administrativo de Frankfurt am Main (Verwaltungsgericht Frankfurt) suspendeu um processo que nele corria e o remeteu, sucessivamente, ao

---
[81] SARMIENTO, Daniel. O sistema normativo da União Europeia e sua incorporação às ordens jurídicas dos Estados-membros. In: AMBOS, Kai; PEREIRA, Ana Cristina Paulo. *Mercosul e União Europeia*: perspectivas da integração regional. Rio de Janeiro: Lumen Juris, 2006. p. 58-59.
[82] BVerfGE 37, 271. Julgamento de 29-5-1974.

Tribunal de Justiça das Comunidades Europeias e ao Tribunal Constitucional Federal da Alemanha, por ter dúvidas quanto à compatibilidade de algumas normas de direito comunitário europeu com o direito constitucional fundamental alemão. Tratava-se de licenças obrigatórias para a importação ou exportação de grãos. Tais produtos, sempre que entrassem ou saíssem da (então) Comunidade Econômica Europeia, deveriam, por força de normas comunitárias, estar acompanhados de uma licença específica que autorizasse cada operação dentro de um prazo temporal determinado. Para assegurar o cumprimento deste prazo, os regulamentos europeus obrigavam ao pagamento de uma caução, a qual ficava retida e, no caso de a operação de importação ou exportação não ser efetuada dentro do prazo previsto na licença, não era devolvida.

Uma empresa alemã de comercialização de grãos obteve uma licença para exportar 20 mil toneladas de aveia, a qual não foi inteiramente utilizada dentro do prazo. Assim, a caução, no valor de 17.026,47 marcos alemães, não pôde ser devolvida. Contra tal decisão do órgão alemão responsável pela regulação do comércio exterior de grãos (Einfuhr- und Vorratsstelle für Getreide- und Futtermittel), a empresa exportadora recorreu ao Tribunal Regional de Direito Administrativo, o qual remeteu a controvérsia, primeiramente, ao Tribunal de Justiça europeu, através do reenvio prejudicial. A jurisdição alemã solicitou do Tribunal comunitário que este se pronunciasse acerca da validade dos regulamentos europeus que previam o regime de cauções, uma vez que estes colidiriam com princípios básicos do direito alemão. O acórdão[83] do Tribunal europeu, conhecido por "Internationale Handelsgesellschaft" (nome da empresa que se havia insurgido contra o sistema de cauções), resumiu assim a argumentação do Verwaltungsgericht:

> Segundo a apreciação desse tribunal [o Tribunal de Direito Administrativo de Frankfurt – Verwaltungsgericht], o regime de cauções seria contrário

---

[83] TJCE, 17-12-1970. Internationale Handelsgesellschaft mbH vs. Einfuhr-und Vorratsstelle für Getreide-und Futtermittel, C-11/70. Disponível em: <http://eur-lex.europa.eu>. Acesso em: 1 out. 2011.

a certos princípios estruturais do direito constitucional nacional que deveriam ser salvaguardados no âmbito do direito comunitário, pelo que a primazia do direito supranacional deveria ceder perante os princípios da lei fundamental alemã. Mais especificamente, o regime de cauções violaria os princípios da liberdade de acção e de disposição, da liberdade económica e da proporcionalidade que resultam, designadamente, dos artigos 2º, nº 1, e 14º da lei fundamental. O compromisso de importar ou exportar que resulta da emissão dos certificados, conjugado com a caução que com estes se prende, constituiria uma intervenção excessiva na liberdade de disposição do comércio, enquanto o objectivo dos regulamentos poderia ter sido atingido por meio de intervenções com consequências menos gravosas.[84]

O Tribunal de Justiça das Comunidades Europeias rejeitou decididamente o que lhe pareceu ser uma indevida interferência dos padrões do direito nacional no direito comunitário:

O recurso às regras ou noções jurídicas do direito nacional, para a apreciação da validade dos actos adoptados pelas instituições da Comunidade, teria por efeito pôr em causa a unidade e a eficácia do direito comunitário. A validade desses actos não pode ser apreciada senão em função do direito comunitário. Com efeito, ao direito emergente do Tratado, emanado de uma fonte autónoma, não podem, em virtude da sua natureza, ser opostas em juízo regras de direito nacional, quaisquer que sejam, sob pena de perder o seu carácter comunitário e de ser posta em causa a base jurídica da própria Comunidade; portanto, a invocação de violações, quer aos direitos fundamentais, tais como estes são enunciados na Constituição de um Estado-membro, quer aos princípios da estrutura constitucional nacional, não pode afectar a validade de um acto da Comunidade ou o seu efeito no território desse Estado.[85]

---

[84] Ibid.
[85] Ibid.

A articulação entre os tribunais europeus e os tribunais nacionais

No entanto, o Tribunal aceitou examinar os regulamentos sobre o regime de cauções a partir dos direitos fundamentais que poderiam ser encontrados no direito comunitário:

> Convém, no entanto, analisar se não terá sido violada qualquer garantia análoga, inerente ao direito comunitário. Com efeito, o respeito dos direitos fundamentais faz parte integrante dos princípios gerais de direito cuja observância é assegurada pelo Tribunal de Justiça. A salvaguarda desses direitos, ainda que inspirada nas tradições constitucionais comuns aos Estados-membros, deve ser assegurada no âmbito da estrutura e dos objectivos da Comunidade. Convém, pois, analisar, à luz das dúvidas manifestadas pelo tribunal administrativo, se o regime de cauções terá violado os direitos fundamentais cujo respeito deve ser assegurado no ordenamento jurídico comunitário.[86]

Os juízes europeus examinaram os ditos regulamentos, o sistema da caução e o conceito de "força maior" (caso em que, na letra das normativas europeias, a caução seria devolvida ainda que a operação de importação ou exportação não houvesse ocorrido). Tal exame, a partir dos conceitos de proporcionalidade e do exame das finalidades almejadas pelo regime de cauções, levou o Tribunal de Justiça das Comunidades Europeias a declarar que tais regulamentos europeus não violavam nenhuma garantia do direito comunitário.

Voltando o caso ao Tribunal de Direito Administrativo de Frankfurt, este não se convenceu pelas razões apresentadas no acórdão comunitário. E remeteu a questão ao Tribunal Constitucional Federal, para que este examinasse a compatibilidade das normas comunitárias envolvidas com as disposições da Lei Fundamental alemã.[87] A empresa autora alegava que

---

[86] Ibid.
[87] A Alemanha não chama sua constituição por este nome, mas por "Lei Fundamental", eis que, ao ser adotada em 1949, imaginava-se ser um texto provisório, válido enquanto não se procedia à reunificação das duas Alemanhas. Entretanto, adquiriu um *status* de respeitabilidade tamanha que não se discutiu mais sua substituição por outra constituição, e o nome *Grundgesetz*, ou

os arts. 2º (norma geral da liberdade, chamada de "livre desenvolvimento da personalidade") e 12 (liberdade de trabalho) do texto constitucional haviam sido violados, pois as regras comunitárias seriam demasiado drásticas, havendo meios menos invasivos para a regulação do comércio de grãos.

O Verwaltungsgericht Frankfurt não deixou de responder expressamente às ideias sobre a primazia absoluta do direito comunitário ventiladas na decisão "Internationale Handelsgesellschaft":

> Seria possível examinar a compatibilidade do direito comunitário europeu com a Lei Fundamental; ao direito comunitário não compete a primazia sobre todo direito interno. O responsável por este controle seria o Tribunal Constitucional Federal. É verdade que, no que diz respeito aos regulamentos emitidos pelos órgãos da Comunidade, trata-se de normas de uma ordem jurídica autônoma, em relação à qual o art. 100 par. 1º da Lei Fundamental,[88] por seu próprio texto, não seria aplicável. A competência do Tribunal Constitucional Federal resultaria entretanto [...] da consideração de que seria necessário que houvesse uma instância nacional para o controle normativo, caso se considere admissível o exame do direito comunitário a partir dos princípios estruturais do direito constitucional nacional.[89]

"Lei Fundamental", permaneceu – por mais que o tribunal encarregado de seu controle chame-se "Tribunal Constitucional Federal".

[88] Tal artigo estabelece a competência do Tribunal Constitucional Federal para decidir sobre a constitucionalidade de leis alemãs.

[89] Disponível em: <www.servat.unibe.ch/dfr>. Acesso em: 1 out. 2011. Tradução livre do original em alemão, cujo teor, no trecho em questão, é: "*Das Europäische Gemeinschaftsrecht könne auf seine Vereinbarkeit mit dem Grundgesetz überprüft werden; ihm gebühre nicht der Vorrang vor allem innerstaatlichen Recht. Zuständig für die Kontrolle sei das Bundesverfassungsgericht. Zwar handle es sich bei den von Organen der Gemeinschaft erlassenen Verordnungen um Normen einer autonomen Rechtsordnung, auf die Art. 100 Abs. 1 GG seinem Wortlaut nach nicht anwendbar sei. Die Zuständigkeit des Bundesverfassungsgerichts ergebe sich jedoch [...] aus der Erwägung, daß es eine nationale Instanz für die Normenkontrolle geben müsse, wenn man die Überprüfung des Gemeinschaftsrechts an den Strukturprinzipien des nationalen Verfassungsrechts für zulässig halte*".

A articulação entre os tribunais europeus e os tribunais nacionais

O Tribunal Constitucional Federal defrontou-se, assim, com a questão de saber se as normas de direito comunitário europeu seriam suscetíveis de verificação pelos tribunais constitucionais nacionais, e se sua compatibilidade com as normas fundamentais do direito nacional deveria ser examinada. Respondeu que sim. Reconheceu que o direito comunitário não se confundiria com o direito internacional público, tampouco com o direito interno. Asseverou que se tratava de uma ordem jurídica autônoma, que existiria em paralelo ao direito nacional. No entanto, no dizer do Tribunal alemão:

> Da mesma forma que o direito internacional público não é posto em questão pelo artigo 25 da Lei Fundamental[90] quando este determina que as normas gerais do direito internacional somente possuirão prioridade sobre o direito federal ordinário, e da mesma forma que uma ordem jurídica estrangeira não é posta em questão, quando é contida pela ordem pública da República Federal da Alemanha, assim tampouco o direito comunitário é posto em questão, quando este excepcionalmente não é aplicado contra o direito constitucional cogente. A vinculação da República Federal da Alemanha (e de todos os Estados membros) através do Tratado [de Criação da Comunidade Europeia] não é, de acordo com o sentido e o espírito dos tratados, unilateral, mas vincula também a Comunidade criada pelos mesmos, para que esta tome providências de forma a solucionar o conflito aqui subjacente, ou seja, que busque uma regulamentação que se compatibilize com a norma cogente do direito constitucional da República Federal da Alemanha.[91]

---

[90] O art. 25 da Lei Fundamental alemã trata do *status* dos tratados no direito interno, os quais possuem superioridade em relação à legislação ordinária, mas terão sua constitucionalidade verificada.
[91] Disponível em: <www.servat.unibe.ch/dfr>. Acesso em: 1 out. 2011. Tradução livre do original em alemão cujo teor, no trecho em questão, é: "*So wenig das Völkerrecht durch Art. 25 GG in Frage gestellt wird, wenn er bestimmt, daß die allgemeinen Vorschriften des Völkerrechts nur dem einfachen Bundesrecht vorgehen, und so wenig eine andere (fremde) Rechtsordnung in Frage gestellt wird, wenn sie durch den ordre public der Bundesrepublik Deutschland verdrängt wird, so wenig wird das Gemeinschaftsrecht in Frage gestellt, wenn ausnahmsweise das Gemeinschaftsrecht sich gegenüber zwingendem Verfassungsrecht nicht durchsetzen läßt. Die Bindung der Bundesrepublik Deutschland (und aller Mitgliedstaaten) durch den Vertrag ist nach Sinn und Geist der Verträge nicht einseitig, sondern bindet auch die durch sie geschaffene Gemeinschaft, das ihre zu tun, um den hier unterstell-*

Tratando do art. 24 da Lei Fundamental alemã, o qual previa a possibilidade de transferência de soberania pela Federação a organizações internacionais, o Tribunal asseverou que este artigo não poderia ser tomado ao pé da letra, mas deveria ser interpretado em consonância com todo o texto constitucional, o qual não permitiria que os direitos fundamentais de cidadãos alemães fossem ameaçados por funcionários governamentais ou tribunais alemães, apoiados em normas comunitárias.

Concluiu assim o Tribunal Constitucional Federal alemão que

> Enquanto o processo de integração da Comunidade [Econômica Europeia] ainda não tiver avançado de modo que o direito comunitário também contenha um catálogo de direitos fundamentais válido e elaborado por um parlamento, que esteja em consonância com o rol dos direitos fundamentais da Lei Fundamental, a remissão de um tribunal da República Federal da Alemanha ao Tribunal Constitucional Federal no âmbito de um procedimento de controle de normas é permitida e necessária, uma vez obtida a decisão do Tribunal de Justiça europeu requerida pelo art. 177 [(revisão prejudicial)], sempre que o tribunal [alemão inferior] entenda que a interpretação prejudicial dada pelo Tribunal de Justiça europeu é relevante para a decisão do caso concreto e inaplicável por colidir com um dos direitos fundamentais da Lei Fundamental.[92]

Eis o texto do art. 177 do Tratado de Roma, citado no trecho acima:

---

ten Konflikt zu lösen, also nach einer Regelung zu suchen, die sich mit einem zwingenden Gebot des Verfassungsrechts der Bundesrepublik Deutschland verträg".

[92] Tradução livre do original em alemão, cujo teor é: "*Solange der Integrationsprozeß der Gemeinschaft nicht so weit fortgeschritten ist, daß das Gemeinschaftsrecht auch einen von einem Parlament beschlossenen und in Geltung stehenden formulierten Katalog von Grundrechten enthält, der dem Grundrechtskatalog des Grundgesetzes adäquat ist, ist nach Einholung der in Art. 177 EWGV geforderten Entscheidung des Europäischen Gerichtshofes die Vorlage eines Gerichts der Bundesrepublik Deutschland an das Bundesverfassungsgericht im Normenkontrollverfahren zulässig und geboten, wenn das Gericht die für es entscheidungserhebliche Vorschrift des Gemeinschaftsrechts in der vom Europäischen Gerichtshof gegebenen Auslegung für unanwendbar hält, weil und soweit sie mit einem der Grundrechte des Grundgesetzes kollidiert*" [grifo nosso]. Disponível em: <www.servat.unibe.ch/dfr>. Acesso em: 1 out. 2011.

Artigo 177. O Tribunal de Justiça será competente para tomar uma decisão preliminar acerca:
(a) da interpretação deste Tratado;
(b) da validade e interpretação de atos das instituições da Comunidade; e
(c) da interpretação dos estatutos de quaisquer entes criados por um ato do Conselho, sempre que tais estatutos o prevejam.
Quando uma tal questão for levantada perante uma corte ou tribunal de algum dos Estados-membros, tal corte ou tribunal poderá, caso considere que sua sentença depende de uma decisão preliminar sobre tal questão, requerer ao Tribunal de Justiça que se pronuncie acerca da mesma.
Quando uma tal questão for levantada no âmbito de um caso que esteja sendo julgado perante uma corte ou tribunal domésticos de cuja decisão não cabe recurso segundo a lei nacional, tal corte ou tribunal deverá remeter o caso ao Tribunal de Justiça.[93]

Em suma, o Tribunal deixou claro que não se furtaria a apreciar a constitucionalidade das normas europeias nas matérias envolvendo direitos fundamentais protegidos pelo texto magno alemão. Mas também mencionou um limite temporal a tal controle: este seria exercido somente "enquanto o processo de integração [...] ainda não tiver avançado" e a CEE não contiver um catálogo próprio de direitos fundamentais. Vem daí o nome do acórdão – "Solange", que em português significa "enquanto" (e, portanto, não deve ser pronunciado como o nome próprio feminino "Solange", e sim na pronúncia alemã, que equivaleria a "zolângue" com "u" mudo).

---

[93] Disponível em: <www.hri.org/docs/Rome57/Part5Title1.html>. Acesso em: 28 dez. 2012. Tradução livre da versão em inglês, cujo teor é: *"Article 177. The Court of Justice shall be competent to make a preliminary decision concerning: (a) the interpretation of this Treaty; (b) the validity and interpretation of acts of the institutions of the Community; and (c) the interpretation of the statutes of any bodies set up by an act of the Council, where such statutes so provide.*
Where any such question is raised before a court or tribunal of one of the Member States, such court or tribunal may, if it considers that its judgment depends on a preliminary decision on this question, request the Court of Justice to give a ruling thereon. Where any such question is raised in a case pending before a domestic court or tribunal from whose decisions no appeal lies under municipal law, such court or tribunal shall refer the matter to the Court of Justice".

No caso em questão, porém, a posição do Tribunal pouco adiantou para a autora, eis que os regulamentos da Comunidade Econômica Europeia acerca da caução foram a seguir examinados pelo Tribunal Constitucional Federal e considerados conformes ao sistema de proteção dos direitos fundamentais insculpido na Lei Fundamental alemã.

O desenvolvimento do direito comunitário previsto em "Solange I" pareceu ter sido atingido, aos olhos da jurisdição germânica, em 1986, no chamado caso "Solange II".[94] Neste, tratava-se de uma empresa importadora de *champignons* oriundos de fora da Comunidade Econômica Europeia para a Alemanha. Normativas europeias estabelecem que as condições do mercado comunitário de cogumelos poderiam justificar restrições na introdução destes a partir de terceiros Estados. Durante o ano de 1976, uma solicitação de licença para importação de 1.000 toneladas de conservas de *champignons* de Taiwan foi negada pelo órgão governamental alemão correspondente, em obediência a decisões europeias que indicavam a necessidade econômica de tais restrições.

A empresa importadora recorreu de tal ato administrativo aos tribunais alemães, por entender que as condições fáticas de mercado previstas nas normas europeias sobre proteção comercial não estavam presentes em 1976. O caso chegou até o Bundesverwaltungsgericht (Tribunal Federal Administrativo – jurisdição superior para litígios envolvendo a administração pública), que remeteu a questão, por reenvio prejudicial, ao Tribunal de Justiça europeu, inquirindo se a manutenção das normas europeias protetivas específicas que restringiam a importação de cogumelos durante o ano de 1976 violavam outras normas comunitárias mais gerais sobre a matéria. O Tribunal de Justiça europeu avaliou os fatos e respondeu que a manutenção daquelas normas específicas não violou o direito comunitário europeu.

Esta opinião prejudicial do Tribunal de Justiça europeu não foi aceita pela empresa alemã autora da ação original. Esta requereu ao Tribunal Federal Administrativo daquele país que submetesse novamente a mesma

---

[94] BVerfGE 73, 339. Julgamento de 22-10-1986.

questão prejudicial à instância europeia, argumentando que muitas das razões da empresa autora haviam sido totalmente ignoradas pela justiça comunitária. Uma vez negado tal pedido, a autora voltou-se ao Tribunal Constitucional Federal, arguindo que a última decisão do Tribunal Federal Administrativo violava diversos de seus direitos fundamentais. Entre estes, arrolou direitos equivalentes ao acesso à Justiça, uma vez que seus argumentos não foram respondidos pelo Tribunal de Justiça europeu e que a decisão do Tribunal Federal Administrativo no sentido de não submeter outra questão prejudicial àquele órgão impedia efetivamente que tais razões fossem levadas em conta. Também mencionou os direitos fundamentais à liberdade de atuação, à liberdade de ocupação e à proporcionalidade na aplicação da justiça pelos tribunais, uma vez que entendia que as regras europeias que incidiram sobre a importação de cogumelos durante o ano de 1976, sendo totalmente desproporcionais, violavam a Lei Fundamental alemã.

Requeria-se do Tribunal Constitucional Federal, assim, que examinasse as normas de direito comunitário europeu para estabelecer sua consonância com o catálogo de direitos fundamentais presente no direito alemão.

O Tribunal decidiu que, frente aos avanços da integração europeia, não haveria mais como duvidar da condição de juiz natural do Tribunal de Justiça europeu. Ademais, com os tratados e acordos de integração comunitária, o Estado alemão havia decidido transferir parte da competência de seus tribunais internos para este órgão supranacional. Em relação aos demais direitos que teriam sido violados, a jurisdição constitucional recusou-se a examiná-los, afirmando que os órgãos judiciais da Comunidade Europeia já haviam atingido um padrão tal de proteção aos direitos humanos que não seria necessária a intervenção do Tribunal Constitucional Federal. Ainda mais porque o Tribunal de Justiça da Comunidade Europeia afirmara expressamente que, na proteção a direitos humanos, levaria em conta as tradições constitucionais transmitidas pelos Estados-membros da organização. E mais: todos os direitos fundamentais reclamados pela empresa autora na ação *sub judice* já haviam sido reconhecidos e utilizados pelo Tribunal de Justiça em sua jurisprudência. Assim, concluiu o Bundesverfassungsgericht que:

> Enquanto as Comunidades Europeias, em especial a jurisprudência do Tribunal das Comunidades, garantirem em geral uma proteção eficaz dos direitos fundamentais perante a força executiva das Comunidades, proteção esta que seja, no essencial, equiparável à oferecida de modo irrenunciável pela Lei Fundamental e que englobe de modo geral o conteúdo essencial dos direitos fundamentais, o Tribunal Constitucional Federal não exercerá mais sua jurisdição sobre a aplicabilidade do direito comunitário derivado que deva ser levado em conta na conduta de juízes e da administração alemães dentro do espaço de soberania da República Federal da Alemanha. E tal direito [comunitário derivado] não mais será avaliado pelos padrões dos direitos fundamentais da Lei Fundamental.[95]

Por conseguinte, o Tribunal não conheceu da ação na parte em que pedia o exame do respeito das normas europeias aos direitos fundamentais reconhecidos pela Lei Fundamental alemã.

O pensamento do Tribunal reflete-se na passagem abaixo, de autoria de Daniel Sarmiento, e muito posterior à época da decisão:

> Entre os princípios comunitários do direito europeu, pode-se fazer uma divisão entre princípios conceituados como direitos fundamentais e prin-

---

[95] Tradução livre do original em alemão, disponível em: <www.servat.unibe.ch/dfr>, acessado em 29 set. 2011, cujo teor é: "*Solange die Europäischen Gemeinschaften, insbesondere die Rechtsprechung des Gerichtshofs der Gemeinschaften einen wirksamen Schutz der Grundrechte gegenüber der Hoheitsgewalt der Gemeinschaften generell gewährleisten, der dem vom Grundgesetz als unabdingbar gebotenen Grundrechtsschutz im wesentlichen gleichzuachten ist, zumal den Wesensgehalt der Grundrechte generell verbürgt, wird das Bundesverfassungsgericht seine Gerichtsbarkeit über die Anwendbarkeit von abgeleitetem Gemeinschaftsrecht, das als Rechtsgrundlage für ein Verhalten deutscher Gerichte und Behörden im Hoheitsbereich der Bundesrepublik Deutschland in Anspruch genommen wird, nicht mehr ausüben und dieses Recht mithin nicht mehr am Maßstab der Grundrechte des Grundgesetzes überprüfen; entsprechende Vorlagen nach Art. 100 Abs. 1 GG sind somit unzulässig*".

cípios de atuação administrativa. Os primeiros equivalem a uma tábua de direitos fundamentais de caráter jurisprudencial, na qual são reconhecidos direitos como aqueles relativos à liberdade de expressão, a tutela judiciária efetiva, ou os direitos de reunião e associação. A forma em que o Tribunal de Justiça está construindo esses princípios se caracteriza por sua proximidade com as tradições constitucionais dos Estados-Membros, das quais se nutre o Tribunal no momento de delimitar o conteúdo de cada direito fundamental, e também com um instrumento de Direito Internacional de caráter regional, a Convenção Europeia de Direitos Humanos, e ainda com a jurisprudência interpretativa realizada sobre a Convenção pelo Tribunal Europeu de Direitos Humanos. O reconhecimento dos direitos fundamentais como princípios gerais do direito comunitário europeu tem sido a história de um êxito.[96]

Perguntas

3. É possível afirmar que a decisão "Solange I" do Tribunal Constitucional Federal alemão ameaça o instituto do reenvio prejudicial? De que modo?
4. De que modo a decisão "Solange I" representa um avanço para o direito da integração europeu?
5. Considere os seguintes artigos da Lei Fundamental alemã de 1949:

Artigo 1º
(1) A dignidade da pessoa é inviolável. É dever de todo poder estatal respeitá-la e protegê-la.
(2) O povo alemão declara-se portanto partidário de direitos humanos invioláveis e inalienáveis como base de toda comunidade humana, da paz e da justiça no mundo.

---

[96] SARMIENTO, Daniel. "O sistema normativo da União Europeia e sua incorporação às ordens jurídicas dos Estados-membros", 2006, op. cit., p. 76-77.

(3) Os direitos fundamentais seguintes vinculam a atividade legislativa, o poder executivo e o poder judiciário como direito diretamente válido.[97]

A decisão "Solange II" contraria a obrigação constitucional imposta aos tribunais alemães e, em especial, ao Tribunal Constitucional Federal?

5.6 O juiz nacional como juiz comunitário: o caso "Da Costa en Schaake"

No caso "Da Costa en Schaake",[98] o Tribunal de Justiça europeu afirmou que as decisões anteriores tomadas em sede de interpretação prejudicial vinculam as jurisdições nacionais. Tratava-se de um caso análogo ao já discutido "Van Gend en Loos", no qual a disputa versava sobre o aumento de cobrança aduaneira efetuada pela administração fiscal holandesa. A questão prejudicial submetida ao Tribunal versava sobre a aplicabilidade do art. 12 do Tratado de Roma (abstenção de aumentar as tarifas no comércio intracomunitário), com ou sem efeito direto em relação aos particulares. O Tribunal de Justiça simplesmente remeteu o consulente à decisão Van Gend en Loos, afirmando assim que seus precedentes vinculam as posteriores interpretações a serem dadas em sede de reenvio prejudicial.

---

[97] Tradução livre do original em alemão, disponível em: <www.gesetze-im-internet.de/bundesrecht/gg/gesamt.pdf> e acessado em 2 out. 2011, cujo teor é: "*Art.1. (1) Die Würde des Menschen ist unantastbar. Sie zu achten und zu schützen ist Verpflichtung aller staatlichen Gewalt. (2) Das Deutsche Volk bekennt sich darum zu unverletzlichen und unveräußerlichen Menschenrechten als Grundlage jeder menschlichen Gemeinschaft, des Friedens und der Gerechtigkeit in der Welt. (3) Die nachfolgenden Grundrechte binden Gesetzgebung, vollziehende Gewalt und Rechtsprechung als unmittelbar geltendes Recht*".
[98] TJCE, 27-3-1963. Da Costa en Schaake NV, Jacob Meijer NV, Hoechst-Holland NV *vs.* Netherlands Inland Revenue Administration. Casos conexos C-28/62, C-29/62 e C-30/62. Disponíveis em: <http://eur-lex.europa.eu>. Acesso em: 29 set. 2011.

5.7 O caso "Oteiza" e o respeito do Tribunal de Justiça da União Europeia pelos juízes nacionais

No caso "Oteiza",[99] tratava-se do cidadão espanhol Aitor Oteiza Olazabal, que fugiu da Espanha em 1986 devido a suas ligações com o movimento terrorista basco ETA. Chegando à França, buscou obter *status* de refugiado, que lhe foi negado. Também foi processado e julgado na França sob alegações de conspiração para perturbar a ordem pública através de intimidação e terror. Após o cumprimento de sua pena em território francês, Olazabal solicitou uma permissão de residência, invocando sua condição de cidadão comunitário. Tal permissão foi negada, embora uma autorização temporária tenha sido emitida. Tal documento continha algumas restrições, que o proibiam de residir em nove departamentos (divisões territoriais francesas). A proibição expirou em julho de 1995.

Em 1996, Oteiza Olazabal passou a residir em um departamento francês fronteiriço com a Espanha e a Comunidade Autônoma do País Basco. Em vista de suas ligações com o ETA, que o governo francês sustentou ainda existirem, foi emitida uma ordem administrativa proibindo-o de residir em 31 departamentos, visando impedi-lo de fixar moradia perto da fronteira espanhola. Ademais, em 25 de junho de 1986, o prefeito do departamento de Haut-de-Seine, onde Oteiza residia antes de tentar mudar-se para o Sul, emitiu uma ordem proibindo-o de deixar o departamento sem autorização prévia.

Oteiza contestou tais medidas junto aos tribunais franceses, e o Conseil d'État, última jurisdição competente na França, reportou o caso, por meio de reenvio prejudicial, ao Tribunal de Justiça da União Europeia, com a seguinte questão:

Os artigos 6º, 8º (a) e 48 do Tratado de Roma, atualmente artigos 12, 18 e 39, bem como o princípio da proporcionalidade aplicável ao direito da Comunidade e as disposições do direito derivado adotado para implemen-

---

[99] TJCE, 26-11-2002. Ministre de l'Intérieur *vs.* Aitor Oteiza Olazabal, C-100/01. Disponível, em inglês, em: <http://eur-lex.europa.eu>. Acesso em: 1 out. 2011.

tar o tratado, em especial a Diretiva nº 62/221/EEC de 25 de fevereiro de 1964, impedem que um Estado-membro adote, contra um nacional de outro Estado-membro em relação ao qual as disposições do Tratado se apliquem, uma medida para a manutenção da ordem pública a qual, estando sujeita à revisão judicial, restrinja as possibilidades de residência deste nacional a uma parte do território nacional, se os interesses da ordem pública impedirem-no de residir no resto no território? Ou seria que em tais circunstâncias a única medida restritiva de residência que poderia legalmente ser tomada contra tal nacional consistiria em sua exclusão de todo o território, adotada de acordo com a lei nacional?[100]

A legislação comunitária envolvida é a seguinte:

▸ Tratado de Roma, art. 6º, §1º:
Qualquer forma de discriminação com base na nacionalidade será proibida, nos limites das finalidades da aplicação deste Tratado, e sem prejuízo de disposições especiais neste contido.[101]

▸ Tratado de Roma, art. 8º, "a" (1):
Todo cidadão da União terá o direito de circular e residir livremente no território dos Estados-membros, sujeito às limitações e condições

---

[100] Disponível, em inglês, em: <http://eur-lex.europa.eu>. Acesso em: 1 out. 2011. Tradução livre do texto em inglês, cujo teor é: "*Do Articles 6, 8a and 48 of the Treaty of Rome, now Articles 12 EC, 18 EC and 39 EC, the principle of proportionality applicable in Community law and the provisions of secondary law adopted to implement the Treaty, in particular Directive 62/221/EEC of 25 February 1964, preclude a Member State from adopting, as against a national of another Member State to which the provisions of the Treaty apply, a measure for the maintenance of public order which, subject to judicial review, restricts that national's residence to a part of the national territory when interests of public order preclude him from residing in the remainder of the territory, or in such circumstances is the only measure restricting residence that can lawfully be taken as against that national a measure excluding him from the whole territory and adopted in accordance with national law?*".

[101] Disponível em: <www.hri.org/docs/Rome57/Part5Title1.html>. Acesso em: 28 dez. 2012. Tradução livre do texto em inglês, cujo teor é: "*Within the scope of application of this Treaty, and without prejudice to any special provisions contained therein, any discrimination on grounds of nationality shall be prohibited*".

estabelecidas neste Tratado e às medidas adotadas para efetivar tal direito.[102]
⇾ Tratado de Roma, art. 48:
1. A liberdade de circulação para trabalhadores no interior da Comunidade será assegurada no mais tardar ao final do período de transição.
2. Tal liberdade de circulação compreenderá a abolição de qualquer discriminação baseada na nacionalidade entre os trabalhadores dos Estados-membros, no que disser respeito a emprego, remuneração e demais condições de trabalho e emprego.
3. Também compreenderá os direitos, sujeitos a limitações justificadas por motivos de ordem pública (*ordre public*), segurança pública ou saúde pública:
(a) de aceitar ofertas de emprego efetivamente realizadas;
(b) de circular livremente dentro do território dos Estados-membros com este propósito;
(c) de permanecer num Estado-membro devido a uma relação de emprego de acordo com as normas legislativas, regulamentares ou administrativas que disponham sobre o emprego de nacionais de tal Estado.[103]
⇾ Diretriz nº 64/221, art. 2º (1):
Esta diretriz aplica-se a todas as medidas concernentes a entrada no território, a expedição ou renovação de autorizações de residência, ou

---

[102] Disponível em: <www.hri.org/docs/Rome57/Part5Title1.html>. Acesso em: 28 dez. 2012. Tradução livre do texto em inglês, cujo teor é: "*Every citizen of the Union shall have the right to move and reside freely within the territory of the Member States, subject to the limitations and conditions laid down in this Treaty and by the measures adopted to give it effect*".

[103] Disponível em: <www.hri.org/docs/Rome57/Part5Title1.html>. Acesso em: 28 dez. 2012. Tradução livre do texto em inglês, cujo teor é: "*1. Freedom of movement for workers shall be secured within the Community by the end of the transitional period at the latest. 2. Such freedom of movement shall entail the abolition of any discrimination based on nationality between workers of the Member States as regards employment, remuneration and other conditions of work and employment. 3. It shall entail the right, subject to limitations justified on grounds of public policy (ordre public), public security or public health: (a) to accept offers of employment actually made; (b) to move freely within the territory of Member States for this purpose; (c) to stay in a Member State for the purpose of employment in accordance with the provisions governing the employment of nationals of that State laid down by law, regulation or administrative action*".

a expulsão do território, que forem tomadas pelos Estados-membros por motivos de ordem pública, segurança pública ou saúde pública.[104]

▷ Diretriz nº 64/221, art. 3º (1) e (2):

1. Medidas tomadas por razões de ordem pública ou segurança pública deverão basear-se exclusivamente na conduta pessoal do indivíduo em questão.

2. Condenações criminais prévias não constituirão, em si mesmas, motivos para a tomada de tais medidas.[105]

▷ Diretriz do Conselho nº 68/360/CEE, art. 6º (1) "a":

De acordo com o art. 6º (1) "a" da Diretriz do Conselho 68/360/CEE, de 15 de outubro de 1968, sobre a abolição de restrições à circulação e residência na Comunidade para trabalhadores dos Estados-membros e suas famílias, a autorização de residência para um trabalhador migrante "deve ser válida em todo o território do Estado-membro que a expediu".[106]

▷ Diretriz do Conselho nº 68/360/CEE, art. 10:

Art. 10:

Os Estados-membros não poderão optar pela não aplicação das disposições desta Diretriz, a não ser por razões de ordem pública, segurança pública ou saúde pública.[107]

---

[104] Disponível em: <http://eur-lex.europa.eu/LexUriServ/LexUriServ.do?uri=CELEX:31964L0221:PT:HTML>. Tradução livre do texto em inglês, cujo teor é: "*This Directive relates to all measures concerning entry into their territory, issue or renewal of residence permits, or expulsion from their territory, taken by Member States on grounds of public policy, public security or public health*".

[105] Disponível em: <http://eur-lex.europa.eu/LexUriServ/LexUriServ.do?uri=CELEX:31964L0221:PT:HTML>. Tradução livre do texto em inglês, cujo teor é: "*1. Measures taken on grounds of public policy or of public security shall be based exclusively on the personal conduct of the individual concerned. 2. Previous criminal convictions shall not in themselves constitute grounds for the taking of such measures.*"

[106] Disponível em: <http://eur-lex.europa.eu/LexUriServ/LexUriServ.do?uri=CELEX:31968L0360:fr:NOT>. Tradução livre do texto em inglês, cujo teor é: "*must be valid throughout the territory of the Member State which issued it*".

[107] Tradução livre do texto em inglês, cujo teor é: "*Member States shall not derogate from the provisions of this Directive save on grounds of public policy, public security or public health*". Disponível, em inglês, em: <http://eur-lex.europa.eu>. Acesso em: 1 out. 2011.

Examinando tal legislação, bem como os fatos do caso, o Tribunal de Justiça entendeu que a imposição da proibição de residir em certas regiões da França encontrava-se justificada pelo direito comunitário, uma vez que a exceção da ordem e segurança públicas se repetem nos artigos acima vistos. Os motivos alegados para restringir a liberdade de residência de Oteiza Olazabal eram motivos aptos, a princípio, a justificar a imposição das medidas limitadoras. Apesar de a específica medida de proibição de residência em certa parte do território nacional não se encontrar expressa na legislação comunitária, seria lícito à administração recorrer a tal expediente caso a situação permitisse o afastamento total do estrangeiro, ou caso a conduta sancionada também acarretasse punição aos próprios nacionais, se estes a praticassem.

Num dos últimos parágrafos do acórdão, é interessante notar a atribuição de uma grande margem de avaliação para as cortes nacionais:

> É de competência dos juízes nacionais determinar se as medidas tomadas neste caso efetivamente se relacionam a uma conduta individual que constitua uma ameaça genuína e suficientemente séria à ordem pública ou à segurança pública, e se obedecem ao princípio da proporcionalidade.[108]

Portanto, o Tribunal de Justiça da União Europeia reconhece que os tribunais nacionais são os mais aptos para avaliar o significado dos termos "ordem pública", "segurança pública" e "proporcionalidade", eis que estes se beneficiam de uma maior proximidade do caso concreto.

Perguntas

6. A proibição geral de discriminação por nacionalidade, prevista nos trechos dos arts. 6º e 8º do Tratado de Roma, acima transcritos, permite

---

[108] Tradução livre do texto em inglês, cujo teor é: "*It is for the national courts to determine whether the measures taken in this case do in fact relate to individual conduct which constitutes a genuine and sufficiently serious threat to public order or public security, and whether they comply with the principle of proportionality*". Disponível, em inglês, em: <http://eur-lex.europa.eu>. Acesso em: 1 out. 2011.

que um Estado delimite o local onde um nacional de outro Estado poderá residir?
7. No caso "Internationale Handelsgesellschaft", acima resumido, o Tribunal de Justiça das Comunidades Europeias decidiu que:

> O recurso às regras ou noções jurídicas do direito nacional, para a apreciação da validade dos actos adoptados pelas instituições da Comunidade, teria por efeito pôr em causa a unidade e a eficácia do direito comunitário. A validade desses actos não pode ser apreciada senão em função do direito comunitário.

Tal assertiva foi violada na decisão "Oteiza"? Por quê?

5.8 Questões para fixação e aprofundamento

1. Como é a interação entre os tribunais europeus e os tribunais nacionais?
2. Como funciona o mecanismo do reenvio prejudicial previsto na União Europeia? O que é? Quem pode ou deve ordená-lo? Em quais casos pode ocorrer? Quais são as exceções? Quais são os efeitos? Como é sua tramitação?
3. Por que o juiz nacional é comumente chamado, no que se refere ao direito do bloco europeu, de "juiz comunitário de direito comum"?
4. O TJUE é competente para se pronunciar sobre a compatibilidade de uma disposição de direito nacional com o direito da União Europeia?
5. O que ocorre se existir norma constitucional impedindo a submissão de questões prejudiciais?

Capítulo 6
As consequências do descumprimento do direito da União Europeia

6.1 As competências do Tribunal de Justiça da União Europeia e do Tribunal Geral

O Tribunal de Justiça da União Europeia foi estabelecido em 1952, de acordo com o Tratado de Paris (1951) assinado pelos membros da então Comunidade Europeia do Carvão e do Aço.[109] Chamava-se então simplesmente "Tribunal de Justiça". Posteriormente, adquiriu o nome "Tribunal de Justiça das Comunidades Europeias". Com a entrada em vigor do Tratado de Lisboa (2009), o Tribunal teve seu nome alterado para "Tribunal de Justiça da União Europeia". Sua denominação oficial, entretanto, é simplesmente "Tribunal de Justiça".[110]

Já o Tribunal Geral foi estabelecido em 1988, com o nome de "Tribunal de Primeira Instância". Em 2009, com o Tratado de Lisboa, passou a ser conhecido como "Tribunal Geral".

---

[109] Tratado disponível, em inglês, no *site* do Centre Virtuel de la Connaissance sur l'Europe (CVCE): <www.cvce.eu>. Acesso em: 21 jun. 2012.

[110] Neste aspecto, o TJUE segue a prática dos tribunais nacionais, que não costumam trazer no nome a marca de sua nacionalidade. Por exemplo, não se fala em "Supremo Tribunal Federal do Brasil", por mais que ele seja brasileiro.

Do *site* do Tribunal de Justiça da União Europeia:[111]

Desde a sua criação, em 1952, a missão do Tribunal de Justiça da União Europeia consiste em garantir "o respeito do direito na interpretação e aplicação" dos Tratados.

No âmbito desta missão, o Tribunal de Justiça da União Europeia: fiscaliza a legalidade dos actos das instituições da União Europeia; assegura o respeito, pelos Estados-Membros, das obrigações decorrentes dos Tratados; interpreta o direito da União a pedido dos juízes nacionais.

O Tribunal de Justiça constitui assim a autoridade judiciária da União Europeia e vela, em colaboração com os órgãos jurisdicionais dos Estados-Membros, pela aplicação e a interpretação uniformes do direito da União.

O Tribunal de Justiça da União Europeia, com sede no Luxemburgo, é composto por três jurisdições: o Tribunal de Justiça, o Tribunal Geral (criado em 1988) e o Tribunal da Função Pública (criado em 2004). Desde que foram criadas, as três jurisdições proferiram cerca de 15 000 acórdãos.

Uma vez que cada Estado-Membro tem a sua própria língua e o seu sistema jurídico específico, o Tribunal de Justiça da União Europeia é necessariamente uma instituição multilíngue. O seu regime linguístico não tem equivalente em nenhuma outra jurisdição do mundo, visto que cada uma das línguas oficiais da União pode ser língua do processo. O Tribunal de Justiça é, com efeito, obrigado a respeitar um multilinguismo integral devido à necessidade de comunicar com as partes na língua do processo e de assegurar a difusão da sua jurisprudência em todos os Estados-Membros.

---

[111] Disponível em: <http://curia.europa.eu>. Acesso em: 25 nov. 2011. Lembrando-se que o português utilizado nas citações, tal como em todos os documentos da UE, é o de Portugal.

As consequências do descumprimento do direito da União Europeia

Competência do Tribunal de Justiça da União Europeia[112]

Ação por descumprimento[113]

É um procedimento que visa verificar se um Estado-membro descumpriu alguma norma comunitária. Sua importância está em afirmar, na prática, a supremacia do direito comunitário sobre o nacional, bem como a unidade do direito da União Europeia.

> Permite ao Tribunal de Justiça fiscalizar o cumprimento pelos Estados-Membros das obrigações que lhes incumbem por força do direito da União. O recurso ao Tribunal de Justiça é precedido de um procedimento prévio desencadeado pela Comissão e que consiste em dar ao Estado-Membro a ocasião de responder às imputações que lhe são feitas. Se tal procedimento não levar o Estado-Membro a pôr termo ao incumprimento, pode ser intentada no Tribunal de Justiça uma acção por violação do direito da União.
> Essa acção pode ser intentada pela Comissão (é, na prática, o caso mais frequente) ou por um Estado-Membro. Se o Tribunal de Justiça declarar o incumprimento, o Estado em causa terá de lhe pôr termo sem demora. Se, após a propositura de nova acção pela Comissão, o Tribunal de Justiça declarar que o Estado-Membro em causa não deu cumprimento ao seu acórdão, pode condená-lo no pagamento de um montante fixo ou de uma sanção pecuniária compulsória. Todavia, em caso de não comunicação das medidas de transposição de uma directiva à Comissão, o Tribunal de Justiça pode, sob proposta desta última, aplicar uma sanção pecuniária ao Estado Membro em causa, logo na fase do primeiro acórdão de incumprimento.[114]

---

[112] Da relação abaixo, foram omitidas as informações acerca do reenvio prejudicial, que já foi estudado no capítulo anterior.
[113] Na variante de Portugal, "incumprimento".
[114] Disponível em: <http://curia.europa.eu>. Acesso em: 25 nov. 2011.

a) O que é a ação por descumprimento?
É a ação prevista nos arts. 258, 259 e 260 do Tratado sobre o Funcionamento da União Europeia, cujo teor é:

> Artigo 258 (ex-artigo 226 do TCE)
> Se a Comissão considerar que um Estado-Membro não cumpriu qualquer das obrigações que lhe incumbem por força dos Tratados, formulará um parecer fundamentado sobre o assunto, após ter dado a esse Estado oportunidade de apresentar as suas observações.
> Se o Estado em causa não proceder em conformidade com este parecer no prazo fixado pela Comissão, esta pode recorrer ao Tribunal de Justiça da União Europeia.
>
> Artigo 259 (ex-artigo 227 do TCE)
> Qualquer Estado-Membro pode recorrer ao Tribunal de Justiça da União Europeia, se considerar que outro Estado-Membro não cumpriu qualquer das obrigações que lhe incumbem por força dos Tratados.
> Antes de qualquer Estado-Membro introduzir recurso contra outro Estado--Membro, com fundamento em pretenso incumprimento das obrigações que a este incumbem por força dos Tratados, deve submeter o assunto à apreciação da Comissão.
> A Comissão formulará um parecer fundamentado, depois de os Estados interessados terem tido oportunidade de apresentar, em processo contraditório, as suas observações escritas e orais.
> Se a Comissão não tiver formulado parecer no prazo de três meses a contar da data do pedido, a falta de parecer não impede o recurso ao Tribunal.
>
> Artigo 260 (ex-artigo 228 do TCE)
> 1. Se o Tribunal de Justiça da União Europeia declarar verificado que um Estado-Membro não cumpriu qualquer das obrigações que lhe incumbem por força dos Tratados, esse Estado deve tomar as medidas necessárias à execução do acórdão do Tribunal.

2. Se a Comissão considerar que o Estado-Membro em causa não tomou as medidas necessárias à execução do acórdão do Tribunal, pode submeter o caso a esse Tribunal, após ter dado a esse Estado a possibilidade de apresentar as suas observações. A Comissão indica o montante da quantia fixa ou da sanção pecuniária compulsória, a pagar pelo Estado-Membro, que considerar adequado às circunstâncias.
Se o Tribunal declarar verificado que o Estado-Membro em causa não deu cumprimento ao seu acórdão, pode condená-lo ao pagamento de uma quantia fixa ou progressiva correspondente a uma sanção pecuniária.
Este procedimento não prejudica o disposto no artigo 259.
3. Quando propuser uma acção no Tribunal ao abrigo do artigo 258 por considerar que o Estado-Membro em causa não cumpriu a obrigação de comunicar as medidas de transposição de uma directiva adoptada de acordo com um processo legislativo, a Comissão pode, se o considerar adequado, indicar o montante da quantia fixa ou da sanção pecuniária compulsória, a pagar por esse Estado, que considere adaptado às circunstâncias.
Se o Tribunal declarar o incumprimento, pode condenar o Estado-Membro em causa ao pagamento de uma quantia fixa ou de uma sanção pecuniária compulsória, no limite do montante indicado pela Comissão. A obrigação de pagamento produz efeitos na data estabelecida pelo Tribunal no seu acórdão.[115]

b) Para que serve a ação por descumprimento?
Serve para fazer com que um Estado cumpra alguma norma do direito da União, e/ou que seja penalizado pelo descumprimento, de forma a garantir a isonomia entre os Estados do bloco. O direito da UE deve obrigar a todos por igual e produzir efeitos perante os cidadãos de toda a União.

c) Quem é legitimado para mover a ação por descumprimento?
A Comissão Europeia é a principal legitimada. Um Estado-membro pode levar outro ao Tribunal através da ação de descumprimento, mas só pode

---

[115] Disponível em: <http://pt.scribd.com/doc/35587084/Versoes-consolidadas-do-Tratado-da-Uniao-Europeia-e-do-Tratado-sobre-o-Funcionamento-da-Uniao-Europeia>. Acesso em: 25 nov. 2011.

fazê-lo se antes submeter a suposta desobediência à Comissão e aguardar, por até três meses, que esta se pronuncie sobre o caso.

d) Qual o efeito da ação por descumprimento?
O Estado violador é condenado ao pagamento de uma quantia fixa ou de uma sanção pecuniária a subsistir enquanto a violação durar. A intenção é forçar o Estado a adequar-se às normas europeias.

Recurso de anulação

> Através deste tipo de recurso, o recorrente pede a anulação de um acto de uma instituição, de um órgão ou de um organismo da União (designadamente um regulamento, uma directiva, uma decisão). São da competência do Tribunal de Justiça os recursos interpostos por um Estado-Membro contra o Parlamento Europeu e/ou o Conselho (excepto dos actos deste último em matéria de auxílios de Estado, de *dumping* e de competências de execução) ou por uma instituição da União de um acto de outra instituição. O Tribunal Geral é competente para conhecer, em primeira instância, de todos os outros recursos deste tipo, designadamente dos recursos interpostos pelos particulares.[116]

a) O que é o recurso de anulação?
É a ação prevista no art. 263 do Tratado sobre o Funcionamento da União Europeia, cujo teor é:

> Artigo 263 (ex-artigo 230 do TCE)
> O Tribunal de Justiça da União Europeia fiscaliza a legalidade dos actos legislativos, dos actos do Conselho, da Comissão e do Banco Central Europeu, que não sejam recomendações ou pareceres, e dos actos do Parlamento

---

[116] Disponível em: <http://curia.europa.eu>. Acesso em: 25 nov. 2011.

Europeu e do Conselho Europeu destinados a produzir efeitos jurídicos em relação a terceiros. O Tribunal fiscaliza também a legalidade dos actos dos órgãos ou organismos da União destinados a produzir efeitos jurídicos em relação a terceiros.

Para o efeito, o Tribunal é competente para conhecer dos recursos com fundamento em incompetência, violação de formalidades essenciais, violação dos Tratados ou de qualquer norma jurídica relativa à sua aplicação, ou em desvio de poder, interpostos por um Estado-Membro, pelo Parlamento Europeu, pelo Conselho ou pela Comissão.

O Tribunal é competente, nas mesmas condições, para conhecer dos recursos interpostos pelo Tribunal de Contas, pelo Banco Central Europeu e pelo Comité das Regiões com o objectivo de salvaguardar as respectivas prerrogativas.

Qualquer pessoa singular ou colectiva pode interpor, nas condições previstas nos primeiro e segundo parágrafos, recursos contra os actos de que seja destinatária ou que lhe digam directa e individualmente respeito, bem como contra os actos regulamentares que lhe digam directamente respeito e não necessitem de medidas de execução.

Os actos que criam os órgãos e organismos da União podem prever condições e regras específicas relativas aos recursos interpostos por pessoas singulares ou colectivas contra actos desses órgãos ou organismos destinados a produzir efeitos jurídicos em relação a essas pessoas.

Os recursos previstos no presente artigo devem ser interpostos no prazo de dois meses a contar, conforme o caso, da publicação do acto, da sua notificação ao recorrente ou, na falta desta, do dia em que o recorrente tenha tomado conhecimento do acto.[117]

b) *Para que serve o recurso de anulação?*
Serve para anular uma norma comunitária que contrarie o direito comunitário superior, garantindo a unidade do ordenamento comunitário e

---

[117] Disponível em: <http://pt.scribd.com/doc/35587084/Versoes-consolidadas-do-Tratado-da--Uniao-Europeia-e-do-Tratado-sobre-o-Funcionamento-da-Uniao-Europeia>. Acesso em: 25 nov. 2011.

limitando a atuação dos entes comunitários pelos critérios dos tratados constitutivos e regras gerais sobre o direito da União Europeia.

c) Quem é legitimado para mover o recurso de anulação?
Os Estados-membros, o Parlamento Europeu, o Conselho e a Comissão são legitimados para provocar o Tribunal em qualquer caso de ilegalidade (incompetência, violação de formalidades essenciais, violação dos tratados ou de qualquer norma jurídica relativa à sua aplicação, ou desvio de poder). Já o Tribunal de Contas, o Banco Central Europeu e o Comitê das Regiões só podem valer-se desta ação com a finalidade de salvaguardar suas prerrogativas, isto é, caso a competência que foi atribuída a estes órgãos seja abusivamente exercida por outro ente. Por fim, os indivíduos também são legitimados à propositura desta ação sempre que forem destinatários diretos do ato impugnado. Note-se que recursos de anulação movidos pelos indivíduos serão apreciados pelo Tribunal Geral.

d) Qual o efeito do recurso de anulação?
A anulação do ato impugnado. Segundo o art. 264 do Tratado sobre o Funcionamento da União Europeia,

> Artigo 264 (ex-artigo 231 do TCE)
> Se o recurso tiver fundamento, o Tribunal de Justiça da União Europeia anulará o acto impugnado.
> Todavia, o Tribunal indica, quando o considerar necessário, quais os efeitos do acto anulado que se devem considerar subsistentes.[118]

Ação por omissão

Permite fiscalizar a legalidade da inacção das instituições, de um órgão ou de um organismo da União. Este tipo de acção só pode, porém, ser inten-

---

[118] Disponível em: <http://pt.scribd.com/doc/35587084/Versoes-consolidadas-do-Tratado-da-Uniao--Europeia-e-do-Tratado-sobre-o-Funcionamento-da-Uniao-Europeia>. Acesso em: 25 nov. 2011.

tado depois de a instituição em causa ter sido convidada a agir. Quando a ilegalidade da omissão for declarada, compete à instituição visada pôr termo ao incumprimento através de medidas adequadas. A competência para as acções por omissão é partilhada entre o Tribunal de Justiça e o Tribunal Geral segundo os critérios aplicáveis aos recursos de anulação.[119]

a) O que é a ação por omissão?
É a ação prevista no art. 265 do Tratado sobre o Funcionamento da União Europeia, cujo teor é o seguinte:

> Artigo 265 (ex-artigo 232 do TCE)
> Se, em violação dos Tratados, o Parlamento Europeu, o Conselho Europeu, o Conselho, a Comissão ou o Banco Central Europeu se abstiverem de pronunciar-se, os Estados-Membros e as outras instituições da União podem recorrer ao Tribunal de Justiça da União Europeia para que declare verificada essa violação. O presente artigo é aplicável, nas mesmas condições, aos órgãos e organismos da União que se abstenham de se pronunciar.
> Este recurso só é admissível se a instituição, o órgão ou o organismo em causa tiver sido previamente convidado a agir. Se, decorrido um prazo de dois meses a contar da data do convite, a instituição, o órgão ou o organismo não tiver tomado posição, o recurso pode ser introduzido dentro de novo prazo de dois meses.
> Qualquer pessoa singular ou colectiva pode recorrer ao Tribunal, nos termos dos parágrafos anteriores, para acusar uma das instituições, órgãos ou organismos da União de não lhe ter dirigido um acto que não seja recomendação ou parecer.[120]

b) Para que serve a ação por omissão?
Para que a falta de atuação de alguma instituição comunitária não prejudique todo o funcionamento da União, nem lese algum direito individual.

---

[119] Disponível em: <http://curia.europa.eu>. Acesso em: 25 nov. 2011.
[120] Disponível em: <http://pt.scribd.com/doc/35587084/Versoes-consolidadas-do-Tratado-da-Uniao-Europeia-e-do-Tratado-sobre-o-Funcionamento-da-Uniao-Europeia>. Acesso em: 25 nov. 2011.

c) Quem é legitimado para mover a ação por omissão?
Os Estados-membros da União Europeia, os entes comunitários e os indivíduos, desde que estes últimos sejam diretamente atingidos pela omissão.

d) Qual o efeito da ação por omissão?
Declarar a inação ilegal do ente comunitário. O juiz comunitário deve limitar-se a esta declaração, sem poder substituir o órgão e atuar em seu lugar. Caso a omissão continue, poderá ser promovida a responsabilização do órgão em questão, através do procedimento previsto no art. 340 do Tratado sobre o Funcionamento da União Europeia. A respeito, veja os seguintes artigos:

> Artigo 266 (ex-artigo 233 do TCE)
> A instituição, o órgão ou o organismo de que emane o acto anulado, ou cuja abstenção tenha sido declarada contrária aos Tratados, deve tomar as medidas necessárias à execução do acórdão do Tribunal de Justiça da União Europeia.
> Esta obrigação não prejudica aquela que possa decorrer da aplicação do segundo parágrafo do artigo 340.
>
> Artigo 340 (ex-artigo 288 do TCE)
> [...] Em matéria de responsabilidade extracontratual, a União deve indemnizar, de acordo com os princípios gerais comuns aos direitos dos Estados-Membros, os danos causados pelas suas instituições ou pelos seus agentes no exercício das suas funções.[121]

Recurso de decisão do Tribunal de Primeira Instância

Pode ser interposto no Tribunal de Justiça recurso, limitado às questões de direito, dos acórdãos e despachos do Tribunal Geral. Se o recurso for

---

[121] Disponível em: <http://pt.scribd.com/doc/35587084/Versoes-consolidadas-do-Tratado-da-Uniao-Europeia-e-do-Tratado-sobre-o-Funcionamento-da-Uniao-Europeia>. Acesso em: 25 nov. 2011.

admissível e procedente, o Tribunal de Justiça anula a decisão do Tribunal Geral. Caso o processo esteja em condições de ser julgado, o Tribunal de Justiça pode decidir definitivamente o litígio. Caso contrário, deve remeter o processo ao Tribunal Geral, que fica vinculado pela decisão proferida sobre o recurso.[122]

a) O que é o recurso de decisão do Tribunal de Primeira Instância?
É o recurso de acordo com o art. 256, §1º, do Tratado sobre o Funcionamento da União Europeia, cujo teor é o seguinte:

> Artigo 256.
> 1. O Tribunal Geral é competente para conhecer em primeira instância dos recursos referidos nos artigos 263º, 265º, 268º, 270º e 272º, com excepção dos atribuídos a um tribunal especializado criado nos termos do artigo 257º e dos que o Estatuto reservar para o Tribunal de Justiça. O Estatuto pode prever que o Tribunal Geral seja competente para outras categorias de recursos.
> As decisões proferidas pelo Tribunal Geral ao abrigo do presente número podem ser objecto de recurso para o Tribunal de Justiça limitado às questões de direito, nas condições e limites previstos no Estatuto.

b) Para que serve o recurso de decisão do Tribunal de Primeira Instância?
Serve para recorrer de uma sentença proferida por este tribunal ao cabo de uma ação de anulação (art. 263), de uma ação por omissão (art. 265), de ações movidas em decorrência de litígios administrativos internos da União (art. 270) e de ações para as quais a competência do Tribunal tenha sido estabelecida num contrato de direito público ou privado (art. 272).

O Tribunal de Justiça da União Europeia, ao conhecer do recurso, pode confirmar ou anular a decisão do Tribunal de Primeira Instância.

---

[122] Disponível em: <http://curia.europa.eu>. Acesso em: 25 nov. 2011.

c) Quem é legitimado para mover o recurso de decisão do Tribunal de Primeira Instância?
Tanto Estados-membros como órgãos comunitários ou indivíduos, dependendo de sua legitimidade para a ação original.

d) Qual o efeito do recurso de decisão do Tribunal de Primeira Instância?
O Tribunal de Justiça pode confirmar ou anular a decisão inferior. Caso a anule, pode decidir o caso, se entender que os elementos para tal já estão dados, ou então devolver os autos ao Tribunal Geral, para que este profira nova sentença.

Reapreciação

As decisões do Tribunal Geral sobre os recursos interpostos das decisões do Tribunal da Função Pública da União Europeia podem ser reapreciadas a título excepcional pelo Tribunal de Justiça, nas condições previstas no Protocolo relativo ao Estatuto do Tribunal de Justiça da União Europeia.[123]

Competência do Tribunal Geral
Do *site* do Tribunal de Justiça da União Europeia:

> O Tribunal Geral é competente para conhecer:
> - das acções e recursos interpostas pelas pessoas singulares ou colectivas contra os actos das instituições e dos órgãos e organismos da União Europeia (de que sejam destinatárias ou que lhes digam directa e individualmente respeito), bem como contra os actos regulamentares (que lhes digam directamente respeito e não necessitem de medidas de execução) ou ainda contra uma abstenção destas instituições, órgãos e organismos. Trata-se, por exemplo, do recurso interposto por uma empresa contra uma decisão da Comissão que lhe aplica uma coima;[124]

---

[123] Disponível em: <http://curia.europa.eu>. Aacesso em: 25 nov. 2011.
[124] "Coima", em Portugal, é uma multa de valor fixo. (N. A.)

- dos recursos interpostos pelos Estados-Membros contra a Comissão;
- dos recursos interpostos pelos Estados-Membros contra o Conselho em relação aos actos adoptados no domínio dos auxílios de Estado, às medidas de defesa comercial ("dumping") e aos actos através dos quais o Conselho exerce competências de execução;
- das acções destinadas a obter o ressarcimento dos danos causados pelas instituições da União Europeia ou pelos seus agentes;
- das acções emergentes de contratos celebrados pelas União Europeia, que prevejam expressamente a competência do Tribunal de Primeira Instância;
- dos recursos em matéria de marcas comunitárias;
- dos recursos, limitados às questões de direito, contra as decisões do Tribunal da Função Pública da União Europeia;
- dos recursos interpostos contra as decisões do Instituto Comunitário das Variedades Vegetais e da Agência Europeia das Substâncias Químicas.

As decisões proferidas pelo Tribunal Geral podem, no prazo de dois meses, ser objecto de recurso para o Tribunal de Justiça, limitado às questões de direito.[125]

Note-se que o art. 256, §3º, do TFUE, estabelece que:

3. O Tribunal Geral é competente para conhecer das questões prejudiciais, submetidas por força do artigo 267º, em matérias específicas determinadas pelo Estatuto.PT 30.3.2010 Jornal Oficial da União Europeia C 83/159; Quando o Tribunal Geral considerar que a causa exige uma decisão de princípio susceptível de afectar a unidade ou a coerência do direito da União, pode remeter essa causa ao Tribunal de Justiça, para que este delibere sobre ela. As decisões proferidas pelo Tribunal Geral sobre questões prejudiciais podem ser reapreciadas a título excepcional pelo Tribunal de Justiça, nas condições e limites previstos no Estatuto, caso exista risco grave de lesão da unidade ou da coerência do direito da União.[126]

---

[125] Disponível em: <http://curia.europa.eu>. Acesso em: 25 nov. 2011.
[126] Disponível em: <http://pt.scribd.com/doc/35587084/Versoes-consolidadas-do-Tratado-da-Uniao--Europeia-e-do-Tratado-sobre-o-Funcionamento-da-Uniao-Europeia>. Acesso em: 25 nov. 2011.

Entretanto, "uma vez que o Estatuto não foi adaptado nesta matéria, o Tribunal de Justiça da União Europeia, a seguir 'Tribunal de Justiça' ou 'Tribunal', continua a ser o único competente para se pronunciar a título prejudicial".[127]

6.2 O descumprimento perante o Tribunal de Justiça da União Europeia

Denúncias apresentadas por pessoas físicas ou jurídicas

Do *site* da Comissão Europeia:

> Um cidadão ou uma empresa pode recorrer à Comissão Europeia por Inobservância do Direito Comunitário para denunciar a falta de cumprimento por um Estado-membro das obrigações que para ele derivam do direito comunitário, qualquer que seja a autoridade – central, regional ou local – responsável pelo incumprimento, que pode consistir numa acção ou numa omissão mas que deve tratar-se de uma medida legislativa, regulamentar ou administrativa ou uma prática administrativa imputáveis ao Estado-membro e que possa ser contrária a uma disposição ou a um princípio do direito comunitário.[128]
>
> **Apresentar uma denúncia**
> Qualquer pessoa pode pôr em causa um Estado-Membro, apresentando uma denúncia junto da Comissão Europeia relativa a uma medida (legislativa, regulamentar ou administrativa) ou uma prática imputáveis a um Estado-Membro que considere contrárias a uma disposição ou a um princípio do direito da União.

---

[127] TRIBUNAL DE JUSTIÇA DA UNIÃO EUROPEIA. Nota Informativa relativa à instauração de processos prejudiciais pelos órgãos jurisdicionais nacionais. Disponível em: <http://eur-lex.europa.eu/LexUriServ/LexUriServ.do?uri=OJ:C:2011:160:0001:0005:PT:PDF>. Acesso em: 28 nov. 2011.

[128] Disponível em: <http://ec.europa.eu/portugal/queixas/index_pt.htm>. Acesso em: 28 nov. 2011.

O presente formulário de denúncia não é de uso obrigatório.

As denúncias podem ser apresentadas à Comissão Europeia por uma simples carta ou por correio electrónico, mas é no interesse do autor da denúncia incluir o máximo de informações relevantes. Todavia, são de excluir informações pessoais desnecessárias.

Este formulário pode ser enviado por correio normal para o seguinte endereço:

>Comissão Europeia
>(à atenção da Exm.a Sr.a Secretária-Geral)
>B-1049 Bruxelas
>BÉLGICA

O formulário pode também ser entregue num dos Gabinetes de Representação da Comissão Europeia nos Estados-Membros.

Para que uma denúncia seja admissível, é necessário que denuncie uma violação do direito da União por um Estado-Membro.[129]

As próximas páginas (até o início da p. 186, antes da seção 6.3) exibem o formulário-padrão de uma queixa individual à Comissão por alegado descumprimento estatal do direito da União Europeia.

---

[129] Disponível em: <http://ec.europa.eu/eu_law/your_rights/your_rights_forms_pt.htm>. Acesso em: 28 nov. 2011.

Denúncias europeias à Comissão das Comunidades por inobservância do direito comunitário

1. Apelido e nome próprio do denunciante:
2. (Quando for o caso) representado por:
3. Nacionalidade:
4. Endereço ou sede social:[130]
5. Telefone/fax/correio electrónico:
6. Área e local(is) de actividade:
7. Estado-membro ou organismo público que, alegadamente, não respeitou o direito comunitário:
8. Descrição, o mais precisa possível, dos factos em causa:
9. Na medida do possível, citar as disposições do direito comunitário (tratados, regulamentos, directivas, decisões, etc.) que o denunciante considera infringida(s) pelo Estado-membro:
10. Se necessário, mencionar a existência de um financiamento comunitário (indicando, se possível, as referências) relacionado com os factos em causa, de que o Estado-membro beneficie ou possa beneficiar:
11. Eventuais diligências já empreendidas junto dos serviços da Comissão (se possível, juntar uma cópia da correspondência trocada):
12. Eventuais diligências já empreendidas junto de outras instituições ou instâncias comunitárias (por exemplo, Comissão das Petições do Parlamento Europeu ou Provedor de Justiça europeu). Se possível, indicar a referência dada por estas instâncias à diligência efectuada pelo denunciante:
13. Diligências já empreendidas junto das autoridades nacionais centrais, regionais ou locais (se possível, juntar uma cópia da correspondência trocada):
    13.1. Diligências administrativas (por exemplo, denúncia junto das autoridades administrativas nacionais centrais, regionais ou

---

[130] O denunciante deve informar a Comissão das suas mudanças de endereço, assim como de quaisquer ocorrências susceptíveis de afectar o tratamento da denúncia.

locais competentes, e/ou junto do provedor de justiça nacional ou regional):

13.2. Acções/recursos perante tribunais nacionais ou outros procedimentos utilizados (por exemplo, arbitragem ou conciliação). (Mencionar se existe alguma decisão ou sentença judicial, anexando-as se possível):

14. Se existentes, mencionar aqui e juntar em anexo os documentos justificativos e os elementos de prova relativos à denúncia, incluindo as disposições nacionais referidas:

15. Confidencialidade (assinalar a casa escolhida):[131]

    ▶ "Autorizo a Comissão a divulgar a minha identidade por ocasião das suas diligências junto das autoridades do Estado-membro contra o qual a denúncia é dirigida."

    ▶ "Peço à Comissão que não divulgue a minha identidade por ocasião das suas diligências junto das autoridades do Estado-membro contra o qual a denúncia é dirigida."

16. Localidade, data e assinatura do denunciante/o seu representante:

---

[131] Chama-se a atenção do denunciante para o facto de a divulgação da sua identidade pelos serviços da Comissão poder, em certos casos, ser indispensável ao tratamento da denúncia. [Nota constante do formulário original.]

Nota explicativa que deve figurar no verso do formulário de denúncia

Cada Estado-membro é responsável pela aplicação (transposição dentro dos prazos, conformidade e execução correcta) do direito comunitário na sua ordem jurídica interna. Por força dos Tratados, a Comissão das Comunidades Europeias vela pela aplicação correcta do direito comunitário. Consequentemente, quando um Estado-membro não respeita o direito comunitário, a Comissão dispõe de poderes próprios (a acção por incumprimento) para tentar pôr fim a esta infracção e, caso necessário, recorrer ao Tribunal de Justiça das Comunidades Europeias. A Comissão actua, quer com base numa denúncia, quer a partir de suspeitas de infracção que ela própria detecta, procedendo às diligências que considera justificadas.

Entende-se por *incumprimento* a violação pelos Estados-membros das suas obrigações que derivam do direito comunitário. Este incumprimento pode consistir num acto positivo ou numa abstenção. Entende-se por *Estado* o Estado-membro que transgride o direito comunitário, qualquer que seja a autoridade – central, regional ou local – responsável pelo incumprimento.

Qualquer pessoa pode pôr em causa um Estado-membro, apresentando uma denúncia junto da Comissão relativa a uma medida (legislativa, regulamentar ou administrativa) ou uma prática imputáveis a um Estado-membro que considere contrárias a uma disposição ou a um princípio do direito comunitário. O denunciante não tem de demonstrar a existência de um interesse em agir; também não tem de provar que é principal e directamente interessado pela infracção que denuncia. Recorda-se que, para que uma denúncia seja considerada admissível, é necessário que seja respeito a uma violação do direito comunitário por um Estado-membro. Precisa-se, além disso, que os serviços da Comissão podem apreciar, em face das regras e das prioridades estabelecidas pela Comissão para a abertura e prosseguimento dos procedimentos de infracção, se deve ou não ser dada sequência a uma denúncia.

Aconselha-se quem considere que uma medida (legislativa, regulamentar ou administrativa) ou prática administrativa é contrária ao direito comunitário, a dirigir-se às instâncias administrativas ou jurisdicionais nacionais (incluindo o provedor de justiça nacional ou regional e/ou os procedimentos de arbitragem e de conciliação disponíveis), previamente ou paralelamente a apresentar uma denúncia junto da Comissão. A Comissão aconselha a utilização destas vias de protecção administrativas, jurisdicionais ou outras, existentes no direito nacional, antes da apresentação de uma denúncia junto dela, dadas as vantagens que tal pode representar para o denunciante.

Ao recorrer às vias de recurso disponíveis no plano nacional, o denunciante pode geralmente fazer valer o seu direito de maneira mais directa e personalizada (injunção à administração, anulação de uma decisão nacional, indemnização) do que graças a um procedimento de infracção instaurado pela Comissão, que pode às vezes demorar algum tempo antes de chegar a bom termo. Com efeito, antes de recorrer ao Tribunal, a Comissão é obrigada a observar uma fase de contactos com o Estado-membro em causa, para tentar obter a regularização da infracção.

Além disso, o acórdão pronunciado pelo Tribunal não produz efeito quanto aos direitos do denunciante, pois não tem como consequência regular uma situação individual, apenas impondo ao Estado-membro que se ponha em conformidade com o direito comunitário. Em particular, para qualquer pedido de indemnização individual o denunciante deverá dirigir-se às jurisdições nacionais.

O denunciante beneficia das seguintes garantias administrativas:

a) Após o registo na Secretaria-Geral da Comissão, qualquer denúncia julgada admissível será objecto da atribuição de um número oficial; será imediatamente enviado ao denunciante um aviso de recepção com indicação deste número, que será útil mencionar em toda a correspondência. A atribuição de um número oficial a uma denúncia não implica necessariamente a instauração de um procedimento de infracção contra o Estado-membro em causa.

b) Sempre que os serviços da Comissão tenham de intervir junto das autoridades do Estado-membro contra o qual a denúncia é dirigida, fá-lo-ão respeitando a escolha feita pelo denunciante no ponto 15 do presente formulário.

c) A Comissão procurará tomar uma decisão de mérito (abertura de um processo de infracção ou arquivamento sem consequências da denúncia) nos doze meses a contar da data do registo da denúncia na Secretaria-Geral.

d) O denunciante será informado de antemão pelo serviço responsável, quando este tencionar propor à Comissão que decida o arquivamento. Além disso, os serviços da Comissão informarão o denunciante da evolução do eventual processo de infracção.

6.3 O caso "Poissons sous taille"[132]

Uma vez que muitos países da União Europeia possuem importantes frotas pesqueiras, cujas atividades não se restringem a seus litorais ou porções de mar territorial, o direito da União Europeia apresenta diversas normas visando à regulação da atividade pesqueira, de modo a compatibilizar o exercício de tal ramo econômico entre todos os Estados-membros interessados. A importância dada a esta atividade econômica é tamanha que a regulação da atividade pesqueira figura entre os domínios sobre os quais a União dispõe de competência exclusiva.[133]

Em 1991, o Tribunal de Justiça das Comunidades Europeias (hoje chamado "Tribunal de Justiça da União Europeia) proferiu uma decisão contra a França (caso C-64/88, Comissão *vs.* França),[134] condenando-a por ter esta desrespeitado certos regulamentos europeus sobre a matéria. Tal parte normativa é reproduzida a seguir:

> Por meio do Regulamento nº 2057/82, já citado (a seguir "primeiro regulamento sobre o controlo"), o Conselho determinou algumas medidas de

---

[132] TJUE, 12-7-2005. Comissão das Comunidades Europeias *vs.* França, C-304/02. Disponível em: <http://eur-lex.europa.eu/>. Acesso em: 13 out. 2011.

[133] Disponível em: <http://pt.scribd.com/doc/35587084/Versoes-consolidadas-do-Tratado-da--Uniao-Europeia-e-do-Tratado-sobre-o-Funcionamento-da-Uniao-Europeia>. Acesso em: 25 nov. 2011. Tratado sobre o Funcionamento da União Europeia, art. 3º, §1º: "Artigo 3º: 1. A União dispõe de competência exclusiva nos seguintes domínios: a) União aduaneira; b) Estabelecimento das regras de concorrência necessárias ao funcionamento do mercado interno; c) Política monetária para os Estados-Membros cuja moeda seja o euro; d) Conservação dos recursos biológicos do mar, no âmbito da *política comum das pescas*; e) Política comercial comum" (grifo nosso).

[134] TJUE, 11-6-1991. Comissão das Comunidades Europeias *vs.* França, C-64/88. Disponível em: <http://eur-lex.europa.eu/>. Acesso em: 13 out. 2011.

controlo quanto às actividades de pesca exercidas pelos navios dos Estados--membros. Este regulamento foi revogado e substituído pelo Regulamento nº 2241/87, já citado (a seguir "segundo regulamento sobre o controlo").
O artigo 1º dos dois regulamentos sobre o controlo impõe duas obrigações aos Estados-membros. Segundo a primeira, que tem um caracter preventivo, cada Estado-membro tem a obrigação de proceder, tanto no interior dos portos situados no seu território como nas águas marítimas que dependem da sua soberania ou da sua jurisdição, à inspecção dos barcos de pesca que arvorem o seu pavilhão ou arvorem pavilhão de qualquer outro Estado--membro. Nos termos da segunda obrigação, que tem carácter repressivo, os Estados-membros são obrigados, em caso de infracção às medidas técnicas de conservação dos recursos de pesca, a accionarem procedimentos judiciais penais ou administrativos contra o capitão do navio em causa.
Essas medidas técnicas, que respeitam, nomeadamente, à malhagem das redes, à fixação dos dispositivos às redes, às apanhas acessórias e ao tamanho mínimo dos peixes, foram inicialmente definidas pelo Regulamento nº 171/83, já citado (a seguir "primeiro regulamento sobre as medidas de conservação"), e, seguidamente, pelo Regulamento nº 3094/86, já citado (a seguir "segundo regulamento sobre as medidas de conservação"), que substituiu o primeiro regulamento sobre as medidas de conservação a partir de 1 de Janeiro de 1987.
Segundo a Comissão, o Governo francês não cumpriu, de 1984 a 1987, as suas obrigações de inspecção e de procedimento repressivo, destinadas a fazer aplicar as medidas de conservação em causa.

Segundo as denúncias da Comissão Europeia, acolhidas pelo Tribunal, a França se eximira de fiscalizar a atuação dos barcos de sua frota pesqueira (especialmente no que se refere aos equipamentos utilizados por tais veículos, como o tamanho das malhas das redes), bem como daqueles que utilizavam seus portos, tendo-se ainda omitido no controle dos mercados de peixes. Por fim, as autoridades francesas não cumpriam sua obrigação de iniciar procedimentos administrativos ou penais contra os particulares que desrespeitassem a normativa comunitária em questão.

Isso possibilitou que muitos peixes abaixo do tamanho mínimo previsto nos regulamentos fossem capturados e consumidos, o que constitui um fato grave para a manutenção sustentável da atividade pesqueira dos países da (então) Comunidade Econômica Europeia.

Desta forma, o Tribunal de Justiça decidiu que:

1) A República Francesa, ao não ter assegurado, de 1984 a 1987, um controlo que garantisse o cumprimento das medidas técnicas comunitárias para a conservação dos recursos de pesca, previstas pelo Regulamento (CEE) nº 171/83 do Conselho, de 25 de Janeiro de 1983, bem como pelo Regulamento (CEE) nº 3094/86 do Conselho, de 7 de Outubro de 1986, não cumpriu as obrigações impostas pelo artigo 1º do Regulamento (CEE) nº 2057/82 do Conselho, de 29 de Junho de 1982, que estabelece certas medidas de controlo em relação às actividades piscatórias exercidas pelos barcos dos Estados-membros, bem como pelo artigo 1º do Regulamento (CEE) nº 2241/87 do Conselho, de 23 de Julho de 1987, que estabelece certas medidas de controlo em relação às actividades piscatórias.

2) A República Francesa é condenada nas despesas.[135]

Após esta decisão, a Comissão Europeia notou que a França pouco ou nada modificara seu comportamento na matéria, permitindo que as normas europeias sobre atividade pesqueira continuassem a ser desrespeitadas. Assim, em 27 de agosto de 2002, o órgão comunitário moveu uma ação de descumprimento[136] contra a República Francesa, valendo-se do disposto no Tratado que Institui a Comunidade Europeia, art. 228 (ver artigos transcritos adiante). O procedimento previsto neste artigo constitui uma inovação do Tratado de Maastricht, pelo qual a Comissão Europeia, na qualidade de guardiã dos tratados, pode acessar o Tribunal de Justiça uma vez tendo constatado a falta de obediência a alguma an-

---

[135] Ibid.
[136] TJUE, 12-7-2005. Comissão das Comunidades Europeias vs. França, C-304/02. Disponível em: <http://eur-lex.europa.eu/>. Acesso em: 13 out. 2011.

terior ação por descumprimento. Pode fazê-lo pedindo a condenação do Estado-membro ao pagamento de uma sanção pecuniária.[137]

Neste sentido, a Comissão pedia ao Tribunal que declarasse o desrespeito, pela França, das obrigações afirmadas no acórdão anterior, e que, em consequência, condenasse tal país ao pagamento de

> [...] uma sanção pecuniária de montante progressivo de 316 500 EUR por dia de atraso na execução das medidas necessárias para dar cumprimento ao acórdão Comissão/França, já referido, a contar da data da prolação do presente acórdão e até à execução do já referido acórdão Comissão/França; [...][138]

Em sua decisão, o Tribunal levou em conta toda a normativa comunitária sobre a atividade pesqueira. Lembrou que tais regras impunham deveres bastante específicos aos Estados-membros nas áreas de inspeção, controle e prevenção das embarcações particulares. Concluiu que:

> O Regulamento nº 2847/93 fornece, assim, indicações precisas quanto ao conteúdo das medidas que devem ser adoptadas pelos Estados-Membros e que devem ter por objectivo assegurar a regularidade das operações de pesca, com vista, simultaneamente, a evitar eventuais irregularidades e a puni-las, caso se verifiquem. Este objectivo implica que as medidas postas em prática devem ter carácter efectivo, proporcionado e dissuasivo. Como sublinhou o advogado-geral no nº 39 das suas conclusões de 29 de Abril de 2004, deve haver, para as pessoas que exercem uma actividade de pesca ou uma actividade conexa, um risco sério de que, em caso de infracção às

---

[137] WOJCIKIEWICZ ALMEIDA, Paula. Les limites à l'intervention de l'État dans le marché: la portée des décisions des tribunaux de l'UE et du Mercosur en droit interne. In: STORK, Michel; COSTA, Thales Morais; CERQUEIRA, Gustavo Vieira da Costa (Orgs.). *Les frontières entre liberté et interventionnisme en droit français et en droit brésilien*: études de droit comparé, Paris: L'Harmattan, 2010.
[138] TJUE, 12-7-2005. Comissão das Comunidades Europeias *vs.* França, C-304/02. Disponível em: <http://eur-lex.europa.eu/>. Acesso em: 13 out. 2011.

regras da política comum das pescas, serão descobertas e serão alvo das sanções adequadas.[139]

Ora, considerando os relatórios das missões de inspeção efetuadas pela Comissão Europeia no litoral francês, o Tribunal afirmou que tal Estado não cumpriu suas obrigações tais como afirmadas no acórdão de 1991, correspondendo a tal desobediência uma sanção pecuniária. Entretanto, aqui o Tribunal vai mais além de quanto foi pedido pela Comissão. Com efeito,

> A título de sanção aplicável à inexecução do acórdão de 11 de Junho de 1991, Comissão/França, já referido, a Comissão propôs ao Tribunal de Justiça que aplicasse à República Francesa uma sanção pecuniária diária de montante progressivo, a contar da data da prolação do presente acórdão até que seja posto termo ao incumprimento. Tendo em conta as características particulares do presente incumprimento, o Tribunal de Justiça considera que é oportuno apreciar, além disso, se a aplicação de uma sanção pecuniária de montante fixo poderia constituir uma medida adequada.[140]

Assim, o Tribunal de Justiça deverá enfrentar algumas questões interessantes acerca de seus poderes e de seu papel institucional (leve em conta que o acórdão foi proferido pelo Tribunal em 12 de julho de 2005, aplicando os tratados constitutivos como então se encontravam).

Perguntas

1. A partir da leitura do art. 260 (ex-artigo 228) do Tratado que Institui a Comunidade Europeia, é possível a aplicação simultânea de uma sanção pecuniária progressiva e uma pena financeira fixa?

---

[139] Ibid.
[140] Ibid.

2. A partir da leitura do citado artigo, é possível ao Tribunal condenar o Estado descumpridor a uma sanção não requerida pela Comissão?
3. Há algum problema na condenação da França a uma pena pecuniária fixa, além da sanção progressiva pedida pela Comissão?
4. De que forma você pensa que o Tribunal de Justiça europeu corresponderia melhor a seu papel institucional? Atendo-se estritamente ao pedido da Comissão ou agindo para além deste?

Após a leitura do acórdão, comente o seguinte trecho da decisão do Tribunal:

> O procedimento previsto no artigo 228º, nº 2, CE constitui um processo judicial especial, específico do direito comunitário, *que não pode ser equiparado a um processo civil*. A condenação no pagamento de uma sanção pecuniária de montante progressivo e/ou de uma sanção de montante fixo *não se destina a compensar um dano em concreto* causado pelo Estado-Membro em causa, mas a exercer sobre este uma *pressão econômica que o incite a pôr termo ao incumprimento declarado*. As sanções pecuniárias aplicadas devem, portanto, ser adoptadas em função do *grau de persuasão necessário* para que o Estado-Membro em causa modifique o seu comportamento [grifos nossos].[141]

5. Segundo o Tribunal, qual o escopo do procedimento previsto no art. 228?
6. A partir dos trechos grifados, qual o papel que o Tribunal atribui a si mesmo em relação ao direito comunitário?
7. De acordo com o parágrafo em questão, qual o perigo que o Tribunal enxerga no descumprimento de suas decisões?

Após ler o acórdão, analise os dispositivos abaixo transcritos. Eles exibem a evolução temporal dos artigos mencionados na decisão supracitada:

---

[141] TJUE, 12-7-2005. Comissão das Comunidades Europeias *vs.* França, C-304/02. Disponível em: <http://eur-lex.europa.eu/>. Acesso em: 13 out. 2011.

I) Tratado que Institui a Comunidade Europeia (Tratado de Roma, de acordo com as modificações de Nice/2001):

Artigo 226
Se a Comissão considerar que um Estado-Membro não cumpriu qualquer das obrigações que lhe incumbem por força do presente Tratado, formula um parecer fundamentado sobre o assunto, após ter dado a esse Estado oportunidade de apresentar as suas observações.
Se o Estado em causa não proceder em conformidade com este parecer no prazo fixado pela Comissão, esta pode recorrer ao Tribunal de Justiça.

Artigo 227
Qualquer Estado-Membro pode recorrer ao Tribunal de Justiça, se considerar que outro Estado-Membro não cumpriu qualquer das obrigações que lhe incumbem por força do presente Tratado.
Antes de qualquer Estado-Membro propor uma acção contra outro Estado--Membro, com fundamento em pretenso incumprimento das obrigações que a este incumbem por força do presente Tratado, deve submeter o assunto à apreciação da Comissão.
A Comissão formula um parecer fundamentado, depois de os Estados interessados terem tido oportunidade de apresentar, em processo contraditório, as suas observações escritas e orais.
Se a Comissão não tiver formulado parecer no prazo de três meses a contar da data do pedido, a falta de parecer não impede o recurso ao Tribunal de Justiça.

Artigo 228
1. Se o Tribunal de Justiça declarar que um Estado-Membro não cumpriu qualquer das obrigações que lhe incumbem por força do presente Tratado, esse Estado deve tomar as medidas necessárias à execução do acórdão do Tribunal de Justiça.

2. Se considerar que o Estado-Membro em causa não tomou as referidas medidas, e após ter dado a esse Estado a possibilidade de apresentar as suas observações, a Comissão formula um parecer fundamentado especificando os pontos em que o Estado-Membro não executou o acórdão do Tribunal de Justiça. Se o referido Estado-Membro não tomar as medidas necessárias para a execução do acórdão do Tribunal de Justiça dentro do prazo fixado pela Comissão, esta pode submeter o caso ao Tribunal de Justiça. Ao fazê-lo, indica o montante da quantia fixa ou da sanção pecuniária compulsória, a pagar pelo Estado-Membro, que considerar adequado às circunstâncias.
3. Se o Tribunal de Justiça declarar que o Estado-Membro em causa não deu cumprimento ao seu acórdão, pode condená-lo ao pagamento de uma quantia fixa ou de uma sanção pecuniária compulsória.
Este procedimento não prejudica o disposto no artigo 227.[142]

II) Texto do Tratado de Lisboa (2007 — foram inseridos os trechos que determinam alterações nos tratados anteriormente em vigor):

O artigo 228º [do antigo Tratado que Institui a Comunidade Europeia] é alterado do seguinte modo:
a) No nº 2, os primeiro e o segundo parágrafos são substituídos pelo seguinte texto, que passa a ser o primeiro parágrafo:
"2. Se a Comissão considerar que o Estado-Membro em causa não tomou as medidas necessárias à execução do acórdão do Tribunal, pode submeter o caso a esse Tribunal, após ter dado a esse Estado a possibilidade de apresentar as suas observações. A Comissão indica o montante da quantia fixa ou da sanção pecuniária compulsória, a pagar pelo Estado-Membro, que considerar adequado às circunstâncias."
No terceiro parágrafo, que passa a ser o segundo parágrafo, após "Tribunal", são suprimidos os termos "de Justiça";
b) É aditado o novo nº 3 com a seguinte redacção:

---

[142] Disponível em: <http://eur-lex.europa.eu/pt/treaties/dat/12002E/pdf/12002E_PT.pdf>. Acesso em: 13 out. 2011.

"3. Quando propuser uma acção no Tribunal ao abrigo do artigo 226º, por considerar que o Estado-Membro em causa não cumpriu a obrigação de comunicar as medidas de transposição de uma directiva adoptada de acordo com um processo legislativo, a Comissão pode, se o considerar adequado, indicar o montante da quantia fixa ou da sanção pecuniária compulsória, a pagar por esse Estado, que considere adaptado às circunstâncias.

Se o Tribunal declarar o incumprimento, pode condenar o Estado-Membro em causa ao pagamento de uma quantia fixa ou de uma sanção pecuniária compulsória, no limite do montante indicado pela Comissão. A obrigação de pagamento produz efeitos na data estabelecida pelo Tribunal no seu acórdão".

213) No artigo 229º-A, o trecho "... o Conselho, deliberando por unanimidade, sob proposta da Comissão e após consulta ao Parlamento Europeu,..." é substituído por "... o Conselho, deliberando por unanimidade, de acordo com um processo legislativo especial e após consulta ao Parlamento Europeu,..." e os termos "títulos comunitários de propriedade industrial" são substituídos por "títulos europeus de propriedade intelectual". O último período passa a ter a seguinte redacção: "Essas disposições entram em vigor após a sua aprovação pelos Estados-Membros, em conformidade com as respectivas normas constitucionais".[143]

Perguntas

8. Em que circunstâncias serão aplicados respectivamente o §2º e o §3º do art. 260 do TFUE? O que está sendo sancionado em cada um destes dispositivos?
9. Quais foram as modificações introduzidas pelo Tratado de Lisboa?
10. Se o caso *"Poissons sous taille"* fosse julgado hoje, seria possível:

---

[143] *Jornal Oficial da União Europeia*, C 306/108-109, 17 dez. 2007. Disponível em: <http://eur-lex.europa.eu/LexUriServ/LexUriServ.do?uri=OJ:C:2007:306:0042:0133:PT:PDF>. Acesso em: 6 dez. 2012.

a) a condenação da França a uma quantia fixa e progressiva, simultaneamente?
b) a imposição, pelo Tribunal, de uma pena não requerida pela Comissão?
c) a diminuição do tempo de duração da fase contenciosa?

11. Em relação à dúvida acerca da discricionariedade do Tribunal para fixar as sanções independentemente do que fora pedido pela Comissão, a grande maioria dos Estados-membros que intervieram no processo (França, Bélgica, Dinamarca, Alemanha, Grécia, Espanha, Irlanda, Itália, Países Baixos, Áustria, Polônia e Portugal) manifestou-se contra tal margem de apreciação, enquanto somente três (República Tcheca, Hungria e Finlândia) foram pela discricionariedade. A Comissão manifestou-se neste último sentido. Em sua opinião, ao decidir não levar em conta a opinião dos 12 governos contrários, o Tribunal extrapolou de sua função no processo integracional?[144]

12. Qual foi, em síntese, a mensagem política expressa pelo Tribunal de Justiça na decisão *"Poissons sous taille"*? A partir das modificações introduzidas pelo Tratado de Lisboa, como tal mensagem foi acolhida pelos Estados-membros da União Europeia?

6.4 O caso "T-33/09"[145]

Um acórdão do Tribunal de Justiça, de 2004, declarou que Portugal havia desobedecido uma diretiva europeia. A questão referia-se ao Decreto-Lei nº 48.051, de 1967, o qual dispunha que a responsabilidade do Estado português por violação do direito comunitário só seria estabelecida após a prova da existência de culpa ou dolo na atuação de seus agentes. O Tribu-

---

[144] Foi esta uma das reclamações que se fizeram em Paris após a publicação da decisão da Corte. Ver: DE LA HAYE, Marcel. *Le péché de la pêche française*: le manquement dit des "Poissons sous taille". Comunicação (Mestrado em Administração Pública) – École Nationale d'Administration, Paris, maio 2007. p. 26. Disponível em: <www.ena.fr>. Acesso em: 13 out. 2011.

[145] Tribunal Geral, 29-3-2011. República Portuguesa *vs.* Comissão, T-33/09. Disponível em: <http://eur-lex.europa.eu>. Acesso em: 17 out. 2011.

nal de Justiça considerou, em julgamento de 14 de outubro de 2004, que tais exigências violavam o direito comunitário europeu, nomeadamente os seguintes artigos da Diretiva 89/665/CEE:[146]

Artigo 1º
1. Os Estados-membros tomarão as medidas necessárias para garantir que, no que se refere aos processos de adjudicação de contratos de direito público abrangidos pelo âmbito de aplicação das Directivas 71/305/CEE e 77/62/CEE, as decisões tomadas pelas entidades adjudicantes possam ser objecto de recursos eficazes e, sobretudo, tão rápidos quanto possível, nas condições previstas nos artigos seguintes e, nomeadamente, no nº 7 do artigo 2º, com base em que essas decisões tenham violado o direito comunitário em matéria de contratos de direito público ou as normas nacionais que transpõem esse direito.

Artigo 2º
1. Os Estados-membros velarão por que as medidas tomadas para os efeitos dos recursos referidos no artigo 1º prevejam os poderes que permitam:
[...] c) Conceder indemnizações às pessoas lesadas por uma violação.

Portanto, Portugal foi condenado a revogar seu Decreto-Lei nº 48.051.

Tendo em vista a inércia do Estado, a Comissão ingressou novamente no Tribunal de Justiça, pedindo a constatação do descumprimento do acórdão, bem como a fixação de uma multa que compelisse a sua obediência. Em consequência, o Tribunal proferiu o acórdão de 10 de janeiro de 2008, no qual reconhecia a inexecução de sua anterior decisão, fixando sanção pecuniária de 19.932,00 euros por dia de descumprimento, contados a partir da data deste segundo acórdão até o momento em que o Decreto-Lei nº 48.051 for revogado.

Entretanto, em 31 de dezembro de 2007, Portugal publicara a Lei nº 67/07, "que aprova o Regime da Responsabilidade Civil Extracon-

---

[146] Disponível em: <http://eur-lex.europa.eu/LexUriServ/LexUriServ.do?uri=CELEX:31989L0665:pt:HTML>. Acesso em: 22 dez. 2012.

tractual do Estado e Demais Entidades Públicas", a qual, em seu art. 5º, revogava o malfadado decreto-lei. Tal lei entrou em vigor em 30 de janeiro de 2008.

A Comissão Europeia, entretanto, alegou que a nova lei "não constituía uma medida adequada e completa de execução do acórdão de 2004". Em seguida, oficiais da Comissão solicitaram a Portugal que procedesse ao pagamento da multa fixada pelo acórdão de janeiro de 2008. O cálculo feito pela Comissão para estimar o valor total devido pelo Estado não considerou o advento da Lei nº 67/07 (30 de janeiro de 2007) como termo final do período sobre o qual a multa incidiria.

A quantia indicada foi paga pelo governo português, sob protesto, deixando claro que recorreria contra tal valor.

Adicionalmente, Portugal promoveu uma mudança na Lei nº 67/07, para adaptar-se ao que a Comissão entendia por "medidas adequadas" de cumprimento do acórdão de 2004. Esta mudança foi efetuada pela Lei nº 31/08, de 17 de julho de 2008 (em vigor desde 18 de julho do mesmo ano).

Por fim, a República Portuguesa moveu um recurso de anulação, no Tribunal de Primeira Instância, contra a cobrança efetuada pela Comissão. Este recurso de anulação é objeto da presente decisão.

O argumento de Portugal prende-se ao teor do texto do acórdão original, de 2004. A parte dispositiva desta decisão preceituava:

> Ao não revogar o Decreto-Lei nº 48051, de 21 de Novembro de 1967, que subordina a indemnização das pessoas lesadas em consequência da violação do direito comunitário em matéria de contratos de direito público ou das normas nacionais que o transpõem à prova da existência de culpa ou dolo, a República Portuguesa não cumpriu as obrigações que lhe incumbem por força dos artigos 1º, nº 1, e 2º, nº 1, alínea c), da Directiva 89/665/CEE do Conselho, de 21 de Dezembro de 1989, que coordena as disposições legislativas, regulamentares e administrativas relativas à aplicação dos processos de recurso em matéria de adjudicação dos contratos de direito público de obras e de fornecimentos [*JO L 395*, p. 33, 30 dez. 1989].

Ora, segundo o conteúdo da decisão, bastava a Portugal revogar a norma interna atacada para fazer cessar o descumprimento. Segundo o país ibérico, isto ocorreu com o advento da lei Lei nº 67/07, que, em seu art. 5º, revogava expressamente o Decreto-Lei nº 48.051.

Os representantes portugueses alegaram ainda que as críticas da Comissão à Lei nº 67/07, críticas que se dirigiam à menção, na mesma lei, do conceito de "culpa", não tinham razão de ser, vez que a "culpa" de que tratava a nova lei era uma culpa presumida e, logo, o particular não necessitaria comprová-la.

Por fim,

> segundo a República Portuguesa, na medida em que o Tribunal de Justiça não se pronunciou sobre a conformidade da Lei nº 67/2007 com o direito comunitário, incumbia à Comissão intentar nova acção por incumprimento, a fim de submeter ao Tribunal de Justiça a questão da adequação do novo regime jurídico previsto por esta lei ao direito da União.[147]

Já a Comissão insistiu em que a Lei nº 67/07 não representava um cumprimento do acórdão de 2004, por fazer a indenização de pessoa lesada depender "da existência de culpa do funcionário na prática do acto ilícito, ou do funcionamento anormal do serviço".

Para a Comissão, a violação cometida por Portugal contra o direito comunitário europeu não estaria em uma ação, ao publicar o Decreto-Lei nº 48.051, e sim numa omissão, ao não tomar "as medidas necessárias" mencionadas no art. 1º da Diretiva 89/665/CEE, já transcrito. Logo, não bastaria a simples revogação do decreto. Seria necessário, para fazer cessar o descumprimento do direito da União Europeia, o advento de um novo regime de responsabilidade civil. A Comissão considerou que só a Lei nº 31/08 trouxe as disposições requeridas pelo ordenamento europeu. Logo, ignorou deliberadamente a entrada em vigor da Lei nº 67/07 e

---

[147] Tribunal Geral, 29-3-2011. República Portuguesa *vs.* Comissão, T-33/09. Disponível em: <http://eur-lex.europa.eu>. Acesso em: 17 out. 2011.

considerou que esta não tinha o condão de cumprir o acórdão de 2004. Por isso, insistiu em que o Estado pagasse a multa fixada pelo Tribunal de Justiça em seu segundo acórdão (de 2008), desde a data desta decisão até o advento da Lei nº 31/08.

Os juízes do Tribunal Geral deviam, portanto, decidir algumas questões acerca do papel da Comissão no processo da ação por descumprimento e em sua fase de penalização. Em especial, nota-se uma dúvida acerca da extensão em que a Comissão pode controlar a interpretação dos acórdãos do Tribunal de Justiça da União Europeia, uma vez que é ela (a Comissão) o ente competente para cobrar tais quantias.

Para responder às perguntas abaixo, considere que o acórdão, apesar de ter sido decidido em 2011, ainda faz referência ao tratado constitutivo em vigor à época dos fatos – isto é, o tratado que institui a Comunidade Europeia, o velho Tratado de Roma com todas as emendas sofridas desde 1957 até o Tratado de Nice (2001). Portanto, o atual "Tribunal Geral" ainda é chamado de "Tribunal de Primeira Instância".

Considere os seguintes artigos do tratado que institui a Comunidade Europeia:

Artigo 225º(*)
1. O Tribunal de Primeira Instância é competente para conhecer em primeira instância dos recursos referidos nos artigos 230º, 232º, 235º, 236º e 238º, com excepção dos atribuídos a uma câmara jurisdicional e dos que o Estatuto reservar para o Tribunal de Justiça. O Estatuto pode prever que o Tribunal de Primeira Instância seja competente para outras categorias de recursos.
As decisões proferidas pelo Tribunal de Primeira Instância ao abrigo do presente número podem ser objecto de recurso para o Tribunal de Justiça limitado às questões de direito, nas condições e limites previstos no Estatuto.
2. O Tribunal de Primeira Instância é competente para conhecer dos recursos interpostos contra as decisões das câmaras jurisdicionais criadas nos termos do artigo 225º-A.
As decisões proferidas pelo Tribunal de Primeira Instância ao abrigo do presente número podem ser reapreciadas a título excepcional pelo Tribunal

de Justiça, nas condições e limites previstos no Estatuto, caso exista risco grave de lesão da unidade ou da coerência do direito comunitário.

3. O Tribunal de Primeira Instância é competente para conhecer das questões prejudiciais, submetidas por força do artigo 234º, em matérias específicas determinadas pelo Estatuto.

Quando o Tribunal de Primeira Instância considerar que a causa exige uma decisão de princípio susceptível de afectar a unidade ou a coerência do direito comunitário, pode remeter essa causa ao Tribunal de Justiça, para que este delibere sobre ela.

As decisões proferidas pelo Tribunal de Primeira Instância sobre questões prejudiciais podem ser reapreciadas a título excepcional pelo Tribunal de Justiça, nas condições e limites previstos no Estatuto, caso exista risco grave de lesão da unidade ou da coerência do direito comunitário.

(*) Artigo com a redacção que lhe foi dada pelo Tratado de Nice.

Artigo 226º
Se a Comissão considerar que um Estado-Membro não cumpriu qualquer das obrigações que lhe incumbem por força do presente Tratado, formulará um parecer fundamentado sobre o assunto, após ter dado a esse Estado oportunidade de apresentar as suas observações.
Se o Estado em causa não proceder em conformidade com este parecer no prazo fixado pela Comissão, esta pode recorrer ao Tribunal de Justiça. [...]

Artigo 228º
1. Se o Tribunal de Justiça declarar verificado que um Estado-Membro não cumpriu qualquer das obrigações que lhe incumbem por força do presente Tratado, esse Estado deve tomar as medidas necessárias à execução do acórdão do Tribunal de Justiça.
2. Se a Comissão considerar que o Estado-Membro em causa não tomou as referidas medidas, e após ter dado a esse Estado a possibilidade de apresentar as suas observações, formulará um parecer fundamentado especificando os pontos em que o Estado-Membro não executou o acórdão do Tribunal de Justiça.

Se o referido Estado-Membro não tomar as medidas necessárias para a execução do acórdão do Tribunal de Justiça dentro do prazo fixado pela Comissão, esta pode submeter o caso ao Tribunal de Justiça. Ao fazê-lo, indicará o montante da quantia fixa ou progressiva correspondente à sanção pecuniária, a pagar pelo Estado-Membro, que considerar adequada às circunstâncias.
Se o Tribunal de Justiça declarar verificado que o Estado-Membro em causa não deu cumprimento ao seu acórdão, pode condená-lo ao pagamento de uma quantia fixa ou progressiva correspondente a uma sanção pecuniária.
Este procedimento não prejudica o disposto no artigo 227º [...]

Artigo 230º (**)
O Tribunal de Justiça fiscaliza a legalidade dos actos adoptados em conjunto pelo Parlamento Europeu e pelo Conselho, dos actos do Conselho, da Comissão e do BCE, que não sejam recomendações ou pareceres, e dos actos do Parlamento Europeu destinados a produzir efeitos jurídicos em relação a terceiros.
Para o efeito, o Tribunal de Justiça é competente para conhecer dos recursos com fundamento em incompetência, violação de formalidades essenciais, violação do presente Tratado ou de qualquer norma jurídica relativa à sua aplicação, ou em desvio de poder, interpostos por um Estado-Membro, pelo Parlamento Europeu, pelo Conselho ou pela Comissão.
O Tribunal de Justiça é competente, nas mesmas condições, para conhecer dos recursos interpostos pelo Tribunal de Contas e pelo BCE com o objectivo de salvaguardar as respectivas prerrogativas.
Qualquer pessoa singular ou colectiva pode interpor, nas mesmas condições, recurso das decisões de que seja destinatária e das decisões que, embora tomadas sob a forma de regulamento ou de decisão dirigida a outra pessoa, lhe digam directa e individualmente respeito.
Os recursos previstos no presente artigo devem ser interpostos no prazo de dois meses a contar, conforme o caso, da publicação do acto, da sua notificação ao recorrente ou, na falta desta, do dia em que o recorrente tenha tomado conhecimento do acto.
(**) Artigo com a redacção que lhe foi dada pelo Tratado de Nice.

Artigo 231º
Se o recurso tiver fundamento, o Tribunal de Justiça anulará o acto impugnado.[148]

Perguntas

13. Segundo a sistemática dos artigos transcritos, qual instância comunitária é responsável por julgar casos em que Estados são acusados pela Comissão de desrespeitar o direito comunitário?
14. O ato da Comissão que fixou a quantia da dívida a ser paga por Portugal foi uma "Decisão". A partir daí, o Tribunal Geral (ou Tribunal de Primeira Instância) era competente para conhecer do caso estudado?
15. De acordo com os artigos transcritos, a Comissão possui atribuição para determinar a quantia devida pelo Estado por uma penalização nos termos do art. 228?
16. Uma vez que, para a Comissão, a Lei nº 67/07 não consistiu num cumprimento satisfatório do acórdão de 2004, e considerando que "o Tribunal de Justiça não se pronunciou sobre a conformidade da Lei nº 67/2007 com a Directiva 89/665, no acórdão de 2004 nem no acórdão de 2008", a Comissão possui poderes para manter a penalidade, declarando a irrelevância da lei? Que medida poderia ter tomado?
17. Compare a intensidade da atuação da Comissão neste caso com seu papel na decisão "*Poissons sous taille*". Para você, em qual acórdão este órgão agiu com mais força contra o Estado descumpridor?

---

[148] Disponível em: <http://eur-lex.europa.eu/pt/treaties/dat/12002E/pdf/12002E_PT.pdf>. Aceso em: 7 out. 2011.

6.5 O descumprimento perante os tribunais nacionais: caso "Francovich"[149]

A Diretriz (ou "Diretiva") nº 80/987/CEE, de 1980,

> visa assegurar aos trabalhadores assalariados um mínimo comunitário de protecção em caso de insolvência do empregador, sem prejuízo das disposições mais favoráveis existentes nos Estados-membros. Para esse efeito, prevê nomeadamente garantias específicas para o pagamento de créditos em dívida respeitantes à remuneração.[150]

Segundo o texto desta norma, os Estados-membros possuíam um prazo para a transposição da mesma, que se encerrou em 23 de outubro de 1983. A Itália não cumpriu tal obrigação, o que foi comprovado pelo Tribunal de Justiça em acórdão datado de 2 de fevereiro de 1989. Tal decisão limitou-se a declarar o descumprimento, solicitando que a Itália o sanasse.

Andrea Francovich havia trabalhado para uma empresa na cidade italiana de Vicenza. Uma ação intentada na "Pretura di Vicenza" condenou a empregadora a pagar-lhe a quantia de 6 milhões de liras italianas.[151] Esta entrando em processo de insolvência, Francovich não teria como receber seu crédito.

Danila Bonifaci havia trabalhado para uma empresa de confecções domiciliada em Bassano del Grappa. A empregadora faliu em 1985, deixando Bonifaci e 33 colegas com um crédito de 253 milhões de liras. Transcorridos mais de cinco anos da falência, ainda nada lhes havia sido

---

[149] TJCE, 19-11-1991. Francovich *vs.* Itália e Bonifaci *vs.* Itália, C-6/90 e C-9/90. Disponíveis em: <http://eur-lex.europa.eu>. Acesso em: 13 out. 2011.

[150] Disponível em: <http://eur-lex.europa.eu/LexUriServ/LexUriServ.do?uri=CELEX:31980L0987:ES:HTML>. Acesso em 4 abr. 2013.

[151] Apesar de não ter nenhuma importância para o caso perante o TJUE, lembre-se, apenas para dimensionar corretamente as importâncias envolvidas, que a lira italiana era uma moeda regularmente desvalorizada, sendo que a nota de menor valor era a de 2 mil liras (valor aproximadamente equivalente a um euro, após a introdução desta unidade).

pago, e o administrador da massa falida já havia adiantado ser muito difícil que viessem a receber algo.

Assim, Francovich intentou uma ação, em Vicenza, contra o governo italiano, visando obter deste as garantias conferidas pela Diretiva n° 80/87 ou, subsidiariamente, uma indenização pelo prejuízo que a falta de concretização da diretiva lhe causara. Da mesma forma, Bonifaci, em Bassano del Grappa, acionou o governo italiano judicialmente, almejando basicamente o mesmo que Francovich. Tanto a Pretura di Vicenza quanto a Pretura di Bassano del Grappa remeteram a questão, por meio de reenvio prejudicial, ao Tribunal de Justiça europeu, com as seguintes perguntas:

1) Nos termos do direito comunitário em vigor, o particular que tenha sido lesado pela falta de cumprimento pelo Estado da Directiva 80/987 – falta de cumprimento declarada por acórdão do Tribunal de Justiça – pode reclamar o cumprimento por esse Estado das disposições que a mesma contém, que são suficientemente precisas e incondicionais, invocando directamente, contra o Estado-membro faltoso, a regulamentação comunitária a fim de obter as garantias que *esse* Estado deveria assegurar e, em todo o caso, pedir a reparação dos prejuízos sofridos no que respeita às disposições que não gozam dessa prorrogativa?

2) As disposições conjugadas dos artigos 3º e 4º da Directiva 80/987 do Conselho devem ser interpretadas no sentido de que, no caso de o Estado não ter feito uso da faculdade de estabelecer os limites referidos no artigo 4º, esse Estado é obrigado a pagar os direitos dos trabalhadores assalariados na medida estabelecida pelo artigo 3º?

3) Em caso de resposta negativa à questão nº 2, que o Tribunal se digne estabelecer qual é a garantia mínima que o Estado deve assegurar, nos termos da Directiva 80/987, ao trabalhador titular do direito, de forma que a parte do salário que lhe é devida possa ser considerada como execução da própria directiva.[152]

---

[152] TJCE, 19-11-1991. Francovich *vs.* Itália e Bonifaci *vs.* Itália, C-6/90 e C-9/90. Disponíveis em: <http://eur-lex.europa.eu>. Acesso em: 13 out. 2011.

O teor da diretiva é o seguinte:

SECÇÃO I
Âmbito de aplicação e definições
Artigo 1º
1. A presente directiva aplica-se aos créditos dos trabalhadores assalariados emergentes de contratos de trabalho ou de relações de trabalho existentes em relação aos empregadores que se encontrem em estado de insolvência na acepção do nº 1 do artigo 2º.
2. Os Estados-membros podem, a título excepcional, excluir do âmbito de aplicação da presente directiva os créditos de certas categorias de trabalhadores assalariados em razão da natureza especial do contrato de trabalho ou da relação de trabalho ou em razão da existência de outras formas de garantia que assegurem aos trabalhadores assalariados uma protecção equivalente à que resulte da presente directiva.
3. A presente directiva não é aplicável à Gronelândia. Esta excepção será reexaminada no caso de uma evolução das estruturas profissionais desta região.

Artigo 2º
1. Para efeito do disposto na presente directiva, considera-se que um empregador se encontra em estado de insolvência:
a) Quando tenha sido instaurado um processo previsto pelas disposições legislativas, regulamentares e administrativas do Estado-membro interessado que incida sobre o património do empregador tendo por objectivo satisfazer colectivamente os seus credores e que permita a tomada em consideração dos créditos referidos no nº 1 do artigo 1º; e
b) Que a autoridade que é competente por força das referidas disposições legislativas, regulamentares e administrativas tenha:
– ou decidido a instauração do processo ou verificado o encerramento definitivo da empresa ou do estabelecimento do empregador, bem como a insuficiência do activo disponível para justificar a instauração do processo.

2. A presente directiva não prejudica o direito nacional no que se refere à definição dos termos "trabalhador assalariado", "empregador", "remuneração", "direito adquirido" e "direito em vias de aquisição".

SECÇÃO II
Disposições relativas às instituições de garantia
Artigo 3º
1. Os Estados-membros tomarão as medidas necessárias para que seja assegurado por instituições de garantia, sem prejuízo do disposto no artigo 4º, o pagamento dos créditos em dívida aos trabalhadores assalariados emergentes de contratos de trabalho ou de relações de trabalho e tendo por objecto a remuneração referente ao período situado antes de determinada data.
2. A data indicada no nº 1 será, por escolha dos Estados-membros:
– ou a da superveniência de insolvência do empregador,
– ou a do aviso prévio de despedimento dado ao trabalhador em causa, por força de insolvência do empregador,
– ou a da superveniência da insolvência do empregador ou a da cessação do contrato de trabalho ou da relação de trabalho do trabalhador em causa, ocorrida por força da insolvência do empregador.

Artigo 4º
1. Os Estados-membros têm a faculdade de limitar a obrigação de pagamento das instituições de garantia previstas no artigo 3º.
2. Quando os Estados-membros fizerem uso da faculdade prevista no nº 1, devem:
– no caso previsto no nº 2, primeiro travessão, do artigo 3º, assegurar o pagamento dos créditos em dívida relativos à remuneração referente aos três últimos meses do contrato de trabalho ou da relação de trabalho compreendidos no período dos seis meses anteriores à data da superveniência da insolvência do empregador,
– no caso previsto no nº 2, segundo travessão, do artigo 3º assegurar o pagamento dos créditos em dívida relativos à remuneração referente aos três

últimos meses do contrato de trabalho ou da relação de trabalho, anteriores à data do aviso prévio de despedimento dado ao trabalhador assalariado por força da insolvência do empregador,
– no caso previsto no nº 2, terceiro travessão, do artigo 3º, assegurar o pagamento dos créditos em dívida relativos à remuneração referente aos dezoito últimos meses do contrato de trabalho ou da relação de trabalho anteriores à data da superveniência da insolvência do empregador ou à da cessação do contrato de trabalho ou da relação de trabalho do trabalhador assalariado, ocorrida por força da insolvência do empregador. Nestes casos os Estados-membros podem limitar a obrigação de pagamento à remuneração referente a um período de oito semanas ou a diversos períodos parciais que perfaçam a mesma duração.
3. Contudo os Estados-membros podem fixar um limite para a garantia de pagamento dos créditos em dívida aos trabalhadores assalariados, a fim de evitar o pagamento das importâncias que excedam a finalidade social da presente directiva.
Quando os Estados-membros fizerem uso desta faculdade, devem comunicar à comissão os métodos pelos quais fixaram o limite.

Artigo 5º
Os Estados-membros estabelecem as modalidades da organização do financiamento e do funcionamento das instituições de garantia observando, nomeadamente, os seguintes princípios:
a) O património das instituições deve ser independente do capital de exploração dos empregadores e ser constituído por forma que não possa ser apreendido no decurso de um processo de insolvência;
b) Os empregadores devem contribuir para o financiamento, a menos que este seja assegurado integralmente pelos poderes públicos;
c) A obrigação de pagamento das instituições existirá independentemente da execução das obrigações de contribuir para o seu financiamento.

SECÇÃO III
Disposições relativas à segurança social
Artigo 6º

Os Estados-membros podem prever que os artigos 3º, 4º e 5º não se apliquem às cotizações devidas a título de regimes legais nacionais de segurança social ou a título de regimes complementares de previdência profissionais ou interprofissionais existentes para além dos regimes legais nacionais de segurança social.

Artigo 7º
Os Estados-membros tomarão as medidas necessárias para assegurar que o não pagamento, às suas instituições de segurança, de cotizações obrigatórias devidas pelo empregador antes da superveniência da insolvência, a título de regimes legais nacionais de segurança social, não prejudicará o direito do trabalhador assalariado a prestações dessas instituições, na medida em que as cotizações tenham sido descontadas dos salários pagos.

Artigo 8º
Os Estados-membros certificar-se-ão de que serão tomadas as medidas necessárias para proteger os interesses dos trabalhadores assalariados e das pessoas que tenham deixado a empresa ou o estabelecimento da entidade patronal na data da superveniência da insolvência desta, no que respeita aos seus direitos adquiridos ou em vias de aquisição, a prestações de velhice, incluindo as prestações de sobrevivência, a título de regimes complementares de previdência, profissionais ou interprofissionais existentes para além dos regimes legais nacionais de segurança social.

SECÇÃO IV
Disposições gerais e finais
Artigo 9º
A presente directiva não prejudicará a faculdade de os Estados-membros aplicarem ou introduzirem disposições legislativas, regulamentares ou administrativas mais favoráveis aos trabalhadores assalariados.

Artigo 10º
A presente directiva não prejudicará a faculdade de os Estados-membros:
a) Tomarem as medidas necessárias para evitar abusos;

b) Recusarem ou reduzirem a obrigação de pagamento previsto no artigo 3º ou a obrigação de garantia prevista no artigo 7º no caso da execução da obrigação não se justificar por força de existência de laços particulares entre o trabalhador assalariado e a entidade patronal e de interesses comuns concretizados por conluio entre eles.

Artigo 11º
1. Os Estados-membros devem adoptar as disposições legislativas, regulamentares e administrativas necessárias para darem cumprimento à presente directiva no prazo de trinta e seis meses a contar da sua notificação. Desse facto informarão imediatamente a Comissão.
2. Os Estados-membros devem comunicar à Comissão o texto das disposições legislativas, regulamentares e administrativas que adoptarem sobre as matérias reguladas pela presente directiva.

Artigo 12º
Os Estados-membros devem transmitir à Comissão, no prazo de dezoito meses a contar da expiração do período de trinta e seis meses previsto no nº 1, do artigo 11º, todos os dados úteis que lhe permitam elaborar um relatório a submeter ao Conselho sobre a aplicação da presente directiva.

Artigo 13º
Os Estados-membros são destinatários da presente directiva.[153]

O Tribunal se deparou em primeiro lugar com a seguinte questão: tal diretiva estabelecia uma obrigação clara para os Estados? Em caso afirmativo:

> Segundo a jurisprudência constante, o Estado-membro que não tomou, dentro dos prazos, as medidas de execução impostas por uma directiva não pode opor aos particulares a falta de cumprimento, por ele próprio, das obrigações na mesma contida. Assim, sempre que as disposições de uma

---
[153] Disponível em: <http://eur-lex.europa.eu/LexUriServ/LexUriServ.do?uri=CELEX:31980L0987:ES:HTML>. Acesso em: 4 abr. 2013.

directiva se mostrem, do ponto de vista do seu conteúdo, incondicionais e suficientemente precisas, estas disposições podem ser invocadas, na falta de medidas de execução tomadas dentro dos prazos, contra qualquer disposição nacional não conforme à directiva, ou ainda se as mesmas definirem direitos que os particulares possam invocar contra o Estado.[154]

Perguntas

18. A partir dos arts. 3º a 5º, acima transcritos, é possível afirmar que a Diretiva nº 80/987 estabelece deveres claros para os Estados? Que deveres?
19. Que direitos decorrem para os particulares de uma eventual resposta afirmativa à pergunta 18?

A segunda questão que o Tribunal devia resolver referia-se à extensão do dever do Estado que não houvesse transposto a Diretiva nº 80/987 para seu direito interno. O Estado deveria assumir as garantias previstas na diretiva, ou o particular teria simplesmente direito de pedir uma indenização ao Estado pelo prejuízo causado pela não existência das garantias indicadas na diretiva?

Perguntas

20. A partir da leitura dos arts. 3º, §1º e 5º da diretiva, quem é o responsável pela garantia dos créditos trabalhistas em caso de insolvência?
21. O texto da diretiva conferiria alguma base ao Tribunal, caso este quisesse impor ao Estado o ônus de pagar os créditos trabalhistas dos ex-empregados?
22. Haveria fundamento no pedido de indenização?
23. Seria possível que o próprio tribunal nacional decidisse sobre a quantia devida pelo Estado a título de indenização? Qual foi a posição do Tribunal, no caso, sobre esta questão?

---

[154] TJCE, 19-11-1991. Francovich *vs.* Itália e Bonifaci *vs.* Itália, C-6/90 e C-9/90. Disponíveis em: <http://eur-lex.europa.eu>. Acesso em: 13 out. 2011.

6.6 Casos "Brasserie du Pêcheur" e "Factortame"[155]

Uma sociedade francesa, a "Brasserie du Pêcheur", teve suas licenças de importação de cerveja para a Alemanha negadas em 1981, sob alegação de que o produto não correspondia às leis germânicas de pureza da bebida. A Comissão Europeia considerou que tal atitude violava o art. 30 do Tratado que institui a Comunidade Econômica Europeia (Tratado de Roma, de 1957), e levou o Estado ao Tribunal de Justiça das Comunidades Europeias, o qual decidiu, em 1987, que

> a proibição de comercializar cervejas importadas de outros Estados-Membros, não conformes às disposições em causa da legislação alemã, era incompatível com o artigo 30º do Tratado.[156]

O teor do art. 30 do Tratado de Roma é:

> Artigo 30. Restrições quantitativas sobre importações e quaisquer medidas que possuam efeitos equivalentes deverão ser proibidas entre os Estados-membros, sem prejuízo das disposições seguintes.[157]

Posteriormente, a "Brasserie du Pêcheur" ingressou em juízo, na Alemanha, contra o governo daquele país, visando obter a reparação pelos prejuízos advindos do período entre 1981 e 1989 em que não pôde comercializar cerveja para o mercado germânico. Ao conhecer do caso, o Bundesgerichtshof (Tribunal Federal de Justiça – mais alta Corte alemã para casos envolvendo direito federal, sem contar a jurisdição especial do

---

[155] TJUE, 5-3-1996. Brasserie du Pêcheur S.A. *vs.* República Federal da Alemanha e The Queen e Secretary of State for Transport ex parte Factortame Ltd., C-46/93 e C-48/93. Disponíveis em: <http://eur-lex.europa.eu>. Acesso em: 21 jun. 2012.
[156] Ibid.
[157] Disponível em: <www.hri.org/docs/Rome57/Part5Title1.html>. Acesso em: 28 dez. 2012. Tradução livre do texto em inglês, cujo teor é: *"ARTICLE 30. Quantitative restrictions on imports and all measures having equivalent effect shall, without prejudice to the following provisions, be prohibited between Member States".*

Tribunal Constitucional) remeteu algumas questões, mediante reenvio prejudicial, ao Tribunal de Justiça europeu:

1) O princípio de direito comunitário de que os Estados-Membros têm o dever de ressarcir os danos sofridos por particulares em consequência de violações do direito comunitário imputáveis ao Estado-Membro em causa também é aplicável ao caso de uma violação daquele tipo consistir na não adaptação a normas hierarquicamente superiores de direito comunitário de uma lei formal de um Parlamento nacional (no presente caso: não adaptação ao artigo 30º do Tratado CEE dos §§9 e 10 da Biersteuergesetz)?

2) A ordem jurídica nacional pode determinar que qualquer direito a indemnização esteja sujeito às mesmas limitações que em caso de violação por lei nacional de normas de direito interno de valor hierarquicamente superior, como, por exemplo, a violação da Grundgesetz da República Federal da Alemanha por uma simples lei federal alemã?

3) A ordem jurídica nacional pode sujeitar o direito a indemnização à condição de os agentes estaduais aos quais é imputável a não adaptação poderem ser responsabilizados (a título doloso ou negligente)?

4) No caso de a resposta à primeira questão ser positiva e a resposta à segunda ser negativa:

a) O dever de indemnizar pode ser limitado à reparação de danos em determinados bens jurídicos individuais, como a propriedade, de acordo com os critérios da ordem jurídica nacional, ou impõe uma reparação global dos danos em relação a qualquer perda patrimonial, incluindo os lucros cessantes?

b) O dever de indemnizar impõe também o ressarcimento de danos surgidos antes de o acórdão do Tribunal de Justiça das Comunidades Europeias de 12 de Março de 1987 (178/84) ter declarado a contrariedade com o direito comunitário de posição hierarquicamente superior do §10 da Biersteuergesetz alemã?[158]

---

[158] TJUE, 5-3-1996. Brasserie du Pêcheur S.A. *vs.* República Federal da Alemanha e The Queen e Secretary of State for Transport ex parte Factortame Ltd., C-46/93 e C-48/93. Disponíveis em: <http://eur-lex.europa.eu>. Acesso em: 21 jun. 2012.

As consequências do descumprimento do direito da União Europeia

O Tribunal de Justiça europeu respondeu a tais perguntas em conjunto com as que lhe foram enviadas pela High Court of Justice britânica, referentes a outro caso.

Entre 1º de abril e 2 de novembro de 1989, vigorou no Reino Unido uma nova lei sobre as atividades da Marinha Mercante, a qual previa a criação de um novo registro de embarcações no país, bem como a obrigatoriedade da inserção no novo cadastro, sendo que tal inscrição era dependente de determinadas condições de nacionalidade, residência e domicílio dos proprietários dos navios. Aqueles que, por não preencherem tais requisitos, não pudessem inscrever-se, ficavam privados do direito de pescar.

Em 1991, o Tribunal de Justiça europeu, provocado pelo Judiciário inglês, decidiu que

> o direito comunitário se opõe à fixação de condições de nacionalidade, residência e domicílio dos proprietários e exploradores de um navio, como as previstas pelo sistema de registo instituído pelo Reino Unido, mas que, em contrapartida, não se opõe a que se imponha, como condição para a matrícula, que os navios sejam explorados e a suas actividades dirigidas e controladas a partir do território do Reino Unido.[159]

Desta forma, concluiu que as mencionadas disposições da lei sobre a Marinha Mercante violavam o tratado que instituiu a Comunidade Econômica Europeia (Tratado de Roma), em seus arts. 6º, 52 e 221, cujo teor segue:

> Artigo 6º. Dentro do âmbito de aplicação deste Tratado, e sem prejuízo de quaisquer provisões especiais que nele se contenham, qualquer tipo de discriminação com base na nacionalidade será proibida.

---

[159] TJCE, 19-11-1991. Francovich *vs.* Itália e Bonifaci *vs.* Itália, C-6/90 e C-9/90. Disponíveis em: <http://eur-lex.europa.eu>. Acesso em: 13 out. 2011.

O Conselho poderá, por proposta da Comissão e após consultar a Assembleia [o Parlamento Europeu], adotar, por maioria qualificada, regras visando proibir tal discriminação.[160]

Artigo 52. De acordo com as disposições abaixo estabelecidas, restrições sobre a liberdade de estabelecimento de nacionais de um Estado-membro no território de outro Estado-membro serão abolidas em estágios progressivos no decorrer do período de transição. Tal abolição progressiva também se aplicará a restrições no estabelecimento de agências, filiais ou subsidiárias por nacionais de qualquer Estado-membro no território de outro Estado-membro. A liberdade de estabelecimento incluirá o direito de iniciar e desenvolver atividades como profissionais liberais e de estabelecer e dirigir empreendimentos, particularmente sociedades ou empresas de acordo com o sentido do segundo parágrafo do art. 58, sob as condições estabelecidas para seus próprios nacionais pela lei do Estado no qual tal estabelecimento se encontra situado, sujeito às disposições do capítulo [do Tratado] relacionadas ao capital.[161]

Artigo 221. Dentro de três anos a contar da entrada em vigor deste Tratado, os Estados-membros deverão conferir aos nacionais de outros Estados-membros o mesmo tratamento que seus próprios nacionais no que diz respeito

---

[160] Disponível em: <www.hri.org/docs/Rome57/Part5Title1.html>. Acesso em: 28 dez. 2012. Tradução livre do texto em inglês, cujo teor é: "*ARTICLE 6. Within the scope of application of this Treaty, and without prejudice to any special provisions contained therein, any discrimination on grounds of nationality shall be prohibited. The Council may, on a proposal from the Commission and after consulting the Assembly [European Parliament], adopt, by a qualified majority, rules designed to prohibit such discrimination*".

[161] Disponível em: <www.hri.org/docs/Rome57/Part5Title1.html>. Acesso em: 28 dez. 2012. Tradução livre do texto em inglês, cujo teor é: "*ARTICLE 52. Within the framework of the provisions set out below, restrictions on the freedom of establishment of nationals of a Member State in the territory of another Member State shall be abolished by progressive stages in the course of the transitional period. Such progressive abolition shall also apply to restrictions on the setting up of agencies, branches or subsidiaries by nationals of any Member State established in the territory of any Member State. Freedom of establishment shall include the right to take up and pursue activities as self-employed persons and to set up and manage undertakings, in particular companies or firms within the meaning of the second paragraph of Article 58, under the conditions laid down for its own nationals by the law of the country where such establishment is effected, subject to the provisions of the Chapter relating to capital*".

à participação no capital de sociedades ou empresas dentro do âmbito do art. 58, sem prejuízo da aplicação das outras disposições deste Tratado.[162]

Em 2 de novembro de 1989, em obediência a um despacho provisório emitido pelo Tribunal de Justiça, a legislação britânica em questão foi alterada, removendo-se a exigência questionada pelos proprietários de barcos de pesca.

Diversos particulares acorreram então aos tribunais, demandando o Estado pelos prejuízos que alegavam ter sofrido durante o período em que a exigência do novo cadastro e a proibição do exercício da atividade pesqueira para os excluídos da lista vigorou, entre abril e novembro de 1989. Deparando-se com tais casos, a "Divisional Court" da High Court of Justice enviou as seguintes perguntas, valendo-se do mecanismo do reenvio prejudicial, ao Tribunal de Justiça das Comunidades Europeias:

1) Face a todas as circunstâncias do presente caso, quando a) a legislação de um Estado-Membro estabeleceu condições referentes à nacionalidade, ao domicílio e à residência dos proprietários e exploradores de navios de pesca e dos accionistas e administradores das sociedades proprietárias ou exploradoras desses navios,

e

b) tais condições foram consideradas pelo Tribunal de Justiça, nos processos C-221/89 e C-246/89, como violando os artigos 5º, 7º, 52º e 221º do Tratado CEE, têm essas pessoas, que eram proprietários ou exploradores de tais navios, ou administradores e/ou accionistas das sociedades proprietárias ou exploradoras desses navios, direito, ao abrigo do direito comunitário, à reparação por parte do Estado-Membro dos danos que tenham sofrido devido a todas ou quaisquer dessas violações ao Tratado CEE antes referidas?

---

[162] Disponível em: <www.hri.org/docs/Rome57/Part5Title1.html>. Acesso em: 28 dez. 2012. Tradução livre do texto em inglês, cujo teor é: *"ARTICLE 221. Within three years of the entry into force of this Treaty, Member States shall accord nationals of the other Member States the same treatment as their own nationals as regards participation in the capital of companies or firms within the meaning of Article 58, without prejudice to the application of the other provisions of this Treaty"*.

2) Caso a questão 1 seja respondida pela afirmativa, que considerações, a existirem, exige o direito comunitário que os tribunais nacionais apliquem para a decisão dos pedidos de indemnização relativos:

a) às despesas e/ou aos lucros cessantes e/ou à perda de rendimentos durante o período após a entrada em vigor das referidas condições, durante o qual os navios foram forçados a ficar imobilizados, tiveram que tomar novas disposições para o exercício da pesca e/ou procurar obter a matrícula dos navios noutro local;

b) aos danos resultantes das vendas abaixo do seu valor dos navios ou das suas participações nestes, ou das acções das sociedades proprietárias dos navios;

c) aos danos resultantes da necessidade em que se viram de prestar cauções e pagar multas e despesas judiciais por alegadas infracções relacionadas com a exclusão dos navios do registo nacional de matrículas;

d) aos danos resultantes da impossibilidade para tais pessoas de serem proprietários ou de explorarem outros navios;

e) à perda das retribuições de administração;

f) às despesas suportadas com a tentativa de minorar os danos acima referidos;

g) a uma indemnização exemplar, tal como a pedida?[163]

Em sua argumentação perante o Tribunal, o governo da Alemanha (réu no caso "Brasserie du Pêcheur") insistiu em que o órgão jurisdicional comunitário não poderia estabelecer o dever de indenizar pelo descumprimento do direito comunitário europeu, caso as normas não transpostas ou obedecidas pela instância nacional fossem normas diretamente aplicáveis. Segundo argumentou o governo alemão, com respaldo da Irlanda e dos Países Baixos, o direito comunitário europeu só admitiria a possibilidade de reparação pelo Estado desobediente aos particulares lesados nos casos em que a norma europeia em questão não fosse diretamente aplicável. Neste caso, caberia uma reparação pela demora em concretizá-la.

---

[163] TJCE, 19-11-1991. Francovich *vs.* Itália e Bonifaci *vs.* Itália, C-6/90 e C-9/90. Disponíveis em: <http://eur-lex.europa.eu>. Acesso em: 13 out. 2011.

Entretanto – sempre segundo o Estado germânico –, nenhuma reparação seria cabível naqueles casos em que o descumprimento do Estado pudesse ser sanado com a mera atribuição, aos particulares, dos efeitos pretendidos pela norma europeia. Isto é, nos casos em que o direito comunitário desprezado pelo Estado-membro fosse diretamente aplicável, a situação do particular já poderia ver-se sanada com o mero reconhecimento da possibilidade de o particular envolvido exercer os direitos atribuídos pela regra comunitária, independentemente de sua transposição ou não para o ordenamento jurídico interno.

Como o art. 30 do Tratado de Roma possuía efeito direto, nenhuma indenização se faria necessária.

O Tribunal decidiu rejeitar tal argumentação, apoiando-se no seguinte trecho do acórdão "Francovich":

> A plena eficácia do direito comunitário seria posta em causa se os particulares não tivessem a possibilidade de obter reparação quando os seus direitos são lesados por uma violação do direito comunitário.[164]

Perguntas

24. Que possíveis argumentos fáticos os autores das duas ações originais poderiam levantar, em prol da necessidade de uma reparação estatal pecuniária?
25. De que forma o reconhecimento da possibilidade de os particulares obterem tal reparação promove a eficácia do direito comunitário?

Face ao argumento de que o direito comunitário não traria disposições suficientes para permitir ao Tribunal de Justiça atribuir os deveres decorrentes da responsabilidade civil aos Estados, os juízes europeus consideraram útil fazer uma analogia (sem mencionar tal nome) com o

---
[164] Ibid.

art. 215, §2º, do Tratado de Roma, que dispõe sobre a responsabilidade civil da Comunidade (Econômica) Europeia, e cujo texto reza:

> Artigo 215. No caso de responsabilidade extracontratual, a Comunidade deverá, de acordo com os princípios gerais comuns aos ordenamentos dos Estados-membros, reparar qualquer dano causado por suas instituições ou por seus funcionários no exercício de seus deveres.[165]

Detendo-se sobre os casos específicos apresentados pelos tribunais alemão e britânico, a instância comunitária admitiu que, tanto no caso da regulamentação sobre a qualidade da cerveja quanto na ordenação da Marinha Mercante, Alemanha e Reino Unido se moviam num espaço em que haveria liberdade ampla para o legislador nacional, vez que tais matérias não haviam sido objeto de harmonizações pelo direito comunitário.

Nessas circunstâncias, o direito comunitário reconhece um direito à reparação desde que se encontrem satisfeitas três condições, ou seja, que a regra de direito violada tenha por objecto conferir direitos aos particulares, que a violação seja suficientemente caracterizada e, por último, que exista um nexo de causalidade directo entre a violação da obrigação que incumbe ao Estado e o prejuízo sofrido pelas pessoas lesadas.[166]

O Tribunal concluiu que o primeiro requisito se encontrava presente nos dois casos: tanto o art. 30 quanto o art. 52 do Tratado de Roma atribuíam direitos aos particulares.

Acerca do segundo critério, afirmou:

---

[165] Disponível em: <www.hri.org/docs/Rome57/Part5Title1.html>. Acesso em: 28 dez. 2012. Tradução livre do texto em inglês, cujo teor é: *"ARTICLE 215. [...] In the case of non-contractual liability, the Community shall, in accordance with the general principles common to the laws of the Member States, make good any damage caused by its institutions or by its servants in the performance of their duties".*

[166] TJCE, 19-11-1991. Francovich *vs.* Itália e Bonifaci *vs.* Itália, C-6/90 e C-9/90. Disponíveis em: <http://eur-lex.europa.eu>. Acesso em: 13 out. 2011.

A este respeito, entre os elementos que o órgão jurisdicional competente pode ser levado a considerar, importa sublinhar o grau de clareza e de precisão da regra violada, o âmbito da margem de apreciação que a regra violada deixa às autoridades nacionais ou comunitárias, o caracter intencional ou involuntário do incumprimento verificado ou do prejuízo causado, o carácter desculpável ou não de um eventual erro de direito, o facto de as atitudes adoptadas por uma instituição comunitária terem podido contribuir para a omissão, a adopção ou a manutenção de medidas ou práticas nacionais contrárias ao direito comunitário.

De qualquer modo, encontramo-nos perante uma violação do direito comunitário suficientemente caracterizada, quando esta perdurou, apesar de ter sido proferido um acórdão em que se reconhecia o incumprimento imputado ou um acórdão num reenvio prejudicial, ou apesar de existir uma jurisprudência bem assente do Tribunal de Justiça na matéria, dos quais resulte o carácter ilícito do comportamento em causa.[167]

Após afirmar que não pretendia substituir-se aos órgãos jurisdicionais nacionais, "únicas entidades competentes para conhecer dos factos que estão na origem dos processos principais e para caracterizar as violações do direito comunitário em causa", o Tribunal prosseguiu, "recordando" "determinados elementos que os órgãos jurisdicionais nacionais poderiam tomar em consideração".

Concluiu, assim, examinando os dois casos propostos, e recordando que, para ambos, havia sentenças anteriores do Tribunal informando a incompatibilidade entre as legislações nacionais e o direito comunitário.

Em relação à terceira condição, os juízes comunitários esclareceram que caberia às cortes internas de cada Estado a apreciação da existência ou não do nexo de causalidade.

A terceira pergunta feita pelo Bundesgerichtshof alemão ao Tribunal de Justiça das Comunidades Europeias dizia respeito à possibilidade da

---

[167] Ibid.

limitação da responsabilidade civil do Estado às hipóteses de comprovação de dolo ou negligência na atuação estatal.

O Tribunal decidiu limitar o conceito de "culpa", na questão da responsabilidade civil do Estado por descumprimento de algum preceito comunitário, às hipóteses em que haveria ignorância sobre o exato significado do direito comunitário europeu. Seria preciso determinar, portanto, se a violação de tal ordenamento fora ou não "suficientemente caracterizada". Não seria necessário perquirir acerca das condições subjetivas do agente estatal que agiu contrariamente às normas comunitárias.

Pergunta

26. Nos casos "Brasserie du Pêcheur" e "Factortame", quem seriam os agentes estatais responsáveis pelo descumprimento do direito comunitário europeu? Quais consequências para a eficácia do direito comunitário poderiam advir da análise da culpa subjetiva destes agentes?

Tanto o Bundesgerichtshof (quarta questão) como a High Court (segunda questão) pedem indicações sobre quais tipos de prejuízos e critérios deverão considerar no cálculo da reparação devida. A respeito, o Tribunal limitou-se a afirmar que o direito comunitário não estabelecia critérios específicos sobre a responsabilidade civil do Estado por descumprimento de suas normas. Portanto, cada juiz nacional poderia tratar tais questões sob os mesmos parâmetros utilizados no exame de situações que ensejaram responsabilidade civil por violação ao direito interno. Os únicos requisitos exigidos pelo direito comunitário seriam a equivalência (que o âmbito de proteção do particular não fosse inferior no caso de violação do direito comunitário ao que era no caso de violação de direito interno) e a efetividade (que as condições estabelecidas pelo direito nacional não tornassem excessivamente difícil a obtenção da reparação).

Por fim, o governo alemão inquirira do Tribunal se o dever de indenizar poderia ser limitado somente aos prejuízos sofridos pela empresa autora da ação original após a sentença que declarava que a lei da pureza da cerveja violava o direito comunitário. Na prática, a questão versava sobre a necessidade de um prévio acórdão europeu declarando expressamente a inconformidade da norma nacional com o direito da integração para que a responsabilidade estatal pudesse ser declarada.

Pergunta

27. Considerando o teor do art. 169 do Tratado de Roma, qual seria a consequência, para a eficácia do direito comunitário europeu, da aceitação do argumento alemão, limitando-se o prejuízo a ser indenizado ao que surgiu após a publicação do primeiro acórdão declarando a incompatibilidade da lei de pureza da cerveja com o ordenamento comunitário?

6.7 Questões para fixação e aprofundamento

Sobre o acórdão de 12-7-2005 (Comissão vs. França)

1. Quais as partes envolvidas?
2. Quais eram as demandas?
3. Qual foi a opinião do advogado-geral?
4. Como decidiu o TJUE? Seguiu a opinião do advogado-geral?
5. Qual foi o fundamento da decisão?
6. As decisões foram cumpridas?
7. Houve aplicação de sanções? Quais?
8. Qual é a importância deste caso?

Sobre o conteúdo do capítulo

9. O que poderá fazer um Estado-membro, um órgão europeu ou um indivíduo prejudicado pelo descumprimento de uma obrigação do direito da União cometida por algum Estado-membro?
10. Quais são as consequências do descumprimento para o Estado-membro infrator?
11. Como se desenvolvem as fases pré-contenciosa e contenciosa da ação de descumprimento?
12. Quais são os tipos de sanção que podem ser impostos pelo Tribunal?
13. Como funciona o novo procedimento em caso de falta de transposição total ou parcial de diretivas?
14. Qual seria o foro competente para receber uma demanda de um indivíduo prejudicado pelo descumprimento do direito da União Europeia por um Estado-membro?

Parte III
O sistema jurídico-institucional do Mercosul

Título I
A ordem jurídica do Mercosul

Capítulo 7
A instituição de uma ordem jurídica no Mercosul

7.1 O Mercosul e as possibilidades da integração econômica

O Mercado Comum do Sul (Mercosul) é um organismo de integração regional estabelecido entre Argentina, Brasil, Paraguai e Uruguai através do Tratado de Assunção, assinado em 26 de março de 1991.

Para que se compreenda a denominação do organismo, é bom listar as seis possibilidades que são geralmente apontadas como estágios para a integração econômica. Admitindo-se como "início" o momento em que os países não possuem acordos econômicos gerais entre si, e como "fim" o estabelecimento de uma união econômica e monetária, pode-se afirmar que o processo de integração econômica é composto por diversas fases, que se sucedem à medida em que os Estados participantes adotam uma postura cada vez mais intensa de harmonização de suas ações.

Assim, a primeira fase é constituída pela "zona preferencial de comércio". Nesta, alguns bens se beneficiam de redução ou isenção de tarifas de importação, no comércio entre dois ou mais países que compõem a zona preferencial. Um exemplo é o Sistema Global de Preferências Comerciais entre Países em Desenvolvimento (SGPC), estabelecido em 13 de abril de

1988 por vários países em desenvolvimento membros do chamado Grupo dos 77, incluindo o Brasil. O acordo constituindo o SGPC no âmbito da Conferência das Nações Unidas sobre Comércio e Desenvolvimento (Unctad) foi assinado em Belgrado, na então Iugoslávia. Este acordo passou a vigorar em 19 de abril de 1989, tendo sido assinado em definitivo por 40 países. Atualmente conta com 43 países participantes outorgantes.[168] Conforme o texto do Acordo,[169] o Sistema possui o "o intuito de promover e manter um comércio mútuo, bem como o desenvolvimento, por meio de troca de concessões, nos termos deste Acordo" (art. 2º). Constitui-se, basicamente, na reunião de várias listas de concessões que cada país participante elabora, em que indica quais produtos provenientes dos demais contratantes se beneficiarão de uma redução nas tarifas de importação. As concessões são definidas por negociação multilateral e pelos interesses específicos de cada Estado, razão pela qual as listas (que podem ser vistas ao fim do texto do Acordo) são extremamente díspares entre si.

Um detalhe interessante no SGPC é a participação do Mercosul, visto que

> durante a Segunda Rodada de Negociações, lançada por meio da Declaração de Teerã, em 21 de novembro de 1991, foi aprovada a adesão do Mercosul como bloco, com uma lista única de concessões dos quatro Estados Partes. A Decisão CMC nº 51/00, de 14/12/00, do Conselho do Mercado Comum, aprovou o Projeto de Protocolo de Acesso do Mercosul ao Acordo sobre o SGPC e a Decisão CMC nº 52/00, de 14/12/00, aprovou a Lista de Ofertas do Mercosul em inglês e no SH-1996. Após as devidas internalizações dessas normas nos países, o Mercosul passou a negociar no SGPC como um bloco regional.[170]

---

[168] De acordo com informações do Ministério do Desenvolvimento, Indústria e Comércio Exterior. Disponíveis em: <www.desenvolvimento.gov.br>. Acesso em: 13 dez. 2011.
[169] Disponível em: <www.desenvolvimento.gov.br>. Acesso em: 13 dez. 2011.
[170] De acordo com o Ministério do Desenvolvimento, Indústria e Comércio Exterior. Disponível em: <www.desenvolvimento.gov.br>. Acesso em: 13 dez. 2011.

O segundo estágio na integração econômica é conhecido como "zona de livre comércio". Nesta, o comércio entre seus participantes é aliviado de toda (ou quase toda) carga tributária de importação. Zonas de livre comércio podem ser estabelecidas em países geograficamente próximos ou entre Estados distantes e de economias mutuamente complementares. Um exemplo de zona de livre comércio é o North American Free Trading Zone (Nafta), estabelecido em 1994 entre o Canadá, os Estados Unidos e o México. De acordo com o Tratado de Livre Comércio da América do Norte,[171] o Nafta é uma zona de livre comércio (art. 101). A obrigação básica dos Estados que o compõem está descrita pelos seguintes artigos:

Sección A – Trato nacional
Artículo 301: Trato nacional
1. Cada una de las Partes otorgará trato nacional a los bienes de otra Parte, de conformidad con el Artículo III del Acuerdo General sobre Aranceles Aduaneros y Comercio (GATT), incluidas sus notas interpretativas. Para tal efecto, el Artículo III del GATT y sus notas interpretativas, o cualquier disposición equivalente de un acuerdo sucesor del que todas las Partes sean parte, se incorporan a este Tratado y son parte integrante del mismo.
2. Las disposiciones del párrafo 1 referentes a trato nacional significarán, respecto a un estado o provincia, un trato no menos favorable que el trato más favorable que dicho estado o provincia conceda a cualesquiera bienes similares, competidores directos o sustitutos, según el caso, de la Parte de la cual sea integrante.
3. Los párrafos 1 y 2 no se aplicarán a las medidas enunciadas en el Anexo 301.3.

Sección B – Aranceles
Artículo 302: Eliminación arancelaria
1. Salvo que se disponga otra cosa en este Tratado, ninguna de las Partes podrá incrementar ningún arancel aduanero existente, ni adoptar ningún arancel nuevo, sobre bienes originarios.

---

[171] Disponível, em espanhol, em: <www.nafta-sec-alena.org>. Acesso em: 12 dez. 2011.

2. Salvo que se disponga otra cosa en este Tratado, cada una de las Partes eliminará progresivamente sus aranceles aduaneros sobre bienes originarios, en concordancia con sus listas de desgravación incluidas en el Anexo 302.2.

3. A solicitud de cualquiera de ellas, las Partes realizarán consultas para examinar la posibilidad de acelerar la eliminación de aranceles aduaneros prevista en sus listas de desgravación. Cuando dos o más de las Partes, de conformidad con sus procedimientos legales aplicables, aprueben un acuerdo sobre la eliminación acelerada del arancel aduanero sobre un bien, ese acuerdo prevalecerá sobre cualquier arancel aduanero o periodo de desgravación señalado de conformidad con sus listas para ese bien.

4. Cada una de las Partes podrá adoptar o mantener medidas sobre las importaciones con el fin de asignar el cupo de importaciones realizadas según una cuota mediante aranceles (arancel cuota) establecido en el Anexo 302.2, siempre y cuando tales medidas no tengan efectos comerciales restrictivos sobre las importaciones, adicionales a los derivados de la imposición del arancel cuota.

5. A petición escrita de cualquiera de las Partes, la Parte que aplique o se proponga aplicar medidas sobre las importaciones de acuerdo con el párrafo 4 realizará consultas para revisar la administración de dichas medidas.

O Tratado também prevê alguns mecanismos de solução das controvérsias que surjam no âmbito de sua aplicação, que podem ser resumidos na instituição de tribunais arbitrais, cujos laudos serão diretamente executáveis junto aos tribunais nacionais.

O terceiro estágio de integração econômica é a união aduaneira. Nesta, o elemento primordial é a definição de uma tarifa externa comum a ser imposta a importações provenientes de terceiros países para qualquer dos participantes do bloco. A união aduaneira é considerada uma fase além da zona de livre comércio, por demandar maior coordenação entre os governos participantes. Por outro lado, costuma-se associar a união aduaneira a grupos de Estados com economias reciprocamente competitivas, isto é, cujas relações comerciais externas enfatizem basicamente as mesmas áreas.

Atualmente, o Mercosul é considerado uma união aduaneira. Segundo a página oficial do bloco:[172]

> A conformação e a consolidação do Mercosul como União Aduaneira entre os quatro países envolvem a administração sub-regional das políticas comerciais, superando o recurso de adoção de medidas unilaterais dessa natureza, garantindo condutas previsíveis e não prejudiciais para os parceiros.
>
> Portanto, a entrada em vigor de uma Tarifa Externa Comum (TEC) significa que as eventuais modificações dos níveis de proteção dos setores produtivos tenham de ser consensualizadas de forma quadripartita, provendo um âmbito de maior previsibilidade e certeza para a tomada de decisões dos agentes econômicos.
>
> A nova política comercial comum tende a fortalecer e reafirmar os processos de abertura e de inserção nos mercados mundiais. O Mercosul foi concebido como um instrumento para uma inserção mais adequada de nossos países no mundo exterior, contando com a TEC como um instrumento para melhorar a competitividade.
>
> Esse novo cenário gera maior previsibilidade e certeza na estrutura tarifária, fomentando o comércio intra-regional e novos investimentos de empresas regionais e estrangeiras que tentam aproveitar as vantagens e os atrativos do mercado ampliado. [...]
>
> Por isso, em 2000, os Estados Partes do Mercosul resolveram iniciar uma nova etapa do processo de integração regional, cujo objetivo fundamental foi consolidar o caminho para a União Aduaneira, tanto no âmbito sub-regional quanto no externo.
>
> Nesse contexto, os Governos dos Estados Partes do Mercosul reconhecem o papel central da convergência e da coordenação macroeconômica no aprofundamento do processo de integração.
>
> A partir desse momento, os Estados Partes resolveram priorizar o tratamento dos seguintes temas:
> 1) agilização dos trâmites nas fronteiras,

---

[172] Disponível em: <www.mercosur.int/>. Acesso em: 29 jun. 2012.

2) convergência da tarifa externa comum e eliminação de sua dupla cobrança,
3) adoção de critérios para a distribuição da renda aduaneira dos Estados Partes do Mercosul,
4) fortalecimento institucional e,
5) relacionamento externo do bloco com outros blocos ou países. [...]

Foi estabelecido, portanto, o princípio de que os bens importados do resto do mundo que cumprissem a política tarifária comum receberiam o tratamento de bens originários do Mercosul, tanto para sua circulação dentro do território dos Estados Partes quanto para sua incorporação nos processos de produção. Com vistas a permitir a implementação do que estabelece o Artigo 1º da Decisão CMC nº 54/04, previu-se:

a) A adoção do Código Aduaneiro do Mercosul;

b) A interconexão on-line dos sistemas informáticos de gestão aduaneira existentes nos Estados Partes do Mercosul;

c) Um mecanismo para a distribuição da renda, com a definição de modalidades e procedimentos.

A partir desse momento, progrediu-se na interconexão on-line das Aduanas dos quatro Estados Partes, atualmente operante e disponível o Sistema de Intercâmbio de Informações dos Registros Aduaneiros (Sistema Indira) em cada uma das Aduanas dos países do Mercosul. [...]

A fim de facilitar a aplicação do Regime de Origem Mercosul, tanto para as autoridades competentes quanto para os operadores comerciais, o Conselho Mercado Comum aprovou a Decisão nº 01/09, mediante a qual se unificaram todas as normas referidas ao Regime de Origem Mercosul.

Como se vê, os principais esforços na seara econômica visam alcançar a harmonização no comércio exterior necessária à configuração de uma união aduaneira. É preciso notar, ainda, que os países-membros do Mercosul seguem mantendo uma grande lista de produtos que constituem exceções à tarifa externa comum, o que não contribui para a caracterização do bloco como união aduaneira.

Outro exemplo de união aduaneira é a Comunidade Andina das Nações (CAN), a qual engloba Bolívia, Colômbia, Equador e Peru (a

Venezuela deixou a Comunidade em 2006, em protesto após Colômbia e Peru assinarem acordos de livre comércio com os EUA).[173] De acordo com seu programa de trabalho para 2009,[174] a CAN se orienta para uma série de objetivos sociais, como o desenvolvimento social, a segurança alimentar e a proteção ao meio ambiente, bem como para áreas políticas, incluindo a promoção da democracia e a luta contra a corrupção e o narcotráfico. Mas o fator determinante para a classificação da Comunidade como uma união aduaneira é o panorama econômico: esta exibe uma zona de livre comércio entre os Estados-membros, além de proceder-se a tentativas de harmonização na política aduaneira, nas normas de proteção sanitária etc.

O mercado comum é uma derivação da união aduaneira, na qual, além das características desta, há também a livre circulação dos seguintes quatro fatores: bens, capitais, serviços e trabalho. Um exemplo de mercado comum é a Espaço Econômico Europeu, que engloba os Estados da União Europeia, Noruega, Islândia e Liechtenstein. Trata-se de uma zona estabelecida por acordo que permite aos três países mencionados ter acesso comercial ao mercado europeu sem, contudo, serem parte das instituições comunitárias.

O Mercosul foi estabelecido com o propósito de tornar-se um mercado comum, o que transparece do teor do primeiro artigo do Tratado de Assunção:[175]

ARTIGO 1
Os Estados Partes decidem constituir um Mercado Comum, que deverá estar estabelecido a 31 de dezembro de 1994, e que se denominará "Mercado Comum do Sul" (Mercosul).
Este Mercado comum implica:

---
[173] WILSON, Peter. Venezuela to withdraw from Andean Free Trade Group. *Bloomberg.com*, 19 abr. 2006. Disponível em: <www.bloomberg.com>. Acesso em: 21 jun. 2012.
[174] COMUNIDAD ANDINA. *Programa de Trabajo 2009*. SG/di 920, 17 abr. 2009, p. 55-65. Disponível em: <http://intranet.comunidadandina.org/Documentos>. Acesso em: 21 jun. 2012.
[175] Disponível em: <www.mercosul.gov.br/tratados-e-protocolos/tratado-de-assuncao-1>. Acesso em: 13 dez. 2011.

A livre circulação de bens, serviços e fatores produtivos entre os países, através, entre outros, da eliminação dos direitos alfandegários e restrições não tarifárias à circulação de mercadorias e de qualquer outra medida de efeito equivalente;
O estabelecimento de uma tarifa externa comum e a adoção de uma política comercial comum e relação a terceiros Estados ou agrupamentos de Estados e a coordenação de posições em foros econômico-comerciais regionais e internacionais;
A coordenação de políticas macroeconômicas e setoriais entre os Estados Partes – de comércio exterior, agrícola, industrial, fiscal, monetária, cambial e de capitais, de outras que se acordem –, a fim de assegurar condições adequadas de concorrência entre os Estados Partes, e
O compromisso dos Estados Partes de harmonizar suas legislações, nas áreas pertinentes, para lograr o fortalecimento do processo de integração.

No entanto, a classificação do Mercosul como mercado comum ainda é questionável, sendo mais correto tratá-lo como uma união aduaneira, uma vez que o livre trânsito dos quatro fatores de produção não foi implementado no bloco. Até mesmo sua categorização como união aduaneira pode ser criticada, em vista das volumosas listas de exceções através das quais cada Estado-parte retira alguns produtos da incidência da TEC,[176] bem como dos meios que o direito do Mercosul oferece para que Estados derroguem a aplicação da TEC em seu território, desde que autorizados pelos órgãos do bloco.[177] Entretanto, a recente aprovação do Código Aduaneiro do Mercosul, em 2010,[178] constitui um passo decisivo para a caracterização do bloco como união aduaneira.

Já a união econômica é o estágio seguinte da integração. Forma-se por um bloco de países que compõem, conjuntamente, uma união aduaneira

---

[176] A lista do Brasil pode ser conferida em: <www.desenvolvimento.gov.br>. Acesso em: 15 dez. 2011.
[177] PEREIRA, Ana Cristina Paulo. *Direito institucional e material do Mercosul*. 2. ed. rev. e atual. Rio de Janeiro: Lumen Juris, 2005. p. 220-224.
[178] MERCOSUL aprova Código Aduaneiro Comum. *Portal G1*, 3 ago. 2010. Disponível em: <http://g1.globo.com/mundo>. Acesso em: 21 jun. 2012.

e um mercado comum, além de manterem políticas fiscais e financeiras comuns. A União Europeia é, primordialmente, uma união econômica, conforme pode ser percebido pelo atual Tratado sobre o Funcionamento da União Europeia:[179]

> Artigo 3.
> 1. A União dispõe de competência exclusiva nos seguintes domínios:
> a) União aduaneira;
> b) Estabelecimento das regras de concorrência necessárias ao funcionamento do mercado interno;
> c) Política monetária para os Estados-Membros cuja moeda seja o euro;
> d) Conservação dos recursos biológicos do mar, no âmbito da política comum das pescas;
> e) Política comercial comum.
> 2. A União dispõe igualmente de competência exclusiva para celebrar acordos internacionais quando tal celebração esteja prevista num acto legislativo da União, seja necessária para lhe dar a possibilidade de exercer a sua competência interna, ou seja susceptível de afectar regras comuns ou de alterar o alcance das mesmas.

Também é comum, no âmbito do bloco comunitário europeu, falar em "mercado único europeu", o que demonstra que os 28 países que compõem a União se esmeram em coordenar suas políticas econômicas de forma a alcançar certa homogeneidade na área.

Outro estágio na integração econômica, que corre em paralelo aos já descritos, é a simples união financeira, a qual consiste na utilização compartilhada de uma moeda por mais de um país. A união financeira em regra anda junto com a união aduaneira, devido às exigências do comércio internacional. São exemplos de uniões financeiras e aduaneiras a Comunidade Econômica dos Estados da África Central (Ceeac), formada

---

[179] Disponível em: <http://eur-lex.europa.eu/LexUriServ/LexUriServ.do?uri=OJ:C:2010:083:0047:0200:PT:PDF>. Acesso em: 22 dez. 2012.

por 10 membros,[180] e a União Econômica e Monetária do Oeste Africano (Uemoa) composta por sete Estados,[181] As duas comunidades utilizam a moeda "franco CFA". Apesar de serem teoricamente de duas unidades monetárias distintas, o "franco CFA da África Ocidental" e o "franco CFA da África Central", ambas possuem paridade constante, sendo garantidas pelo Tesouro do governo francês.[182]

O passo seguinte é a união econômica e monetária, que combina aspectos, já apontados acima, da união econômica com a integração da moeda. Quando da introdução do euro, alguns países da União Europeia transitaram por este estágio.

Por fim, caso se prossiga na trilha da integração econômica, o objetivo final é a integração econômica completa, na qual as decisões nacionais acerca da condução da economia terão papel apenas marginal, constituindo-se algum tipo de autoridade central para ditar tais políticas entre os Estados associados. Atualmente, só é possível enxergar uma integração econômica total entre unidades federativas de um Estado com modelo federal forte, como os EUA. Entre países definidos como soberanos, não existe hoje nenhum bloco que tenha alcançado tal estágio de integração econômica. Também pode ser questionada a compatibilidade de uma união com estas características com a soberania dos Estados tal qual compreendida e valorizada hoje.

7.2 Histórico do estabelecimento do Mercosul

Em 26 de março de 1991, a República Argentina, a República Federativa do Brasil, a República do Paraguai e a República Oriental do Uruguai

---

[180] Angola, Burundi, Camarões, República Centroafricana, Chade, República Democrática do Congo, República do Congo, Guiné Equatorial, Gabão, São Tomé e Príncipe.
[181] Benin, Burkina Faso, Costa do Marfim, Mali, Níger, Senegal e Togo.
[182] Com exceção da Guiné Equatorial (de colonização espanhola), todos os Estados que participam destas uniões financeiras são ex-colônias francesas.

assinaram o Tratado de Assunção, almejando criar o Mercado Comum do Sul (Mercosul).

O Tratado de Assunção objetiva primordialmente a integração dos quatro Estados-membros, a qual será alcançada mediante a livre circulação de bens, serviços e fatores produtivos, com o estabelecimento de uma Tarifa Externa Comum (TEC), a adoção de uma política comercial comum, a coordenação de políticas macroeconômicas e setoriais e a harmonização das legislações nacionais nas áreas pertinentes.

Naturalmente, apesar do predomínio dos aspectos econômicos, o Mercosul é fruto de um acordo político entre os quatro governos participantes. Este acordo político veio traduzir tanto um anseio por maior estabilidade na região, quanto a necessidade de criar um foro de diálogo para que governantes, trabalhadores e empreendedores dos integrantes do bloco possam debater assuntos de interesse comum.

Em dezembro de 1994, durante a Cúpula Presidencial de Ouro Preto, aprovou-se o Protocolo de Ouro Preto – um Protocolo Adicional ao Tratado de Assunção –, o qual determina a estrutura institucional do Mercosul, conferindo-lhe também personalidade jurídica internacional. A partir de então, o Mercosul passa a ser portador de direitos e deveres diretos decorrentes da ordem jurídica internacional, aumentando consequentemente seu poder de negociação com demais países ou grupos. A cúpula de Ouro Preto marcou o fim do chamado período de transição. Também se definiram, na ocasião, as principais características da política comercial comum, de modo a estabelecer concretamente uma União Aduaneira.

Em 1996, o aspecto político do Mercosul volta a ficar evidente, ao ser assinada, em San Luis (Argentina), por ocasião da X Reunião do Conselho do Mercado Comum, a Declaração Presidencial sobre Compromisso Democrático no Mercosul, assim como o Protocolo de Adesão da Bolívia e do Chile à mesma declaração. O teor da declaração é o seguinte:

> La República Argentina, la República Federativa del Brasil, la República del Paraguay y la República Oriental del Uruguay, en lo sucesivo denominadas "Las Partes",

REAFIRMANDO los principios y objetivos del Tratado de Asunción,
REITERANDO lo expresado en la Declaración Presidencial de Las Leñas, el 26 y 27 de junio de 1992, en el sentido de que la plena vigencia de las instituciones democráticas es condición indispensable para la existencia y desarrollo del MERCOSUR,
RECORDANDO que la solidaridad de los Estados americanos y los altos fines que ella persigue requiere la organización política de los mismos en base al ejercicio efectivo de la democracia representativa,
ACUERDAN lo siguiente:

1.– La plena vigencia de las instituciones democráticas es condición esencial para la cooperación en el ámbito del Tratado de Asunción, sus Protocolos y demás actos subsidiarios.

2.– Toda alteración del orden democrático constituye un obstáculo inaceptable para la continuidad del proceso de integración en curso respecto al Estado miembro afectado.

3.– Las Partes consultarán inmediatamente entre sí, en la forma que estimen apropiada, en caso de ruptura o amenaza de ruptura del orden democrático en un Estado miembro. Las Partes procederán igualmente, de forma coordinada, a efectuar consultas con el referido Estado miembro.

4.– En caso de que las consultas previstas en el parágrafo anterior resulten infructuosas, las Partes considerarán la aplicación de las medidas pertinentes. Las medidas podrán abarcar desde la suspensión del derecho de participación en los foros del MERCOSUR hasta la suspensión de los derechos y obligaciones emergentes de las normas del MERCOSUR y de acuerdos celebrados entre cada una de las Partes y el Estado donde haya ocurrido la ruptura del orden democrático.

5.– Las Partes deberán incluir una cláusula de afirmación del compromiso con los principios democráticos en los acuerdos del MERCOSUR con otros países o grupo de países.

Hecha, el 25 de junio de 1996 en la localidad de Potrero de Los Funes, Provincia de San Luis, República Argentina.[183]

---

[183] Disponível em: <www.mercosur.int/t_generic.jsp?contentid=4677&site=1&channel=secretaria>. Acesso em: 19 dez. 2011.

Já em 1998, os quatro Estados-partes do Mercosul, junto com a Bolívia e o Chile, constituíram o "Foro de Consulta e Concertação Política", órgão auxiliar do Conselho do Mercado Comum, por meio do qual se busca o consenso em matérias de alcance regional que ultrapassam os âmbitos estritamente econômico e comercial.[184]

Os princípios enunciados em San Luis foram ratificados ainda em 1998, com a assinatura do Protocolo de Ushuaia sobre Compromisso Democrático pelos representantes dos quatro Estados-partes do Mercosul, além dos representantes de Bolívia e Chile.[185] Deste documento, merecem destaque as seguintes disposições:

> Artigo 1º. A plena vigência das instituições democráticas é condição essencial para o desenvolvimento dos processos de integração entre os Estados Partes do presente Protocolo.
> [...]
> Artigo 4º. No caso da ruptura da ordem democrática em um Estado Parte do presente Protocolo, os demais Estados Partes promoverão as consultas pertinentes entre si e com o Estado afetado.
> Artigo 5º. Quando as consultas mencionadas no artigo anterior resultarem infrutíferas, os demais Estados Partes do presente Protocolo, no âmbito específico dos Acordos de Integração vigentes entre eles, considerarão a natureza e o alcance das medidas a serem aplicadas, levando em conta a gravidade da situação existente.
> Tais medidas compreenderão desde a suspensão do direito de participar nos diferentes órgãos dos respectivos processos de integração até a suspensão dos direitos e obrigações resultantes destes processos.
> Artigo 6º. As medidas previstas no artigo 5º precedente serão adotadas por consenso pelos Estados Partes do presente Protocolo, conforme o caso e em conformidade com os Acordos de Integração vigentes entre eles, e

---

[184] A Decisão CMC nº 18/98, que criou o Foro de Consulta e Concertação Política, pode ser vista em: <www.sice.oas.org/trade/mrcsrs/decisions/dec1898p.asp>. Acesso em: 19 dez. 2011.

[185] O Protocolo encontra-se disponível em: <www.mre.gov.py/dependencias/tratados/mercosur>. Acesso em: 19 dez. 2011.

comunicadas ao Estado afetado, que não participará do processo decisório pertinente. Tais medidas entrarão em vigor na data em que se faça a comunicação respectiva.

Em 2000, diversas decisões do Conselho do Mercado Comum constituíram o processo chamado de "relançamento do Mercosul". Tais decisões visaram consolidar o caminho rumo à união aduaneira entre os sócios do bloco. Os temas tratados foram:

(a) o acesso dos Estados-membros aos mercados dos demais membros (Decisão CMC nº 22/00, p. ex., art. 2º: "Art. 2 – Cada Estado Parte completará, até 30 de julho de 2000, uma lista que identifique situações ou medidas de caráter tributário, financeiro, fiscal, aduaneiro, administrativo ou de outra natureza, aplicadas pelos outros Estados Partes que limitem o atual acesso aos mercados");

(b) a incorporação da normativa do Mercosul ao ordenamento jurídico interno dos Estados-partes (Decisão CMC nº 23/00, p. ex., art. 1º: "Art. 1.– Conforme o disposto no Protocolo de Ouro Preto, as Decisões, Resoluções e Diretrizes são obrigatórias para os Estados Partes e, quando for necessário, deverão ser incorporadas aos ordenamentos jurídicos nacionais");

(c) o fortalecimento da Secretaria Administrativa do Mercosul (Decisão CMC nº 24/00);

(d) o aperfeiçoamento do sistema de solução de controvérsias previsto pelo Protocolo de Brasília (Decisão CMC nº 25/00);

(e) a análise geral de todos os órgãos, grupos de trabalho, reuniões especializadas e comitês técnicos, de modo a determinar se os respectivos objetivos foram cumpridos e determinar, sendo o caso, novas pautas de trabalho e novos prazos (Decisão CMC nº 26/00);

(f) o fortalecimento da Tarifa Externa Comum (Decisão CMC nº 27/00, p. ex., art. 1º: "Art. 1 – Encomendar ao Grupo Mercado Comum que instrua a Comissão de Comércio do Mercosul para que elabore até 15 de dezembro de 2000 uma proposta relativa a um regime comum para bens de capital não produzidos nos Estados Partes do Mercosul");

(g) a efetividade da defesa da concorrência (Decisão CMC nº 28/00, p. ex., art. 1º: "Art. 1 – Instruir o Grupo Mercado Comum a elaborar uma proposta com o objetivo de disciplinar o processo de investigação e aplicação de medidas *antidumping* e direitos compensatórios no comercio intrazona. Estes trabalhos deverão estar terminados em 30 de novembro de 2000, a fim de que se eleve uma proposta à próxima reunião ordinária do CMC");

(h) a intensificação da coordenação macroeconômica (Decisão CMC nº 30/00, p. ex. art. 5º: "Art. 5 – Estabelecer, em março de 2001, as metas fiscais, de dívida pública e de preços, acordadas de forma conjunta, assim como o processo de convergência correspondente");

(i) a negociação e atuação em bloco no relacionamento externo (Decisão CMC nº 32/00, p. ex., art. 2º: "Art. 2 – A partir de 30 de junho de 2001, os Estados Partes não poderão assinar novos acordos preferenciais ou acordar novas preferências comerciais em acordos vigentes no marco da Aladi, que não tenham sido negociados pelo Mercosul").

Em 2002, deu-se um importante passo institucional, com a aprovação do Protocolo de Olivos[186] para a Solução de Controvérsias entre os Estados-Partes do Mercosul, o qual criou o Tribunal Permanente de Revisão (TPR), responsável por "garantir a correta interpretação, aplicação e cumprimento dos instrumentos fundamentais do processo de integração e do conjunto normativo do Mercosul de forma consistente e sistemática" (terceira cláusula do preâmbulo do Protocolo). O Tribunal Permanente de Revisão, cuja sede funciona em Assunção, tem como característica principal a revisão dos laudos arbitrais proferidos por árbitros escolhidos pelas partes, no âmbito controvérsias entre Estados-membros do Mercosul que digam respeito à normativa do bloco.

---

[186] O Protocolo encontra-se disponível em: <www.mre.gov.py/dependencias/tratados/mercosur>. Acesso em: 22 dez. 2011.

Em 2004, o Conselho do Mercado Comum aprovou a Decisão CMC nº 18/04, a qual determina as condições para que Estados que sejam partes da Associação Latino-Americana de Integração (Aladi) possam associar-se ao Mercosul. Requisito para tal é a adesão ao Protocolo de Ushuaia e à Declaração Presidencial de San Luis, ambas versando sobre o compromisso com a democracia. São, atualmente, Estados associados ao Mercosul: Bolívia, Chile, Peru, Equador e Colômbia.

Mantendo as mesmas ideias expressas em San Luis e em Ushuaia, a Decisão CMC nº 5/07[187] criou o Observatório da Democracia do Mercosul, cujas principais tarefas são o monitoramento da democracia nos Estados-partes do bloco, além de Bolívia e Chile, o acompanhamento das eleições nestes Estados e o desenvolvimento de estudos sobre democracia e estado de direito na região.

De acordo com o art. 20 do Tratado de Assunção:[188]

ARTIGO 20
O presente Tratado estará aberto à adesão, mediante negociação, dos demais países membros da Associação Latino-Americana de Integração, cujas solicitações poderão ser examinadas pelos Estados Partes depois de cinco anos de vigência deste Tratado.
Não obstante, poderão ser consideradas antes do referido prazo as solicitações apresentadas por países membros da Associação Latino-Americana de Integração que não façam parte de esquemas de integração sub-regional ou de uma associação extra-regional.
A aprovação das solicitações será objeto de decisão unânime dos Estados Partes.

Ao abrigo desta disposição, a Venezuela solicitou seu ingresso como membro pleno no Mercado Comum. A resposta oficial do bloco foi dada pela Decisão CMC nº 28/05,[189] de 2005, que regulamenta as condições

---

[187] A decisão pode ser consultada em: <www.mercosur.int>. Acesso em: 19 dez. 2011.
[188] Disponível em: <www.mercosul.gov.br/tratados-e-protocolos/tratado-de-assuncao-1>. Acesso em: 22 dez. 2012.
[189] A decisão pode ser consultada em: <www.mercosur.int>. Acesso em: 19 dez. 2011.

necessárias para a adesão de um novo Estado-parte ao Mercosul, expressando as seguintes exigências:

> Art. 3 – Após a aprovação da solicitação, o Conselho do Mercado Comum instruirá o Grupo Mercado Comum a negociar com os representantes do Estado aderente as condições e termos específicos da adesão, os quais deverão necessariamente compreender:
> I – a adesão ao Tratado de Assunção, ao Protocolo de Ouro Preto e ao Protocolo de Olivos para Solução de Controvérsias do Mercosul;
> II – a adoção da Tarifa Externa Comum do Mercosul, mediante a definição, em seu caso, de um cronograma de convergência para sua aplicação se for o caso;
> III – a adesão do Estado aderente ao Acordo de Complementação Econômica nº 18 e seus Protocolos Adicionais através da adoção de um programa de liberalização comercial;
> IV – a adoção do acervo normativo do Mercosul, incluindo as normas em processo de incorporação;
> V – a adoção dos instrumentos internacionais celebrados no marco do Tratado de Assunção; e
> VI – a modalidade de incorporação aos acordos celebrados no âmbito do Mercosul com terceiros países ou grupos de países, bem como sua participação nas negociações externas em curso.[190]

Na Decisão CMC nº 29/05,[191] estabeleceu-se o início de um processo de negociação entre os Estados partes do Mercosul e a Venezuela, de modo a definir as etapas da integração desta ao bloco. A Venezuela adquiriu, à ocasião, o direito de participar das reuniões dos órgãos do Mercosul, embora sem direito a voto.

Em 4 de julho de 2006 aprovou-se o Protocolo de Adesão da República Bolivariana da Venezuela ao Mercosul, estabelecendo as condições

---

[190] Disponível em: <www.sice.oas.org/trade/mrcsrs/decisions/dec2805p.asp>. Acesso em: 22 dez. 2012.
[191] A Decisão pode ser consultada em: <www.mercosur.int>. Acesso em: 19 dez. 2011.

e prazos necessários para a plena incorporação da Venezuela ao bloco. Conforme dito Protocolo,[192]

ARTIGO 10
A partir da data da entrada em vigência do presente Protocolo, a República Bolivariana da Venezuela adquirirá a condição de Estado Parte e participará com todos os direitos e obrigações no Mercosul, de acordo com o Artigo 2 do Tratado de Assunção e nos termos do presente Protocolo.

Para sua entrada em vigor, o Protocolo deve ser ratificado pelos poderes legislativos dos Estados do Mercosul e da Venezuela. A adesão da Venezuela ao Mercosul foi aprovada pelos presidentes da Argentina, do Brasil e do Uruguai durante a cúpula de Mendoza, Argentina, em 29 de junho de 2012. A entrada efetiva do país no bloco, prevista para ocorrer a partir de 31 de julho de 2013, havia sido bloqueada por falta de aprovação do Congresso paraguaio. Após a destituição do presidente paraguaio Fernando Lugo em 22 de junho de 2012, os outros Estados-membros do Mercosul decidiram suspender a participação do Paraguai na cúpula, além de suspender temporariamente tal país do Mercosul até as eleições que ocorrerão em abril de 2013. Tal suspensão permitiu que a Venezuela integrasse o Mercosul, evitando o bloqueio paraguaio.

Em dezembro de 2011, houve uma polêmica a respeito deste aumento do bloco, quando, por ocasião da 9ª Reunião Extraordinária do Conselho do Mercado Comum, realizada em Montevidéu, discutiram-se os possíveis modos de acelerar a entrada da Venezuela, apesar da falta de concordância do Senado paraguaio.[193] A imprensa deste país denunciou que teriam sido feitos esforços para elevar a Venezuela a membro pleno no decorrer da própria reunião, ignorando o Legislativo guarani.[194] A saída encontrada foi estabelecer o Grupo de Diálogo de Alto Nível para a incorporação de

---
[192] Disponível em: <www.mercosur.int>. Acesso em: 19 dez. 2011.
[193] MOTA, Denise. Mercosul cria comissão para acelerar adesão da Venezuela ao bloco. *BBC Brasil*, 20 dez. 2011. Disponível em: <www.bbc.co.uk>. Acesso em: 22 dez. 2011.
[194] DÍAZ, Edgar Ruiz. Por temor a juicio político, Lugo rechaza la "fórmula". *ABC Color*, 22 dez. 2011. Disponível em: <www.abc.com.py>. Acesso em: 22 dez. 2011.

novos Estados ao Mercosul, o qual deverá contar com um representante de cada membro do bloco. No entanto, é difícil prever como as reservas dos congressistas paraguaios serão superadas, eis que elas se devem a uma percepção de que o governo do presidente venezuelano Hugo Chávez foge dos padrões mínimos para uma democracia. É o que apontam as palavras do primeiro vice-presidente do Congresso guarani, Carlos Soler:

> El diputado Soler indicó que el problema para el ingreso de Venezuela al bloque es el poco respeto a los derechos humanos que muestra el gobierno de Chávez. "El problema no es con el pueblo venezolano, que es maravilloso; el problema es con el manejo dictatorial que pretende imponer el Presidente", insistió. Dijo también que el ingreso de Venezuela solo traerá más conflicto al bloque regional y no significará aporte alguno. Recordó que Venezuela tiene pendiente con nuestro país la aprobación de una lista de 200 productos paraguayos para el ingreso con un régimen especial, pero hasta ahora no se pronuncia a pesar de que pasaron más de dos años. "Esto muestra claramente que no existen ningún interés de integración económica; parece que todo pasa por el interés político", insistió.[195]

Desde seu início, o Mercosul aplica uma Tarifa Externa Comum (TEC) aos produtos provenientes de fora dos países do bloco. Isto é, independentemente de ingressar na Argentina, no Brasil, no Paraguai ou no Uruguai, um mesmo bem leva à aplicação de uma mesma taxa. Entretanto, caso este produto, após sua importação por um dos quatro países, posteriormente fosse transportado para outro membro do bloco, a TEC voltava a ser cobrada, desta vez pelo novo país de ingresso. Isto era chamado "dupla cobrança da TEC" e representava um entrave para o comércio intra-Mercosul.

A dupla cobrança da TEC começou a ser atacada em 2004, com a aprovação da Decisão CMC nº 54/04. Nesta decisão, e na normativa que a regu-

---

[195] DIPUTADO Soler critica a Chávez y exige respeto al Congreso. *ABC Color*, 22 dez. 2011. Disponível em: <www.abc.com.py/nota/diputado-soler-critica-a-chavez-y-exige-respeto-al-congreso/>. Acesso em: 22 dez. 2011.

lamenta, previu-se, entre outras medidas, a adoção de um código aduaneiro geral para o Mercosul, a interconexão on-line dos sistemas informáticos de gestão aduaneira existentes nos Estados-partes do bloco e um modo de distribuir a renda aduaneira percebida pelos postos de ingresso de suas mercadorias.

Outros avanços incluem a facilitação do comércio intrazona, isto é, entre os próprios Estados-partes do Mercosul. Para isto, aprovou-se o "sistema de pagamento em moedas locais", de modo a reduzir os custos financeiros envolvidos nas trocas comerciais, além da harmonização do "regime de origem Mercosul", o qual define quando um bem pode ser considerado como tendo sido produzido dentro do bloco (importante especialmente para fins de cobrança da TEC) e a substituição gradual dos certificados de origem feitos em papel por certificados digitais.

O Mercosul também mostra uma preocupação com as assimetrias estruturais presentes entre os integrantes do bloco. As economias do Paraguai e do Uruguai são muito menores do que as de Argentina e Brasil. A Decisão nº CMC 45/04 criou o Fundo para a Convergência Estrutural do Mercosul (Focem), voltado para o financiamento de programas que promovam a convergência estrutural, a competitividade, a coesão social e o fortalecimento da estrutura institucional e do processo de integração como um todo.

De acordo com o *site* do Mercosul,

> O FOCEM é formado com contribuições anuais dos Estados Partes que totalizam cem milhões de dólares. As contribuições dos Estados Partes foram estabelecidas segundo as seguintes percentagens: Argentina: 27%, Brasil: 70%, Paraguai: 1% e Uruguai: 2%.
> Os recursos são distribuídos de forma inversamente proporcional ao montante das contribuições realizadas: Paraguai: 48%, Uruguai: 32%, Argentina: 10% e Brasil: 10%.
> [...]
> Até hoje, no âmbito normativo que regula o FOCEM foram aprovados 25 projetos, dentre os quais catorze foram apresentados pelo Paraguai, seis pelo Uruguai, um pelo Brasil, três pela Secretaria do Mercosul e um projeto pluriestatal (Programa Mercosul Livre de Febre Aftosa – PAMA).

Os mesmos estão voltados para as áreas de moradia, transporte, incentivos às microempresas, biossegurança e capacitação tecnológica, aspectos institucionais do Mercosul e questões sanitárias, entre outras.[196]

Também foram criados fundos do Mercosul para garantia de pequenas e médias empresas, e para a agricultura familiar. De modo a assegurar a representação das populações dos Estados-membros, criou-se o Parlamento do Mercosul (Parlasul), o qual, contudo, não possui poderes normativos e será estudado em detalhes no capítulo 9.

7.3 A estrutura do Mercosul

O *site* do Mercosul apresenta desta forma a estrutura do bloco (figura 1, na próxima página).

Atendo-nos ao conteúdo do quadro acima, destaque-se, em primeiro lugar, que o Mercosul possui os seguintes órgãos dotados de poder normativo: o Conselho do Mercado Comum (CMC), o Grupo Mercado Comum (GMC) e a Comissão de Comércio do Mercosul (CCM).

A respeito do Conselho do Mercado Comum, são relevantes os seguintes artigos do Tratado de Assunção:[197]

ARTIGO 10
O Conselho é o órgão superior do Mercado Comum, correspondendo-lhe a condução política do mesmo e a tomada de decisões para assegurar o cumprimento dos objetivos e prazos estabelecidos para a constituição definitiva do Mercado Comum.
ARTIGO 11
O Conselho estará integrado pelos Ministros de Relações Exteriores e os Ministros de Economia dos Estados Partes.

---

[196] Disponível em: <www.mercosur.int>. Acesso em: 22 dez. 2011.
[197] Disponível em: <www.mercosul.gov.br/tratados-e-protocolos/tratado-de-assuncao-1>. Acesso em: 22 dez. 2012.

Direito das organizações internacionais

Figura 1
A estrutura do Mercosul[198]

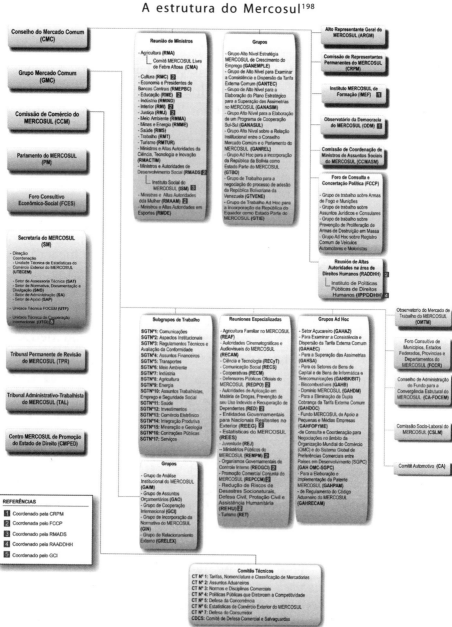

[198] Disponível em: <www.mercosur.int>. Acesso em: 22 dez. 2011.

Reunir-se-á quantas vezes estime oportuno, e, pelo menos uma vez ao ano, o fará com a participação dos Presidentes dos Estados Partes.
ARTIGO 12
O Conselho é o órgão superior do Mercado Comum, correspondendo-lhe a condução política do mesmo e a tomada de decisões para assegurar o cumprimento dos objetivos e prazos estabelecidos para a constituição definitiva do Mercado Comum.

Pergunta

1. A partir da leitura dos três artigos transcritos, pode-se dizer que o Conselho do Mercado Comum foi idealizado como um órgão intergovernamental ou supranacional? Por quê?

Como órgão supremo do Mercado Comum, o CMC também é responsável por exercer a titularidade da personalidade jurídica do Mercosul, por negociar acordos internacionais em nome do bloco (que cada Estado-parte do Mercosul deverá posteriormente ratificar para que entre em vigor) e para criar, modificar ou extinguir os órgãos do bloco.[199]

O Conselho atua por meio de decisões e recomendações, sendo que as primeiras possuem caráter obrigatório. Tanto umas quanto as outras devem ser adotadas por meio de consenso.

Entre seus órgãos subordinados e auxiliares, vale mencionar o Alto Representante-Geral do Mercosul, criado pela Decisão nº CMC 63/10,[200] o qual possui, entre outras, as atribuições de promover e coordenar ações visando aproximar o Mercosul da sociedade, além de representar o bloco em suas relações internacionais e organizar missões de observação eleitoral ou de viagem com vistas à intensificação comercial ou ao fomento de investimentos.

---

[199] PEREIRA, Ana Cristina Paulo. *Direito institucional e material do Mercosul*, 2005, op. cit., p. 32-33.
[200] Disponível em: <www.mercosur.int>. Acesso em: 22 dez. 2011.

O Grupo Mercado Comum (GMC) é o segundo órgão do Mercosul com capacidade decisória. Está previsto nos seguintes artigos do Tratado de Assunção:[201]

ARTIGO 13
O Grupo Mercado Comum é o órgão executivo do Mercado Comum e será coordenado pelos Ministérios das Relações Exteriores.
O Grupo Mercado Comum terá faculdade de iniciativa. Suas funções serão as seguintes:
– velar pelo cumprimento do Tratado;
– tomar as providências necessárias ao cumprimento das decisões adotadas pelo Conselho;
– propor medidas concretas tendentes à aplicação do Programa de Liberação Comercial, à coordenação de política macroeconômica e à negociação de Acordos frente a terceiros;
– fixar programas de trabalho que assegurem avanços para o estabelecimento do Mercado Comum.
O Grupo Mercado Comum poderá constituir os Subgrupos de Trabalho que forem necessários para o cumprimento de seus objetivos. Contará inicialmente com os Subgrupos mencionados no Anexo V.
O Grupo Mercado Comum estabelecerá seu regime interno no prazo de 60 dias de sua instalação.
ARTIGO 14
O Grupo Mercado Comum estará integrado por quatro membros titulares e quatro membros alternos por país, que representem os seguintes órgãos públicos:
– Ministério das Relações Exteriores;
– Ministério da Economia seus equivalentes (áreas de indústria, comércio exterior e/ou coordenação econômica);
– Banco Central.

---

[201] Disponível em: <www.mercosul.gov.br/tratados-e-protocolos/tratado-de-assuncao-1>. Acesso em: 22 dez. 2012.

Ao elaborar e propor medidas concretas no desenvolvimento de seus trabalhos, até 31 de dezembro de 1994, o Grupo Mercado Comum poderá convocar, quando julgar conveniente, representantes de outros órgãos da Administração Pública e do setor privado.

ARTIGO 15
O Grupo Mercado Comum contará com uma Secretaria Administrativa cujas principais funções consistirão na guarda de documentos e comunicações de atividades do mesmo. Terá sua sede na cidade de Montevidéu.

O GMC encontra-se hierarquicamente abaixo do CMC, e expressa-se através de resoluções e recomendações, sendo que somente as primeiras são obrigatórias. Tal qual o Conselho, o Grupo somente age mediante o consenso de seus integrantes.

Pergunta

2. O Grupo Mercado Comum é um órgão intergovernamental ou supranacional? Por quê?

O terceiro órgão do Mercosul com capacidade decisória é a Comissão de Comércio do Mercosul (CCM). Esta foi criada pela Decisão nº 9/94 do Conselho do Mercado Comum, a qual estabelece que:

Art. 1º. A Comissão de Comércio do MERCOSUL (doravante CCM) é um órgão intergovernamental encarregado de assistir ao órgão executivo do MERCOSUL, de zelar pela aplicação dos instrumentos de política comercial comum acordados pelos Estados Partes para o funcionamento da União Aduaneira e de efetuar o acompanhamento e a revisão dos temas e matérias relacionadas com as políticas comerciais comuns, o comércio intra-Mercosul e com terceiros países.

Art. 2º. A CCM estará integrada por quatro membros titulares e quatro membros alternos de cada Estado Parte e estará hierarquicamente subordinada ao órgão executivo do MERCOSUL.[202]

Conforme Ana Cristina Paulo Pereira,

de forma geral, podemos dizer que a CCM é o órgão da administração geral do Mercosul, na medida em que lhe compete adotar as normas de caráter administrativo-comercial do bloco, bem como acompanhar a implementação e o desenvolvimento de questões comerciais em que há política comum, e de assuntos que não contam com um instrumento único no Mercosul, mas são temas centrais, como o direito do consumidor e a defesa da concorrência.[203]

Pergunta

3. Os Estados-partes do Mercosul intervêm na formação das normas do bloco? Isto afirma ou nega o caráter supranacional do Mercosul? Por quê?

Existem ainda um órgão administrativo (a Secretaria do Mercosul, com sede em Montevidéu), um órgão de representação da sociedade em seus setores econômicos e comerciais (Foro Consultivo Econômico e Social), dois tribunais (o Tribunal Permanente de Revisão e o Tribunal Administrativo-Trabalhista) e o Centro Mercosul de Promoção do Estado de Direito.

7.4 A legislação do Mercosul

Segundo o art. 41 do Protocolo de Ouro Preto,
Art. 41
As fontes jurídicas do Mercosul são:

---

[202] Disponível em: <www.mercosur.int>. Acesso em: 4 abr. 2013.
[203] PEREIRA, Ana Cristina Paulo. *Direito institucional e material do Mercosul*, 2005, op. cit., p. 37.

I. O Tratado de Assunção, seus protocolos e os instrumentos adicionais ou complementares;
II. Os acordos celebrados no âmbito do Tratado de Assunção e seus protocolos;
III. As Decisões do Conselho do Mercado Comum, as Resoluções do Grupo Mercado Comum e as Diretrizes da Comissão de Comércio do Mercosul, adotadas desde a entrada em vigor do Tratado de Assunção.
Art. 42
As normas emanadas dos órgãos do Mercosul previstos no Artigo 2 deste Protocolo terão caráter obrigatório e deverão, quando necessário, ser incorporadas aos ordenamentos jurídicos nacionais mediante os procedimentos previstos pela legislação de cada país.[204]

Já o art. 2º do mesmo protocolo define que:

Art. 2º
São órgãos com capacidade decisória, de natureza intergovernamental, o Conselho do Mercado Comum, o Grupo Mercado Comum e a Comissão de Comércio do Mercosul.

O Tratado de Assunção, norma originária para o direito mercosulino, deu espaço para a elaboração de diversos protocolos em seu âmbito, todos acordados entre os quatro membros do bloco. O governo do Paraguai costuma ser designado para depositário destes acordos, cujos textos oficiais estão sempre em espanhol e em português.

Os textos fundacionais do Mercosul ("direito originário") são os seguintes:

- Tratado de Assunção para a Constituição de um Mercado Comum;
- Protocolo de Ouro Preto (adicional ao Tratado de Assunção sobre a Estrutura Institucional do Mercosul);
- Protocolo de Olivos para a Solução de Controvérsias no Mercosul;

---

[204] Disponível em: <www.mercosur.int>. Acesso em: 4 abr. 2013.

- Protocolo Constitutivo do Parlamento do Mercosul;
- Protocolo de Adesão da República Bolivariana da Venezuela ao Mercosul;
- Protocolo de Ushuaia sobre Compromisso Democrático no Mercosul, na República da Bolívia e na República do Chile.

Outros protocolos importantes para o desenvolvimento jurídico institucional do Mercosul são:
- o Protocolo de Brasília sobre Solução de Controvérsias, de 1991 (derrogado pelo Protocolo de Olivos);
- o Protocolo de Cooperação e Assistência Jurisdicional em Matéria Civil, Comercial, Trabalhista e Administrativa de Las Leñas, de 1992;
- o Protocolo de Buenos Aires sobre Jurisdição Internacional em Matéria Contratual, de 1994;
- o Protocolo de San Luis sobre Matérias de Responsabilidade Civil Emergentes de Acidentes de Trânsito entre os Estados-Partes do Mercosul, de 1996;
- o Protocolo de Santa Maria sobre Jurisdição Internacional em Matéria de Relações de Consumo, de 1996.

As demais decisões, resoluções e diretrizes dos órgãos do bloco são chamadas de "direito secundário". Na prática, elas diferem em termos hierárquicos, estando o direito secundário submetido ao originário. Mas a diferença não é, ao fim e ao cabo, expressiva, caso se considere a origem das normas, eis que decorrem da vontade direta dos Estados que formam o Mercosul, agindo em consenso.

Pergunta

4. "Os Estados-Partes, na verdade, não quiseram transferir nenhuma parcela de suas competências legislativas. [...] O que existe é um sistema de direito internacional público especial, como ocorre nas organizações

intergovernamentais".[205] Esta afirmação pode ser aplicada ao Mercosul? Por quê?

A interpretação das normas do Mercosul fica a cargo de três instâncias. No âmbito da aplicação interna da legislação mercosulina, competirá ao Judiciário nacional de cada país efetuar a interpretação necessária para o caso com que se deparar. O segundo ente legitimado à interpretação do direito do Mercosul serão os tribunais arbitrais *ad hoc* estabelecidos de acordo com o Protocolo de Olivos (2002), em seus arts. 9º a 16. Por fim, existe um Tribunal Permanente de Revisão, com competência tanto para conhecer e julgar recursos manejados contra laudos arbitrais do Protocolo de Olivos quanto para proferir opiniões consultivas sempre que solicitado. A respeito, leiam-se os seguintes artigos da Decisão nº 37/03, que regulamentou o Protocolo de Olivos:

> Artigo 2. Legitimação para solicitar opiniões consultivas
> Poderão solicitar opiniões consultivas ao Tribunal Pemanente de Revisão (doravante TPR) todos os Estados Partes do MERCOSUL, atuando conjuntamente, os órgãos com capacidade decisória do Mercosul e os Tribunais Superiores dos Estados Partes com jurisdição nacional, nas condições que se estabeleçam para cada caso.
> Artigo 3. Tramitação da solicitação dos Estados Partes do Mercosul e dos órgãos do Mercosul
> 1. Todos os Estados Partes do Mercosul, atuando conjuntamente, o CMC, o GMC ou a Comissão de Comércio do Mercosul (doravante CCM) poderão solicitar opiniões consultivas sobre qualquer questão jurídica compreendida no Tratado de Assunção, no Protocolo de Ouro Preto, nos protocolos e acordos celebrados no marco do Tratado de Assunção, nas Decisões do CMC, nas Resoluções do GMC e nas Diretrizes da CCM.

---
[205] REIS, Márcio Monteiro. Mercosul: um balanço judiciário (o exercício da jurisdição). In: ALMEIDA, José Gabriel Assis de (Org.). *Dez anos de Mercosul*. Rio de Janeiro: Lumen Juris, 2005. p. 37.

2. O Estado ou os Estados Partes que desejem pedir uma Opinião Consultiva apresentarão um projeto de solicitação aos demais Estados com objetivo de consensuar seu objeto e conteúdo. Alcançado o consenso, a Presidência Pro Tempore preparará o texto da solicitação e o apresentará ao TPR através de sua Secretaria (doravante ST), prevista no artigo 35 deste Regulamento.

3. No caso em que os órgãos do Mercosul mencionados neste artigo decidam solicitar opiniões consultivas, a solicitação deverá constar na ata da Reunião na qual se decida solicitá-la. Essa solicitação será apresentada pela Presidência Pro Tempore ao TPR através da ST.

Artigo 4. Tramitação da solicitação dos Tribunais Superiores de Justiça dos Estados Partes

1. O TPR poderá emitir opiniões consultivas que sejam solicitadas pelos Tribunais Superiores de Justiça dos Estados Partes com jurisdição nacional. Neste caso, as opiniões consultivas deverão referir-se exclusivamente à interpretação jurídica da normativa Mercosul, mencionada no artigo 3, parágrafo 1 do presente Regulamento, sempre que se vinculem com causas que estejam em tramitação no Poder Judiciário do Estado Parte solicitante.

2. O procedimento para solicitação de opiniões consultivas ao TPR previsto no presente artigo será regulamentado uma vez consultados os Tribunais Superiores de Justiça dos Estados Partes.

Artigo 5. Apresentação da solicitação de opiniões consultivas

Em todos os casos, a solicitação de opiniões consultivas apresentar-se-á por escrito, formulando-se em termos precisos a questão a respeito da qual se realiza a consulta e as razões que a motivam, indicando as normas Mercosul vinculadas à petição. Da mesma forma, deverá se fazer acompanhar, se for o caso, de toda a documentação que possa contribuir para sua apreciação.[206]

Opiniões consultivas objetivam, assim, uniformizar a interpretação do direito do Mercosul no interior de todos os Estados-partes do bloco, além de aproximar os juízes nacionais da realidade do mercado comum e de garantir, através do relacionamento entre governos, juízes internos,

---

[206] Disponível em: <www.mercosur.int>. Acesso em: 4 abr. 2013.

órgãos do Mercosul e juízes mercosulinos, a efetiva aplicação das normas provenientes desta instância.

O instituto da opinião consultiva no Mercosul é regulamentado pela Decisão CMC nº 2/07, a qual estabelece, entre outros, que:[207]

> Art. 1. O procedimento de solicitação de opiniões consultivas formuladas pelos Tribunais Superiores de Justiça dos Estados Partes obedecerá às regras estabelecidas neste Regulamento.
> Cada Tribunal Superior de Justiça dos Estados Partes, no âmbito de suas respectivas jurisdições, estabelecerá as regras internas de procedimento para a solicitação de opiniões consultivas a que se refere este Regulamento, verificando a adequação processual da solicitação.
> Art. 2 – Consideram-se competentes para solicitar opiniões consultivas ao TPR os seguintes tribunais dos Estados Partes:
> – pela República Argentina, Corte Suprema de Justicia de la Nación;
> – pela República Federativa do Brasil, Supremo Tribunal Federal;
> – pela República do Paraguai, Corte Suprema de Justicia; e
> – pela República Oriental do Uruguai, Suprema Corte de Justicia y Tribunal de lo Contencioso Administrativo.
> Os Estados que no futuro venham a aderir ao Tratado de Assunção e, *ipso jure*, ao Protocolo de Olivos notificarão os Estados Partes a respeito do órgão competente designado para tramitar as solicitações de opiniões consultivas ao Tribunal Permanente de Revisão. Esta designação será formalizada mediante Decisão do Conselho do Mercado Comum.
> Art. 3. Os Tribunais nacionais indicados no Artigo 2 poderão delegar a competência aqui prevista, desde que o órgão judiciário delegado também preencha a condição de Tribunal Superior com jurisdição nacional. Na hipótese de a solicitação proceder de órgão judiciário delegado, o recebimento do pedido pressupõe comunicação formal do termo de delegação à Secretaria do TPR.

---

[207] Disponível em: <www.mercosur.int>. Acesso em: 23 dez. 2011. A página do Mercosul não exibe a versão em português.

Art. 4. A solicitação de opiniões consultivas será apresentada por escrito, e, de acordo com o Artigo 5 da Decisão CMC nº 37/03, e conterá os seguintes elementos:
a) Exposição dos fatos e do objeto da solicitação;
b) Descrição das razões que motivaram a solicitação; e
c) Indicação precisa da Normativa Mercosul em causa.

A solicitação poderá estar acompanhada das considerações, se as houver, formuladas pelas partes em litígio e pelo Ministério Público acerca da questão objeto da consulta e de qualquer documentação que possa contribuir para sua instrução. O TPR poderá também solicitar ao Tribunal nacional solicitante, a que se refere o Artigo 2 deste Regulamento, por intermédio da ST, os esclarecimentos e/ou documentação que entenda necessários ao exercício de sua competência, de acordo com o Artigo 8 da Decisão CMC nº 37/03.

As opiniões consultivas solicitadas referir-se-ão exclusivamente à interpretação jurídica do Tratado de Assunção, do Protocolo de Ouro Preto, dos protocolos e acordos celebrados no âmbito do Tratado de Assunção, das Decisões do CMC, das Resoluções do GMC e das Diretrizes da CCM.

As opiniões consultivas solicitadas deverão estar necessariamente vinculadas a causas em trâmite no Poder Judiciário ou a instâncias jurisdicionais contencioso-administrativas do Estado Parte solicitante.

Art. 5. Os Tribunais Superiores de Justiça dos Estados Partes encaminharão as solicitações de opiniões consultivas ao TPR, por intermédio de sua Secretaria (ST), com cópia paraa Secretaria do Mercosul, para os fins do Artigo 11 do presente Regulamento, e para os demais Tribunais Superiores indicados pelos Estados Partes.

7.5 A Opinião Consultiva nº 1/2007 perante o Tribunal Permanente de Revisão do Mercosul

O caso que originou a primeira opinião consultiva emitida pelo Tribunal Permanente de Revisão partiu de um litígio, que corria num tribunal cível de Assunção, entre uma empresa paraguaia (Norte S.A. Imp. Exp.)

e uma empresa argentina (Laboratórios Northia Sociedade Anônima, Comercial, Industrial, Financeira, Imobiliária e Agropecuária), em que a primeira demandava da segunda indenização de danos e prejuízos, além de lucro cessante.

A sociedade argentina defendeu-se alegando a incompetência do foro paraguaio, pois o Protocolo de Buenos Aires sobre Jurisdição Internacional em Matéria Contratual[208] dispõe, no §1º de seu art. 4º:

> 1. Nos conflitos que decorram dos contratos internacionais em matéria civil ou comercial serão competentes os tribunais do Estado-Parte em cuja jurisdição os contratantes tenham acordado submeter-se por escrito, sempre que tal ajuste não tenha sido obtido de forma abusiva.

Ora, as duas empresas litigavam devido a uma relação mútua que haviam estabelecido por meio de um contrato. Este mencionava expressamente a competência do juízo da Cidade Autônoma de Buenos Aires para quaisquer desavenças que surgissem do cumprimento daquele instrumento. Portanto, segundo o Protocolo de Buenos Aires, a causa somente poderia ser julgada perante o mencionado tribunal argentino.

Já a sociedade paraguaia baseava-se na Lei nº 194/93 do Paraguai, a qual estabelecia o regime legal das relações contratuais entre fabricantes e empresas estrangeiras e pessoas físicas ou jurídicas domiciliadas no Paraguai. A referida lei, em seus arts. 7º, 9º e 10, comandava:[209]

> Artículo 7º. Las causales mencionadas en el articulo precedente deberán acreditarse ante los Juzgados y Tribunales de la República o en arbitraje si esto fuere convenido. En caso contrario, se presumirá que la cancelación, revocación, modificación o negativa de prórroga es injustificada.

---

[208] Disponível em: <www2.mre.gov.br/dai/matcontratual.htm>. Acesso em: 23 dez. 2011.
[209] Disponível em: <www.cip.org.py/descargas/ley194-1993-leyrepresentaciones.pdf>. Acesso em: 23 dez. 2011.

Artículo 9º. Las partes pueden reglar libremente sus derechos mediante contratos, sujetos a las disposiciones del Código Civil, pero sin que en forma alguna puedan renunciar a derechos reconocidos por la presente Ley.
Artículo 10. Las partes se someterán a la competencia territorial de los Tribunales de la República. Podrán transigir toda cuestión de origen patrimonial o someterla al arbitraje antes o después de deducida la demanda en juicio ante la justicia ordinaria, cualquiera sea el estado de ésta, siempre que no hubiese recaído sentencia definitiva y ejecutoriada.

Ou seja, segundo a lei do país guarani, a causa deveria ser julgada perante seus próprios tribunais, vez que a norma não menciona a eleição de foro como motivo determinante para atribuição de competência.

Além disto, a empresa paraguaia entendia que o contrato em questão, base da controvérsia, referia-se a uma relação de consumo, sendo portanto aplicável não o Protocolo de Buenos Aires, mas sim o Protocolo de Santa Maria sobre Relações de Consumo. Logo, entendendo a si mesma como consumidora, a Norte S.A. justificava a aplicação do texto dos arts. 4º e 5º do Protocolo de Santa Maria, que estão transcritos a seguir:[210]

Art. 4º. Regra Geral
Terão jurisdição internacional nas demandas ajuizadas pelo consumidor, que versem sobre relações de consumo, os juízes ou tribunais do Estado em cujo território esteja domiciliado o consumidor.
O fornecedor de bens ou serviços poderá demandar contra o consumidor perante o juiz ou tribunal do domicílio deste.
Art. 5º. Soluções alternativas
Também terá jurisdição internacional, excepcionalmente e por vontade exclusiva do consumidor, manifestada expressamente no momento de ajuizar a demanda, o Estado:
a) de celebração do contrato;
b) de cumprimento da prestação de serviço ou da entrega dos bens;
c) de domicílio do demandado.

---

[210] Disponível em: <www.mre.gov.py/dependencias/tratados/mercosur/>. Acesso em: 23 dez. 2011.

A instituição de uma ordem jurídica no Mercosul

Na resolução do caso, os juízes se depararam com o seguinte problema: dever-se-ia aplicar ao caso a lei interna paraguaia (mantendo o litígio sob a jurisdição deste país) ou a norma do Mercosul (declarando a competência da justiça argentina)?

Perguntas

5. O Protocolo de Santa Maria ainda não foi internalizado por nenhum dos Estados-partes do Mercosul. Ele pode, não obstante, ser invocado no caso presente?
6. Como saber se o Protocolo de Buenos Aires sobre Jurisdição Internacional em Matéria Contratual está em vigor para os Estados-partes do Mercosul?

Para as próximas duas perguntas, leia os seguintes artigos da Constituição Política da República do Paraguai, de 1992:[211]

> Art. 137. La ley suprema de la República es la Constitución. Esta, los tratados, convenios y acuerdos internacionales aprobados y ratificados, las leyes dictadas por el Congreso y otras disposiciones jurídicas de inferior jerarquía, sancionadas en consecuencia, integran el derecho positivo nacional en el orden de prelación enunciado.
> Art. 141. Los tratados internacionales validamente celebrados, aprobados por ley del Congreso, y cuyos instrumentos de ratificación fueran canjeados o depositados, forman parte del ordenamiento legal interno con la jerarquía que determina el Artículo 137.

7. De acordo com a Constituição paraguaia, caso o Protocolo de Buenos Aires esteja em vigor, ele prevalecerá sobre a Lei nº 194/93 do Paraguai?

---

[211] Disponível em: <pdba.georgetown.edu/Constitutions/paraguay/para1992.html>. Acesso em: 23 dez. 2011.

8. A situação se alteraria caso os arts. 137 e 141 não fizessem parte da Constituição do Paraguai? Seria possível resolver a controvérsia recorrendo aos critérios comuns de solução de conflito de normas?

7.6 As opiniões consultivas nos 1/2008[212] e 1/2009[213] perante o Tribunal Permanente de Revisão do Mercosul

O art. 1º do Tratado de Assunção preceitua:

ARTIGO 1
Os Estados Partes decidem constituir um Mercado Comum, que deverá estar estabelecido a 31 de dezembro de 1994, e que se denominará "Mercado Comum do Sul" (Mercosul).
Este Mercado comum implica:
A livre circulação de bens, serviços e fatores produtivos entre os países, através, entre outros, da eliminação dos direitos alfandegários e restrições não tarifárias à circulação de mercadorias e de qualquer outra medida de efeito equivalente;
O estabelecimento de uma tarifa externa comum e a adoção de uma política comercial comum e relação a terceiros Estados ou agrupamentos de Estados e a coordenação de posições em foros econômico-comerciais regionais e internacionais;
A coordenação de políticas macroeconômicas e setoriais entre os Estados Partes – de comércio exterior, agrícola, industrial, fiscal, monetária, cambial e de capitais, de outras que se acordem –, a fim de assegurar condições adequadas de concorrência entre os Estados Partes, e

---

[212] TPR. Opinião Consultiva. Juízo de Primeira Instância da 2ª Vara Cível. Autos do Processo: Frigorífico Centenario S.A. c/ Ministerio de Economía y Finanzas y otros. Cobrança de pesos.
[213] TPR. Opinião Consultiva do Tribunal Permanente de Revisão constituído com competência para decidir a respeito da petição encaminhada pela Suprema Corte de Justiça da República Oriental do Uruguai a respeito dos autos do processo do Juizado de Direito no Cível da 1ª Vara IUE 2-32247/07:"Sucesión Carlos Schnek y otros c/Ministerio de Economía y Finanzas y otros. Cobro de pesos".

O compromisso dos Estados Partes de harmonizar suas legislações, nas áreas pertinentes, para lograr o fortalecimento do processo de integração.

O anexo I ao Tratado de Assunção dispõe:
ARTIGO PRIMEIRO
Os Estados Partes acordam eliminar, o mais tardar a 31 de dezembro de 1994, os gravames e demais restrições aplicadas ao seu comércio recíproco. No que se refere à Listas de Exceções apresentadas pela República do Paraguai e pela República Oriental do Uruguai, o prazo para sua eliminação se estenderá até 31 de dezembro de1995, nos termos do Artigo Sétimo do presente Anexo.
ARTIGO SEGUNDO
Para efeito do disposto no Artigo anterior, se entenderá:
a. por "gravames", os direitos aduaneiros e quaisquer outras medidas de efeito equivalente, sejam de caráter fiscal, monetário, cambial ou de qualquer natureza, que incidam sobre o comércio exterior. Não estão compreendidas neste conceito taxas e medidas análogas quando respondam ao custo aproximado dos serviços prestados.
b. por "restrições", qualquer medida de caráter administrativo, financeiro, cambial ou de qualquer natureza, mediante a qual um Estado Parte impeça ou dificulte, por decisão unilateral, o comércio recíproco. Não estão compreendidas no mencionado conceito as medidas adotadas em virtude das situações previstas no Artigo 50 do Tratado de Montevidéu de 1980.[214]

Por sua vez, a Decisão CMC nº 22/00 dispõe:

Art. 1. Os Estados Partes não adotarão nenhuma medida restritiva ao comércio recíproco, qualquer seja sua natureza, sem prejuízo do previsto no art. 2 b) do Anexo I do Tratado de Assunção.[215]

---

[214] Disponível em: <www.mercosur.int>. Acesso em: 4 abr. 2013.
[215] Ibid.

Em 23 de fevereiro de 2001, foi aprovada no Uruguai a Lei nº 17.296, referente ao orçamento nacional, a qual, em seu art. 585, dispõe que:

> Artículo 585. Reimplántese la tasa consular derogada por el artículo 473 de la Lei nº 16.226, de 29 de octubre de 1991.
> El Poder Ejecutivo queda facultado para establecer la fecha a partir de la que será exigible fijar su monto y las exoneraciones.[216]

Três empresas uruguaias demandaram o Estado em virtude do que entenderam ser a desconformidade da taxa consular, instituída pelo mencionado artigo, com as normas supracitadas do direito mercosulino. A Suprema Corte de Justiça do Uruguai encaminhou, em consequência, uma solicitação de opinião consultiva ao Tribunal Permanente de Revisão do Mercosul, contendo as seguintes perguntas (transcritas tal qual se encontram na tradução oficial disponível na página do Mercosul na internet):

> a) "Se as normas Mercosul citadas, primam sobre a norma de direito interno de um Estado Parte, especificamente sobre o art. 585 da Lei nº 17.296, ditada pelo Poder Legislativo da República Oriental do Uruguai (que implantou novamente o tributo 'taxa consular'), sejam de uma data anterior o posterior à normativa MERCOSUL citada, e no caso afirmativo, especificar qual seria a normativa (Mercosul ou doméstica) que teria que aplicar o Juiz Nacional ao caso concreto;
> b) se os arts. do Tratado de Assunção 1º y 2º, inciso a) do seu Anexo I, permitem aos Estados Partes adotar uma norma nacional – como a lei nº 17.296, art. 585 – a que implantou novamente o tributo denominado 'taxa consular'".[217]

---

[216] Disponível em: <www.parlamento.gub.uy/leyes/AccesoTextoLey.asp?Ley=17296&Anchor=>. Acesso em: 4 abr. 2013.
[217] Opinião Consultiva nº 1/2008, parágrafo 10. Disponível em: <www.tprmercosur.org/pt/docum/opin/OpinCon_01_2008_pt.pdf>. Acesso em: 7 dez. 2012.

A instituição de uma ordem jurídica no Mercosul

Em sua resposta, o Tribunal iniciou recordando a primazia de que o direito do Mercosul deverá gozar frente aos direitos internos:[218]

> 31. O termo "primazia" não é exclusivo do direito comunitário produto da evolução de processos de integração como é aquele da União Europeia – por falar do processo de integração mais aprimorado. É próprio de toda análise em que esteja em jogo a prevalência de una norma sobre outra ou sua hierarquia para a interpretação e aplicação do direto. Por tal razão, com base naqueles princípios, tem-se reconhecido a primazia ou hierarquia superior da normativa Mercosul desde sua incorporação o internalização da norma dentro do mesmo âmbito de competência. [...]
> 34. De modo geral, o Tribunal afirma a primazia da normativa do Mercosul desde a sua ratificação, incorporação ou internalização, conforme o caso, respeitando toda a disposição interna dos Estados Parte que os seja contraposta sobre matérias da competência legislativa do Mercosul.

Posteriormente, porém, o Tribunal adota uma postura mais cautelosa, ao referir-se aos efeitos práticos da afirmada primazia:

> 48. Em este contexto, é importante referir-se ao manifestado no oitavo Laudo do Tribunal Arbitral Ad Hoc, que foi parte Uruguai, em quanto ao mencionado: *"Na realidade, as normas oriundas do Tratado de Assunção, assim como as normas subseqüentes do Mercosul, integram-se ao direito interno dos países membros do Mercosul segundo os procedimentos das respectivas constituições. Uma vez integradas, adquirem vigência internamente. Também produzem efeitos internacionalmente. Na primeira, são criadoras de obrigações e produzem efeitos concretos. As obrigações criadas pelo Mercosul em matéria de livre circulação têm uma dupla natureza: a primeira é negativa, – proíbe aos Estados membros introduzir quaisquer normas contrárias a esse objetivo – a segunda, por outro lado, é uma obrigação positiva – a de implantar de boa fé em sua legislação o que for*

---

[218] Todos os trechos da Opinião Consultiva foram transcritos exatamente como se encontravam na versão em português apresentada na página oficial do Mercosul na internet – apesar de a tradução ser deveras insatisfatória e repleta de erros e castelhanismos.

necessário para alcançar a integração. Na ordem interna possuem pelo menos a hierarquia da lei, e se houvesse antinomias entre as leis e as normas do Tratado, entrariam em ação os Procedimentos aplicáveis em caso de conflito temporal de cada um dos direitos internos, dependendo do caso, levando em conta a existência de obrigações internacionais" [grifos no original].[219]

Ou seja, a normativa do Mercosul possui primazia teórica sobre as disposições do direito interno. Mas, ao ser incorporada ao direito interno de cada Estado-membro, deve seguir os procedimentos e ritos previstos no regime constitucional de cada país. Neste sentido, também sua categoria normativa depende da lei superior dos Estados. O trecho acima transcrito menciona somente que "possuem pelo menos a hierarquia da lei". A consequência é que as normas do Mercosul – até mesmo aquelas do Tratado de Assunção, sobre as quais discorre o supracitado oitavo Laudo Arbitral – poderão, em alguns países, ter *status* de mera lei ordinária, sem sobrepor-se às demais leis.

Prosseguindo na análise do caso, o Tribunal também toma muito cuidado em delimitar claramente seu espaço de atuação. Em primeiro lugar, isto é feito recusando-se a determinar qual norma o juiz uruguaio deverá aplicar.

38. Voltando ao expressado no numeral 53 da demanda, na parte que especifica o requerimento da OC [Opinião Consultiva] ao TPR, indica-se *"e em caso afirmativo especifique qual seria a normativa (Mercosul ou doméstica) que teria que aplicar o Juiz nacional ao caso concreto".* Forçoso é antecipar que não corresponde indicar ao juiz a normativa que deve de aplicar, porque é a este que compete decidir essa matéria no marco do ordenamento jurídico uruguaio, viabilizar o procedimento e resolver em definitiva "não aplicar" a norma interna se resultasse que, conforme afirma a demanda, ela é violadora da normativa Mercosul invocada [grifos no original].[220]

---

[219] Disponível em: <www.tprmercosur.org/pt/docum/opin/OpinCon_01_2008_pt.pdf>. Acesso em: 7 dez. 2012.
[220] Ibid.

O Tribunal enxerga como sua missão responder a uma dúvida, e não indicar qual norma o juiz nacional deve fazer incidir ao caso. Cabe ao magistrado uruguaio tirar as próprias conclusões a partir das afirmações do Tribunal, que se limitarão a declarar a compatibilidade ou incompatibilidade da lei uruguaia em questão com as normas do Mercosul.

> 40. [...] No entanto, é claro que o limite do marco da OC está representado por não substituir o órgão julgador, quem, em definitiva, vai corresponder decidir.[221]

Acerca do objeto da solicitação de opinião consultiva, o Tribunal chega ao cerne da questão afirmando que:

> 46. Em geral, a compatibilidade ou não da normativa interna com uma norma do Mercosul surge como consequência da obrigatoriedade assumida pelos Estados Parte de eliminar os obstáculos à livre circulação de bens originários da região integrada e os compromissos de adotar as medidas correspondentes (artigo 38 POP, em concordância com o artigo 2 POP). Obstáculos que assumem duas modalidades: restrições "tarifárias", e restrições "não tarifárias" que podem limitar ou obstaculizar o comércio intra-zona.[222]

No entanto, a análise do artigo uruguaio denunciado como incompatível com a normativa da integração não pode ser efetuada pelos juízes do Tribunal, pois:

> 44. Um assunto que neste caso também aparece fora do alcance que possa ter esta OC, é a qualificação – taxa ou imposto – conforme o direito interno e a prova dos fatos que determinam sua aplicação definitivamente terão de ser objeto de um pronunciamento pelo órgão judicial uruguaio. O requerimento se produz sem que no curso do processo houvesse qualificado a

---
[221] Ibid.
[222] Ibid.

natureza da medida, o que teria permitido um exame de compatibilidade por parte de este tribunal.[223]

Referindo-se ao art. 2º, do Anexo I do Tratado de Assunção (acima transcrito), o Tribunal lembra que:

> 52. O mesmo artigo refere-se ao mencionar que *"No quedan comprendidos en dicho concepto las medidas adoptadas en virtud de las situaciones previstas en el artículo 50 del Tratado de Montevideo 1980"*. O Tratado de Montevidéo no citado artigo sinaliza as exceções. O artigo 51 do Tratado de Montevidéo de 1980 faz referência a: *"Los productos importados o exportados por un país miembro gozarán de libertad de tránsito dentro del territorio de los demás países miembros y estarán sujetos exclusivamente al pago de las tasas normalmente aplicables a las prestaciones de servicios"* (documento original em espanhol).
> 53. Visto assim, e no contexto que se desenvolve a demanda, seria necessária que dentro do desabrochar do processo perante o órgão jurisdicional nacional, fosse efetuada o esclarecimento sobre se é uma taxa ou um imposto, com base no ordenamento jurídico interno, para que posteriormente o TPR possa se pronunciar sobre se o ato normativo interno corretamente qualificado, contrapõe-se ou resulta ser incompatível com o ordenamento jurídico do Mercosul [grifos no original].[224]

Portanto, uma vez que a jurisdição uruguaia não determinou a exata natureza da "taxa consular", deixando de esclarecer se esta constituiria uma taxa "normalmente aplicável às prestações de serviços" ou um verdadeiro imposto, o Tribunal não se viu em condições de afirmar a compatibilidade ou incompatibilidade do art. 585 da Lei nº 17.296 com o direito mercosulino.

Desta forma, a parte conclusiva da opinião consultiva possui, em resumo, o seguinte teor:

---

[223] Ibid.
[224] Ibid.

1. Que o Tribunal Permanente de Revisão é competente para entender sobre presente pedido de Opinião Consultiva.
2. Que de modo geral, o Tribunal afirma a primazia da normativa do Mercosul ratificada, incorporada e internalizada, conforme o caso, pelos Estados Parte, sobre toda disposição interna que no marco de sua competência normativa lhe seja contraposta.
3. Que as normas originárias do Mercosul, uma vez ratificadas e incorporadas às legislações nacionais conforme aos mecanismos internos de cada Estado Parte, tem validez internacional e geram direitos e obrigações.
4. Que, as normas derivadas do Mercosul, uma vez incorporadas aos ordenamentos jurídicos dos Estados Partes e completado o procedimento estabelecido pelos artigos 38 ao 42 do Protocolo de Ouro Preto, adquirem obrigatoriedade dentro do ordenamento jurídico do Estado Parte e validez internacional com o alcance que emana do Tratado de Assunção, do Protocolo de Ouro Preto, dos artigos 26 e 27 da Convenção de Viena sobre Direito dos Tratados e do costume internacional.
5. Que, nas opiniões consultivas, o Tribunal pode entender, com o alcance e limitações de sua competência, sobre a compatibilidade de uma norma nacional com o direito do Mercosul, ainda que não lhe corresponda expedir-se sobre sua constitucionalidade, aplicabilidade ou nulidade, assunto exclusivo de jurisdição nacional.
6. Que no caso *sub examine*, conforme o expressado, só será possível estabelecer se o artigo 585 da Lei nº17.926 questionada na demanda é ou não compatível com a normativa do direito do Mercosul, uma vez que seja estabelecida a qualificação pela autoridade competente sobre sua natureza – taxa ou imposto –, para que o Tribunal possa se pronunciar sobre a qualificação de se a norma referida excede o marco jurídico harmonizado ou de restrições ou gravames ao comércio intra-zona, justificados ou que fossem exceção e que os Estados Parte possam adotar no processo de integração.
7. Que para uma adequada atuação do Tribunal, seria conveniente que a petição de opiniões consultivas seja formulada numa etapa processual na que se houvesse estabelecido a qualificação – taxa ou imposto –, conforme

ao direito interno aplicável, necessária para verificar a compatibilidade com a normativa Mercosul.[225]

Pergunta

9. Caso o Tribunal Permanente de Revisão do Mercosul houvesse concluído pela incompatibilidade da lei uruguaia de 2001 com as normas do Mercosul alegadas pelos autores da ação original (Tratado de Assunção de 1991, Protocolo de Ouro Preto de 1994, decisões CMC 7/94, 22/94 e 22/00), qual norma deveria o juiz uruguaio aplicar?

Já a Opinião Consultiva nº 1/09 tratava sobre o mesmo assunto, tendo sido levada ao Tribunal Permanente de Revisão antes que este proferisse seu parecer sobre o caso anterior. Desta forma, a resposta dos juízes à Suprema Corte de Justiça do Uruguai foi igual à já discutida na Opinião Consultiva nº 1/08.

7.7 Questões para fixação e aprofundamento

1. Faça um quadro comparativo do direito institucional do Mercosul e da União Europeia.
2. Qual é a natureza jurídica do direito do Mercosul? O direito do Mercosul pode ser considerado direito comunitário?
3. No que consiste o procedimento de opinião consultiva previsto pelo Protocolo de Olivos?
4. Quais foram os fatos que deram origem à primeira opinião consultiva?
5. Qual foi a questão submetida ao Tribunal Permanente de Revisão do Mercosul?
6. Qual foi a opinião do Tribunal Permanente de Revisão?

---

[225] Ibid.

7. Quais as consequências da opinião dada pelo Tribunal Permanente de Revisão?
8. Na opinião de Alejandro Perotti, o direito do Mercosul possui primazia sobre o ordenamento interno como no caso do direito da União Europeia? Por quê?
9. Como conferir primazia ao direito do Mercosul sobre o direito interno dos Estados-partes?

Capítulo 8
Os princípios aplicáveis à incorporação do direito do Mercosul na ordem jurídica interna

8.1 A controvérsia entre Brasil e Argentina sobre aplicação de salvaguardas a produtos têxteis importados e seu laudo arbitral do Mercosul (Laudo nº 3)[226]

Em 16 de julho de 1999, o *Diário Oficial* do governo argentino publicou a Resolução nº 861/99, do Ministério de Economia, Obras e Serviços Públicos daquele país. Tal resolução estabelecia um limite anual às importações de produtos têxteis provenientes do Brasil, objetivando resguardar a produção argentina. O Brasil levou a questão ao sistema de solução de controvérsias do Mercosul, argumentando que a norma do país vizinho violava o direito da integração, em especial os seguintes dispositivos:

---

[226] Tribunal Arbitral *ad hoc* do Mercosul, 10-3-2000. Laudo do Tribunal Arbitral *ad hoc* do Mercosul constituído para decidir sobre a "aplicação de medidas de salvaguarda sobre produtos têxteis (Res. 861/99) do Ministério de Economia e Obras e Serviços Públicos". Laudo nº 3. Disponível em: <www.tprmercosur.org/pt>. Acesso em: 30 jun. 2012.

Tratado de Assunção, Anexo I[227]
ARTIGO PRIMEIRO
Os Estados Partes acordam eliminar, o mais tardar a 31 de dezembro de 1994, os gravames e demais restrições aplicadas ao seu comércio recíproco. No que se refere à Listas de Exceções apresentadas pela República do Paraguai e pela República Oriental do Uruguai, o prazo para sua eliminação se estenderá até 31 de dezembro de 1995, nos termos do Artigo Sétimo do presente Anexo.

Tratado de Assunção, Anexo IV[228]
ARTIGO 1
Cada Estado Parte poderá aplicar, até em 31 de dezembro de 1994, cláusulas de salvaguarda à importação dos produtos que se beneficiem do Programa de Liberação Comercial estabelecido no âmbito do Tratado.
Os Estados Partes acordam que somente deverão recorrer ao presente Regime em casos excepcionais.

ARTIGO 5
As cláusulas de salvaguarda terão um ano de duração e poderão ser prorrogadas por um novo período anual e consecutivo, aplicando-se-lhes os termos e condições estabelecidas no presente Anexo. Estas medidas apenas poderão ser adotadas uma vez para cada produto.
Em nenhum caso a aplicação de cláusulas de salvaguarda poderá estender-se além de em 31 de dezembro de 1994.

Decisão CMC 5/94[229]
Art. 1. Os Estados Partes poderão apresentar uma lista reduzida de produtos que requeiram, com pleno efeito a partir de 1º de janeiro de 1995, um mecanismo de tratamento tarifário para o comércio intra-Mercosul que será denominado "Regime de Adequação Final à União Aduaneira".

---

[227] Dispopnível em: <www.mercosul.gov.br/tratados-e-protocolos/tratado-de-assuncao-1>. Acesso em: 29 dez. 2012.
[228] Ibid.
[229] Esta e as demais decisões, resoluções e diretrizes do CMC estão disponíveis em: <www.mercosur.int/t_generic.jsp?contentid=5011&site=1&channel=secretaria&seccion=4>. Acesso em: 28 dez. 2012.

Art. 2. Somente poderão ser incluídos na lista indicada no Art. 1º, os produtos que atualmente constam das Listas de Exceções Nacionais ao ACE 18, ou que tenham sido objeto de uma medida de salvaguarda aplicada e/ou comunicada ao país exportador até a data da presente Decisão, no âmbito do Regime de Salvaguardas do Anexo IV do Tratado de Assunção.

Art. 3. O Regime de Adequação Final à União Aduaneira consistirá no seguinte:

a) os produtos compreendidos nas Listas de Exceções poderão gozar de um prazo final de desgravação, linear e automática, partindo das respectivas tarifas nominais totais vigentes nesta data (1). Tal prazo terá uma duração de quatro anos para a Argentina e para o Brasil, e de cinco anos para o Paraguai e Uruguai, contados a partir de 1º de janeiro de 1995;

b) os produtos sujeitos ao Regime de Salvaguardas do Tratado de Assunção poderão gozar também de um prazo final de desgravação, linear e automática, partindo das respectivas tarifas nominais totais vigentes nesta data (2), mantendo-se o nível atual de acesso do livre comércio. Tal prazo terá uma duração de quatro anos, contados a partir de 1º de janeiro de 1995 para todos os Estados Partes.

Art. 4. Os Estados Partes farão o intercâmbio, antes de 31 de outubro de 1994, das listas de produtos que poderão ser objeto do presente Regime, com suas respectivas propostas de desgravação linear e automática. Tais listas serão protocolizadas na ALADI antes de 31 de dezembro de 1994 como Protocolo Adicional ao ACE 18, mediante a consideração e aprovação prévias do GMC.

Art. 5. Em relação ao Regime de Adequação objeto da presente Decisão, os Estados Partes poderão conceder-se mutuamente preferências iniciais.

Resolução GMC 48/94[230]
O GRUPO MERCADO COMUM
RESOLVE:

---

[230] Disponível em: <www.mercosur.int/msweb/Normas/normas_web/Resoluciones/PT/9448.pdf>. Acesso em: 28 dez. 2012.

Artigo 1. O número de produtos que estarão sujeitos ao Regime de Adequação Final à União Aduaneira será inferior ao universo de produtos passíveis de inclusão nesse Regime, definido no Artigo 2º da Decisão nº 5/94.

Artigo 2. Em nenhum caso a tarifa cobrada no comércio intra-Mercosul em virtude do Regime de Adequação poderá ser superior à tarifa cobrada de terceiros países para um mesmo item tarifário.

Artigo 3. Em nenhum caso a aplicação do Regime de Adequação poderá resultar em níveis de acesso inferiores aos vigentes na data da aprovação da Decisão nº 5/94 (5 de agosto de 1994).

Artigo 4. A tarifa cobrada em virtude do Regime de Adequação no comércio intra-Mercosul se reduzirá de forma linear e automática, mediante saltos anuais iguais, a partir da tarifa resultante da aplicação da preferência inicial à tarifa nominal total vigente em 5 de agosto de 1994 (Decisão nº 5/94, Artigo 3º), até atingir a tarifa zero em 1º de janeiro de 1999 (Argentina e Brasil) e em 1º de janeiro de 2000 (Paraguai e Uruguai). Para os produtos incluídos no Regime de Adequação por Argentina e Brasil, a aplicação da preferência inicial se dará a partir de 1º de janeiro de 1995, e para os produtos incluídos por Paraguai e Uruguai, a partir de 1º de janeiro de 1996. O processo de desgravação seguirá, portanto, o seguinte cronograma:

	Argentina e Brasil	Paraguai e Uruguai
1º de janeiro de 1995	Preferência inicial	–
1º de janeiro de 1996	25%	Preferência inicial
1º de janeiro de 1997	50%	25%
1º de janeiro de 1998	75%	50%
1º de janeiro de 1999	100%	75%
1º de janeiro de 2000	–	100%

(As porcentagens constantes do cronograma acima serão calculadas sobre a tarifa resultante da aplicação da preferência inicial.)

Artigo 5. Até 31 de outubro de 1994, cada Estado Parte comunicará oficialmente aos demais a lista de produtos que integrarão o Regime de Adequação, bem como a margem de preferência regional inicial que aplicará a partir de 1º de janeiro de 1995 (Argentina e Brasil) e a partir de 1º de janeiro de 1996 (Paraguai e Uruguai) aos produtos sujeitos ao Regime de Adequação.

Artigo 6. As posições tarifárias incluídas no Regime de Adequação não serão computadas dentro dos limites máximos de exceções à Tarifa Externa Comum definido no Artigo 4 da Decisão nº 7/94. Para essas posições, a convergência com a Tarifa Externa Comum se dará em 1º de janeiro de 1999, no caso da Argentina e do Brasil, e em 1º de janeiro de 2000, no caso do Paraguai e do Uruguai.

Artigo 7. A Comissão de Comércio do Mercosul será o órgão responsável pelo acompanhamento da implementação do Regime de Adequação.

Como se vê, a argumentação do Brasil corria no sentido de que, a partir de 1º de janeiro de 1995, não mais se poderiam estabelecer salvaguardas no comércio entre os parceiros do Mercosul. A única exceção seria o conjunto de bens arrolados nas listas de exceções de cada país. Ainda assim, no caso destes, tratar-se-ia de um prazo maior para "desgravação" – isto é, seriam produtos já protegidos por salvaguardas previamente existentes, que permaneceriam por mais algum tempo – quatro anos no máximo – gozando de tal defesa, que deveria diminuir progressivamente. A ação da Argentina, entretanto, teria contrariado todo este regime, ao estabelecer, em 1999, uma nova salvaguarda em relação a produtos têxteis que anteriormente não eram objeto de atenção comercial especial pelas autoridades daquele Estado.

Já a Argentina, em sua resposta, defendeu-se invocando a "teoria do vazio legislativo", ou seja, afirmando que o comércio de tecidos não fora regulado por normativas do Mercosul, estando cada país-membro, portanto, livre para aplicar as normas e políticas que melhor entendesse. Na verdade, segundo a argumentação do país platino, seriam aplicáveis ao caso os artigos do Acordo sobre Têxteis e Vestuário alcançado no seio do Gatt/OMC, em 1995, durante a chamada "Rodada Uruguai". Estes permitiriam a aplicação de salvaguardas por um Estado a outro. Ademais, a parte reclamada alegou que a adoção da resolução impugnada estaria embasada no Regulamento Comum de Salvaguardas do Mercosul (Decisão CMC nº 17/96). As normas citadas pela Argentina são:

Decisão CMC 7/94
Art. 4. A Argentina, o Brasil e o Uruguai poderão manter até 1º de janeiro de 2001 um número máximo de 300 itens tarifários da Nomenclatura Comum do Mercosul como exceções à TEC, estando excluídas desse número aquelas correspondentes a Bens de Capital, Informática e Telecomunicações. O Paraguai poderá estabelecer até 399 exceções, estando excluídas desse número aquelas correspondentes a Bens de Capital, Informática e Telecomunicações, as quais terão um regime de origem de 50% de integração regional até o ano 2001, sendo que a partir dessa data e até o ano 2006 será aplicado o regime geral de origem Mercosul. Caso seja detectado um incremento repentino das exportações desses produtos que implique dano ou ameaça de dano grave, o país afetado poderá adotar até o ano 2001 salvaguardas devidamente justificadas.

Decisão CMC 8/94
Art. 3. Poderão ser aplicadas salvaguardas sob o regime jurídico do GATT quando as importações provenientes de zonas francas comerciais, zonas francas industriais, zonas de processamento de exportações e de áreas aduaneiras especiais, impliquem um aumento imprevisto de importações que cause dano ou ameaça de dano para o país importador.

Acordo sobre Têxteis e Vestuário
Artigo 6
1. Os Membros reconhecem que, durante o período de transição, poderá ser necessário aplicar um mecanismo de salvaguarda específico de transição (doravante denominado "salvaguarda transitória"). Qualquer Membro poderá aplicar a salvaguarda transitória a qualquer dos produtos relacionados no Anexo, com exceção dos produtos integrados ao GATT 1994 em virtude do disposto no Artigo 2. Os Membros que não mantêm restrições no sentido do Artigo 2 deverão notificar ao OST, no prazo de 60 dias a partir da entrada em vigor do Acordo Constitutivo da OMC, de seu desejo de reter ou não o direito de invocar o presente Artigo. Os Membros que não participaram dos Protocolos de extensão do AMF desde 1986 deverão proceder à referida notificação no prazo de seis meses a partir da entrada em vigor do Acordo Constitutivo da OMC. A salvaguarda transitória deverá ser aplicada com

a maior moderação possível, de maneira compatível com as disposições do presente Artigo e com a efetiva implementação do processo de integração previsto no presente Acordo.

2. Medidas de salvaguarda poderão ser adotadas ao amparo do presente Artigo quando, com base em determinação de um Membro, se demonstre que as importações de determinado produto em seu território aumentaram em quantidade tal que causam ou ameaçam realmente causar prejuízo grave ao setor da produção nacional que fabrica produtos similares e/ou que com eles competem diretamente. Deve-se demonstrar que o prejuízo grave ou a ameaça real de prejuízo grave são causadas pelo referido aumento no total das importações de tal produto e não por outros fatores tais como inovações tecnológicas ou mudanças nas preferências dos consumidores.

Decisão CMC 17/96 (Regulamento Comum de Salvaguardas do Mercosul)

Art. 81º. Nos casos de produtos agrícolas e produtos têxteis, aplicar-se-ão, no que couber, as disposições do Acordo sobre Agricultura e do Acordo sobre Texteis e Vestuário, da OMC.

Além das regras acima transcritas, a Argentina reportou-se também às normas alegadas pelo Brasil. Segundo a argumentação da reclamada, todas as regras do Mercosul sobre comércio de tecidos que estabeleciam prazo para a imposição de salvaguardas continham prazos de validade. Tais normas somente determinariam o que os Estados do Mercosul deveriam fazer até as datas constantes daqueles documentos, mas não diriam nada sobre o período futuro. Assim, para a Argentina, o regime mercosulino de salvaguardas na comercialização de tecidos expirou em 1995, pois as normas alegadas pelo Brasil ou teriam caducado ou então seriam por demais genéricas, sem abranger os detalhes do comércio de tecidos.

A Argentina exemplifica sua afirmação trazendo aos autos as Decisões 7 e 8 do CMC. Como pode ser visto dos trechos acima transcritos, tais decisões estabelecem exceções e permitem salvaguardas em certos campos. A Argentina partia daí para argumentar que a Decisão CMC nº 5/94 e a Resolução GMC nº 48/94, invocadas pelo Brasil, teriam validade somente até 1995, deixando de estabelecer o que ocorreria após tal data. Portanto, o Acordo sobre Têxteis e Vestuários seria uma norma especial e poderia ser aplicada no silêncio das normas gerais do Mercosul.

Acerca da Decisão CMC nº 17/96 (última das normas acima transcritas), o Brasil observou que esta ainda não se encontrava em vigor quando da elaboração da resolução argentina que suscitou a controvérsia (em 1999), eis que a própria Argentina, além do Uruguai, não havia internalizado tal regra.

Perguntas

1. É válida a alegação do Brasil de que uma norma do Mercosul precisa ser internalizada pelos quatro Estados-membros para vigorar?
2. É válida a alegação da Argentina no sentido de que haveria um vazio legislativo acerca do tema das salvaguardas na área têxtil?
3. Considere que, segundo deseja a Argentina, as normas alegadas pelo Brasil sejam declaradas caducas e inaplicáveis pelo Tribunal Arbitral. A que princípios os árbitros poderiam recorrer para solucionar a controvérsia?
4. É válida a alegação da Argentina no sentido de que as regras do Gatt e da OMC possuem primazia sobre o direito do Mercosul, e devem ser aplicadas quando forem claras, em especial caso este último tenha teor indeterminado? Existe uma vinculação entre o Mercosul e o sistema Gatt/OMC?

8.2 O sistema de incorporação das normas do Mercosul do Protocolo de Ouro Preto e os desenvolvimentos subsequentes

O Protocolo de Ouro Preto traz uma sistemática própria que visa assegurar a incorporação das regras do Mercosul aos ordenamentos jurídicos de cada um dos Estados-partes. Isto é necessário para que tais normas sejam realmente aplicadas nos sistemas nacionais. É preciso lembrar que o Mercosul, embora dotado de personalidade jurídica própria, não configura uma ordem supranacional. Portanto, suas normas não possuem efeito direto ou aplicabilidade imediata, ao contrário do que estudamos ser o caso na União Europeia. Nesta última, as normas comunitárias (quando o direito europeu geral não dispuser de outra maneira, como faz no caso das diretivas europeias) podem e devem ser aplicadas pelos juízes nacionais dos Estados-membros independentemente do reconhecimento pelo Estado em questão (aplicabilidade imediata). Ademais, caso as instâncias internas falhem e não apliquem tal direito europeu, o particular prejudicado pode voltar-se aos órgãos de justiça da União, pois o advento de uma norma europeia em seu benefício reveste o particular imediatamente de um direito subjetivo de ver aquela norma ser aplicada (efeito direto).

Ora, como tais características não aparecem no Mercosul, é necessário garantir, por outros mecanismos, que a normativa integracional não fique relegada como letra morta. Por isso foram pactuados os seguintes artigos do Protocolo de Ouro Preto:

Capítulo III
Sistema de Tomada de Decisões

Artigo 37
As decisões dos órgãos do Mercosul serão tomadas por consenso e com a presença de todos os Estados Partes.

Capítulo IV
Aplicação Interna das Normas Emanadas dos Órgãos do Mercosul

Artigo 38
Os Estados Partes comprometem-se a adotar todas as medidas necessárias para assegurar, em seus respectivos territórios, o cumprimento das normas emanadas dos órgãos do Mercosul previstos no artigo 2 deste Protocolo.

Parágrafo único. Os Estados Partes informarão à Secretaria Administrativa do Mercosul as medidas adotadas para esse fim.

Artigo 39
Serão publicados no Boletim Oficial do Mercosul, em sua íntegra, nos idiomas espanhol e português, o teor das Decisões do Conselho do Mercado Comum, das Resoluções do Grupo Mercado Comum, das Diretrizes da Comissão de Comércio do Mercosul e dos Laudos Arbitrais de solução de controvérsias, bem como de quaisquer atos aos quais o Conselho do Mercado Comum ou o Grupo Mercado Comum entendam necessário atribuir publicidade oficial.

Artigo 40
A fim de garantir a vigência simultânea nos Estados Partes das normas emanadas dos orgãos do Mercosul previstos no Artigo 2 deste Protocolo, deverá ser observado o seguinte procedimento:
i) Uma vez aprovada a norma, os Estados Partes adotarão as medidas necessárias para a sua incorporação ao ordenamento jurídico nacional e comunicarão as mesmas à Secretaria Administrativa do Mercosul;
ii) Quando todos os Estados Partes tiverem informado sua incorporação aos respectivos ordenamentos jurídicos internos, a Secretaria Administrativa do Mercosul comunicará o fato a cada Estado Parte;
iii) As normas entrarão em vigor simultaneamente nos Estados Partes 30 dias após a data da comunicação efetuada pela Secretaria Administrativa do Mercosul, nos termos do item anterior. Com esse objetivo, os Estados Partes, dentro do prazo acima, darão publicidade do início da vigência das referidas normas por intermédio de seus respectivos diários oficiais.

Capítulo V
Fontes Jurídicas do Mercosul

Artigo 41
As fontes jurídicas do Mercosul são:

I. O Tratado de Assunção, seus protocolos e os instrumentos adicionais ou complementares;
II. Os acordos celebrados no âmbito do Tratado de Assunção e seus protocolos;
III. As Decisões do Conselho do Mercado Comum, as Resoluções do Grupo Mercado Comum e as Diretrizes da Comissão de Comércio do Mercosul, adotadas desde a entrada em vigor do Tratado de Assunção.

Artigo 42
As normas emanadas dos órgãos do Mercosul previstos no Artigo 2 deste Protocolo terão caráter obrigatório e deverão, quando necessário, ser incorporadas aos ordenamentos jurídicos nacionais mediante os procedimentos previstos pela legislação de cada país.[231]

Perguntas

5. Segundo os artigos acima, quando uma norma do Mercosul entra em vigor?
6. Segundo Ana Cristina Paulo Pereira,

> embora nenhuma modificação tenha sido oficialmente feita ao art. 40 do POP, parece-nos impraticável uma aplicação estrita de seus termos. Nota-se que o dispositivo, além de condicionar a entrada em vigor da normativa Mercosul no plano interno de um Estado-Parte à sua incorporação na ordem jurídica de todos os demais, exige, por outro lado, uma dupla incorporação, de modo que a primeira delas teria que ter caráter suspensivo: todas essas situações seriam dificilmente aceitas pelo sistema brasileiro para publicação e vigência da norma na ordem interna.[232]

---

[231] "Artigo 2. São órgãos com capacidade decisória, de natureza intergovernamental, o Conselho do Mercado Comum, o Grupo Mercado Comum e a Comissão de Comércio do Mercosul." Disponível em: <www.mercosur.int>. Acesso em 4 abr. 2013.
[232] PEREIRA, Ana Cristina Paulo. *Direito institucional e material do Mercosul*. 2. ed. rev. e atual. Rio de Janeiro: Lumen Juris, 2005. p. 68.

Por que motivo a autora fala em "dupla incorporação"?
Algumas decisões do Conselho do Mercado Comum vieram conferir maior eficácia ao sistema de incorporação das normas mercosulinas:

Decisão CMC 23/00
Art. 1. Conforme o disposto no Protocolo de Ouro Preto, as Decisões, Resoluções e Diretrizes são obrigatórias para os Estados Partes e, quando for necessário, deverão ser incorporadas aos ordenamentos jurídicos nacionais.
Art. 2. Os Estados Partes deverão notificar à Secretaria Administrativa do Mercosul (SAM), conforme o artigo 40 (i) do Protocolo de Ouro Preto, a incorporação de normas do Mercosul aos seus ordenamentos jurídicos nacionais. A Coordenação Nacional do Grupo Mercado Comum de cada Estado Parte será responsável por realizar esta notificação, a qual deverá indicar a norma Mercosul e remeterá o texto da norma nacional que a incorpora.
Art. 3. Após a incorporação de uma norma por todos os Estados Partes, a Secretaria Administrativa do Mercosul deverá notificar o fato a cada Estado Parte, em cumprimento do artigo 40 (ii) do Protocolo de Ouro Preto. A data a partir da qual a referida norma entrará em vigência simultânea é a prevista no Art. 40 (iii) do Protocolo de Ouro Preto.
Art. 4. A SAM deverá, a partir da informação recebida das Coordenações Nacionais, elaborar um Quadro de Incorporação de Protocolos, Decisões, Resoluções e Diretrizes, que atualizará mensalmente e distribuirá aos Estados Partes nas reuniões ordinárias do Grupo Mercado Comum.
Art. 5. As normas emanadas dos órgãos do Mercosul não necessitarão de medidas internas para a sua incorporação, nos termos do artigo 42 do Protocolo de Ouro Preto, quando:
a) os Estados Partes entendam, conjuntamente, que o conteúdo da norma trata de assuntos relacionados ao funcionamento interno do Mercosul. Este entendimento será explicitado no texto da norma com a seguinte frase: "Esta norma (Diretriz, Resolução ou Decisão) não necessita ser incorporada ao ordenamento jurídico dos Estados Partes, por regulamentar aspectos da

organização ou do funcionamento do Mercosul". Estas normas entrarão em vigor a partir de sua aprovação.

"(b) existir norma nacional que contemple em termos idênticos a norma Mercosul aprovada. Neste caso a Coordenação Nacional realizará a notificação prevista no Artigo 40 (i) nos termos do Artigo 2 desta Decisão, indicando a norma nacional já existente que inclua o conteúdo da norma Mercosul em questão. Esta comunicação se realizará dentro do prazo previsto para a incorporação da norma. A SAM comunicará este fato aos demais Estados Partes."

(Texto conforme artigo 10 da Dec. CMC nº 20/02)

Art. 6. Quando os Estados Partes subscrevam instrumentos sujeitos a posterior ratificação e depósito, a vigência se regerá conforme o que cada instrumento estabeleça, observando os princípios consagrados no Direito Internacional.

Art. 7. Nos casos em que as Decisões, Resoluções e Diretrizes contenham uma data ou prazo para a sua incorporação, essas cláusulas têm caráter obrigatório para os Estados Partes e devem ser incorporadas nas datas ou prazos estabelecidos, para fins de cumprimento do procedimento de vigência simultânea determinado no Art. 40 do Protocolo de Ouro Preto.

Art. 8. O GMC incluirá como ponto de tratamento prioritário na agenda de cada uma de suas reuniões ordinárias, a análise do Quadro de Incorporação dos Protocolos, Decisões, Resoluções e Diretrizes apresentado pela SAM. Ao tratar este tema cada Delegação deverá informar sobre a situação do trâmite de incorporação daquelas disposições ainda não incorporadas a seus ordenamentos jurídicos que assim o requeiram.

Art. 9. Com relação à normativa já aprovada, ficam estabelecidas às seguintes disposições transitórias:

i) As Coordenações Nacionais deverão confirmar ou corrigir a informação disponível na SAM sobre as incorporações realizadas, mediante comunicação formal ao referido órgão antes de 30 de setembro de 2000, indicando a norma Mercosul e a norma nacional que a incorpora.

ii) Os Estados Partes deverão identificar quais foram as normas não incorporadas devido às circunstâncias previstas no Artigo 5 (a). A identificação destas normas dar-se-á em ordem cronológica decrescente e será realizada de forma quadripartite no âmbito do GMC. A SAM tomará nota dos resultados desse trabalho com vistas à atualização da informação no Quadro de Incorporação de Protocolos, Decisões, Resoluções e Diretivas.

iii) Com relação à normativa Mercosul incorporada pelos quatro Estados Partes até a data da aprovação da presente Decisão, ficam cumpridas todas as disposições do Artigo 40 do Protocolo de Ouro Preto.

Art. 10. Esta Decisão não necessita ser incorporada ao ordenamento jurídico dos Estados Partes, nos termos do Artigo 42 do Protocolo de Ouro Preto, por regulamentar aspectos da organização ou funcionamento do Mercosul.

Decisão CMC 20/02

Art. 1. Quando um projeto de norma for consensuado em algum dos órgãos do Mercosul, deverá ser submetido a consultas internas nos Estados Partes, por um período não superior a 60 (sessenta dias), com o objetivo de confirmar sua conveniência técnica e jurídica e estabelecer os procedimentos e o prazo necessários para sua incorporação aos ordenamentos jurídicos internos.

Art. 2. Concluídas as consultas internas e consensuado o texto do projeto de norma, o órgão poderá elevá-lo ao órgão decisório pertinente, indicando quais são os órgãos internos com competência na matéria regulada, os procedimentos e prazos necessários para assegurar sua incorporação.

Art. 3. Uma vez que o órgão decisório pertinente tenha consensuado o texto de um projeto de norma que necessite ser incorporada aos ordenamentos jurídicos nacionais, nos termos do artigo 42 do Protocolo de Ouro Preto, o projeto de norma permanecerá no âmbito desse órgão decisório e só poderá ser formalmente adotado como norma depois que os quatro Estados Partes comuniquem por escrito ao órgão decisório pertinente que estão em condições de proceder à incorporação da norma por meio de atos do poder executivo ou de enviá-la à aprovação parlamentar. Essa comunicação só deverá ser enviada uma vez realizados os exames internos e a análise da consistência jurídica eventualmente necessários. Os Estados Partes procurarão realizar estas análises antes da reunião seguinte do órgão decisório pertinente.

Art. 4. Os textos dos projetos de normas consensuados pelo órgão decisório pertinente não estarão sujeitos a alterações substantivas posteriores, salvo consenso em contrário.

Art. 5. Em caso excepcionais e havendo consenso, o projeto de norma poderá ser aprovado na mesma reunião do órgão decisório em que foi apresentado.

Art. 6. Havendo consenso sobre a urgência da adoção de uma norma e não se podendo esperar a próxima reunião do órgão decisório pertinente, depois que os Estados Partes tenham realizado a comunicação prevista no artigo 3º da presente Decisão, poderão autorizar seus respectivos representantes diplomáticos a rubricar, em um único Estado Parte, os projetos de normas consensuados pelo órgão decisório em questão.

Uma vez rubricado o projeto de norma pelos representantes diplomáticos de todos os Estados Partes, a norma será considerada formalmente adotada pelo órgão decisório em questão, nos termos do artigo 37 do Protocolo de Ouro Preto, e a partir desse momento começará a contar-se o prazo para a incorporação da norma adotada.

Art. 7. A fim de obter uniformidade nas incorporações a serem efetuadas por cada Estado Parte segundo o disposto no artigo 40 do Protocolo de Ouro Preto, as normas emanadas dos órgãos decisórios do Mercosul, que sejam aprovadas a partir de 30/06/2003 deverão ser incorporadas aos ordenamentos jurídicos dos Estados Partes em seu texto integral.

Art. 8. Durante o período previsto no artigo 3º da presente Decisão, os Estados Partes procurarão preparar a adoção das modificações adicionais das respectivas normas internas que se considerem necessárias, com a finalidade de adequá-las às normas Mercosul a serem aprovadas.

A eventual necessidade de efetuar essas modificações não justificará, em nenhum caso, o descumprimento dos prazos de incorporação que se estabeleçam nas normas Mercosul conforme o artigo 7º da Dec. CMC nº 23/00.

Art. 9. Quando várias normas Mercosul devam ser incorporadas ao ordenamento interno de um Estado Parte por atos de um mesmo órgão nacional, poderá proceder-se à sua incorporação por um único ato interno.

Art. 10. Modifica-se o artigo 5 (b) da Decisão CMC nº 23/00, que ficará redigido com o seguinte texto:

"5(b) – existe norma nacional que contemple em termos idênticos a norma Mercosul aprovada. Neste caso a Coordenação Nacional realizará a notificação prevista no Artigo 40 (i) nos termos do Artigo 2 desta Decisão, indicando a norma nacional já existente que inclua o conteúdo da norma Mercosul em questão. Esta comunicação se realizará dentro do prazo previsto para a incorporação da norma. A SAM comunicará este fato aos demais Estados Partes."

Esta modificação se aplicará para normas adotadas após 30/06/2003.

Art. 11. Se um Estado Parte entender que, à luz do ordenamento jurídico nacional, a aplicação da norma Mercosul em seu território não requer ato formal de incorporação, deverá notificar esse fato à Secretaria, dentro do prazo previsto para a incorporação da norma. Uma vez efetuada a notificação, a norma Mercosul considerar-se-á incorporada ao ordenamento jurídico do Estado Parte em questão para os efeitos da aplicação do artigo 40 (ii) e (iii) do Protocolo de Ouro Preto.

Art. 12. Os Estados Partes identificarão conjuntamente os casos em que uma norma, em função de sua natureza ou conteúdo, necessita ser incorporada apenas por determinados Estados Partes a seus ordenamentos jurídicos internos, nos termos do artigo 42 do Protocolo de Ouro Preto. Este entendimento será explicitado no texto da norma com a seguinte menção: "Esta (Diretriz, Resolução, Decisão) necessita ser incorporada apenas ao ordenamento jurídico interno de (Estado/s Parte/s). Esta incorporação deverá ser realizada antes de (data)".

Art. 13. As disposições do artigo 40 (i) do Protocolo de Ouro Preto consideram-se devidamente cumpridas no que se refere à normativa Mercosul já aprovada, cuja incorporação tenha sido notificada formalmente à Secretaria Administrativa do Mercosul nos termos do artigo 2 da Decisão CMC 23/00 até a data da aprovação da presente Decisão.

Art. 14. A fim de conferir maior celeridade ao processo de incorporação, os Estados Partes procurarão, de acordo com suas respectivas legislações internas, centralizar em um único órgão interno o processamento dos trâmites necessários à incorporação das normas Mercosul que possam ser incorporadas por via administrativa.

Art. 15. Nos casos de normas Mercosul que requeiram incorporação aos ordenamentos jurídicos internos via aprovação legislativa, os Estados Partes solicitarão, à luz do disposto no artigo 25 do Protocolo de Ouro Preto, a colaboração da Comissão Parlamentar Conjunta.

Art. 16. Esta Decisão não necessita ser incorporada ao ordenamento jurídico dos Estados Partes, por regulamentar aspectos da organização ou do funcionamento do Mercosul.

Decisão CMC 7/03

Art 1. Instruir o GMC para que por intermédio do SGT nº 2 "Aspectos Institucionais", com a participação dos delegados da Reunião Técnica de Incorporação, elabore uma análise sobre a aplicação direta nos ordenamentos jurídicos nacionais da normativa Mercosul que não requeira tratamento legislativo nos Estados Partes.

Art 2. O GMC deverá elevar a análise, na qual se incluirão todos os aspectos jurídicos vinculados ao tema em cada Estado Parte, à próxima Reunião do Conselho do Mercado Comum.

Art. 3. O SGT nº 2 para o desenvolvimento de seus trabalhos manterá contatos periódicos com a CPC.

Art. 4. Esta Decisão não necessita ser incorporada ao ordenamento jurídico dos Estados Partes, por regulamentar aspectos da organização ou do funcionamento do Mercosul.

Decisão CMC 22/04

Art. 1. Para efeitos de vigência e aplicação nos Estados Partes das Decisões, das Resoluções e das Diretrizes dos órgãos do Mercosul com capacidade decisória, doravante designadas Normas Mercosul, que não requeiram aprovação legislativa, adotar-se-á um procedimento que se ajustará a todos os delineamentos que constam em Anexo e formam parte da presente Decisão, de acordo com o respectivo ordenamento jurídico interno.

Os Estados Partes iniciarão ou completarão a implementação de tal procedimento, em conformidade aos seus respectivos ordenamentos jurídicos, em um prazo de noventa (90) dias.

Art. 2. A partir da data em que os Estados Partes adotarem o procedimento mencionado no artigo 1º, todas as Normas Mercosul deverão incluir a data de sua entrada em vigor.

Art. 3. As normas que regulamentem aspectos de organização ou funcionamento do Mercosul entrarão em vigor na data de sua aprovação ou quando elas o indiquem e não estarão sujeitas ao procedimento a que se refere o artigo 1º desta Decisão.

Art.4. A presente Decisão será incorporada de acordo com o previsto no parágrafo segundo do Artigo 1º.

Perguntas

7. Quais as cautelas adotadas pelo Conselho do Mercado Comum na Decisão nº 20/02 para evitar o descumprimento da normativa Mercosul?

8. Considere o seguinte princípio constitucional:

> Art. 1º A República Federativa do Brasil, formada pela união indissolúvel dos Estados e Municípios e do Distrito Federal, constitui-se em Estado Democrático de Direito e tem como fundamentos: [...]
> Parágrafo único. Todo o poder emana do povo, que o exerce por meio de representantes eleitos ou diretamente, nos termos desta Constituição.[233]

Os arts. 7º e 11 da Decisão nº 20/02 são compatíveis com o art. 1º, parágrafo único, da Constituição brasileira?

9. Analise o sistema de incorporação das normas do Mercosul pelos seguintes critérios: (a) segurança jurídica; (b) legitimidade democrática; (c) receptividade ao aumento do bloco com o ingresso de novos Estados-membros. Caso a Venezuela e o Equador venham a integrar o Mercosul, chegando-se a seis Estados-membros, o sistema de incorporação das normas deverá ser alterado?

---

[233] Disponível em: <www.planalto.gov.br/ccivil_03/constituicao/constituicao.htm~>. Acesso em: 4 abr. 2013.

8.3 A controvérsia entre Argentina e Brasil acerca da não incorporação de resoluções do Grupo Mercado Comum e seu laudo arbitral do Mercosul (Laudo nº 7)[234]

Em 14 de novembro de 2001, a Argentina demandou o Brasil perante o Tribunal Arbitral do Mercosul alegando a desídia deste último em incorporar, no seu ordenamento jurídico, as resoluções nºˢ GMC 48/96, 87/96, 149/96, 156/96 e 71/98. Tais normas diziam respeito a produtos fitossanitários. Os Estados-membros do Mercosul concordaram em elaborar um procedimento de registro abreviado comum para tais produtos. Tal procedimento foi devidamente internalizado pela Argentina, pelo Paraguai e pelo Uruguai. Mas o Brasil não o fez, o que causou prejuízos aos fornecedores argentinos, pois estes deviam passar pelo procedimento registral brasileiro, que seguia exigindo outros requisitos que não os exigidos pelas normas do Mercosul. Portanto, as indústrias argentinas que produziam ou exportavam tais produtos se viam sujeitas a grandes prejuízos e submetidas a uma efetiva barreira comercial, pois fabricavam o material na Argentina, observando os critérios do Mercosul, e, para poder ingressar no mercado brasileiro, seus produtos passavam por um exame baseado em outros critérios.

A Argentina alegou que a inércia do Brasil impediu o livre comércio dentro do Mercosul, além de constituir por si só um descumprimento das normas do Protocolo de Ouro Preto que disciplinavam a incorporação dos comandos mercosulinos ao ordenamento jurídico dos Estados-membros.

A Argentina solicitou ao Tribunal que ordenasse ao Brasil proceder à incorporação das resoluções citadas em 15 dias.

---

[234] Tribunal Arbitral *ad hoc* do Mercosul, 19-4-2002. Laudo do Tribunal Arbitral *ad hoc* do MERCOSUL constituído com competência para decidir a respeito da controvérsia apresentada pela República Argentina à República Federativa do Brasil sobre obstáculos ao ingresso de produtos fitossanitários argentinos no mercado brasileiro. Laudo arbitral nº 7. Disponível, em espanhol, em: <www.tprmercosur.org/pt>. Acesso em: 3 jan. 2011.

Pergunta

10. Como se dá o processo de incorporação das normas do Mercosul no Brasil? A solicitação da Argentina está de acordo com este processo?

O Brasil se defendeu alegando, em primeiro lugar, a licitude de seus próprios regulamentos perante o direito do Mercosul, eis que estariam abarcados pelas exceções permitidas no Tratado de Montevidéu, de 1980:

Tratado de Assunção, Anexo I
ARTIGO SEGUNDO
Para efeito do disposto no Artigo anterior, se entenderá:
a. por "gravames", os direitos aduaneiros e quaisquer outras medidas de efeito equivalente, sejam de caráter fiscal, monetário, cambial ou de qualquer natureza, que incidam sobre o comércio exterior. Não estão compreendidas neste conceito taxas e medidas análogas quando respondam ao custo aproximado dos serviços prestados.
b. por "restrições", qualquer medida de caráter administrativo, financeiro, cambial ou de qualquer natureza, mediante a qual um Estado Parte impeça ou dificulte, por decisão unilateral, o comércio recíproco. *Não estão compreendidas no mencionado conceito as medidas adotadas em virtude das situações previstas no Artigo 50 do Tratado de Montevidéu de 1980* [grifos nossos].[235]

Tratado de Montevidéu, de 1980 (instituição da Aladi)
Artigo 50
Nenhuma disposição do presente Tratado será interpretada como impedimento à adoção e no cumprimento de medidas destinadas à:
a) Proteção da moral pública;
b) Aplicação de leis e regulamentos de segurança;
c) Regulação das importações ou exportações de armas, munições e outros materiais de guerra e, em circunstâncias excepcionais, de todos os demais artigos militares;

---

[235] Disponível em: <www.mercosur.int>. Acesso em 4 abr. 2013.

d) Proteção da vida e saúde das pessoas, dos animais e dos vegetais;
e) Importação e exportação de ouro e prata metálicos;
f) Proteção do patrimônio nacionais de valor artístico, histórico ou arqueológico; e
g) Exportação, utilização e consumo de materiais nucleares, produtos radioativos ou qualquer outro material utilizável no desenvolvimento ou aproveitamento da energia nuclear.[236]

Ademais, o Brasil lembrou que o art. 38 do Protocolo de Ouro Preto estabelecia somente a obrigação dos Estados-membros de adotar as medidas necessárias para a implementação interna das normas do Mercosul, sem a indicação de qualquer prazo para tal. Ainda, conforme o art. 42 do mesmo Protocolo, é a legislação interna de cada país a responsável por definir os prazos e modos de incorporação.

Por fim:

> Acerca da pretensa violação, por parte da República Federativa do Brasil, do art. 2º do Anexo I do Tratado de Assunção, alega que o Protocolo de Ouro Preto não ampara a vigência unilateral das normas aprovadas pelos órgãos do Mercosul, não podendo, portanto, ser responsabilizado por supostas assimetrias criadas pela própria Reclamante ao agilizar, por interesse próprio, a entrada em vigor interna das referidas Resoluções antes que estivesse concluído o processo de incorporação nos restantes países do Mercosul.[237]

Ao decidir a controvérsia, o Tribunal asseverou que

> Não obstante a obrigatoriedade da normativa Mercosul desde seu aperfeiçoamento pelo consenso dos Estados-Partes, a vigência da mesma é postergada até a efetiva incorporação da mesma normativa ao direito interno de cada um dos Estados-Partes, nos casos em que isso é necessário. [...]

---

[236] Ibid.
[237] Tradução livre do original em espanhol. Disponível em: <www.tprmercosur.org/pt>. Acesso em: 3 jan. 2011.

Neste sentido, enquanto as normas são obrigatórias para os Estados-Partes, não obstante não tenham entrado em vigência simultaneamente, a obrigatoriedade das mesmas gera como consequência o nascimento de uma obrigação de fazer, que é de incorporar ao direito interno tal normativa, e uma obrigação de não fazer, que é de não adotar medidas que, por "sua natureza, se oponham ou frustrem o propósito da norma aprovada porém ainda não incorporada". [...]

A obrigação de incorporar a normativa Mercosul aos direitos internos dos Estados-Partes constitui uma obrigação de fazer que compromete a responsabilidade internacional dos Estados no caso de não cumprimento.[238]

Os árbitros observaram que as primeiras decisões do CMC que o Brasil deveria incorporar datavam de 1998, sendo que até a data dos procedimentos (a reclamação argentina foi veiculada em novembro de 2001, enquanto que o laudo arbitral data de 19 de abril de 2002) o procedimento de incorporação foi tão somente iniciado pelo Brasil, e mesmo assim em janeiro de 2002, restando ainda obrigações a respeito da exigida implementação no Brasil.

Acerca da alegação brasileira de que o Protocolo de Ouro Preto não estabeleceria prazo para a internalização do direito integracional, os árbitros reconheceram que, da análise das normas do Mercosul em comparação com os direitos nacionais, podem surgir algumas incompatibilidades e necessidades de harmonização. Entretanto, esta circunstância não tem o poder de alterar o conteúdo da obrigação prevista pelo Protocolo, em seu art. 38. A obrigação do Estado frente a uma norma do Mercosul foi descrita pelo Tribunal como "incorporar internamente a norma acordada", rejeitando-se expressamente a formulação "tomar as medidas necessárias para assegurar a vigência", aventada pelo Brasil. Isto porque, apesar de ambas constarem do Protocolo de Ouro Preto (respectivamente, nos arts. 38 e 42), o Tribunal quis enfatizar que os órgãos internos do Brasil possuem uma

---

[238] Ibid.

obrigação clara, no sentido de promover a internalização das normas do sistema de integração.

Não existem, no Direito, obrigações sem prazo, cuja exigibilidade fique à mercê da vontade do obrigado. Isto é evidente tanto no caso das obrigações derivadas de atos internacionais bilaterais como de atos multilaterais. A ausência de previsões normativas neste sentido deve ser preenchida com outras normas ou princípios jurídicos. Podem existir lacunas na norma, mas não existem lacunas no Direito.[239]

Reconhecendo que a ausência de prazo para incorporação denotava a existência de uma lacuna nas normas em questão, o Tribunal aplicou ao caso o art. 19 do Protocolo de Brasília sobre Solução de Controvérsias no Mercosul:

> Artigo 19
> 1. O Tribunal Arbitral decidirá a controvérsia com base nas disposições do Tratado de Assunção, dos acordos celebrados no âmbito do mesmo, das decisões do Conselho do Mercado Comum, bem como nos princípios e disposições do direito internacional aplicáveis à matéria.
> 2. A presente disposição não restringe a faculdade do Tribunal Arbitral de decidir uma controvérsia *ex aequo et bono*, se as partes assim convierem.[240]

Lembre-se de que, a partir do advento do Protocolo de Olivos, em 2002, este passou a ser o marco regulatório da solução de controvérsias no Mercosul, revogando o Protocolo de Brasília. O artigo correspondente do Protocolo de Olivos é este:

---

[239] Tradução livre do original em espanhol. Disponível, em espanhol, em: <www.tprmercosur.org/pt>. Acesso em: 3 jan. 2011.
[240] Disponível em: <www2.mre.gov.br/dai/protocol1.htm>. Acesso em: 3 jan. 2012 [grifos no original].

Artigo 34
Direito aplicável
1. Os Tribunais Arbitrais Ad Hoc e o Tribunal Permanente de Revisão decidirão a controvérsia com base no Tratado de Assunção, no Protocolo de Ouro Preto, nos protocolos e acordos celebrados no marco do Tratado de Assunção, nas Decisões do Conselho do Mercado Comum, nas Resoluções do Grupo Mercado Comum e nas Diretrizes da Comissão de Comércio do MERCOSUL, bem como nos princípios e disposições de Direito Internacional aplicáveis à matéria.
2. A presente disposição não restringe a faculdade dos Tribunais Arbitrais Ad Hoc ou a do Tribunal Permanente de Revisão, quando atue como instância direta e única conforme o disposto no artigo 23, de decidir a controvérsia *ex aequo et bono*, se as partes assim acordarem.[241]

O Tribunal decidiu, pois, aplicar os princípios *pacta sunt servanda*, da boa-fé e da razoabilidade. Ora, dado que os demais participantes do processo de integração internalizaram as normas em questão em dois ou três anos, restando só o Brasil com tal pendência, o Tribunal não considerou razoável uma postergação de quase seis anos à incorporação devida.

Outro argumento do Brasil referia-se à exceção do art. 50 do Tratado de Montevidéu de 1980. A este respeito, observa que são legítimas as exceções ao livre comércio caso motivadas por preocupações com a saúde ou a vida da população.

O Tribunal observa que o argumento brasileiro perde força quando se nota que o Brasil não se opõe ao registro de um ou outro produto determinado, alegando perigo para a população. Na verdade, o que o Brasil deixou de fazer foi promover a incorporação das normas do Mercosul, impedindo o registro de todo e qualquer produto fitossanitário importado. O Tribunal lembrou ainda que a restrição do art. 50 do Tratado de Montevidéu foi pensada para casos excepcionais e singulares, enquanto que o Brasil deseja estendê-la para "livrar-se da obrigação de incorporação de

---

[241] Disponível em: <www.mercosur.int>. Acesso em 4 abr. 2013.

uma norma com a qual livre e expressamente concordou anteriormente". Por fim, o Brasil não provou, segundo os árbitros, onde residiriam os tais perigos para a vida e a saúde.

Assim, o Tribunal Arbitral alcançou, por unanimidade, sua conclusão, no sentido de:

> I. Declarar que a República Federativa do Brasil está em uma situação de descumprimento com relação à obrigação imposta pelos artigos 38 e 40 do Protocolo de Ouro Preto à incorporação em seu ordenamento jurídico interno das disposições contidas nas Resoluções GMC nº 48/96, 87/96, 149/96, 156/96 e 71/98.
> II. Dispor que a República Federativa do Brasil deverá, em um prazo máximo de 120 dias, contados a partir da data da notificação do presente laudo, incorporar a seu ordenamento jurídico interno as Resoluções GMC nº 48/96, 87/96, 149/96, 156/96 e 71/98, bem como, caso seja necessário, adotar as medidas e ditar as normas jurídicas internas que assegurem a efetiva aplicação destas normas, sem prejuízo de seu direito a aplicar, nos devidos casos concretos e específicos, as restrições autorizadas pelo artigo 50 do Tratado de Montevidéu de 1980. [...]
> V. Dispor que, em conformidade com o artigo 21.2 do Protocolo de Brasília, as Partes dispõem de 120 dias para dar cumprimento ao presente Laudo Arbitral.[242]

8.4 Questões para fixação e aprofundamento

1. Existe uma "administração do Mercosul" instalada no seio dos Estados-membros competente para implementar o direito do Mercosul?
2. Como ocorre a implementação do direito derivado do Mercosul na ordem jurídica interna?

---

[242] Tradução livre do original em espanhol. Disponível em: <www.tprmercosur.org/pt>. Acesso em: 3 jan. 2011.

3. Qual é o papel dos Estados-membros na implementação do direito do Mercosul?
4. Qual é o princípio que rege a implementação das normas do Mercosul nas ordens jurídicas internas?
5. Todas as normas adotadas pelos órgãos decisórios do Mercosul necessitam ser incorporadas pelos Estados-membros?
6. Como ocorre a implementação do direito derivado do Mercosul na ordem jurídica interna?
7. Compare a implementação do direito derivado do Mercosul com a implementação do direito derivado da União Europeia.
8. O que significa o caráter obrigatório das normas dos órgãos do Mercosul previsto no art. 42 do Protocolo de Ouro Preto?
9. Quais as críticas dirigidas ao atual modo de implementação das normas do Mercosul? Por que se fala em implementação à la carte?
10. Qual a melhor solução para controlar a implementação das normas do Mercosul pelos Estados?

Capítulo 9
O procedimento aplicável à incorporação do direito do Mercosul na ordem jurídica interna

9.1 O procedimento relativo à incorporação de tratados no direito brasileiro

Para que um tratado internacional possua eficácia no território brasileiro, é necessário que tal norma supere algumas etapas.

Em primeiro lugar está a negociação do tratado. Esta fase, a cargo do presidente da República ou de funcionário por ele autorizado, rege-se pelo art. 84, VII e VIII da Constituição Federal, incisos que dispõem:

> Art. 84. Compete privativamente ao Presidente da República: [...]
> VII. manter relações com Estados estrangeiros e acreditar seus representantes diplomáticos;
> VIII. celebrar tratados, convenções e atos internacionais, sujeitos a referendo do Congresso Nacional.[243]

Esta fase conclui-se com a assinatura do tratado. Note-se que a assinatura do tratado não significa sua vigência para o país. Isto é assim porque,

---

[243] Disponível em: <www.planalto.gov.br/ccivil_03/constituicao/constituicao.htm->. Acesso em: 4 abr. 2013.

na ordem interna, tal instrumento deve passar por um procedimento para que adquira força cogente. E, na ordem externa, costuma-se exigir uma manifestação de vontade subsequente por parte dos Estados contratantes; a chamada ratificação.

A segunda etapa é a aprovação pelo Congresso Nacional, de acordo com a Constituição Federal, art. 49, I:

> Art. 49. É da competência exclusiva do Congresso Nacional:
> I. resolver definitivamente sobre tratados, acordos ou atos internacionais que acarretem encargos ou compromissos gravosos ao patrimônio nacional;[244]

Para que o Congresso possa deliberar sobre o tratado, o presidente da República enviará uma mensagem ao Poder Legislativo, na qual informará a assinatura do convênio internacional. O Congresso decidirá sobre o tratado em votações em cada uma das duas casas, pela maioria de seus membros, sendo obrigatória a presença de mais da metade dos mesmos. Tudo segundo o teor do art. 47 da Carta Magna:

> Art. 47. Salvo disposição constitucional em contrário, as deliberações de cada Casa e de suas Comissões serão tomadas por maioria dos votos, presente a maioria absoluta de seus membros.[245]

O Congresso divulga sua aprovação do pacto internacional através da publicação de um decreto legislativo pelo seu presidente. A seguir, procede-se à terceira fase da aprovação do tratado, que consiste na ratificação do mesmo. A ratificação é a manifestação de vontade do Estado, pela qual este indica que deseja obrigar-se definitivamente nos termos do tratado e é de competência privativa do presidente da República, pelo mesmo preceito constitucional do art. 84, já aludido acima. É importante ressaltar que o chefe do Executivo dispõe de discricionariedade na ratificação do tratado. O papel do Congresso Nacional é aprovar ou rejeitar

---

[244] Ibid.
[245] Ibid.

o tratado, sendo que, no primeiro caso, sua ação é autorizativa, e não impositiva em relação ao presidente da República.

A ratificação pode ocorrer de dois modos distintos: caso o tratado em questão seja bilateral, a ratificação se veicula através da troca de notas diplomáticas, em que cada país informa ao outro sua intenção de obrigar-se definitivamente nos termos contratados; caso se trate de um tratado multilateral, por outro lado, costuma-se indicar o governo de algum dos Estados pactuantes, ou a secretaria administrativa de alguma organização internacional que tenha patrocinado a elaboração do instrumento, como instância depositária, à qual os instrumentos de ratificação devem ser endereçados. O depositário é responsável por notificar os demais países das ratificações que forem sendo realizadas, sempre que receber um documento neste sentido.

Caso o Estado deseje aderir a um tratado que já esteja em vigor, não serão necessárias duas manifestações de sua vontade (a assinatura e, subsequentemente, a ratificação). Bastará o ato de adesão, pelo qual o Estado já se obriga definitivamente na medida dos termos do tratado. Isto por causa do motivo que justifica a ratificação. Este procedimento, com efeito, é necessário para que se tenha o máximo de certeza de que o Estado realmente pode e tenciona cumprir com suas obrigações contratuais. Desta forma, entende-se que seja necessário, após a celebração da assinatura do tratado, deixar certo período de tempo para que cada Estado contratante consulte sua legislação interna, seus representantes políticos, eventualmente seu Poder Judiciário etc. Com isto, aumenta-se a probabilidade de que cada país saiba exatamente com o que está se comprometendo, de modo que o cumprimento do tratado não venha a ser prejudicado por incompatibilidades com as ordens nacionais internas.

No momento da ratificação, o Estado pode efetuar reservas ao tratado, se assim o desejar e se os termos do documento o permitirem. Em relação ao nosso sistema interno de aprovação de tratados, uma questão interessante é saber se a formulação das reservas cabe somente ao Poder Executivo ou também ao Legislativo, quando aprecia o tratado em virtude do art. 49, I, da Constituição. Entende-se que o Congresso Nacional pode intervir fazendo "certas restrições que são obrigatórias para o Executivo, caso ele pretenda ratificar o tratado",[246] isto é, os legisladores nacionais não estão obrigados a aceitar ou rejeitar o tratado na íntegra, podendo fazê-lo com reservas. "Reservas" aqui não devem ser entendidas como as reservas finais que o Estado oporá ao tratado, pois é evidente que, na esfera internacional, somente o Executivo pode apresentá-las. Mas nada impede que o Poder Legislativo limite sua aprovação do tratado a algumas partes, excluindo expressamente outras. Caso o faça, o presidente da República terá a escolha entre ratificar o tratado (fazendo as reservas opostas pelo Poder Legislativo) e não ratificá-lo. Mas não poderá ignorar as restrições dos legisladores, pois é a estes que cabe "resolver definitivamente" sobre os tratados.

Entretanto, caso o tratado já esteja pronto e produzindo efeitos, não haverá motivos que justifiquem a divisão da adesão em dois, com um momento para a assinatura e um para a ratificação, pois não haverá nenhuma etapa de negociação quanto aos termos do tratado (logo, não se assinará um instrumento novo, que terá nascido de negociações internacionais), eis que o tratado já está pronto. E tampouco haverá necessidade de retornar às esferas políticas internas do país, para consultar sobre a compatibilidade do tratado com os termos da constituição nacional, da ordem pública, da opinião política da maioria etc., pois tais discussões já podem ser travadas antes do pedido de adesão, uma vez que o tratado preexiste a este.

É por isso que não há sentido em falar em assinatura e ratificação quando da adesão a um tratado internacional.

A respeito, vale consultar os arts. 14 e 15 da Convenção de Viena sobre Direito dos Tratados:

Artigo 14
Consentimento em Obrigar-se por um Tratado Manifestado pela Ratificação, Aceitação ou Aprovação

---

[246] MELLO, Celso Renato Duvivier de Albuquerque. *Curso de direito internacional público*. 15. ed. rev. e ampl. Rio de Janeiro: Renovar, 2004. v. I, p. 286.

1. O consentimento de um Estado em obrigar-se por um tratado manifesta-se pela ratificação:
a) quando o tratado disponha que esse consentimento se manifeste pela ratificação;
b) quando, por outra forma, se estabeleça que os Estados negociadores acordaram em que a ratificação seja exigida;
c) quando o representante do Estado tenha assinado o tratado sujeito a ratificação; ou
d) quando a intenção do Estado de assinar o tratado sob reserva de ratificação decorra dos plenos poderes de seu representante ou tenha sido manifestada durante a negociação.
2. O consentimento de um Estado em obrigar-se por um tratado manifesta-se pela aceitação ou aprovação em condições análogas às aplicáveis à ratificação.
Artigo 15
Consentimento em Obrigar-se por um Tratado Manifestado pela Adesão
O consentimento de um Estado em obrigar-se por um tratado manifesta-se pela adesão:
a) quando esse tratado disponha que tal consentimento pode ser manifestado, por esse Estado, pela adesão;
b) quando, por outra forma, se estabeleça que os Estados negociadores acordaram em que tal consentimento pode ser manifestado, por esse Estado, pela adesão; ou
c) quando todas as partes acordaram posteriormente em que tal consentimento pode ser manifestado, por esse Estado, pela adesão.[247]

Note-se que o art. 15, sobre adesão, dispõe que esta só será permitida se os "Estados negociadores" acordarem, prévia ou posteriormente, em aceitar tal modo de obrigar-se pelo tratado. Ou seja, o artigo diferencia entre "Estados negociadores", contraentes originais e responsáveis pela elaboração do texto do tratado, e "esse Estado", que é o país que deseja

---

[247] Disponível em: <www.planalto.gov.br/ccivil_03/_Ato2007-2010/2009/Decreto/D7030.htm>. Acesso em: 4 abr. 2013.

aderir ao tratado. Observe-se, pelo contrário, que o art. 14 menciona somente os "Estados negociadores" (alínea "b"), além de fazer referência às negociações diplomáticas que precederam a feitura do tratado (alíneas "c" e "d"). Isto é, o art. 14 só pode ser aplicado a tratados recém-redigidos, enquanto que o art. 15 é responsável pelos pactos já em vigor.

Entretanto, nota Celso Mello que

> a maioria dos doutrinadores [...] se tem manifestado no sentido de que a adesão não deve estar sujeita à ratificação, uma vez que o Estado, ao aderir ao tratado, já o encontra pronto e deve ter "meditado" sobre ele. Todavia, a prática internacional tem consagrado a adesão sujeita a ratificação, e a Convenção de Havana (art. 9º) também a consagrou. O Secretariado da ONU, quando recebe uma adesão com reserva de ratificação, considera o instrumento simplesmente como uma notificação da intenção do Governo de se tornar parte no tratado. A Comissão de DI considera a adesão sujeita à ratificação como anômala, mas frequente.
>
> O Brasil segue os dois processos de adesão: ora dá sua adesão definitiva, autorizado o Executivo pelo Congresso Nacional, ora o faz 'ad referendum', subordinando-a a posterior aprovação do Poder Legislativo. É a adesão sujeita a ratificação um ato sem qualquer valor obrigatório.[248]

Por fim, a quarta etapa da efetivação do tratado refere-se a sua publicidade no plano interno. Trata-se da promulgação e publicação, pelo chefe do Poder Executivo, de um decreto, no qual se divulga (geralmente em anexo) o texto integral do instrumento internacional pactuado. Importante ressaltar que a **Convenção de Viena sobre Direito dos Tratados**, de 1969, ratificada pelo Brasil em 25 de setembro de 2009,[249] não faz menção à necessidade de publicação interna do tratado. Já a Convenção

---

[248] MELLO, Celso Renato Duvivier de Albuquerque. *Curso de direito internacional público*, 2004, op. cit., p. 245.
[249] Disponível em: <http://treaties.un.org>. Acesso em: 2 jan. 2012. Ver também o Decreto nº 7.030, de 14 de dezembro de 2009, que promulgou a referida convenção no Brasil.

sobre Tratados de Havana, de 1928,[250] também ratificada pelo Brasil e vigente para nosso país, trata a publicação do tratado ratificado pelo governo contratante como um dever internacional:

ARTIGO 4º
Os tratados serão publicados immediatamente depois da troca das ratificações.
A omissão, no cumprimento desta obrigação internacional, não prejudicará a vigencia dos tratados, nem a exigibilidade das obrigações nelles contidas [mantido o texto original].

Note-se que, no Brasil, um tratado possui duas datas de entrada em vigor: a data na qual ele começa a valer para o Brasil em suas relações internacionais (data do depósito do instrumento da ratificação ou da adesão) e a data a partir da qual passa a valer na ordem jurídica brasileira (data da publicação da promulgação por meio de decreto presidencial). O ideal é que estas duas datas estejam tão próximas quanto possível, de modo a evitar a situação "esquizofrênica" que surgiria no caso de nosso país estar obrigado, no plano internacional, a uma conduta que as leis internas não exigem do Estado no plano interno.

Perguntas

1. A partir do art. 49, I, da Constituição Federal, discuta a necessidade da aprovação congressual para a denúncia de um tratado pelo Brasil.
2. Os arts. 49, I, e 84, VIII, da Constituição Federal podem ser aplicados à incorporação de decisões de organizações internacionais, como o Mercosul?
3. O Poder Executivo brasileiro pode formular uma reserva a um tratado somente no momento da ratificação deste?

---

[250] Disponível em: <www2.mre.gov.br/dai/tratados.htm>. Acesso em: 2 jan. 2012.

4. Considere as seguintes disposições da Convenção de Viena sobre Direito dos Tratados e do Tratado de Assunção e responda a questão ao final:

Convenção de Viena sobre o Direito dos Tratados
Artigo 42
Validade e Vigência de Tratados
1. A validade de um tratado ou do consentimento de um Estado em obrigar-se por um tratado só pode ser contestada mediante a aplicação da presente Convenção.
2. A extinção de um tratado, sua denúncia ou a retirada de uma das partes só poderá ocorrer em virtude da aplicação das disposições do tratado ou da presente Convenção. A mesma regra aplica-se à suspensão da execução de um tratado.
Artigo 54
Extinção ou Retirada de um Tratado em Virtude de suas Disposições ou por Consentimento das Partes
A extinção de um tratado ou a retirada de uma das partes pode ter lugar:
a) de conformidade com as disposições do tratado; ou
b) a qualquer momento, pelo consentimento de todas as partes, após consulta com os outros Estados contratantes.
Artigo 56
Denúncia, ou Retirada, de um Tratado que não Contém Disposições sobre Extinção, Denúncia ou Retirada
1. Um tratado que não contém disposição relativa à sua extinção, e que não prevê denúncia ou retirada, não é suscetível de denúncia ou retirada, a não ser que:
a) se estabeleça terem as partes tencionado admitir a possibilidade da denúncia ou retirada; ou
b) um direito de denúncia ou retirada possa ser deduzido da natureza do tratado.
2. Uma parte deverá notificar, com pelo menos doze meses de antecedência, a sua intenção de denunciar ou de se retirar de um tratado, nos termos do parágrafo 1.[251]

---

[251] Disponível em: <www.planalto.gov.br/ccivil_03/_Ato2007-2010/2009/Decreto/D7030.htm>. Acesso em: 4 abr. 2013.

Tratado de Assunção
ARTIGO 21
O Estado Parte que desejar desvincular-se do presente Tratado deverá comunicar essa intenção aos demais Estados Partes de maneira expressa e formal, efetuando no prazo de sessenta (60) dias a entrega do documento de denúncia ao Ministério das Relações Exteriores da República do Paraguai, que o distribuirá aos demais Estados Partes.
ARTIGO 22
Formalizada a denúncia, cessarão para o Estado denunciante os direitos e obrigações que correspondam a sua condição de Estado Parte, mantendo-se os referentes ao programa de liberação do presente Tratado e outros aspectos que os Estados Partes, juntos com o Estado denunciante, acordem no prazo de sessenta (60) dias após a formalização da denúncia. Esses direitos e obrigações do Estado denunciante continuarão em vigor por um período de dois (2) anos a partir da data da mencionada formalização.[252]

O Tratado de Assunção pode ser denunciado pelo Brasil de forma unilateral? As disposições do Tratado de Assunção a respeito obedecem à Convenção de Viena sobre o Direito dos Tratados?

9.2 O papel do Parlamento do Mercosul no processo de aceleração da incorporação das normas

Em 9 de dezembro de 2005, o aspecto jurídico-institucional do bloco foi ressaltado com a aprovação da Decisão nº CMC 23/05, a qual trouxe consigo o Protocolo Constitutivo do Parlamento do Mercosul (Parlasul), idealizado para ser uma representação das populações que compõem o Mercado Comum. Em seu art. 6º, prevê-se que "os Parlamentares serão eleitos pelos cidadãos dos respectivos Estados Partes, por meio de sufrágio direto, universal e secreto". As "disposições transitórias" da Decisão em análise referem-se ao

---
[252] Disponível em: <www.mercosur.int >. Acesso em: 4 abr. 2013.

período de transição anterior ao pleno funcionamento do Parlasul. De acordo com tal texto, eleições diretas para parlamentares do Mercosul deveriam ter ocorrido nos quatro Estados-partes até 1º de janeiro de 2011, sendo que, a partir de 2014, os integrantes do Parlasul seriam eleitos no mesmo dia, em todo o Mercosul. Até o momento, no entanto, somente o Paraguai realizou eleições diretas de seus parlamentares no Parlasul. Os representantes brasileiros, por outro lado, seguem sendo indicados pelo Congresso Nacional, conforme o estabelecido para a primeira etapa transitória do Parlasul (que valeria até 31 de dezembro de 2010).[253] A primeira sessão do Parlasul ocorreu em maio de 2007, sendo Montevidéu, no Uruguai, sua sede oficial.

A Decisão nº 23/05 também estabeleceu o número de integrantes do Parlasul, o qual variará de acordo com o seguinte cronograma:

	31-12-2006 – 31-12-2010	1-1-2011 – 31-12-2014	1-1-2015 em diante
Argentina	18	26	43
Brasil	18	37	75
Paraguai	18	18	18
Uruguai	18	18	18
Total	72	99	154

A data de 2015 é simbólica por pretender-se que, nesse ano, possam assumir seus mandatos os parlamentares eleitos diretamente pelos cidadãos dos Estados-membros.[254]

---

[253] Houve também um projeto de lei no Senado Federal (Projeto de Lei do Senado nº 126/11, de autoria do senador Lindbergh Farias, disponível em <www.senado.gov.br>, acessado em 22 dez. 2011) e outro na Câmara dos Deputados (Projeto de Lei nº 5.279/09, de autoria do deputado Carlos Zarattini, disponível em <www.camara.gov.br>, acessado em 22 dez. 2011), os quais determinavam a realização das eleições para parlamentar brasileiro no Parlamento do Mercosul por ocasião da eleição de outubro de 2012 para prefeitos e vereadores.
[254] INSTITUTO DE PESQUISA ECONÔMICA APLICADA. *Comunicado 143 do Parlamento do Mercosul*: análise das propostas de eleição direta em discussão no Congresso Nacional. Brasília, Ipea, 2012. Disponível em: <www.ipea.gov.br>. Acesso em: 2 jun. 2012.

O Parlamento do Mercosul, apesar de sua denominação, guarda pouca semelhança com um parlamento nacional, não sendo revestido de poder decisório. Tendo sido estabelecido pela Decisão nº 23/05 do Conselho, o Parlasul é basicamente um foro de discussões, no qual se pretende que representantes eleitos pela sociedade façam chegar aos órgãos do Mercosul os anseios e expectativas dos povos que constituem o bloco.

As competências do órgão, previstas no art. 4º da decisão, limitam-se a este papel de espaço de discussões, consistindo basicamente no recebimento e elaboração de relatórios e estudos, em pedir informações a demais órgãos do Mercosul, em encaminhar comunicações de particulares aos órgãos competentes do bloco, em emitir declarações e recomendações sem força vinculante etc.

O Parlasul também intervém no processo de criação de normas do bloco, devendo emitir um parecer para cada projeto de norma que necessite a aprovação dos parlamentos nacionais para entrar em vigor. Este parecer, no entanto, não vincula os órgãos decisórios do Mercosul. Na verdade, a única relevância prática da opinião do Parlamento consiste em que, havendo concordância entre o parecer deste e o projeto do órgão decisório (CMC, GMC ou CCM), os poderes executivos nacionais terão um prazo mais curto (45 dias) para remeter a norma a seus respectivos legislativos nacionais para aprovação. Caso, pelo contrário, a norma do Mercosul tenha sido adotada contrariamente à opinião do Parlasul, não existirá este prazo de 45 dias e será seguido o procedimento padrão para a aprovação interna em cada Estado-membro do Mercosul.

Este procedimento está descrito no art. 4º, inciso 12, da Decisão nº 23/05:[255]

> 12. Com o objetivo de acelerar os correspondentes procedimentos internos para a entrada em vigor das normas nos Estados Partes, o Parlamento elaborará pareceres sobre todos os projetos de normas do Mercosul que requeiram aprovação legislativa em um ou vários Estados Partes, em um prazo de noventa

---

[255] Ver Decreto nº 6.105, de 30 de abril de 2007, que promulga o Protocolo Constitutivo do Parlamento do Mercosul, aprovado pela Decisão nº 23/05, do Conselho do Mercado Comum.

dias (90) a contar da data da consulta. Tais projetos deverão ser encaminhados ao Parlamento pelo órgão decisório do Mercosul, antes de sua aprovação.

Se o projeto de norma do Mercosul for aprovado pelo órgão decisório, de acordo com os termos do parecer do Parlamento, a norma deverá ser enviada pelo Poder Executivo nacional ao seu respectivo Parlamento, dentro do prazo de quarenta e cinco (45) dias, contados a partir da sua aprovação. Nos casos em que a norma aprovada não estiver em de acordo com o parecer do Parlamento, ou se este não tiver se manifestado no prazo mencionado no primeiro parágrafo do presente inciso a mesma seguirá o trâmite ordinário de incorporação.

Os Parlamentos nacionais, segundo os procedimentos internos correspondentes, deverão adotar as medidas necessárias para a instrumentalização ou criação de um procedimento preferencial para a consideração das normas do Mercosul que tenham sido adotadas de acordo com os termos do parecer do Parlamento mencionado no parágrafo anterior.

O prazo máximo de duração do procedimento previsto no parágrafo precedente, não excederá cento oitenta (180) dias corridos, contados a partir do ingresso da norma no respectivo Parlamento nacional.

Se, dentro do prazo desse procedimento preferencial o Parlamento do Estado Parte não aprovar a norma, esta deverá ser reenviada ao Poder Executivo para que a encaminhe à reconsideração do órgão correspondente do Mercosul.

9.3 A representação brasileira no Parlamento do Mercosul

No Parlamento do Mercosul, cada grupo nacional forma uma representação nacional. A representação brasileira compõe-se de congressistas (divididos entre 28 deputados e nove senadores) que não são eleitos exclusivamente para o cargo, isto é, a prática atual consiste em "aproveitar" deputados e senadores já eleitos para, através da indicação partidária, compor a representação brasileira.

Leia abaixo um trecho da Resolução nº 1/11, do Congresso Nacional, que trata da representação brasileira no Parlamento do Mercosul:

CAPÍTULO II
DA COMPETÊNCIA

Art. 3º. Compete à Representação Brasileira, entre outras atribuições:

I. apreciar e emitir parecer a todas as matérias de interesse do Mercosul que venham a ser submetidas ao Congresso Nacional, inclusive as emanadas dos órgãos decisórios do Mercosul, nos termos do artigo 4, inciso 12, do Protocolo Constitutivo do Parlamento do Mercosul;

II. emitir relatório circunstanciado sobre as informações encaminhadas ao Congresso Nacional pelo Poder Executivo, retratando a evolução do processo de integração do Mercosul;

III. examinar anteprojetos encaminhados pelo Parlamento do Mercosul, nos termos do artigo 4, inciso 14, do Protocolo Constitutivo do Parlamento do Mercosul;

IV. realizar audiências públicas com entidades da sociedade civil;

V. solicitar depoimento de qualquer autoridade ou cidadão;

VI. participar de projetos resultantes de acordos de cooperação com organismos internacionais celebrados pelo Parlamento do Mercosul;

VII. receber e encaminhar ao Parlamento do Mercosul a correspondência que lhe for dirigida;

VIII. apreciar e emitir parecer a todas as matérias sobre a organização da Representação Brasileira no Parlamento do Mercosul que sejam submetidas ao Congresso Nacional.

Art. 4º. No exame das matérias emanadas dos órgãos decisórios do Mercosul, a Representação Brasileira apreciará, em caráter preliminar, se a norma do Mercosul foi adotada de acordo com os termos do parecer do Parlamento do Mercosul, caso em que esta obedecerá a procedimento preferencial, nos termos do artigo 4, inciso 12, do Protocolo Constitutivo do Parlamento do Mercosul.

§1º. As normas sujeitas a procedimento preferencial serão apreciadas apenas pela Representação Brasileira e pelos plenários da Câmara dos Deputados e do Senado Federal.

§2º. Nessa hipótese, compete à Representação Brasileira opinar sobre a constitucionalidade, juridicidade e adequação financeira e orçamentária, bem como manifestar-se quanto ao mérito da matéria.

§3º. Caso julgue necessário, ante a complexidade e especificidade da matéria em exame, a Representação Brasileira poderá solicitar o pronunciamento de outras comissões da Câmara dos Deputados e do Senado Federal, que se manifestarão exclusivamente sobre o objeto da consulta.

§4º. Concluída a apreciação da matéria pela Representação Brasileira, o parecer e o respectivo projeto de decreto legislativo serão devolvidos à Mesa da Câmara dos Deputados para numeração e inclusão na Ordem do Dia daquela Casa.

§5º. A apreciação da matéria no plenário de cada uma das Casas obedecerá às respectivas disposições regimentais.

Art. 5º. Em se tratando de normas que não estejam sujeitas ao procedimento preferencial de que trata o art. 4º desta Resolução, conforme o exame preliminar feito pela Representação Brasileira, observar-se-á o seguinte procedimento:

I. a Representação Brasileira examinará a matéria quanto ao mérito e oferecerá o respectivo projeto de decreto legislativo;

II. a Representação Brasileira devolverá a matéria à Secretaria-Geral da Mesa da Câmara dos Deputados, que, após numerá-la, fará a distribuição, nos termos do Regimento Interno da Câmara dos Deputados;

III. concluída sua apreciação pelas comissões permanentes, a matéria irá à Mesa, para inclusão na Ordem do Dia;

IV. após a votação pela Câmara dos Deputados, o projeto será encaminhado ao Senado Federal, para apreciação das comissões permanentes e do Plenário, nos termos do respectivo Regimento Interno.[256]

Pergunta

5. A partir de sua leitura do art. 4º, qual a diferença entre o procedimento legislativo de incorporação de uma norma oriunda dos órgãos do Mercosul e de um tratado internacional?

---

[256] Disponível em: <www.lexml.gov.br/urn/urn:lex:br:congresso.nacional:resolucao:2011-06-06;1>. Acesso em: 4 abr. 2013.

9.4 Questões para fixação e aprofundamento

1. Como é o procedimento de incorporação de tratados aplicado pelo Brasil?
2. Todos os tratados assinados pelo Brasil devem passar pela aprovação do Congresso Nacional para que entrem em vigor internamente?
3. Qual é a diferença entre a entrada em vigor internacional e interna?
4. O Brasil respeita as regras da Convenção de Viena sobre o direito dos tratados?
5. Como é o procedimento de incorporação do direito primário e do direito derivado do Mercosul aplicado pelo Brasil?
6. Há alguma distinção entre o procedimento adotado para incorporar as normas do Mercosul e aquele aplicável aos demais tratados internacionais?
7. Qual são as críticas que podemos endereçar ao procedimento atual de incorporação de tratados e de normas do Mercosul no Brasil?

Capítulo 10
A posição do direito do Mercosul na ordem jurídica interna

10.1 O caso "Ekmekdjian *vs*. Sofovich" perante a Corte Suprema de Justicia de la Nación e a relação entre direito internacional e direito interno[257]

Considere o seguinte artigo do Pacto de São José da Costa Rica (publicado na Argentina pela Lei nº 23.054 e vigente para este país desde o depósito do instrumento de ratificação, em 5 de setembro de 1984):

Art. 14. Direito de Retificação ou Resposta
1. Toda pessoa atingida por informações inexatas ou ofensivas emitidas em seu prejuízo por meios de difusão legalmente regulamentados e que se dirijam ao público em geral, tem direito a fazer, pelo mesmo órgão de difusão, sua retificação ou resposta, nas condições que estabeleça a lei.
2. Em nenhum caso a retificação ou a resposta eximirão das outras responsabilidades legais em que se houver incorrido.

---

[257] Corte Suprema de Justicia de la Nación, 7-7-1992. Ekmekdjian, Miguel Ángel *vs*. Sofovich, Gerardo y otros s/Recurso de hecho. Disponível em: <www.dipublico.com.ar/juris/Ekmekdjian.pdf>. Acesso em: 22 jun. 2012.

3. Para a efetiva proteção da honra e da reputação, toda publicação ou empresa jornalística, cinematográfica, de rádio ou televisão deve ter uma pessoa responsável que não seja protegida por imunidades nem goze de foro especial.[258]

Leia também os seguintes artigos da Constituição da Nação Argentina (1853):[259]

Artigo 14. Todos os habitantes da Nação gozam dos seguintes direitos, conforme as leis que regulamentem o seu exercício; a saber: de trabalhar e exercer toda indústria lícita; de navegar e comerciar; de peticionar às autoridades; de entrar, permanecer, transitar e sair do território argentino; de publicar suas ideias através da imprensa sem censura prévia; de usar e dispor de sua propriedade; de associar-se com fins úteis; de professar livremente seu culto; de ensinar e aprender.
Artigo 31. Esta Constituição, as leis da Nação que em sua consequência sejam ditadas pelo Congresso e os tratados com as potências estrangeiras são a lei suprema da Nação; e as autoridades de cada província estão obrigadas a conformar-se a ela [...].
Artigo 32. O Congresso federal não ditará leis que restrinjam a liberdade de imprensa ou que estabeleçam sobre a mesma a jurisdição federal.
Artigo 33. As declarações, direitos e garantías que a Constituição enumera não serão entendidos como negação de outros direitos e garantias que não foram enumerados, mas que nascem do princípio da soberania do povo e da forma republicana de governo.
Artigo 75. Corresponde ao Congresso: [...]
22. Aprovar ou rejeitar tratados concluídos com as demais nações e com as organizações internacionais e as concordatas com a Santa Sé. Os tratados e concordatas têm hierarquia superior às leis.

---

[258] Disponível em: <www.pge.sp.gov.br/centrodeestudos/bibliotecavirtual/instrumentos/sanjose.htm>. Acesso em: 4 abr. 2013.
[259] Disponível em: <www.oas.org/juridico/mla/sp/arg/sp_arg_int-text-const.html>. Acesso em: 4abr. 2013.

A posição do direito do Mercosul na ordem jurídica interna

A Declaração Americana dos Direitos e Deveres do Homem; a Declaração Universal de Direitos Humanos; a Convenção Americana sobre Direitos Humanos [...] nas condições de sua vigência, possuem hierarquia constitucional, não derrogam qualquer artigo da primeira parte desta Constituição e devem ser compreendidos como complementares dos direitos e garantias por ela reconhecidos. Somente poderão ser denunciados pelo Poder Executivo Nacional, mediante aprovação prévia de duas terças partes da totalidade dos membros de cada Câmara.
Os demais tratados e convenções sobre direitos humanos, tendo sido aprovados pelo Congresso, requererão o voto de duas terças partes da totalidade dos membros de cada Câmara para gozar de hierarquia constitucional. [...]
24. Aprovar tratados de integração que deleguem competência e jurisdição a organizações supraestatais em condições de reciprocidade e igualdade, e que respeitem a ordem democrática e os direitos humanos. As normas ditadas em sua consequência têm hierarquia superior às leis.
A aprovação destes tratados com Estados latino-americanos requer maioria absoluta da totalidade dos membros de cada Câmara. Em caso de tratados com outros Estados, o Congresso da Nação, com a maioria absoluta dos membros presentes de cada Câmara, declarará a conveniência da aprovação do tratado e só poderá ser aprovado com o voto da maioria absoluta da totalidade dos membros da Câmara, após cento e vinte dias do ato declarativo. A denúncia dos tratados referidos neste inciso exigirá a plena aprovação da maioria absoluta da totalidade de cada Câmara.[260]

Em um programa televisivo argentino veiculado no dia 11 de junho de 1988, o entrevistado, inquirido e estimulado pelo apresentador, proferiu graves ofensas contra Jesus Cristo e a Virgem Maria. Um telespectador, inconformado com o fato, ingressou em juízo contra o apresentador do dito programa, buscando que este fosse condenado a ler uma carta que ele, o telespectador, lhe enviara a título de direito de resposta. Não sendo

---

[260] A tradução dos art. 31 e 75, inc. 22 (somente o primeiro parágrafo) e 24 foi tomada de OBREGÓN, Marcelo Fernando Quiroga. *A necessidade da aplicação do direito comunitário do Mercosul*. Rio de Janeiro: Lumen Juris, 2004. Os demais dispositivos provêm de tradução livre.

acolhida sua pretensão nas instâncias regulares da justiça argentina, o autor logrou alcançar o tribunal constitucional argentino (Corte Suprema de Justicia de la Nación).

A questão perante o tribunal consistia, basicamente, em saber se o direito de resposta, previsto no Pacto de São José da Costa Rica (e não expresso na Constituição da Nação Argentina, de 1853), teria tamanho grau de importância de modo a constituir um remédio jurídico imediato, a ser aplicado sempre que o direito de alguém fosse violado por uma publicação.

Em sua deliberação, a Corte considerou:

[...] 15) Que, en nuestro ordenamiento jurídico, el derecho de respuesta, o rectificación ha sido establecido en el art. 14 del Pacto de San José de Costa Rica que, al ser aprobado por ley 23.054 y ratificado por nuestro país el 5 de setiembre de 1984, es ley suprema de la Nación conforme a lo dispuesto por el art. 31 de la Constitución Nacional. Cabe, entonces, examinar si – como afirma el recurrente – aquella disposición resulta directamente operativa en nuestro derecho interno o si, por el contrario, es menester su complementación legislativa. [...]

18) Que la Convención de Viena sobre el derecho de los tratados – aprobada por ley 19.865, ratificada por el Poder Ejecutivo nacional el 5 de diciembre de 1972 y en vigor desde el 27 de enero de 1980 – confiere primacía al derecho internacional convencional sobre el derecho interno. Ahora esta prioridad de rango integra el ordenamiento jurídico argentino. La convención es un tratado internacional, constitucionalmente válido, que asigna prioridad a los tratados internacionales frente a la ley interna en el ámbito del derecho interno, esto es, un reconocimiento de la primacía del derecho internacional por el propio derecho interno.

Esta convención ha alterado la situación del ordenamiento jurídico argentino contemplada en los precedentes de Fallos: 257:99 y 271:7 (La Ley, 43-458; 131-773), pues ya no es exacta la proposición jurídica según la cual "no existe fundamento normativo para acordar prioridad" al tratado frente a la ley. Tal fundamento normativo radica en el art. 27 de la Convención de

Viena, según el cual "Una parte no podrá invocar las disposiciones de su derecho interno como justificación del incumplimiento de un tratado".
19) Que la necesaria aplicación del art. 27 de la Convención de Viena impone a los órganos del Estado argentino asignar primacía al tratado ante un eventual conflicto con cualquier norma interna contraria o con la omisión de dictar disposiciones que, en sus efectos, equivalgan al incumplimiento del tratado internacional en los términos del citado art. 27.
Lo expuesto en los considerandos precedentes resulta acorde con las exigencias de cooperación, armonización e integración internacionales que la República Argentina reconoce, y previene la eventual responsabilidad del Estado por los actos de sus órganos internos, cuestión a la que no es ajena la jurisdicción de esta Corte en cuanto pueda constitucionalmente evitarla. En este sentido, el tribunal debe velar porque las relaciones exteriores de la Nación no resulten afectadas a causa de actos u omisiones oriundas del derecho argentino que, de producir aquel efecto, hacen cuestión federal trascendente.[261]

A Corte chama a atenção para a redação do art. 14 do Pacto de São José. Segundo raciocinam os juízes, o texto do dispositivo é claro em afirmar que o direito de resposta é um direito imediatamente atribuído aos cidadãos, sem necessidade de mediação legislativa. A Corte chega a esta conclusão comparando o mencionado art. 14 ("toda pessoa [...] tem direito a") com outras disposições, como o art. 13, §5º ("a lei deve proibir"), e o art. 17, §5º ("a lei deve reconhecer").

Em relação à parte final do §1º, que estabelece que o direito de resposta se dará "nas condições que estabeleça a lei", a Corte Suprema fez remissão à jurisprudência da Corte Interamericana de Direitos Humanos, a qual, em opinião consultiva a respeito, respondeu que o direito ali estabelecido o era de uma maneira geral e para todos, não se tratando de uma mera autorização para que os Estados o positivassem em lei.

---

[261] Disponível em: <www.oas.org/juridico/mla/sp/arg/sp_arg_int_text-const.html>. Acesso em: 4 abr. 2013.

Por fim, examinando a legitimidade do autor (pessoa privada) para agir, a Corte considerou que, tendo sido violada uma sua íntima crença, ele assumiria "uma espécie de representação coletiva", em nome dos outros cristãos que também porventura se encontrassem ultrajados pela exibição do programa. E os juízes aduziram que, caso o autor ganhasse a causa, a reparação seria entendida como feita em prol de todos os outros possíveis ofendidos.

A Corte justificou sua ação em defesa do sentimento religioso a partir da proteção dada pela Constituição da Argentina, em seu art. 14, ao livre exercício dos cultos, lembrando que a permissão tácita para que religiões fossem expostas à zombaria intimidaria seus aderentes e consistiria numa espécie de coação contra quem quisesse professar publicamente alguma religião vítima de chacotas.

Desta forma, por maioria de votos (5 a 4), a Corte Suprema de Justicia de la Nación acolheu o recurso de Ekmekdjian, obrigando o responsável pelo programa televisivo no qual se dera a ofensa a ler um trecho de carta que o autor do recurso enviara sob a rubrica de direito de resposta.

Dois juízes dissentiram da maioria afirmando que

> En efecto, si se admitiese que cualquiera pueda exigir el acceso gratuito a los medios de comunicación con el único propósito de refutar los hipotéticos agravios inferidos a las figuras a las que adhiere o a las opiniones que sustenta, es razonable prever que innumerables replicadores, más o menos autorizados, se sentirán llamados a dar su versión sobre un sinfín de aspectos del caudal informativo que – en un sentido psicológico, mas no jurídico – los afectarán.[262]

Porém, no que é importante para o tema que nos ocupa, os dois dissidentes concordaram com a maioria na incidência do art. 14 do Pacto de

---

[262] Voto em dissidência dos desembargadores Enrique Petracchi e Eduardo Moliné O'Connor. Corte Suprema de Justicia de la Nación, 7-7-1992. Ekmekdjian, Miguel Ángel *vs*. Sofovich, Gerardo y otros s/Recurso de hecho. Disponível em: <www.dipublico.com.ar/juris/Ekmekdjian.pdf>. Acesso em: 22 jun. 2012.

A posição do direito do Mercosul na ordem jurídica interna

São José da Costa Rica, não acompanhando porém os cinco magistrados vencedores na afirmação da supremacia do direito internacional perante o direito interno. Na verdade, o voto dos juízes Petracchi e O'Connor, do qual o parágrafo acima foi transcrito, preferiu não incursionar pela área da disputa entre direito interno e internacional, afirmando que, como no caso não ocorria um conflito entre estes dois sistemas, não haveria necessidade de cobrir tal tema.

O juíz Levene também divergiu do voto majoritário, sendo este o núcleo de seu voto:

> 21) Que, por lo demás, en la medida en que el instituto del derecho de réplica o rectificación ha sido concebido como un medio para la protección del honor, la dignidad y la intimidad de las personas, el perjuicio que autorice a demandar con fundamento en él, debe provenir de un ataque directo a esos derechos personalísimos, sin que las aflicciones o sentimientos que produzcan las expresiones ideológicas, políticas o religiosas vertidas públicamente, puedan considerarse como tales cuando no están dirigidas a persona determinada sino contra el patrimonio común de un grupo que, por más respetable que sea, escapa a la tutela del derecho de respuesta.
>
> 22) Que a la luz de lo expuesto ha de concluirse que la falta de legitimación del actor para interponer la presente demanda, pues extender el derecho de réplica al campo de las opiniones, críticas o ideas, importaría una interpretación extensiva del mismo que lo haría jurídicamente indefinible y colisionaría con los principios sobre libertad de prensa consagrados en nuestra Constitución Nacional.

O juiz Belluscio, enquanto acompanhou os juízes divergentes na falta de legitimação para agir do recorrente, dissentiu de todos os magistrados no ponto em que estes entendiam que o Pacto de São José da Costa Rica, em seu art. 14, era diretamente aplicável ao caso. Para ele, o art. 14, através da expressão "nas condições que estabeleça a lei", condiciona a efetividade do direito aí protegido (direito de resposta) à elaboração de uma lei nacional sobre o assunto. Como a Argentina ainda não possuía tal regulamentação, entendeu o julgador que o direito de resposta ainda não fazia parte do direito argentino.

Diz o art. 27 da Convenção de Viena sobre o Direito dos Tratados:

> Uma parte não pode invocar as disposições de seu direito interno para justificar o inadimplemento de um tratado. Esta regra não prejudica o artigo 46.[263]

Já o art. 46 estabelece:

> Artigo 46
> Disposições do Direito Interno sobre Competência para Concluir Tratados
> 1. Um Estado não pode invocar o fato de que seu consentimento em obrigar-se por um tratado foi expresso em violação de uma disposição de seu direito interno sobre competência para concluir tratados, a não ser que essa violação fosse manifesta e dissesse respeito a uma norma de seu direito interno de importância fundamental.
> 2. Uma violação é manifesta se for objetivamente evidente para qualquer Estado que proceda, na matéria, de conformidade com a prática normal e de boa fé.

Perguntas

1. Segundo o voto da maioria, o art. 27 da Convenção de Viena sobre o Direito dos Tratados estabelece a primazia da norma internacional sobre a norma de direito interno. Explique tal posicionamento, a partir do texto do art. 27. Você concorda com tal afirmativa?
2. Há alguma aplicação do princípio do efeito direto neste caso?

---

[263] Disponível em: <www.planalto.gov.br/ccivil_03/_Ato2007-2010/2009/Decreto/D7030.htm>. Acesso em: 4 abr. 2013.

10.2 O caso "Simmenthal"[264]

Considere os seguintes artigos do Tratado da Comunidade Europeia (Roma, 1957):

> Artigo 177. O Tribunal de Justiça será competente para tomar uma decisão preliminar acerca:
> (a) da interpretação deste Tratado;
> (b) da validade e interpretação de atos das instituições da Comunidade; e
> (c) da interpretação dos estatutos de quaisquer entes criados por um ato do Conselho, sempre que tais estatutos o prevejam.
> Quando uma tal questão for levantada perante uma corte ou tribunal de algum dos Estados-membros, tal corte ou tribunal poderá, caso considere que sua sentença depende de uma decisão preliminar sobre tal questão, requerer ao Tribunal de Justiça que se pronuncie acerca da mesma.
> Quando uma tal questão for levantada no âmbito de um caso que esteja sendo julgado perante uma corte ou tribunal domésticos de cuja decisão não cabe recurso segundo a lei nacional, tal corte ou tribunal deverá remeter o caso ao Tribunal de Justiça.[265]
> Art.189. De forma a levar a cabo sua tarefa, o Conselho e a Comissão deverão, de acordo com as provisões deste Tratado, fazer regulações, emitir diretivas, tomar decisões, tecer recomendações ou fornecer opiniões.

---

[264] TJUE, 9-3-1978. Simmenthal, C-106/77. Disponível em: <http://curia.europa.eu>. Acesso em: 28 dez. 2012.

[265] Tradução livre da versão em inglês, cujo teor é: "*Article 177. The Court of Justice shall be competent to make a preliminary decision concerning: (a) the interpretation of this Treaty; (b) the validity and interpretation of acts of the institutions of the Community; and (c) the interpretation of the statutes of any bodies set up by an act of the Council, where such statutes so provide.*
Where any such question is raised before a court or tribunal of one of the Member States, such court or tribunal may, if it considers that its judgment depends on a preliminary decision on this question, request the Court of Justice to give a ruling thereon. Where any such question is raised in a case pending before a domestic court or tribunal from whose decisions no appeal lies under municipal law, such court or tribunal shall refer the matter to the Court of Justice". Disponível em: <www.hri.org/docs/Rome57/Part5Title1.html>. Acesso em: 28 dez. 2012.

Uma regulação terá aplicação geral. Será vinculante em sua totalidade e diretamente aplicável a todos os Estados-membros.

Uma diretiva será vinculante quanto ao resultado a ser alcançado, para cada Estado-membro ao qual é dirigida, mas deixará às autoridades nacionais a escolha da forma e dos métodos.

Uma decisão será vinculante em sua totalidade para aqueles para os quais é dirigida.

Recomendações e opiniões não terão força vinculante.[266]

Em 15 de dezembro de 1976, o Tribunal de Justiça das Comunidades Europeias (atual Tribunal de Justiça da União Europeia) proferiu uma decisão, a título de reenvio prejudicial, a partir de uma dúvida suscitada pelo *pretore* (juiz) italiano da circunscrição de Susa. De acordo com a resposta recebida, o *pretore* julgou que algumas taxas sanitárias impostas às importações de carne bovina pelo governo italiano eram incompatíveis com o direito comunitário, devendo a Administração das Finanças do Estado (órgão do governo italiano) devolver tais quantias, com juros, ao particular do qual as havia cobrado.

A Administração das Finanças do Estado se opôs a tal decisão.

Segundo o *pretore*, a questão se resumia a um conflito entre, de um lado, uma norma comunitária anterior, a qual, segundo decisão do TJCE em reenvio prejudicial, impedia a cobrança de taxas sanitárias, e, do outro lado, uma lei nacional italiana posterior, que instituía exatamente tais taxas. Ora, segundo a jurisprudência do Tribunal Constitucional italiano à época, a solução do problema dependeria de um pronunciamento

---

[266] Tradução livre da versão em inglês, cujo teor é: "*Article 189. In order to carry out their task the Council and the Commission shall, in accordance with the provisions of this Treaty, make regulations, issue directives, take decisions, make recommendations or deliver opinions. A regulation shall have general application. It shall be binding in its entirety and directly applicable in all Member States. A directive shall be binding, as to the result to be achieved, upon each Member State to which it is addressed, but shall leave to the national authorities the choice of form and methods. A decision shall be binding in its entirety upon those to whom it is addressed. Recommendations and opinions shall have no binding force*". Disponível em: <www.hri.org/docs/Rome57/Part5Title1.html>. Acesso em: 28 dez. 2012.

daquela corte suprema, que deveria declarar a inconstitucionalidade da lei nacional. Entretanto, o *pretore* considerou que ele, enquanto juiz de um Estado-membro da Comunidade Europeia, poderia e deveria declarar desde logo o afastamento da norma italiana.

Remeteu, portanto, uma questão, a título de reenvio prejudicial,[267] ao Tribunal de Justiça das Comunidades Europeias, na qual se lia:

> Dado que decorre dos termos do artigo 189º do Tratado CEE e da jurisprudência constante do Tribunal de Justiça das Comunidades Europeias, que as disposições comunitárias directamente aplicáveis devem, independentemente de quaisquer normas ou práticas internas dos Estados-membros, produzir plena e totalmente os seus efeitos e serem uniformemente aplicadas nas ordens jurídicas destes últimos, para que possam também ser garantidos os direitos subjectivos criados na esfera jurídica dos particulares, conclui-se que o alcance destas normas deve ser entendido de forma a que eventuais disposições nacionais ulteriores, contrárias às normas comunitárias, devam ser consideradas inaplicáveis de pleno direito, sem que seja necessário esperar a sua revogação pelo próprio legislador nacional ou por outros órgãos constitucionais (declaração de inconstitucionalidade), nomeadamente se se considerar, no que se refere a esta segunda hipótese, que até a referida declaração, a lei nacional permanece plenamente aplicável, não podendo, portanto, as normas comunitárias produzir os seus efeitos, e não sendo, por conseguinte, garantida a sua aplicação plena, integral e uniforme, do mesmo modo que não são protegidos os direitos subjectivos criados na esfera jurídica dos particulares?

Isto é, o juiz italiano se preocupava com o fato de que, caso devesse remeter a discussão ao Tribunal Constitucional, a norma comunitária prosseguiria permanecendo com sua eficácia suspensa, pois a lei italiana continuaria a valer até uma decisão final do Tribunal Constitucional sobre sua (in)constitucionalidade.

---

[267] A decisão pode ser lida (no português como empregado em Portugal) em: <http://curia.europa.eu>. Acesso em: 30 dez. 2011.

Assim respondeu o Tribunal de Justiça à questão:

13. Com *a primeira questão* pretende-se, essencialmente, que sejam especificadas as consequências da aplicabilidade directa de uma disposição de direito comunitário em caso de incompatibilidade com uma disposição posterior da legislação de um Estado-membro.
14. A aplicabilidade directa, assim perspectivada, implica que as normas de direito comunitário produzam a plenitude dos seus efeitos, de modo uniforme em todos os Estados-membros, a partir da sua entrada em vigor e durante todo o período da respectiva vigência.
15. Assim, estas disposições constituem uma fonte imediata de direitos e obrigações para todos os seus destinatários, quer se trate de Estados-membros ou de particulares, que sejam titulares de relações jurídicas às quais se aplique o direito comunitário.
16. Isto vale igualmente para o juiz que, no âmbito das suas competências, tem, enquanto titular de um órgão de um Estado-membro, por missão proteger os direitos conferidos aos particulares pelo direito comunitário.
17. Além do mais, por força do princípio do primado do direito comunitário, as disposições do Tratado e os actos das instituições directamente aplicáveis têm por efeito, nas suas relações com o direito interno dos Estados-membros, não apenas tornar inaplicável de pleno direito, desde o momento da sua entrada em vigor, qualquer norma de direito interno que lhes seja contrária, mas também – e dado que tais disposições e actos integram, com posição de precedência, a ordem jurídica aplicável no território de cada um dos Estados-membros – impedir a formação válida de novos actos legislativos nacionais, na medida em que seriam incompatíveis com normas do direito comunitário.
18. Com efeito, o reconhecimento de uma qualquer forma de eficácia jurídica atribuída a actos legislativos nacionais que invadem o domínio no qual se exerce o poder legislativo da Comunidade, ou que por qualquer forma se mostrem incompatíveis com disposições do direito comunitário, implicaria a negação do carácter efectivo dos compromissos assumidos pelos Estados-membros, por força do Tratado, de modo incondicional e

irrevogável, contribuindo assim para pôr em causa os próprios fundamentos da Comunidade.

19. O mesmo entendimento decorre da economia do artigo 177º do Tratado, nos termos do qual qualquer órgão jurisdicional nacional pode, sempre que considerar necessário para o julgamento da causa, solicitar ao Tribunal de Justiça que se pronuncie, a título prejudicial, sobre uma questão de interpretação ou de validade relativa ao direito comunitário.

20. O efeito útil desta disposição seria diminuído se o juiz estivesse impedido de dar, imediatamente, ao direito comunitário uma aplicação conforme à decisão ou à jurisprudência do Tribunal.

21. Decorre de tudo quanto precede que qualquer juiz nacional tem o dever de, no âmbito das suas competências, aplicar integralmente o direito comunitário e proteger os direitos que este confere aos particulares, considerando inaplicável qualquer disposição eventualmente contrária de direito interno, quer seja esta anterior ou posterior à norma comunitária.

22. É, assim, incompatível com as exigências inerentes à própria natureza do direito comunitário, qualquer norma da ordem jurídica interna ou prática legislativa, administrativa ou judicial, que tenha por consequência a diminuição da eficácia do direito comunitário, pelo facto de recusar ao juiz competente para a aplicação deste direito, o poder de, no momento dessa aplicação, fazer tudo o que é necessário para afastar as disposições legislativas nacionais que constituam, eventualmente, um obstáculo à plena eficácia das normas comunitárias.

23. O que ocorre sempre que, em caso de contradição entre uma disposição de direito comunitário e uma lei nacional posterior, a competência para a solução do conflito for atribuída a outra autoridade que não o juiz que, investido de um poder próprio de apreciação, seja chamado a assegurar a aplicação do direito comunitário, ainda que fosse apenas temporário o obstáculo daí resultante para a plena eficácia do mesmo direito.

24. Deve, assim, responder-se à primeira questão, que o juiz nacional responsável, no âmbito das suas competências, pela aplicação de disposições de direito comunitário, tem obrigação de assegurar o pleno efeito de tais normas, decidindo, por autoridade própria, se necessário for, da não apli-

cação de qualquer norma de direito interno que as contrarie, ainda que tal norma seja posterior, sem que tenha de solicitar ou esperar a prévia eliminação da referida norma por via legislativa ou por qualquer outro processo constitucional.[268]

Perguntas

3. No que diz respeito à relação entre direito interno e internacional, em que aspecto esta decisão se assemelha à sentença argentina acima comentada?
4. Quais os motivos que justificaram a posição que foi tomada em cada um dos dois julgamentos acima apresentados acerca da relação entre direito interno e direito internacional?
5. Os argumentos levantados pelas duas jurisdições acima examinadas aplicar-se-iam à relação entre o direito do Mercosul e o direito interno?

10.3 O agravo regimental na Carta Rogatória nº 8.279-4 – Argentina[269]

Em dezembro de 1994, foi elaborado, pelo Conselho do Mercosul, o Protocolo de Medidas Cautelares de Ouro Preto, aprovado no Brasil pelo Decreto Legislativo nº 192/95 do Congresso Nacional e ratificado por nosso país, mediante depósito do instrumento pertinente, em 18 de março de 1997. Como o Brasil foi o terceiro país a ratificar tal acordo,[270] contou-se, após a ratificação, o prazo de 30 dias previsto no Protocolo

---

[268] Disponível em: <www.hri.org/docs/Rome57/Part5Title1.html>. Acesso em: 28 dez. 2012.
[269] STF. CR 8.279-4AgR – Argentina. Relator: ministro Celso de Mello. Julgamento em 17-6-1998.
[270] Depois do Paraguai (em 12 de setembro de 1995) e da Argentina (em 14 de março de 1996), de acordo com a página oficial do Mercosul na internet (www.mercosur.int), acessada em 31 dez. 2011.

(art. 29),[271] findo o qual o mesmo passou a valer para o Brasil,[272] em 18 de abril de 1997. A promulgação do mesmo, entretanto, só foi efetuada em 15 de junho de 1998, através do Decreto nº 2.626.

Entre 18 de abril de 1997 e 15 de junho de 1998, a Justiça Federal da Argentina expediu uma carta rogatória ao Supremo Tribunal Federal (atualmente, com o advento da Emenda Constitucional nº 45/04, não é mais o STF, e sim o Superior Tribunal de Justiça o responsável pela execução de cartas rogatórias provenientes do exterior).[273]

O ministro Celso de Mello, à época presidente do STF, denegou, em 4 de maio de 1998, o *exequatur* à carta rogatória, entendendo que esta pretendia viabilizar, em território nacional, atos de caráter executório, o que é vedado pela jurisprudência nacional.

A respeito, Carmen Tiburcio[274] traz uma pequena compilação de votos do STF que correm todos no sentido de denegar a execução de cartas rogatórias que requeiram atos de constrição:

> Como regra, o objeto da carta rogatória deve ser uma diligência no Brasil, tal como citação, intimação, oitiva de testemunhas e obtenção de provas em geral. Nenhuma medida de caráter executório pode ser requerida ao STF por via da carta rogatória (salvo tratado internacional), entendimento este pacífico e sedimentado, em sede doutrinária e jurisprudencial. Observe-se, nesse particular, trecho de aresto do Supremo Tribunal Federal:

---

[271] "Artigo 29. O presente Protocolo, parte integrante do Tratado de Assunção, será submetido aos procedimentos constitucionais de aprovação de cada Estado Parte e entrará em vigor trinta (30) dias depois do depósito do segundo instrumento de ratificação, com relação aos dois primeiros Estados Partes que o ratifiquem. Para os demais signatários, entrará em vigor no trigésimo dia posterior ao depósito do respectivo instrumento de ratificação" (texto do Protocolo disponível em: <www2.mre.gov.br>. Acesso em: 31 dez. 2011.

[272] O Decreto nº 2.626, de 15 de junho de 1998, que promulgou o Protocolo de Medidas Cautelares de Ouro Preto, expressa, em seu preâmbulo: "CONSIDERANDO que o Governo brasileiro depositou o Instrumento de Ratificação do Protocolo em 18 de março de 1997, passando o mesmo a vigorar para o Brasil em 18 de abril de 1997".

[273] Veja os arts. 102, I, "h" (revogado), e 105, I, "i", da Constituição Federal.

[274] TIBURCIO, Carmen. *Temas de direito internacional*. Rio de Janeiro: Renovar, 2006. p. 166-167 (grifos no original).

"Sentença negatória de *exequatur*.
Carta Rogatória expedida pela Justiça da República Argentina para se proceder no Brasil ao sequestro de bens móveis e imóveis. Medida cautelar prevista no art. 1.295 do Código Civil argentino com o nome jurídico de embargo e no artigo 822, III do Código de Processo Civil Brasileiro, com o nome jurídico de sequestro.
Tratando-se de providência judicial que depende, no Brasil, de sentença que a decrete, imperiosa é a conclusão de que tal medida não pode ser executada em nosso País antes de ser homologada, na jurisdição brasileira, a sentença estrangeira que a tenha concedido.
Exequatur denegado."[275]
E, ainda, mais especificamente, no voto:
"A carta rogatória constitui expediente pelo qual se cumprem ou executam os atos judiciais de procedimento que não dependem de sentença, tais como citações, intimações, avaliações *et similia*."
E em outra decisão:
"[...] constitui princípio fundamental do direito brasileiro sobre rogatórias o de que nestas não se pode pleitear medida executória de sentença estrangeira que não haja sido homologada pela Justiça do Brasil."[276]
Recentemente, esse mesmo entendimento foi reproduzido:
"[...] A jurisprudência do STF é no sentido de que a rogatória não pode ter caráter executório. A rogatória restringe-se a atos citatórios, de intimação, inquirição de testemunhas e atos de instrução [...] No caso, a diligência solicitada tem caráter executório, conforme foi dito, o que impede a concessão do *exequatur* [...]."[277]

Como se vê, o presidente do STF obedecia a uma longa e pacífica tradição na Corte, que se baseava na proteção do sistema de homologação das sentenças estrangeiras. Através da denegação de efeitos executórios às cartas rogatórias, buscava-se prestigiar a necessidade de

---

[275] STF. CR 3.237/AT. Relator: ministro Antonio Neder. *DJU*, 12 ago. 1980.
[276] STF. CR 2.963/AT. Relator: ministro Antonio Neder. *DJU*, 20 abr. 1979.
[277] STF. CR 8.971-6/ME. Relator: ministro Carlos Velloso. *DJU*, 1 mar. 2000.

que toda sentença estrangeira, para ter efeitos no Brasil, atravessasse o processo de homologação. Evitava-se, assim, que jurisdições estrangeiras utilizassem o instituto da carta rogatória como um "atalho" que lhes permitisse ver suas decisões gerarem efeitos em nosso país sem o exame do juízo de delibação.

No caso em tela, entretanto, a empresa argentina que buscava o *exequatur* alegava que o direito do Mercosul incidente na matéria permitia a aplicação, no país, de cartas rogatórias executórias. Citou, a respeito, certos artigos do Protocolo de Medidas Cautelares de Ouro Preto, que dispõe:

> Artigo 1º. O presente Protocolo tem por objeto regulamentar entre os Estados Partes do Tratado de Assunção, o cumprimento de medidas cautelares destinadas a impedir a irreparabilidade de um dano em relação às pessoas, bens e obrigações de dar, de fazer ou de não fazer.
> Artigo 3º. Admitir-se-ão medidas cautelares preparatórias, incidentais de uma ação principal e as que garantam a execução de uma sentença.
> Artigo 4º. As autoridades jurisdicionais dos Estados Partes do Tratado de Assunção darão cumprimento às medidas cautelares decretadas por Juízes ou Tribunais de outros Estados Partes, competentes na esfera internacional, adotando as providências necessárias, de acordo com a lei do lugar onde estejam situados os bens ou residam as pessoas objeto da medida.
> Artigo 6º. A execução da medida cautelar e sua contracautela ou respectiva garantia, serão processadas pelo Juízes ou Tribunais do Estado requerido, segundo suas leis.
> Artigo 11. O Juiz ou Tribunal, a quem for solicitado o cumprimento de uma sentença estrangeira, poderá determinar as medidas cautelares garantidoras da execução, de conformidade com as suas leis.
> Artigo 17. A autoridade jurisdicional do Estado requerido poderá recusar o cumprimento de uma carta rogatória referente a medidas cautelares, quando estas sejam manifestamente contrárias a sua ordem pública.
> Artigo 18. A solicitação de medidas cautelares será formulada através de "exhortos" ou cartas rogatórias, termos equivalentes para os fins do presente Protocolo.

No entanto, o ministro Celso de Mello, presidente, negou a aplicação do Protocolo de Ouro Preto, eis que tal instrumento ainda não havia sido promulgado pelo presidente da República.

A empresa argentina interpôs agravo, argumentando que

> Uma vez aprovado pelo Congresso Nacional, pelo Decreto Legislativo nº 192/95, de 15/12/95, o Protocolo ganhou juridicidade, transformou-se em norma cogente, ingressou no ordenamento jurídico, cumpriu a previsão constitucional do referendo, pelo Poder Legislativo, de ato praticado em nome do Estado brasileiro pelo Poder Executivo (Constituição Federal, artigo 84, inciso VIII).
>
> Ratificado o Protocolo, através do depósito do correspondente instrumento, o Estado brasileiro obrigou-se na esfera internacional, assumindo um compromisso com as Altas Partes Contratantes, não podendo voltar atrás na vontade manifestada senão pelos processos ordinários de denúncia dos tratados.
>
> Tal compromisso internacional assume maior relevo por se dar na esfera do Mercosul, pois não se trata de um acordo isolado com um país longínquo, mas um acordo dinâmico e interativo com países vizinhos e amigos, inserido em uma vastíssima teia normativa, que visa a dar efetividade jurídica a um projeto político-institucional muito maior: em um primeiro momento, a constituição de um mercado comum (para o qual a segurança jurídica é fundamental); em um segundo momento, a construção de uma comunidade latino-americana de Estados (aliás, em cumprimento a expresso mandamento constitucional já acima transcrito – parágrafo único do artigo 4º).
>
> É sabido que o processo de entrada em vigor de um tratado é complexo e envolve pelo menos três etapas, com três pontos culminantes.
>
> Na primeira etapa, o tratado é negociado na esfera diplomática, culminando com sua assinatura pelos chefes de Estado ou ministros plenipotenciários dos países envolvidos.
>
> Em uma segunda etapa, o texto acordado é submetido à discrição política do Poder Legislativo, que é o único competente para aprovar ou rejeitar os atos internacionais praticados pelo Governo do país. Culmina tal etapa, no

Brasil, com a publicação de Decreto Legislativo que aprova o tratado pelo Presidente do Senado Federal.

Aprovado o tratado, sem modificações, ingressa-se na terceira etapa do longo e reflexivo processo de criação do diploma legislativo internacional. Nesta etapa, cabe ao Poder Executivo avaliar a conveniência e a oportunidade de fazer entrar em vigor o tratado, dando-lhe eficácia, o que é feito pelo ato formal de ratificação. [...]

A promulgação do tratado, para efeitos publicitários internos, através do decreto presidencial, é simples formalidade não atributiva de juridicidade ou de eficácia às normas pactuadas no tratado. A juridicidade de suas normas decorre da aprovação congressual, enquanto a respectiva eficácia decorre da ratificação. [...]

Não assiste ao Poder Executivo, após o depósito do instrumento de ratificação, por outro lado, a alternativa de promulgar ou não o tratado; a promulgação por decreto é imperiosa e deve ser feita sem demora, e, se não se faz em tempo hábil, é por incúria do Governo.[278]

Perguntas

6. O percurso procedimental de um tratado para que tenha vigência interna e externa na ordem jurídica brasileira foi descrito corretamente pela agravante?
7. Caso o STF considere que, no Mercosul, existissem na época os princípios do efeito direto e da aplicabilidade imediata, qual deverá ser a decisão?
8. É necessária uma autorização constitucional específica para que o Brasil possa participar da integração comunitária do Mercosul? Responda com base nos arts. 1º, I, e 4º, I, da Constituição Federal:

> Art. 1º. A República Federativa do Brasil, formada pela união indissolúvel dos Estados e Municípios e do Distrito Federal, constitui-se em Estado democrático de direito e tem como fundamentos:

---

[278] STF. CR 8.971-6/ME. Relator: ministro Carlos Velloso. *DJU*, 1 mar. 2000.

I. a soberania;
Art. 4º. A República Federativa do Brasil rege-se nas suas relações internacionais pelos seguintes princípios:
I. independência nacional;[279]

9. O art. 4º, parágrafo único, da Constituição ("Parágrafo único. A República Federativa do Brasil buscará a integração econômica, política, social e cultural dos povos da América Latina, visando à formação de uma comunidade latino-americana de nações.") pode ser invocado para respaldar a posição da agravante?
10. Segundo a decisão do STF, qual é a posição do direito do Mercosul no direito brasileiro?
11. A decisão do Supremo Tribunal Federal neste caso poderia acarretar responsabilidade internacional do Estado brasileiro?

10.4 Questões para fixação e aprofundamento

1. Qual a posição hierárquica ocupada pelo direito do Mercosul em relação à ordem jurídica do Brasil?
2. Quais são as normas constitucionais que regulam o reconhecimento do Mercosul e a implementação das normas do bloco no Brasil?
3. Qual a posição hierárquica ocupada pelo direito do Mercosul em relação à ordem jurídica dos demais Estados-partes do Mercosul?
4. Na opinião de Alejandro Perotti, o direito do Mercosul tem primazia, efeito direto e aplicabilidade imediata em relação à ordem jurídica interna dos Estados-partes como no caso do direito da União Europeia? Por quê?
5. Por que foi interposto agravo regimental na carta rogatória enviada pela Argentina?

---

[279] Disponível em: <www.planalto.gov.br/ccivil_03/constituicao/constituicao.htm->. Acesso em: 4 abr. 2013.

A posição do direito do Mercosul na ordem jurídica interna

6. Qual foi o fundamento da decisão que negou exequatur à carta rogatória?
7. Qual foi a argumentação da agravante?
8. Por que o Protocolo de Medidas Cautelares ainda não estava em vigor no Brasil?
9. Quando um tratado do Mercosul entra em vigor no Brasil?
10. Há conflito entre o art. 29 do Protocolo de Medidas Cautelares e o procedimento de incorporação brasileiro?
11. Como é disciplinada a recepção dos tratados do Mercosul no ordenamento jurídico brasileiro?
12. Qual é o procedimento constitucional a ser seguido para a incorporação dos tratados do Mercosul no Brasil?
13. O que é preciso ser feito internamente, segundo o STF, para conferir aplicabilidade aos princípios do efeito direto e aplicabilidade imediata no Brasil?
14. Por que os princípios do efeito direto e da aplicabilidade imediata não foram, segundo o STF, consagrados pela Constituição brasileira?
15. Como fazer para conferir um tratamento diferenciado para a incorporação dos tratados celebrados no âmbito do Mercosul?

Título II
O sistema de solução de controvérsias do Mercosul

Capítulo 11
O funcionamento do sistema de solução de controvérsias: o caso das fábricas de papel celulose

11.1 O sistema de solução de controvérsias do Mercosul

É possível reconhecer três estágios na evolução do sistema de controvérsias do Mercosul. O Tratado de Assunção[280] já estabelecia, em seu art. 3º, a criação de um sistema integracional de solução de controvérsias.

> Art. 3º. Durante o período de transição, que se estenderá desde a entrada em vigor do presente Tratado até 31 de dezembro de 1994, e a fim de facilitar a constituição do Mercado Comum, os Estados Partes adotam um Regime Geral de Origem, um Sistema de Solução de Controvérsias e Cláusulas de Salvaguarda, que contam com Anexos II, III e IV ao presente Tratado.

No mencionado anexo III, o sistema provisório de solução de conflitos era bastante simples:

> ANEXO III
> Solução de Controvérsias

---

[280] Disponível em: <www.mercosul.gov.br/tratados-e-protocolos/tratado-de-assuncao-1>. Acesso em: 24 dez. 2011.

Artigo 1º. As Controvérsias que possam surgir entre os Estados Partes como consequência da aplicação do Tratado serão resolvidas mediante negociações diretas.

No caso de não lograrem uma solução, os Estados Partes submeterão a controvérsia à consideração do Grupo Mercado Comum que, após avaliar a situação, formulará no lapso de sessenta (60) dias as recomendações pertinentes às Partes para a solução do diferendo. Para tal fim, o Grupo Mercado Comum poderá estabelecer ou convocar painéis de especialistas ou grupos de peritos com o objetivo de contar com assessoramento técnico.

Se no âmbito do Grupo Mercado Comum tampouco for alcançada uma solução, a controvérsia será elevada ao Conselho do Mercado Comum para que este adote as recomendações pertinentes.

Artigo 2º. Dentro de cento e vinte (120) dias a partir da entrada em vigor do Tratado, o Grupo Mercado Comum elevará aos Governos dos Estados Partes uma proposta de Sistema de Solução de Controvérsias, que vigerá durante o período de transição.

Artigo 3º. Até em 31 de dezembro de 1994, os Estados Partes adotarão um Sistema Permanente de Solução de controvérsias para o Mercado comum.[281]

Nota-se que esta fórmula conferia importância fundamental ao consenso dos Estados-partes, sem o qual solução alguma seria alcançada. Tal procedimento nunca chegou a ser utilizado.[282] De acordo com o art. 2º deste anexo, logo na primeira reunião do Conselho do Mercado Comum, em dezembro de 1991, aprovou-se o Protocolo de Brasília sobre a Solução de Controvérsias. Este, porém, só passou a vigorar em abril de 1993, com o depósito do último instrumento de ratificação (pelo Uruguai).

O Protocolo de Brasília instituiu um mecanismo mais complexo, que previa duas fases, uma política e outra arbitral. Na primeira, os Estados-

---

[281] Disponível em: <www.mercosur.int>. Acesso em: 4 abr. 2013.
[282] PEREIRA, Ana Cristina Paulo. *Direito institucional e material do Mercosul*. 2. ed. rev. e atual. Rio de Janeiro: Lumen Juris, 2005. p. 96.

-partes na controvérsia deveriam procurar resolver suas diferenças por via direta, ou através da intervenção do Grupo Mercado Comum. Já a segunda fase compreendia a submissão do caso a um tribunal arbitral constituído expressamente para cada controvérsia (tribunal *ad hoc*), o qual seria formado por escolha dos litigantes a partir de uma lista de árbitros que cada Estado-membro forneceria e que seria mantida pela Secretaria Administrativa do Mercosul.

Uma característica interessante do Protocolo de Brasília foi o estabelecimento de diversos prazos que deveriam ser respeitados, desde a fase preliminar das negociações diretas (com duração máxima prevista de 15 dias, a não ser que as partes consentissem numa extensão – art. 3º, §2º) até o prazo (30 dias – art. 23) para que o Estado prejudicado possa adotar contramedidas na hipótese de o Estado condenado pelo laudo arbitral não dar cumprimento ao mesmo.

Outro detalhe que vale mencionar é a possibilidade de que particulares efetuem reclamações contra Estados-partes que adotem

> medidas legais ou administrativas de efeito restritivo, discriminatórias ou de concorrência desleal, em violação do Tratado de Assunção, dos acordos celebrados no âmbito do mesmo, das decisões do Conselho do Mercado Comum ou das resoluções do Grupo Mercado Comum [art. 25].[283]

De acordo com o Protocolo, indivíduos podem levar sua reclamação à Seção Nacional do Grupo Mercado Comum em seu Estado, a qual poderá contatar a Seção Nacional do Estado-parte acusado, ou então levar a controvérsia ao Grupo Mercado Comum.

Sob o regime do Protocolo de Brasília, foram proferidos 10 laudos arbitrais,[284] sendo que todos os quatro membros do Mercosul se valeram deste expediente para resolver litígios. Com o advento do Protocolo de Olivos, em 2002, e sua entrada em vigor, em 2004, o Protocolo de Brasília foi revogado, e seu sistema de resolução de controvérsias não mais se aplica.

---

[283] Disponível em: <www.mercosur.int>. Acesso em: 4 abr. 2013.
[284] Teor dos laudos disponível em: <www.mercosur.int>. Acesso em: 24 dez. 2011.

O Protocolo de Olivos[285] instituiu um sistema que manteve muitas características dos anteriores modos de solucionar controvérsias no Mercosul. De início, cabe distinguir entre dois procedimentos: o primeiro refere-se às controvérsias entre Estados, enquanto que o segundo trata das reclamações dos particulares contra um Estado.

A primeira fase segue sendo composta pela negociação direta, de natureza política, nos termos do art. 4º do Protocolo de Olivos. Segue existindo o prazo de 15 dias para a conclusão destas negociações, prazo que pode ser livremente estendido de comum acordo entre as partes (art. 5º). Após esta fase, o litígio pode (mas não deve necessariamente) ser levado ao Grupo Mercado Comum, o qual formulará as recomendações que entender pertinentes (art. 7º). Também para esta etapa há um prazo máximo, que é de 30 dias (art. 8º). Ressalte-se que esta segunda etapa é opcional, isto é, qualquer um dos Estados pode levar a questão diretamente à fase arbitral:

Capítulo IV
Negociações Diretas
Artigo 4º
Negociações
Os Estados Partes numa controvérsia procurarão resolvê-la, antes de tudo, mediante negociações diretas.
Artigo 5º
Procedimento e Prazo
1. As negociações diretas não poderão, salvo acordo entre as partes na controvérsia, exceder um prazo de quinze (15) dias a partir da data em que uma delas comunicou à outra a decisão de iniciar a controvérsia.
2. Os Estados partes em uma controvérsia informarão ao Grupo Mercado Comum, por intermédio da Secretaria Administrativa do MERCOSUL, sobre as gestões que se realizarem durante as negociações e os resultados das mesmas.

---

[285] Disponível em: <www.mre.gov.py/dependencias/tratados/mercosur>. Acesso em: 26 dez. 2011. Publicado no Brasil pelo Decreto nº 4.982/04.

Capítulo V
Intervenção do Grupo Mercado Comum
Artigo 6º
Procedimento Opcional ante o GMC
1. Se mediante as negociações diretas não se alcançar um acordo ou se a controvérsia for solucionada apenas parcialmente, qualquer dos Estados partes na controvérsia poderá iniciar diretamente o procedimento arbitral previsto no Capítulo VI.
2. Sem prejuízo do estabelecido no numeral anterior, os Estados partes na controvérsia poderão, de comum acordo, submetê-la à consideração do Grupo Mercado Comum.
i) Nesse caso, o Grupo Mercado Comum avaliará a situação, dando oportunidade às partes na controvérsia para que exponham suas respectivas posições, requerendo, quando considere necessário, o assessoramento de especialistas selecionados da lista referida no artigo 43 do presente Protocolo.
ii) Os gastos relativos a esse assessoramento serão custeados em montantes iguais pelos Estados partes na controvérsia ou na proporção que determine o Grupo Mercado Comum.
3. A controvérsia também poderá ser levada à consideração do Grupo Mercado Comum se outro Estado, que não seja parte na controvérsia, solicitar, justificadamente, tal procedimento ao término das negociações diretas. Nesse caso, o procedimento arbitral iniciado pelo Estado Parte demandante não será interrompido, salvo acordo entre os Estados partes na controvérsia.
Artigo 7º
Atribuições do GMC
1. Se a controvérsia for submetida ao Grupo Mercado Comum pelos Estados partes na controvérsia, este formulará recomendações que, se possível, deverão ser expressas e detalhadas, visando à solução da divergência.
2. Se a controvérsia for levada à consideração do Grupo Mercado Comum a pedido de um Estado que dela não é parte, o Grupo Mercado Comum poderá formular comentários ou recomendações a respeito.
Artigo 8º
Prazo para Intervenção e Pronunciamento do GMC

O procedimento descrito no presente Capítulo não poderá estender-se por um prazo superior a trinta (30), dias a partir da data da reunião em que a controvérsia foi submetida à consideração do Grupo Mercado Comum.

Os arts. 9º a 16 do Protocolo de Olivos tratam do procedimento arbitral de solução de controvérsias no Mercosul, estabelecendo, entre outros, que os árbitros serão escolhidos entre uma lista que cada Estado elaborará previamente e que o tribunal arbitral poderá indicar medidas provisórias antes do laudo final, as quais deverão ser cumpridas pelas partes:

Capítulo VI
Procedimento Arbitral Ad Hoc
Artigo 9º
Início da Etapa Arbitral
1. Quando não tiver sido possível solucionar a controvérsia mediante a aplicação dos procedimentos referidos nos Capítulos IV e V, qualquer dos Estados partes na controvérsia poderá comunicar à Secretaria Administrativa do MERCOSUL sua decisão de recorrer ao procedimento arbitral estabelecido no presente Capítulo.
2. A Secretaria Administrativa do MERCOSUL notificará, de imediato, a comunicação ao outro ou aos outros Estados envolvidos na controvérsia e ao Grupo Mercado Comum.
3. A Secretaria Administrativa do MERCOSUL se encarregará das gestões administrativas que lhe sejam requeridas para a tramitação dos procedimentos.
Artigo 10
Composição do Tribunal Arbitral Ad Hoc[286]
1. O procedimento arbitral tramitará ante um Tribunal Ad Hoc composto de três (3) árbitros.
Os árbitros serão designados da seguinte maneira:

---

[286] O erro de numeração dos parágrafos deste artigo consta do original.

i) Cada Estado parte na controvérsia designará um (1) árbitro titular da lista prevista no artigo 11.1, no prazo de quinze (15) dias, contado a partir da data em que a Secretaria Administrativa do MERCOSUL tenha comunicado aos Estados partes na controvérsia a decisão de um deles de recorrer à arbitragem.

Simultaneamente, designará da mesma lista, um (1) árbitro suplente para substituir o árbitro titular em caso de incapacidade ou escusa deste em qualquer etapa do procedimento arbitral.

ii) Se um dos Estados partes na controvérsia não tiver nomeado seus árbitros no prazo indicado no numeral 2 (i), eles serão designados por sorteio pela Secretaria Administrativa do MERCOSUL em um prazo de dois (2) dias, contado a partir do vencimento daquele prazo, dentre os árbitros desse Estado da lista prevista no artigo 11.1.

3. O árbitro Presidente será designado da seguinte forma:

i) Os Estados partes na controvérsia designarão, de comum acordo, o terceiro árbitro, que presidirá o Tribunal Arbitral Ad Hoc, da lista prevista no artigo 11.2 (iii), em um prazo de quinze (15) dias, contado a partir da data em que a Secretaria Administrativa do MERCOSUL tenha comunicado aos Estados partes na controvérsia a decisão de um deles de recorrer à arbitragem. Simultaneamente, designarão da mesma lista, um árbitro suplente para substituir o árbitro titular em caso de incapacidade ou escusa deste em qualquer etapa do procedimento arbitral.

O Presidente e seu suplente não poderão ser nacionais dos Estados partes na controvérsia.

ii) Se não houver acordo entre os Estados partes na controvérsia para escolher o terceiro árbitro dentro do prazo indicado, a Secretaria Administrativa do MERCOSUL, a pedido de qualquer um deles, procederá a sua designação por sorteio da lista do artigo 11.2 (iii), excluindo do mesmo os nacionais dos Estados partes na controvérsia.

iii) Os designados para atuar como terceiros árbitros deverão responder, em um prazo máximo de três (3) dias, contado a partir da notificação de sua designação, sobre sua aceitação para atuar em uma controvérsia.

4. A Secretaria Administrativa do MERCOSUL notificará os árbitros de sua designação.

Artigo 11

Listas de Árbitros

1. Cada Estado Parte designará doze (12) árbitros, que integrarão uma lista que ficará registrada na Secretaria Administrativa do MERCOSUL. A designação dos árbitros, juntamente com o curriculum vitae detalhado de cada um deles, será notificada simultaneamente aos demais Estados Partes e à Secretaria Administrativa do MERCOSUL.

i) Cada Estado Parte poderá solicitar esclarecimentos sobre as pessoas designadas pelos outros Estados Partes para integrar a lista referida no parágrafo anterior, dentro do prazo de trinta (30) dias, contado a partir de tal notificação.

ii) A Secretaria Administrativa do MERCOSUL notificará aos Estados Partes a lista consolidada de árbitros do MERCOSUL, bem como suas sucessivas modificações.

2. Cada Estado Parte proporá, ademais, quatro (4) candidatos para integrar a lista de terceiros árbitros. Pelo menos um dos árbitros indicados por cada Estado Parte para esta lista não será nacional de nenhum dos Estados Partes do MERCOSUL.

i) A lista deverá ser notificada aos demais Estados Partes, por intermédio da Presidência Pro Tempore, acompanhada pelo *curriculum vitae* de cada um dos candidatos propostos.

ii) Cada Estado Parte poderá solicitar esclarecimentos sobre as pessoas propostas pelos demais Estados Partes ou apresentar objeções justificadas aos candidatos indicados, conforme os critérios estabelecidos no artigo 35, dentro do prazo de trinta (30) dias, contado a partir da notificação dessas propostas.

As objeções deverão ser comunicadas por intermédio da Presidência Pro Tempore ao Estado Parte proponente. Se, em um prazo que não poderá exceder a trinta (30) dias contado da notificação, não se chegar a uma solução, prevalecerá a objeção.

iii) A lista consolidada de terceiros árbitros, bem como suas sucessivas modificações, acompanhadas do curriculum vitae dos árbitros, será comunicada pela Presidência Pro Tempore à Secretaria Administrativa do MERCOSUL, que a registrará e notificará aos Estados Partes.

Artigo 12

Representantes e Assessores

Os Estados partes na controvérsia designarão seus representantes ante o Tribunal Arbitral Ad Hoc e poderão ainda designar assessores para a defesa de seus direitos.

Artigo 13

Unificação de Representação

Se dois ou mais Estados Partes sustentarem a mesma posição na controvérsia, poderão unificar sua representação ante o Tribunal Arbitral e designarão um árbitro de comum acordo, no prazo estabelecido no artigo 10.2(i).

Artigo 14

Objeto da Controvérsia

1. O objeto das controvérsias ficará determinado pelos textos de apresentação e de resposta apresentados ante o Tribunal Arbitral Ad Hoc, não podendo ser ampliado posteriormente.

2. As alegações que as partes apresentem nos textos mencionados no numeral anterior se basearão nas questões que foram consideradas nas etapas prévias, contempladas no presente Protocolo e no Anexo ao Protocolo de Ouro Preto.

3. Os Estados partes na controvérsia informarão ao Tribunal Arbitral Ad Hoc, nos textos mencionados no numeral 1 do presente artigo, sobre as instâncias cumpridas com anterioridade ao procedimento arbitral e farão uma exposição dos fundamentos de fato e de direito de suas respectivas posições.

Artigo 15

Medidas Provisórias

1. O Tribunal Arbitral Ad Hoc poderá, por solicitação da parte interessada, e na medida em que existam presunções fundamentadas de que a manutenção da situação poderá ocasionar danos graves e irreparáveis a uma das partes na controvérsia, ditar as medidas provisórias que considere apropriadas para prevenir tais danos.

2. O Tribunal poderá, a qualquer momento, tornar sem efeito tais medidas.
3. Caso o laudo seja objeto de recurso de revisão, as medidas provisórias que não tenham sido deixadas sem efeito antes da emissão do mesmo se manterão até o tratamento do tema na primeira reunião do Tribunal Permanente de Revisão, que deverá resolver sobre sua manutenção ou extinção.
Artigo 16.
Laudo Arbitral
O Tribunal Arbitral Ad Hoc emitirá o laudo num prazo de sessenta (60) dias, prorrogáveis por decisão do Tribunal por um prazo máximo de trinta (30) dias, contado a partir da comunicação efetuada pela Secretaria Administrativa do MERCOSUL às partes e aos demais árbitros, informando a aceitação pelo árbitro Presidente de sua designação.[287]

Uma grande novidade do Protocolo de Olivos surge no capítulo VII, referente ao "Procedimento de Revisão". Abre-se uma possibilidade a qualquer das partes no litígio de contestar o laudo arbitral perante o Tribunal Permanente de Revisão (TPR) do Mercosul, órgão estabelecido pelo próprio Protocolo. Segundo o art. 22:

Artigo 22
Alcance do Pronunciamento
1. O Tribunal Permanente de Revisão poderá confirmar, modificar ou revogar a fundamentação jurídica e as decisões do Tribunal Arbitral Ad Hoc.
2. O laudo do Tribunal Permanente de Revisão será definitivo e prevalecerá sobre o laudo do Tribunal Arbitral Ad Hoc.[288]

Existe também a possibilidade de as partes se submeterem diretamente ao TPR, de acordo com o disposto no art. 23 do Protocolo:

Artigo 23
Acesso direto ao Tribunal Permanente de Revisão

---

[287] Disponível em: <www.mercosur.int>. Acesso em: 4 abr. 2013.
[288] Ibid.

O funcionamento do sistema de solução de controvérsias

1. As partes na controvérsia, culminado o procedimento estabelecido nos artigos 4 e 5 deste Protocolo, poderão acordar expressamente submeter-se diretamente e em única instância ao Tribunal Permanente de Revisão, caso em que este terá as mesmas competências que um Tribunal Arbitral Ad Hoc, aplicando-se, no que corresponda, os Artigos 9, 12, 13, 14, 15 e 16 do presente Protocolo.
2. Nessas condições, os laudos do Tribunal Permanente de Revisão serão obrigatórios para os Estados partes na controvérsia a partir do recebimento da respectiva notificação, não estarão sujeitos a recursos de revisão e terão, com relação às partes, força de coisa julgada.[289]

Acerca da obrigatoriedade dos laudos arbitrais (art. 26), vale transcrever mais alguns artigos do Protocolo de Olivos:

Artigo 27
Obrigatoriedade do Cumprimento dos Laudos
Os laudos deverão ser cumpridos na forma e com o alcance com que foram emitidos. A adoção de medidas compensatórias nos termos deste Protocolo não exime o Estado parte de sua obrigação de cumprir o laudo.
Artigo 29
Prazo e Modalidade de Cumprimento
1. Os laudos do Tribunal Ad Hoc ou os do Tribunal Permanente de Revisão, conforme o caso, deverão ser cumpridos no prazo que os respectivos Tribunais estabelecerem. Se não for estabelecido um prazo, os laudos deverão ser cumpridos no prazo de trinta (30) dias seguintes à data de sua notificação.
2. Caso um Estado parte interponha recurso de revisão, o cumprimento do laudo do Tribunal Arbitral Ad Hoc será suspenso durante o trâmite do mesmo.
3. O Estado parte obrigado a cumprir o laudo informará à outra parte na controvérsia, assim como ao Grupo Mercado Comum, por intermédio da Secretaria Administrativa do Mercosul, sobre as medidas que adotará para cumprir o laudo, dentro dos quinze (15) dias contados desde sua notificação.

---

[289] Ibid.

Artigo 31
Faculdade de Aplicar Medidas Compensatórias
1. Se um Estado parte na controvérsia não cumprir total ou parcialmente o laudo do Tribunal Arbitral, a outra parte na controvérsia terá a faculdade, dentro do prazo de um (1) ano, contado a partir do dia seguinte ao término do prazo referido no artigo 29.1, e independentemente de recorrer aos procedimentos do artigo 30, de iniciar a aplicação de medidas compensatórias temporárias, tais como a suspensão de concessões ou outras obrigações equivalentes, com vistas a obter o cumprimento do laudo.
2. O Estado parte beneficiado pelo laudo procurará, em primeiro lugar, suspender as concessões ou obrigações equivalentes no mesmo setor ou setores afetados. Caso considere impraticável ou ineficaz a suspensão no mesmo setor, poderá suspender concessões ou obrigações em outro setor, devendo indicar as razões que fundamentam essa decisão.
3. As medidas compensatórias a serem tomadas deverão ser informadas formalmente pelo Estado Parte que as aplicará, com uma antecedência mínima de quinze (15) dias, ao Estado Parte que deve cumprir o laudo.
Artigo 33
Jurisdição dos Tribunais
Os Estados Partes declaram reconhecer como obrigatória, *ipso facto* e sem necessidade de acordo especial, a jurisdição dos Tribunais Arbitrais Ad Hoc que em cada caso se constituam para conhecer e resolver as controvérsias a que se refere o presente Protocolo, bem como a jurisdição do Tribunal Permanente de Revisão para conhecer e resolver as controvérsias conforme as competências que lhe confere o presente Protocolo.[290]

O capítulo XI do Protocolo de Olivos trata da possibilidade de particulares submeterem reclamações ao sistema mercosulino de solução de controvérsias, motivados por atos estatais que tenham violado a normativa Mercosul:

---

[290] Ibid.

Capítulo XI
Reclamações de Particulares
Artigo 39
Âmbito de Aplicação
O procedimento estabelecido no presente Capítulo aplicar-se-á às reclamações efetuadas por particulares (pessoas físicas ou jurídicas) em razão da sanção ou aplicação, por qualquer dos Estados Partes, de medidas legais ou administrativas de efeito restritivo, discriminatórias ou de concorrência desleal, em violação do Tratado de Assunção, do Protocolo de Ouro Preto, dos protocolos e acordos celebrados no marco do Tratado de Assunção, das Decisões do Conselho do Mercado Comum, das Resoluções do Grupo Mercado Comum e das Diretrizes da Comissão de Comércio do MERCOSUL.
Artigo 40
Início do Trâmite
1. Os particulares afetados formalizarão as reclamações ante a Seção Nacional do Grupo Mercado Comum do Estado Parte onde tenham sua residência habitual ou a sede de seus negócios.
2. Os particulares deverão fornecer elementos que permitam determinar a veracidade da violação e a existência ou ameaça de um prejuízo, para que a reclamação seja admitida pela Seção Nacional e para que seja avaliada pelo Grupo Mercado Comum e pelo grupo de especialistas, se for convocado.[291]

Segundo o art. 40, deve ser demonstrada a existência ou ameaça de um prejuízo decorrente do ato estatal impugnado. De acordo com o mesmo artigo, a reclamação deve ser dirigida à Seção Nacional do Estado no qual o particular resida ou no qual possua a sede de seus negócios. Feito isto, o procedimento prossegue desta maneira:

> A menos que a reclamação de particulares se refira a uma questão que tenha motivado o início de um procedimento de Solução de Controvérsias (nego-

---
[291] Ibid.

ciação direta, intervenção do Grupo Mercado Comum, procedimento arbitral *ad hoc* ou procedimento de revisão), a Seção Nacional do Grupo Mercado Comum que tenha admitido a reclamação deverá entabular consultas com a Seção Nacional do Grupo Mercado Comum do Estado-Parte a que se atribui a violação, a fim de buscar, mediante consultas, uma solução imediata à questão levantada. Tais consultas se darão por concluídas automaticamente e sem mais trâmites se a questão não tiver sido resolvida em um prazo de quinze dias contado a partir da comunicação da reclamação ao Estado-Parte a que se atribui a violação, salvo se as partes decidirem outro prazo.

Finalizadas as consultas, sem que se tenha alcançado uma solução, a Seção Nacional do Grupo Mercado Comum elevará a reclamação sem mais trâmite ao Grupo Mercado Comum. [...]

O Grupo Mercado Comum procederá de imediato à convocação de um grupo de especialistas que deverá emitir um parecer sobre sua procedência [da reclamação], no prazo improrrogável de trinta dias [...]

Nesse prazo, o grupo de especialistas dará oportunidade ao particular reclamante e aos Estados envolvidos na reclamação de serem ouvidos e de apresentarem seus argumentos, em audiência conjunta. [...]

O grupo de especialistas elevará seu parecer ao Grupo Mercado Comum.

Se, em parecer unânime, se verificar a procedência da reclamação formulada contra um Estado-Parte, qualquer outro Estado-Parte poderá requerer--lhe a adoção de medidas corretivas ou a anulação das medidas questionadas. Se o requerimento não prosperar num prazo de quinze dias, o Estado-Parte que o efetuou poderá recorrer diretamente ao procedimento arbitral.

Recebido um parecer que considere improcedente a reclamação por unanimidade, o Grupo Mercado Comum imediatamente dará por concluída a mesma no âmbito da reclamação de particulares.

Caso o grupo de especialistas não alcance unanimidade para emitir um parecer, elevará suas distintas conclusões ao Grupo Mercado Comum que, imediatamente, dará por concluída a reclamação no mesmo sentido.[292]

---

[292] PIMENTEL, Luiz Otávio; KLOR, Adriana Dreyzin de. O sistema de solução de controvérsias do Mercosul. In: KLOR, Adriana Dreyzin de et al. *Solução de controvérsias*: OMC, União Europeia e Mercosul. Rio de Janeiro: Konrad-Adenauer-Stiftung, 2004. p. 215-218.

O funcionamento do sistema de solução de controvérsias

Perguntas

1. Um particular pode utilizar o procedimento acima descrito para efetuar uma reclamação contra o Estado no qual resida ou no qual possua a sede de seus negócios? Por quê?
2. Acerca do procedimento de reclamação dos particulares, considere a seguinte afirmativa:

> Não obstante a importância que revestem os particulares para o processo de integração, sejam eles pessoas físicas ou jurídicas de caráter privado, continuam tendo uma participação restrita na condição de denunciantes e não de litigantes.[293]

A partir da descrição do sistema de solução de controvérsias no que se refere aos particulares, qual o sentido desta distinção entre "denunciantes" e "litigantes"?

11.2 O caso das *papeleras* na Corte Internacional de Justiça

O rio Uruguai, que corre por 1.800 km desde a serra do Mar, no Brasil, até o rio da Prata, ao sul do Uruguai, forma, em aproximadamente 30% de seu percurso, a fronteira entre a Argentina e a República Oriental do Uruguai. Sua bacia hidrográfica se estende pelos três países, numa área de 339 km², representando uma importante fonte de recursos hídricos e energéticos, além de ser o principal meio de subsistência das densas populações ribeirinhas.

Devido a sua importância histórica e geográfica, foram várias as negociações necessárias para que se estabelecesse, entre a Argentina e o Uruguai, um regime de fronteiras que também preservasse os aspectos

---

[293] Ibid., p. 214.

naturais do rio. Tais negociações se deram por etapas, desde o tratado de Brum-Moreno, de 1916, até uma declaração conjunta, em 1958, que precedeu à elaboração, enfim, do Tratado de Limites do Rio Uruguai, de 7 de abril de 1961. Esta breve introdução ao cenário do conflito visa demonstrar a forte ligação existente entre ambos os países platinos e o "rio dos pássaros pintados", eis que este banha as regiões mais desenvolvidas e povoadas de ambos os países.

Por fim, em 26 de fevereiro de 1975, as partes adotaram por tratado o Estatuto do Rio Uruguai,[294] o qual, em seu primeiro artigo, dispõe:

> Artículo 1º. Las partes acuerdan el presente estatuto, en cumplimiento de lo dispuesto en el art. 7º del Tratado de Límites en el Río Uruguay de 7 de abril de 1961, con el fin de establecer los mecanismos comunes necesarios para el óptimo y racional aprovechamiento del Río Uruguay, y en estricta observancia de los derechos y obLigaciones emergentes de los tratados y demás compromisos internacionales vigentes para cualquiera de las partes.

O citado art. 7º do Tratado de Limites do Rio Uruguai, de 1961,[295] diz:

> Artículo 7º. Las Altas Partes Contratantes acordarán el estatuto del uso del río, el cual contendrá entre otras materias las siguientes: [...] e) Disposiciones para la conservación de los recursos vivos. f) Disposiciones para evitar la contaminación de las aguas.

Outras disposições do Estatuto que merecem ser destacadas são as presentes no capítulo X (*Contaminación*), no qual se regula a prevenção da contaminação do rio, e no capítulo II (*Navegación y obras*), que estabelece as providências que devem ser tomadas pelos Estados-membros antes de iniciar obras que possam afetar a qualidade das águas. Também devem ser recordados os artigos contidos no capítulo XIII (*Comisión Adminis-*

---

[294] Disponível em: <www.pagina12.com.ar>. Acesso em: 26 dez. 2011.
[295] Disponível em: <www.armada.mil.uy/prena/delea/pdf/tratado_rio_uruguay.pdf>. Acesso em: 4 abr. 2013.

O funcionamento do sistema de solução de controvérsias

tradora), os quais instituem a binacional Comissão Administradora do Rio Uruguai (Caru).

O art. 7º do Estatuto do Rio Uruguai é importante para o caso:

> Artículo 7º. La Parte que proyecte la construcción de nuevos canales, la modificación o alteración significativa de los ya existentes o la realización de cualesquiera otras obras de entidad suficiente para afectar la navegación, el régimen del Río o la calidad de sus aguas, deberá comunicarlo a la Comisión, la cual determinará sumariamente, y en un plazo máximo de treinta días, si el proyecto puede producir perjuicio sensible a la otra Parte.
>
> Si así se resolviere o no se llegare a una decisión al respecto, la Parte interesada deberá notificar el proyecto a la otra Parte a través de la misma Comisión. En la notificación deberán figurar los aspectos esenciales de la obra y, si fuere el caso, el modo de su operación y los demás datos técnicos que permitan a la Parte notificada hacer una evaluación del efecto probable que la obra ocasionará a la navegación, al régimen del Río o a la calidad de sus aguas.[296]

Como se vê, o art. 7º do Estatuto do Rio Uruguai estabelece a obrigação, por qualquer uma das partes que queira realizar obras em seu território que possam alterar a qualidade das águas do rio, de comunicar a referida obra à Comissão (Caru), a qual terá um prazo de 30 dias para determinar a existência ou não de um risco de prejuízo para a outra parte, caso em que o Estado proponente comunicará o projeto ao outro. Pelo mecanismo dos artigos seguintes, a outra parte, uma vez notificada, terá um prazo para contestar. Se não o fizer, configurar-se-á uma autorização para o início das obras. Entretanto, caso a outra parte conteste, afirmando que a realização de tal obra lhe acarretará dano sensível, então aplicar-se-ão ao caso os dispositivos de resolução de controvérsias previstos no Estatuto. São os arts. 58 a 60, os quais preceituam:

---

[296] Disponível em: <http://es.wikisource.org/wiki/Estatuto_del_R%C3%ADo_Uruguay>. Acesso em: 4 abr. 2013.

Artículo 58. Toda controversia que se suscitare entre las partes con relación al río será considerada por la Comisión, a propuesta de cualquiera de ellas.
Artículo 59. Si en el término de ciento veinte días la Comisión no lograre llegar a un acuerdo, lo notificará a ambas partes, las que procurarán solucionar la cuestión por negociaciones directas.
Artículo 60. Toda controversia acerca de la interpretación o aplicación del tratado y del estatuto que no pudiere solucionarse por negociaciones directas, podrá ser sometida, por cualquiera de las partes, a la Corte Internacional de Justicia.
En los casos a que se refieren los arts. 58 y 59, cualquiera de las partes podrá someter toda controversia sobre la interpretación o aplicación del tratado y del estatuto a la Corte Internacional de Justicia, cuando dicha controversia no hubiere podido solucionarse dentro de los ciento ochenta días siguientes a la notificación aludida en el art. 59.[297]

O Estatuto do Rio Uruguai também institui diversas obrigações das partes para com a qualidade das águas e a proteção do meio ambiente na zona fluvial:

CAPITULO IX – Conservación, Utilización y Explotación de otros Recursos Naturales (artículos 35 al 39)
Artículo 35. Las Partes se obLigan a adoptar las medidas necesarias a fin de que el manejo del suelo y de los bosques, la utilización de las aguas subterráneas y la de los afluentes del Río, no causen una alteración que perjudique sensiblemente el régimen del mismo o la calidad de sus aguas.
Artículo 36. Las Partes coordinarán, por intermedio de la Comisión, las medidas adecuadas a fin de evitar la alteración del equilibrio ecológico y controlar plagas y otros factores nocivos en el Río y sus áreas de influencia.
Artículo 37. Las Partes acordarán las normas que regularán las actividades de pesca en el Río en relación con la conservación y preservación de los recursos vivos.

---

[297] Disponível em: <http://es.wikisource.org/wiki/Estatuto_del_R%C3%ADo_Uruguay>. Acesso em: 4 abr. 2013.

Artículo 38. Cuando la intensidad de la pesca lo haga necesario, las Partes acordarán los volúmenes máximos de captura por especies, como asimismo los ajustes periódicos correspondientes. Dichos volúmenes de captura serán distribuidos por igual entre las Partes.

Artículo 39. Las Partes intercambiarán regularmente, por intermedio de la Comisión, la información pertinente sobre esfuerzo de pesca y captura por especie.

CAPITULO X – Contaminación (artículos 40 al 43)

Artículo 40. A los efectos del presente Estatuto se entiende por contaminación la introducción directa o indirecta, por el hombre, en el medio acuático, de sustancias o energía de las que resulten efectos nocivos.

Artículo 41. Sin perjuicio de las funciones asignadas a la Comisión en la materia, las Partes se obligan a:

a) Proteger y preservar el medio acuático y, en particular, prevenir su contaminación, dictando las normas y adoptando las medidas apropiadas, de conformidad con los convenios internacionales aplicables y con adecuación, en lo pertinente, a las pautas y recomendaciones de los organismos técnicos internacionales.

b) No disminuir en sus respectivos ordenamientos jurídicos:

1) Las exigencias técnicas en vigor para prevenir la contaminación de las aguas, y

2) La severidad de las sanciones establecidas para los casos de infracción.

c) Informarse recíprocamente sobre toda norma que prevean dictar con relación a la contaminación de las aguas, con vistas a establecer normas equivalentes en sus respectivos ordenamientos jurídicos.

Artículo 42. Cada Parte será responsable, frente a la otra, por los daños inferidos como consecuencia de la contaminación causada por sus propias actividades o por las que en su territorio realicen personas físicas o jurídicas.

Artículo 43. La jurisdicción de cada Parte respecto de toda infracción cometida en materia de contaminación, se ejercerá sin perjuicio de los derechos de la otra Parte a resarcirse de los daños que haya sufrido, a su vez, como consecuencia de la misma infracción.

A esos efectos, las Partes se prestarán mutua cooperación.[298]

---

[298] Ibid.

A controvérsia sobre as fábricas de papel pode ser resumida como se segue.

Em meados de 2002, representantes da Empresa Nacional de Celulosas de España (Ence) submeteram o projeto da fábrica de papel celulose de M'Bopicuá às autoridades uruguaias. Tal fábrica seria construída na margem esquerda do rio Uruguai, próximo à cidade uruguaia de Fray Bentos e à cidade argentina de Gualeguaychú. Os agentes espanhóis também informaram o presidente da Caru acerca do projeto.

Entre 2002 e 2003, a Comissão Administradora do Rio Uruguai e o governo uruguaio se envolveram, de modo separado, com o projeto, sendo que a Caru não manifestou apoio ou contrariedade à ideia, solicitando antes, ao governo uruguaio, diversos dados indispensáveis, que este lhe remeteria transcorrido algum tempo.

Em 9 de outubro de 2003 ocorreram dois fatos: o primeiro foi o encontro dos presidentes Néstor Kirchner (Argentina) e Jorge Batlle (Uruguai) em Colonia, cidade Uruguaia. Neste encontro, os argentinos afirmam que receberam uma promessa do mandatário uruguaio de que nenhuma autorização seria conferida à empresa espanhola antes de as preocupações argentinas com o meio ambiente terem sido respondidas. Já o lado uruguaio afirma que não houve tal promessa. Pelo contrário, os dois governantes teriam concordado em não tratar a construção da usina de M'Bopicuá pela maneira prevista no Estatuto do Rio Uruguai. Esta versão é contestada pela Argentina.

No mesmo dia, entretanto, o Uruguai promoveu um segundo acontecimento: seu ministério responsável pelo meio ambiente forneceu uma autorização ambiental inicial à Ence, para que esta iniciasse o projeto da usina.

Após uma troca de consultas e informações entre os dois países, a Caru estabeleceu o Subcomitê de Qualidade da Água e Controle da Poluição para observar a área de construção da usina de celulose.

Desde o início da disputa, grupos ambientalistas e moradores da cidade de Gualeguaychú, na Argentina (situada aproximadamente em frente à área planejada para as obras) vinham protestando contra o que temiam ser a poluição do rio Uruguai, além da descaracterização do balneário de Ñandubaysal, localizado próximo à região. Segundo estes grupos, as descargas da usina liquidaria o ecossistema do rio, causando prejuízo às pessoas e comunidades vizinhas. Estes grupos exerciam grande pressão sobre o governo argentino.

A disputa envolvendo a Ence não impediu o governo uruguaio de autorizar, em fevereiro de 2005, a construção de uma segunda usina, de responsabilidade da empresa finlandesa Oy Metsa-Botnia. A reação dos moradores de Gualeguaychú foi bloquear a ponte Libertador General San Martín, que une os dois países, impedindo o tráfego de veículos.

Ainda assim, em 28 de novembro de 2005, o Uruguai autorizou o início das obras em M'Bopicuá. Entretanto, devido aos protestos em massa dos habitantes no lado argentino, a Ence decidiu realocar o projeto, anunciando em 21 de setembro de 2006 que se retiraria da área. Restou, portanto, somente a finlandesa Botnia, que iniciou as obras, com autorização do governo do Uruguai.

De dezembro de 2005 a março de 2006, a ponte entre Gualeguaychú e Fray Bentos permaneceu bloqueada por manifestantes antiusinas de celulose.

Em maio de 2005, os presidentes dos dois países fizeram um esforço para chegar a um acordo através da instituição do Grupo Técnico de Alto Nível, o qual realizou reuniões entre especialistas apontados por ambas as partes até janeiro de 2006, quando primeiro o Uruguai e depois a Argentina declararam o fracasso de tal iniciativa.

Em 4 de maio de 2006, a Argentina recorreu à Corte Internacional de Justiça, enquanto que o Uruguai prosseguiu chancelando sucessivas etapas de construção da usina da Botnia. Esta iniciou suas operações regulares em 9 de novembro de 2007.

Segundo a própria Corte Internacional de Justiça, o objeto da controvérsia que lhe foi submetida pode ser assim descrito:

46. A disputa submetida à Corte diz respeito à interpretação e aplicação do Estatuto de 1975 e, concretamente, por um lado a saber se o Uruguai cumpriu com suas obrigações procedimentais sob o Estatuto de 1975 ao emitir autorizações para a construção da usina CMB (ENCE), bem como

para a construção e uso da usina Orion (Botnia) e de seu porto adjacente; e por outro lado a determinar se o Uruguai cumpriu com suas obrigações substantivas sob o Estatuto de 1975 desde a autorização de funcionamento da usina Orion (Botnia) em novembro de 2007.[299]

Pergunta

3. Tendo em vista os arts. 7º e 35 a 43 do Estatuto do Rio Uruguai, quais seriam as "obrigações procedimentais" e quais as "obrigações substantivas" que o Uruguai supostamente descumpriu?

Durante a tramitação do julgamento, tanto a Argentina como o Uruguai requereram à Corte que indicasse medidas provisórias, de acordo com o art. 41 do Estatuto da Corte, cujo teor é:

Artigo 41
1. A Corte terá faculdade para indicar, se considera que as circunstâncias assim o exijam, as medidas provisórias que devam ser tomadas para resguardar os direitos de cada uma das partes.
2. Enquanto se pronuncia a sentença, será notificada imediatamente a ambas as partes e ao Conselho de segurança as medidas indicadas.[300]

---

[299] Tradução livre do original em inglês, cujo teor é: "*46. The dispute submitted to the Court concerns the interpretation and application of the 1975 Statute, namely, on the one hand whether Uruguay complied with its procedural obLigations under the 1975 Statute in issuing authorizations for the construction of the CMB (ENCE) mill as well as for the construction and the commissioning of the Orion (Botnia) mill and its adjacent port; and on the other hand whether Uruguay has complied with its substantive obLigations under the 1975 Statute since the commissioning of the Orion (Botnia) mill in November 2007.*" O acórdão da Corte Internacional de Justiça encontra-se disponível em: <www.icj-cij.org>. Acesso em: 26 dez. 2011.
[300] Disponível em: <www.trf4.jus.br/trf4/upload/arquivos/ji_cortes_internacionais/cij-estat._corte_intern._just.pdf>. Acesso em: 4 abr. 2013.

A Argentina pediu que a Corte indicasse as seguintes medidas provisórias:[301]

(a) na pendência do julgamento final da Corte, o Uruguai deve:
(i) suspender imediatamente todas as autorizações para a construção das usinas CMB e Orion;
(ii) tomar todas as medidas necessárias para suspender o trabalho de construção na usina Orion; e
(iii) tomar todas as medidas necessárias para assegurar que a suspensão do trabalho de construção na usina CMB seja prolongado para além de 28 de junho de 2006;[302]
(b) o Uruguai deve cooperar de boa-fé com a Argentina visando assegurar a utilização ótima e racional do rio Uruguai, de forma a proteger e preservar o ambiente aquático e a prevenir sua poluição;
(c) Na pendência do julgamento final da Corte, o Uruguai deve abster-se de empreender qualquer outra ação unilateral referente à construção das usinas CMB e Orion, que não obedeça ao Estatuto de 1975 e às normas do direito internacional necessárias para a interpretação e aplicação deste último;
(d) o Uruguai deve abster-se de qualquer outra ação que possa agravar ou aumentar a disputa objeto dos presentes procedimentos, ou dificultar sua resolução.[303]

---

[301] Tradução livre do original em inglês, cujo teor é: *"(a) pending the Court's final judgment, Uruguay shall: (i) suspend forthwith all authorizations for the construction of the CMB and Orion mills; (ii) take all necessary measures to suspend building work on the Orion mill; and (iii) take all necessary measures to ensure that the suspension of building work on the CMB mill is prolonged beyond 28 June 2006; (b) Uruguay shall co-operate in good faith with Argentina with a view to ensuring the optimum and rational utilization of the River Uruguay in order to protect and preserve the aquatic environment and to prevent its pollution; (c) pending the Court's final judgment, Uruguay shall refrain from taking any further unilateral action with respect to construction of the CMB and Orion mills which does not comply with the 1975 Statute and the rules of international law necessary for the latter's interpretation and application; (d) Uruguay shall refrain from any other action which might aggravate or extend the dispute which is the subject-matter of the present proceedings or render its settlement more difficult"*.
[302] A empresa espanhola Ence havia anunciado, em 26 de março de 2006, que suspenderia os trabalhos de construção por 90 dias, numa tentativa de dar mais espaço ao diálogo na resolução do conflito.
[303] Disponível em: <www.icj-cij.org>. Acesso em: 26 dez. 2011.

Já o Uruguai requereu dos juízes da Corte, a título de medidas provisórias, o que segue:

Enquanto se aguarda o julgamento final da Corte, a Argentina:
tomará todas as medidas razoáveis e apropriadas que estejam à sua disposição para impedir ou encerrar a interrupção do trânsito entre o Uruguai e a Argentina, incluindo o bloqueio de pontes e estradas entre os dois Estados; abster-se-á de qualquer medida que possa agravar, ampliar ou dificultar a resolução desta disputa; e
abster-se-á de qualquer outra medida que possa prejudicar os direitos do Uruguai perante a Corte.[304]

A Corte fez questão de destacar o último parágrafo do requerimento uruguaio, o qual dizia:

O Uruguai prefere fortemente que esta questão seja resolvida diplomaticamente e amigavelmente entre as duas Partes. O que o Uruguai busca é a concordância da Argentina para encerrar o presente bloqueio e evitar quaisquer bloqueios ulteriores, e a sua concretização desta concordância. Se a Argentina expressar um tal compromisso, o Uruguai aceitá-lo-á de boa fé e não mais terá necessidade de uma intervenção judicial, ou das medidas provisórias aqui requeridas. Em tais circunstâncias, o Uruguai estaria feliz em retirar esta solicitação.[305]

---

[304] Tradução livre do texto original em inglês, cujo conteúdo é: "*While awaiting the final judgment of the Court, Argentina: (i) shall take all reasonable and appropriate steps at its disposal to prevent or end the interruption of transit between Uruguay and Argentina, including the blockading of bridges and roads between the two States; (ii) shall abstain from any measure that might aggravate, extend or make more difficult the settlement of this dispute; and (iii) shall abstain from any other measure that might prejudice the rights of Uruguay in dispute before the Court*". Disponível em: <www.icj-cij.org>. Acesso em: 26 dez. 2011.
[305] Tradução livre do texto original em inglês, cujo conteúdo é: "*It is Uruguay's strong preference that this matter be resolved diplomatically and amicably between the two Parties. What Uruguay seeks is Argentina's agreement to end the current blockade and prevent any further blockades, and its fulfilment of that agreement. If Argentina will make such a commitment, Uruguay will accept it in good faith and will no longer have a need for judicial intervention, or for the provisional measures requested herein. In such circumstances, Uruguay would be pleased to withdraw this request*". Disponível em: <www.icj-cij.org>. Acesso em: 26 dez. 2011.

Em decisões datadas de 13 de julho de 2006 e 23 de janeiro de 2007, a Corte denegou, respectivamente, as duas solicitações. Antes de ler a decisão final sobre o mérito da causa, responda:

Perguntas

4. Caso se comprove que o Uruguai não avisou a Argentina sobre as obras que pretendia autorizar na margem no rio Uruguai, terá havido uma violação do direito internacional?
5. Para a solução do caso, é relevante saber se a fábrica de papel celulose ultrapassou níveis razoáveis de poluição e contaminação das águas?

Em 20 de abril de 2010, a Corte Internacional de Justiça proferiu sua decisão, na qual considerou que o Uruguai descumpriu o art. 7º do Estatuto do Rio Uruguai (acima transcrito) ao deixar de informar a Argentina sobre as obras que pretendia autorizar em sua margem fluvial. Por outro lado, a República Oriental não descumprira, segundo os juízes, os arts. 35 e seguintes do mesmo diploma legal (também expostos acima), relativos ao dever de não contaminar as águas do mencionado rio. Os magistrados consideraram que a Argentina não apresentara provas suficientes acerca da contaminação que a operação das usinas acarretaria às águas fluviais. Por fim, a CIJ também definiu que a simples constatação do descumprimento uruguaio já constituía uma satisfação apropriada para a Argentina.[306]

11.3 A disputa das *papeleras* perante o sistema de solução de controvérsias do Mercosul

Buscando obrigar a Argentina a interromper os bloqueios nas pontes internacionais sobre o rio Uruguai, a República Oriental demandou

---
[306] A decisão está disponível em: <www.icj-cij.org>. Acesso em: 2 jun. 2012.

Buenos Aires perante o sistema de solução de controvérsias do Mercosul. Estabeleceu-se, assim, em 21 de junho de 2006, um tribunal arbitral *ad hoc* do Mercosul, "constituído para entender sobre a controvérsia apresentada pela República Oriental do Uruguai contra a República Argentina sobre a "Omissão do Estado argentino em adotar medidas apropriadas para prevenir e/ou fazer cessar os impedimentos à livre circulação derivados dos bloqueios no território argentino das vias de acesso às pontes internacionais General San Martín e General Artigas, que unem a República Argentina à República Oriental do Uruguai".[307]

A Argentina objetou quanto à instalação deste Tribunal Arbitral, por entender que a designação do árbitro neutro (no caso, espanhol) não obedecera às formalidades corretas. Assim, a Argentina recorreu ao Tribunal Permanente de Revisão do Mercosul, buscando rever a instalação do Tribunal Arbitral. No entanto, a única base jurídica do recurso argentino era o art. 17 do Protocolo de Olivos, e o Tribunal Permanente de Revisão entendeu[308] que tal disposição não possibilitava o exame do recurso. O art. 17 preceitua:

Artigo 17
Recurso de Revisão
1. Qualquer das partes na controvérsia poderá apresenta um recurso de revisão do laudo do Tribunal Arbitral Ad Hoc ao Tribunal Permanente de Revisão, em prazo não superior a quinze (15) dias a partir da notificação do mesmo.

---

[307] Tribunal Arbitral *ad hoc* do Mercosul. Laudo nº 2/06, de 6-9-2006. Disponível, em espanhol, em: <www.mercosur.int>. Acesso em: 27 dez. 2011.
[308] Tribunal Permanente de Revisão do Mercosul. Laudo acerca do recurso de revisão apresentado pela República Argentina contra a decisão do Tribunal Arbitral *ad hoc* de 21 de junho de 2006, que foi constituído para julgar a controvérsia movida pela República Oriental do Uruguai contra a República Argentina sobre a questão: "Impedimentos impostos à livre circulação pelas barreiras em território argentino de vias de acesso às pontes internacionais General San Martín e General Artigas". Laudo nº 2/06, de 6-7-2006. Disponível em: <www.tprmercosur.org>. Acesso em: 28 dez. 2011.

2. O recurso estará limitado a questões de direito tratadas na controvérsia e às interpretações jurídicas desenvolvidas no laudo do Tribunal Arbitral Ad Hoc.
3. Os laudos dos Tribunais Ad Hoc emitidos com base nos princípios ex aequo et bono não serão suscetíveis de recurso de revisão.
4. A Secretaria Administrativa do Mercosul estará encarregada das gestões administrativas que lhe sejam encomendadas para o trâmite dos procedimentos e manterá informados os Estados partes na controvérsia e o Grupo Mercado Comum.

Superado este incidente, tem-se que os motivos alegados pelo governo uruguaio para demandar a Argentina foram:

Os bloqueios, em território argentino, das vias de acesso a pontes internacionais que se comunicam com o Uruguai, promovidos por movimentos ambientalistas argentinos em protesto contra a construção de fábricas de celulose no Rio Uruguai, limítrofe entre os dois países. Os bloqueios na Estrada ("Ruta") 136, que dá acesso à ponte internacional General San Martín, começaram em 19 de dezembro de 2005 e, com suspensões, se estenderam até 2 de maio de 2006. Os bloqueios na Estrada ("Ruta") 135, que dá acesso à ponte internacional General Artigas, começaram em 30 de dezembro de 2005 e, com suspensões, prosseguiram até 18 de abril de 2006. Também segundo a Reclamante [Uruguai], existiram interrupções na circulação, de curta duração, na ponte que une as cidades de Concordia (Argentina) e Salto (Uruguai), destacando a autora que, em 22 de fevereiro de 2006, uma tentativa de bloqueio desta estrada foi frustrada pela intervenção das autoridades argentinas.

Segundo a reclamação uruguaia, excetuando-se a situação específica antes mencionada, as autoridades argentinas se omitiram em tomar as medidas apropriadas para fazer cessar os bloqueios de estradas, apesar de o número de manifestantes ser, em geral, muito reduzido. Sequer se promoveu a correspondente denúncia penal como, em algum momento, fora insinuado pelo governador da província [argentina] de Entre Ríos. O próprio presidente

da República [argentino], segundo informações da imprensa, ter-se-ia manifestado no sentido de que "não se pode pedir (aos manifestantes) o que não lhe darão". O ministro do Interior teria ido mais longe, ao afirmar: "não se pode dizer nada aos ambientalistas".
Segundo a Representação do Uruguai, perante os bloqueios nas estradas, tanto o governo nacional argentino como o governo provincial de Entre Ríos flutuaram entre o tímido exercício da dissuasão e inaceitáveis manifestações de complacência.[309]

Segundo o Uruguai, o comportamento das autoridades argentinas deixava prever que estas não interviriam eficazmente na eventualidade de novos bloqueios, eis que os protestos mencionados só foram encerrados por vontade dos ambientalistas, sem interferência do Estado argentino. Por isso, o Uruguai disse ver-se obrigado a demandar a Argentina no sistema Mercosul, de modo que as obrigações deste último país ficassem claras.
Segundo o país reclamante, a Argentina violara as seguintes disposições do direito mercosulino:

Tratado de Assunção (1991)
Artigo 1
Os Estados Partes decidem constituir um Mercado Comum, que deverá estar estabelecido a 31 de dezembro de 1994, e que se denominará "Mercado Comum do Sul" (Mercosul).
Este Mercado comum implica:
A livre circulação de bens, serviços e fatores produtivos entre os países, através, entre outros, da eliminação dos direitos alfandegários e restrições não tarifárias à circulação de mercadorias e de qualquer outra medida de efeito equivalente;
O estabelecimento de uma tarifa externa comum e a adoção de uma política comercial comum e relação a terceiros Estados ou agrupamentos de Estados e a coordenação de posições em foros econômico-comerciais regionais e internacionais;

---
[309] Tribunal Arbitral *ad hoc* do Mercosul. Laudo nº 9/06, de 6-9-2006, §§17 a 20. Disponível, em espanhol, em: <www.mercosur.int>. Acesso em: 27 dez. 2011.

A coordenação de políticas macroeconômicas e setoriais entre os Estados Partes – de comércio exterior, agrícola, industrial, fiscal, monetária, cambial e de capitais, de outras que se acordem –, a fim de assegurar condições adequadas de concorrência entre os Estados Partes, e

O compromisso dos Estados Partes de harmonizar suas legislações, nas áreas pertinentes, para lograr o fortalecimento do processo de integração.

Artigo 5

Durante o período de transição, os principais instrumentos pra a constituição do Mercado Comum são:

a. Um Programa de Libertação Comercial, que consistirá em reduções tarifárias progressivas, lineares e automáticas, acompanhadas da eliminação de restrições não tarifárias ou medidas de efeito equivalente, assim como de outras restrições ao comércio entre os Estados Partes, para chegar a 31 de dezembro de 1994 com tarifa zero, sem barreiras não tarifárias sobre a totalidade do universo tarifário (Anexo I);

b. A coordenação de políticas macroeconômicas que se realizará gradualmente e de forma convergente com os programas de desgravação tarifária e eliminação de restrições não tarifárias, indicados na letra anterior;

c. Uma tarifa externa comum, que incentive a competitividade externa dos Estados Partes;

d. A adoção de acordo setoriais, com o fim de otimizar a utilização e mobilidade dos fatores de produção e alcançar escalas operativas eficientes.

Anexo I ao Tratado de Assunção (1991)

ARTIGO PRIMEIRO

Os Estados Partes acordam eliminar, o mais tardar a 31 de dezembro de 1994, os gravames e demais restrições aplicadas ao seu comércio recíproco. No que se refere à Listas de Exceções apresentadas pela República do Paraguai e pela República Oriental do Uruguai, o prazo para sua eliminação se estenderá até 31 de dezembro de 1995, nos termos do Artigo Sétimo do presente Anexo.

ARTIGO SEGUNDO

Para efeito do disposto no Artigo anterior, se entenderá:

por "gravames", os direitos aduaneiros e quaisquer outras medidas de efeito equivalente, sejam de caráter fiscal, monetário, cambial ou de qualquer natureza, que incidam sobre o comércio exterior. Não estão compreendidas neste conceito taxas e medidas análogas quando respondam ao custo aproximado dos serviços prestados.

por "restrições", qualquer medida de caráter administrativo, financeiro, cambial ou de qualquer natureza, mediante a qual um Estado Parte impeça ou dificulte, por decisão unilateral, o comércio recíproco. Não estão compreendidas no mencionado conceito as medidas adotadas em virtude das situações previstas no Artigo 50 do Tratado de Montevidéu de 1980. [...]

ARTIGO DÉCIMO

Os Estados Partes somente poderão aplicar até 31 de dezembro de 1994, aos produtos compreendidos no programa de desgravação, as restrições não tarifárias expressamente declaradas nas Notas Complementares ao Acordo de Complementação que os Estados Partes celebrem no marco do Tratado de Montevidéu 1980.

Em 31 de dezembro de 1994 e no âmbito do Mercado Comum, ficarão eliminadas todas as restrições não tarifárias.[310]

Protocolo de Montevidéu sobre Comércio de Serviços (1998)
Artigo II
Âmbito de Aplicação
1. O presente Protocolo aplica-se às medidas adotadas pelos Estados Partes que afetem o comércio de serviços no Mercosul, incluídas as relativas a:
i) prestação de um serviço;
ii) compra, pagamento ou utilização de um serviço;
iii) acesso e utilização, por ocasião da prestação de um serviço, de serviços que o Estado Parte exija sejam oferecidos ao público em geral;
iv) presença, inclusive a presença comercial de pessoas de um Estado Parte no Território de outro Estado Parte para a prestação de um serviço.
2. Para fins do presente Protocolo, o comércio de serviços é definido como a prestação de um serviço:

---

[310] Disponível em: <mercosur.int>. Acesso em: 4 abr. 2013.

a) do território de um Estado Parte ao território de qualquer outro Estado Parte;

b) no território de um Estado Parte a um consumidor de serviços de qualquer outro Estado Parte;

c) por um prestador de serviços de um Estado Parte mediante presença comercial no território de qualquer outro Estado Parte;

d) por um prestador de serviços de um Estado Parte mediante presença de pessoas físicas de um Estado Parte no território de qualquer outro Estado Parte.

3. Para fins do presente Protocolo:

a) Entender-se-á por "medidas adotadas pelos Estados Partes" as medidas adotadas por:

i. governos e autoridades centrais, estatais, provinciais, departamentais, municipais ou locais, e

ii. instituições não governamentais no exercício de poderes a eles delegados pelos governos ou autoridades mencionadas em "i".

No cumprimento de suas obrigações e compromissos no âmbito do presente Protocolo, cada Estado Parte tomará as medidas necessárias que estejam a seu alcance para assegurar sua observância pelos governos e autoridades estatais, provinciais, departamentais, municipais ou locais, e pelas instituições não governamentais existentes em seu território.

b) O termo "serviços" inclui qualquer serviço em qualquer setor, exceto os serviços prestados no exercício da autoridade governamental.

c) um "serviço prestado no exercício da autoridade governamental" significa qualquer serviço que não seja prestado em condições comerciais, nem em concorrência com um ou vários prestadores de serviços.

Artigo III

Tratamento da nação mais favorecida

1. Com respeito às medidas compreendidas pelo presente Protocolo, cada Estado Parte outorgará imediata e incondicionalmente aos serviços e aos prestadores de serviços de qualquer outro Estado Parte um tratamento não menos favorável do que aquele que conceda aos serviços similares e

aos prestadores de serviços similares de qualquer outro Estado Parte ou de terceiros países.

2. As disposições do presente Protocolo não serão interpretadas de forma a impedir que um Estado Parte outorgue ou conceda vantagens a países limítrofes, sejam ou não Estados Partes, com o fim de facilitar intercâmbios limitados às zonas fronteiriças contíguas, de serviços que sejam produzidos e consumidos localmente.

Artigo IV

Acesso a mercados

1. No que respeita ao acesso aos mercados através dos modos de prestação identificados no Artigo II, cada Estado Parte outorgará aos serviços e aos prestadores de serviços dos demais Estados Partes um tratamento não menos favorável que o previsto de conformidade com o especificado em sua Lista de compromissos específicos. Os Estados Partes se comprometem a permitir o movimento transfronteiriço de capitais que constitua parte essencial de um compromisso de acesso aos mercados contido em sua lista de compromissos específicos com respeito ao comércio transfronteiriço, assim como as transferências de capital ao seu território quando se tratar de compromissos de acesso aos mercados assumidos com respeito à presença comercial.

2. Os Estados Partes não poderão manter nem adotar, seja no âmbito de uma subdivisão regional ou da totalidade de seu território, medidas com respeito:

a) ao número de prestadores de serviços, seja na forma de contingentes numéricos, monopólios ou prestadores exclusivos de serviços ou mediante a exigência de uma prova de necessidades econômicas;

b) ao valor total dos ativos ou transações de serviços em forma de contingentes numéricos ou mediante a exigência de uma prova de necessidades econômicas;

c) ao número total de operações de serviços ou à quantia total da produção de serviços, expressadas em unidades numéricas designadas, em forma de contingentes ou mediante a exigência de uma prova de necessidades econômicas, excluídas as medidas que limitam os insumos destinados à prestação de serviços;

d) ao número total de pessoas físicas que possam ser empregadas em um determinado setor de serviços ou que um prestador de serviços possa empregar e que sejam necessárias para a prestação de um serviço específico e estejam diretamente relacionadas com o mesmo, em forma de contingentes numéricos ou mediante a exigência de uma prova de necessidades econômicas;
e) aos tipos específicos de pessoa jurídica ou de empresa conjunta por meio dos quais um prestador de serviços possa prestar um serviço; e
f) à participação de capital estrangeiro expressadas como limite percentual máximo à detenção de ações por estrangeiros ou como valor total dos investimentos estrangeiros individuais ou agregados.[311]

Finalizando, o Uruguai requereu ao Tribunal Arbitral que:

a) o Tribunal decida que a Argentina descumpriu suas obrigações derivadas dos artigos 1º e 5º do Tratado de Assunção, artigos 1º, 2º e 10, par. 2º do Anexo I de dito Tratado; artigos II, III e IV do Protocolo de Montevidéu sobre Comércio de Serviços assim como de princípios e disposições do Direito Internacional aplicáveis na matéria; e
b) que a República Argentina, caso se repitam os impedimentos à livre circulação, deve adotar as medidas apropriadas para prevenir e/ou fazer cessar tais impedimentos e garantir a livre circulação com o Uruguai.[312]

Em resposta, a Argentina argumentou que a demanda uruguaia carecia de concretização, pois fazia referência a um dado futuro e incerto, isto é, a mera possibilidade de repetição dos bloqueios. À data do requerimento uruguaio, os bloqueios já haviam sido retirados, logo, não faria sentido obrigar a Argentina a "adotar as medidas apropriadas" sem especificar qual a natureza destas. A Argentina afirmou que o caso baseava-se numa contraposição entre o direito de livre expressão

---

[311] Ibid.
[312] Tribunal Arbitral *ad hoc* do Mercosul. Laudo nº 9/06, de 6-9-2006, §71. Tradução livre do texto em espanhol do laudo arbitral. Disponível em: <www.sice.oas.org/dispute/mercosur/laudo%20librecirculacion_006_s.pdf>. Acesso em: 26 dez. 2012.

do pensamento (de hierarquia constitucional) e o direito de livre circulação de mercadorias (que faria parte da normativa Mercosul tendo, portanto, hierarquia legal). Ainda, a Argentina questionou a pertinência da invocação das normas do direito da integração, eis que a obrigação assumida pelos Estados-membros do Mercosul diz respeito às medidas governamentais que seriam tomadas para a liberalização do tráfego entre as fronteiras, limitando-se a obrigação dos governos a abster-se de atos que afetem a livre circulação. Seria um dever de omissão, não uma obrigação positiva. Para mais, a Argentina lembrou que as forças policiais de suas províncias obedecem aos governos provinciais, e não ao governo central, e que uma intervenção federal nestes órgãos policiais alteraria o sistema político democrático das províncias. O Estado demandado também alegou que não pode haver responsabilidade internacional do Estado por atos de particulares.

Dando prosseguimento a suas contrarrazões, a Argentina requereu ao Tribunal Arbitral que este declarasse:

a) que a presente controvérsia carece de objeto e as solicitações do Uruguai se baseiam em abstrações;

b) que o direito à liberdade de expressão, exercido pelos cidadãos argentinos, constitui um direito humano fundamental reconhecido em todos os ordenamentos constitucionais e nos tratados internacionais sobre direitos humanos, vinculantes para a Argentina e o Uruguai, os quais, ademais, gozam na Argentina de hierarquia constitucional;

c) que não cabe invocar legitimamente uma restrição à liberdade de expressão – direito humano protegido – em prol de outro direito – liberdade de circulação de bens e serviços – que está legalmente protegido porém que não se reveste desta qualidade de direito humano;

d) que as manifestações em estradas efetuadas de forma intermitente entre 6 de janeiro de 2 de maio de 2006 constituem uma demonstração da livre expressão cidadã, as quais foram dadas a conhecer ao público com adiantamento suficiente e não implicaram, em nenhum caso, um impedimento total da livre circulação de bens e serviços entre ambos os países;

e) que o governo argentino não adotou qualquer medida que constitua uma violação dos princípios da livre circulação de bens e serviços, previstos nos artigos 1º e 5º do Tratado de Assunção, nos artigos I e II, III e IV e Anexos do Protocolo de Montevidéu sobre o Comércio de Serviços, no Acordo sobre Transporte Terrestre Internacional (ATIT) e em outros princípios ou disposições de direito internacional aplicáveis a esta matéria;

f) que o governo argentino atuou, a nível nacional, provincial e municipal, com o objetivo de dissuadir seus cidadãos de utilizarem as manifestações em estradas como forma de expressão de seu protesto e disponibilizou os meios necessários para facilitar a livre circulação de bens e serviços durante a etapa final das mesmas;

g) que tal atuação resulta razoável vistas as circunstâncias do caso sob análise e as normas constitucionais e internacionais vigentes aplicáveis ao mesmo; e

h) que os compromissos assumidos pela Argentina no contexto no qual se desenvolve esta controvérsia não podem ser objeto de uma interpretação extensiva que suponha reprimir o exercício de um direito humano numa situação claramente não prevista nos tratados de direitos humanos em vigor para ambos os países.[313]

Em seu julgamento de 6 de setembro de 2006, o Tribunal salientou que não se examinará uma norma estatal que conflite com as regras mercosulinas, mas uma alegada conduta omissiva do Estado reclamado, a qual consistiria em não impedir que nacionais deste Estado ameaçassem os direitos e obrigações decorrentes das regras do direito da integração. Portanto, pouco importa que, no momento da publicação do laudo arbitral, os bloqueios já tenham sido levantados. O julgamento é importante para garantir, se for o caso, que estes não voltem a acontecer.

Acerca dos bloqueios das estradas que conduziam às pontes internacionais, o Tribunal resumiu assim a questão:

---

[313] Ibid., §72. Tradução livre do texto original em espanhol.

Na estrada internacional nº 136 e provincial nº 42, que une Gualeguaychú a Fray Bentos através da Ponte General San Martín, houve um primeiro bloqueio em 8 de julho de 2005, de 10 às 18 horas, sucedendo-se logo um bloqueio temporário de quatro horas no dia 15 de agosto, renovando-se no mês de dezembro com dois bloqueios realizados nos dias 8 (três horas), 18 (cinco horas), 23 (10 horas e meia) e 30 de dezembro de 2005 (13 horas). No ano de 2006, os bloqueios começaram no dia 30 de janeiro de 2006, mantendo-se de forma esporádica e temporária até o dia 3 de fevereiro de 2006, quando se iniciou um bloqueio de estrada que se prolongou por 46 dias até 20 de março desse ano e, posteriormente, um bloqueio que se prolongou por 26 dias desde 5 de abril às 8 horas até 2 de maio do mesmo ano às 16 horas. De tal maneira, a ponte que une Gualeguaychú a Fray Bentos esteve bloqueada por aproximadamente 72 dias corridos.

Em relação à estrada que une a cidade de Paysandú a Colón (através da ponte General Artigas), esta sofreu bloqueios por 35 dias seguidos (desde 16 de fevereiro até 23 de março de 2006), repetindo-se logo pelo prazo de 8 dias (de 11 de abril até o 19 do mesmo mês de 2006).

Por último, na ponte internacional localizada sobre a represa de Salto Grande produziram-se bloqueios nos dias 13 e 14 de janeiro e 22 de fevereiro de 2006, por intervalos de uma hora, uma hora e meia, e trinta minutos, respectivamente.[314]

Acerca da substância das obrigações argentinas, os árbitros recordaram que o Mercosul compreende uma zona de livre comércio. Neste sentido, consideraram que os atos levados a cabo durante os protestos objeto do laudo arbitral causaram graves danos aos agentes econômicos atuantes na região, violando o princípio básico da livre circulação de bens.

---

[314] Ibid., §§91-92. Tradução livre do texto original em espanhol.

O funcionamento do sistema de solução de controvérsias

Perguntas

6. Os artigos do direito do Mercosul citados pelo Uruguai contém alguma obrigação internacional da Argentina para com este país, em relação aos cidadãos argentinos que protestavam com os bloqueios de rua?
7. Segundo o direito internacional, a Argentina pode invocar as normas de seu direito interno sobre a organização de suas forças policiais para justificar sua omissão?
8. Segundo o direito internacional, as normas do Mercosul e os princípios gerais do direito da integração, a Argentina pode invocar suas normas constitucionais para, mencionando a defesa da liberdade de expressão, justificar sua inação contra os manifestantes?

O Tribunal Arbitral concluiu que:

> Os Estados, desde que são reconhecidos como tais pelo direito internacional público, possuem o monopólio da coação para fazer cumprir, com a persuasão que este poder implica, os deveres prescritos tanto por seus ordenamentos jurídicos internos como os que surgem dos tratados internacionais que celebram, e que [sic] este poder pode ser exercido sem necessidade de incorrer em repressões cruentas, bastando ser categórico no respeito a cronogramas determinados das manifestações de protesto, na delimitação dos espaços físicos requeridos para este fim, com o objetivo de equilibrar os interesses contrapostos em jogo para fazê-los compatíveis com o compromisso internacional assumido pelos países em um dos mais importantes empreendimentos de grandeza que se construíram nos países da América do Sul, e que este Tribunal tem por missão defender.
> Neste contexto, não parece compatível com o sistema do Mercosul que uma interrupção do tráfego na ponte fluvial pela qual passa o maior volume de trânsito terrestre no comércio entre Argentina e Uruguai tenha uma duração superior a dois meses sem solução de continuidade e que,

após uma suspensão de duas semanas, volte a interromper-se o tráfego outra vez, por mais de um mês, sem que a atitude do governo argentino perante tal repetição tenha tomado [*sic*] medidas que impedissem a repetição de tais fatos.[315]

Por fim, a parte operativa da decisão, no que interessa, foi assim redigida:

O Tribunal, por unanimidade, decide: [...]
Segundo: Que, acolhendo parcialmente a pretensão da Parte Reclamante, declara que a ausência das devidas diligências que a Parte Reclamada deveria ter adotado para prevenir, ordenar ou, em sendo o caso, corrigir os bloqueios das vias que unem a República Argentina com a República Oriental do Uruguai, realizados pelos habitantes da margem argentina do rio Uruguai e que foram descritos nos parágrafos 90, 91 e 92 dos fundamentos deste laudo, não é compatível com o compromisso assumido pelos Estados Partes no tratado fundacional do Mercosul de garantir a livre circulação de bens e serviços entre os territórios de seus respectivos países.
Terceiro: Que, desestimando parcialmente a pretensão da Parte Reclamante, se declara que, em atenção às circunstâncias do caso, não procede em direito que este Tribunal "*Ad Hoc*" adote ou promova determinações sobre condutas futuras da Parte Reclamada.[316]

Pergunta

9. Em sua opinião, os dois pontos decisórios apresentados se contradizem?

---

[315] Ibid., §§148-149. Tradução livre do texto original em espanhol. A estrutura das frases foi respeitada e reproduzida tal qual no original, mantendo-se inclusive os trechos semanticamente questionáveis.

[316] Ibid., IV – Decisión. Tradução livre do texto original em espanhol.

11.4 Questões para fixação e aprofundamento

1. Como o sistema de solução de controvérsias do Mercosul está estruturado?
2. Quais são as fases previstas pelo sistema de solução de controvérsias?
3. O sistema é destinado exclusivamente à solução de controvérsias entre Estados-partes ou existe possibilidade de participação de particulares?
4. Qual é a relação entre os sistemas de solução de controvérsias do Mercosul e da OMC?
5. Em que casos é possível apresentar recurso perante o Tribunal Permanente de Revisão de uma decisão do Tribunal Arbitral?
6. Existe algum mecanismo no Mercosul para forçar o cumprimento do laudo dos Tribunais Arbitrais?
7. Quais são as partes envolvidas no caso das *papeleras*?
8. Quais foram os fatos causadores da controvérsia?
9. Quais foram os argumentos apresentados pelo Uruguai perante o tribunal arbitral do Mercosul? E perante a CIJ?
10. Quais foram os argumentos apresentados pela Argentina perante o tribunal arbitral do Mercosul? E perante a CIJ?
11. Qual foi a decisão do Tribunal Arbitral?
12. Quais princípios estão em conflito no caso?
13. Quais são os princípios garantidos pelo Mercosul?
14. Quem é competente para solucionar a controvérsia, o Mercosul ou a Corte Internacional de Justiça? Por quê?

Capítulo 12
As consequências do descumprimento do direito do Mercosul: o caso dos pneus

12.1 O mecanismo de determinação e prevenção do descumprimento do direito do Mercosul

Segundo o Protocolo de Olivos sobre Solução de Controvérsias no Mercosul:[317]

Artigo 26
Obrigatoriedade dos Laudos
1. Os laudos dos Tribunais Arbitrais Ad Hoc são obrigatórios para os Estados partes na controvérsia a partir de sua notificação e terão, em relação a eles, força de coisa julgada se, transcorrido o prazo previsto no artigo 17.1 para interpor recurso de revisão, este não tenha sido interposto.
2. Os laudos do Tribunal Permanente de Revisão são inapeláveis, obrigatórios para os Estados partes na controvérsia a partir de sua notificação e terão, com relação a eles, força de coisa julgada.
Artigo 27
Obrigatoriedade do Cumprimento dos Laudos

---

[317] Disponível em: <www.planalto.gov.br/ccivil_03/_ato2004-2006/2004/decreto/d4982.htm>. Acesso em: 29 dez. 2011.

Os laudos deverão ser cumpridos na forma e com o alcance com que foram emitidos. A adoção de medidas compensatórias nos termos deste Protocolo não exime o Estado parte de sua obrigação de cumprir o laudo.

A obediência aos laudos arbitrais é assegurada da seguinte maneira:

Artigo 29
Prazo e Modalidade de Cumprimento
1. Os laudos do Tribunal Ad Hoc ou os do Tribunal Permanente de Revisão, conforme o caso, deverão ser cumpridos no prazo que os respectivos Tribunais estabelecerem. Se não for estabelecido um prazo, os laudos deverão ser cumpridos no prazo de trinta (30) dias seguintes à data de sua notificação.
2. Caso um Estado parte interponha recurso de revisão, o cumprimento do laudo do Tribunal Arbitral Ad Hoc será suspenso durante o trâmite do mesmo.
3. O Estado parte obrigado a cumprir o laudo informará à outra parte na controvérsia, assim como ao Grupo Mercado Comum, por intermédio da Secretaria Administrativa do Mercosul, sobre as medidas que adotará para cumprir o laudo, dentro dos quinze (15) dia contados desde sua notificação.
Artigo 30
Divergências sobre o Cumprimento do Laudo
1. Caso o Estado beneficiado pelo laudo entenda que as medidas adotadas não dão cumprimento ao mesmo, terá um prazo de trinta (30) dias, a partir da adoção das mesmas, para levar a situação à consideração do Tribunal Arbitral Ad Hoc ou do Tribunal Permanente de Revisão, conforme o caso.
2. O Tribunal respectivo terá um prazo de trinta (30) dias a partir da data que tomou conhecimento da situação para dirimir as questões referidas no numeral anterior.
3. Caso não seja possível a convocação do Tribunal Arbitral Ad Hoc que conheceu do caso, outro será conformado com o ou os suplentes necessários mencionados nos artigos 10.2 e 10.3.
Capítulo IX
Medidas Compensatórias
Artigo 31

Faculdade de Aplicar Medidas Compensatórias

1. Se um Estado parte na controvérsia não cumprir total ou parcialmente o laudo do Tribunal Arbitral, a outra parte na controvérsia terá a faculdade, dentro do prazo de um (1) ano, contado a partir do dia seguinte ao término do prazo referido no artigo 29.1, e independentemente de recorrer aos procedimentos do artigo 30, de iniciar a aplicação de medidas compensatórias temporárias, tais como a suspensão de concessões ou outras obrigações equivalentes, com vistas a obter o cumprimento do laudo.

2. O Estado Parte beneficiado pelo laudo procurará, em primeiro lugar, suspender as concessões ou obrigações equivalentes no mesmo setor ou setores afetados. Caso considere impraticável ou ineficaz a suspensão no mesmo setor, poderá suspender concessões ou obrigações em outro setor, devendo indicar as razões que fundamentam essa decisão.

3. As medidas compensatórias a serem tomadas deverão ser informadas formalmente pelo Estado Parte que as aplicará, com uma antecedência mínima de quinze (15) dias, ao Estado Parte que deve cumprir o laudo.

Artigo 32

Faculdade de Questionar Medidas Compensatórias

1. Caso o Estado Parte beneficiado pelo laudo aplique medidas compensatórias por considerar insuficiente o cumprimento do mesmo, mas o Estado Parte obrigado a cumprir o laudo considerar que as medidas adotadas são satisfatórias, este último terá um prazo de quinze (15) dias, contado a partir da notificação prevista no artigo 31.3, para levar esta situação à consideração do Tribunal Arbitral Ad Hoc ou do Tribunal Permanente de Revisão, conforme o caso, o qual terá um prazo de trinta (30) dias desde a sua constituição para se pronunciar sobre o assunto.

2. Caso o Estado Parte obrigado a cumprir o laudo considere excessivas as medidas compensatórias aplicadas, poderá solicitar, até quinze (15) dias depois da aplicação dessas medidas, que o Tribunal Ad Hoc ou o Tribunal Permanente de Revisão, conforme corresponda, se pronuncie a respeito, em um prazo não superior a (trinta) 30 dias, contado a partir da sua constituição.

i) O Tribunal pronunciar-se-á sobre as medidas compensatórias adotadas. Avaliará, conforme o caso, a fundamentação apresentada para aplicá-las em

um setor distinto daquele afetado, assim como sua proporcionalidade com relação às consequências derivadas do não cumprimento do laudo.
ii) Ao analisar a proporcionalidade, o Tribunal deverá levar em consideração, entre outros elementos, o volume e/ou o valor de comércio no setor afetado, bem como qualquer outro prejuízo ou fator que tenha incidido na determinação do nível ou montante das medidas compensatórias.
3. O Estado Parte que aplicou as medidas deverá adequá-las à decisão do Tribunal em um prazo máximo de dez (10) dias, salvo se o Tribunal estabelecer outro prazo.

O Conselho do Mercado Comum, em sua Decisão nº 37/03, adotou o Regulamento do Protocolo de Olivos de Solução de Controvérsias no Mercosul, o qual, em seu art. 43, §1º, trata da hipótese em que, após a adoção de medidas compensatórias, o tribunal (seja o arbitral *ad hoc*, seja o TPR) declarar que o Estado condenado efetivamente deu cumprimento ao laudo, não havendo necessidade de medidas compensatórias. O art. 43, §1º, do Regulamento estabelece que:

Artigo 43
Medidas Compensatórias (art. 31 PO)
1. Não poderão ser aplicadas medidas compensatórias no caso em que exista um pronunciamento do Tribunal, com base nos procedimentos estabelecidos no artigo 30 do Protocolo de Olivos, dispondo que as medidas adotadas para dar cumprimento ao laudo são suficientes. Se as medidas compensatórias já estiverem sendo aplicadas, deverão ser deixadas sem efeito.[318]

Vale mencionar aqui a seguinte consideração do Tribunal Arbitral *ad hoc* constituído para apreciar a reclamação do Uruguai contra a Argentina referente aos bloqueios nas vias de ligação entre os dois países (caso das *papeleras*):

---

[318] Disponível em: <www.mercosur.int/innovaportal/file/681/1/solucion_de_controversias_en_el_mercosur_pt.pdf>. Acesso em: 26 dez. 2012.

As consequências do descumprimento do direito do Mercosul

O sistema de solução de controvérsias do Mercosul privilegia a remoção das barreiras comerciais ao comércio, sobre a imposição de uma segunda barreira ao comércio por via de retaliações. De tal maneira, a obrigação de reparar deve ser interpretada em um sentido prospectivo, procurando remover os obstáculos e as dificuldades e superar os fracassos ocasionais, como no caso presente, limitando o dano para o futuro. Por isso, somente se preveem compensações no caso em que a decisão tomada na solução de controvérsias não seja acatada dentro de um prazo prudencial.[319]

Perguntas

1. As disposições do Protocolo de Olivos sobre o cumprimento dos laudos arbitrais possuem aplicação na decisão sobre o caso das *papeleras* (Laudo Arbitral do Tribunal *ad hoc*), analisado no capítulo precedente?
2. O art. 30, §1º, do Protocolo de Olivos estabelece um prazo para que o Estado beneficiado pelo laudo arbitral convoque o Tribunal Arbitral ou o TPR para reclamar de medidas insuficientes tomadas, em cumprimento ao laudo, pelo Estado condenado pela decisão. O estabelecimento de um prazo de 30 dias a partir da adoção de tais medidas para que o Estado beneficiado pela sentença arbitral leve a questão ao Tribunal pressupõe que estas medidas possam ser sempre identificadas e fixas no tempo. Isto seria verdade:
a) no caso das *papeleras* (capítulo 11)?
b) no caso "*Poissons sous taille*" perante o Tribunal de Justiça da União Europeia (capítulo 6)?
3. Ana Cristina Paulo Pereira faz a seguinte crítica ao sistema de cumprimento dos laudos arbitrais do Mercosul:

O Protocolo de Olivos causa uma certa perplexidade ao prever no Art. 31 que, independentemente do Estado-Parte beneficiado ter recorrido ao pro-

---

[319] Tradução livre do texto em espanhol do laudo arbitral. Disponível em: <www.mercosur.int>. Acesso em: 27 dez. 2011.

cedimento anterior [trata-se da reclamação perante o tribunal arbitral ou o TPR] e mesmo paralelamente ao funcionamento deste, o referido Estado poderá, dentro do prazo de um ano, contado do dia seguinte ao término do prazo para cumprimento do laudo, adotar unilateralmente medidas compensatórias contra o Estado supostamente recalcitrante.[320]

Considerando o trecho do laudo arbitral das *papeleras* acima transcrito, em que consiste a crítica da autora?

4. Considerando que tanto o Protocolo de Olivos quanto seu Regulamento silenciam a respeito, o que, em sua opinião, poderá ocorrer caso o Estado que adotou as medidas compensatórias viole o art. 32, §3º, acima transcrito (p. 382)?

12.2 O caso dos pneus recauchutados entre Uruguai e Brasil perante o Tribunal Arbitral *ad hoc* do Mercosul[321]

Em 25 de setembro de 2000, a Secretaria de Comércio Exterior do Ministério de Desenvolvimento, Indústria e Comércio Exterior (Secex) adotou a Portaria nº 8/00, a qual dispôs que não seriam mais concedidas licenças de importação para pneumáticos recauchutados e usados, classificados na Posição nº 4012 da Nomenclatura Comum do Mercosul (NCM).

Anteriormente, a Portaria nº 8/91, de 13 de maio de 1991, já havia proibido a importação de pneumáticos "usados" (classificados na Subposição NCM nº 4012.20), mas não proibia a importação dos pneumáticos recauchutados (classificados na Subposição NCM nº 4012.10). A importação de pneumáticos "recauchutados" foi autorizada durante o período de 10 anos entre os adventos da Portaria nº 8/91 e da Portaria nº 8/00.

---

[320] PEREIRA, Ana Cristina Paulo. *Direito institucional e material do Mercosul*. 2. ed. rev. e atual. Rio de Janeiro: Lumen Juris, 2005. p. 117-118.
[321] Tribunal Arbitral do Mercosul. Laudo acerca da controvérsia apresentada pela República Oriental do Uruguai à República Federativa do Brasil sobre "Proibição de pneumáticos remoldados procedentes do Uruguai". Laudo nº 6/02, de 9-1-2002. Disponível em: <www.sice.oas.org/dispute/mercosur/laudo6_p.asp>. Acesso em: 2 jun. 2012.

Como a Portaria de 2000 faz referência de forma geral à Posição nº 4012, não leva em conta as diferenças entre pneus "recauchutados" e usados, que eram representados por subposições diferentes, dentro da Posição nº 4012. Portanto, ambos os pneus passaram a ter sua importação proibida para território brasileiro.

Em virtude destas normativas brasileiras, algumas empresas uruguaias que tinham como principal atividade a aquisição, reconstrução e exportação de pneus para o Brasil perderam qualquer possibilidade de prosseguir em sua atividade-fim.

Em consequência, o governo uruguaio recorreu às medidas previstas no (então vigente) Protocolo de Brasília sobre Solução de Controvérsias (hoje substituído pelo Protocolo de Olivos): entabulou negociações diretas com o Brasil, e depois levou o caso ao Grupo Mercado Comum. Não tendo sido alcançada qualquer solução, decidiu iniciar o procedimento arbitral, notificando o Brasil e instalando, em conjunto com este país, o Tribunal Arbitral composto por um árbitro uruguaio (nomeado pelo governo reclamante), um árbitro brasileiro (nomeado pelo governo reclamado) e um argentino (escolhido pelas duas partes), que foi investido das funções da presidência.

Em sua reclamação, o Uruguai considerou que as citadas normas brasileiras sobre importação feriam o direito do Mercosul, a saber:

Tratado de Assunção (1991)[322]
ARTIGO 1
Os Estados Partes decidem constituir um Mercado Comum, que deverá estar estabelecido a 31 de dezembro de 1994, e que se denominará "Mercado Comum do Sul" (Mercosul).
Este Mercado comum implica:
A livre circulação de bens, serviços e fatores produtivos entre os países, através, entre outros, da eliminação dos direitos alfandegários e restrições

---
[322] Disponível em: <mercosur.int>. Acesso em: 4 abr. 2013.

não tarifárias à circulação de mercadorias e de qualquer outra medida de efeito equivalente;

O estabelecimento de uma tarifa externa comum e a adoção de uma política comercial comum e relação a terceiros Estados ou agrupamentos de Estados e a coordenação de posições em foros econômico-comerciais regionais e internacionais;

A coordenação de políticas macroeconômicas e setoriais entre os Estados Partes – de comércio exterior, agrícola, industrial, fiscal, monetária, cambial e de capitais, de outras que se acordem –, a fim de assegurar condições adequadas de concorrência entre os Estados Partes, e

O compromisso dos Estados Partes de harmonizar suas legislações, nas áreas pertinentes, para lograr o fortalecimento do processo de integração.

Anexo I ao Tratado de Assunção (1991)
ARTIGO PRIMEIRO

Os Estados Partes acordam eliminar, o mais tardar a 31 de dezembro de 1994, os gravames e demais restrições aplicadas ao seu comércio recíproco.

No que se refere à Listas de Exceções apresentadas pela República do Paraguai e pela República Oriental do Uruguai, o prazo para sua eliminação se estenderá até 31 de dezembro de1995, nos termos do Artigo Sétimo do presente Anexo.

ARTIGO DÉCIMO

Os Estados Partes somente poderão aplicar até 31 de dezembro de 1994, aos produtos compreendidos no programa de desgravação, as restrições não tarifárias expressamente declaradas nas Notas Complementares ao Acordo de Complementação que os Estados Partes celebrem no marco do Tratado de Montevidéu 1980.

Em 31 de dezembro de 1994 e no âmbito do Mercado Comum, ficarão eliminadas todas as restrições não tarifárias.

Decisão CMC nº22/00

Artigo 1. Os Estados Partes não adotarão nenhuma medida restritiva ao comércio recíproco, qualquer seja sua natureza, sem prejuízo do previsto no art. 2 b) do Anexo I do Tratado de Assunção.

O Tribunal Arbitral resumiu assim o pedido do Uruguai:

> Em consequência do anteriormente exposto, a parte reclamante solicita ao Tribunal Arbitral que declare que as medidas adotadas pelo Brasil e impugnadas pelo Uruguai segundo sua Reclamação – especialmente a Portaria nº 8/00 – são violadoras da normativa do Mercosul anteriormente referida e, portanto, que ordene ao Brasil que proceda a declarar a nulidade de todas as medidas referidas e permita o livre acesso a seu território dos pneumáticos remoldados exportados do Uruguai e sua comercialização no mercado interno.[323]

A defesa do Brasil centrou-se em dois pontos. Em primeiro lugar, tratou-se de argumentar que não haveria diferença relevante entre pneus "usados" e "recauchutados", sendo que a importação de ambos estaria proibida desde 1991:

> No tocante especificamente à Portaria SECEX nº 08/00, à luz do disposto na Resolução GMC nº 109/94, a Portaria SECEX nº 08/00 disciplina o regime de importação de bens usados existente no Brasil, vigente nesse país desde 1991 (Portaria DECEX nº 8/91) e que, de acordo com o Governo brasileiro, inclui pneumáticos recauchutados. No entender do Governo brasileiro, os pneumáticos recauchutados são bens usados, independentemente de terem sido objeto de algum tipo de processo industrial que tenha em vista restituir-lhes parte de suas características originais ou prolongar sua vida útil. Nesse sentido, estão compreendidos nas disciplinas estabelecidas pela Portaria DECEX nº 8/91.
> Com a adoção da Portaria nº 8/00, procurou-se reprimir as importações de pneumáticos recauchutados que existiam em função, basicamente, de falhas no sistema informatizado de comércio exterior do Brasil (SISCOMEX) que, com a finalidade de conceder licenças de importação, considera somente a condição de usado de um bem, sem menção específica à NCM,

---

[323] Tribunal Arbitral do Mercosul. Laudo nº 6/02, de 9-1-2002. Disponível em: <www.sice.oas.org/dispute/mercosur/laudo6_p.asp>. Acesso em: 2 jun. 2012

inclusive porque, na maioria dos casos, a nomenclatura não permite distinguir entre bens usados ou novos. Ao não estar consignado, no espaço correspondente do SICOMEX, que se tratava de material usado, vários importadores haviam conseguido burlar a proibição de importação de bens usados, obtendo o respectivo registro de importação para pneumáticos recauchutados. Esse fluxo de importação que houve no Brasil nos últimos anos, proveniente do erro no preenchimento dos documentos necessários à importação, não constituiria, entretanto, reconhecimento de sua licitude pelo Governo brasileiro.

Afirmou-se que os termos "usados" e "recauchutados" seriam meramente leigos, comerciais, e não técnico-científicos, "utilizados unicamente na diferenciação de dois produtos que se distinguem apenas pelo acréscimo de valor concedido a um deles".

Essa situação estaria fortalecida por estarem ambos na mesma posição da NCM, havendo diferenciação somente em sua subposição. A NCM não teria por finalidade definir a natureza de novo ou usado dos bens, mas apenas "diferenciar bens que por suas características intrínsecas são comercialmente diferenciados". A natureza de usados dos pneumáticos usados e recauchutados permaneceria apesar dessa classificação, mas tais bens não poderiam ser confundidos com pneumáticos "novos". [...]

Com relação à definição dos pneumáticos remoldados como "usados", o Brasil afirma que tal definição não é arbitrária e deriva, basicamente, da constatação técnica de que, apesar do processo de recondicionamento, tais pneumáticos, que se distinguem dos pneumáticos usados somente pelo acréscimo de borracha, não podem ser considerados pneumáticos novos. As análises técnicas realizadas pela indústria automotiva brasileira demonstram, entre outras coisas, que os pneumáticos remoldados apresentam uma performance de rendimento entre 30% e 60% inferior a um pneumático novo, além de terem uma vida útil reduzida.

Estando composto de somente 30% de material novo, o pneumático remoldado não se confundiria com pneumático novo e não se prestaria mais a reformas, de acordo à alegação do Governo brasileiro, após sua vida útil, acabando por transformar-se num "resíduo indesejável". [...]

As consequências do descumprimento do direito do Mercosul

A classificação de pneumáticos recauchutados e usados em itens diferentes da NCM não modificaria o fato de que, por sua natureza, o pneumático recauchutado seria um bem usado, cuja vida útil foi prolongada, não podendo ser confundido com um bem novo. A definição brasileira atenderia, como já se afirmou, ao bom senso do termo "usado".[324]

Em segundo lugar, o Brasil tentou demonstrar que a importação de bens usados no Mercosul ainda não fora harmonizada, estando cada país livre para seguir aplicando suas legislações nacionais:

Resolução GMC nº 109/1994[325]
Artigo 1. Instruir a Comissão de Comércio do Mercosul a apresentar ao Grupo Mercado Comum, até 31 de março de 1995, projeto de Regulamento Comum sobre a importação de bens usados.
Artigo 2. Enquanto não se aprovar o Regulamento Comum mencionado no Artigo 1, os Estados Partes aplicarão suas respectivas legislações nacionais referentes à importação de bens usados, tanto no comércio com terceiros países quanto no comércio intra-Mercosul.

Em sua decisão,

o Tribunal considera, em razão da prova documental apresentada, que a autorização de importações de pneumáticos remoldados provenientes do Uruguai gerou um fluxo comercial importante, contínuo e crescente. Este fluxo foi avalizado tanto pela prática como pelas opiniões e posições assumidas por diversos órgãos públicos brasileiros.[326]

Os árbitros também consideraram provado que

---
[324] Ibid.
[325] Disponível em: <mercosur.int>. Acesso em: 4 abr. 2013.
[326] Tribunal Arbitral do Mercosul. Laudo nº 6/02, de 9-1-2002. Disponível em: <www.sice.oas.org/dispute/mercosur/laudo6_p.asp>. Acesso em: 2 jun. 2012.

dessa forma, antes da Portaria nº 8/00, os pneumáticos remodelados podiam entrar no Brasil pela Subposição nº 4012.10. A única proibição de importação se referia a pneumáticos usados (Portaria nº 8/91) e, dada a exportação efetiva ininterrupta de tal mercadoria pelo Uruguai ao Brasil durante um lapso prolongado que precedeu a Portaria nº 8/00, o Tribunal entende que as autoridades brasileiras nunca consideraram os pneumáticos recauchutados como pneumáticos usados, não incluindo-os na proibição que abrangia estes últimos.[327]

A respeito da remissão do Brasil à Resolução GMC nº 109/94, o Tribunal raciocinou conforme segue:

> Este Tribunal observa que a Resolução nº 109/94 estabelece uma exceção ao regime geral do Tratado de Assunção a respeito de bens usados, que como toda exceção a uma regra geral deverá ser interpretada restritivamente. Neste contexto é relevante ter em mente qual foi a legislação interna do Brasil relativa à importação de pneumáticos recauchutados (remoldados) provenientes do Uruguai. [...]
> No momento em que foi ditada a Portaria nº 8/00 estava vigente – e ainda permanece – a Resolução nº 109/94 que habilita os Estados Partes a aplicarem suas legislações internas para regular a circulação intrazona de bens usados. Contudo, já em meados de 2000, constata-se, do alegado e provado pelas Partes em seus escritos e nos documentos apresentados perante o Tribunal, a existência de um fluxo comercial no Brasil de pneumáticos recauchutados importados do Uruguai que conformam o universo de bens sujeitos à livre circulação. [...]
> A Decisão nº 22/00 [citada pelo Uruguai e transcrita acima] reafirma o caráter vinculatório da proibição de alterar o fluxo comercial existente na data de sua aprovação. Esta Decisão opera como uma data crítica com o fim de limitar os alcances da Resolução nº 109/94 sobre bens usados que, em conformidade com a legislação interna de cada Estado, estavam na data de

---

[327] Ibid.

sua aprovação incorporadas ao esquema de livre circulação entre os Estados Partes, ou seja, entre Brasil e Uruguai. [...]
Assim, se no momento da aprovação da Decisão nº 22/00 não havia na legislação interna do Brasil uma proibição às importações de pneumáticos recauchutados (remoldados) provenientes de Estados Membros do Mercosul, é evidente que, posteriormente a essa data, o Brasil não podia impor restrição alguma que afetasse tal comércio.
A Decisão nº 22/00 não modifica os alcances da Resolução nº 109/94 de forma genérica, mas opera como uma garantia do fluxo do comércio intrazona de bens usados existente nessa data. O conteúdo da Decisão nº 22/00 condiciona a capacidade dos Estados Partes de alterarem ou modificarem, a partir da data de sua aprovação, os alcances de suas legislações internas quanto à imposição de novas restrições ao comércio de bens usados existente.[328]

Por fim, o Tribunal Arbitral entendeu que o Brasil havia permitido, durante toda a década de 1990, o ingresso de um fluxo constante de pneus "recauchutados" provenientes do Uruguai, os quais se valiam da distinção feita na Portaria nº 8/91 (descrita acima) e não eram enquadrados na categoria proibida de "pneumáticos usados". Assim, o Estado reclamado não poderia agora alegar que a correta interpretação da Portaria nº 8/91 sempre fora no sentido de barrar os pneus remontados, pois tal afirmação, após 10 anos de comportamento contrário do Estado brasileiro, equivaleria a um autêntico *venire contra factum proprium*, cuja proibição é um princípio geral do direito internacional ("estoppel").

Pergunta

5. Segundo o sistema de solução de controvérsias do Mercosul, o Tribunal Arbitral pode decidir aplicando princípios gerais do direito internacional?

---

[328] Ibid.

O Tratado de Montevidéu de 1980, que institui a Aladi, contém o seguinte artigo:

> Artigo 50. Nenhuma disposição do presente Tratado será interpretada como impedimento à adoção e no cumprimento de medidas destinadas à:
> a) Proteção da moral pública;
> b) Aplicação de leis e regulamentos de segurança;
> c) Regulação das importações ou exportações de armas, munições e outros materiais de guerra e, em circunstâncias excepcionais, de todos os demais artigos militares;
> d) Proteção da vida e saúde das pessoas, dos animais e dos vegetais;
> e) Importação e exportação de ouro e prata metálicos;
> f) Proteção do patrimônio nacionais de valor artístico, histórico ou arqueológico; e
> g) Exportação, utilização e consumo de materiais nucleares, produtos radioativos ou qualquer outro material utilizável no desenvolvimento ou aproveitamento da energia nuclear.[329]

Pergunta

6. O Brasil poderia ter argumentado invocando o art. 50 "d" do Tratado de Montevidéu, alegando a proteção ao meio ambiente?

A parte final do laudo lê-se como segue:

> Em razão das considerações anteriores o Tribunal conclui que:
> a) existiu durante a década de noventa, especificamente a partir de 1994/95, um fluxo comercial em direção ao Brasil de pneumáticos recauchutados (remoldados) provenientes do Uruguai, compatível com a legislação interna do Brasil aplicada a partir da Portaria nº 8/91;

---

[329] Disponível, em espanhol, em: <www.aladi.org/nsfaladi/juridica.nsf/tratadoweb/tm80>. Acesso em: 26 dez. 2012.

b) que, a partir de atos concludentes de distintos órgãos públicos do Estado brasileiro, certificou-se que os pneumáticos recauchutados (remoldados) não foram considerados como usados e, portanto, não compreendidos na proibição de importação de pneumáticos usados;

c) que a Decisão nº 22/00 impõe aos Estados Partes a obrigação de não adotarem medidas restritivas ao comércio recíproco;

d) que a Portaria nº 8/00 é posterior à Decisão nº 22/00 e impõe novas restrições ao comércio recíproco existente;

e) que a Resolução nº 109/94 CMC é uma exceção ao esquema do Artigo 1 do Tratado de Assunção e o Artigo 1 de seu Anexo, condicionada ao conteúdo da Decisão CMC nº 22/00 que, no presente caso, limita os alcances da Resolução anteriormente mencionada a respeito de bens usados admitidos no comércio recíproco existente no momento de sua adoção;

f) que, independentemente do fato de não ser compatível com a Decisão CMC nº 22/00, a Portaria nº 8/00 contradiz princípios gerais do direito, especialmente o princípio do estoppel, cuja aplicação no presente caso reafirma os postulados básicos relativos ao objeto e ao fim do Tratado de Assunção.

IV. DECISÃO

Pelo exposto, e de acordo com o Protocolo de Brasília, seu Regulamento, o Protocolo de Ouro Preto, as normas e princípios jurídicos aplicáveis e com as Regras de Procedimento do Tribunal, este Tribunal Arbitral Ad Hoc, constituído para decidir sobre a controvérsia "Proibição de Importação de Pneumáticos Remoldados Procedentes do Uruguai", pelas razões antes expostas e com base na fundamentação jurídica desenvolvida nos precedentes considerandos, DECIDE:

Por unanimidade, que a Portaria nº 8 de 25 de setembro de 2000 da Secretaria de Comércio Exterior (SECEX) do Ministério de Desenvolvimento, Indústria e Comércio Exterior é incompatível com a normativa Mercosul. O Brasil deverá, em consequência, adaptar sua legislação interna em consideração à citada incompatibilidade;

[...]

Por unanimidade, e em conformidade com o Artigo 21 (2) do Protocolo de Brasília e com o Artigo 18 das Regras de Procedimento do Tribunal, determina-se que as Partes têm 60 dias desde sua notificação para cumprir as disposições do Laudo.[330]

12.3 O caso dos pneus recauchutados entre Uruguai e Argentina perante o Tribunal Arbitral *ad hoc* do Mercosul[331]

Em 8 de agosto de 2002, o governo argentino publicou a Lei nº 25.626,[332] que proibia a importação de pneus recauchutados e usados. O Uruguai sentiu-se prejudicado com tal norma, eis que, segundo seus representantes, o regime anterior era proibitivo em relação à importação de pneus usados, mas silenciava quanto aos remodelados ("recauchutados"), que eram livremente produzidos e comercializados por empresas uruguaias.

A reclamação uruguaia baseava-se em que a Argentina continuou a importar pneus remodelados de outros países, embora tendo deixado de fazê-lo com aqueles provenientes do Uruguai.[333] Ademais, não haveria qualquer restrição relativa à segurança do produto que justificasse a restrição contra os pneus recauchutados.

Mas, sobretudo, a conduta argentina estaria a violar o direito do Mercosul, consubstanciado no Tratado de Assunção, arts. 1º (já transcrito acima) e 5º, cujo teor é:

---

[330] Tribunal Arbitral do Mercosul. Laudo nº 6/02, de 9-1-2002. Disponível em: <www.sice.oas.org/dispute/mercosur/laudo6_p.asp>. Acesso em: 2 jun. 2012.

[331] Tribunal Arbitral do Mercosul. Controvérsia entre a República Oriental do Uruguai e a República Argentina: "Proibição de importação de pneus remoldeados". Laudo Arbitral proferido por Hermes Marcelo Huck, José Maria Gamio e Marcelo Antonio Gottifredi em 25-10-2005. Disponível, em espanhol, em: <www.sice.oas.org/dispute/mercosur/laudo%20neumaticos_005_p.pdf>. Acesso em: 2 jun. 2012.

[332] Disponível, em espanhol, em: <http://biblioteca.afip.gob.ar/gateway.dll/Normas/Leyes>. Acesso em: 29 dez. 2011.

[333] "Entretanto, posteriormente à vigência de tal lei, importações de pneus recauchutados foram feitas pela Argentina de outros países, que não o Uruguai." Tribunal Arbitral do Mercosul. Controvérsia entre a República Oriental do Uruguai e a República Argentina: "Proibição de importação de pneus remoldeados", §15.

ARTIGO 5
Durante o período de transição, os principais instrumentos para a constituição do Mercado Comum são:
a. Um Programa de Libertação Comercial, que consistirá em reduções tarifárias progressivas, lineares e automáticas, acompanhadas da eliminação de restrições não tarifárias ou medidas de efeito equivalente, assim como de outras restrições ao comércio entre os Estados Partes, para chegar a 31 de dezembro de 1994 com tarifa zero, sem barreiras não tarifárias sobre a totalidade do universo tarifário (Anexo I);
b. A coordenação de políticas macroeconômicas que se realizará gradualmente e de forma convergente com os programas de desgravação tarifária e eliminação de restrições não tarifárias, indicados na letra anterior;
c. Uma tarifa externa comum, que incentive a competitividade externa dos Estados Partes;
d. A adoção de acordos setoriais, com o fim de otimizar a utilização e mobilidade dos fatores de produção e alcançar escalas operativas eficientes.

Além disso, ainda restariam feridas as decisões CMC nº 22/00 (transcrita acima) e nº 57/00, esta que preceitua:

Artigo 3º. Instar os Estados Partes a que, no marco da Resolução GMC nº 77/98, concluam acordos de equivalência de seus sistemas de controle sanitário e fitossanitário e de reconhecimento mútuo de procedimentos de avaliação de conformidade para superar as dificuldades de acesso a mercados. Os Estados Partes informarão a cada seis meses ao GMC sobre o estado de situação dessas negociações e sobre os acordos alcançados.[334]

Em suma, a posição uruguaia foi assim resumida pelo Tribunal:

Finalmente, o Uruguai pleiteia, ante todo o exposto, seja declarada pelo Tribunal Arbitral a incompatibilidade da Lei nº 25.626 da República

---

[334] Disponível em: <www.mercosur.int>. Acesso em: 29 dez. 2011.

Argentina com as normas e princípios vigentes no Mercosul, bem como com princípios e disposições de Direito Internacional e que, portanto, a República Argentina revogue referida Lei, bem como torne nulas todas as medidas de efeitos similares, abstendo-se de adotar no futuro outras medidas que tenham efeitos restritivos e/ou discriminatórios semelhantes aos questionados no presente feito.[335]

Já a Argentina se valeu do Tratado de Assunção, especificamente de seu anexo I, art. 2º, "b", o qual dispõe:

ARTIGO SEGUNDO
Para efeito do disposto no Artigo anterior, se entenderá:
a. por "gravames", os direitos aduaneiros e quaisquer outras medidas de efeito equivalente, sejam de caráter fiscal, monetário, cambial ou de qualquer natureza, que incidam sobre o comércio exterior. Não estão compreendidas neste conceito taxas e medidas análogas quando respondam ao custo aproximado dos serviços prestados.
b. por "restrições", qualquer medida de caráter administrativo, financeiro, cambial ou de qualquer natureza, mediante a qual um Estado Parte impeça ou dificulte, por decisão unilateral, o comércio recíproco. *Não estão compreendidas no mencionado conceito as medidas adotadas em virtude das situações previstas no Artigo 50 do Tratado de Montevidéu de 1980* [grifos nossos].

Portanto, o Estado reclamado argumentou ao abrigo do art. 50 do Tratado de Montevidéu de 1980.[336] Este é o tratado constitutivo da Associação Latino-Americana de Integração (Aladi), que é uma organização internacional econômica latino-americana integrada por 13 países que objetiva o estabelecimento de um mercado comum latino-americano. O Tratado de Montevidéu permite que este objetivo da Aladi seja alcançado através da constituição de "acordos de alcance

---

[335] Tribunal Arbitral do Mercosul. Controvérsia entre a República Oriental do Uruguai e a República Argentina: "Proibição de importação de pneus remoleados", §23.
[336] Disponível em: <www.aladi.org>. Acesso em: 29 dez. 2011.

parcial", ou seja, acordos que só envolvam alguns dos Estados-membros da Associação.[337] Neste sentido, o Mercosul é um acordo parcial no âmbito da Aladi, uma vez que o Tratado de Assunção, base fundacional do Mercosul, foi registrado na Aladi e faz referência expressa ao Tratado de Montevidéu.

> De modo geral, uma vez que o Mercosul insere-se no contexto da integração do continente latino-americano preconizado pela ALADI, a rigor deve respeito ao quadro normativo imposto pelo Tratado de Montevidéu de 1980, a fim de que haja uma perfeita sintonia entre as duas ordens: trata-se aqui do respeito do direito infra-regional (Direito do Mercosul) ao direito regional. [...]
> Apesar de o Tratado de Montevidéu estar formalmente em nível hierárquico superior ao Tratado de Assunção, a realidade é que, na prática, os Países-Membros da ALADI não o encaram dessa forma, deixando-o relegado a um segundo plano. Esse tratamento dispensado ao Tratado de Montevidéu talvez possa ser explicado do ponto de vista político, pois os Países-Membros da ALADI não querem transformá-lo em um instrumento obstruidor de seu desenvolvimento econômico, daí a tolerância entre seus sócios que apresentam quase que as mesmas características sócio-econômicas e possuem necessidades similares. [338]

Ora, o art. 50 do Tratado de Montevidéu, citado pela Argentina, costuma ser invocado pelos membros da Aladi como uma permissão de estabelecer exceções às concessões tarifárias próprias deste sistema de integração – no qual, como já visto, insere-se o Mercosul. Diz o art. 50:

---

[337] Tratado de Montevidéu: "Artigo 7º. Os acordos de alcance parcial são aqueles de cuja celebração não participa a totalidade dos países-membros e propenderão a criar as condições necessárias para aprofundar o processo de integração regional, através de sua progressiva multilateralização. Os direitos e obrigações que forem estabelecidos nos acordos de alcance parcial regerão exclusivamente para os países-membros que os subscrevam ou que a eles adiram".
[338] PEREIRA, Ana Cristina Paulo. *Direito institucional e material do Mercosul*, 2005, op. cit., p. 9-13.

Artigo 50
Nenhuma disposição do presente Tratado será interpretada como impedimento à adoção e ao cumprimento de medidas destinadas à:
a) Proteção da moral pública;
b) Aplicação de leis e regulamentos de segurança;
c) Regulação das importações ou exportações de armas, munições e outros materiais de guerra e, em circunstâncias excepcionais, de todos os demais artigos militares;
d) Proteção da vida e saúde das pessoas, dos animais e dos vegetais;
e) Importação e exportação de ouro e prata metálicos;
f) Proteção do patrimônio nacionais de valor artístico, histórico ou arqueológico; e
g) Exportação, utilização e consumo de materiais nucleares, produtos radioativos ou qualquer outro material utilizável no desenvolvimento ou aproveitamento da energia nuclear.[339]

Segundo o Estado reclamado, a proibição de importação de pneus remodelados estaria chancelada pela alínea "d" do art. 50, eis que se trataria de proteção da vida e saúde. A Lei nº 25.626, que proibiu importações destes produtos, destinava-se a impedir o ingresso de resíduos e bens inutilizados que, disfarçados de mercadorias, fossem apenas descarregados na Argentina, danificando seu meio ambiente, tendo em vista a complexidade da gestão do lixo. A argumentação correu no sentido de "que os pneus remoldeados no Uruguai utilizam-se de carcaças importadas de países desenvolvidos e tendo vida útil reduzida podem converter a região em lixeira de resíduos importados e potencialmente perigosos".[340]

Ao decidir, o Tribunal considerou que

> durante todas as negociações e discussões havidas entre as Partes, ficou claro o embate entre dois princípios consagrados pelas normas do Mercosul e pelo Di-

---

[339] Disponível em: <mercosur.int>. Acesso em: 4 abr. 2013.
[340] Tribunal Arbitral do Mercosul. Controvérsia entre a República Oriental do Uruguai e a República Argentina: "Proibição de importação de pneus remoldeados", §38.

reito Internacional. De um lado, o princípio da livre circulação de mercadorias no Mercosul, sustentado no banimento de barreiras não-econômicas ao comércio entre os Estados Membros; de outro lado, as normas que garantem a preservação do meio ambiente e da saúde das pessoas, animais e vegetais da zona.[341] [...]
A decisão a ser adotada levará em consideração os fatos concretos que caracterizaram o fluxo de comércio de pneus remoldeados do Uruguai para Argentina, mormente no período de 1997 a 2001. Ponderará ainda o Tribunal a aplicação dos mencionados princípios em confronto, ou seja, o livre comércio e a proteção do meio ambiente, definindo a prevalência de um sobre o outro, tendo em conta os ditames do Direito Internacional e, muito especialmente, as peculiaridades do caso *sub examen*.[342]

Acerca do objeto da controvérsia, os árbitros lembraram que:

A prova trazida ao processo indica que o pneu remoldeado é um produto que se utiliza de uma carcaça de pneu usado, devidamente inspecionada e que esteja em bom estado, sobre a qual se reconstrói o pneu, abrangendo essa reconstrução a banda de rodagem, os ombros e as laterais do pneu.[343] [...]
Restou afinal, comprovado que um pneu remoldeado é praticamente tão seguro em seu uso quanto um pneu novo. Que um pneu remoldeado tem durabilidade entre 30% e 100% de um pneu novo. Que um pneu remoldeado é mais barato do que pneu novo. Que um pneu remoldeado não pode ser novamente remoldeado.[344] [...]
Ademais, parece estanque de dúvidas que, ao final de sua vida útil, sejam pneus novos, sejam pneus remoldeados, tais produtos causam ou podem causar dano ao meio ambiente e, particularmente à saúde das pessoas, dos animais e a preservação dos vegetais. Um pneumático, ao fim de sua vida útil, não dispõe ainda de um processo de reciclagem economicamente viável, a despeito dos vários estudos que mundialmente são realizados nesse sentido. Um pneu, ao

---

[341] Ibid., §47.
[342] Ibid., §55.
[343] Ibid., §72.
[344] Ibid., §79.

fim de sua vida útil, transforma-se em resíduo indesejável e potencialmente perigoso. Os pneus inservíveis armazenados ao ar livre, transformam-se em fonte de contaminação e verdadeiros criadouros de insetos. Além dessa consequência, podem tais resíduos liberar elementos de sua composição danosos à saúde de seres vivos e à natureza, inclusive contaminando as águas. Podem também os pneus ao fim de sua vida útil ser despejados em aterros sanitários, especialmente reservados para tal finalidade. Armazenados no subsolo, estima-se que tais produtos levem cerca de 500 anos para degradar-se na natureza. Nesse período, os aterros que recebem pneus inservíveis podem, com a liberação do processo de degradação, poluir gravemente o lençol freático, atingindo as águas subterrâneas, com consequências danosas para o meio ambiente.[345] A posição do Uruguai, durante o curso do processo, foi – na maior parte das vezes – de não debater o problema ambiental. [...] A pretensão do Uruguai restringe-se a obrigar a Argentina a seguir importando pneus remoldeados produzidos no Uruguai, posto que estes têm igual durabilidade e segurança em relação aos pneus novos, sempre tiveram livre ingresso no território argentino e não significam impacto ambiental distinto do que é causado pelo pneu novo.[346]

Em sua decisão, os árbitros levaram em conta fundamentalmente o impacto ambiental causado pelos pneus, sejam remodelados ou não, quando de sua inutilização definitiva. Consideraram que o pneu remodelado, como não pode mais passar por este processo, quando importado terá uma vida útil mais curta do que um pneu novo, devendo ser descartado mais rapidamente, e tornando-se mais rapidamente uma ameaça ambiental.

Por isso, os árbitros entenderam justificada a proibição argentina de importação dos pneus reutilizados, pois estes, uma vez entrados em território argentino, teriam um tempo de vida menor que pneus de uso original, e contribuiriam mais aceleradamente para a elevação do "passivo ambiental". Dessa forma, os julgadores entenderam que as restrições levantadas pela Argentina se justificariam com base na exceção do art. 50 do Tratado de Montevidéu.

---
[345] Ibid., §80.
[346] Ibid., §81.

Assim foi redigida a parte final do julgado, do qual reproduzimos apenas alguns trechos:

1. Pela maioria de votos dos Senhores Árbitros, que a Lei nº 25.626, promulgada pela República Argentina em 08 de agosto de 2002 e publicada no Boletín Oficial, em 09 de agosto de 2002, é compatível com o disposto no Tratado de Assunção e seu Anexo I, com as normas derivadas de tal Tratado, bem como com as disposições de Direito Internacional aplicáveis à matéria. [...]
5. Por unanimidade declarar que, ressalvado o disposto nos artigos 28.1 e 17 do Protocolo de Olivos, o disposto neste Laudo é obrigatório para as Partes e tem efeito imediato, de conformidade com o que determinam os artigos 26 e 27 do mesmo Protocolo.

Pergunta

7. Quais as principais diferenças na fundamentação dos laudos dos Tribunais Arbitrais *ad hoc* nos casos entre Uruguai e Brasil e entre Uruguai e Argentina?

12.4 O Recurso de Revisão nº 1/2005 contra o laudo arbitral sobre a "Proibição de importação de pneus remodelados procedentes do Uruguai" (Uruguai *vs.* Argentina) perante o Tribunal Permanente de Revisão do Mercosul[347]

Tendo sido proferido em 25 de outubro de 2005 o laudo arbitral na controvérsia entre Uruguai e Argentina acerca da proibição, determinada por

---

[347] Tribunal Permanente de Revisão. Laudo sobre o recurso de revisão apresentado pela República Oriental do Uruguai contra o Laudo Arbitral do Tribunal Arbitral *ad hoc* datado de 25-10-2005 na controvérsia "Proibição da importação de pneumáticos remodelados procedentes do Uruguai". Laudo nº 1/05, de 20-12-2005. Disponível em: <www.sice.oas.org/dispute/mercosur/Laudo001_005_s.pdf>. Acesso em: 26 dez. 2012.

este último país, da importação de pneus remodelados procedentes do Uruguai, e tendo tal laudo arbitral sido favorável à Argentina, visto que permitiu a manutenção da proibição, o Uruguai decidiu interpor recurso de revisão junto ao Tribunal Permanente de Revisão do Mercosul.[348]

Procedendo à revisão, o Tribunal Permanente expressou, de início, que não enxergava a questão pelo prisma do conflito de princípios, tal como o fizera o Tribunal Arbitral. Para os árbitros revisores, um esquema de integração exibe somente um princípio: o do livre comércio. O que pode haver são exceções ao livre comércio, como a exceção da proteção do meio ambiente. O Tribunal também não viu com bons olhos a invocação de princípios e regras do direito internacional geral pelos árbitros da primeira instância, que se haviam dedicado a deduzir normas de direito ambiental a partir de fontes extramercosulinas. O Tribunal Permanente, por outro lado, asseverou que outros ramos do direito só poderiam ser invocados de forma subsidiária ou complementar, prestigiando-se o direito da integração, isto é, as normas próprias do Mercosul.

O Tribunal de Revisão limita a controvérsia a saber se a lei argentina que proíbe a importação dos pneus constitui ou não uma exceção válida ao livre comércio. O Tribunal nota que o direito do Mercosul, no estado em que se encontra, não fornece parâmetros concretos sobre quais seriam as exceções válidas à livre circulação de bens. Aqui, os árbitros revisores lamentam que o Tribunal Arbitral, ao decidir a matéria, não tenha se preocupado em definir alguns critérios seguros neste âmbito, perdendo a oportunidade de agir de modo semelhante ao do Tribunal de Justiça das Comunidades Europeias (hoje Tribunal de Justiça da União Europeia), quando, nos primórdios da integração da Europa, desenvolveu jurisprudencialmente os limites entre a atuação do Estado e o âmbito de aplicação da normativa comunitária.[349]

---

[348] O teor da decisão recursal encontra-se disponível em: <www.sice.oas.org>. Acesso em: 29 dez. 2011.
[349] Cf. Tribunal Permanente de Revisão. Laudo nº 1/05, §10.

Assim, o próprio Tribunal Permanente de Revisão procede à determinação de quais seriam os critérios pelos quais um Estado poderá ou não excepcionar uma norma do Mercosul. Tais parâmetros são:
a) A medida em questão é restritiva ao livre comércio?
b) A medida em questão é discriminatória? (Por "discriminatória", o Tribunal entende uma medida que trata nacionais e estrangeiros de forma distinta.)
c) A medida em questão é justificada? (Isto é, objetiva algum bem relevante ou protegido pelo sistema de integração?)
d) A medida em questão é proporcional? (Isto é, trata-se de uma medida necessária, adequada e que utilize os meios menos restritivos ao comércio?)

Aplicando tais critérios ao caso concreto, o Tribunal concluiu que a norma argentina é, efetivamente, restritiva ao livre comércio (critério "a") e discriminatória, na medida em que se proíbe somente a importação, mas não o remodelamento em si (critério "b"). Concluiu, ainda, que a referida norma não é justificada, pois, de acordo com o exame que o Tribunal fez das motivações expandidas pelos congressistas argentinos quando da discussão e aprovação da Lei nº 25.626, as preocupações mais fortes eram com a proteção da indústria argentina de remontagem de pneus. E, por fim, a proibição da importação tampouco foi proporcional, pois haveria outros meios, não tão restritivos, a fim de alcançar a proteção do meio ambiente contra os pneus usados.

A respeito, vale conferir o raciocínio do Tribunal:

> [...] Consecuentemente, este TPR en relación a la medida analizada estima, acoge la tesis uruguaya, de que la misma es desproporcionada frente a un producto, neumático remoldeado, que no es un desecho ni un neumático usado según la propia conclusión del laudo arbitral. Consta igualmente en autos de que la prohibición tomada no ha reducido objetivamente hablando, el concepto de daño ambiental aplicable al caso.

Tampoco es proporcional porque el daño alegado según el criterio de este TPR no es grave ni irreversible (presupuestos éstos que se deben dar para la aplicación del principio precautorio) según lo analiza correctamente la representación uruguaya. Tampoco es proporcional desde el punto de vista de que no se puede impedir el libre comercio, salvo que sea la única medida disponible, eliminando de circulación de un producto extranjero que es igual de seguro a un producto nacional, según el mismo laudo arbitral en revisión; pero que tal vez, y no en todos los casos, es de menor duración.

Tampoco es proporcional a nuestro entender porque la medida tomada no previene el daño. Las medidas a ser adoptadas en el caso en cuestión, ante las presentes circunstancias, deberían estar más bien orientadas a la limitación y eliminación de los neumáticos en desecho. El mismo laudo ha concluido de que son tres conceptos diferentes (el neumático nuevo, el neumático usado y el neumático remoldeado).

Al respecto a fs. 26 la representación uruguaya cita una interesante conclusión del Órgano de Apelación en el caso Corea – Carnes: "hay otros aspectos de la medida para la lograr la observancia que han de considerarse al evaluar esa medida como necesaria. Uno es el grado en que la medida contribuye a la realización del fin perseguido. Cuando mayor sea la contribución, mas fácil será considerar que la medida es necesaria".

Finalmente quisiéramos resaltar que la tesis argentina de que la única proporcionalidad aceptable en casos como el de autos, es la prohibición de ingreso del producto a territorio nacional no tiene asidero jurídico alguno. Dadas las precedentes consideraciones en casos como el de autos, no es fácil pero no es imposible, realizar una estimación o medición de la proporcionalidad. El deber constitucional resaltado por la representación argentina obviamente obLiga a los tomadores de decisión a disponer responsablemente las medidas del caso, pero de ahí a pretender concluir que existe un deber constitucional de directamente prohibir la importación hay demasiada e insalvable distancia.[350]

---

[350] Tribunal Permanente de Revisão. Laudo nº 1/05, §17.

Desta forma, o Tribunal caracterizou a citada lei argentina como contrária ao direito do Mercosul. É o que expressa a parte decisória do laudo de revisão:

> Por todo lo expuesto, y de conformidad a las normas y principios jurídicos aplicables al caso, este Tribunal Permanente de Revisión en la presente controversia sobre "Prohibición de Importación de Neumáticos Remoldeados Procedentes del Uruguay", DECIDE:
> 1. Por mayoría, revocar con el alcance indicado el laudo arbitral en revisión en esta instancia, de fecha 25 de octubre de 2005.
> 2. Por mayoría, determinar que la Ley argentina 25.626 promulgada en fecha 8 de agosto del 2002 y publicada en el Boletín Oficial en fecha 9 de agosto de 2002 es incompatible con la normativa Mercosur, en base a una correcta interpretación y aplicación jurídica de las excepciones previstas en el Art. 50 del Tratado de Montevideo de 1980, las cuales están entroncadas en el Anexo 1 del Tratado de Asunción, específicamente en su Art. 2b, y en consecuencia la República Argentina deberá derogarla o modificarla con el alcance precedentemente expuesto, por la vía institucional apropiada, dentro del plazo de ciento veinte días corridos.
> 3. Por mayoría, determinar que a la República Argentina le está vedado a partir de la notificación del presente laudo, adoptar o emplear medida alguna que sea contraria a este pronunciamiento, o que obstaculice su aplicación.
> 4. Por mayoría, determinar que la presente decisión tendrá vigencia hasta que el Mercosur, por la vía institucional apropiada, apruebe una normativa consensuada sobre la cuestión debatida en estos autos relativa al tema de la importación de neumáticos remoldeados. [...]
> 6. Por unanimidad, determinar que los efectos de este laudo para las partes tienen efecto inmediato, de conformidad con lo que determinan los Arts. 26 y 27 del Protocolo de Olivos, a excepción del plazo otorgado en el Numeral 2 de este cuerpo decisorio. [...][351]

---

[351] Ibid., V – Decisión.

12.5 O Laudo nº 1/2006: recurso de esclarecimento apresentado pela Argentina perante o TPR[352]

Em decisão complementar de 13 de janeiro de 2006, o Tribunal Permanente de Revisão julgou e declarou improcedente o recurso de esclarecimento apresentado pela Argentina, acerca do Laudo nº 1/05 (sobre a controvérsia entre Uruguai e Argentina baseada na proibição da importação de pneumáticos remodelados).

O TPR notou que a Argentina formulou seu recurso de esclarecimento atacando 31 pontos do laudo arbitral. Segundo pareceu aos árbitros do Tribunal, tratava-se antes de uma tentativa de reabrir a discussão já encerrada naquela decisão. Desta forma, o Tribunal rejeitou o recurso e, em adendo, solicitou a todos os Estados-membros do Mercosul que se abstivessem de lançar mão deste mecanismo processual para voltar a debater pontos já decididos.

12.6 O Laudo nº 1/2007, sobre possível excesso na aplicação de medidas compensatórias, perante o TPR[353]

O Laudo nº 1/05 do Tribunal Permanente de Revisão do Mercosul solucionava a controvérsia entre Uruguai e Argentina acerca da proibição deste último Estado da importação de pneus remodelados, muitos dos quais eram produzidos no primeiro país. A decisão do TPR considerou que a norma argentina em questão violava o direito mercosulino e es-

---

[352] Tribunal Permanente de Revisão. Laudo complementar que resolve o recurso declaratório interposto pela República Argentina contra o laudo arbitral ditado por este ente em 20 de dezembro de 2005 sobre a controvérsia "Proibição de importação de pneumáticos remoldeados procedentes do Uruguai". Laudo nº 1/06, de 13-1-2006. Disponível, em espanhol, em: <www.sice.oas.org/dispute/mercosur/Laudo001_006_s.pdf>. Acesso em: 2 jun. 2012.

[353] Tribunal Permanente de Revisão. Laudo acerca da solicitação de pronunciamento sobre o excesso na aplicação de medidas compensatórias – controvérsias entre Uruguai e Argentina sobre a "Proibição de importação de pneumáticos remodelados procedentes do Uruguai". Laudo nº 1/07, de 8-7-2007. Disponível em: <www.sice.oas.org/dispute/mercosur/laudo%20neumaticos_007_p.pdf>. Acesso em: 2 jun. 2012.

tabeleceu um prazo de 120 dias a partir do advento da sentença arbitral (em 20 de dezembro de 2005) para que a Argentina a derrogasse ou modificasse.

Em 13 de janeiro de 2006, o Tribunal decidiu o recurso de esclarecimento apresentado pela Argentina.

Uma vez que o Uruguai considerou que a Argentina não havia cumprido o laudo, editou, com vigência a partir de 18 de abril de 2007, o Decreto nº 142/07, destinado a aplicar contramedidas em relação ao vizinho platino. Tal decreto fixava uma "taxa global tarifária" de 16% às importações de pneumáticos provenientes da Argentina.

Em resposta, a Argentina recorreu ao TPR solicitando que este declarasse o excesso na aplicação das medidas compensatórias por parte do Uruguai. Basicamente, a Argentina queria que as medidas compensatórias uruguaias fossem aplicadas numa base proporcional ao prejuízo efetivo e financeiro que o Uruguai teria sofrido com a não revogação da Lei nº 25.626. Já o Uruguai argumentou que as medidas compensatórias buscam não só a reparação do dano, mas também constranger o Estado violador a que cumpra o laudo arbitral do Tribunal. Daí não ser necessário aplicar as medidas compensatórias na mesma área na qual houve o dano (como queria a Argentina), e também não seria obrigatório limitar o pedido aos valores perdidos com a violação (embora o Uruguai também fizesse questão de argumentar que suas medidas compensatórias causarão menos dano à Argentina do que o descumprimento deste país causou ao Uruguai).

O Tribunal iniciou sua fundamentação lembrando que o Mercosul "não se baseia puramente e exclusivamente em direitos, obrigações, benefícios e vantagens comerciais e econômicas entre Estados Partes", e, portanto, não pode ser avaliado nem conceituado como um processo de mero equilíbrio entre as concessões comerciais e econômicas dos Estados-partes que estes outorgaram entre si. Antes, o Mercosul é uma comunidade de interesses "não só econômicos e comerciais, mas também sociais, culturais, jurídicos e políticos". Sendo um bloco regional em processo de integração, o Mercosul exibe outros fatores, além dos econômicos, fatores determinados pelo Tratado de Assunção, seus fins e objetivos.[354]

Assim, os árbitros salientaram que

> [...] a falta de observância de uma decisão do Tribunal, além de prejudicar o Estado Parte beneficiado pela mesma, põe em risco a estabilidade e efetividade das instituições do Mercosul, provocando, consequentemente, uma preocupante sensação de descrédito na sociedade em relação ao processo no seu conjunto.

Recordando que o descumprimento de um laudo seu afeta todo o processo de integração, o Tribunal afirmou que

> a situação que permite uma medida compensatória, o descumprimento de uma decisão do Tribunal, constitui um dos atos unilaterais mais delicados que um Estado Parte pode adotar frente às instituições e ao direito do Mercosul, dadas as mencionadas consequências que isso provoca.[355]

Por fim, antes de voltar-se ao caso concreto, os árbitros detiveram-se no mecanismo das medidas compensatórias em si, deixando expresso que

> as medidas compensatórias, no marco do Mercosul, têm por finalidade solucionar uma situação de descumprimento jurisdicionalmente declarado do direito regional, as quais implicam não só equilibrar as correntes comerciais afetadas pela dita violação, mas também defender de outros fatores de índole não comercial, outrossim alterados por esta situação.[356]

Ao examinar as medidas compensatórias adotadas pelo Uruguai, o Tribunal concluiu que estas não só eram proporcionais, como quase

---

[354] Cf. Tribunal Permanente de Revisão. Laudo nº 1/07, §7.
[355] Ibid., §8.
[356] Ibid., §9.

brandas demais. O Tribunal comparou os pesos das economias argentina e uruguaia, os fluxos comerciais entre estes dois países e o comércio tanto dos produtos afetados pelo descumprimento argentino quanto do produto sobre o qual o Uruguai aplicou contramedidas, para concluir que a violação argentina era significativamente mais grave para o Uruguai do que as medidas compensatórias deste para a economia argentina. Ademais,

> o dano institucional explicitado de certa forma, mas não especificamente conceituado pelo Uruguai, comporta um fator de vital importância para a avaliação da proporcionalidade para casos como o presente, além do mais se considerar-se que o descumprimento se refere precisamente ao primeiro laudo emitido por este Tribunal desde a sua constituição.[357]

Desta forma, o Tribunal rejeitou a reclamação argentina, afirmando a proporcionalidade da medida compensatória uruguaia.

Pergunta

8. Quais críticas podem ser endereçadas ao mecanismo das medidas compensatórias? Tais medidas representam um novo obstáculo ao comércio regional?

12.7 Questões para fixação e aprofundamento

1. De que tratam as decisões (leitura obrigatória indicada acima) do Tribunal Permanente de Revisão?
2. Qual foi a decisão?
3. Quais foram os fundamentos da decisão?

---

[357] Ibid., conclusão.

4. Quais podem ser, em sua opinião, as consequências do caso dos pneus (Brasil x Uruguai e Argentina x Uruguai) para a institucionalização do Mercosul?
5. O que ocorre quando um Estado-membro descumpre o direito do Mercosul?
6. Quais são as medidas previstas para garantir o cumprimento de uma decisão de um Tribunal Arbitral ou do Tribunal Permanente de Revisão do Mercosul?
7. Existe um mecanismo de sanção institucionalizado?
8. Como funcionam as medidas compensatórias? Existem condições para sua aplicação?
9. O mecanismo das medidas compensatórias é adequado a uma organização de integração regional?

LIVRO II
As organizações internacionais com vocação universal

Parte I
A ONU e a regulação jurídica do uso da força nas relações internacionais

Capítulo 13
O princípio da proibição do uso da força

13.1 A invasão da Etiópia e o fracasso do sistema de segurança da Sociedade das Nações

Discurso do imperador da Etiópia, Hailé Selassié I, perante a Assembleia da Sociedade das Nações, em junho de 1936:[358]

> **Apelo à Sociedade das Nações**
> Eu, Hailé Selassié I, imperador da Etiópia, estou hoje aqui para reclamar a justiça que é devida a meu povo, e a assistência que lhe foi prometida há oito meses, quando 50 nações afirmaram que uma agressão fora cometida em violação a tratados internacionais.
> Não há precedentes de um chefe de Estado dirigir-se em pessoa a esta Assembleia. Mas também não há precedentes de um povo ser vítima de tamanha injustiça e ser agora ameaçado com o abandono a mercê de seu agressor. Da mesma forma, nunca antes houve exemplo de qualquer governo proceder ao extermínio sistemático de uma nação por meios bárbaros, em violação às

---

[358] Tradução livre da versão em inglês disponível em: <www.mtholyoke.edu/acad/intrel/selassie.htm>. Acesso em: 4 jan. 2012.

mais solenes promessas feitas pelas nações da Terra que o terrível veneno dos gases nocivos não deveriam ser empregados contra seres humanos. É para defender um povo que luta por sua independência que já vem de eras que o chefe do Império Etíope veio a Genebra para realizar seu dever supremo, após ter ele mesmo combatido à frente de seus exércitos.

Eu rezo a Deus Onipotente para que Ele poupe às nações os terríveis sofrimentos que acabam de ser infligidos a meu povo, e dos quais os chefes que aqui me acompanham foram horrorizadas testemunhas.

É meu dever informar os governos reunidos em Genebra, responsáveis como o são pelas vidas de milhões de homens, mulheres e crianças, acerca do perigo mortal que os ameaça, descrevendo-lhes o destino sofrido pela Etiópia. Não foi somente contra os guerreiros que o governo italiano moveu a guerra. Ele atacou sobretudo populações distanciadas das hostilidades, buscando aterrorizá-las e exterminá-las.

No princípio, por volta do fim de 1935, aviões italianos despejaram bombas de gás lacrimogêneo sobre minhas tropas. Seus efeitos foram leves. Os soldados aprenderam a dispersar-se, aguardando até que o vento dispersasse rapidamente os gases venenosos. A aviação italiana recorreu então ao gás mostarda. Barris do líquido eram despejados sobre grupos armados. Mas tais meios tampouco foram efetivos; o líquido afetava somente alguns poucos soldados, e os barris no chão serviam como advertência às tropas e à população contra o perigo.

Foi na época das operações para o cerco a Makalle que o comando italiano, temendo uma derrota, executou o procedimento que agora é meu dever denunciar ao mundo. Pulverizadores especiais foram instalados nos aviões, de modo que estes pudessem disseminar, sobre vastas áreas de território, uma chuva fina e mortífera. Grupos de nove, 15, 18 aeroplanos se sucediam, de forma que a fumaça expelida dos mesmos formava uma capa contínua. Foi assim que, desde o fim de janeiro de 1936, soldados, mulheres, crianças, animais domésticos, rios, lagos e pastos foram irrigados continuamente com esta chuva mortífera. Para aniquilar sistematicamente todas as criaturas viventes, para ter certeza de envenenar águas e pastos, o comando italiano fez sua aviação passar outras e outras vezes. Este foi seu principal método de guerra.

[...] É necessário recordar à Assembleia os vários estágios do drama etíope? Durante os passados 20 anos, seja como herdeiro aparente, como regente do Império ou como imperador, nunca deixei de envidar todos os meus esforços para trazer a meu país os benefícios da civilização e, em particular, para estabelecer relações de boa vizinhança com as potências adjacentes. Obtive particular sucesso em concluir com a Itália o Tratado de Amizade de 1928, o qual absolutamente proibia o recurso, sob todo e qualquer pretexto, à força das armas, substituindo a força e a pressão por conciliação e arbitragem, sobre as quais as nações civilizadas basearam a ordem internacional.

[...] Eu teria logrado ainda maiores resultados para meu povo se obstáculos de todo tipo não tivessem sido postos em meu caminho pelo governo italiano, o qual suscitou revoltas e armou os rebeldes. Com efeito, o governo de Roma, tal qual proclamou hoje abertamente, nunca cessou de preparar-se para a conquista da Etiópia. Os Tratados de Amizade que assinou comigo não foram sinceros; seu único objetivo foi esconder de mim suas reais intenções. O governo italiano confirma que, por 14 anos, esteve preparando-se para sua presente conquista. Ele reconhece portanto que, quando apoiou a admissão da Etiópia à Sociedade das Nações em 1923, quando concluiu o Tratado de Amizade em 1928, quando assinou o Pacto de Paris declarando a ilegalidade da guerra, estava enganando o mundo inteiro. Nestes tratados solenes, garantias de segurança adicionais foram dadas ao governo etíope, as quais lhe permitiriam alcançar maior progresso no curso da trilha de reforma particular no qual tinha posto seus pés, e para a qual devotava toda a força e todo seu coração. [...]

Esforços de paz
Desde o início da disputa, o governo etíope procurou uma solução através de meios pacíficos. Fez apelo aos procedimentos do Pacto. Uma vez que o governo italiano desejava manter-se na estrita letra dos procedimentos do Tratado Ítalo-Etíope de 1928, o governo etíope assentiu. Este governo invariavelmente declarou que colocaria em prática o laudo arbitral, ainda

que a decisão lhe fosse contrária. Concordou em que a questão da propriedade sobre Wal-Wal não seria tratada pelos árbitros, pois o governo italiano não concordaria com tal procedimento. Pediu ao Conselho que enviasse observadores neutros e colocou-se à disposição para quaisquer investigações que fossem decididas pelo Conselho.

Uma vez que a disputa sobre Wal-Wal fora decidida pela arbitragem, entretanto, o governo italiano submeteu seu memorando detalhado ao Conselho, em apoio a sua pretensão de liberdade de ação. Ele asseverou que um caso como o da Etiópia não poderia ser resolvido pelos meios previstos pelo Pacto. Declarou que, "como esta questão afeta interesses vitais e é de importância primária para a segurança e civilização italianas", ele "estaria falhando em seu dever mais elementar caso não cessasse de uma vez por todas de guardar qualquer confiança para com a Etiópia, reservando-se plena liberdade para adotar quaisquer medidas que se tornem necessárias para assegurar a segurança de suas colônias e preservar seus próprios interesses".

Pacto violado
[...] Não hesitei em declarar que eu não desejava a guerra, que ela me era imposta, e que eu lutaria somente pela independência e integridade do meu povo, e que nesta luta eu defendia a causa de todos os pequenos Estados expostos à ambição de um vizinho poderoso.

Em outubro de 1935, as 52 nações que me escutam hoje me asseguraram que o agressor não triunfaria, que os recursos do Pacto seriam empregados de modo a assegurar o domínio do direito e o fracasso da violência.

Eu peço às 52 nações que não se esqueçam hoje da política que eles vêm adotando há oito meses, e em confiança à qual eu dirigi a resistência de meu povo contra o agressor que elas haviam denunciado ao mundo. Apesar da inferioridade das minhas armas, da completa falta de aviação, artilharia, munições, serviços médicos, minha confiança na Sociedade era absoluta. Eu pensei que seria impossível que 52 nações, incluindo as mais poderosas do mundo, fossem contrariadas com sucesso por um único agressor. Contando com a boa-fé devida aos tratados, eu não fizera qualquer preparação para a guerra – e este é o caso de certos pequenos países na Europa.

Quando o perigo se fez mais iminente, consciente das minhas responsabilidades para com meu povo, procurei adquirir armas durante os primeiros seis meses de 1935. Muitos governos proclamaram um embargo para impedir-me, enquanto que ao governo italiano, através do Canal de Suez, se lhe deram todas as facilidades para transportar, sem trégua e sem protesto, tropas, armas e munições.

Forçados a mobilizar

Em 3 de outubro de 1935, as tropas italianas invadiram meu território. Somente algumas horas depois eu decretei a mobilização geral. Em meu desejo de manter a paz, eu havia, seguindo o exemplo de um grande país europeu na véspera da Grande Guerra, feito minhas tropas recuarem 30 quilômetros, de forma a remover qualquer pretexto de provocação.

A guerra teve então lugar nas condições atrozes que eu descrevi à Assembleia. Naquela luta desigual, entre um governo comandando mais de 42 milhões de habitantes, tendo à sua disposição meios financeiros, industriais e técnicos que lhe permitiam criar quantidades ilimitadas das mais mortíferas armas, e, do outro lado, um pequeno povo de 12 milhões de habitantes, sem armas, sem recursos, tendo ao seu lado somente a justiça de sua própria causa e a promessa da Sociedade das Nações. Que real assistência foi dada à Etiópia pelas 52 nações que declararam o governo de Roma culpado de uma quebra no Pacto e se comprometeram a evitar o triunfo do agressor? Será que cada um dos Estados-membros, de acordo com seu dever em virtude de sua assinatura ao artigo 15 do Pacto, considerou o agressor como tendo cometido um ato de guerra dirigido pessoalmente a si mesmos? Eu colocara todas as minhas esperanças na execução de tais compromissos. Minha confiança havia sido confirmada pelas repetidas declarações feitas no Conselho no sentido de que a agressão não deve ser recompensada, e que a força terminaria por ser forçada a inclinar-se perante o direito.

Em dezembro de 1935, o Conselho deixou bem claro que seus sentimentos estavam em harmonia com os de centenas de milhões de pessoas que, em todas as partes do mundo, haviam protestado contra a proposta de desmembrar a Etiópia. Repetiu-se constantemente que este não era somente um conflito entre o governo italiano e a Sociedade das Nações, e foi por isso que eu pessoalmente rejeitei todas as propostas feitas para minha vantagem pessoal pelo governo italiano, caso eu traísse meu povo e o Pacto da Sociedade das Nações. Eu estava defendendo a causa dos povos pequenos que são ameaçados de agressão.

O que houve com as promessas?

O que houve com as promessas que me foram feitas desde outubro de 1935? Notei com aflição, mas sem surpresa, que três potências consideraram seus compromissos sob o Pacto como absolutamente desprovidos de valor. Suas conexões com a Itália impeliram-nas a recusar tomar quaisquer medidas para deter a agressão italiana. Pelo contrário, foi uma grande decepção tomar notícia da atitude de certo governo, o qual, enquanto sempre declarando sua escrupulosa obediência ao Pacto, usou incessantemente de todos os seus esforços para impedir sua observância. Assim que qualquer medida que parecesse ser rapidamente eficaz era proposta, vários pretextos eram invocados de forma a adiar até mesmo a consideração da medida. Será que os acordos secretos de janeiro de 1935 previam tal obstrução incansável?

O governo etíope nunca esperou que outros governos derramassem o sangue de seu soldados para defender o Pacto quando seus interesses pessoais imediatos não estivessem em jogo. Os guerreiros etíopes somente pediam por meios para se defender. Em diversas ocasiões, eu pedi assistência financeira para a compra de armas. Tal assistência me foi constantemente denegada. Qual é então, na prática, o significado do artigo 16 do Pacto e da segurança coletiva?

O uso pelo governo etíope da linha férrea entre Djibuti e Adis Abeba foi, na prática, uma relação perigosa envolvendo transporte de armas para as forças etíopes. Atualmente, este é o principal, senão o único, meio de abastecimento dos exércitos italianos de ocupação. As regras da neutralidade deveriam ter proibido transportes para as forças italianas, mas aqui nem sequer há neutralidade, uma vez que o art. 16 impõe a cada Estado-membro da Sociedade o dever de não permanecer neutro, mas de vir em auxílio não do agressor, mas da vítima da agressão. O Pacto foi respeitado? Está sendo respeitado hoje?

O princípio da proibição do uso da força

Por fim, os governos de alguns países, entre os quais os membros mais influentes da Sociedade das Nações, acabam de fazer uma declaração em seus parlamentos no sentido de que, uma vez que o agressor obteve sucesso em ocupar uma grande parte do território etíope, eles propunham não continuar com a aplicação de quaisquer medidas econômicas ou financeiras que possam ter sido decididas contra o governo italiano. Estas são as circunstâncias nas quais, por requisição do governo argentino, a Assembleia da Sociedade das Nações se reúne para considerar a situação criada pela agressão italiana. Eu afirmo que o problema submetido à Assembleia hoje é muito maior. Não se trata simplesmente de solucionar a agressão italiana.

Sociedade ameaçada
Trata-se da segurança coletiva: trata-se da própria existência da Sociedade das Nações. Trata-se da confiança que cada Estado deve manter para com os tratados internacionais. Trata-se do valor das promessas feitas aos Estados pequenos de que sua integridade e independência serão respeitadas e asseguradas. Trata-se do princípio da igualdade dos Estados ou, por outro lado, da obrigação das pequenas potências de aceitar as correntes da vassalagem. Em uma palavra, é a moralidade internacional que está em jogo. Será que as assinaturas postas num Tratado só possuem valor quando as potências subscreventes exibem um interesse pessoal, direto e imediato na questão?

Nenhuma sutileza pode alterar o problema ou mover os termos da discussão. É com plena sinceridade que eu submeto estas considerações à Assembleia. Num tempo em que meu povo é ameaçado com o extermínio, quando o apoio da Liga pode repelir o último golpe, seria possível que eu falasse com completa franqueza, sem reticências, em toda clareza tal como exigido pela regra de igualdade entre todos os Estados-membros da Sociedade?

Além do Reino do Senhor, não existe nesta terra qualquer nação que seja superior a qualquer outra. Caso aconteça que um governo forte acredite que possa impunemente destruir um povo fraco, então soa a hora para aquele povo fraco apelar à Sociedade das Nações para que esta formule o seu julgamento em toda a liberdade. Deus e a história recordarão seu julgamento.

Assistência recusada

[...] Perante numerosas violações pelo governo italiano de todos os tratados internacionais que proíbem o recurso às armas e o uso de métodos bárbaros de guerra, é meu doloroso dever apontar que hoje tomou-se uma iniciativa no sentido de levantar as sanções. Na prática, esta iniciativa não significa o abandono da Etiópia ao agressor? Na própria véspera do dia em que eu faria um esforço supremo na defesa do meu povo perante esta Assembleia, esta iniciativa não priva a Etiópia de uma de suas chances derradeiras de lograr o apoio e garantia dos Estados-membros? É esta a condução que a Sociedade das Nações e cada um dos Estados-membros podem esperar das grandes potências quando estas afirmam seu direito e seu dever de guiar a ação da Sociedade? Postos pelo agressor face a face com um fato consumado, será que os Estados estabelecerão o terrível precedente de curvar-se perante a força?

Sua Assembleia terá sem dúvidas recebido propostas para a reforma do Pacto e para tornar mais efetiva a garantia de segurança coletiva. Será o Pacto que precisa de reforma? Que medidas poderão ter qualquer valor se falta a vontade de mantê-las? É a moralidade internacional que está em jogo, e não os artigos do Pacto. Em nome do povo da Etiópia, membro da Sociedade das Nações, eu peço à Assembleia que tome todas as medidas necessárias a assegurar o respeito ao Pacto. Eu renovo meu protesto contra as violações de tratados das quais o povo etíope foi vítima. Eu declaro perante o mundo todo que o imperador, o governo e o povo da Etiópia não se curvarão perante a força; que eles mantêm suas reivindicações e que eles utilizarão todos os meios a seu alcance para assegurar o triunfo do direito e o respeito ao Pacto.

Eu pergunto às 52 nações, que prometeram ao povo etíope ajudá-lo em sua resistência ao agressor, o que elas estão dispostas a fazer pela Etiópia. E às grandes potências que prometeram a garantia da segurança coletiva aos pequenos Estados sobre os quais pesa a ameaça de que um dia venham a sofrer o destino da Etiópia, eu pergunto: que medidas pretendem adotar?

Representantes do mundo, eu vim a Genebra para levar a cabo perante os senhores o mais doloroso dos deveres de um chefe de Estado. Que resposta deverei levar ao meu povo?

Junho de 1936. Genebra, Suíça.

Perguntas

1. A partir do discurso acima, quais artigos do Pacto da Sociedade das Nações foram violados pela Itália?
2. Segundo o Pacto da Sociedade das Nações, quais deveriam ser os passos tomados pela comunidade internacional?
3. O que o imperador da Etiópia entende por "segurança coletiva"? Quais artigos do Pacto da Sociedade das Nações tratam do tema?
4. O imperador da Etiópia está correto ao dizer que o Pacto da Sociedade das Nações proíbe a neutralidade dos países-partes da organização nos conflitos entre outros membros da Sociedade?
5. Compare as disposições do Pacto da Sociedade das Nações com as da Carta das Nações Unidas sobre a segurança coletiva. Quais as principais diferenças?
6. Caso a invasão italiana acontecesse após a entrada em vigor da Carta das Nações Unidas, quais providências a Etiópia poderia requisitar?

13.2 A Organização das Nações Unidas

Após o fracasso da Liga das Nações ao não lograr evitar a Segunda Guerra Mundial, os representantes de 50 Estados reuniram-se em San Francisco (EUA) em 1945, para elaborar a Carta das Nações Unidas. Em 24 de outubro de 1945, a maioria das delegações havia ratificado o texto da Carta, dando à luz as Nações Unidas. A Polônia, que não se encontrava representada quando da assinatura do instrumento, aderiu posteriormente, sendo considerada um membro fundador também. Os propósitos da ONU são assim descritos na Carta fundacional:

Artigo 1. Os propósitos das Nações Unidas são:
1. Manter a paz e a segurança internacionais e, para esse fim: tomar, coletivamente, medidas efetivas para evitar ameaças à paz e reprimir os atos de agressão ou outra qualquer ruptura da paz e chegar, por meios pacíficos e

de conformidade com os princípios da justiça e do direito internacional, a um ajuste ou solução das controvérsias ou situações que possam levar a uma perturbação da paz;

2. Desenvolver relações amistosas entre as nações, baseadas no respeito ao princípio de igualdade de direitos e de autodeterminação dos povos, e tomar outras medidas apropriadas ao fortalecimento da paz universal;

3. Conseguir uma cooperação internacional para resolver os problemas internacionais de caráter econômico, social, cultural ou humanitário, e para promover e estimular o respeito aos direitos humanos e às liberdades fundamentais para todos, sem distinção de raça, sexo, língua ou religião; e

4. Ser um centro destinado a harmonizar a ação das nações para a consecução desses objetivos comuns.[359]

A Organização das Nações Unidas se estrutura como ilustrado na figura 2 (na próxima página).

Numa breve descrição, podemos afirmar que as Nações Unidas possuem seis órgãos principais:

- a Assembleia Geral é o principal órgão da ONU. É um grande foro de discussões no qual todos os países-membros da ONU possuem assento. Ela pode debater em comissões ou comitês temáticos, bem como pode estabelecer órgãos subsidiários para tratar de assuntos específicos. Seus órgãos subsidiários podem ser integrados por todos os seus membros, por uma parte (eleita) deles ou por peritos independentes. A Assembleia Geral emite recomendações que não possuem valor vinculante para os Estados-membros;
- o Conselho de Segurança é o principal órgão para as questões relacionadas a paz e segurança internacionais. Possui 15 membros, dos quais cinco (EUA, Rússia, Reino Unido, França e China) são permanentes, e os outros 10, eleitos para mandatos de dois anos, com atenção ao critério geográfico. O Conselho de Segurança pode emitir recomenda-

---

[359] Disponível em: <www.oas.org/dil/port/1945%20Carta%20das%20Na%C3%A7%C3%B5es%20Unidas.pdf>. Acesso em: 27 dez. 2012.

O princípio da proibição do uso da força

Figura 2
Estrutura da Organização das Nações Unidas

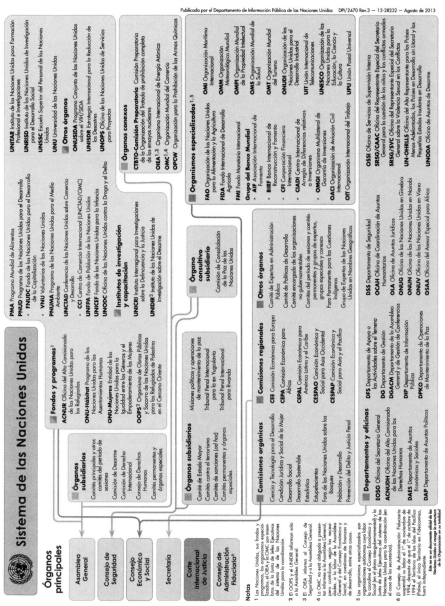

Fonte: extraído de: <www.un.org/es/aboutun/structure/org_chart.shtml>. Acesso em: 3 jun. 2012.

ções ou decisões vinculantes, que devem ser obedecidas pelos Estados-membros da ONU e, até mesmo, segundo a Carta (art. 2, §6º), pelos não membros. É quem detém o monopólio do uso da força no direito internacional atual;

- o Conselho Econômico e Social é composto por 54 Estados-membros, e tem por função promover estudos e fazer recomendações de caráter econômico, social, cultural, educacional, sanitário e conexos, bem como atinentes ao respeito dos direitos humanos;
- a Secretaria das Nações Unidas é chefiada pelo secretário-geral da Organização. Além das funções administrativas corriqueiras, também coordena o Departamento de Operações de Missões de Paz, o que demonstra que tais operações, por sua importância, estão sob autoridade do secretário-geral. Este possui ainda a função de ser o principal porta-voz, ou o "rosto" da ONU para o mundo;
- a Corte Internacional de Justiça (CIJ) é o órgão de solução de controvérsias das Nações Unidas. Seu Estatuto foi elaborado em conjunto com a Carta da ONU, e todo Estado-membro torna-se automaticamente parte no Estatuto da Corte. A CIJ é composta por 15 juízes e somente pode julgar litígios entre Estados;
- o Conselho de Tutela, ou de Administração Fiduciária, funcionava auxiliando no processo de transição de ex-colônias para um Estado independente. Com a independência de Palau, em 1994, o Conselho de Tutela perdeu seu último objeto de trabalho e suspendeu, então, suas atividades.

Em relação à manutenção da paz e segurança internacionais, devem primeiramente ser citados os seguintes artigos da Carta da ONU:

> Artigo 2. A Organização e seus Membros, para a realização dos propósitos mencionados no Artigo 1, agirão de acordo com os seguintes Princípios: [...] 4. Todos os Membros deverão evitar em suas relações internacionais a ameaça ou o uso da força contra a integridade territorial ou a dependência política de qualquer Estado, ou qualquer outra ação incompatível com os Propósitos das Nações Unidas.

CAPÍTULO VII: AÇÃO RELATIVA A AMEAÇAS À PAZ, RUPTURA DA PAZ E ATOS DE AGRESSÃO

Artigo 39. O Conselho de Segurança determinará a existência de qualquer ameaça à paz, ruptura da paz ou ato de agressão, e fará recomendações ou decidirá que medidas deverão ser tomadas de acordo com os Artigos 41 e 42, a fim de manter ou restabelecer a paz e a segurança internacionais.

Artigo 40. A fim de evitar que a situação se agrave, o Conselho de Segurança poderá, antes de fazer as recomendações ou decidir a respeito das medidas previstas no Artigo 39, convidar as partes interessadas a que aceitem as medidas provisórias que lhe pareçam necessárias ou aconselháveis. Tais medidas provisórias não prejudicarão os direitos ou pretensões, nem a situação das partes interessadas. O Conselho de Segurança tomará devida nota do não cumprimento dessas medidas.

Artigo 41. O Conselho de Segurança decidirá sobre as medidas que, sem envolver o emprego de forças armadas, deverão ser tomadas para tornar efetivas suas decisões e poderá convidar os Membros das Nações Unidas a aplicarem tais medidas. Estas poderão incluir a interrupção completa ou parcial das relações econômicas, dos meios de comunicação ferroviários, marítimos, aéreos, postais, telegráficos, radiofônicos, ou de outra qualquer espécie e o rompimento das relações diplomáticas.

Artigo 42. No caso de o Conselho de Segurança considerar que as medidas previstas no Artigo 41 seriam ou demonstraram que são inadequadas, poderá levar a efeito, por meio de forças aéreas, navais ou terrestres, a ação que julgar necessária para manter ou restabelecer a paz e a segurança internacionais. Tal ação poderá compreender demonstrações, bloqueios e outras operações, por parte das forças aéreas, navais ou terrestres dos Membros das Nações Unidas.

Artigo 43. 1. Todos os Membros das Nações Unidas, a fim de contribuir para a manutenção da paz e da segurança internacionais, se comprometem a proporcionar ao Conselho de Segurança, a seu pedido e de conformidade com o acordo ou acordos especiais, forças armadas, assistência e facilidades, inclusive direitos de passagem, necessários à manutenção da paz e da segurança internacionais.

2. Tal acordo ou tais acordos determinarão o número e tipo das forças, seu grau de preparação e sua localização geral, bem como a natureza das facilidades e da assistência a serem proporcionadas.

3. O acordo ou acordos serão negociados o mais cedo possível, por iniciativa do Conselho de Segurança. Serão concluídos entre o Conselho de Segurança e Membros da Organização ou entre o Conselho de Segurança e grupos de Membros e submetidos à ratificação, pelos Estados signatários, de conformidade com seus respectivos processos constitucionais.

Artigo 44. Quando o Conselho de Segurança decidir o emprego de força, deverá, antes de solicitar a um Membro nele não representado o fornecimento de forças armadas em cumprimento das obrigações assumidas em virtude do Artigo 43, convidar o referido Membro, se este assim o desejar, a participar das decisões do Conselho de Segurança relativas ao emprego de contigentes das forças armadas do dito Membro.

Artigo 45. A fim de habilitar as Nações Unidas a tomarem medidas militares urgentes, os Membros das Nações Unidas deverão manter, imediatamente utilizáveis, contigentes das forças aéreas nacionais para a execução combinada de uma ação coercitiva internacional. A potência e o grau de preparação desses contingentes, como os planos de ação combinada, serão determinados pelo Conselho de Segurança com a assistência da Comissão de Estado-Maior, dentro dos limites estabelecidos no acordo ou acordos especiais a que se refere o Artigo 43.

Artigo 46. O Conselho de Segurança, com a assistência da Comissão de Estado-Maior, fará planos para a aplicação das forças armadas.

Artigo 47. 1. Será estabelecia uma Comissão de Estado-Maior destinada a orientar e assistir o Conselho de Segurança, em todas as questões relativas às exigências militares do mesmo Conselho, para manutenção da paz e da segurança internacionais, utilização e comando das forças colocadas à sua disposição, regulamentação de armamentos e possível desarmamento.

2. A Comissão de Estado-Maior será composta dos Chefes de Estado-Maior dos Membros Permanentes do Conselho de Segurança ou de seus representantes. Todo Membro das Nações Unidas que não estiver permanentemente

representado na Comissão será por esta convidado a tomar parte nos seus trabalhos, sempre que a sua participação for necessária ao eficiente cumprimento das responsabilidades da Comissão.

3. A Comissão de Estado-Maior será responsável, sob a autoridade do Conselho de Segurança, pela direção estratégica de todas as forças armadas postas à disposição do dito Conselho. As questões relativas ao comando dessas forças serão resolvidas ulteriormente.

4. A Comissão de Estado-Maior, com autorização do Conselho de Segurança e depois de consultar os organismos regionais adequados, poderá estabelecer subcomissões regionais.

Artigo 48. 1. A ação necessária ao cumprimento das decisões do Conselho de Segurança para manutenção da paz e da segurança internacionais será levada a efeito por todos os Membros das Nações Unidas ou por alguns deles, conforme seja determinado pelo Conselho de Segurança.

2. Essas decisões serão executadas pelos Membros das Nações Unidas diretamente e, por seu intermédio, nos organismos internacionais apropriados de que façam parte.

Artigo 49. Os Membros das Nações Unidas prestar-se-ão assistência mútua para a execução das medidas determinadas pelo Conselho de Segurança.

Artigo 50. No caso de serem tomadas medidas preventivas ou coercitivas contra um Estado pelo Conselho de Segurança, qualquer outro Estado, Membro ou não das Nações unidas, que se sinta em presença de problemas especiais de natureza econômica, resultantes da execução daquelas medidas, terá o direito de consultar o Conselho de Segurança a respeito da solução de tais problemas.

Artigo 51. Nada na presente Carta prejudicará o direito inerente de legítima defesa individual ou coletiva no caso de ocorrer um ataque armado contra um Membro das Nações Unidas, até que o Conselho de Segurança tenha tomado as medidas necessárias para a manutenção da paz e da segurança internacionais. As medidas tomadas pelos Membros no exercício desse direito de legítima defesa serão comunicadas imediatamente ao Conselho de Segurança e não deverão, de modo algum, atingir a autoridade e a responsabilidade que a presente Carta atribui ao Conselho para levar a efeito, em qualquer tempo, a ação que julgar necessária à manutenção ou ao restabelecimento da paz e da segurança internacionais.[360]

Um instrumento efetivo a serviço da ONU consiste no envio de tropas que buscam desde a manutenção da paz (*peace keeping*) até a consolidação da paz (*peace making*) por meio de diversas medidas que contribuem para a restauração da paz internacional. Tais operações possuem seu início em 1948, quando uma missão foi enviada ao Oriente Médio para monitorar o armistício entre Israel e seus vizinhos árabes na esteira da Guerra da Criação do Estado de Israel.

Segundo o *site* das Nações Unidas:[361]

O conceito de manutenção da paz das Nações Unidas surgiu em um momento no qual as rivalidades da Guerra Fria paralisavam constantemente o Conselho de Segurança.

As metas da manutenção da paz estavam inicialmente limitadas a manter o cessar-fogo e estabilizar situações no terreno, dando um apoio crucial aos esforços políticos para resolver o conflito por meios pacíficos.

Estas missões eram compostas por observadores militares desarmados e tropas ligeiramente armadas, que desempenhavam principalmente funções de vigilância, informação e aumento da confiança.

O Organismo das Nações Unidas para a Vigilância da Trégua (ONUVT) e o Grupo de Observadores Militares das Nações Unidas na Índia e no Paquistão (UNMOGIP) foram as duas primeiras missões de paz promovidas pelas Nações Unidas. Ambas as missões, que seguem funcionando, serviram para ilustrar o tipo de missão de observação e vigilância e constavam de uma força autorizada de algumas centenas de pessoas. Os observadores militares das Nações Unidas não portavam armas.

---

[360] Ibid.
[361] O texto a seguir foi adaptado e traduzido da página em espanhol das Nações Unidas, disponível em: <www.un.org/es/peacekeeping/operations/history.shtml>. Acesso em: 3 jun. 2012.

O princípio da proibição do uso da força

A primeira operação armada de manutenção da paz foi a I Força de Emergência das Nações Unidas (Fenu I), promovida com êxito em 1956 para responder à crise do Canal de Suez.

A Missão das Nações Unidas no Congo (Onuc), iniciada em 1960, foi a primeira missão em grande escala, dispondo de um contingente de quase 20 mil soldados durante seu momento mais ativo. Esta missão também deixou claros os riscos que comportam as tentativas de estabilizar uma região devastada pela guerra. Enquanto prestavam serviço nesta missão, deixaram suas vidas 250 servidores das Nações Unidas, entre os quais o secretário-geral, Dag Hammarskjöld.

Durante as décadas de 1960 e 1970, enviaram-se missões de curta duração à República Dominicana, à Nova Guiné Ocidental e ao Iêmen. Também foram iniciadas operações de longa duração no Chipre e Oriente Médio. Em 1988, o pessoal de manutenção da paz das Nações Unidas foi distinguido com o prêmio Nobel da Paz.

O contexto estratégico das operações de manutenção da paz das Nações Unidas mudou radicalmente com o fim da Guerra Fria.

As Nações Unidas modificaram e ampliaram suas operações locais, passando de missões "tradicionais", baseadas em tarefas gerais de observação confiadas ao pessoal militar, a atividades "multidimensionais". Estas novas missões teriam como objeto velar pela aplicação de acordos de paz e ajudar a estabelecer as bases de uma paz duradoura.

A natureza dos conflitos também mudou com os anos. As operações de manutenção da paz das Nações Unidas, que haviam sido inicialmente estabelecidas para atuar em conflitos entre Estados, necessitaram ocupar-se cada vez mais com conflitos intraestatais e guerras civis.

Atualmente, o pessoal das operações de manutenção da paz realiza uma grande variedade de tarefas complexas, desde contribuir no estabelecimento de instituições sustentáveis de governo até monitorar a situação dos direitos humanos, colaborar na reforma do setor de segurança ou auxiliar no processo de desarmamento, desmobilização e reintegração dos ex-combatentes. Ainda que o pessoal militar permaneça sendo o elemento fundamental da maior parte das operações, estas incluem agora:

- administradores
- economistas
- agentes policiais
- peritos jurídicos
- pessoal de remoção de minas
- observadores eleitorais
- observadores de direitos humanos
- especialistas en matérias civis e de governo
- trabalhadores de assistência humanitária
- peritos em comunicações e informação pública

Com o fim da Guerra Fria, houve um rápido incremento no número de missões de manutenção da paz. Com um novo consenso e um propósito comum, o Conselho de Segurança autorizou um total de 20 novas operações entre 1989 e 1994, com o que o pessoal de manutenção da paz teve seus efetivos aumentados de 11 mil para 75 mil homens.

Entre as novas missões assumidas pelas Nações Unidas, podem ser enumeradas aquelas em Angola, Cambodja, El Salvador, Moçambique e Namíbia.

O êxito geral das missões anteriores alimentou as expectativas para as atividades de manutenção da paz das Nações Unidas. Tais expectativas iam mais além de sua capacidade de resposta. Isto ficou manifesto especialmente em meados da década de 1990, quando o Conselho de Segurança não pôde autorizar mandatos suficientemente robustos ou proporcionar os recursos adequados.

Foram estabelecidas missões em situações nas quais ainda ocorriam conflitos e onde não havia paz para ser mantida, em zonas como a ex-Iugoslávia, Ruanda e Somália.

Estas três operações de alta visibilidade foram objeto de críticas quando o pessoal da manutenção da paz precisou abordar situações nas quais os beligerantes não se ajustaram aos acordos de paz, ou nas quais as tropas de paz não estavam provisionadas com os recursos ou apoio político adequados. Conforme as baixas civis foram aumentando, e com o prosseguimento das hostilidades, a reputação das atividades de manutenção da paz das Nações Unidas foi arranhada.

Os reveses do início e meados da década de 1990 levaram o Conselho de Segurança a limitar o número das novas missões de paz e a iniciar um processo de reflexão para evitar que estes casos se repetissem.

Entretanto, as forças de paz das Nações Unidas prosseguiam em suas operações de longo prazo no Oriente Médio, Ásia e Chipre.

Com o surgimento de novas crises em vários países e regiões, a função essencial de manutenção da paz das Nações Unidas adquiriu rapidamente um novo protagonismo. Na segunda metade da década de 1990, o Conselho autorizou novas operações em Angola, Bósnia-Herzegovina, Croácia, Macedônia, Guatemala e Haiti.

No alvorecer do novo século, as Nações Unidas examinam os desafios propostos à manutenção da paz na década de 1990, propondo reformas. O objetivo é fortalecer a capacidade de gerir e manter eficazmente as operações sobre o terreno local. A partir de uma maior compreensão dos limites – e possibilidades – da manutenção da paz, pediu-se às Nações Unidas que levassem a cabo tarefas ainda mais complexas. Isto teve início em 1999, quando a Organização prestou serviços como administradora dos territórios do Kosovo, na ex-Iugoslávia, e no Timor Oriental, atual Timor Leste, o qual se encontrava no processo de obter sua independência da Indonésia. Também foi necessário, ao longo da década seguinte, montar operações complexas em locais nos quais as frágeis condições de paz se haviam deteriorado, como no próprio Timor Leste e no Haiti.

Em maio de 2010, as operações de manutenção da paz das Nações Unidas contavam com efetivos de mais de 124 mil homens, entre pessoal militar, policial e civil.

Desde então, o efetivo de paz ingressou em uma fase de consolidação. Pela primeira vez em uma década, os números começaram a declinar um pouco, com a redução de tropas das missões no Congo, República Centro-africana e Chade, no fim de 2010.

Entretanto, isto não indica uma diminuição nos desafios enfrentados pelas Nações Unidas. Ainda que o efetivo do pessoal militar de paz se reduza, prevê-se que a demanda de missões locais se mantenha alta, e que a manutenção da paz siga sendo uma das mais complexas tarefas operativas das Nações Unidas.

Por outro lado, a complexidade política enfrentada pelas operações de manutenção da paz e o alcance de seus mandatos, que inclui o âmbito civil, continuam muito amplos. Há indícios concludentes no sentido de que algumas capacidades especializadas – incluindo a função policial – sejam objeto de uma demanda particularmente elevada nos próximos anos.

As atuais operações multidimensionais de manutenção da paz prosseguirão facilitando os processos políticos, protegendo civis, auxiliando no desarmamento, na desmobilização e na reintegração de ex-combatentes, apoiando a organização de processos eleitorais, protegendo e promovendo os direitos humanos e ajudando a restabelecer o estado de direito.

Atualmente,[362] as Nações Unidas mantêm 14 operações de manutenção de paz e uma missão de assistência:

a) *África*
- Missão de Assistência das Nações Unidas na República do Sudão do Sul (Unmiss);
- Força Provisória de Segurança das Nações Unidas para Abyei (Unisfa);
- Missão das Nações Unidas na República Democrática do Congo (Monusco);
- Operação Híbrida da União Africana e das Nações Unidas em Darfur (Unamid);
- Operação das Nações Unidas na Costa do Marfim (Onuci);
- Missão das Nações Unidas na Libéria (Unmil);
- Missão das Nações Unidas para o referendo do Saara Ocidental (Minurso).

---

[362] Dados obtidos em: <www.un.org/en/peacekeeping/operations/current.shtml>. Acesso em: jun. 2012.

b) *Américas*
- Missão de Estabilização das Nações Unidas no Haiti (Minustah).

c) *Ásia e Pacífico*
- Grupo de Observadores Militares das Nações Unidas na Índia e no Paquistão (Unmogip);
- Missão de Assistência das Nações Unidas no Afeganistão (Unama).

d) *Europa*
- Força das Nações Unidas para a Manutenção da Paz no Chipre (Unficyp);
- Missão de Administração Provisória das Nações Unidas no Kosovo (Unmik).

e) *Oriente Médio*
- Força das Nações Unidas de Observação da Separação (Fnuos), atuando nas colinas de Golã, entre Israel e a Síria;
- Força Provisória das Nações Unidas no Líbano (Fpnul);
- Organismo das Nações Unidas para a Vigilância da Trégua (Onuvt), atuando no Oriente Médio desde 1948, com sede em Jerusalém.

As missões de paz se desenrolam *a priori* respeitando três princípios: o consentimento das partes envolvidas, a imparcialidade e a não utilização da força, a não ser em legítima defesa e na defesa do mandato.[363]

O fundamento jurídico para tais missões encontra-se, segundo as Nações Unidas, na própria Carta da ONU, por meio de uma interpretação teleológica de suas disposições. Por mais que a Carta não preveja tais operações, entende-se que o capítulo VI, relativo à solução pacífica de controvérsias, e o capítulo VII, referente à ação empreendida em casos de ruptura da paz, justifiquem o envio das tropas de paz. Costuma-se falar,

---

[363] Até aqui, adaptação e tradução de texto disponível em: <www.un.org/es/peacekeeping/operations/history.shtml>. Acesso em: 3 jun. 2012.

portanto, que as operações de *peacekeeping* estão insertas no "capítulo 6 e meio" da Carta, entre o VI e o VII, portanto.[364]

A partir dos anos 1980, as operações de manutenção de paz passam a sofrer uma dupla mutação quanto ao seu objeto e quanto aos meios.[365] Quanto ao objeto, tais operações, que eram limitadas apenas aos conflitos interestatais, passam a atuar, inclusive, no âmbito de conflitos internos, guerras civis, religiosas ou étnicas. Há, portanto, uma interpretação extensiva da noção de "ameaça à paz e à segurança internacional" no caso de violações graves e massivas dos direitos humanos.[366] Quanto aos meios, tais operações, antes limitadas no que tange ao uso da força, ganham dentes, sendo o uso da força autorizado com fundamento no capítulo VII.

Entretanto, é importante observar que as operações de paz permanecem totalmente dependentes da boa vontade estatal, o que reduz a capacidade militar da organização e diminui sua eficácia. Entre as principais dificuldades, podemos apontar a ausência de meios jurídicos (mandato insuficiente, não adaptado às circunstâncias ou voluntariamente ambíguo para evitar vetos perante o Conselho de Segurança); ausência de efetivos suficientes colocados à disposição das forças de paz, combinado com o caráter heterogêneo de tais tropas enviadas por diversos países com diferentes graus de desenvolvimento e cultura, possuindo formações diversas; e ausência ou inadequação dos equipamentos disponíveis às operações de paz, que não permitem combater armamentos pesados.[367] As dificuldades ora apontadas, já indicadas no relatório Brahimi, fizeram com que a ONU aceitasse outras formas de intervenção mais eficientes, com o uso da força. Referimo-nos às operações multinacionais autorizadas, que são

---

[364] Para uma análise aprofundada e crítica a respeito da prática do capítulo VII da Carta da ONU, ver: COT, Jean-Pierre; PELLET, Alain; FORTEAU, Mathias. *La Charte des Nations Unies*: commentaire article par article. 3. ed. Paris: Economica, 2005. v. I e II, p. 1195-1282.
[365] BETTATI, Mario. L'usage de la force par l'ONU. *Pouvoirs*, v. 2, n. 109, p. 111-123, 2004. Disponível em: <www.cairn.info/revue-pouvoirs-2004-2-page-111.htm>. Acesso em: 3 jun. 2012.
[366] Ver, a esse respeito, os desenvolvimentos da seção acerca da responsabilidade de proteger (capítulo 15).
[367] Para uma análise de tais argumentos, ver: BETTATI, Mario. "L'usage de la force par l'ONU", 2004, op. cit.

realizadas com base em mandato conferido pela organização, mas sob o controle direto dos Estados que a conduzem.[368]

13.3 A Resolução "Uniting for Peace"

A Resolução nº 377 (V), de 3 de novembro de 1950, emitida pela Assembleia Geral das Nações Unidas,[369] traz os seguintes trechos:

A Assembleia Geral,
Reconhecendo que os dois primeiros propósitos afirmados pelas Nações Unidas são:
"Manter a paz e a segurança internacionais e, para esse fim, tomar, coletivamente, medidas efetivas para evitar ameaças à paz e reprimir os atos de agressão ou outra qualquer ruptura da paz e chegar, por meios pacíficos e de conformidade com os princípios da justiça e do direito internacional, a um ajuste ou solução das controvérsias ou situações que possam levar a uma perturbação da paz", e "Desenvolver relações amistosas entre as nações, baseadas no respeito ao princípio de igualdade de direitos e de autodeterminação dos povos, e tomar outras medidas apropriadas ao fortalecimento da paz universal",
Reafirmando que segue sendo dever primordial de todos os Membros das Nações Unidas, caso se encontrem envolvidos numa controvérsia internacional, buscar a solução de tal controvérsia por meios pacíficos seguindo os procedimentos estabelecidos no Capítulo VI da Carta, e tendo presentes os êxitos alcançados pelas Nações Unidas a este respeito em várias ocasiões,
Notando que existe tensão internacional em nível perigoso,
Recordando sua resolução 290 (IV), intitulada "Bases essenciais para a paz", segundo a qual o desprezo dos princípios da Carta das Nações Unidas

---

[368] Ver, por exemplo, a resolução do Conselho de Segurança 794, de 3 de dezembro de 1992, que autorizou o envio de uma força multinacional de coalizão durante o conflito na Somália.
[369] Texto em espanhol disponível em: <www.un.org/ga>. Acesso em: 13 jan. 2012. Os trechos aqui citados estão em tradução livre.

é a causa principal da continuidade da tensão internacional, e desejando trazer uma nova contribuição encaminhada à realização dos objetivos de dita resolução,

Reafirmando o quão importante é que o Conselho de Segurança desempenhe sua responsabilidade primordial de manter a paz e a segurança internacionais, e o dever que possuem os membros permanentes do Conselho de procurar que haja unanimidade entre eles e de agir com moderação quanto ao exercício do direito de veto,

Reafirmando que, na negociação dos acordos referentes à disponibilização de forças armadas previstos no Artigo 43 da Carta, a iniciativa compete ao Conselho de Segurança, e desejando assegurar que, na espera da conclusão de tais convênios, as Nações Unidas tenham a sua disposição meios de manter a paz e a segurança internacionais,

Conscientes de que o fato de que o Conselho de Segurança não cumpra com as responsabilidades que lhe competem em nome de todos os Estados-membros, em particular as mencionadas no dois parágrafos precedentes, não exime os Estados-membros da obrigação que lhes é imposta pela Carta, nem as Nações Unidas da responsabilidade que possuem, em virtude da mesma, de manter a paz e a segurança internacionais,

Reconhecendo, em particular, que tal descumprimento não priva a Assembleia Geral dos direitos que possui em virtude da Carta, nem a exime das responsabilidades que a mesma lhe impõe a respeito da manutenção da paz e da segurança internacionais,

Reconhecendo que, para que a Assembleia Geral possa cumprir com suas responsabilidades a respeito, é preciso que exista a possibilidade de realizar um trabalho de observação que permita comprovar os fatos e desmascarar os agressores; que existem forças armadas suscetíveis de ser utilizadas coletivamente; e que existe a possibilidade de que a Assembleia Geral dirija, em qualquer momento oportuno, recomendações aos Membros das Nações Unidas com vistas a empreender uma ação coletiva que, para ser eficaz, deveria ser rápida,

1. Resolve que, se o Conselho de Segurança, por falta de unanimidade entre seus membros permanentes, deixar de cumprir com sua responsabilidade

primordial de manter a paz e a segurança internacionais em qualquer caso em que resulte haver uma ameaça à paz, uma quebra da paz ou um ato de agressão, a Assembleia Geral examinará imediatamente o assunto, com vistas a dirigir aos membros recomendações apropriadas para a adoção de medidas coletivas, incluindo, no caso de quebra da paz ou de ato de agressão, o uso de forças armadas quando for necessário, a fim de manter ou restaurar a paz e a segurança internacionais. Não estando reunida à época, a Assembleia Geral pode reunir-se em período extraordinário de sessões de emergência dentro das 24 horas seguintes à apresentação de uma solicitação neste sentido. Tal período extraordinário de sessão de emergência será convocado caso assim o solicite o Conselho de Segurança pelo voto de sete de quaisquer de seus membros, ou então pela maioria dos Membros das Nações Unidas; [...]

7. Convida cada um dos Estados-membros das Nações Unidas a estudar seus próprios recursos, a fim de determinar a natureza e o alcance da ajuda que possa estar em condições de prestar em apoio de quaisquer recomendações do Conselho de Segurança ou da Assembleia Geral, dirigidas a restaurar a paz e a segurança internacionais;

8. Recomenda aos Estados-membros das Nações Unidas que cada um deles mantenha, dentro de suas forças armadas nacionais, contingentes treinados, organizados e equipados de tal modo que seja possível destacá-los prontamente, de conformidade com os procedimentos constitucionais dos respectivos Estados, para prestar serviço como unidade ou unidades das Nações Unidas, por recomendação do Conselho de Segurança ou da Assembleia Geral, sem prejuízo do emprego de tais contingentes para o exercício do direito de legítima defesa individual ou coletiva, reconhecido pelo Artigo 51 da Carta.

9. Convida os Membros das Nações Unidas a informar o quanto antes à Comissão de Medidas Coletivas prevista no parágrafo 11, acerca das medidas tomadas para pôr em prática as disposições do parágrafo precedente.

10. Solicita ao Secretário-Geral que nomeie, com a aprovação da Comissão prevista no parágrafo 11, um quadro de peritos militares que possam ser disponibilizados, mediante requerimento, aos Estados-membros que desejem obter assessoramento técnico com respeito à organização, treina-

mento e equipe necessários a fim de que os contingentes mencionados no parágrafo 8º estejam prontos para prestar imediato serviço como unidades das Nações Unidas;

11. Estabelece uma Comissão de Medidas Coletivas, composta por 14 Membros [...], e encarrega a Comissão de [...] preparar um estudo [...] sobre os métodos que poderiam ser empregados [...] a fim de manter e fortalecer a paz e a segurança internacionais, conforme aos propósitos e princípios da Carta, tomando em consideração as disposições relativas às medidas de legítima defesa coletiva e aos acordos regionais (Artigos 51 e 52 da Carta).

É preciso lembrar que a remissão de uma questão à Assembleia Geral é considerada uma decisão procedimental do Conselho de Segurança. Portanto, não necessita do consentimento dos membros permanentes deste órgão.

Vale destacar ainda os seguintes artigos da Carta da ONU:

CAPÍTULO IV: ASSEMBLEIA GERAL
COMPOSIÇÃO
Artigo 9
1. A Assembleia Geral será constituída por todos os Membros das Nações Unidas.
2. Cada Membro não deverá ter mais de cinco representantes na Assembleia Geral.
FUNÇÕES E ATRIBUIÇÕES
Artigo 10. A Assembleia Geral poderá discutir quaisquer questões ou assuntos que estiverem dentro das finalidades da presente Carta ou que se relacionarem com as atribuições e funções de qualquer dos órgãos nela previstos e, com exceção do estipulado no Artigo 12, poderá fazer recomendações aos Membros das Nações Unidas ou ao Conselho de Segurança ou a este e àqueles, conjuntamente, com referência a qualquer daquelas questões ou assuntos.
Artigo 11. 1. A Assembleia Geral poderá considerar os princípios gerais de cooperação na manutenção da paz e da segurança internacionais, inclusive

os princípios que disponham sobre o desarmamento e a regulamentação dos armamentos, e poderá fazer recomendações relativas a tais princípios aos Membros ou ao Conselho de Segurança, ou a este e àqueles conjuntamente.
2. A Assembleia Geral poderá discutir quaisquer questões relativas à manutenção da paz e da segurança internacionais, que a ela forem submetidas por qualquer Membro das Nações Unidas, ou pelo Conselho de Segurança, ou por um Estado que não seja Membro das Nações unidas, de acordo com o Artigo 35, parágrafo 2, e, com exceção do que fica estipulado no Artigo 12, poderá fazer recomendações relativas a quaisquer destas questões ao Estado ou Estados interessados, ou ao Conselho de Segurança ou a ambos. Qualquer destas questões, para cuja solução for necessária uma ação, será submetida ao Conselho de Segurança pela Assembleia Geral, antes ou depois da discussão.
3. A Assembleia Geral poderá solicitar a atenção do Conselho de Segurança para situações que possam constituir ameaça à paz e à segurança internacionais.
4. As atribuições da Assembleia Geral enumeradas neste Artigo não limitarão a finalidade geral do Artigo 10.
Artigo 12. 1. Enquanto o Conselho de Segurança estiver exercendo, em relação a qualquer controvérsia ou situação, as funções que lhe são atribuídas na presente Carta, a Assembleia Geral não fará nenhuma recomendação a respeito dessa controvérsia ou situação, a menos que o Conselho de Segurança a solicite.
2. O Secretário-Geral, com o consentimento do Conselho de Segurança, comunicará à Assembleia Geral, em cada sessão, quaisquer assuntos relativos à manutenção da paz e da segurança internacionais que estiverem sendo tratados pelo Conselho de Segurança, e da mesma maneira dará conhecimento de tais assuntos à Assembleia Geral, ou aos Membros das Nações Unidas se a Assembleia Geral não estiver em sessão, logo que o Conselho de Segurança terminar o exame dos referidos assuntos. [...]
Artigo 14. A Assembleia Geral, sujeita aos dispositivos do Artigo 12, poderá recomendar medidas para a solução pacífica de qualquer situação, qualquer que seja sua origem, que lhe pareça prejudicial ao bem-estar geral ou às

relações amistosas entre as nações, inclusive em situações que resultem da violação dos dispositivos da presente Carta que estabelecem os Propósitos e Princípios das Nações Unidas. [...]

VOTAÇÃO

Artigo 18. 1. Cada Membro da Assembleia Geral terá um voto.

2. As decisões da Assembleia Geral, em questões importantes, serão tomadas por maioria de dois terços dos Membros presentes e votantes. Essas questões compreenderão: recomendações relativas à manutenção da paz e da segurança internacionais; à eleição dos Membros não permanentes do Conselho de Segurança; à eleição dos Membros do Conselho Econômico e Social; à eleição dos Membros dos Conselho de Tutela, de acordo como parágrafo 1 (c) do Artigo 86; à admissão de novos Membros das Nações Unidas; à suspensão dos direitos e privilégios de Membros; à expulsão dos Membros; questões referentes o funcionamento do sistema de tutela e questões orçamentárias.

3. As decisões sobre outras questões, inclusive a determinação de categoria adicionais de assuntos a serem debatidos por uma maioria dos membros presentes e que votem. [...]

Artigo 24. 1. A fim de assegurar pronta e eficaz ação por parte das Nações Unidas, seus Membros conferem ao Conselho de Segurança a principal responsabilidade na manutenção da paz e da segurança internacionais e concordam em que no cumprimento dos deveres impostos por essa responsabilidade o Conselho de Segurança aja em nome deles.

2. No cumprimento desses deveres, o Conselho de Segurança agirá de acordo com os Propósitos e Princípios das Nações Unidas. As atribuições específicas do Conselho de Segurança para o cumprimento desses deveres estão enumeradas nos Capítulos VI, VII, VIII e XII.

3. O Conselho de Segurança submeterá relatórios anuais e, quando necessário, especiais à Assembleia Geral para sua consideração.

Artigo 25. Os Membros das Nações Unidas concordam em aceitar e executar as decisões do Conselho de Segurança, de acordo com a presente Carta. [...]

VOTAÇÃO

Artigo 27. 1. Cada membro do Conselho de Segurança terá um voto.

2. As decisões do conselho de Segurança, em questões processuais, serão tomadas pelo voto afirmativo de nove Membros.

3. As decisões do Conselho de Segurança, em todos os outros assuntos, serão tomadas pelo voto afirmativo de nove membros, inclusive os votos afirmativos de todos os membros permanentes, ficando estabelecido que, nas decisões previstas no Capítulo VI e no parágrafo 3 do Artigo 52, aquele que for parte em uma controvérsia se absterá de votar. [...]

CAPÍTULO VIII: ACORDOS REGIONAIS

Artigo 52. 1. Nada na presente Carta impede a existência de acordos ou de entidades regionais, destinadas a tratar dos assuntos relativos à manutenção da paz e da segurança internacionais que forem suscetíveis de uma ação regional, desde que tais acordos ou entidades regionais e suas atividades sejam compatíveis com os Propósitos e Princípios das Nações Unidas.

2. Os Membros das Nações Unidas, que forem parte em tais acordos ou que constituírem tais entidades, empregarão todo os esforços para chegar a uma solução pacífica das controvérsias locais por meio desses acordos e entidades regionais, antes de as submeter ao Conselho de Segurança.[370]

Perguntas

7. Qual a inovação trazida pela cláusula 1ª da Resolução nº 377 (V) ao sistema de segurança coletiva da Carta das Nações Unidas?
8. Qual a importância que o preâmbulo desta resolução possui? Qual o caminho argumentativo percorrido para justificar as cláusulas operativas da Resolução nº 377 (V)?
9. A partir da leitura da Carta das Nações Unidas, indique artigos que respaldariam e artigos que contradiriam a Resolução nº 377 (V).
10. De que forma as cláusulas 7ª a 11ª da Resolução nº 377 (V) inovam em relação ao art. 43 da Carta das Nações Unidas, que prevê a celebração de acordos especiais entre os Estados-membros das Nações Unidas e o

---

[370] Disponível em: <www.oas.org/dil/port/1945%20Carta%20das%20Na%C3%A7%C3%B5es%20Unidas.pdf>. Acesso em: 27 dez. 2012.

Conselho de Segurança, a fim de disponibilizar contingentes armados a serem empregados por este último órgão?

Até o presente momento, 10 sessões especiais de emergência foram instaladas pela Assembleia Geral de acordo com as previsões da Resolução nº 377 (V) "Uniting for Peace", das quais destacamos seis:[371]

a) O primeiro caso disse respeito à crise do canal de Suez, na qual o Reino Unido, a França e Israel atacaram o Egito, após este ter ameaçado invadir o Estado judeu. A Resolução nº 119 (1956) do Conselho teve o seguinte teor:

> O Conselho de Segurança,
> Considerando que uma grave situação foi criada com a ação levada a cabo contra o Egito,
> Notando que a falta de unanimidade entre os membros permanentes do Conselho de Segurança nas 749ª e 750ª sessões impediu o Conselho de desincumbir-se de sua responsabilidade principal na manutenção da paz e da segurança internacionais,
> Decide convocar uma sessão extraordinária de urgência da Assembleia Geral, tal como previsto pela Resolução 377 A (V) da Assembleia Geral, datada de 3 de novembro de 1950, a fim de fazer as recomendações apropriadas.
> Adotada na 751ª sessão por 7 votos contra 2 (França, Reino Unido da Grã--Bretanha e Irlanda do Norte), com 2 abstenções (Austrália, Bélgica).[372]

b) No mesmo ano de 1956, a Resolução nº 120 (1956) tratou da situação na Hungria, onde um levante contra o governo comunista era reprimido pela União Soviética:

---

[371] As resoluções do Conselho de Segurança podem ser consultadas, em inglês ou em francês, em: <www.un.org/Docs/sc/unsc_resolutions.html>. Acesso em: 13 jan. 2012. As resoluções aqui citadas foram traduzidas livremente a partir do texto em francês.
[372] Tradução livre do original, em espanhol, disponível em: <www.un.org/es/sc/documents/resolutions/1956.shtml>. Acesso em: 23 dez. 2012.

O Conselho de Segurança,
Considerando que uma grave situação foi criada pelo emprego das forças armadas soviéticas a fim de reprimir os esforços feitos pelo povo húngaro para reafirmar seus direitos,
Tomando nota de que, devido à falta de unanimidade entre seus membros permanentes, o Conselho de segurança não pode desincumbir-se de sua responsabilidade principal em relação com a manutenção da paz e da segurança internacionais,
Decide convocar uma sessão extraordinária de urgência da Assembleia Geral conforme as disposições da Resolução nº 377 A (V) da Assembleia Geral, datada de 3 de novembro de 1950, a fim de fazer as recomendações apropriadas no que diz respeito à situação da Hungria.
Adotada na 754ª sessão por 10 votos contra 1 (União das Repúblicas Socialistas Soviéticas).[373]

c) A terceira vez que uma sessão especial de emergência da Assembleia Geral foi convocada foi em 1958, devido a uma crise no Líbano, dividido por uma guerra civil entre cristãos (apoiados pelo Ocidente e por uma intervenção dos EUA) e muçulmanos (apoiados por Síria, Egito e a União Soviética). Dividido, o Conselho de Segurança não tinha solução a oferecer. Assim, em 7 de agosto de 1958, a Resolução nº 129 (1958) do mesmo Conselho expressou:

O Conselho de Segurança,
[...]
Reconhecendo que a falta de unanimidade dos membros permanentes do Conselho de Segurança, nas 834ª e 837ª sessões, impediu o Conselho de desincumbir-se de sua responsabilidade principal acerca da manutenção da paz e da segurança internacionais,
Decide que uma sessão extraordinária de urgência da Assembleia Geral será convocada.
Adotada por unanimidade na 838ª sessão.[374]

---
[373] Ibid.
[374] Ibid.

d) Em 1960, a "Uniting for Peace" foi invocada outra vez, agora acerca de uma crise no Congo. Este é o teor da Resolução nº 157 (1960):

> O Conselho de Segurança,
> [...]
> Levando em conta o fato de que a falta de unanimidade entre os membros permanentes do Conselho de segurança quando da 906ª sessão impediu o Conselho de desincumbir-se de sua responsabilidade principal no que diz respeito à manutenção da paz e da segurança internacionais,
> Decide que uma sessão extraordinária de urgência da Assembleia Geral será convocada conforme as disposições da Resolução nº 377 A (V) da Assembleia Geral, datada de 3 de novembro de 1950, a fim de fazer as recomendações apropriadas.
> Adotada na 906ª sessão por 8 votos contra 2 (Polônia, União das Repúblicas Socialistas Soviéticas), com uma abstenção (França).[375]

e) Outra aplicação da "Uniting for Peace" foi feita em 1971, quando do conflito entre Índia e Paquistão que resultou na independência do Bangladesh (antigo Paquistão Oriental). A Resolução nº 303 (1971) do Conselho de Segurança assim tratou da questão:

> O Conselho de Segurança,
> [...]
> Levando em conta o fato de que a falta de unanimidade entre os membros permanentes do Conselho de segurança nas 1606ª e 1607ª sessões impediu o Conselho de desincumbir-se de sua responsabilidade principal na manutenção da paz e da segurança internacionais,
> Decide remeter a questão que figura no documento S/Agenda/1606 à Assembleia Geral, em sua 26ª sessão, como previsto na Resolução nº 377 A (V) da Assembleia, datada de 3 de novembro de 1950.

---

[375] Disponível, em espanhol, em: <www.un.org/es/sc/documents/resolutions/1960.shtml>. Acesso em: 23 dez. 2012.

Adotada na 1608ª sessão por 11 votos contra zero, com 4 abstenções (França, Polônia, Reino Unido da Grã-Bretanha e Irlanda do Norte e União das Repúblicas Socialistas Soviéticas).[376]

f) O Conselho de Segurança também voltou-se à Assembleia Geral durante o conflito entre a URSS e o Afeganistão, em 1980, através da seguinte Resolução nº 462 (1980):

> O Conselho de Segurança,
> [...]
> Levando em conta o fato de que a falta de unanimidade entre seus membros permanentes na 2190ª sessão o impede de desincumbir-se de sua responsabilidade principal na manutenção da paz e da segurança internacionais, Decide que uma sessão extraordinária de urgência da Assembleia Geral será convocada para examinar a questão que figura no documento S/Agenda/2185.
> Adotada após o recomeço da 2190ª sessão por 12 votos contra 2 (República Democrática Alemã, União das Repúblicas Socialistas Soviéticas), com uma abstenção (Zâmbia).[377]

Houve ainda algumas sessões especiais de emergência da Assembleia Geral, convocadas diretamente pelo secretário-geral, sem buscar a anuência do Conselho, a partir dos pedidos de alguns Estados-membros, contando com a maioria dos votos da Assembleia Geral. Tais sessões trataram da presença sul-africana na Namíbia (1981) e do conflito árabe-israelense na Palestina, ao qual foram devotadas três sessões especiais (1980-2, 1982 e 1997-presente).

Segundo Paul Heinbecker,[378] pensou-se em recorrer à Resolução nº 377 (V) outra vez durante a guerra do Kosovo. Enquanto os países-membros

---

[376] Disponível, em espanhol, em: <www.un.org/es/comun/docs/?symbol=S/RES/303%20(1971)>. Acesso em: 23 dez. 2012.
[377] Disponível, em espanhol, em: <www.un.org/es/sc/documents/resolutions/1980.shtml>. Acesso em: 23 dez. 2012.
[378] HEINBECKER, Paul. Kosovo. In: MALONE, David N. (Org.). *The UN Security Council: from the Cold War to the 21st Century*. Londres: Lynne Rienner, 2004. p. 542-543.

da Organização do Tratado do Atlântico Norte (Otan) bombardeavam a então Iugoslávia, objetivando deter os massacres perpetrados por forças deste país e paramilitares contra a população kosovar, discutiu-se sobre a utilidade de uma resolução do Conselho de Segurança para legitimar tal intervenção. Entretanto, dois membros permanentes do Conselho, a Rússia e a China, avisaram que vetariam tal proposição. O Canadá, que detinha a presidência rotativa do Conselho, buscou negociar com os representantes russos. Ao ver que não conseguiria o apoio deste país para a intervenção da Otan no Kosovo, a diplomacia canadense considerou fazer recurso à Resolução "Uniting for Peace". No entanto, segundo o relato de Heinbecker, os canadenses desistiram da ideia por não terem certeza sobre a reação da Assembleia Geral à proposta de intervenção da Otan. À época, o chamado "movimento dos países não alinhados", do qual a Iugoslávia fora um importante organizador, ainda dispunha de força considerável entre as Nações Unidas, motivo pelo qual não se considerou prudente a discussão no seio da Assembleia. Além disso, o fato de a intervenção militar já estar sendo efetuada enquanto corriam tais debates também depunha contra a remissão à Assembleia Geral, pois esta poderia produzir uma recomendação que aceitasse o uso da força contra a Iugoslávia, mas a submetesse a prazos, condições e limitações que os aliados da Otan não estavam dispostos a aceitar.

Caso a ideia realmente tivesse sido levada a cabo, e se tivesse buscado enviar o assunto à Assembleia Geral, ter-se-ia um desenvolvimento ulterior da sistemática utilizada para a "Uniting for Peace". Com efeito, excetuando-se as vezes em que a sessão especial de emergência da Assembleia Geral foi convocada pelo secretário-geral após requisição daquele próprio órgão deliberativo, a praxe era uma invocação cuidadosa da Resolução nº 377 (V). Nos casos acima apontados, nos quais lançou-se mão de tal procedimento, a regra foi esperar algumas sessões (uma ou duas) do Conselho para então concluir pela impossibilidade de unanimidade entre os membros permanentes e chamar em causa a Assembleia Geral. Na controvérsia sobre a URSS e Afeganistão, em 1980, parece ter havido uma flexibilização desta postura prudente, ao invocar-se a "Uniting for

Peace" logo após a sessão na qual houve o veto. Se a proposta canadense de 1999 tivesse sido levada adiante, a Assembleia Geral poderia ter sido convocada sem que os membros permanentes do Conselho de Segurança que obstruíam a unanimidade (Rússia e China) sequer utilizassem efetivamente seu direito de veto. As simples declarações dos representantes destes Estados, no sentido de que vetariam uma resolução pró-Otan, já seria tomada como suficiente para justificar a remissão à Assembleia.

É evidente que nada impediria, sempre no terreno da hipótese, que um projeto de resolução nos termos desejados pelo Ocidente fosse proposto exclusivamente para ser vetado por Rússia e China, seguindo-se imediatamente a votação de uma resolução baseada na "Uniting for Peace". Provavelmente seria este o procedimento seguido caso se desejasse mesmo alcançar a Assembleia. Entretanto, o que se deseja realçar é que, acompanhando a evolução da aplicação da Resolução nº 377 (V), fica claro que os Estados-membros do Conselho de Segurança possuem cada vez menos escrúpulos em lançar mão deste mecanismo, embora ele não seja muito frequente. Apesar de relativamente pouco utilizado, quando o é, procura-se cada vez mais uma aplicação rápida, sem necessidade de diversas sessões no Conselho de Segurança para determinar a impossibilidade de unanimidade entre os membros permanentes.

Outro aspecto interessante do caso envolvendo o Kosovo e a possibilidade da aplicação da Resolução "Uniting for Peace" diz respeito ao motivo pelo qual a ideia foi abandonada: a perspectiva de uma rejeição, ou pelo menos de uma discussão desgastante, na Assembleia Geral. Com isso, fica claro que a Resolução nº 377 (V), por mais que tenha sido imaginada para satisfazer aos desejos de alguns membros permanentes do Conselho, passando por cima da oposição de outros, possui um inegável efeito descentralizador, ao fazer com que a matéria da controvérsia em questão "desça" ao nível das várias dezenas de países representados na Assembleia Geral. A Resolução nº 377 (V) pode ser vista como um importante canal de democratização das decisões relativas à paz e à segurança internacionais. Seu alcance é limitado, e sua eficácia, na prática, ainda não foi suficientemente explorada, mas ela possui um papel fundamental na legitimação pública de certas decisões em matérias sensíveis que o Conselho, por oposição obstinada de um ou mais membros permanentes, não conseguiria tomar.

Pergunta

11. Caso uma matéria relativa à paz e à segurança internacionais, que esteja sendo debatida no Conselho de Segurança, seja remetida à Assembleia Geral através do mecanismo da Resolução nº 377 (V), a decisão adotada pela Assembleia no assunto terá caráter vinculante? Responda com base na Carta das Nações Unidas, no texto da resolução e nas resoluções nas quais a "Uniting for Peace" foi adotada.

13.4 A guerra da Coreia e a ação das Nações Unidas

Desde o fim do primeiro milênio da era cristã, a Coreia foi organizada como um Estado único e independente. Duas dinastias sucessivas, a Goryeo (de onde deriva o nome "Coreia") e a Joseon, governaram o país durante quase mil anos, até o declínio, no final do século XIX, por problemas internos, mas também pela crescente interferência de nações mais poderosas, como o Império Chinês, o Império Russo, os Estados Unidos e, como grandes vencedores da Coreia, o Império Japonês. Em 1910, um desacreditado novo "Império da Coreia" foi anexado pelo Japão. A independência coreana somente seria alcançada com o fim da Segunda Guerra Mundial, em 1945. Apesar de a derrota japonesa ter sido alcançada basicamente pelos EUA, a URSS declarou guerra ao Japão em agosto de 1945, conforme previamente combinado com os demais aliados. Nos poucos dias em que estiveram em guerra com o "Império do Sol Nascente", os soviéticos aproveitaram para obter o maior avanço possível, de modo a assegurar uma resolução satisfatória de todas as pendências fronteiriças que tinham no Extremo Oriente.

Acerca da Coreia, os aliados haviam concordado que esta deveria ser libertada da mão dos japoneses. Também fora construído um consenso acerca da ocupação militar da península coreana, que seria dividida entre os EUA e a URSS. A fronteira entre os dois setores consistiria no Paralelo 38, pouco acima de Seul, capital histórica da península.

Devido à escalada da Guerra Fria, o que era para ser uma simples ocupação militar transitória acabou transformando-se na base para duas entidades políticas separadas. Em seu setor, os soviéticos difundiram a criação de comunidades agrícolas de base, todas subordinadas às autoridades soviéticas. Em seguida, após garantir que somente comunistas estavam nos cargos estratégicos, deixaram que os políticos coreanos decidissem entre si quem seria o líder. Após uma luta de bastidores, emergiu o nome de Kim Il-Sung, que fora guerrilheiro contra a ocupação japonesa, tendo também lutado no Exército da URSS durante a Segunda Guerra. Enquanto Kim consolidava sua liderança no Norte, os EUA faziam o possível para manter os comunistas longe de seu setor Sul. Desta forma, o anticomunista Syngman Rhee, antigo exilado nos EUA, foi promovido por estes a chefe do governo provisório. Em 1948, declarou a independência da Coreia do Sul (o que não foi aceito pelo Norte nem pelos soviéticos, que apoiavam Kim Il-Sung como único governante de toda a Coreia) e venceu as primeiras eleições sul-coreanas.

Em 25 de junho de 1950, tropas da Coreia do Norte ultrapassaram as fronteiras do Paralelo 38 para invadir o Sul, objetivando a reunificação da Coreia sob domínio comunista. Oficialmente, tratava-se de ajudar diversos ativistas e organizações de esquerda que eram então perseguidas pelo autoritário presidente Syngman Rhee. O Exército sul-coreano foi rapidamente batido e a capital, Seul, foi tomada.

No mesmo dia 25 de junho, o Conselho de Segurança das Nações Unidas aprovou a Resolução nº 82 (1980), que condenava o ataque norte-coreano.

Esta resolução, "tomando nota do ataque dirigido contra a República da Coreia por forças armadas provenientes da Coreia do Norte, ataque este que o preocupa gravemente", ordenou que as hostilidades cessassem, bem como que o Exército norte-coreano retornasse à fronteira. Também pediu que os Estados-membros das Nações Unidas assistissem a Organização na execução da resolução, em especial denegando apoio à Coreia do Norte.

Esta resolução, assim como as subsequentes, só pôde ser aprovada em virtude da ausência dos representantes da URSS, que então boicotavam o Conselho devido à recusa das Nações Unidas em reconhecer o governo da China continental (comunista) como legítimo representante da China, favorecendo os governantes de Taiwan (nacionalista/capitalista). A União Soviética calculava que os demais governos não se atreveriam a tomar medidas concretas na ausência de um dos membros permanentes (e superpotência mundial). No entanto, suas previsões não se confirmaram, sendo que somente a Iugoslávia pôde honrar o bloco comunista, abstendo-se na votação da resolução. Todos os demais países do Conselho de Segurança votaram a favor.

A partir daí, com a piora da situação na Coreia, e sem qualquer sinal de que os soldados do Norte interromperiam seu avanço, o Conselho aprovou uma série de resoluções de conteúdo crescentemente belicista, em defesa da República da Coreia (Coreia do Sul).

Apenas dois dias depois, em 27 de junho, foi aprovada a Resolução nº 83 (1950), a qual "recomenda que os Membros da Organização das Nações Unidas forneçam à República da Coreia toda a assistência necessária para repelir o ataque armado e restaurar a paz e a segurança internacionais na região". A Iugoslávia votou contra, mas isso não era suficiente para deter a grande maioria que se formara no Conselho. Em 7 de julho, a Resolução nº 84

> acolhe o apoio rápido e vigoroso dado pelos governos e povos das Nações Unidas a suas Resoluções 82 (1950) e 83 (1950), de 25 e 27 de julho de 1950, com vistas a ajudar a República da Coreia a se defender do ataque armado, e assim restaurar a paz e a segurança internacionais na região.[379]

---

[379] Disponível em: <www.un.org/es/sc/documents/resolutions/1950.shtml>. Acesso em: 23 dez. 2012.

O princípio da proibição do uso da força

Os termos da resolução encorajavam os Estados que queriam assistir militarmente a Coreia do Sul a colocar suas tropas sob o comando dos EUA. No entanto, todas as tropas internacionais poderiam utilizar as insígnias das Nações Unidas, juntamente com suas respectivas bandeiras nacionais, se assim o desejassem. A guerra da Coreia, então, pode ser legitimamente descrita como uma guerra das Nações Unidas. Até o momento, este foi o único conflito no qual a ONU teve participação ativa como beligerante.

Perguntas

12. Segundo a Carta das Nações Unidas, a ONU pode fazer uso da força? Em que circunstâncias e sob que condições?
13. De onde viriam os recursos bélicos necessários para uma eventual ação bélica das Nações Unidas?
14. De que forma as três resoluções acima descritas simplificam e concretizam os artigos da Carta da ONU sobre o uso da força?

Seguiu-se a Resolução nº 85, em 31 de julho de 1950, a qual previa a necessidade de ajuda à população coreana atingida pela guerra. Esta resolução, embora política e juridicamente de importância inferior, merece ser mencionada tendo em vista a comparação com os padrões incertos que regeram a conduta dos beligerantes durante a Segunda Guerra, que se encerrara há meros 5 anos.

Em 1º de agosto de 1950, a União Soviética encerrou seu boicote às Nações Unidas e retornou ao Conselho de Segurança. O resultado foi o veto soviético a um projeto de resolução, patrocinado pelos EUA, que condenava a contínua violação da Coreia do Norte às decisões anteriores do Conselho. Era facilmente previsível que toda e qualquer manifestação neste sentido atrairia a oposição da URSS. Como forma de contornar tal obstáculo, o secretário de Estado americano, Dean Acheson, promoveu, na Assembleia Geral das Nações Unidas, a discussão sobre um modo de fazer com que a ONU não se quedasse paralisada perante os vetos de membros permanentes do Conselho de Segurança. A diplomacia americana obteve sucesso em mostrar a URSS como uma opositora intransigente de qualquer ação na Coreia, lembrando aos pequenos e médios Estados que pululavam na Assembleia Geral que a posição soviética, na prática, faria com que todo o sistema universal dependesse do beneplácito das grandes potências. O resultado dessa discussão foi a Resolução "Uniting for Peace".

13.5 Questões para fixação e aprofundamento

1. O uso da força no âmbito do direito internacional é permitido pela Carta das Nações Unidas?
2. Existem exceções ao princípio instituído pela Carta da ONU?
3. Como funciona o sistema de segurança coletivo da ONU? Explique, identificando os órgãos responsáveis e suas respectivas competências.
4. Quais as diferenças entre o tratamento dado pela ONU e pela Liga das Nações?
5. O que prevê a Resolução nº 377 A (V) da Assembleia Geral?
6. Em que casos o mecanismo previsto pela resolução foi utilizado?
7. Em sua opinião, quais críticas podem ser feitas ao atual sistema de segurança coletivo da ONU?

Capítulo 14
As exceções ao uso unilateral da força: o caso "Nicarágua"

14.1 A Corte Internacional de Justiça

A Corte Internacional de Justiça é o órgão judiciário das Nações Unidas. Seu estatuto foi elaborado em conjunto com a Carta da ONU e constitui um instrumento separado, mas anexo a esta última. Todo Estado-membro da ONU é automaticamente parte no Estatuto da Corte (Carta das Nações Unidas, art. 93, §1º).

As condições nas quais a Corte pode julgar uma disputa entre países encontram-se no art. 36 do Estatuto da CIJ:

Artigo 36
1. A competência da Corte abrange todas as questões que as partes lhe submetam, bem como todos os assuntos especialmente previstos na Carta das Nações Unidas ou em tratados e convenções em vigor.
2. Os Estados, partes do presente Estatuto, poderão, em qualquer momento, declarar que reconhecem como obrigatória, *ipso facto* e sem acordo especial, em relação a qualquer outro Estado que aceite a mesma obrigação, a jurisdição da Corte em todas as controvérsias de ordem jurídica que tenham por objeto:

a) a interpretação de um tratado;
b) qualquer ponto de direito internacional;
c) a existência de qualquer fato que, se verificado, constituiria violação de um compromisso internacional;
d) a natureza ou extensão da reparação devida pela ruptura de um compromisso internacional.

3. As declarações acima mencionadas poderão ser feitas pura e simplesmente ou sob condição de reciprocidade da parte de vários ou de certos Estados, ou por prazo determinado.

4. Tais declarações serão depositadas junto ao Secretário-Geral das Nações Unidas que as transmitirá, por cópia, às partes contratantes do presente Estatuto e ao Escrivão da Corte.

5. Nas relações entre as partes contratantes do presente Estatuto, as declarações feitas de acordo com o Artigo 36 do Estatuto da Corte Permanente de Justiça Internacional e que ainda estejam em vigor serão consideradas como importando na aceitação da jurisdição obrigatória da Corte Internacional de Justiça, pelo período em que ainda devem vigorar e de conformidade com os seus termos.

6. Qualquer controvérsia sobre a jurisdição da Corte será resolvida por decisão da própria Corte.[380]

São quatro, portanto, os casos em que a CIJ poderá receber e julgar uma controvérsia entre Estados:
a) se as partes submeterem voluntariamente o caso à jurisdição da Corte;
b) se a controvérsia for objeto de algum tratado que preveja o recurso à Corte;
c) se o Estado respondente tiver declarado previamente que reconhecia a jurisdição obrigatória da CIJ (tal declaração, chamada "cláusula facultativa de jurisdição obrigatória", pode ser feita somente com relação a um tema, ou a um grupo de países, ou com limite temporal,

---

[380] Disponível em: <www.trf4.jus.br/trf4/upload/arquivos/ji_cortes_internacionais/cij-stat._corte_intern._just.pdf>. Acesso em: 27 dez. 2012.

As exceções ao uso unilateral da força

ou sob condição de reciprocidade – esta última condição costuma ser geralmente exigida pelos Estados quando emitem tal declaração);

d) se o Estado respondente, ainda que não seja parte no estatuto, comparecer perante a CIJ para se defender. Neste caso, aplica-se o princípio do *forum prorrogatum* e o Estado não pode mais se subtrair à jurisdição da Corte para aquele caso: uma vez tendo executado qualquer procedimento que demonstre que ele aceitava a competência da Corte para julgar o litígio, não pode depois contradizer seu primeiro movimento e negar tal competência.

Até o momento,[381] os seguintes Estados adotaram a cláusula facultativa de jurisdição obrigatória:

- Alemanha (30-4-2008)
- Austrália (22-3-2002)
- Áustria (19-5-1971)
- Barbados (1-8-1980)
- Bélgica (17-6-1958)
- Botswana (16-3-1970)
- Bulgária (21-6-1992)
- Camarões (3-3-1994)
- Camboja (19-9-1957)
- Canadá (10-5-1994)
- Chipre (3-9-2002)
- Costa do Marfim (29-9-2001)
- Costa Rica (20-2-1973)
- Dinamarca (10-12-1956)
- Djibuti (2-9-2005)
- Dominica (31-3-2006)
- Egito (22-7-1957)
- Eslováquia (28-5-2004)
- Espanha (20-10-1990)

---

[381] Maio de 2014.

- Estônia (31-10-1991)
- Filipinas (18-1-1972)
- Finlândia (25-6-1958)
- Gâmbia (22-6-1966)
- Geórgia (20-6-1995)
- Grécia (10-1-1994)
- Guiné-Bissau (7-8-1989)
- Haiti (4-10-1921)
- Honduras (6-6-1986)
- Hungria (22-10-1992)
- Ilhas Marshall (23-4-2013)
- Ilhas Maurício (23-9-1968)
- Índia (18-9-1974)
- Irlanda (15-12-2011)
- Japão (9-7-2007)
- Lesoto (6-9-2000)
- Libéria (20-3-1952)
- Liechtenstein (29-3-1950)
- Lituânia (26-9-2012)
- Luxemburgo (15-9-1930)
- Madagascar (2-7-1992)
- Malaui (12-12-1966)
- Malta (2-9-1983)
- México (28-10-1947)
- Nicarágua (24-9-1929)
- Nigéria (30-4-1998)
- Noruega (25-6-1996)
- Nova Zelândia (23-9-1977)
- Países Baixos (1-8-1956)
- Panamá (25-10-1921)
- Paquistão (13-9-1960)
- Paraguai (25-9-1996)
- Peru (7-7-2003)

As exceções ao uso unilateral da força

- Polônia (25-3-1996)
- Portugal (25-2-2005)
- Quênia (19-4-1965)
- Reino Unido da Grã Bretanha e Irlanda do Norte (5-7-2004)
- República da Guiné (4-12-1998)
- República Democrática do Congo (8-2-1989)
- República Dominicana (30-9-1924)
- Senegal (2-12-1985)
- Somália (11-4-1963)
- Suazilândia (26-5-1969)
- Sudão (2-1-1958)
- Suécia (6-4-1957)
- Suíça (28-7-1948)
- Suriname (31-8-1987)
- Timor Leste (21-9-2012)
- Togo (25-10-1979)
- Uganda (3-10-1963)
- Uruguai (28-1-1921)

A seguir, um exemplo de declaração de aceitação da jurisdição compulsória da Corte:

15 de dezembro de 2011
Através deste instrumento, a Irlanda declara que reconhece como compulsória, *ipso facto* e sem acordo especial, em relação a qualquer outro Estado que aceite a mesma obrigação, a jurisdição da Corte Internacional de Justiça para todas as controvérsias jurídicas como especificadas no artigo 36, parágrafo 2º, com a exceção de qualquer disputa jurídica com o Reino Unido da Grã-Bretanha e Irlanda do Norte a respeito da Irlanda do Norte. A presente Declaração produzirá efeitos a partir da data de seu recebimento pelo secretário-geral das Nações Unidas.
O governo da Irlanda se reserva o direito de, a qualquer tempo, através de uma notificação endereçada ao secretário-geral das Nações Unidas e com

efeitos a partir da data de tal notificação, emendar ou retirar a presente declaração, ou adicionar algo, emendar ou retirar a reserva supramencionada, ou quaisquer outras reservas que possam posteriormente ser feitas.
Dublin, 8 de dezembro de 2011
(Assinado) Eamon Gilmore, T.D.
Tánaiste e ministro de Relações Exteriores e Comércio da Irlanda[382]

Como anteriormente mencionado, tratados internacionais podem trazer em seu bojo a obrigação de recorrer à Corte Internacional de Justiça para a solução de quaisquer controvérsias surgidas da interpretação ou aplicação dos mesmos. A página da CIJ na internet exibe uma lista contendo todos os tratados que foram notificados ao notário da Corte e que possuem tal cláusula. É possível procurar por ano, Estado ou pelo nome do tratado. A seguir, um exemplo de duas cláusulas compromissórias que remetem à CIJ, a primeira no seio de um tratado multilateral e a segunda em tratado bilateral:

Convenção de Viena sobre Direito dos Tratados (1969)[383]
Artigo 53
Tratado em Conflito com uma Norma Imperativa de Direito Internacional Geral (*jus cogens*)

---

[382] Tradução livre do original em inglês, cujo teor é: "*15 December 2011. Ireland hereby declares that it recognises as compulsory ipso facto and without special agreement, in relation to any other state accepting the same obLigation, the jurisdiction of the International Court of Justice in all legal disputes as specified in Article 36, paragraph 2, with the exception of any legal dispute with the United Kingdom of Great Britain and Northern Ireland in regard to Northern Ireland. The present Declaration shall take effect from the date of its receipt by the Secretary-General of the United Nations. The Government of Ireland reserves the right at any time, by means of a notification addressed to Secretary-General of the United Nations and with effect from the date of such notification, either to amend or withdraw the present Declaration; or to add to, amend or withdraw the foregoing reservation or any other reservations which may subsequently be made. Dublin, 8 December 2011. (Signed) Eamon Gilmore, T.D. – Tánaiste and Minister for Foreign Affairs and Trade of Ireland*". Disponível em: <www.icj-cij.org.jurisdiction>. Acesso em: 8 jun. 2012.
[383] Promulgada no Brasil pelo Decreto nº 7.030, de 14 de dezembro de 2009. Disponível em: <www.planalto.gov.br>. Acesso em: 8 jun. 2012.

É nulo um tratado que, no momento de sua conclusão, conflite com uma norma imperativa de Direito Internacional geral. Para os fins da presente Convenção, uma norma imperativa de Direito Internacional geral é uma norma aceita e reconhecida pela comunidade internacional dos Estados como um todo, como norma da qual nenhuma derrogação é permitida e que só pode ser modificada por norma ulterior de Direito Internacional geral da mesma natureza.

Artigo 64

Superveniência de uma Nova Norma Imperativa de Direito Internacional Geral (*jus cogens*)

Se sobrevier uma nova norma imperativa de Direito Internacional geral, qualquer tratado existente que estiver em conflito com essa norma torna-se nulo e extingue-se.

Artigo 65

Processo Relativo à Nulidade, Extinção, Retirada ou Suspensão da Execução de um Tratado.

1. Uma parte que, nos termos da presente Convenção, invocar quer um vício no seu consentimento em obrigar-se por um tratado, quer uma causa para impugnar a validade de um tratado, extingui-lo, dele retirar-se ou suspender sua aplicação, deve notificar sua pretensão às outras partes. A notificação indicará a medida que se propõe tomar em relação ao tratado e as razões para isso.

2. Salvo em caso de extrema urgência, decorrido o prazo de pelo menos três meses contados do recebimento da notificação, se nenhuma parte tiver formulado objeções, a parte que fez a notificação pode tomar, na forma prevista pelo artigo 67, a medida que propôs.

3. Se, porém, qualquer outra parte tiver formulado uma objeção, as partes deverão procurar uma solução pelos meios previstos, no artigo 33 da Carta das Nações Unidas.

4. Nada nos parágrafos anteriores afetará os direitos ou obrigações das partes decorrentes de quaisquer disposições em vigor que obriguem as partes com relação à solução de controvérsias.

5. Sem prejuízo do artigo 45, o fato de um Estado não ter feito a notificação prevista no parágrafo 1 não o impede de fazer tal notificação em resposta a outra parte que exija o cumprimento do tratado ou alegue a sua violação.

Artigo 66
Processo de Solução Judicial, de Arbitragem e de Conciliação
Se, nos termos do parágrafo 3 do artigo 65, nenhuma solução foi alcançada, nos 12 meses seguintes à data na qual a objeção foi formulada, o seguinte processo será adotado:

a) qualquer parte na controvérsia sobre a aplicação ou a interpretação dos artigos 53 ou 64 poderá, mediante pedido escrito, submetê-la à decisão da Corte Internacional de Justiça, salvo se as partes decidirem, de comum acordo, submeter a controvérsia a arbitragem;

b) qualquer parte na controvérsia sobre a aplicação ou a interpretação de qualquer um dos outros artigos da Parte V da presente Convenção poderá iniciar o processo previsto no Anexo à Convenção, mediante pedido nesse sentido ao Secretário-Geral das Nações Unidas.

Convenção sobre Conciliação e Solução Judiciária entre o Brasil e a Itália (1954)[384]

Artigo 1º. As controvérsias de qualquer natureza que possam surgir entre as Altas Partes Contratantes, e que não tenham podido ser resolvidas por via diplomática ordinária, serão submetidas ao processo de conciliação previsto nos artigos 4 a 15 da presente Convenção.

Se a conciliação não for obtida, proceder-se-á de acordo com a solução judiciária prevista nos artigos 16 e seguintes da presente Convenção. [...]

Artigo 16. Se uma das partes não aceitar as propostas da Comissão de Conciliação, ou não se pronunciar a respeito, no prazo estipulado pelo relatório, qualquer delas poderá solicitar que a controvérsia seja submetida à Corte Internacional de Justiça.

No caso em que a Corte Internacional de Justiça não reconheça caráter jurídico à controvérsia, as Partes convêm em que a mesma seja resolvida *ex aequo et bono*.

Artigo 17. As Altas Partes Contratantes estabelecerão, para cada caso particular, um compromisso especial, que precise claramente o objeto da controvérsia, a competência particular que for conferida à Corte Interna-

---

[384] Promulgada pelo Senado Federal pelo Decreto Legislativo nº 129/55. Disponível em: <www6.senado.gov.br>. Acesso em: 8 jun. 2012, grifo no original.

cional de Justiça, bem como as demais condições entre elas acordadas. O compromisso será formulado mediante troca de notas entre os Governos das Partes Contratantes.

Ele será interpretado, em todos os seus pontos, pela Corte Internacional de Justiça.

Se o compromisso não for concluído em três meses a datar do dia em que uma das Partes tiver recebido da outra o pedido de solução judiciária, qualquer das Partes poderá recorrer à Corte Internacional de Justiça, mediante simples requerimento.

14.2 A demanda da Nicarágua perante a CIJ

Em 9 de abril de 1984, o governo da Nicarágua iniciou procedimentos[385] contra os Estados Unidos perante a Corte Internacional de Justiça. A Nicarágua dirigiu-se aos juízes da Corte denunciando o governo americano pela prática dos seguintes atos:[386]

- os EUA criaram um exército de mais de 10 mil mercenários, muitos dos quais antigos servidores do antigo governo ditatorial de Anastasio Somoza, instalaram-nos em campos de treinamento em Honduras, próximos à fronteira nicaraguense, treinaram-nos, pagaram-lhes e provisionaram-nos com armas, munição, comida e remédios, dirigindo então seus ataques a alvos dentro do território da Nicarágua;
- os EUA reconheceram ter gasto mais de US$ 70 milhões em tais atividades desde dezembro de 1981;
- em 1984, 6 mil mercenários encontravam-se em território nicaraguense, operando ativamente contra o governo daquele país;

---

[385] Uma versão em português do resumo oficial da Corte Internacional de Justiça sobre o caso está disponível em: <www.cedin.com.br/site/pdf/jurisprudencia/pdf_cij/casos_contenciosos_1984_01.pdf>. Acesso em: 15 jan. 2012.

[386] Dados retirados da petição inicial da Nicarágua. Disponível (em inglês e em francês) em: <www.icj-cij.org>. Acesso em: 14 jan. 2011.

- estabelecimentos de armazenagem de petróleo foram explodidos e incendiados por ataques planejados pelos EUA com foguetes fornecidos pelos americanos;
- as forças antigovernamentais, dirigidas pelos norte-americanos, anunciaram a colocação de minas nos principais portos da Nicarágua, prejudicando o comércio exterior do país. Cinco embarcações comerciais de terceiros países foram prejudicadas pelas minas;
- em uma ocasião, aviões americanos invadiram o espaço aéreo nicaraguense e soltaram bombas sobre Manágua (capital da Nicarágua), atacando o aeroporto internacional da cidade.

Como resultado, mais de 1.400 nicaraguenses foram mortos e 3 mil foram feridos pelo exército criado e insuflado pelos EUA. 113 mil cidadãos foram deslocados de seus lares, e os prejuízos materiais sofridos pelo país centro-americano em sua infraestrutura chegavam a US$ 200 milhões.[387]

A Nicarágua afirmou que a responsabilidade dos EUA poderia ser provada claramente pelo teor da legislação aprovada pelo Congresso norte-americano, que previa a alocação de fundos à Agência Central de Inteligência (CIA), ao Departamento de Defesa e a outras entidades que apoiassem atividades militares ou paramilitares contra a Nicarágua. Políticos norte-americanos haviam ademais expressado publicamente que o objetivo das "atividades encobertas" dos EUA consistia na derrubada do governo nicaraguense.

A Nicarágua citou, ainda, a seguinte declaração do presidente norte-americano à época, Ronald Reagan, quando perguntado especificamente sobre as atividades dos EUA na Nicarágua: "Eu acredito no direito de um país, caso entenda que seus interesses serão melhor contemplados, de praticar atividades encobertas".[388] Segundo a parte reclamante,

---

[387] Note-se que estes são os fatos alegados pela Nicarágua. Nem todos foram considerados pela Corte Internacional de Justiça como provados. Em relação à invasão ao espaço aéreo do país centro-americano, por exemplo, os juízes somente confirmaram dois voos de reconhecimento efetuados a grande altitude por aviões americanos (resumo do acórdão de 27-6-1986, parágrafo VII.3).

[388] Tradução livre do seguinte trecho: "*I do believe in the right of a country when it believes that its interests are best served to practice covert activity*" (petição inicial da Nicarágua, §7º).

a declaração do presidente e as atividades desenvolvidas contra a Nicarágua pelos Estados Unidos manifestam o repúdio de sólidos princípios do direito internacional, sobre os quais toda a ordem jurídica internacional está baseada: o princípio de que nenhum Estado pode recorrer à força ou à ameaça de força em suas relações com outros Estados; o princípio de que nenhum Estado pode violar a soberania, a integridade territorial ou a independência política de outro Estado; o princípio de que nenhum Estado pode intervir nos assuntos internos de outro Estado; o princípio de que nenhum Estado violará a liberdade dos mares ou impedirá o comércio marítimo pacífico.[389]

Em relação ao direito internacional aplicável à matéria, a Nicarágua citou os seguintes dispositivos de tratados internacionais:

Carta das Nações Unidas
Artigo 2. A Organização e seus Membros, para a realização dos propósitos mencionados no Artigo 1, agirão de acordo com os seguintes Princípios: [...]
4. Todos os Membros deverão evitar em suas relações internacionais a ameaça ou o uso da força contra a integridade territorial ou a dependência política de qualquer Estado, ou qualquer outra ação incompatível com os Propósitos das Nações Unidas.
Carta da OEA[390]
Artigo 18. Nenhum Estado ou grupo de Estados têm o direito de intervir, direta ou indiretamente, seja qual for o motivo, nos assuntos internos ou externos de qualquer outro. Este princípio exclui não somente a força armada, mas também qualquer outra forma de interferência ou de tendência atentatória à personalidade do Estado e dos elementos políticos, econômicos e culturais que o constituem. [...]

---

[389] Petição inicial da Nicarágua, §8º. Tradução livre do original em inglês, disponível em: <www.icj-cij.org/docket/files/70/9615.pdf>. Acesso em: 27 dez. 2012.
[390] A Carta da Organização dos Estados Americanos (OEA), adotada em 30 de abril de 1958 em Bogotá, na Colômbia (em vigor a partir de 13 de dezembro de 1951) foi posteriormente modificada por quatro vezes. A Nicarágua cita aqui a versão da Carta vigente à época dos fatos, que é a emendada pelo Protocolo de Buenos Aires de 1967. Esta versão antiga encontra-se disponível em: <www6.senado.gov.br/legislação>. Acesso em: 15 jan. 2012.

Artigo 20. O território de um Estado é inviolável; não poder ser objeto de ocupação militar, nem de outras medidas de força tomadas por outro Estado, direta ou indiretamente, qualquer que seja o motivo, embora de maneira temporária. Não se reconhecerão as aquisição territoriais ou as vantagens especiais obtidas pela força ou por qualquer outro meio de coação.
Convenção sobre os Direitos e Deveres dos Estados[391]
Artigo 8. Nenhum Estado possui o direito de intervir em assuntos internos ou externos de outro.
Convenção sobre os Direitos e Deveres dos Estados nos Casos de Lutas Civis[392]
Artigo 1. Os Estados contratantes obrigam-se a observar as seguintes regras, em caso de luta civil em qualquer outro desses Estados: [...]
3. Proibir o tráfico de armas e material de guerra, exceto quando sejam destinados ao governo, enquanto não estiver reconhecida a beligerância dos rebeldes, caso em que se aplicarão as regras da neutralidade.

Além destas obrigações estatutárias, os Estados Unidos também violaram, segundo a Nicarágua, o direito internacional costumeiro, que proíbe a intervenção de um Estado em outro, bem como o uso ou ameaça do emprego da força. A violação americana à liberdade de navegação e comércio marítimo também foi invocada pela Nicarágua. Em apoio a estas teses, e para demonstrar que tais critérios estavam firmemente enraizados no direito internacional, a Nicarágua citou diversas resoluções da Assembleia Geral das Nações Unidas, entre as quais:
1. a Resolução nº 2.625 (1970), "sobre os princípios de direito internacional referentes à relação de amizade e à cooperação entre os Estados em conformidade com a Carta das Nações Unidas", a qual proclama os seguintes princípios:

---

[391] Assinada em Montevidéu, Uruguai, por ocasião da Sétima Conferência Internacional Americana, em 1933. Disponível em: <www2.mre.gov.br/dai/dirdevestados.htm>. Acesso em: 15 jan. 2012.
[392] Assinada em Havana, Cuba, por ocasião da Sexta Conferência Internacional Americana, em 1928. Disponível em: <www2.mre.gov.br/dai/lutascivis.htm>. Acesso em: 15 jan. 2012.

O princípio de que os Estados, em suas relações internacionais, abster-se-ão de recorrer à ameaça ou ao uso da força contra a integridade territorial ou a independência política de qualquer Estado, ou de qualquer outra forma incompatível com os propósitos das Nações Unidas.

O princípio de que os Estados solucionarão suas controvérsias internacionais por meios pacíficos, de tal maneira que não se coloquem em perigo a paz ou a segurança internacionais, nem tampouco a justiça.

O princípio relativo à obrigação de não intervir nos assuntos que dizem respeito à jurisdição interna dos Estados, segundo a Carta.

A obrigação dos Estados de cooperar entre si, de acordo com a Carta.

O princípio da igualdade de direitos e da livre determinação dos povos.

O princípio da igualdade soberana dos Estados.

O princípio de que os Estados cumprirão de boa fé as obrigações por eles contraídas de acordo com a Carta.[393]

2. a Resolução nº 3.314 (1974), a qual adotou a seguinte definição de agressão:

Artigo 1. A agressão é o uso da força armada por um Estado contra a soberania, a integridade territorial ou a independência política de outro Estado, ou de qualquer outro modo incompatível com a Carta das Nações Unidas, tal como enunciado na presente Definição. [...]

Artigo 2. O primeiro uso da força armada por um Estado em contravenção à Carta constituirá prova *prima facie* de um ato de agressão, ainda que o Conselho de Segurança possa concluir, em conformidade com a Carta, que a determinação de que houve um ato de agressão não estaria justificada à luz de outras circunstâncias pertinentes, incluindo o fato de que os atos de que se trata ou suas consequências não são suficientemente graves.

Artigo 3. Sem prejuízo das disposições do artigo 2 e em conformidade com as mesmas, qualquer um dos atos seguintes, independentemente de que haja ou não uma declaração de guerra, será caracterizado como ato de agressão:

---

[393] Tradução livre do texto em espanhol. Disponível em: <http://daccess-dds-ny.un.org>. Acesso em: 15 jan. 2012.

a) A invasão ou o ataque pelas forças armadas de um Estado ao território de outro Estado, bem como toda ocupação militar, ainda que temporária, que resulte de tal invasão ou ataque, ou toda anexação, mediante o uso da força, do território de um Estado ou de parte deste;

b) O bombardeio, pelas forças armadas de um Estado, ao território de outro Estado, ou o emprego de quaisquer armas por um Estado contra o território de outro Estado;

c) O bloqueio dos portos ou das costas de um Estado pelas forças armadas de outro Estado;

d) O ataque, pelas forças armadas de um Estado, contra as forças armadas terrestres, navais ou aéreas de outro Estado, ou contra sua frota mercante ou aérea;

e) A utilização de forças armadas de um Estado, que se encontram no território de outro Estado com o consentimento do Estado receptor, em violação das condições estabelecidas no acordo ou toda prolongação de sua presença em tal território após encerrado o acordo;

f) A ação de um Estado que permite que seu território, posto à disposição de outro Estado, seja utilizado por este outro Estado para perpetrar um ato de agressão contra um terceiro Estado;

g) O envio por um Estado, ou em seu nome, de grupos armados, irregulares ou mercenários que empreendam atos de força armada contra outro Estado de tal gravidade que sejam equiparáveis aos atos antes enumerados, bem como sua substancial participação em tais atos.[394]

Deve ser mencionado que, em momento posterior do processo, o Estado autor ainda fez referência ao Tratado de Amizade, Comércio e Navegação entre os Estados Unidos e a Nicarágua, de 1956, o qual dispõe basicamente acerca do tratamento dado a pessoas, empresas e bens de um Estado que se encontrem no território do outro. A Nicarágua alegou que as ações dos EUA acima listadas privaram o Tratado de seu objeto e propósito, tornando-o, na prática, letra morta. Em especial, o bloqueio

---

[394] Tradução livre do texto em espanhol. Disponível em: <http://daccess-dds-ny.un.org>. Acesso em: 15 jan. 2012.

de portos nicaraguenses através do uso de minas violou o art. XIX, que dispõe:

> Artigo XIX.
> 1. Entre os territórios das duas Partes haverá liberdade de comércio e navegação.[395]

Em consequência, a Nicarágua requereu à Corte que ordenasse aos EUA a cessação dos atos acima mencionados, que declarasse a responsabilidade internacional dos Estados Unidos pelos mesmos, bem como que ordenasse o pagamento das reparações correspondentes.

14.3 O contexto da disputa

A relação dos Estados Unidos com a Nicarágua foi intensa ao longo de boa parte do século XX. Em 1909, uma revolução deflagrada por um governador local apoiado pelos EUA resultou na fuga do presidente José Santos Zelaya e na renúncia de seu sucessor. Apesar de alegar que dois americanos haviam sido mortos pelas tropas nicaraguenses e que a força seria necessária para proteger os cidadãos dos EUA residentes na Nicarágua, a razão do apoio americano à insurgência e a seu líder, Juan José Estrada, estava em proteger os interesses dos EUA na América Central contra o ingresso crescente de empresários, fazendeiros, comerciantes, capital e projetos europeus. Em especial, tratava-se de impedir que qualquer outro país construísse um canal interoceânico na Nicarágua, abrindo concorrência com o projeto do canal do Panamá.

A partir da assinatura do tratado bilateral Bryan-Chamorro, em 1914, os EUA adquiriram extensos direitos na Nicarágua, concernentes tanto ao estabelecimento de uma base militar quanto à garantia da exclusividade em qualquer obra de canal que atravessasse o país.

---

[395] Tradução livre do texto em espanhol. O tratado está disponível em: <http://legislacion.asamblea.gob.ni>. Acesso em: 15 jan. 2012.

Entre 1912 e 1933, os fuzileiros navais norte-americanos permaneceram estacionados na Nicarágua, assegurando o predomínio do Partido Conservador deste país, que cultivava relações amigáveis com os EUA. A interferência militar dos EUA terminou após uma guerrilha travada por forças camponesas sob o comando de Augusto Cesar Sandino. Este, no entanto, foi assassinado em 1934 por homens leais ao político Anastasio Somoza García, que promoveu um golpe de Estado em 1937, tornando-se ditador do país. Em 1956, após o assassinato de Somoza, seu filho mais velho, Luis Somoza Debayle, assumiu o poder, sendo sucedido, após sua morte em 1963, por seu irmão, Anastasio Somoza Debayle (primeiramente como controlador de presidentes fracos, depois como presidente efetivo do país). O governo deste último Somoza caracterizou-se pela manutenção dos bons laços com os EUA, mas também pelo autoritarismo, repressão e corrupção crescentes. Em 1972, um terremoto devastou a capital Manágua, mas o dinheiro provindo da ajuda internacional foi desviado pelo governo. A crescente impopularidade de Somoza ajudou a guerrilha sandinista, fundada na década de 1960 a partir da inspiração de Augusto Cesar Sandino. Em 1979, os rebeldes obtiveram sucesso na tomada de Manágua, e Somoza fugiu do país. O novo governo, instalado com o apoio cubano e tendência de esquerda, desagradou enormemente aos EUA, bem como a partes da população nicaraguense, que formaram o grupo contrarrevolucionário "Contras".

Os EUA, fiéis a sua doutrina de combater a influência comunista no exterior, passaram a financiar e apoiar ativamente os "Contras". Quando o Congresso norte-americano proibiu o presidente Reagan de prosseguir com tal auxílio, alguns integrantes do governo americano recorreram a uma operação triangular, pela qual armas seriam vendidas a membros do governo iraniano (então sujeito a um embargo internacional de venda de armamentos), objetivando desviar os recursos auferidos para os "Contras".

Foi neste contexto que se deram os fatos apontados pela Nicarágua em sua petição à Corte Internacional de Justiça.

Também vale mencionar que, à época, El Salvador, país vizinho da Nicarágua, sofria com violentos combates entre forças do governo e uma forte guerrilha camponesa. Segundo os Estados Unidos, tal movimento guerrilheiro possuía inspiração sandinista e comunista, sendo financiada e auxiliada ativamente pela Nicarágua. Esta, portanto, estaria interferindo num país vizinho e aliado dos EUA, legitimando assim a possibilidade de uma ação norte-americana em legítima defesa coletiva das instituições salvadorenhas. Segundo os EUA, qualquer sentença da Corte Internacional de Justiça deverá levar em conta também os interesses de El Salvador.

Sobre a controvérsia em questão, é interessante ter em mente o art. 51 da Carta das Nações Unidas:

> Artigo 51. Nada na presente Carta prejudicará o direito inerente de legítima defesa individual ou coletiva no caso de ocorrer um ataque armado contra um Membro das Nações Unidas, até que o Conselho de Segurança tenha tomado as medidas necessárias para a manutenção da paz e da segurança internacionais. As medidas tomadas pelos Membros no exercício desse direito de legítima defesa serão comunicadas imediatamente ao Conselho de Segurança e não deverão, de modo algum, atingir a autoridade e a responsabilidade que a presente Carta atribui ao Conselho para levar a efeito, em qualquer tempo, a ação que julgar necessária à manutenção ou ao restabelecimento da paz e da segurança internacionais.

14.4 A discussão sobre a admissibilidade do caso perante a Corte

Juntamente com seu pedido principal, a Nicarágua havia solicitado à Corte que concedesse algumas medidas cautelares tendo em vista as ações dos EUA, que poderiam prejudicar a solução da controvérsia.

Em 10 de maio de 1984, um mês após o recebimento do pedido nicaraguense, a Corte acedeu a sua solicitação, nos seguintes termos:

B. Indicou as seguintes medidas cautelares, na pendência da sentença definitiva:

B.1. Os Estados Unidos da América devem cessar imediatamente e abster-se de qualquer ação restringindo o acesso aos ou a partir dos portos da Nicarágua, particularmente da colocação de minas;

B.2. O direito à soberania e à independência política, intitulado pela República da Nicarágua da mesma forma que qualquer outro Estado ou região no mundo, deve ser integralmetne respeitado e não deve ser ameaçado por quaisquer atividades militares ou paramilitares proibidas pelos princípios do direito internacional, particularmente o princípio segundo o qual os Estados devem abster-se, em suas relações internacionais, da ameaça ou uso da força contra a integridade territorial ou a independência política de qualquer Estado, bem como o princípio referente ao dever de não intervir em assuntos concernentes à jurisdição doméstica de um Estado, princípios materializados na Carta das Nações Unidas e na Carta da Organização dos Estados Americanos;

B.3. Os Estados Unidos da América e a Nicarágua devem assegurar-se de que não seja empreendida nenhuma ação que possa agravar ou expandir a controvérsia submetida à Corte;

B.4. Os Estados Unidos da América e a Nicarágua devem assegurar-se de que não seja empreendida nenhuma ação que possa prejudicar os direitos da outra Parte no que diz respeito à execução de qualquer decisão que venha a ser proferida pela Corte.[396]

Antes de examinar a matéria suscitada na questão, os magistrados da Corte avaliaram ainda os argumentos das partes relativos à competência do tribunal internacional. É preciso lembrar que a Corte Internacional de Justiça só pode julgar casos que lhe sejam voluntariamente submetidos, seja através de um compromisso específico, seja através de uma disposição inserta em algum tratado que vincule as partes em disputa.

---

[396] CIJ. Caso relativo às ações militares e paramilitares em e contra a Nicarágua (Nicarágua *vs.* EUA), medidas cautelares. Decisão de 10-5-1984. Disponível em: <www.icj-cij.org/docket/files/70/6457.pdf>. Acesso em: 25 jun. 2012.

A Nicarágua afirmava ser parte no Estatuto da CIJ e mencionava uma declaração, enviada em 24 de setembro de 1929, pela qual reconhecia incondicionalmente a jurisdição obrigatória da Corte Permanente de Justiça Internacional.

Já os EUA manifestaram-se pela incapacidade de a Nicarágua mover a Corte, uma vez que a notificação de 1929 havia sido feita quando a Nicarágua era parte no Estatuto da Corte Permanente de Justiça Internacional (CPJI), mas ainda não o havia ratificado. É verdade que, 10 dias antes de emitir a declaração de aceitação de jurisdição obrigatória, a Nicarágua comunicara ao secretário-geral da Sociedade das Nações o envio do instrumento de ratificação do Estatuto. Os arquivos da antiga Sociedade das Nações não contêm, porém, qualquer indicação de que o mesmo tenha sido recebido.

Portanto, os Estados Unidos concluíam que a Nicarágua jamais fora parte no Estatuto da antiga CPJI, de modo que sua declaração de 1929 não poderia ser aproveitada pelo novo sistema da Corte Internacional de Justiça como sucessora da Corte Permanente.

A CIJ decidiu o ponto ressaltando a manifestação de vontade da Nicarágua, que assinou o Estatuto da CPJI, indicou que o ratificara e que o instrumento de ratificação seria recebido em breve, e fez a declaração opcional de aceitação da jurisdição obrigatória. Tudo isso demonstraria como a Nicarágua se manifestou no sentido claro de querer ser abarcada pela jurisdição da Corte.

Outro ponto levantado pelos representantes dos EUA diz respeito à possibilidade de os próprios Estados Unidos comparecerem perante a Corte. Em 1946, o país havia feito a declaração facultativa de aceitação da jurisdição obrigatória da Corte. Segundo os termos expressos na ocasião, a declaração permaneceria em vigor por até seis meses após ser eventualmente denunciada.

Entretanto, três dias antes da submissão da petição inicial da Nicarágua à Corte, os EUA emendaram sua declaração de 1946, excluindo da jurisdição da Corte qualquer caso envolvendo Estados da América Central. Com isso, argumentavam que a Nicarágua não poderia mais acessar a CIJ contra os EUA. O Estado demandado também afirmava que a declaração nicaraguense de aceitação da jurisdição obrigatória da Corte não estabelecia qualquer prazo para a perda de eficácia após eventual denúncia. Argumentavam, assim, os EUA no sentido de que, pela reciprocidade, o prazo de seis meses para que a modificação de sua declaração de 1946 ganhasse vigor só valeria para Estados cujas declarações previssem um prazo semelhante, e não para os que, como a Nicarágua, poderiam desembaraçar-se a qualquer momento da jurisdição da Corte.

A Corte considerou, no entanto, que os termos da declaração norte-americana de 1946 impediam a manobra feita por este governo. Quaisquer alterações feitas à declaração de aceitação obrigatória só entrariam em vigor transcorridos seis meses da notificação da alteração ou da denúncia. Sobre reciprocidade, a Corte afirmou que tal princípio não pode ser invocado para que um Estado se isente do teor de sua própria declaração.

Assim, a Corte declarou-se competente para julgar o caso. O desapontamento dos EUA foi grande, e estes optaram por não participar do restante dos procedimentos.

14.5 Questões para fixação e aprofundamento

1. Quais são as características e as condições para o exercício da legítima defesa individual?
2. Quais são as características e as condições para o exercício da legítima defesa coletiva?
3. Considerando que a agressão/ataque armado é essencial para justificar o uso da força em legítima defesa, o que é considerado agressão armada pelo sistema das Nações Unidas?
4. Sobre o caso Nicágua *vs.* EUA (atividades militares e paramilitares na e contra a Nicarágua): (i) identifique os fatos que deram origem ao caso levado à CIJ; (ii) identifique as questões de direito invocadas pelo autor da ação, separando entre questões preliminares e questões relacionadas ao mérito; (iii) identifique as questões de direito invocadas

pelo réu, separando entre questões preliminares e questões relacionadas ao mérito; (iv) apresente a conclusão da CIJ, identificando quais foram as premissas adotadas para cada decisão, tanto no que se refere às questões preliminares quanto no que se refere ao mérito.

5. Considerando o texto base, a Carta da ONU e o caso estudado, responda: quais são as características e as condições para o exercício da legítima defesa individual? E para o exercício da legítima defesa coletiva?
6. Considerando a Carta da ONU e o caso estudado, quais atos violam o princípio da não intervenção?
7. Qual era o contexto político na época?
8. Como foi tomada a decisão de processar os Estados Unidos perante a CIJ?
9. Como fazer com que a Nicarágua parecesse aos olhos da Corte como um *sympathetic plaintiff*?
10. Quais foram as dificuldades que os advogados anteciparam? Existiam dificuldades de admissibilidade e de mérito?
11. Em que consistia a tese de defesa?
12. Qual foi a atitude dos Estados Unidos ao tomar conhecimento da ação ajuizada perante a CIJ?
13. Qual foi a decisão da Corte? A decisão foi cumprida?

Capítulo 15
A responsabilidade de proteger: um novo contexto para o uso da força

15.1 A guerra do Kosovo

Durante a existência da República Federal Socialista da Iugoslávia (1946-1992), o Kosovo era, em geral, uma província formalmente autônoma dentro da Sérvia. A Sérvia era uma das repúblicas que compunham a Iugoslávia. A população do Kosovo dividia-se em sérvios e albaneses, sendo que os primeiros compunham 10% da população durante a metade final do século XX. Tensões entre sérvios e albaneses foram administradas durante a longa presidência (1953-1980) de Josip Broz Tito, na Iugoslávia. A partir do fim da década de 1980, com a percepção de que o sistema comunista então vigente estava esgotado, as diversas repúblicas da Iugoslávia começaram a mover-se na busca por sua independência. A maior crítica que se fazia à República Federal era o predomínio da Sérvia em suas políticas. O Kosovo, província sérvia, também assistiu a movimentos por maior autonomia (não por independência) na época. Em 1990, formou-se o Exército de Libertação do Kosovo (ELK), que objetivava buscar a independência da província por meios violentos. Entretanto, o ELK permaneceu praticamente inativo até 1996.

Com a ascensão de Slobodan Milosevic à presidência da Sérvia (1989-1997 – ele seria ainda eleito presidente da Iugoslávia em 1997), o *status* de autonomia da província começou a ser desmantelado. O sistema educacional em albanês, os funcionários públicos de origem albanesa e a Universidade de Pristina (capital do Kosovo) foram especialmente visados. O estilo populista e agressivo de Milosevic afirmava a supremacia sérvia em toda a República, incluindo o Kosovo. As demais etnias eram vistas como um produto secundário da história da Sérvia.

Cabe aqui ressaltar que a região do Kosovo possui grande importância simbólica para a história do povo sérvio, pois a batalha do Kosovo, em 28 de junho de 1389, representou a última grande resistência dos príncipes sérvios à expansão turco-otomana. A batalha, sobre a qual pouco se sabe, teve dimensões épicas pelo fato de reunir tropas dos mais poderosos príncipes cristãos da região, que se defrontaram contra o Exército turco liderado pelo sultão em pessoa. Para aumentar a carga dramática do encontro, o resultado foi o aniquilamento dos dois exércitos, sendo que, ao fim do dia, tanto o príncipe sérvio Lazar quanto o sultão Murad I estavam mortos. O fato de não existirem testemunhas oculares conhecidas da batalha só contribui para engrandecer a aura mística do evento. Da mesma forma, o mistério só aumenta quando se considera que o sultão não foi morto em batalha, mas imediatamente após, à noite, em seu acampamento. Enquanto os turcos insistem em que se tratava de alguma disputa interna, os sérvios transmitiram a lenda de um assassino cristão desconhecido que conseguiu esgueirar-se pelo acampamento muçulmano. O resultado imediato de Kosovo foi a retirada dos dois exércitos. Desta maneira, os cristãos puderam, inicialmente, comemorar uma espécie de vitória, pois haviam resistido à invasão turca. No entanto, a batalha custou aos europeus o sangue de boa parte das tropas disponíveis, e, assim, não havia mais como opor resistência às próximas ondas de conquista que se sucederam. Dentro de poucos anos, os príncipes sérvios se viram compelidos a aceitar alianças desiguais ou vassalagem ao Império Otomano. À medida em que a presença muçulmana se fazia cada vez mais forte, os sérvios se apegavam às figuras de seu último combate valoroso contra os turcos. Desta forma, a morte do príncipe Lazar adquiriu um *status* de martírio pela cristandade, e os soldados mortos em Kosovo foram vistos como representantes do sofrimento pelo qual todo homem deve passar em sua vida para atingir glória.

A partir do ressurgimento do nacionalismo sérvio no século XIX, o tema da batalha do Kosovo voltou a ganhar popularidade, quando patriotas locais desafiaram o decadente Império Turco-Otomano. De acordo com um historiador:

> A morte de Lazar paralisou a sociedade sérvia. A Sérvia perdeu seu senhor de terras mais forte, o qual parecia representar a última esperança contra o turco. Ele pode ter aniquilado o sultão turco na Batalha do Kosovo, mas pagou por isso com sua vida e deixou a Sérvia sem seu pastor apontado por Deus. Nos olhos dos contemporâneos de Lazar, foi esta a grande tragédia do Kosovo.
>
> Com o tempo, a Batalha do Kosovo passou a ser vista como a fonte de toda a desgraça que a Sérvia sofreria durante os longos anos de sua subjugação aos turcos. O tema da derrota em Kosovo era necessário aos temas adjacentes de esperança e ressurreição. Lazar e o povo sérvio ofereceram livremente suas vidas pela fé e pelo país, e por causa de seu martírio nas mãos do inimigo pagão, os sérvios sabiam que Deus protegeria Seu povo e os resgataria algum dia de sua prisão. Foi assim que a impressão de uma vitória sérvia ou até de um resultado indefinido foi perdida com a emergência da tradição legendária de Kosovo.
>
> Uma parte daquela tradição incluiria eventualmente o tema da luta justa contra a tirania. Enquanto que o desejo de vingar-se por Kosovo e libertar a Sérvia da opressão encontra alguma expressão nas primeiras fontes do "culto", a maior inspiração para este tema poderoso encontra-se na lenda acerca do assassinato de Murad na Batalha do Kosovo. Foi esta lenda que daria forma ao ethos central de Kosovo.[397]

---

[397] EMMERT, Thomas A. The battle of Kosovo: early reports of victory and defeat. In: VUCINICH, Wayne S.; EMMERT, Thomas A. (Ed.). *Kosovo*: legacy of a medieval battle. Minneapolis:

No princípio da década de 1990, a província do Kosovo se encontrava dividida entre forças políticas sérvias e albanesas. Todas as demandas albanesas por maior autonomia haviam sido rejeitadas pelo governo de Belgrado (capital da Iugoslávia), sendo que, como visto, algumas concessões históricas dadas aos kosovares foram retiradas. A região se via envolvida em duas perseguições contrastantes: de um lado, os albaneses eram vítimas de "discriminação oficial" pelo governo sérvio; de outra parte, os habitantes sérvios da região começaram a ser ameaçados e atacados por albaneses étnicos.

A resposta oficial dos kosovares mais influentes contra o predomínio sérvio foi a política de resistência pacífica, pela qual as instituições governamentais, eleições e sistema fiscal iugoslavo começaram a ser boicotados pela população. Quando os kosovares albaneses entravam em greve geral, ao longo da década de 1990, a província essencialmente parava, pois a grande maioria aderia à greve. A partir de 1996, os poucos resultados concretos da política de resistência passiva conduziram aos primeiros ataques do Exército de Libertação do Kosovo. Os alvos eram estabelecimentos policiais e militares da polícia sérvia. As duras respostas da Iugoslávia (que, com a secessão da Eslovênia, Croácia, Macedônia e Bósnia-Herzegovina, encontrava-se reduzida às repúblicas da Sérvia e do Montenegro, com predomínio total da primeira) levaram a uma crescente atenção internacional para com o conflito. A política dos EUA e dos países europeus mudou radicalmente em relação ao ELK. Enquanto que, até 1998, este era considerado uma organização terrorista, a partir desse ano passou a ser considerado a voz oficial da resistência kosovar aos abusos do governo iugoslavo.[398]

A partir da segunda metade de 1998, as forças de segurança sérvias intensificaram suas respostas ao ELK, passando a deter e matar civis

---

Minnesota Mediterranean and East European Monographs, 1991. v. 1. Disponível em: <www.deremilitari.org/resources/articles/emmert.htm>. Acesso em: 16 jan. 2012.

[398] BISSETT, James. War on terrorism skipped the KLA. *National Post*, 13 Nov. 2001. Disponível em: <www.globalresearch.ca/articles/BIS111A.html>. Acesso em: 16 jan. 2012.

A responsabilidade de proteger

suspeitos,[399] bem como suas famílias, e a destruir suas casas. Este novo e brutal modo de proceder favoreceu o recrutamento do ELK, que passou de uma pequena força de sabotagem a um verdadeiro exército guerrilheiro. Com as imagens dos massacres provocados pelo governo iugoslavo rodando o mundo, os países ocidentais começaram a se preocupar com a possibilidade de uma reedição da guerra da Bósnia (1992-1995), na qual o genocídio e a deportação de etnias minoritárias alcançaram níveis fora de comparação na Europa.

Após alguns acordos fracassados com o governo iugoslavo, e diante da continuidade dos ataques sérvios a civis (os sérvios alegavam que respondiam aos métodos terroristas do ELK), a Organização do Tratado do Atlântico Norte começou a ameaçar Belgrado com um ataque, caso não cessasse os maus-tratos aos albaneses do Kosovo.

No Conselho de Segurança das Nações Unidas, as ações sérvias foram rapidamente condenadas, como mostram as seguintes resoluções:

Resolução nº 1.160 (1998)
O Conselho de Segurança,
[...] Condenando o uso excessivo da força por forças policiais sérvias contra civis e manifestantes pacíficos no Kosovo, bem como todos os atos de terrorismo praticados pelo Exército de Libertação do Kosovo ou qualquer outro grupo ou indivíduo, e todo apoio externo para atividade terrorista no Kosovo, incluindo o financiamento, o fornecimento de armas e o treinamento [...],
Afirmando o compromisso de todos os Estados-membros com a soberania e integridade territorial da República Federal da Iugoslávia,
Atuando sob o Capítulo VII da Carta das Nações Unidas,
1. Pede à República Federal da Iugoslávia que tome imediatamente os passos necessários para alcançar uma solução política para a questão do Kosovo através do diálogo, e que implemente as ações indicadas nas declarações do Grupo de Contato em 9 e 25 de março de 1998;

---

[399] BEHIND the Kosovo krisis. *BBC News*, 12 mar. 2000. Disponível em: <http://news.bbc.co.uk>. Acesso em: 16 jan. 2012.

2. Também pede que a liderança kosovar albanesa condene toda ação terrorista, e enfatiza que todos os integrantes da comunidade kosovar albanesa devem perseguir seus fins através somente de meios pacíficos;

3. Sublinha que o modo de derrotar a violência e o terrorismo no Kosovo passa pelo oferecimento, pelas autoridades de Belgrado, à comunidade kosovar albanesa de um processo político genuíno;

4. Pede às autoridades de Belgrado e à liderança da comunidade kosovar albanesa que entrem urgentemente e sem precondições em um diálogo significativo sobre questões de status político, e nota a prontidão do Grupo de Contato para facilitar um tal diálogo;

5. Concorda, sem antecipar-se ao resultado desse diálogo, com a proposta contida nas declarações do Grupo de Contato em 9 e 25 de março de 1998, pela qual os princípios para a solução do problema de Kosovo devem basear-se na integridade territorial da República Federal da Iugoslávia e deve estar de acordo com os padrões da Organização para a Segurança e Cooperação na Europa, incluindo aqueles delineados na Ata Final de Helsinque da Conferência sobre Segurança e Cooperação na Europa, de 1975, bem como na Carta das Nações Unidas, e que tal solução deve também levar em conta os direitos dos kosovares albaneses e de todos os que vivem no Kosovo, e expressa seu apoio a um status engrandecido para o Kosovo, que incluiria um nível substancialmente maior de autonomia e de autoadministração significativa;

[...]

8. Decide que, para os propósitos de promover a paz e estabilidade no Kosovo, todos os Estados devem evitar a venda ou suprimento, para a República Federal da Iugoslávia incluindo o Kosovo, de armas ou material relacionado de qualquer natureza, tal como armamentos e munição, veículos militares e equipamentos ou peças avulsas para os itens mencionados, por todos os seus nacionais, ou a partir de seus territórios, ou ainda utilizando navios ou aeronaves de suas bandeiras, e deverão evitar a aquisição de armas e o treinamento para atividades terroristas;

[...]

17. Urge a Procuradoria do Tribunal Internacional estabelecido de acordo com a Resolução nº 827 (1993) de 25 de maio de 1993 para que comece a

reunir informação relacionada à violência no Kosovo que possa situar-se em sua jurisdição, e nota que as autoridades da República Federal da Iugoslávia possuem obrigação de cooperar com o Tribunal e que os países do Grupo de Contato disponibilizarão ao Tribunal informação concreta e relevante que esteja em sua posse;

18. Afirma que progressos substanciais para resolver as sérias questões políticas e de direitos humanos no Kosovo melhorará a posição internacional da República Federal da Iugoslávia e as perspectivas para a normalização de suas relações internacionais e sua plena participação em instituições internacionais;

19. Enfatiza que a falha em promover um progresso construtivo rumo à resolução pacífica da situação no Kosovo acarretará na consideração de medidas adicionais [...].[400]

Resolução nº 1.199 (1998)

O Conselho de Segurança,

[...] Tomando nota ainda da comunicação feita pela Procuradoria do Tribunal Internacional para a ex-Iugoslávia ao Grupo de Contato em 7 de julho de 1998, expressando a opinião de que a situação no Kosovo representa um conflito armado dentro dos termos do mandato do Tribunal;

Gravemente preocupado com a recente intensificação dos combates no Kosovo, e em particular com o excessivo e indiscriminado uso da força pelas forças de segurança sérvias e pelo Exército Iugoslavo, o qual resultou em numerosas vítimas civis e, de acordo com a estimativa do secretário-geral, no deslocamento de mais de 230 mil pessoas de suas casas,

Profundamente preocupado com o fluxo de refugiados rumo ao norte da Albânia, à Bósnia-Herzegovina e a outros países europeus como resultado do uso da força no Kosovo, e igualmente com o crescente número de pessoas deslocadas dentro do Kosovo e em outras partes da República Federal da Iugoslávia, sendo que até 50 mil dos quais foram classificados pelo Alto Comissariado das Nações Unidas para Refugiados como carentes de abrigo e de outras necessidades básicas,

---

[400] Tradução livre a partir do texto em inglês disponível em: <www.un.org>. Acesso em: 16 jan. 2012.

Reafirmando o direito de todos os refugiados e pessoas deslocadas de retornar em segurança a seus lares, e sublinhando a responsabilidade da República Federal da Iugoslávia de criar as condições que lhes permitam fazê-lo,
Condenando todos os atos de violência, por qualquer partido, assim como atos de terrorismo visando objetivos políticos empreendidos por qualquer grupo ou indivíduo, e todo apoio externo para tais atividades dentro do Kosovo, incluindo o fornecimento de armas e treinamento para atividades terroristas no Kosovo, e expressando preocupação com relatos de contínuas violações às proibições impostas pela Resolução nº 1.160 (1998),
Profundamente preocupado com a rápida deterioração da situação humanitária em todo o Kosovo, alarmado com a iminente catástrofe humanitária descrita no relatório do secretário-geral, e enfatizando a necessidade de evitar que isso ocorra,
Profundamente preocupado também com os relatos de crescentes violações de direitos humanos e do direito internacional humanitário, e enfatizando a necessidade de assegurar que os direitos de todos os habitantes do Kosovo sejam respeitados,
Reafirmando os objetivos da Resolução nº 1.160 (1998), na qual o Conselho expressou seu apoio a uma resolução pacífica do problema do Kosovo, que incluísse um status engrandecido para o Kosovo, uma porção substancialmente maior de autonomia, e autoadministração significativa,
Reafirmando também o compromisso de todos os Estados-membros para com a soberania e integridade territorial da República Federal da Iugoslávia,
Afirmando que a deterioração da situação no Kosovo (República Federal da Iugoslávia) constitui uma ameaça à paz e segurança na região [...],
1. Exige que todas as partes, grupos e indivíduos cessem imediatamente as hostilidades e mantenham um cessar-fogo no Kosovo (República Federal da Iugoslávia), o qual aumentaria as perspectivas para um diálogo significativo entre as autoridades da República Federal da Iugoslávia e a liderança kosovar albanesa, além de reduzir os riscos de uma catástrofe humanitária;
2. Exige também que as autoridades da República Federal da Iugoslávia e a liderança kosovar albanesa tomem medidas imediatas para melhorar a situação humanitária e para evitar a iminente catástrofe humanitária;

3. Pede às autoridades na República Federal da Iugoslávia e à liderança kosovar albanesa que ingressem imediatamente num diálogo significativo, sem precondições e com envolvimento internacional, de acordo com um cronograma claro, que conduza a um fim na crise e a uma solução política negociada para a questão do Kosovo, e acolhe os correntes esforços que objetivam facilitar tal diálogo;

4. Exige ainda que a República Federal da Iugoslávia, adicionalmente às medidas já requeridas na Resolução nº 1.160 (1998), implemente imediatamente as seguintes medidas concretas direcionadas à obtenção de uma solução política para a situação no Kosovo, contidas na declaração do Grupo de Contato de 12 de junho de 1998:

(a) cessar toda ação por parte das forças de segurança que afetem a população civil e ordenar o recuo das unidades de segurança utilizadas para a repressão civil;

(b) permitir o monitoramento internacional efetivo e contínuo no Kosovo pela Missão de Monitoramento da Comunidade Europeia, e pelas missões diplomáticas acreditadas junto à República Federal da Iugoslávia, incluindo o acesso e a completa liberdade de movimento de tais monitores para entrar, sair e movimentar-se dentro do Kosovo sem ser impedidos por autoridades governamentais, e incluindo também a rápida emissão dos documentos de viagem apropriados para o pessoal internacional que contribuirá no monitoramento;

(c) facilitar, em acordo com o ACNUR e com o Comitê Internacional da Cruz Vermelha (CICV), o retorno seguro de refugiados e pessoas deslocadas a seus lares e permitir acesso livre e desimpedido de organizações humanitárias e suprimentos ao Kosovo;

(d) progredir rapidamente rumo a um cronograma claro para o diálogo referido no parágrafo 3º com a comunidade kosovar albanesa, exigido pela Resolução nº 1.160 (1998), objetivando o acordo em medidas de construção de confiança mútua e o estabelecimento de uma solução política para os problemas do Kosovo; [...]

6. Insiste em que a liderança kosovar albanesa condene toda ação terrorista, e enfatiza que todos os indivíduos na comunidade kosovar albanesa devem perseguir seus objetivos somente através de meios pacíficos; [...]

13. Pede às autoridades da República Federal da Iugoslávia, aos líderes da comunidade kosovar albanesa e a todos os demais interessados que cooperem integralmente com a Procuradoria do Tribunal Internacional para a ex-Iugoslávia na investigação de possíveis violações alcançadas pela jurisdição do Tribunal;
14. Sublinha também a necessidade de que as autoridades da República Federal da Iugoslávia levem à justiça os membros das forças de segurança envolvidos em abusos contra civis e na destruição deliberada da propriedade; [...]
16. Decide que, caso as medidas concretas demandadas nesta resolução e na Resolução nº 1.160 (1998) não sejam adotadas, ação adicional e medidas adicionais serão consideradas de modo a manter ou restaurar a paz e estabilidade na região [...].[401]

Resolução nº 1.203 (1998)
O Conselho de Segurança [...],
1. Reitera e apoia os acordos assinados em Belgrado em 16 de outubro de 1998 entre a República Federal da Iugoslávia e a OSCE, e em 15 de outubro de 1998 entre a República Federal da Iugoslávia e a OTAN, atinentes à verificação do cumprimento, pela República Federal da Iugoslávia e por todos os demais envolvidos no Kosovo, das exigências da Resolução nº 1.199 (1998), exige a plena e imediata implementação de tais acordos pela República Federal da Iugoslávia [...].[402]

Em 13 de outubro de 1998, a Organização do Tratado do Atlântico Norte emitiu uma ordem de operações de ataques aéreos, que começariam em 96 horas sobre território iugoslavo. Tal ameaça fez com que a liderança do país aceitasse um cessar-fogo, assim como a chegada de observadores internacionais da OSCE. Entretanto, as tensões latentes na região, bem como o intento de ambas as partes de tirar vantagem do momento para

---
[401] Tradução livre a partir do texto em inglês disponível em: <www.un.org>. Acesso em: 16 jan. 2012.
[402] Ibid.

melhorar suas posições, acabaram destruindo a trégua, e a luta continuou durante o fim de 1998 e o início de 1999.

Por fim, em 1999, com o número de deslocados e refugiados chegando a 300 mil pessoas, e após notícias de massacres contínuos de kosovares albaneses em represálias a ataques do ELK, a Otan decidiu intervir no conflito através do bombardeio de alvos militares na Iugoslávia. O objetivo declarado da Organização era que as forças sérvias abandonassem o Kosovo, que as tropas de manutenção de paz da ONU pudessem ter acesso à região e que os refugiados conseguissem retornar a suas casas. (*Serbs out, peacekeepers in, refugees back.*)

De 24 de março a 11 de junho de 1999, os aviões da Otan conduziram uma campanha sistemática de bombardeio contra alvos militares e semimilitares (instalações que poderiam ser utilizadas tanto por civis quanto por militares, como pontes e rodovias). A reação imediata das forças iugoslavas foi intensificar todas as campanhas no Kosovo, dirigindo-se especialmente à população albanesa, e promovendo uma efetiva "limpeza étnica" na região. No início de junho de 1999, o presidente iugoslavo Slobodan Milosevic enfim concordou com os termos da Otan e o cessar-fogo foi acordado.

Acerca do número de vítimas do conflito, o Tribunal Penal Internacional para a ex-Iugoslávia trabalha com os seguintes números: 740 mil kosovares albaneses desalojados em 1999[403] e 11 mil mortos.[404] Segundo o Departamento de Estado norte-americano, a partir de dados fornecidos por kosovares albaneses, 1.200 áreas residenciais e 500 aldeias foram queimadas após o início dos ataques da Otan, em março de 1999.[405]

A ação da Otan foi discutida no Conselho de Segurança sendo que, em 26 de março de 1999, 12 dos 15 Estados-membros do Conselho votaram contra uma resolução que condenava a intervenção. O projeto de

---

[403] SUR, Serge. *Le Conseil de Sécurité dans l'après 11 Septembre*. Paris: LGDJ, 2004. p. 40, nota 56.
[404] ESTADOS UNIDOS DA AMÉRICA. *Ethnic cleansing in Kosovo*: an accounting. U.S. State Department Report, Dec. 1999. Disponível em: <www.state.gov/www/global/human_rights/kosovoii/homepage.html>. Acesso em: 16 jan. 2012.
[405] Ibid.

resolução contou tão somente com os votos favoráveis de Rússia, China e Namíbia.

Por outro lado, um dia antes do fim da campanha de bombardeio da Otan, o Conselho aprovou a Resolução n° 1.244 (1999), a qual, em suas disposições, reconhecia o resultado da operação, consistindo numa dúbia fonte de legitimação da ação da Organização.

Resolução n° 1.244 (1999)
O Conselho de Segurança [...],
Reafirmando o compromisso de todos os Estados-membros para com a soberania e integridade territorial da República Federal da Iugoslávia e dos demais Estados da região, tal como expresso na Ata Final de Helsinque e no anexo 2,
Reafirmando o apelo feito em resoluções prévias para autonomia substancial e autoadministração significativa para o Kosovo,
Determinando que a situação na região continua a constituir uma ameaça à paz e segurança internacionais, [...]
1. Decide que uma solução política para a crise do Kosovo deve estar baseada nos princípios gerais descritos no anexo 1, como elaborados nos princípios e outros elementos requeridos no anexo 2;
2. Acolhe a aceitação, pela República Federal da Iugoslávia, dos princípios e outros elementos requeridos descritos no parágrafo 1 acima, e exige a plena cooperação da República Federal da Iugoslávia em sua rápida implementação;
3. Exige, em particular, que a República Federal da Iugoslávia coloque um termo imediato e verificável à violência e repressão no Kosovo, e inicie uma retirada completa e verificável de todas as forças militares, policiais e paramilitares de acordo com um cronograma rápido, com o qual a concretização da presença de segurança internacional no Kosovo será sincronizada;
4. Confirma que, após a retirada, um número acordado de efetivos policiais iugoslavos e sérvios poderão retornar ao Kosovo para desempenhar as funções de acordo com o anexo 2 [...]

17. Acolhe o trabalho desenvolvido pela União Europeia e por outras organizações internacionais objetivando desenvolver uma abordagem ampla para com o desenvolvimento econômico e a estabilização da região afetada pela crise do Kosovo, incluindo a implementação de um Pacto de Estabilidade para o Sudeste Europeu com ampla participação internacional, de modo a intensificar a promoção da democracia, a prosperidade econômica, a estabilidade e a cooperação regional [...].

Anexo I
Declaração feita pelo presidente por ocasião da conclusão do encontro dos ministros do Exterior do G-8, realizado em Petersberg Centre em 6 de maio de 1999
Os ministros do Exterior do G-8 adotaram os seguintes princípios gerais acerca da solução política para a crise do Kosovo:
– Término imediato e verificável da violência e repressão no Kosovo;
– Retirada de forças militares, policiais e paramilitares do Kosovo;
– Presença efetiva no Kosovo de efetivos internacionais civis e de segurança, respaldados e apoiados pelas Nações Unidas, capazes de garantir o alcance de objetivos comuns;
– Estabelecimento de uma administração interina para o Kosovo, a ser decidida pelo Conselho de Segurança das Nações Unidas para assegurar condições para uma vida pacífica e normal para todos os habitantes do Kosovo;
– Retorno seguro e livre de todos os refugiados e deslocados, e acesso desimpedido ao Kosovo para organizações de ajuda humanitária;
– Um processo político rumo ao estabelecimento de um acordo inicial político interino que preveja um autogoverno substancial para o Kosovo, tomando plenamente em conta os acordos de Rambouillet e os princípios de soberania e integridade territorial da República Federal da Iugoslávia e dos demais países da região, bem como a desmilitarização do ELK;
– Abordagem ampla do desenvolvimento econômico e da estabilização da região afetada.[406]

---

[406] Tradução livre a partir do texto em inglês, disponível em: <www.un.org>. Acesso em: 16 jan. 2012.

Serge Sur comenta que, mesmo sem ter sido consultado acerca da ação militar da Otan, o Conselho de Segurança divide a administração do Kosovo pós-guerra:

> De modo que é possível dizer, simplificadamente, que a Resolução nº 1.244 é semelhante a um foguete de três módulos: um módulo militar que tem a Otan como parceira principal; um módulo civil com a União Europeia; e um módulo simbólico, jurídico ou espiritual a cargo da ONU, o qual parece acima de tudo uma garantia de uma legitimidade buscada.[407]

Perguntas

1. Considerando as quatro resoluções acima apresentadas, e os artigos pertinentes da Carta da ONU, a operação da Otan contra a Iugoslávia na crise do Kosovo foi válida, de acordo com o direito internacional?
2. A Organização do Tratado do Atlântico Norte é uma aliança militar regida pelo Tratado do Atlântico Norte, firmado em 1949 pelos EUA, Canadá e alguns aliados europeus. Hoje, a Organização conta com 28 membros, que vão do Canadá à Turquia, passando por Alemanha, França, Reino Unido, Espanha, Itália, Islândia e Croácia. Após ler o Tratado do Atlântico Norte (abaixo), responda: a intervenção da Otan na crise do Kosovo encontra justificativa no Tratado?

> Os Estados Partes no presente Tratado,
> Reafirmando a sua fé nos intuitos e princípios da Carta das Nações Unidas e o desejo de viver em paz com todos os povos e com todos os Governos,
> Decididos a salvaguardar a liberdade dos seus povos, a sua herança comum e a sua civilização, fundadas nos princípios da democracia, das liberdades individuais e do respeito pelo direito,

---

[407] SUR, Serge. *Le Conseil de Sécurité dans l'après 11 Septembre*, 2004, op. cit., p. 44 (tradução livre).

Desejosos de favorecer a estabilidade e o bem-estar na área do Atlântico Norte,
Resolvidos a congregar os seus esforços para a defesa coletiva e para a preservação da paz e da segurança,
Acordam o presente Tratado do Atlântico Norte:
Artigo 1. As Partes comprometem-se, de acordo com o estabelecido na Carta das Nações Unidas, a regular por meios pacíficos todas as divergências internacionais em que possam encontrar-se envolvidas, por forma que não façam perigar a paz e a segurança internacionais, assim como a justiça, e a não recorrer, nas relações internacionais, a ameaças ou ao emprego da força de qualquer forma incompatível com os fins das Nações Unidas.
Artigo 2. As Partes contribuirão para o desenvolvimento das relações internacionais pacíficas e amigáveis, mediante o revigoramento das suas livres instituições, melhor compreensão dos princípios sobre que se fundam e o desenvolvimento das condições próprias para assegurar a estabilidade e o bem-estar. As Partes esforçar-se-ão por eliminar qualquer oposição entre as suas políticas econômicas internacionais e encorajarão a colaboração econômica entre cada uma delas ou entre todas.
Artigo 3. A fim de atingir mais eficazmente os fins deste Tratado, as Partes, tanto individualmente como em conjunto, manterão e desenvolverão, de maneira contínua e efetiva, pelos seus próprios meios e mediante mútuo auxílio, a sua capacidade individual e coletiva para resistir a um ataque armado.
Artigo 4. As Partes consultar-se-ão sempre que, na opinião de qualquer delas, estiver ameaçada a integridade territorial, a independência política ou a segurança de uma das Partes.
Artigo 5. As Partes concordam em que um ataque armado contra uma ou várias delas na Europa ou na América do Norte será considerado um ataque a todas e, consequentemente, concordam em que, se um tal ataque armado ao verificar, cada uma, no exercício do direito de legítima defesa, individual ou coletiva, reconhecido pelo artigo 51º da Carta das Nações Unidas, prestará assistência à Parte ou Partes assim atacadas, praticando sem demora, individualmente e de acordo com as restantes Partes, a ação que

considerar necessária, inclusive o emprego da força armada, para restaurar e garantir a segurança nas região do Atlântico Norte.

Qualquer ataque armado desta natureza e todas as providências tomadas em consequência desse ataque são imediatamente comunicados ao Conselho de Segurança. Essas providências terminarão logo que o Conselho de Segurança tiver tomado as medidas necessárias para restaurar e manter a paz e a segurança internacionais.

Artigo 6. Para os fins do Artigo 5º, considera-se ataque armado contra uma ou várias das Partes o ataque armado:

- contra o território de qualquer delas na Europa ou na América do Norte, contra os Departamentos franceses da Argélia, contra o território da Turquia ou contra as ilhas sob jurisdição de qualquer das Partes situadas na região do Atlântico Norte ao Norte do Trópico de Câncer;
- contra as forças, navios ou aeronaves de qualquer das Partes, que se encontrem nesses territórios ou em qualquer outra região da Europa na qual as forças de ocupação de qualquer das Partes estavam à data em que o tratado entrou em vigor ou no Mar Mediterrâneo ou na região do Atlântico Norte ao norte Trópico de Câncer, ou que os sobrevoem.

Artigo 7. O presente Tratado não afeta e não será interpretado como afetando de qualquer forma os direitos e obrigações decorrentes da Carta, pelo que respeita às Partes que são membros das Nações Unidas, ou a responsabilidade primordial do Conselho de Segurança na manutenção da paz e da segurança internacionais.

Artigo 8. Cada uma das Partes declara que nenhum dos compromissos internacionais atualmente em vigor entre Estados está em contradição com as disposições do presente Tratado, e assente a obrigação de não subscrever qualquer compromisso internacional que o contradiga.

Artigo 9. As Partes estabelecem pela presente disposição um Conselho, no qual cada uma delas estará representada para examinar as questões relativas à aplicação do Tratado. O Conselho será organizado de forma que possa reunir rapidamente em qualquer momento. O Conselho criará os organismos subsidiários que possam ser necessários: em particular, estabelecerá imediatamente uma comissão de defesa que recomendará as providências a tomar para a aplicação dos artigos 3º e 5º.

Artigo 10. As Partes podem, por acordo unânime, convidar a aderir a este tratado qualquer outro Estado europeu capaz de favorecer o desenvolvimento dos princípios do presente Tratado e de contribuir para a segurança da área do Atlântico Norte. Qualquer Estado convidado nesta conformidade pode tornar-se Parte, no Tratado mediante o depósito do respectivo instrumento de adesão junto do Governo dos Estados Unidos da América. Este último informará cada uma das Partes do depósito de cada instrumento de adesão.
Artigo 11. Este Tratado será ratificado e as suas disposições aplicadas pelas Partes de acordo com as respectivas regras constitucionais. Os instrumentos de ratificação serão depositados, logo que possível, junto do Governo dos Estados Unidos da América, que informará todos os outros signatários do depósito de cada instrumento de ratificação. O Tratado entrará em vigor entre os Estados que o tiverem ratificado logo que tiverem sido depositadas as ratificações da maioria dos signatários, incluindo as da Bélgica, do Canadá, dos Estados Unidos, da França, do Luxemburgo, dos Países-Baixos e do Reino Unido; e entrará em vigor para os outros Estados na data do depósito da respectiva ratificação.
Artigo 12. Decorridos os primeiros dez anos de vigência do Tratado ou em qualquer data ulterior, as Partes consultar-se-ão, a pedido de qualquer delas, para o efeito da revisão do Tratado, tomando em consideração os fatores que então afetarem a paz e a segurança na área do Atlântico Norte, inclusive o desenvolvimento dos acordos, tanto mundiais como regionais, concluídos nos termos da carta das Nações Unidas, para a manutenção da paz e da segurança internacionais.
Artigo 13. Depois de vinte anos de vigência, qualquer parte poderá pôr fim ao Tratado no que lhe diz respeito um ano depois de ter avisado da sua denúncia o Governo dos Estados Unidos da América, o qual informará os governos das outras Partes do depósito de cada instrumento de denúncia.
Artigo 14. Este Tratado, cujo texto inglês e francês fazem igualmente fé, será depositado nos arquivos do Governo dos Estados Unidos da América. Serão transmitidas por aquele Governo aos Governos das outras Partes cópias devidamente certificadas.[408]

---

[408] Disponível em: <www.fd.uc.pt/CI/CEE/OI/NATO/Tratado_NATO.htm>. Acesso em: 27 dez. 2012.

15.2 O genocídio em Ruanda e o direito internacional

Ruanda é um pequenino país situado no centro da África, com população de 11 milhões de habitantes, sendo o Estado africano com maior densidade populacional. Ao contrário de outros países do continente, que costumam abrigar diversas etnias, povos e línguas, os ruandeses constituem um só grupo nacional, os Banyarwanda ("originários de Ruanda"). Dentro desta etnia, podem ser considerados três grupos sociais: hútus (84% da população), tútsis (entre 15 e 10%) e twa (1%).

Desde a formação do Reino de Ruanda no século XVI, os tútsis sempre ocuparam o trono real. No final do século XIX, os reis tútsis passaram a interferir na distribuição de terras e nas heranças deixadas pelas famílias, favorecendo os tútsis e aumentando o controle feudal sobre os hútus. Os colonizadores alemães (até 1916) e belgas mantiveram esta hierarquia, conservando o rei, a nobreza e o sistema feudal, e utilizando a estrutura social de Ruanda para facilitar o governo da colônia. Com a independência de Ruanda em 1962, os belgas preferiram transferir seu apoio aos hútus, e dois governantes hútus mantiveram o poder até 1994, administrando a violência ocasional contra tútsis e enfrentando a Frente Patriótica Ruandesa (FPR), movimento guerrilheiro formado por tútsis no exílio que ocasionalmente invadia Ruanda buscando a derrubada do governo. A partir de 1992, o presidente Juvenal Habyarimana passou a buscar um acordo com os rebeldes. Em 1993, assinaram-se os acordos de Arusha, na Tanzânia, que previam a divisão dos postos governamentais entre os partidos governista e de oposição, além da FPR. Na esteira dos acordos de Arusha, o Conselho de Segurança das Nações Unidas aprovou a Resolução nº 872, em 5 de outubro de 1993, com o seguinte teor:

> **Resolução nº 872 (1993)**
> O Conselho de Segurança, [...]
> Tomando nota da conclusão do secretário-geral no sentido de que, para permitir às Nações Unidas o desempenho de sua missão com efetividade

e sucesso, a plena cooperação das partes entre si e com a Organização é necessária,

Realçando a urgência do envio de uma força internacional neutral a Ruanda, como sublinhado tanto pelo governo da República de Ruanda quanto pela Frente Patriótica Ruandesa, e como reafirmado por sua delegação conjunta em Nova York,

Resolvendo que as Nações Unidas devem, a pedido das partes, e em condições pacíficas com a plena cooperação de todas as partes, contribuir plenamente para a implementação do Acordo de Paz de Arusha, [...]

2. Decide estabelecer uma operação de manutenção de paz sob o nome de Missão das Nações Unidas de Assistência para Ruanda (MINUAR) por um período de seis meses, sujeita à previsão que a mesma será estendida para além dos noventa dias iniciais somente após uma revisão pelo Conselho baseada em um relatório do secretário-geral acerca de se progresso substantivo foi ou não alcançado rumo à implementação do Acordo de Paz de Arusha;

3. Decide que, a partir das recomendações do secretário-geral, a UNAMIR terá o seguinte mandato:

(a) Contribuir para a segurança da cidade de Kigali, entre outros, dentro de uma zona livre de armas estabelecida pelas partes dentro e em volta da cidade;

(b) Monitorar a observância do acordo de cessar-fogo, o qual pede o estabelecimento de zonas de aquartelamento e reunião, a demarcação da nova zona desmilitarizada e demais procedimentos de desmilitarização;

(c) Monitorar a situação de segurança durante o período final do mandato do governo de transição, anterior às eleições;

(d) Assistir na remoção de minas, em especial através de programas de treinamento;

(e) Investigar, a pedido das partes ou a partir de sua própria iniciativa, alegações de não cumprimento das provisões do Acordo de Paz de Arusha relacionadas à integração das forças armadas, e investigar todas as ocorrências do gênero junto às partes responsáveis, reportando-se em seguida, como for conveniente, ao secretário-geral;

(f) Monitorar o processo de repatriação de refugiados ruandeses, bem como a realocação de pessoas deslocadas, de modo a verificar que tal processo é efetuado de maneira segura e ordeira;

(g) Assistir na coordenação de atividades de assistência humanitária, em conjunção com operações de ajuda;

(h) Investigar e reportar incidentes envolvendo as atividades da gendarmeria e da polícia [...].[409]

Pergunta

3. O estabelecimento da Minuar como previsto pela Resolução nº 872 (1993) fere a soberania de Ruanda?

Em 6 de abril de 1994, o avião presidencial de Ruanda, transportando o presidente Habyarimana e o presidente do vizinho Burundi, foi alvejado e derrubado enquanto se preparava para pousar no aeroporto de Kigali (capital de Ruanda). Imediatamente após o assassinato, forças do Exército e milícias hútus começaram a matar tútsis indiscriminadamente, além de políticos hútus favoráveis aos acordos de Arusha. Uma das primeiras vítimas foi a primeira-ministra ruandesa Agathe Uwilingiyimana, junto com demais líderes políticos moderados. A seguir, as mortes se espalharam pelo país, encorajadas por propaganda oficial do governo ruandês.

Segundo dados da ONU, 800 mil tútsis foram mortos entre 6 de abril e o início de julho, quando a FPR dos tútsis invadiu e conquistou o país. Além dos tútsis, outros milhares de hútus e de twa (terceiro grupo social) foram assassinados na orgia que tomou o país. As cifras de mortos podem chegar a um milhão, segundo dados do governo ruandês.[410]

As reações internacionais ao genocídio foram mornas. Os países do Ocidente reagiram principalmente evacuando seu pessoal diplomático e

---

[409] Tradução livre do texto em inglês, disponível em: <www.un.org>. Acesso em: 16 jan. 2012.
[410] ILIBAGIZA, Immaculée. *Sobrevivi para contar*: o poder da fé me salvou de um massacre. Rio de Janeiro: Objetiva, 2008. p. 13.

seus cidadãos. A força das Nações Unidas (Minuar), a que se fez referência na Resolução nº 872 (1999), não recebeu reforços e precisou limitar-se a garantir a segurança dos poucos tútsis que conseguiam chegar ao quartel desta tropa. Sem autorização para empregar a força ou intervir no massacre, os soldados da Minuar dependeram de iniciativas individuais, sob risco de serem condenados por insubordinação, para ajudar os ruandeses.

O Conselho de Segurança das Nações Unidas também se mostrou pouco interessado no conflito. Em 21 de abril, duas semanas após o assassinato da primeira-ministra Uwilingiyimana, que também acarretou a morte de 10 soldados belgas sob comando da ONU que a escoltavam, aprovou-se a Resolução nº 912 (1994), que definiu a missão da Minuar como de intermediar e de providenciar auxílio humanitário "quando possível".[411] Além disso, a resolução diminuiu drasticamente a força disponível pela Minuar, que, dos 2.548 operadores inciais, ficou reduzida a 270 homens.[412]

Somente em 17 de maio a situação de Ruanda voltou a ser objeto de uma resolução. Ainda sem utilizar a palavra "genocídio", a Resolução nº 918:

[...] 3. Decide expandir o mandato da MINUAR sob a Resolução nº 912 (1994) para incluir as seguintes responsabilidades adicionais dentro dos limites dos recursos disponíveis:
(a) Contribuir para a segurança e a proteção de pessoas deslocadas, refugiados e civis em risco em Ruanda, inclusive através do estabelecimento e manutenção, quando possível, de zonas humanitárias seguras;
(b) Prover segurança e apoio para a distribuição de suprimentos básicos e operações de ajuda humanitária;
4. Reconhece que a MINUAR pode ver-se obrigada a entrar em ação em legítima defesa contra pessoas ou grupos que ameaçam locais e populações

---

[411] Disponível em: <www.un.org>. Acesso em: 16 jan. 2012.
[412] De acordo com um relatório das Nações Unidas disponível em: <www.un.org/en/peacekeeping/missions/past/unamirS.htm>. Acesso em: 16 jan. 2012.

protegidas, pessoal das Nações Unidas ou demais pessoal humanitário, ou os meios de entrega e distribuição da ajuda humanitária;
5. Autoriza, neste contexto, uma expansão da força da MINUAR para até 5.500 tropas [...].[413]

O aumento das tropas programado não foi de muita valia, eis que os Estados-membros da ONU levaram seis meses para reunir o contingente. Deve ser lembrado que, à época, muitos destes Estados já mantinham tropas sob o mandato da ONU na Bósnia e em outras regiões, como Somália, El Salvador e Angola. É difícil avaliar o quanto tais compromissos foram determinantes para a demora na ajuda a Ruanda, bem como se realmente o foram.

Em 22 de junho de 1994, enquanto o genocídio continuava, o Conselho de Segurança aprovou a Resolução nº 929, que

[...] determinando que a magnitude da crise humanitária em Ruanda constitui uma ameaça à paz e segurança na região,
1. Acolhe a carta do Secretário-Geral datada de 19 de junho de 1994 [...] e concorda em que uma operação multinacional pode ser organizada para propósitos humanitários em Ruanda até que a MINUAR chegue à força necessária;
2. Acolhe também o oferecimento de Estados membros em cooperar com o Secretário-Geral de modo a alcançar os objetivos das Nações Unidas em Ruanda através do estabelecimento de uma operação temporária sob comando e controle nacional e dirigida a contribuir, de modo imparcial, com a segurança e proteção de pessoas deslocadas, refugiados e civis em risco em Ruanda, entendendo que os custos da implementação de tais ofertas correrão por conta dos Estados membros em questão;
3. Agindo sob o Capítulo VII da Carta das Nações Unidas, autoriza os Estados Membros cooperando com o Secretário-Geral a conduzir a operação referida no parágrafo 2 acima usando todos os meios necessários para

---

[413] Tradução livre do texto em inglês, disponível em: <www.un.org>. Acesso em: 16 jan. 2012.

alcançar os objetivos humanitários delineados nos subparágrafos 4 (a) e (b) da resolução 925 (1994)[414] [...].[415]

Yves Petit[416] mostra que, apesar de todas as reticências dos Estados-membros e da insuficiência do trabalho do Conselho de Segurança para produzir resultados práticos, a Resolução nº 929 constituiu uma inovação nas missões de paz das Nações Unidas. Isto por duas razões. Em primeiro lugar, a resolução "delegou" o auxílio humanitário aos países que estivessem dispostos a prestá-lo. A missão de paz, tradicionalmente levada a cabo por tropas agindo sob comando das Nações Unidas, ficou a cargo dos Estados que se vissem em condições de executá-la. A França interessou-se pelo assunto (os franceses tinham uma péssima reputação de ser aliados dos hútus até logo antes do genocídio) e organizou a "Operação Turquesa", estabelecendo uma zona humanitária na parte sudoeste de Ruanda.

Além de permitir que Estados montassem operações de manutenção de paz de forma autônoma, a Resolução nº 929 também inovou ao impor tais operações em um Estado em conflito, independentemente da vontade das partes envolvidas. Com efeito, os rebeldes tútsis da FPR desconfiaram grandemente do ingresso francês na região, enxergando na Operação Turquesa um modo de proteger os hútus – muitos dos quais diretamente envolvidos no genocídio – que fugiam dos rebeldes vitoriosos.[417] A localização da zona humanitária foi vista como o estabelecimento de um corredor para hútus fugitivos rumo ao Congo. Quanto ao governo hútu de Ruanda, este foi favorável à resolução, tendo inclusive votado a favor no Conselho de Segurança.[418] Os assassinos à solta no país, por outro

---

[414] Tais subparágrafos são idênticos aos subparágrafos 3 (a) e (b) da Resolução nº 918, mais acima transcrita.
[415] Tradução livre do texto em inglês disponível em: <www.un.org>. Acesso em: 16 jan. 2012.
[416] PETIT, Yves. *Droit international du maintien de la paix*. Paris: LGDJ, 2000. p. 52-56.
[417] MASSEY, Simon. Operation Assurance: the greatest intervention that never happened. *The Journal of Humanitarian Assistance*, 15 fev. 1998. Disponível em: <http://sites.tufts.edu/jha/archives/123>. Acesso em: 16 jan. 2012.
[418] À época, Ruanda ocupava um assento de membro não permanente no Conselho de Segurança. Dados disponíveis em: <http://en.wikipedia.org/wiki/United_Nations_Security_Council_Resolution_929>. Acesso em: 16 jan. 2012.

lado, foram contidos à força pelas tropas francesas. Ou seja, diferentemente das operações de manutenção de paz que a ONU levava a cabo até então, a Operação Turquesa apresentou um grau maior de imposição e de ativismo internacional.

Perguntas

4. Analise o comportamento das Nações Unidas durante o genocídio em Ruanda. A Organização poderia ter feito mais para impedir as atrocidades?
5. Caso considerasse que a ONU estaria falhando em seu propósito de manter a paz e a segurança internacionais, algum Estado poderia intervir unilateralmente no conflito em Ruanda?
6. A "Operação Turquesa" pode ser descrita como uma força imparcial?

15.3 A intervenção da Otan na Líbia

Resolução nº 1.970 (2011) do Conselho de Segurança
O Conselho de Segurança,
Expressando sua grave preocupação com a situação na Jamahiriya Árabe da Líbia e condenando a violência e o uso da força contra civis,
Deplorando a grosseira e sistemática violação de direitos humanos, incluindo a repressão a manifestantes pacíficos, expressando grave preocupação com as mortes de civis, e rejeitando inequivocamente o incitamento à hostilidade e violência contra a população civil propagado desde os mais altos níveis do governo líbio,
Considerando que os ataques sistemáticos e disseminados que atualmente ocorrem na Jamahiriya Árabe da Líbia contra a população civil podem consistir crimes contra a humanidade, [...]
Relembrando a responsabilidade das autoridades líbias em proteger sua população, [...]

Reafirmando seu forte compromisso para com a soberania, a independência, a integridade territorial e a unidade nacional da Jamahiriya Árabe da Líbia, Ciente de sua responsabilidade primária para com a manutenção da paz e segurança internacionais sob a Carta das Nações Unidas,
Agindo sob o Capítulo VII da Carta das Nações Unidas, e tomando medidas sob seu Artigo 41,
1. Exige um fim imediato à violência e clama por medidas que venham a satisfazer as demandas legítimas da população;
2. Urge as autoridades líbias para que:
(a) Atuem com a maior moderação, respeitem os direitos humanos e o direito internacional humanitário e permitam acesso imediato para observadores internacionais de direitos humanos;
(b) Garantam a segurança de todos os nacionais estrangeiros, de seus bens e facilitem a partida daqueles querendo deixar o país;
(c) Assegurem a livre passagem de suprimentos humanitários e médicos, a livre entrada no país de agências e funcionários humanitários; e
(d) Imediatamente suspendam as restrições a todas as formas de mídia; [...]
4. Decide referir a situação na Jamahiriya Árabe da Líbia desde 15 de fevereiro de 2011 à Procuradoria do Tribunal Penal Internacional; [...]
9. Decide que todos os Estados-membros deverão imediatamente tomar as medidas necessárias para evitar o fornecimento, venda ou transferência diretos ou indiretos, para a Jamahiriya Árabe da Líbia, de ou através seus territórios ou por seus nacionais, ou utilizando navios ou aviões com suas bandeiras, de armas e material relacionado de qualquer natureza; [...]
11. Pede a todos os Estados, em especial os Estados vizinhos à Jamahiriya Árabe da Líbia, que inspecionem, de acordo com suas autoridades e legislação nacionais, e de modo consistente com o direito internacional, particularmente o direito do mar e os acordos relevantes sobre aviação civil internacional, todo transporte de carga proveniente e dirigido à Jamahiriya Árabe da Líbia, que se encontre em seu território, incluindo portos e aeroportos, caso o Estado em questão disponha de informação que forneça motivos razoáveis para crer que a carga contenha itens cujo fornecimento,

venda, transferência ou exportação seja proibida pelos parágrafos 9º ou 10º desta resolução, para o propósito de assegurar a estrita implementação destas disposições; [...]

15. Decide que todos os Estados-membros deverão tomar as medidas necessárias para evitar a entrada ou o trânsito em seus territórios dos indivíduos listados no Anexo I desta resolução; [...];

17. Decide que todos os Estados-membros devem congelar sem demora todos os fundos, recursos financeiros e econômicos que se encontrarem em seus territórios, que sejam possuídos ou controlados, diretamente ou indiretamente, pelos indivíduos ou entidades listados no anexo II desta resolução; [...]

26. Pede a todos os Estados-membros, atuando conjuntamente e em cooperação com o secretário-geral, que facilitem e apoiem o retorno das agências humanitárias e disponibilizem assistência humanitária e complementar na Jamahiriya Árabe da Líbia [...] e expressa sua prontidão para considerar tomar medidas adicionais apropriadas, caso seja necessário, para alcançá--lo;[...].[419]

Resolução nº 1.973 (2011) do Conselho de Segurança
O Conselho de Segurança, [...]
Determinando que a situação na Jamahiryia Árabe da Líbia continua a constituir uma ameaça à paz e segurança internacionais,
Agindo sob o Capítulo VII da Carta das Nações Unidas,
1. Exige o estabelecimento imediato de um cessar-fogo e um fim completo da violência e de todos os ataques e abusos contra civis;
2. Realça a necessidade de intensificar esforços para encontrar uma solução para a crise que responda às demandas legítimas do povo líbio [...];
3. Exige que as autoridades líbias cumpram com suas obrigações perante o direito internacional, incluindo o direito internacional humanitário, os direitos humanos e o direito dos refugiados, e tomem todas as medidas para proteger os civis e atender a suas necessidades básicas, e assegurar a rápida e desimpedida passagem de assistência humanitária;

---

[419] Tradução livre do texto em inglês, disponível em: <www.un.org>. Acesso em: 16 jan. 2012.

4. Autoriza os Estados-membros que tiverem notificado o secretário-geral, atuando em suas capacidades nacionais ou através de organizações ou acordos regionais, e atuando em cooperação com o secretário-geral, a tomar todas as medidas necessárias, sem prejuízo do parágrafo 9 da Resolução nº 1.970 (2011), para proteger os civis e as áreas povoadas por civis sob ameaça de ataque na Jamahiryia Árabe da Líbia, incluindo Benghazi, excluindo uma força de ocupação estrangeira de qualquer espécie em qualquer parte do território líbio, e requer dos Estados-membros envolvidos que informem ao secretário-geral imediatamente das medidas por eles tomadas em seguimento à autorização conferida por este parágrafo, as quais serão imediatamente referidas ao Conselho de Segurança; [...]

6. Decide estabelecer um banimento a todos os voos no espaço aéreo da Jamahiryia Árabe da Líbia de modo a ajudar a proteger civis;

7. Decide ainda que o banimento imposto pelo parágrafo 6 não se aplicará aos voos cujo único propósito seja humanitário, tal como entregar ou facilitar a entrega de assistência, incluindo suprimentos médicos, comida, agentes humanitários e assistência relacionada [...] nem tampouco aplicar-se-á aos voos autorizados pelos parágrafos 4 ou 8, nem a outros voos considerados, pelos Estados atuando sob a autorização conferida no parágrafo 8, como necessários para o benefício do povo líbio [...];

8. Autoriza os Estados-membros que notificaram o secretário-geral e o secretário-geral da Liga dos Estados Árabes, atuando em suas capacidades nacionais ou através de organizações ou acordos regionais, a tomar todas as medidas necessárias para garantir o cumprimento do banimento de voos imposto pelo parágrafo 6 acima, e requer que os Estados interessados, em cooperação com a Liga dos Estados Árabes, coordenem detalhadamente com o secretário-geral as medidas que estiverem tomando para implementar este banimento, incluindo o estabelecimento de um mecanismo apropriado para a implementação das disposições dos parágrafos 6 e 7, acima; [...][420]

---

[420] Tradução livre do texto em inglês, disponível em: <www.un.org>. Acesso em: 16 jan. 2012.

Rebeldes líbios avançam lentamente para Trípoli[421]

Por Matt Robinson e Nick Carey

DAFNIYAH/TRÍPOLI (Reuters) – Rebeldes líbios pareciam ter avançado mais fundo em território sob controle do governo, a leste da capital, Trípoli, depois de terem rejeitado uma proposta de um filho do líder da Líbia, Muammar Gaddafi, para a realização de eleições.

O filho de Gaddafi, Saif al-Islam, disse a um jornal italiano na quinta-feira que as eleições poderiam ser realizadas dentro de três meses e seu pai deixaria o cargo, se perdesse, mas essa proposta foi rapidamente rejeitada pelos líderes rebeldes e pelos Estados Unidos.

O avanço dos insurgentes em direção a Trípoli tem sido lento. Ao mesmo tempo, semanas de bombardeios aéreos da Otan contra as instalações que abrigam Gaddafi, bem como outras áreas, não conseguiram pôr fim a seu regime, que dura 41 anos.

A rebelião teve início quatro meses atrás na cidade de Benghazi, no leste da Líbia. A intervenção da Otan está na 13ª semana – mais tempo do que previam muitos dos que lhe deram apoio – e divergências começam a surgir dentro da aliança atlântica.

O porta-voz das forças Armadas da França, Thierry Burkhard, sugeriu que os rebeldes estavam começando a se aprimorar, chegando perto do reduto de Gaddafi, em Trípoli. "As forças de oposição parecem ter assumido supremacia sobre as tropas de Gaddafi, o que mostra quanto desgaste estão suportando", disse ele a repórteres na quinta-feira.

O avanço rebelde, disse ele, era "essencialmente no oeste, em um cinturão que estão agora formando na região de Trípoli".

Uma equipe da Reuters em Dafniya, na periferia do bastião rebelde de Misrata, afirmou nesta sexta-feira que os rebeldes fizeram disparos de artilharia e lançaram foguetes com alcance de cerca de 20 quilômetros. Os insurgentes disseram ter como alvo tanques e munições em Naimah, perto de Zlitan.

---

[421] ROBINSON, Matt; CAREY, Nick. Rebeldes líbios avançam lentamente para Trípoli. *O Globo*, 17 jun. 2011. Disponível em: <http://oglobo.globo.com>. Acesso em: 16 jan. 2012.

Situada a apenas 160 quilômetros de Trípoli, Zlitan é a próxima grande cidade na estrada da costa mediterrânea que conduz à capital. Capturar essa localidade seria uma grande vitória.

Os insurgentes dizem que não atacarão Ziltan por causa de questões tribais delicadas, mas eles vêm recrutando combatentes da cidade e aguardando os moradores locais se rebelarem contra o governo.

As forças rebeldes também combatem Gaddafi em duas outras frentes: no leste, no entorno da cidade petrolífera de Brega, e nas montanhas no oeste do país, a sudoeste de Trípoli.

Nas últimas semanas eles avançaram lentamente, mas fizeram importantes conquistas nas montanhas e perto de Misrata, levando a frente de guerra para mais perto de Trípoli.

A aviação da Otan retomou os bombardeios de Trípoli na noite de quinta-feira. Oito explosões foram ouvidas na parte sul da cidade. (Reportagem adicional de Maria Golovnina em Benghazi, Sami Aboudi no Cairo)

Otan na Líbia: objetivos se confundem, intervenção se alonga[422]
Por Felipe Schroeder Franke
No dia 17 de março de 2011, o Conselho de Segurança da Organização das Nações Unidas (ONU) aprovou a Resolução 1973. O documento previa o estabelecimento de uma zona de exclusão aérea da Líbia, país então em guerra civil emergente entre rebeldes e forças leais ao longevo líder Muammar Kadafi. A intervenção internacional começou, dois dias depois, com um objetivo claro: garantir a segurança dos civis líbios, dos quais dia a dia mais e mais viravam vítimas da feroz busca pelo poder neste país do norte africano.

Após três meses de operação, no entanto, a situação no campo de batalha ainda é turva, e mais obscuro ainda é o impasse internacional sobre os rumos da ação. "A intervenção foi bem-sucedida em frear a ofensiva do governo líbio contra os rebeldes, mas fracassou no sentido de derrubar o governo líbio. Oficialmente, não era esse o objetivo, só que, evidentemente,

---

[422] FRANKE, Felipe Schroeder. Otan na Líbia: objetivos se confundem, intervenção se alonga. *Portal Terra*, 19 jun. 2011. Disponível em: <http://noticias.terra.com.br>. Acesso em: 16 jan. 2012.

todo objetivo político da Otan era se livrar do Kadafi, era promover uma mudança de regime na Líbia, e isso não foi alcançado", resume Maurício Santoro, cientista político da Fundação Getulio Vargas (RJ).

Quando a intervenção começou, a situação em solo líbio era crítica. Após grandes avanços do rebeldes – sediados ao Leste em Benghazi e rumando em direção ao oeste e à capital Trípoli –, as forças de Kadafi contra-atacaram, minando dia a dia os avanços da rebelião. Relatos sobre os números de mortos no conflito – hoje calculados, nas piores das estimativas, em até mais de 10 mil – abundavam, e os relatos da perda de território para o exército governista era a tônica da narrativa. A supressão da resistência parecia questão de tempo.

A intervenção internacional – primeiro liderada por França, Reino Unido e Estados Unidos, e assumida uma semana depois pela Organização do Tratado do Atlântico Norte (Otan) – estancou o sangramento das conquistas rebeldes. Hoje os combates diminuíram, mas a briga por cidades da Líbia central permanece, enquanto que os aviões internacionais quase que diariamente adentram a cena para realizar disparos.

A tensão de combate militar físico passou a ocupar espaço também das disputas diplomáticas quando a Otan começou a objetivar Trípoli como alvo dos disparos. Com os ataques à capital, na qual Kadafi mora (muito embora não se saiba precisamente onde), ergueu-se a dúvida de uma intervenção da Otan não humanitária, mas política, e cujo ápice seria a derrocada do coronel.

"A resolução 1973 estabelece de maneira muito forte que o objetivo da intervenção é a proteção dos civis. No entanto, ela não diz explicitamente que ações seriam necessárias (para isso), ela dá margem a uma certa ambiguidade. Por exemplo: a gente pode interpretar que uma ação para proteger os civis seria não só atacar as tropas que estavam diretamente ameaçando Benghazi, mas destruir até mesmo a força operacional das forças armadas dos líbios", analisa Santoro.

A Otan argumenta que as intervenções diretamente feitas em Trípoli visam às instalações bélicas de Kadafi, mas alguns episódios jogam sombras sobre esse objetivo tático. O mais claro se deu no dia 30 de abril, quando um bombardeio atingiu prédios administrativos do governo, matando Saif al-Arab Muammar Kadafi, o filho caçula do coronel, e três de seus netos.

No dia 25 de março, quando a Otan assumiu a intervenção, o planejamento era de que a operação durasse 90 dias. No início de junho, todavia, seus ministros de Defesa revisaram os cálculos e, na sede em Bruxelas, publicaram numa nota tomando a posição de que estavam "determinados a prosseguir com a operação por todo o tempo que for necessário".

Uma nova resolução, avalia Santoro, pode vir a ser promulgada em setembro, quando a 1973 expirar. Enquanto os impasses diplomáticos perdurarem, e enquanto os ataques a Trípoli não atingirem nenhum ponto nevrálgico do governo, tudo indica que a Otan permanecerá sobrevoando o deserto líbio ainda por muito meses.

Após pressão internacional, Líbia diz que investigará morte de Kadafi[423]
Corpo de ex-ditador deixa de ser exposto ao público; ONG alerta para abusos contra derrotados
TRÍPOLI – O governo interino da Líbia anunciou, nesta segunda-feira, 24, que irá iniciar uma investigação sobre as circunstâncias da morte do ex-ditador Muamar Kadafi, morto na última quinta-feira na cidade de Sirte. "Requisitamos, com base em pedidos vindos do exterior, que a morte de Kadafi seja investigada", disse o chefe do Conselho Nacional de Transição (CNT), Mustafa Abdel Jalil.

Também nesta segunda-feira, o governo líbio proibiu que o corpo de Kadafi continuasse a ser exposto para visitação pública em um local refrigerado da cidade de Misrata. Imagens do ditador ainda com vida foram registradas por celulares pouco depois de sua captura. Acredita-se que logo depois ele tenha morrido em decorrência de ferimentos causados por tiros.

Após a morte do ex-líder líbio, entidades como a Comissão de Direitos Humanos da ONU, a Anistia Internacional e a ONG Human Rights Watch pediram investigações sobre suas circunstâncias.

Jalil disse que a maioria dos líbios desejava que o coronel pudesse ser julgado para pagar por seus eventuais crimes. "Líbios livres desejavam que

---

[423] APÓS pressão internacional, Líbia diz que julgará morte de Kadhafi. *BBC Brasil/O Estado de S. Paulo*, 24 out. 2011. Disponível em: <www.estadao.com.br>. Acesso em: 16 jan. 2012.

Kadafi passasse o máximo de tempo possível na cadeia. Os que tinham interesse em uma morte rápida eram os que o apoiavam", afirmou.

Execuções

Também nesta segunda-feira, o grupo de defesa dos direitos humanos com sede em Nova York Human Rights Watch alertou contra "assassinatos, saques e outros abusos" que teriam sido cometidos por opositores de Kadafi.

As declarações foram feitas após a descoberta de 53 corpos em decomposição, aparentemente simpatizantes do regime. Muitos pareceram ter sido executados. O estado de deterioração dos corpos sugere que eles foram mortos entre os dias 15 e 19 de outubro.

O CNT negou envolvimento nos abusos e pediu para que os líbios não cometam ataques ou vinganças contra opositores.

Moderação

Ainda nesta segunda-feira, Jalil reformulou declarações feitas no dia anterior de que a nova Líbia adotará leis baseadas na religião islâmica. "Quero assegurar a comunidade internacional de que nós somos muçulmanos moderados", disse ele.

No domingo, ele disse que a adoção de leis religiosas acarretaria mudança de algumas regras atuais, citando a proibição da poligamia. "Minha referência de ontem não significa que aboliremos qualquer lei e quando falei das leis de casamento, elas foram apenas um exemplo, já que as regras islâmicas permitem a poligamia apenas após aprovação específica", disse ele.

Perguntas

7. De que modo as resoluções n.os 1.970 e 1.973 do Conselho de Segurança representam uma inovação em relação aos casos de Ruanda e do Kosovo?
8. Considerando o teor das resoluções n.os 1.970 e 1.973, e as três notícias de jornal sobre a operação levada a cabo pela Otan, você acha que a operação se manteve nos limites traçados pelo Conselho de Segurança?
9. Quais devem ser os critérios para uma intervenção internacional humanitária?

15.4 A proposta brasileira de uma "responsabilidade ao proteger"

Em 17 de março de 2011, o Conselho de Segurança das Nações Unidas aprovou a Resolução nº 1.973, que autorizava o uso da força pelos Estados-membros contra a Líbia para proteger os civis atacados pelo governo do coronel Kadhafi. O Brasil, integrante do Conselho de Segurança à época, se absteve, juntamente com Rússia, China, Alemanha e Índia.

A representante permanente do Brasil junto à ONU expressou-se desta maneira sobre a abstenção brasileira:

Senhor Presidente,

O Brasil está profundamente preocupado com a deterioração da situação na Líbia. Apoiamos as fortes mensagens da Resolução 1970 (2011), adotada por consenso por este Conselho.

O Governo do Brasil condenou publicamente o uso da violência pelas autoridades líbias contra manifestantes desarmados e exorta-as a respeitar e proteger a liberdade de expressão dos manifestantes e a procurar uma solução para a crise por meio de diálogo significativo.

Nosso voto de hoje não deve de maneira alguma ser interpretado como endosso do comportamento das autoridades líbias ou como negligência para com a necessidade de proteger a população civil e respeitarem-se os seus direitos.

O Brasil é solidário com todos os movimentos da região que expressam suas reivindicações legítimas por melhor governança, maior participação política, oportunidades econômicas e justiça social.

Condenamos o desrespeito das autoridades líbias para com suas obrigações à luz do direito humanitário internacional e dos direitos humanos.

Levamos em conta também o chamado da Liga Árabe por medidas enérgicas que deem fim à violência, por meio de uma zona de exclusão aérea. Somos sensíveis a esse chamado, entendemos e compartilhamos suas preocupações.

Do nosso ponto de vista, o texto da resolução em apreço contempla medidas que vão muito além desse chamado. Não estamos convencidos de que o uso da força como dispõe o parágrafo operativo 4 (OP4) da presente resolução levará à realização do nosso objetivo comum – o fim imediato da violência e a proteção de civis.

Estamos também preocupados com a possibilidade de que tais medidas tenham os efeitos involuntários de exacerbar tensões no terreno e de fazer mais mal do que bem aos próprios civis com cuja proteção estamos comprometidos.

Muitos analistas ponderados notaram que importante aspecto dos movimentos populares no Norte da África e no Oriente Médio é a sua natureza espontânea e local. Estamos também preocupados com a possibilidade de que o emprego de força militar conforme determinado pelo OP 4 desta resolução hoje aprovada possa alterar tal narrativa de maneiras que poderão ter sérias repercussões para a situação na Líbia e além.

A proteção de civis, a garantia de uma solução duradoura e o atendimento das legítimas demandas do povo líbio exigem diplomacia e diálogo.

Apoiamos os esforços em curso a esse respeito pelo Enviado Especial do Secretário-Geral e pela União Africana.

Nós também saudamos a inclusão, na presente resolução, de parágrafos operativos que exigem um imediato cessar-fogo e o fim à violência e a todos os ataques a civis e que sublinham a necessidade de intensificarem-se esforços que levem às reformas políticas necessárias para uma solução pacífica e sustentável. Esperamos que tais esforços continuem e tenham sucesso.

Obrigada.[424]

Em 9 de novembro de 2011, a representação permanente do Brasil junto à ONU fez circular um documento pela Assembleia Geral das Nações Unidas, no qual enfatizava que o exercício da responsabilidade de proteger poderia dar causa à responsabilização dos Estados que interviessem em

---

[424] VIOTTI, Maria Luiza Ribeiro. *Intervenção da representante permanente da República Federativa do Brasil na sessão do Conselho de Segurança*, 2011. Disponível em: <www.itamaraty.gov.br>. Acesso em: 8 jun. 2012.

outros países, caso ocorresse qualquer tipo de excesso. O último trecho da carta brasileira, de autoria do embaixador Antonio Patriota, ministro das Relações Exteriores do país, afirmava que

> [...] 10. Há uma percepção crescente de que o conceito da responsabilidade de proteger pode ser distorcido para propósitos diferentes da proteção de civis, tais como mudança de regime. Esta percepção pode tornar ainda mais difícil atingir os objetivos de proteção buscados pela comunidade internacional.
> 11. Ao exercer sua responsabilidade de proteger, a comunidade internacional deve exibir um alto grau de responsabilidade ao proteger. Ambos os conceitos devem evoluir conjuntamente, baseados em um conjunto acordado de princípios fundamentais, parâmetros e procedimentos, tais como:
> (a) Tal qual nas ciências médicas, a prevenção é sempre a melhor política; a ênfase na diplomacia preventiva é o que reduz o risco de conflito armado e os custos humanos associados;
> (b) A comunidade internacional deve ser rigorosa em seus esforços para exaurir todos os meios pacíficos disponíveis na proteção de civis sob ameaça de violência, em consonância com os princípios e propósitos da Carta, tal como consubstanciados nas propostas da Cúpula Mundial de 2005;
> (c) O uso da força, inclusive no exercício da responsabilidade de proteger, deve ser sempre autorizado pelo Conselho de Segurança ou, em circunstâncias excepcionais, pela Assembleia Geral conforme sua resolução 377 (V);
> (d) A autorização para o uso da força deve ser limitada em seus elementos jurídicos, operacionais e temporais, e o escopo da ação militar deve observar a letra e espírito do mandato conferido pelo Conselho de Segurança ou pela Assembleia Geral, e deve ser executado em conformidade estrita com o direito internacional, em particular com o direito internacional humanitário e com o direito internacional dos conflitos armados;
> (e) O uso da força deve produzir o menor nível de violência e instabilidade possível, e não deve em nenhuma circunstância gerar dano maior do que foi autorizado a evitar;

(f) Na eventualidade de que o uso da força seja contemplado, a ação deve ser judiciosa, proporcional e limitada aos objetivos estabelecidos pelo Conselho de Segurança;

(g) Estas diretrizes devem ser observadas por toda a extensão da autorização, desde a adoção da resolução até a suspensão da autorização por uma nova resolução;

(h) Procedimentos reforçados do Conselho de Segurança são necessários para monitorar e determinar a maneira em que as resoluções serão interpretadas e implementadas, a fim de assegurar a responsabilidade ao proteger;

(i) O Conselho de Segurança deve garantir a responsabilidade daqueles aos quais foi conferida a autoridade de fazer uso da força.[425]

Já em fevereiro de 2012, a representação brasileira junto à ONU organizou um debate informal sobre a responsabilidade ao proteger. Em seu pronunciamento inaugural, o ministro Patriota afirmou que, mesmo empregada com bons propósitos, a execução da responsabilidade de proteger através do emprego da força pode causar vítimas colaterais entre a população civil, ou até mesmo gerar mais instabilidade em cenários frágeis. Portanto, seria necessário um controle maior da comunidade internacional, através do Conselho de Segurança, sobre as atividades empreendidas com o escopo de proteger os direitos humanos em cenários críticos.

O ponto mais concreto da proposta brasileira parece ser a afirmação da necessidade de um controle e acompanhamento do Conselho de Segurança sobre as ações desenvolvidas com sua autorização. A respeito, vale lembrar que o conceito da responsabilidade de proteger comporta o emprego da força inclusive nos casos em que o Conselho de Segurança não atue nem forneça qualquer autorização para tal. Há uma grande diferença, portanto, entre operações de resposta a ameaças ou rupturas da paz e da segurança internacionais e operações de manutenção de paz, por um lado, e o uso da força por uma aliança de Estados ou um Estado individual, por outro. Nos dois primeiros casos, a autorização do Con-

---

[425] PATRIOTA, Antonio de Aguiar. *Concept paper on the responsibility while protecting*, 2011. Disponível em: <www.un.int/brazil/>. Acesso em: 8 jun. 2012.

selho é indispensável, e as tropas envolvidas atuarão sob o comando da ONU, ou então nos limites do mandato conferido. Já no segundo caso, ocorre que a responsabilidade de proteger pode ser invocada na ausência de qualquer resolução do Conselho de Segurança sobre o assunto. Fica difícil imaginar, portanto, de que modo este órgão poderia controlar o uso da força por um Estado ou grupo de Estados, nos casos em que não foi o Conselho a autorizar tais procedimentos.

15.5 Questões para fixação e aprofundamento

1. Quais são os três pilares da responsabilidade de proteger?
2. Em sua opinião, como a questão da intervenção humanitária deveria ser regulada? Suas hipóteses devem ser taxativamente previstas? É necessária uma autorização prévia do Conselho de Segurança?
3. Houve excesso na implementação da Resolução nº 1.973 sob o pretexto da responsabilidade de proteger a população da Líbia? Qual foi a postura do Brasil nesse sentido?
4. Há relação entre a intervenção na Líbia e o dito "fracasso" do Conselho de Segurança na Síria?
5. Em que consiste a proposta brasileira de responsabilidade ao proteger? Trata-se de um novo conceito ou uma tentativa de implementar o conceito já existente? Há inovação com relação às medidas anteriores?

Parte II
As consequências do uso da força
nas relações internacionais

Título I
As consequências do uso indevido da força

Capítulo 16
O caso do Iraque

16.1 As sanções impostas ao Iraque na sequência da Guerra do Golfo

Resolução nº 660 (1990) do Conselho de Segurança das Nações Unidas
O Conselho de Segurança,
Alarmado com a invasão do Kuwait em 2 de agosto de 1990 pelas forças militares do Iraque,
Determinando que existe uma quebra da paz e segurança internacionais no que diz respeito à invasão iraquiana do Kuwait,
Agindo sob os artigos 39 e 40 da Carta das Nações Unidas,
1. Condena a invasão iraquiana do Kuwait;
2. Exige que o Iraque retire imediatamente e incondicionalmente todas as suas forças para as posições nas quais se encontravam em 1º de agosto de 1990;
3. Pede ao Iraque e Kuwait que iniciem imediatamente negociações intensivas para a resolução de suas diferenças, e apoia todos os esforços neste sentido, especialmente aqueles da Liga dos Estados Árabes;
4. Decide encontrar-se de novo se necessário para considerar medidas adicionais para assegurar a obediência à presente resolução.[426]

---
[426] Tradução livre do texto em inglês, disponível em: <www.un.org>. Acesso em: 17 jan. 2012.

Resolução nº 678 (1990)

O Conselho de Segurança,

Reiterando e reafirmando suas resoluções n°s 660 (1990) de 2 de agosto de 1990, 661 (1990) de 6 de agosto de 1990, 662 (1990) de 9 de agosto de 1990, 664 (1990) de 18 de agosto de 1990, 665 (1990) de 25 de agosto de 1990, 666 (1990) de 13 de setembro de 1990, 667 (1990) de 16 de setembro de 1990, 669 (1990) de 24 de setembro de 1990, 670 (1990) de 25 de setembro de 1990, 674 (1990) de 29 de outubro de 1990 e 677 (1990) de 28 de novembro de 1990,

Tomando nota de que, apesar de todos os esforços empreendidos pelas Nações Unidas, o Iraque se recusa a cumprir com sua obrigação de implementar a Resolução nº 660 (1990) e as supramencionadas resoluções relevantes, em flagrante desrespeito ao Conselho de Segurança,

Ciente de seus deveres e responsabilidades sob a Carta das Nações Unidas na manutenção e preservação da paz e segurança internacionais,

Determinado a garantir o pleno cumprimento de suas decisões,

Agindo sob o Capítulo VII da Carta,

1. Exige que o Iraque cumpra plenamente a Resolução nº 660 (1990) e todas as resoluções relevantes subsequentes, e decide, enquanto mantém todas as suas decisões, permitir ao Iraque uma última oportunidade, na forma de uma pausa de boa vontade, para fazê-lo;

2. Autoriza os Estados Membros cooperando com o governo do Kuwait, a utilizar todos os meios necessários para afirmar e implementar a Resolução nº 660 (1990) e todas as subsequentes resoluções relevantes e para restaurar a paz e segurança internacionais na região, a não ser que o Iraque implemente completamente, até o dia 15 de janeiro de 1991, as resoluções supramencionadas, como exposto no parágrafo 1 acima;

3. Solicita a todos os Estados que disponibilizem apoio apropriado para as ações tomadas de acordo com o parágrafo 2 acima;

4. Solicita aos Estados envolvidos que mantenham o Conselho de Segurança regularmente informado acerca do progresso das ações tomadas de acordo com os parágrafos 2 e 3 acima;

5. Decide manter-se ciente da questão.
Resolução adotada na 2.963ª sessão, por 12 votos a 2 (Cuba e Iêmen), com 1 abstenção (China).[427]

Perguntas

1. Avalie a seguinte afirmação de Javier Pérez de Cuéllar, secretário-geral da ONU à época da Guerra do Golfo: "Esta guerra foi autorizada pelas Nações Unidas, ela não é uma guerra das Nações Unidas".
2. Quais as diferenças relevantes para o direito internacional entre a defesa do Kuwait na Guerra do Golfo e a defesa de El Salvador alegada pelos EUA no caso "Nicarágua"?

Resolução nº 687 (1991)
O Conselho de Segurança,
[...] Acolhendo a restauração da soberania, independência e integridade territorial do Kuwait, e o retorno de seu legítimo governo,
Afirmando o compromisso de todos os Estados-membros com a soberania, integridade territorial e independência política do Kuwait e do Iraque, e tomando nota da intenção expressa pelos Estados-membros cooperando com o Kuwait sob o parágrafo 2 da Resolução nº 678 (1990) de encerrar sua presença militar no Iraque tão cedo quanto possível, de acordo com o parágrafo 8 da Resolução nº 686 (1991),
Reafirmando a necessidade de ser assegurado das intenções pacíficas do Iraque à luz de sua invasão e ocupação ilegais do Kuwait,
Ciente do uso de mísseis balísticos pelo Iraque em ataques não provocados e portanto da necessidade de adotar medidas específicas em relação a tais mísseis localizados no Iraque,
Preocupado com os relatórios em mãos de Estados-membros, de acordo com os quais o Iraque procurou adquirir materiais para um programa de armas

---

[427] Tradução livre do texto em inglês, disponível em: <www.un.org>. Acesso em: 17 jan. 2012.

nucleares contrário a suas obrigações sob o Tratado de Não Proliferação de Armas Nucleares de 1º de julho de 1968,
Recordando o objetivo de estabelecer uma zona livre de armas nucleares na região do Oriente Médio,
Consciente da ameaça que todas as armas de destruição em massa representam à paz e à segurança na região, bem como da necessidade de trabalhar rumo ao estabelecimento de uma zona livre de armas nucleares no Oriente Médio,
Consciente também do objetivo de alcançar um controle de armamentos balanceado e abrangente na região, [...]
2. Exige que o Iraque e o Kuwait respeitem a inviolabilidade da fronteira internacional e a soberania sobre as ilhas como detalhado nas "Minutas acordadas entre o Estado do Kuwait e a República do Iraque acerca da restauração de relações amistosas, reconhecimento e questões relacionadas", assinadas por ambos no exercício de sua soberania em Bagdá, em 4 de outubro de 1963, e registradas junto às Nações Unidas; [...]
4. Decide garantir a inviolabilidade da fronteira internacional supramencionada e tomar, de acordo com as circunstâncias, todas as medidas necessárias para tal fim de acordo com a Carta das Nações Unidas;
5. Solicita ao secretário-geral, após consultar o Iraque e o Kuwait, submeter ao Conselho para sua aprovação dentro de três dias um plano para o envio imediato de uma unidade de observação das Nações Unidas para monitorar o Khawr Abd Allah e uma zona desmilitarizada, a qual é estabelecida neste instrumento, estendendo-se dez quilômetros Iraque adentro e cinco quilômetros no Kuwait, a partir da fronteira mencionada nas "Minutas acordadas entre o Estado do Kuwait e a República do Iraque acerca da restauração de relações amistosas, reconhecimento e questões relacionadas", para deter violações da fronteira através de sua presença e vigilância da zona desmilitarizada, e para observar qualquer ação hostil ou potencialmente hostil originária do território de um Estado e dirigida ao outro; e também solicita do secretário-geral que relate regularmente ao Conselho as operações desta unidade e que o faça imediatamente caso ocorram sérias violações da zona e de ameaças potenciais à paz;

6. Observa que, tão logo o secretário-geral notifique o Conselho acerca da finalização do envio da unidade de observadores das Nações Unidas, estarão presentes as condições para que os Estados-membros cooperando com o Kuwait de acordo com a Resolução nº 678 (1990) encerrem sua presença militar no Iraque, conforme a Resolução nº 686 (1991); [...]
8. Decide que o Iraque deverá aceitar incondicionalmente a destruição, remoção ou inutilização sob supervisão internacional, de:
(a) Todas as armas químicas e biológicas e todos os depósitos de agentes e subsistemas e componentes relacionados, bem como de todas as instalações de pesquisa, desenvolvimento, apoio e fabricação relacionados;
(b) Todos os mísseis balísticos de alcance maior do que cento e cinquenta quilômetros, suas partes e suas instalações de reparação e produção;
9. Decide também, para fins de implementação do parágrafo 8, o seguinte:
(a) O Iraque deverá submeter ao secretário-geral, dentro de quinze dias contados a partir da adoção da presente resolução, uma declaração sobre os locais, quantidades e tipos de todos os itens especificados no parágrafo 8, e concordar com inspeções urgentes *in loco*, tais como especificadas abaixo. [...]
10. Decide também que o Iraque deverá comprometer-se incondicionalmente a não utilizar, desenvolver, construir ou adquirir quaisquer dos itens especificados nos parágrafos 8 e 9, e solicita ao secretário-geral [...] que desenvolva um plano para a continuação futura do monitoramento e verificação da obediência do Iraque ao presente parágrafo; [...]
12. Decide que o Iraque deve concordar incondicionalmente em não adquirir ou desenvolver armas nucleares ou material utilizável para a fabricação de tais armas, nem quaisquer subsistemas ou componentes ou qualquer pesquisa, desenvolvimento, apoio ou instalações de fabricação relacionados ao tema supramencionado; deve submeter ao secretário-geral e ao diretor--geral da Agência Internacional de Energia Atômica uma declaração sobre as localizações, quantidades e espécies de todos os itens especificados acima dentro de quinze dias contados da adoção da presente resolução [...];
13. Solicita ao diretor-geral da Agência Internacional de Energia Atômica que empreenda imediatamente [...] inspeções in loco das instalações nuclea-

res do Iraque baseado nas declarações iraquianas e em quaisquer designações de locais adicionais [...];

20. Decide, com efeitos imediatos, que as proibições contra a venda ou suprimento de *commodities* e produtos diversos de medicina e recursos médicos ao Iraque, bem como as proibições contra transações financeiras relacionadas, todas as quais contidas na Resolução nº 661 (1990), não se aplicarão a recursos alimentícios desde que estes sejam notificados ao Comitê do Conselho de Segurança estabelecido pela Resolução nº 661 (1990), acerca da situação entre o Iraque e o Kuwait, ou então, que contem com a aprovação daquele Comitê [...];

21. Decide revisar as disposições do parágrafo 20 a cada sessenta dias, à luz das políticas e práticas do governo do Iraque, incluindo a implementação de resoluções relevantes do Conselho, para o propósito de determinar a redução ou suspensão das proibições ali mencionadas; [...]

24. Decide que, de acordo com a Resolução nº 661 (1990) e com as resoluções subsequentes relacionadas, e até que tome outra decisão, todos os Estados continuarão a evitar a venda ou suprimento ao Iraque, ou a promoção ou facilitação de venda ou suprimento, por seus nacionais ou partindo de seus territórios, ou ainda utilizando navios ou aviões sob sua bandeira, de:

(a) Armas e material relacionado de qualquer natureza, incluindo especificamente a venda ou transferência através de outros meios de qualquer forma de equipamento militar convencional, inclusive para forças especiais; partes avulsas, componentes e os meios de produção para tais equipamentos;

(b) Itens especificados e definidos nos parágrafos 8 a 12 que não tenham sido já mencionados acima;

(c) Tecnologia, a título de acordos de licenciamento ou de transferência, utilizada na produção, manuseio ou armazenamento dos itens especificados nos parágrafos (a) e (b); [...]

27. Pede aos Estados que mantenham controles nacionais e procedimentos, e que tomem as ações consistentes com as diretrizes a serem estabelecidas pelo Conselho sob o parágrafo 26, tal como seja necessário para assegurar

o cumprimento dos termos do parágrafo 24, e pede às organizações internacionais que tomem todas as medidas apropriadas para assistir na garantia deste cumprimento; [...][428]

Pergunta

3. Quais os deveres impostos ao Iraque por esta resolução? O Conselho de Segurança possui legitimidade para fazer tais imposições? Qual será a consequência jurídica do desrespeito iraquiano às exigências da resolução?

> **Resolução nº 1.441 (2002)**
> O Conselho de Segurança,
> Reconhecendo a ameaça que o descumprimento do Iraque para com as resoluções do Conselho, e a proliferação de armas de destruição em massa e de mísseis de longo alcance representam para a paz e segurança internacionais,
> Relembrando que sua Resolução nº 678 (1990) autorizou os Estados-membros a empregar todos os meios necessários para afirmar e implementar sua Resolução nº 660 (1990) de 2 de agosto de 1990, bem como todas as resoluções relevantes subsequentes à Resolução nº 660 (1990), e a restaurar a paz e segurança internacionais na região,
> Lembrando ainda que sua Resolução nº 687 (1991) impôs obrigações ao Iraque como uma medida necessária à obtenção de seu objetivo declarado de restaurar a paz e segurança internacionais na região,
> Lamentando o fato de que o Iraque não providenciou uma abertura acurada, plena, final e completa de todos os aspectos de seus programas de desenvolvimento de armas de destruição em massa e de mísseis balísticos com um alcance superior a cento e cinquenta quilômetros, e de todos os depósitos de tais armas, de seus componentes e das instalações e locais de produção, assim como de todos os demais programas nucleares, incluindo

---

[428] Tradução livre do texto em inglês, disponível em: <www.un.org>. Acesso em: 17 jan. 2012.

todos aqueles que alegadamente visam a propósitos não relacionados com material de armas nucleares, tal como exigido pela Resolução nº 687 (1991), Lamentando ainda que o Iraque repetidamente impediu o acesso imediato, incondicional e irrestrito a locais designados pela Comissão Especial das Nações Unidas (UNSCOM) e pela Agência Internacional de Energia Atômica (AIEA), além de falhar em cooperar total e incondicionalmente com os inspetores de armas da UNSCOM e da AIEA, tal como exigido pela Resolução nº 687 (1991), e por fim cessou toda a cooperação com a Comissão Especial e com a AIEA em 1998,

Lamentando a ausência, desde dezembro de 1998, de monitoramento, inspeção e verificação internacional no Iraque, acerca de armas de destruição em massa e mísseis balísticos, apesar das repetidas exigências do Conselho para que o Iraque providenciasse acesso imediato, incondicional e irrestrito à Comissão de Controle, Verificação e Inspeção das Nações Unidas (COCOVINU), estabelecida pela Resolução nº 1.284 (1999) como organização sucessora da UNSCOM, e à AIEA, e lamentando o consequente prolongamento da crise na região e o sofrimento do povo iraquiano,

Lamentando também que o governo do Iraque não cumpriu com seus compromissos de acordo com a Resolução nº 687 (1991), concernente ao terrorismo, de acordo com a Resolução nº 688 (1991), de encerrar a repressão contra sua população civil e para prover acesso por organizações internacionais humanitárias a todos aqueles que necessitem de assistência no Iraque, e de acordo com as resoluções nºs 686 (1991), 687 (1991) e 1.284 (1999), de devolver ou cooperar na prestação de informações sobre os nacionais do Kuwait e de terceiros Estados injustamente detidos pelo Iraque, ou de devolver a propriedade kuwaitiana injustamente tomada pelo Iraque,

Relembrando que, em sua Resolução nº 687 (1991), o Conselho declarou que um cessar-fogo estaria baseado na aceitação, pelo Iraque, das disposições daquela resolução, incluindo as obrigações iraquianas ali mencionadas,

Determinado a assegurar a plena e imediata obediência, pelo Iraque, sem condições ou restrições, de suas obrigações sob a Resolução nº 687 (1991) e demais resoluções relevantes, e lembrando que as resoluções do Conselho constituem o padrão determinante da obediência iraquiana,

Relembrando que a operação efetiva da COCOVINU, como organização sucessora da Comissão Especial, e da AIEA é essencial para a implementação da Resolução nº 687 (1991) e demais resoluções relevantes, [...]
Reafirmando o compromisso de todos os Estados-membros com a soberania e integridade territorial do Iraque, Kuwait e Estados vizinhos,
Determinado a assegurar a plena obediência a suas decisões,
Atuando sob o Capítulo VII da Carta das Nações Unidas,
1. Decide que o Iraque esteve e continua em situação de violação de suas obrigações decorrentes de resoluções relevantes, incluindo a Resolução nº 687 (1991), em particular através do fracasso do Iraque em cooperar com os inspetores das Nações Unidas e a AIEA, e em completar as ações requeridas pelos parágrafos 8 a 13 da Resolução nº 687 (1991);
2. Decide, mantendo o parágrafo 1 acima, conceder ao Iraque, através desta resolução, uma oportunidade final para cumprir com suas obrigações de desarmamento sob as resoluções relevantes do Conselho; e, em consonância, decide estabelecer um regime fortalecido de inspeções com o objetivo de alcançar a plena e verificada completude do processo de desarmamento estabelecido pela Resolução nº 687 (1991) e as resoluções subsequentes do Conselho;
3. Decide que, de modo a começar a cumprir com suas obrigações de desarmamento, e em adição a fornecer as declarações bienais requeridas, o governo do Iraque deverá remeter à COCOVINU, à AIEA e ao Conselho, em não mais do que 30 dias após a data desta resolução, uma declaração atualizada, plena e completa de todos os aspectos de seus programas de desenvolvimento de armas químicas, biológicas e nucleares, mísseis balísticos e demais sistemas como veículos aéreos não tripulados e sistemas de dispersão projetados para utilização em aeronaves, incluindo quaisquer depósitos e localizações precisas de tais armas, componentes, subcomponentes, depósitos de peças, e material e equipamento relacionados, as localizações e métodos de suas instalações de pesquisa, desenvolvimento e produção, assim como quaisquer outros programas químicos, biológicos e nucleares, incluindo aqueles que o governo alega objetivarem propósitos não relacionados com produção de armas ou material relacionado;

4. Decide que declarações falsas ou omissões nas declarações remetidas pelo Iraque na sequência desta resolução, ou o fracasso do Iraque em obedecer e cooperar completamente com a implementação desta resolução, constituirá uma violação material adicional das obrigações do Iraque e será reportada ao Conselho para avaliação de acordo com os parágrafos 11 e 12 abaixo;

5. Decide que o Iraque deve prover a COCOVINU e a AIEA com acesso imediato, desimpedido, incondicional e irrestrito a toda e qualquer área, inclusive subterrânea, instalação, construção, equipamento, dados e meios de transporte que tais organizações desejem inspecionar, assim como acesso imediato, desimpedido, irrestrito e privado a todos os oficiais e demais pessoas que a COCOVINU e a AIEA desejem entrevistar em relação com qualquer aspecto de seus mandatos, da forma e no local de escolha da COCOVINU ou da AIEA; decide também que a COCOVINU e a AIEA poderão conduzir discricionariamente entrevistas dentro ou fora do Iraque, podem facilitar a viagem dos entrevistados e dos membros de suas famílias para fora do Iraque, e que, de acordo com a exclusiva discricionariedade da COCOVINU e da AIEA, tais entrevistas podem ocorrer sem a presença de observadores do governo iraquiano; e instrui a COCOVINU e pede à AIEA que recomecem as inspeções em não mais de 45 dias contados da data de adoção desta resolução, e que atualizem o Conselho após 60 dias; [...]

11. Orienta o diretor executivo do COCOVINU e o diretor-geral da AIEA a reportar imediatamente ao Conselho qualquer interferência por parte do Iraque nas atividades de inspeção, bem como qualquer falha do Iraque em cumprir com suas obrigações de desarmamento, incluindo suas obrigações com respeito às inspeções previstas nesta resolução;

12. Decide reunir-se imediatamente após o recebimento de uma resolução de acordo com os parágrafos 4 ou 11 acima, para examinar a situação e a necessidade do pleno cumprimento de todas as resoluções relevantes do Conselho de Segurança, de modo a assegurar a paz e segurança internacionais.

13. Relembra, neste contexto, que o Conselho já advertiu repetidamente o Iraque de que este enfrentará sérias consequências como resultado das contínuas violações de suas obrigações; [...][429]

16.2 A cronologia da Guerra do Iraque

Após o fim da Guerra do Golfo, o processo de desarmamento do Iraque avançou com lentidão, culminando com um bombardeio americano de quatro dias em 1998 após alegações de descumprimento por parte do Iraque.

Entre 2002 e 2003, tal processo tornou-se uma crise quando a administração do presidente dos EUA George W. Bush repetidamente advertiu o líder iraquiano Saddam Hussein de que faria uso da força caso este último não cumprisse integralmente as resoluções do Conselho de Segurança e se desarmasse de acordo com tais documentos.

Logo antes do advento da Resolução nº 1.441 (2002), a qual, adotada por unanimidade no Conselho de Segurança, denunciou que o Iraque não cumpria suas obrigações internacionais e renovou a ordem para que o fizesse, o governo daquele país havia decidido permitir o retorno dos inspetores de armas das Nações Unidas e da Agência Internacional de Energia Atômica. Foi uma resposta do Iraque às crescentes pressões da comunidade internacional, liderada, até o momento, pelos EUA e países europeus. O então secretário de Estado norte-americano, Colin Powell, fez questão de ressaltar, em uma reunião do Conselho de Segurança,[430] que tal convite do Iraque aos inspetores veio imediatamente após um discurso firme e incisivo do presidente Bush.

---

[429] Tradução livre do texto em inglês disponível em: <http://daccess-dds-ny.un.org>. Acesso em: 19 jan. 2012.
[430] A transcrição da 4.707ª sessão do Conselho de Segurança está disponível em: <http://daccess--dds-ny.un.org>. Acesso em: 27 jan. 2012. As declarações emitidas nesta sessão também foram resumidas em um comunicado oficial à imprensa, disponível em: <www.un.org>. Acesso em: 27 jan. 2012.

No entanto, a partir do recebimento dos primeiros relatórios enviados por Hans Blix, chefe dos inspetores de armas da Comissão de Controle, Verificação e Inspeção das Nações Unidas (Cocovinu) e Mohamed El-Baradei, diretor-geral da Agência Internacional de Energia Atômica (Aiea), o dissenso voltou a instalar-se entre os membros da ONU. Formou-se uma maioria, capitaneada diplomaticamente pela França, que apreciava os progressos relatados pelos inspetores e confiava numa crescente vontade iraquiana de revelar suas instalações e programas e cooperar com os funcionários internacionais. Os Estados que adotavam esta posição acreditavam que a solução para a controvérsia sobre o Iraque estaria na alocação de recursos e apoio à Cocovinu e à Aiea, deixando-lhes tempo para chegarem a conclusões concretas sobre a existência de armas de destruição em massa iraquianas.

Outro grupo de Estados, entretanto, liderado pelos Estados Unidos e pelo Reino Unido, ressaltava a lentidão nas permissões e concessões iraquianas aos agentes das Nações Unidas. Estes governos notavam que cada avanço nas missões internacionais se devia a pressões e ameaças sempre renovadas, e não a uma autêntica vontade iraquiana de cooperar. Salientavam, ainda, que algumas informações, provenientes da época da Guerra do Golfo, sobre estoques de armas químicas, gás venenoso e certos tipos de mísseis não foram confirmadas pelo regime iraquiano, que tampouco fornecera evidências da destruição deste material.

Após discussões no Conselho de Segurança durante o início de 2003, o chefe dos inspetores da ONU, Hans Blix, retornou ao Conselho para relatar as atividades desenvolvidas nos três meses desde o reinício das inspeções autorizadas pelo governo iraquiano. Neste relato, Blix queixou-se:[431]

> O Iraque, que conta com um sistema administrativo altamente desenvolvido, deveria estar em condições de fornecer maiores evidências documen-

---

[431] Tradução livre do pronunciamento, em inglês, de Hans Blix perante o Conselho de Segurança, em 7 de março de 2003. Disponível na página da CNN, em: <http://articles.cnn.com/2003-03-07/us/sprj.irq.un.transcript.blix_1_inspection-effort-unmovic-unscom?_s=PM:US>. Acesso em: 27 jan. 2012.

tais acerca de seus programas de armas proibidas. Apenas poucos de tais documentos vieram à luz até o momento, e foram entregues desde que iniciamos as inspeções. O fato de a declaração iraquiana de 7 de dezembro não ter trazido qualquer evidência documentária foi um desapontamento.

Adicionou que: "Quando se diz que itens proibidos são dados por desaparecidos, é necessário, acima de tudo, que se apresentem relatórios verossímeis, ou então os itens proibidos, caso eles existam".

Em relação às investigações sobre as armas iraquianas, o procedimento incluía entrevistas:

> No último mês, o Iraque nos forneceu os nomes de muitas pessoas que podem compor fontes relevantes de informação, particularmente de pessoas que tomaram parte, em diversos locais, na destruição unilateral de armas químicas e biológicas, bem como de mísseis prescritos, durante 1991.
>
> O fornecimento dos nomes desperta duas reflexões. A primeira é que, com a existência de informação tão detalhada relacionada aos que tomaram parte na destruição unilateral, seguramente ainda devem haver arquivos acerca das quantidades e outros dados sobre os vários itens que foram destruídos.
>
> A segunda reflexão é que, com testemunhas relevantes disponíveis, torna-se ainda mais importante a capacidade de conduzir entrevistas de formas e em locais que nos permitam ter confiança em que o testemunho é dado sem influência externa.
>
> Enquanto que o lado iraquiano parece ter encorajado os entrevistados a não requerer a presença de oficiais iraquianos, guardas locais ou a gravação das entrevistas, as condições assegurando a ausência de influências indevidas são difíceis de ser obtidas no Iraque. Entrevistas fora do país podem providenciar tal garantia. É nossa intenção requerer tais entrevistas em breve.[432]

O inspetor tomou nota de algumas denúncias sobre o programa armamentista iraquiano:

---
[432] Ibid.

Como notei em 14 de fevereiro, autoridades da inteligência denunciaram que as armas de destruição em massa são movimentadas pelo Iraque em caminhões e, particularmente, que existem unidades móveis de produção para armas biológicas. O lado iraquiano alega que tais atividades não existem.

Diversas inspeções ocorreram em sítios declarados e não declarados, em relação a instalações móveis de produção. [...] Nenhuma evidência de atividades proibidas foi, até o momento, encontrada. [...]

Houve notícias, negadas pelo lado iraquiano, de que atividades proibidas são conduzidas no subsolo. O Iraque deve providenciar informação sobre qualquer estrutura subterrânea utilizável para a produção ou armazenamento de armas de destruição em massa.

Durante inspeções em instalações declaradas ou não declaradas, as equipes de inspeção examinaram estruturas de construção atrás de quaisquer possíveis instalações subterrâneas. Adicionalmente, equipamento radar de penetração subterrânea foi utilizado em diversas localizações específicas. Nenhuma instalação subterrânea para produção química ou biológica foi, até o momento, encontrada.

Devo acrescentar que, tanto para o monitoramento do transporte terrestre quanto para a inspeção de instalações subterrâneas, necessitaríamos aumentar nosso pessoal no Iraque. Não estou falando sobre redobrar o pessoal. Eu preferiria dispor do dobro de informação de alta qualidade sobre locais para inspecionar do que o dobro do número de inspetores peritos para enviar.

Em 14 de fevereiro, eu relatei ao Conselho que o lado iraquiano tornara-se mais ativo em tomar e propor passos que poderiam potencialmente lançar nova luz sobre questões de desarmamento não resolvidas. Até uma semana atrás, quando o corrente relatório trimestral estava finalizado, ainda havia relativamente pouco progresso tangível a ser notado. Hoje, há mais.

Durante nossos encontros em Bagdá, o lado iraquiano tentou persuadir-nos de que os mísseis Al Samoud 2, que haviam declarado, encontravam-se dentro do limite de alcance estabelecido pelo Conselho de Segurança. Os cálculos de um grupo internacional de peritos nos conduziram à conclusão

O caso do Iraque

contrária. O Iraque aceitou, desde então, que tais mísseis e itens associados devem ser destruídos, e iniciou o processo de destruição sob nossa supervisão.

A destruição empreendida constitui uma medida substancial de desarmamento, de fato, a primeira desde a metade da década de 1990. Não estamos assistindo uma quebra de palitos de dente; armas letais estão sendo destruídas.[433]

Indo concretamente à questão da colaboração iraquiana:

Dificilmente pode-se evitar a impressão de que, após um período de cooperação algo relutante, houve uma aceleração nas iniciativas do lado iraquiano desde o fim de janeiro. Isto é bem-vindo. Porém, o valor de tais medidas deve ser julgado sobriamente por quantos pontos de interrogação elas efetivamente conseguem apagar.
Isto ainda não está claro.

A partir deste contexto, pergunta-se agora se o Iraque cooperou "imediatamente, incondicionalmente e ativamente" com a COCOVINU, como é requerido pelo parágrafo 9 da Resolução nº 1.441. As respostas podem ser vistas a partir das descrições factuais que forneci.

Entretanto, caso se deseje respostas mais diretas, eu diria o seguinte: O lado iraquiano tentou, ocasionalmente, colocar condições, como em relação a helicópteros e a aviões U-2. Entretanto, ele não persistiu, até o momento, nesta ou em outras condições para o exercício de qualquer de nossos direitos de inspeção. Caso o tivesse feito, nós teríamos reportado.

É óbvio que, enquanto as numerosas iniciativas que são ora tomadas pelo lado iraquiano com vistas a resolver algumas questões antigas e abertas sobre desarmamento podem ser vistas como ativas ou até como proativas, tais iniciativas, tomadas de três a quatro meses após a nova resolução, não podem ser descritas como constituindo cooperação imediata. Elas tampouco

---
[433] Ibid.

cobrem necessariamente todas as áreas relevantes. Elas são, não obstante, bem-vindas. E a COCOVINU responde a elas na esperança de solucionar as questões de desarmamento atualmente em aberto.[434]

Sobre o futuro das inspeções, Hans Blix opinou:

Quanto tempo levará para resolver as principais tarefas remanescentes de desarmamento? Enquanto a cooperação pode – a cooperação pode e deve – ser imediata, o desarmamento e sua verificação não podem ser instantâneos. Até mesmo com uma atitude iraquiana proativa, induzida por contínua pressão externa, ainda tomará algum tempo para verificar locais e itens, analisar documentos, entrevistar pessoas relevantes e obter conclusões. Não levará anos, tampouco semanas, mas meses.[435]

Como se vê, o relatório do inspetor-chefe só fez atiçar os dois lados da comunidade internacional, pois ambos podiam encontrar nas palavras de Blix argumentos para apoiar suas posições. Enquanto que os Estados "otimistas" destacavam o progresso na colaboração iraquiana e sua aparente vontade de aderir ao desarmamento, os "pessimistas" insistiam em que a Resolução nº 1.441 (2002) não dizia respeito diretamente às inspeções da ONU, mas à colaboração do governo iraquiano. Como este continuasse a obstaculizar o trabalho dos inspetores e a cumprir pela metade suas obrigações internacionais, os Estados mais agressivos entenderam que a diplomacia, com seu instrumental de resoluções, declarações e inspeções, havia falhado.

Os EUA montaram, então, uma coalizão, composta por 40 países e liderada pelos próprios EUA, com maior assistência do Reino Unido. Em 17 de março de 2003, os EUA deram um ultimato a Saddam Hussein, para que este, juntamente com seus filhos, abandonasse o Iraque em 48 horas. Em 19 de março, ainda antes da expiração do prazo, mísseis americanos foram disparados rumo a uma fazenda nos

---

[434] Ibid.
[435] Ibid.

subúrbios de Bagdá, numa tentativa de atingir Hussein que, contudo, não estava lá. Finalmente, em 20 de março, pouco tempo após o fim do prazo estabelecido no ultimato, iniciou-se o bombardeamento e invasão simultâneos do Iraque.

Os combates não duraram muito e, em 9 de abril, os EUA entravam em Bagdá. Em 1º de maio, o presidente Bush declarou o fim oficial dos combates. As forças da coalizão totalizavam 265 mil homens (148 mil americanos, 45 mil ingleses, 2 mil australianos, 200 poloneses), enquanto que o Iraque dispunha, segundo estimativas dos EUA, de 375 mil homens.

Durante o período de combates, as forças da coalizão contaram 250 mortos. Quanto ao número de combatentes iraquianos mortos, é difícil fazer uma estimativa, devido a vários fatores, como o fato de que o Exército iraquiano dissolveu-se durante a guerra, impossibilitando uma contagem centralizada das baixas, e a circunstância de que a divisão entre combatentes e civis nem sempre era explícita. As forças iraquianas incluíam diversas formações paramilitares e até efetivos estrangeiros (sobretudo sírios), o que contribuía para aumentar a confusão entre combatentes e não combatentes. Um estudo efetuado pelo "Project on Defense Alternatives" chega a um número entre 7.600 e 10.800 soldados iraquianos mortos.[436] Já para os civis iraquianos vitimados pela invasão, os números variam entre cerca de 7 mil mortos (Iraqi Body Count),[437] e de 3.230 a 4.327 (Project on Defense Alternatives) mortos.

Após a invasão, o Iraque foi ocupado pelas tropas da coalizão. Os Estados que participaram da Guerra do Iraque, seja na invasão ou na ocupação posterior, estão listados no quadro a seguir (não são considerados soldados enviados nas missões das Nações Unidas ao Iraque após a invasão).

---

[436] CONETTA, Carl. The wages of war: Iraqi: combatant and noncombatant fatalities in the 2003 conflict: PDA Research Monograph, n. 8. *Project on Defense Alternatives*, 20 out. 2003. Disponível em: <www.comw.org/pda/fulltext/0310rm8.pdf>. Acesso em: 27 jan. 2012.
[437] IRAQI deaths from violence 2003–2011. *Iraq Body Count*. 2 jan. 2012. Disponível em: <www.iraqbodycount.org/analysis/numbers/2011/>. Acesso em: 27 jan. 2012.

Participação na Guerra do Iraque[438]

Estado	Tropas enviadas
EUA	150.000 (na invasão)
Reino Unido	46.000
Coreia do Sul	3.600
Itália	3.200
Polônia	200 na invasão, 2.500 na ocupação
Austrália	2.000
Geórgia	2.000
Ucrânia	1.650
Países Baixos	1.345
Espanha	1.300
Romênia	730
Japão	600
Dinamarca	545
Bulgária	485
Tailândia	423
El Salvador	380
Honduras	368
República Dominicana	302
República Tcheca	300
Hungria	300
Azerbaijão	250
Albânia	240
Nicarágua	230
Mongólia	180
Cingapura	175
Noruega	150
Letônia	136
Portugal	128
Lituânia	120
Eslováquia	110
Bósnia-Herzegovina	85

---

[438] Ver: <http://en.wikipedia.org/wiki/Multi-National_Force_%E2%80%93_Iraq>. Acesso em: 15 fev. 2013.

O caso do Iraque

Estado	Tropas enviadas
Macedônia	77
Nova Zelândia	61
Tonga	55
Filipinas	51
Armênia	46
Estônia	40
Cazaquistão	29
Moldávia	24
Islândia	2

16.3 A discussão sobre a legalidade da Guerra do Iraque

Entre os argumentos contrários à guerra, pode-se hoje afirmar com grande certeza que realmente não surgiram provas da existência de armas de destruição em massa, tampouco do apoio do antigo regime iraquiano a organizações terroristas internacionais.

Perguntas

4. A partir dos textos acima apresentados, é possível dizer que o Iraque violou as resoluções da ONU que previam seu desarmamento? Uma eventual resposta afirmativa justificaria a abertura de hostilidades bélicas contra tal país?
5. Em que consiste o argumento americano de "legítima defesa preventiva"? Tal conceito encontra respaldo na Carta das Nações Unidas? E no direito costumeiro? E nas resoluções acima transcritas?
6. Avalie a correção da afirmação americana segundo a qual a Resolução nº 1.441 (2002) previa o uso da força contra o Iraque no caso de este prosseguir violando seus deveres internacionais.

7. É válido o argumento que justifica a guerra como uma mudança para um regime democrático? Quais princípios do direito internacional (da Carta da ONU) auxiliariam a responder à questão?

O art. 51 da Carta das Nações Unidas consagra o direito de legítima defesa:

> Artigo 51
> Nada na presente Carta prejudicará o direito inerente de legítima defesa individual ou coletiva no caso de ocorrer um ataque armado contra um Membro das Nações Unidas, até que o Conselho de Segurança tenha tomado as medidas necessárias para a manutenção da paz e da segurança internacionais. As medidas tomadas pelos Membros no exercício desse direito de legítima defesa serão comunicadas imediatamente ao Conselho de Segurança e não deverão, de modo algum, atingir a autoridade e a responsabilidade que a presente Carta atribui ao Conselho para levar a efeito, em qualquer tempo, a ação que julgar necessária à manutenção ou ao restabelecimento da paz e da segurança internacionais.

Pergunta

8. Este artigo pode ser invocado para legitimar a Guerra do Iraque?

16.4 A definição de agressão e a Guerra do Iraque

A agressão é um ato ilícito internacional definido pela Assembleia Geral das Nações Unidas em sua Resolução nº 3.314:

> A Assembleia Geral,
> Baseando-se no fato de um dos fins essenciais da Organização das Nações Unidas ser a manutenção da paz e segurança internacionais e a adoção de

medidas coletivas eficazes para prevenir e afastar as ameaças à paz e reprimir qualquer ato de agressão ou outra ruptura da paz,

Lembrando que o Conselho de Segurança, de acordo com o artigo 39 da Carta das Nações Unidas, determina a existência de qualquer ameaça à paz, ruptura da paz ou ato de agressão e faz recomendações ou decide que medidas serão tomadas de acordo com os artigos 41 e 42, a fim de manter ou restabelecer a paz e a segurança internacionais,

Lembrando igualmente o dever dos Estados, nos termos da Carta, de resolver os seus diferendos internacionais por meios pacíficos, a fim de não pôr em causa a paz, a segurança e a justiça internacionais,

Tendo presente que nada do disposto na presente Definição poderá ser interpretado em nenhum sentido que afete o alcance das disposições da Carta relativas às funções e poderes dos órgãos da Organização das Nações Unidas,

Considerando igualmente que a agressão é a forma mais grave e perigosa do uso ilícito da força, que contém, dada a existência de todos os tipos de armas de destruição maciça, a ameaça possível de um conflito mundial com as suas consequências catastróficas, e que convém por isso, no momento atual, estabelecer uma definição de agressão,

Reafirmando o dever dos Estados de não recorrer ao uso da força armada para privar os povos do seu direito à autodeterminação, liberdade e independência, ou para atingir a sua integridade territorial,

Reafirmando igualmente que o território de um Estado é inviolável e não pode ser objeto, mesmo que transitoriamente, de ocupação militar ou de outras medidas de força tomadas por um outro Estado em violação da Carta, e que não poderá ser objeto, por parte de outro Estado, de aquisição que resulte de tais medidas ou da ameaça de a elas recorrer,

Reafirmando igualmente as disposições da Declaração sobre os princípios de direito internacional referentes às relações de amizade e cooperação entre os Estados de acordo com a Carta das Nações Unidas,

Convencida de que a adoção de uma definição da agressão deveria ter como efeito dissuadir um eventual agressor, facilitaria a determinação dos atos de agressão e a aplicação das medidas adequadas à sua repressão e permitiria salvaguardar os direitos e interesses legítimos da vítima e prestar-lhe auxílio,

Considerando ainda que a questão de saber se houve ato de agressão deve ser examinada tendo em conta todas as circunstâncias de cada caso, e não obstante, é desejável a formulação dos princípios fundamentais que servirão de orientação para o determinar,
Adota a seguinte definição de agressão:
Artigo 1. A agressão é o uso da força armada por um Estado contra a soberania, integridade territorial ou independência política de outro Estado, ou de qualquer forma incompatível com a Carta das Nações Unidas, tal Como decorre da presente Definição.
Nota explicativa: Na presente Definição, o termo "Estado":
a) É utilizado sem prejuízo da questão do reconhecimento ou do fato de um Estado ser, ou não, Membro da Organização das Nações Unidas;
b) Inclui, neste caso, o conceito de "grupos de Estados".
Artigo 2. O uso da força armada em violação da Carta por um Estado que aja em primeiro lugar constitui, em princípio, prova suficiente de um ato de agressão, ainda que o Conselho de Segurança possa concluir, de acordo com a Carta, que não se justifica determinar que foi cometido um ato de agressão, tendo em conta outras circunstâncias pertinentes, nomeadamente o fato de os atos em questão ou as suas consequências não serem suficientemente graves.
Artigo 3. Considerar-se-á ato de agressão qualquer um dos atos a seguir enunciados, tenha ou não havido declaração de guerra, sob reserva das disposições do artigo 2 e de acordo com elas:
a) A invasão ou o ataque do território de um Estado pelas forças armadas de outro Estado, ou qualquer ocupação militar, ainda que temporária, que resulte dessa invasão ou ataque, ou qualquer anexação mediante o uso da força do território ou de parte do território de outro Estado;
b) O bombardeamento pelas forças armadas de um Estado, ou o uso de quaisquer armas por um Estado, contra o território de outro Estado;
c) O bloqueio dos portos ou da costa de um Estado pelas forças armadas de outro Estado;
d) O ataque pelas forças armadas de um Estado contra as forças armadas terrestres, navais ou aéreas, ou a marinha e aviação civis de outro Estado;

e) A utilização das forças armadas de um Estado, estacionadas no território de outro com o assentimento do Estado receptor, com violação das condições previstas no acordo, ou o prolongamento da sua presença no território em questão após o termo do acordo;

f) O fato de um Estado aceitar que o seu território, posto à disposição de outro Estado, seja utilizado por este para perpetrar um ato de agressão contra um terceiro Estado;

g) O envio por um Estado, ou em seu nome, de bandos ou de grupos armados, de forças irregulares ou de mercenários que pratiquem atos de força armada contra outro Estado de uma gravidade tal que sejam equiparáveis aos atos acima enumerados, ou o fato de participar de uma forma substancial numa tal ação.

Artigo 4. A enumeração dos atos mencionados acima não é exaustiva e o Conselho de Segurança poderá qualificar outros atos como atos de agressão de acordo com as disposições da Carta.

Artigo 5. 1. Nenhuma consideração, independentemente da sua natureza, política, econômica, militar ou outra, pode justificar um ato de agressão.

2. A guerra de agressão é um crime contra a paz internacional. A agressão dá lugar a responsabilidade internacional.

3. Nenhuma aquisição territorial ou vantagem especial resultante de uma agressão é lícita ou será reconhecida como tal.

Artigo 6. Nada na presente Definição será interpretado no sentido de ampliar ou restringir de qualquer forma o alcance da Carta, incluindo as suas disposições relativas aos casos em que o uso da força é legítimo.

Artigo 7. Nada na presente Definição, e em particular o artigo 3, poderá prejudicar de qualquer forma o direito à autodeterminação, à liberdade e à independência, tal como decorre da Carta, dos povos privados pela força desse direito e aos quais faz referência a Declaração sobre os princípios de direito internacional referentes às relações de amizade e cooperação entre os Estados de acordo com a Carta das Nações Unidas, nomeadamente os povos submetidos a regimes coloniais ou racistas ou a outras formas de domínio estrangeiro; assim como ao direito desses mesmos povos de lutar por esse fim e de procurar e obter apoio, de acordo com os princípios da Carta e da Declaração acima mencionada.

Artigo 8. No que respeita à sua interpretação e aplicação, as disposições precedentes estão relacionadas entre si e cada uma delas deve ser interpretada no contexto das restantes.[439]

Pergunta

9. O ataque dos EUA ao Iraque pode ser enquadrado na definição de agressão?

16.5 A possibilidade de responsabilização dos agentes dos EUA perante o Tribunal Penal Internacional

Considere os seguintes artigos do Estatuto de Roma, o qual estabeleceu o Tribunal Penal Internacional:

Artigo 1º
O Tribunal
É criado, pelo presente instrumento, um Tribunal Penal Internacional ("o Tribunal"). O Tribunal será uma instituição permanente, com jurisdição sobre as pessoas responsáveis pelos crimes de maior gravidade com alcance internacional, de acordo com o presente Estatuto, e será complementar das jurisdições penais nacionais. A competência e o funcionamento do Tribunal reger-se-ão pelo presente Estatuto. [...]
Artigo 5º
Crimes da competência do Tribunal

---

[439] Tradução livre do original em inglês. Disponível em: <www.un.org/ga/search/view_doc.asp?symbol=A/RES/3314(XXIX)&Lang=E&Area=RESOLUTION>. Acesso em: 27 dez. 2012.

1. A competência do Tribunal restringir-se-á aos crimes mais graves que afetam a comunidade internacional no seu conjunto. Nos termos do presente Estatuto, o Tribunal terá competência para julgar os seguintes crimes:
a) O crime de genocídio;
b) Os crimes contra a Humanidade;
c) Os crimes de guerra;
d) O crime de agressão.
2. O Tribunal poderá exercer a sua competência em relação ao crime de agressão desde que, nos termos dos artigos 121 e 123, seja aprovada uma disposição em que se defina o crime e se enunciem as condições em que o Tribunal terá competência relativamente a este crime. Tal disposição deve ser compatível com as disposições pertinentes da Carta das Nações Unidas. [...]

Artigo 11
Competência *ratione temporis*
1. O Tribunal só terá competência relativamente aos crimes cometidos após a entrada em vigor do presente Estatuto.
2. Se um Estado se tornar Parte no presente Estatuto depois da sua entrada em vigor, o Tribunal só poderá exercer a sua competência em relação a crimes cometidos depois da entrada em vigor do presente Estatuto relativamente a esse Estado, a menos que este tenha feito uma declaração nos termos do parágrafo 3º do artigo 12

Artigo 12
Condições prévias ao exercício da jurisdição
1. O Estado que se torne Parte no presente Estatuto aceitará a jurisdição do Tribunal relativamente aos crimes a que se refere o artigo 5º.
2. Nos casos referidos nas alíneas a) ou c) do artigo 13, o Tribunal poderá exercer a sua jurisdição se um ou mais Estados a seguir identificados forem Partes no presente Estatuto ou aceitarem a competência do Tribunal de acordo com o disposto no parágrafo 3º:
a) Estado em cujo território tenha tido lugar a conduta em causa, ou, se o crime tiver sido cometido a bordo de um navio ou de uma aeronave, o Estado de matrícula do navio ou aeronave;
b) Estado de que seja nacional a pessoa a quem é imputado um crime.

3. Se a aceitação da competência do Tribunal por um Estado que não seja Parte no presente Estatuto for necessária nos termos do parágrafo 2º, pode o referido Estado, mediante declaração depositada junto do secretário, consentir em que o Tribunal exerça a sua competência em relação ao crime em questão. O Estado que tiver aceite a competência do Tribunal colaborará com este, sem qualquer demora ou exceção, de acordo com o disposto no capítulo IX.

Artigo 13

Exercício da jurisdição

O Tribunal poderá exercer a sua jurisdição em relação a qualquer um dos crimes a que se refere o artigo 5º, de acordo com o disposto no presente Estatuto, se:

a) Um Estado Parte denunciar ao procurador, nos termos do artigo 14, qualquer situação em que haja indícios de ter ocorrido a prática de um ou vários desses crimes;

b) O Conselho de Segurança, agindo nos termos do capítulo VII da Carta das Nações Unidas, denunciar ao procurador qualquer situação em que haja indícios de ter ocorrido a prática de um ou vários desses crimes; ou

c) O procurador tiver dado início a um inquérito sobre tal crime, nos termos do disposto no artigo 15. [...]

Na esteira do art. 5º, §2º, foi aprovada, na Conferência de Revisão do Estatuto de Roma, realizada em Kampala (Uganda) em 2010, a seguinte emenda ao Estatuto de Roma, a qual insere o art. 8º *bis* no texto do tratado, tipificando o crime de agressão:

Artigo 8º *bis*

Crime de agressão

1. Para os efeitos do presente Estatuto, "crime de agressão" significa o planejamento, preparação, início ou execução, por uma pessoa em posição de efetivamente exercer controle ou direcionar a ação política ou militar de um Estado, de um ato de agressão o qual, por seu caráter, gravidade e escala, constitua uma violação manifesta da Carta das Nações Unidas.

2. Para os efeitos do parágrafo 1º, "ato de agressão" significa o uso de força armada por um Estado contra a soberania, a integridade territorial ou a independência política de outro Estado, ou de qualquer outro modo inconsistente com a Carta das Nações Unidas. Qualquer um dos seguintes atos, independentemente de uma declaração de guerra, deverá, de acordo com a Resolução 3314 (XXIX) da Assembleia Geral das Nações Unidas de 14 de dezembro de 1974, ser qualificada como um ato de agressão:

(a) A invasão ou o ataque, pelas forças armadas de um Estado, ao território de outro Estado, ou qualquer ocupação militar, ainda que transitória, resultante de tal invasão ou ataque, ou qualquer anexação, mediante o uso da força, do território de outro Estado ou de parte do mesmo;

(b) O bombardeio, pelas forças armadas de um Estado, contra o território de outro Estado ou o uso de qualquer arma por um Estado contra o território de outro Estado;

(c) O bloqueio dos portos ou do litoral de um Estado pelas forças armadas de outro Estado;

(d) Um ataque, através das forças armadas de um Estado, a forças terrestres, navais ou aéreas, ou às frotas marinhas ou aéreas de outro Estado;

(e) O uso de forças armadas de um Estado que se encontrem dentro do território de outro Estado com o consentimento do Estado receptor, em contravenção às condições previstas no respectivo acordo, ou qualquer extensão de sua presença em tal território para além do fim do acordo;

(f) A ação de um Estado no sentido de permitir que seu território, o qual foi posto à disposição de outro Estado, seja utilizado por este outro Estado para perpetrar um ato de agressão contra um terceiro Estado;

(g) O envio, de ou por conta de um Estado, de bandos armados, grupos, irregulares ou mercenários, que perpetrem contra outro Estado atos de força armada de tal gravidade, que cheguem aos atos acima listados, ou o seu envolvimento substancial em tais condutas.[440]

---

[440] Disponível em: <www.planalto.gov.br/ccivil_03/decreto/2002/D4388.htm>. Acesso em: 4 abr. 2013.

Pergunta

10. Considerando os artigos acima selecionados, e tendo em mente que os EUA e o Iraque não são parte no Estatuto de Roma, analise a possibilidade de que os integrantes do governo de George W. Bush ou seus agentes sejam julgados nessa Corte Internacional pela prática do crime de agressão.

16.6 A possibilidade de responsabilização internacional dos EUA perante a Corte Internacional de Justiça

O Projeto de Artigos sobre responsabilidade dos Estados por atos internacionais ilícitos, elaborado pela Comissão de Direito Internacional da ONU dispõe:[441]

> Artigo 1º
> Todo ato ilícito internacional de um Estado acarreta na responsabilidade internacional deste Estado.
> Artigo 2º
> Existe um ato ilícito internacional de um Estado quando uma conduta, consistindo em uma ação ou omissão:
> (a) pode ser atribuída pelo direito internacional ao Estado, e
> (b) constitui uma violação a uma obrigação internacional do Estado.
> Artigo 3º
> A caracterização de um ato de um Estado como um ilícito internacional é governada pelo direito internacional. Uma tal caracterização não é afetada pela caracterização do mesmo ato como lícito pelo direito interno.
> Artigo 4º
> 1. A conduta de qualquer órgão estatal será considerada um ato do Estado sob o direito internacional, independentemente de o órgão exercer funções

---

[441] Os artigos a seguir foram livremente traduzidos do original em inglês, disponível em: <www.untreaty.un.org>. Acesso em: 8 jun. 2012.

legislativas, executivas, judiciais ou quaisquer outras, qualquer que seja sua posição na organização do Estado, e seja ele um órgão pertencente ao governo central, seja pertencente a alguma unidade territorial do Estado.
2. Um órgão inclui qualquer pessoa ou entidade que possua tal natureza de acordo com o direito interno do Estado. [...]
Artigo 12
Existe uma quebra de uma obrigação internacional por um Estado quando um ato de tal Estado, qualquer que seja sua origem ou natureza, não está em conformidade com o que lhe é requerido pela obrigação. [...]
Artigo 21
Não há ilicitude em um ato estatal caso tal ato constitua uma medida lícita de autodefesa tomada em conformidade com a Carta das Nações Unidas. [...]
Artigo 25
1. A necessidade não pode ser invocada por um Estado como motivo para excluir a ilicitude de um ato que não esteja em conformidade com a obrigação internacional de tal Estado, a não ser que o ato:
(a) seja a única maneira de o Estado salvaguardar um interesse essencial seu contra perigo grave e iminente; e
(b) não prejudique gravemente um interesse essencial do Estado ou Estados em relação aos quais a obrigação existe, ou da comunidade internacional como um todo.
2. Em qualquer caso, a necessidade não pode ser invocada pelo Estado como motivo para excluir a ilicitude se:
(a) a obrigação internacional em questão exclui a possibilidade de invocar a necessidade; ou
(b) o Estado contribuiu para criar a situação de necessidade.
Artigo 26
Nada neste capítulo exclui a ilicitude de qualquer ato de um Estado que não esteja em conformidade com uma obrigação decorrente de uma norma peremptória de direito internacional geral. [...]
Artigo 30
O Estado responsável pelo ato ilícito internacional está obrigado
(a) a cessar tal ato, caso continue;

(b) a assegurar a não repetição e oferecer garantias neste sentido, caso as circunstâncias o requeiram.

Artigo 31

O Estado responsável possui uma obrigação de realizar plena reparação pelo dano causado pelo ato ilícito internacional.

O dano inclui qualquer dano, seja material ou moral, causado pelo ato internacional ilícito do Estado.

Artigo 32

O Estado responsável não pode basear-se nas disposições de seu direito interno como justificação para um descumprimento de suas obrigações expostas neste capítulo. [...]

Artigo 42

Um Estado, como parte ofendida, está intitulado a invocar a responsabilidade de outro Estado caso a obrigação violada fosse devida:

(a) àquele Estado individualmente; ou

(b) a um grupo de Estados incluindo tal Estado, ou à comunidade internacional como um todo, e a violação da obrigação:

(i) tenha afetado especialmente tal Estado; ou

(ii) possua natureza tal que modifique radicalmente a posição de todos os demais Estados aos quais a obrigação seja devida, com respeito à continuidade do adimplemento da obrigação.

Perguntas

11. É possível responsabilizar os EUA perante a CIJ?
12. Que ator internacional seria legitimado para tal?
13. Há alguma obrigação internacional violada? Essa obrigação é atribuída ao Estado?
14. Há alguma excludente de responsabilidade?
15. Os requisitos formais, condição de admissibilidade, estariam preenchidos?

16.7 Questões para fixação e aprofundamento

1. O que diz a Resolução nº 1.441 (2002) do Conselho de Segurança?
2. A Resolução nº 1.441 (2002) autorizou expressa ou implicitamente o uso da força?
3. O que dizem as resoluções do Conselho de Segurança anteriores à intervenção? Existe alguma interpretação destas resoluções que possa servir como fundamento para o uso da força feito pelos EUA após o 11 de setembro?
4. O que o autor quis dizer com a seguinte afirmação: "*The UN despite the aspirations of its Charter, will continue to coexist with a system of states that is older, and is rapidly changing because of the unique US role*"? Você concorda com ele? Justifique.
5. Em sua opinião, o uso da força no Iraque pode ser justificado dentro do sistema das Nações Unidas? Por quê? Apresente sua resposta de forma coerente e estruturada, identificando as premissas que o conduziram à sua conclusão.

Capítulo 17
O caso da Faixa de Gaza

17.1 O histórico da disputa em Gaza

Após a Segunda Guerra Mundial, o Reino Unido, que administrava a região da Palestina de acordo com um mandato conferido pela antiga Sociedade das Nações, anunciou sua intenção de deixar o território até 1948. Com o crescente número de judeus imigrantes que adquiriam terras na região, e os problemas que começavam a surgir entre estes e a população árabe, as Nações Unidas buscaram uma solução que fosse aceita por todos os lados: previu-se a divisão da Palestina em um Estado árabe e um judeu. Tal operação seria feita de acordo com disposições traçadas pela Assembleia Geral da ONU e órgãos por ela criados ou designados. O plano ficou conhecido como "Plano de Partilha com União Econômica". Elaborado sem a consulta à população interessada e descendo a minúcias como a realização de eleições, as disposições constitucionais que a lei fundamental de cada Estado deveria ter e os órgãos centrais da "união econômica" entre os dois futuros países, o plano jamais foi posto em prática.

Resolução da Assembleia Geral nº 181 (1947)[442]
A Assembleia Geral,

---

[442] Tradução livre do original em inglês disponível em: <www.yale.edu/lawweb/avalon/un/res181.htm>. Acesso em: 8 jun. 2012.

Havendo se reunido em uma sessão especial a pedido da Potência mandatária com o objetivo de constituir e instruir um Comitê Especial para preparar a consideração da questão do futuro governo da Palestina na segunda sessão regular;
Tendo constituído um Comitê Especial e instruindo-o a investigar todas as questões e temas relevantes à questão da Palestina, e a preparar propostas para a solução da questão, e
Tendo recebido e examinado o relatório do Comitê Especial [...] incluindo uma série de recomendações unânimes e um plano de partilha com união econômica aprovado pela maioria do Comitê Especial,
Considera que a situação atual na Palestina provavelmente colocará em risco o bem-estar geral e as relações amistosas entre nações;
Toma nota da declaração da Potência mandatária de que esta planeja completar sua evacuação da Palestina em 1º de agosto de 1948;
Recomenda ao Reino Unido, como Potência mandatária para a Palestina, e a todos os demais membros das Nações Unidas, a adoção e implementação, no que tange ao futuro governo da Palestina, do Plano de Partilha com União Econômica abaixo exposto;
Solicita que
O Conselho de Segurança tome as medidas necessárias previstas no plano para sua implementação;
O Conselho de Segurança avalie, caso as circunstâncias durante o período transicional requeiram uma tal consideração, se a situação na Palestina constitui uma ameaça à paz. Caso decida que uma tal ameaça existe, e de modo a manter a paz e segurança internacionais, o Conselho de Segurança deve suplementar a autorização da Assembleia Geral, tomando medidas sob os artigos 39 e 41 da Carta, de modo a possibilitar que a Comissão das Nações Unidas, tal qual previsto nesta resolução, exerça na Palestina as funções que lhe foram atribuídas por esta resolução;
O Conselho de Segurança defina como uma ameaça à paz, quebra da paz ou ato de agressão, conforme o artigo 39 da Carta, qualquer tentativa de alterar pela força a solução proposta por esta resolução;
O Conselho de Tutela seja informado das responsabilidades a ele designadas neste plano;

Pede aos habitantes da Palestina que tomem todos os passos que se façam necessários de sua parte de modo a colocar este plano em prática;
Apela a todos os governos e a todos os povos que se abstenham de empreender qualquer ação que possa prejudicar ou retardar a execução destas recomendações, e
Autoriza o secretário-geral a reembolsar despesas de viagem e subsistência dos membros da Comissão mencionada na Parte 1, Seção B, Parágrafo I abaixo, na base e forma que ele determinar sendo mais apropriadas nas circunstâncias, e a prover a Comissão do pessoal necessário para assistir no desempenho das funções que lhe foram atribuídas pela Assembleia Geral.
A Assembleia Geral,
Autoriza o secretário-geral a retirar, do Fundo de Operações, uma soma não superior a 2 milhões de dólares para os propósitos elencados no último parágrafo da resolução acerca do futuro governo da Palestina.

Em anexo a esta resolução, o "Plano de Partilha com União Econômica" previa o fim do mandato britânico na Palestina até o ano seguinte (1948), a retirada das tropas britânicas e a formação de um Estado judeu e um Estado árabe de acordo com as fronteiras que o Plano estabelecia.

Ainda, eram descritas diretrizes para o estabelecimento de um conselho de governo em cada Estado, de forças militares e policiais próprias e de eleições para assembleias constituintes.

Era descrito como obrigatório o respeito aos direitos humanos, aos locais religiosos e aos tratados anteriormente em vigor para a região da Palestina.

O Plano de Partilha ainda trazia uma série de estipulações sobre uma união econômica, que deveria ser integrada pelos dois novos Estados.

Por fim, deixava-se claro que Jerusalém teria uma condição especial, sendo administrada pelas Nações Unidas.

O "Plano de Partilha com União Econômica" foi rapidamente posto de lado pelos fatos: enquanto os judeus pareceram aceitar o plano, os árabes, com apoio dos Estados vizinhos, o rechaçaram. Entre 1947 e 1948, houve uma guerra civil na região, motivada tanto por organizações terroristas judaicas, que atuavam de forma violenta contra os britânicos, quanto por lideranças árabes, que se opunham à continuidade da imigração dos judeus. É preciso lembrar que, após a Segunda Guerra, ocorreu uma grande onda de imigração judaica da Europa e URSS rumo à Palestina.

Após ser alvo de atentados terroristas por agentes guerrilheiros judeus na Palestina, o Reino Unido decidiu devolver seu mandato às Nações Unidas, como sucessoras da Sociedade das Nações, e declarou que não iria se envolver com a execução do Plano de Partilha. Israel declarou sua independência em 14 de maio de 1948, no dia em que os britânicos encerravam seu mandato. Imediatamente após, Israel foi atacado por todos os seus vizinhos: Egito, Transjordânia (atual Jordânia), Síria e Líbano, além do Iraque (Arábia Saudita, Sudão e Iêmen tiveram envolvimento menor, mas também enviaram soldados). Começou assim a Guerra de Independência do Estado de Israel, na qual os israelenses conseguiram expulsar os adversários. Durante a guerra (e a pretexto da mesma) iniciou-se também o chamado "problema dos refugiados", pois diversos árabes habitantes da Palestina fugiram dos combates ou foram expulsos por milícias judaicas. O resultado da guerra foi a manutenção do território atribuído aos judeus, além da ocupação, por Israel, de aproximadamente 78% do território destinado ao Estado árabe. O restante foi anexado pelo Egito (a Faixa de Gaza) e Transjordânia (que anexou a Cisjordânia). As delimitações estabelecidas após 1948 eram consideradas provisórias, e os acordos de armistício entre Israel e Egito, Líbano, Síria e Transjordânia eram claros ao afirmar que não se tratava de fronteiras internacionais definitivas.

Em 1967, após as desconfianças mútuas entre Israel e seus vizinhos terem alcançado um nível insustentável, a nova tentativa dos países árabes de invadir Israel fracassou na chamada "Guerra dos Seis Dias". Israel pôde manter seu território e ocupou a Faixa de Gaza e a Cisjordânia, dominando efetivamente todo o antigo território do mandato da Palestina. Além disso, ocupou também a península do Sinai, território egípcio a partir do qual eram lançados seus ataques a Israel.

Resolução do Conselho de Segurança nº 242 (1967)[443]

O Conselho de Segurança,

Expressando sua preocupação contínua com a grave situação do Oriente Médio,

Enfatizando a inadmissibilidade da aquisição de território através da guerra e a necessidade de trabalhar por uma paz justa e duradoura, na qual todo Estado na região possa viver em segurança,

Enfatizando ainda que todos os Estados-membros, ao aceitarem a Carta das Nações Unidas, tomaram um compromisso no sentido de agir de acordo com o artigo 2 da Carta,

Afirma que a realização dos princípios da Carta demanda o estabelecimento de uma paz justa e duradoura no Oriente Médio, que deveria incluir a aplicação de ambos os seguintes princípios:

Retirada das forças armadas israelenses dos territórios ocupados no recente conflito;

Fim de todas as reclamações ou estados de beligerância e respeito e reconhecimento pela soberania, integridade territorial e independência política de cada Estado na região, e de seu direito a viver em paz, dentro de fronteiras seguras e reconhecidas, livres de ameaças ou de atos de força;

Afirma, ainda, a necessidade

De garantir a liberdade de navegação através de vias fluviais internacionais na região;

De alcançar uma solução justa para o problema dos refugiados;

de garantir a inviolabilidade territorial e a independência política de todo Estado na região, através de medidas que incluam o estabelecimento de zonas desmilitarizadas;

Pede ao secretário-geral que designe um representante especial para deslocar-se ao Oriente Médio de modo a estabelecer e manter contato com os Estados envolvidos, para promover o acordo e auxiliar nos esforços para alcançar uma solução pacífica e aceita, de acordo com as disposições e princípios desta resolução;

---

[443] Tradução livre do original em inglês disponível em: <www.yale.edu/lawweb/avalon/un/un242.htm>. Acesso em: 1 jun. 2012.

Pede ao secretário-geral que relate os progressos dos esforços do representante especial assim que possível ao Conselho de Segurança.

Em 1978, Israel devolveu o Sinai ao Egito. Em 2005, retirou-se unilateralmente da Faixa de Gaza, embora ainda volte frequentemente a entrar no território ao ser vítima de ataques com mísseis ou para perseguir algum líder terrorista. A Cisjordânia encontra-se parcialmente ocupada por Israel, que entregou o controle e administração de algumas áreas aos palestinos, mantendo outras áreas sob sua ocupação. Também deve ser mencionado que Israel incentivou um programa de "colonização" das terras palestinas, através do qual milhares de judeus se instalaram na Cisjordânia (os assentamentos na Faixa de Gaza foram retirados por Israel em 2005). As rodovias e passagens para estes assentamentos na Cisjordânia permanecem sob controle israelense.

17.2 A operação "Chumbo Fundido"

Israel ataca a Faixa de Gaza[444]
1. Quando teve início o novo confronto entre judeus e palestinos no Oriente Médio, e por quê?
Israel empreendeu os primeiros ataques em 27 de dezembro de 2008. Foram 30 bombardeios só nesta data. De acordo com líderes israelenses, a ação foi uma resposta aos disparos quase diários de foguetes por parte do grupo radical islâmico Hamas sobre Israel. Eles teriam se intensificado após 19 de dezembro, quando o Hamas, que detém o controle da Faixa de Gaza, rompeu o acordo de cessar-fogo assinado em junho. Antes de começar os ataques, Israel teria advertido o Hamas algumas vezes para que suspendesse os disparos de foguetes. O grupo reagiu à ofensiva israelense com novos disparos, matando uma pessoa em Ashkelon, cidade no sul de Israel. O

---
[444] ISRAEL ataca a Faixa de Gaza. *Veja.com*, dez. 2008. Disponível em: <http://veja.abril.com.br>. Acesso em: 25 jun. 2012.

país então declarou que as áreas ao redor de Gaza eram uma "zona militar fechada".

2. Há outras razões para o confronto?
Analistas apontam motivações políticas por trás das operações militares em Gaza. A ofensiva ocorreu semanas antes das eleições em Israel, opondo a chanceler Tzipi Livni e o ex-premiê Benjamin Netanyahu – um conhecido linha-dura no conflito com os palestinos – na disputa pela chefia do governo. Com a ofensiva, o atual governo mostra pulso firme ao eleitor. Já para o Hamas, é conveniente ser visto como vítima e ganhar a simpatia dos árabes na região. Assim, o grupo pode minar ainda mais, em Gaza, a imagem do presidente palestino Mahmoud Abbas, do partido rival Fatah, com quem rompeu relações.

3. Qual a intensidade e quais os alvos dos ataques?
Batizada de "Chumbo endurecido [sic]", a operação é considerada a mais violenta por parte de Israel desde a ocupação dos territórios palestinos, em 1967. Os principais alvos são ligados ao Hamas. O plano seria destruir 40 quartéis policiais e outros locais estratégicos do grupo. No segundo dia do conflito, Israel bombardeou mais de 40 túneis na fronteira da Faixa de Gaza com o Egito que, segundo um porta-voz do Exército israelense, eram usados no contrabando de armas, explosivos e pessoas. A Força Aérea de Israel já teria destruído a principal instalação de segurança do Hamas, e um avião israelense teria bombardeado a Universidade Islâmica de Gaza, um dos redutos do grupo, num ataque sem vítimas. Além disso, aviões de guerra teriam atingido a sede do Ministério do Interior em Gaza.

4. Qual o saldo de mortos e feridos?
Nos três primeiros dias da ofensiva militar, morreram pelo menos 310 palestinos – 51 deles civis, segundo a ONU – e outros 1.400 ficaram feridos. Só no dia 29 de dezembro de 2008, foram mortas seis crianças palestinas, quatro delas de uma mesma família.

5. Com o fechamento da Faixa de Gaza, Israel pode assumir o controle da região?
Não é o que pensam analistas militares israelenses, para os quais a ofensiva não visaria à retomada da Faixa de Gaza ou a destruição do governo do

Hamas. Esta seria uma manobra muito arriscada antes da eleição parlamentar, marcada para 10 de fevereiro de 2009. O plano de Israel seria forçar o Hamas a uma nova trégua, como aquela rompida em 19 de dezembro de 2008. Num primeiro momento, o fechamento significa a obstrução, para civis sem salvo-conduto militar, das estradas em uma área distante entre 2 km e 4 km da fronteira. Só militares israelenses e moradores podem transitar pela região. Jornalistas também são banidos. Israel justifica a decisão citando o temor de que militantes palestinos intensifiquem os ataques com foguetes.

6. O confronto pode levar a uma guerra?
É possível. Analistas previram uma ação militar por terra, graças à decisão de Israel de bloquear Gaza. O Exército israelense concentrou tropas na região e, em 29 de dezembro de 2008, o ministro da Defesa, Ehud Barak, referiu-se a uma guerra "sem trégua" contra o Hamas na Faixa de Gaza. O Hamas, por sua vez, conclamou seus seguidores a iniciar uma nova intifada (revolta palestina contra a ocupação israelense). O porta-voz do grupo declarou que o Hamas iria se vingar – inclusive com atentados suicidas.

7. O que diz a ONU sobre a questão?
Um dia após o início dos ataques de Israel à Faixa de Gaza, o Conselho de Segurança da ONU se reuniu em caráter de urgência e pediu a interrupção imediata da violência na região, chamando atenção para os danos humanitários que o confronto acarretava. O encontro de cinco horas foi solicitado pela Líbia, único membro árabe do Conselho. O pedido de paz, no entanto, foi incluído em uma declaração não vinculante, isto é, sem o peso de uma resolução, e não fez menção direta nem a Israel, nem ao Hamas.

8. E o restante da opinião pública internacional?
Os países árabes são os mais insuflados pelo conflito, mas líderes em todo o mundo, entre eles o papa Bento XVI e o presidente eleito dos Estados Unidos, Barack Obama, passaram a acompanhar a crise com apreensão. Jordânia e Turquia manifestaram apoio ao Hamas logo no primeiro dia de confronto. No Egito, o chanceler Ahmed Abul Gheit disse que tentaria mediar um cessar-fogo. Entidades no Irã e na Líbia prometeram ajuda humanitária aos palestinos. O papa Bento XVI pediu "um ímpeto de humanismo e sabedoria por parte de todos os que têm alguma responsabilidade

pela situação". Obama, de férias no Havaí e se preparando para assumir a presidência dos EUA em 20 de janeiro, declarou por meio de um porta-voz que acompanhava com atenção os eventos em Gaza. O Ocidente, em geral, condenou o recrudescimento da violência na região. Aliado de Israel, o governo dos Estados Unidos pediu ao Hamas que suspendesse os ataques com foguetes e aceitasse um cessar-fogo duradouro.

9. Como o Hamas obteve o controle da Faixa de Gaza?
O controle do empobrecido território palestino foi conquistado pelo grupo radical em janeiro de 2006, nas urnas. O Hamas (abreviação, em árabe, de Movimento de Resistência Islâmica) foi o grande vencedor das eleições legislativas da Autoridade Nacional Palestina (ANP), da qual participaram eleitores de Gaza, da Cisjordânia e de Jerusalém Oriental. Mas a vitória legítima e avassaladora não representou uma temporada de paz: de um lado, israelenses e americanos não reconheceram a conquista do grupo, por considerá-lo uma facção terrorista; de outro, a tensão entre o movimento e o partido rival Fatah, do presidente da ANP, Mahmoud Abbas, se acentuou. O primeiro-ministro israelense Ehud Olmert chegou a afirmar que não permitiria que o grupo extremista – autor de cerca de 70 atentados contra Israel desde o início da segunda intifada, em 2000 – se integrasse à ANP. De início, Abbas cedeu à vontade manifestada nas urnas e convidou o Hamas para formar com o Fatah o novo governo palestino, mas depois as tensões entre os dois grupos se intensificaram, levando ao rompimento e à divisão política dos palestinos. Em junho de 2007, o Hamas tomou de fato o poder em Gaza, após confrontos com tropas israelenses e com militantes do Fatah. Sem reconhecer o líder do Hamas Ismail Haniya como primeiro-ministro, Abbas indicou Salam Fayyad como novo premiê palestino. Mas é o Hamas quem exerce o poder de fato na Faixa de Gaza, mantendo um governo paralelo ao coordenado pelo Fatah na Cisjordânia. A população da Cisjordânia é de 2,6 milhões de habitantes, e a de Gaza, de 1,5 milhão.

10. Qual a posição do Hamas como partido político?
O Hamas não é um partido político comum. Até decidir participar das eleições em Gaza, era notório patrocinador das carnificinas perpetradas por homens-bomba em Israel. Ao chegar ao poder, o grupo palestino não

abandonou a defesa da luta armada contra Israel e continuou se declarando contrário à existência do Estado judeu, inspirando ataques terroristas contra israelenses e motivando duras respostas militares do governo de Israel contra milicianos e civis palestinos.

Entenda a recente escalada do conflito na Faixa de Gaza[445]
Operação militar de Israel em Gaza foi iniciada em 27 de dezembro
A operação militar de Israel na Faixa de Gaza foi iniciada no dia 27 de dezembro e já deixou centenas de palestinos e mais de 10 israelenses mortos.

Israel afirma que a ofensiva tem o objetivo de impedir que militantes palestinos continuem lançando foguetes contra o território israelense.

A BBC elaborou uma série de perguntas e respostas sobre o conflito em Gaza.

Por que Israel iniciou os ataques contra a Faixa de Gaza?
Os israelenses afirmam que lançaram os ataques para impedir que grupos militantes palestinos continuem lançando foguetes contra seu território.
Israel quer que o lançamento de foguetes seja interrompido e que sejam tomadas medidas para impedir o rearmamento do Hamas, grupo que controla a Faixa de Gaza.

Para atingir esse objetivo, Israel está tentando destruir ou reduzir a capacidade de combate do Hamas e tomar controle de seus estoques de armas.

Os ataques israelenses foram iniciados em 27 de dezembro, pouco depois de o Hamas anunciar que não iria renovar um acordo de cessar-fogo que estava em vigor desde junho de 2008.

Por que o Hamas não renovou o cessar-fogo com Israel?
O acordo de cessar-fogo, que havia sido mediado pelo Egito, foi quebrado diversas vezes na prática.

Havia um círculo vicioso. O Hamas reclamava do bloqueio econômico por terra, ar e mar imposto por Israel sobre Gaza. Israel reclamava que o

---

[445] ENTENDA a recente escalada do conflito na Faixa de Gaza. *BBC Brasil.com*, 9 jan. 2009. Disponível em: <www.bbc.co.uk/portuguese/reporterbbc/story/2009/01/090108_gazaqanda_ac.shtml>. Acesso em: 7 jan. 2012.

Hamas estava contrabandeando armas para dentro do território por meio de túneis subterrâneos na fronteira com o Egito, além de lançar foguetes contra o território israelense.

O Hamas dizia que o lançamento de foguetes é uma forma justificada de resistência e de chamar a atenção para o sofrimento população de Gaza. Israel afirmava que seu bloqueio a Gaza se justifica como forma de tentar forçar o Hamas a observar o cessar-fogo.

A tensão aumentou depois que os israelenses realizaram uma incursão no sul de Gaza, no início de novembro, para destruir túneis que, segundo eles, eram usados para contrabando de armas. Esse episódio levou a uma nova onda de foguetes lançados contra Israel pelo Hamas e, em consequência, a um endurecimento do bloqueio israelense em Gaza.

Como condição para renovar o cessar-fogo, encerrado após seis meses de duração, o Hamas exigia a suspensão do bloqueio israelense em Gaza.

Por que o Hamas lança foguetes contra Israel?
Hamas é uma abreviatura de Movimento de Resistência Islâmica. O grupo considera toda a Palestina histórica terra islâmica e, portanto, vê o Estado de Israel como um ocupante, apesar de ter oferecido uma "trégua" de dez anos em troca da retirada de Israel para as fronteiras anteriores à Guerra dos Seis Dias, em 1967.

O Hamas geralmente justifica suas ações contra Israel, que incluem ataques suicidas e lançamento de foguetes, como sendo uma forma legítima de resistência.

No caso particular de Gaza, o grupo argumenta que o bloqueio israelense justifica um contra-ataque com todos os meios possíveis.

Quantas vítimas os foguetes lançados pelo Hamas contra Israel já deixaram?
Desde 2001, quando os foguetes começaram a ser lançados, mais de 8,6 mil atingiram o sul de Israel, cerca de 6 mil deles disparados a partir da retirada de Israel de Gaza, em agosto de 2005.

Os foguetes já mataram 28 pessoas e feriram centenas de outras. Na cidade israelense de Sderot, perto de Gaza, 90% dos moradores dizem que já houve explosão de foguetes na rua em que vivem ou nas cercanias.

O alcance dos foguetes lançados pelo Hamas vem aumentando. O Qassam (batizado assim em homenagem a um líder palestino dos anos 1930) tem alcance de cerca de 10 Km.

No entanto, recentemente a cidade israelense de Beersheba, a 40 Km de Gaza, foi atingida por artefatos mais avançados, incluindo versões do antigo sistema soviético Grad, também conhecido como Katyusha, provavelmente contrabandeadas para Gaza e que colocam cerca de 800 mil israelenses em risco.

Fontes médicas palestinas dizem que mais de 700 pessoas foram mortas na Faixa de Gaza na atual operação militar israelense.

Quais os efeitos do bloqueio israelense na Faixa de Gaza?
Os efeitos foram severos. A atividade econômica já era baixa quando os ataques israelenses começaram. A agência das Nações Unidas para refugiados palestinos (UNWRA, na sigla em inglês) presta assistência alimentar para cerca de 750 mil pessoas em Gaza. Em novembro, quando o bloqueio foi reforçado, o diretor da agência, John Ging, disse que a UNWRA estava ficando sem comida para distribuir aos palestinos.

Desde que a atual operação militar começou, Israel tem afirmado que vai permitir a passagem de ajuda humanitária, mas o volume tem sido menor do que costumava. O território também enfrenta falta de medicamentos e de combustível.

Qual é a história da Faixa de Gaza?
Gaza era parte da Palestina quando o território estava sob administração britânica, em um mandato garantido pela Liga das Nações, após a Primeira Guerra Mundial.

Em combates depois que Israel declarou sua independência, em 1948, o Egito capturou a Faixa de Gaza.

Refugiados palestinos das cidades costeiras do norte se abrigaram lá. Esses refugiados, ou seus descendentes, ainda vivem em campos da Organização das Nações Unidas (ONU) em Gaza.

Israel conquistou o território na guerra de 1967 e posteriormente deslocou cerca de 8 mil colonos israelenses para lá. No entanto, todos os colonos e soldados israelenses deixaram a Faixa de Gaza em 2005.

A Faixa de Gaza tem uma população de 1,5 milhão de pessoas, das quais 33% (cerca de 490 mil) são classificadas como refugiados. O território tem 40 Km de comprimento e cerca de 6 Km a 12 Km de largura.

Como o Hamas assumiu o controle da Faixa de Gaza?
Depois da retirada israelense em 2005, a Autoridade Palestina assumiu o controle de Gaza.

A Autoridade Palestina é formada principalmente por nacionalistas palestinos seculares do partido Fatah que, ao contrário do Hamas, acredita ser possível um acordo definitivo com Israel sobre uma solução que inclua dois Estados – Israel e Palestina.

Em janeiro de 2006, o Hamas venceu eleições parlamentares nos territórios palestinos e formou um governo na Faixa de Gaza e na Cisjordânia. Um governo de união nacional entre o Hamas e o Fatah foi formado em março de 2007.

No entanto, o presidente da Autoridade Palestina, Mahmoud Abbas, que é um líder do Fatah eleito diretamente em um pleito anterior, dissolveu o governo.

Em junho de 2007, alegando que forças do Fatah estavam planejando um golpe, o Hamas assumiu o controle da Faixa de Gaza à força. A Cisjordânia, porém, permaneceu sob o controle do Fatah.

O Hamas foi boicotado pela comunidade internacional, que exige que o grupo renuncie à violência e reconheça Israel.

Como o conflito deve acabar?
Diplomatas esperam que possa ser firmado um novo acordo de cessar-fogo. Um acordo assim teria de se basear em três princípios.

Dois desses princípios são exigidos por Israel – um comprometimento do Hamas de que não vai mais lançar foguetes contra o território israelense e uma maneira (talvez algum tipo de barreira física) de impedir o contrabando de armas para dentro da Faixa de Gaza.

O outro princípio é exigido pelo Hamas (além, é claro, da retirada das forças israelenses): o alívio do bloqueio a Gaza.

Caso não haja acordo, Israel deverá tentar impor suas condições à força, o que será contestado pelo Hamas.

Conflito em Gaza desperta polêmica sobre definição de "civis"[446]
Heather Sharp
Da BBC News em Jerusalém

As crianças ensanguentadas são, claramente, civis; os homens mortos quando lançam foguetes, sem dúvida, não são. Mas e os cerca de 40 jovens recrutas da polícia do Hamas em parada que morreram na primeira onda de bombardeios de Israel na Faixa de Gaza?

Os depósitos de armas são, claramente, militares – mas e o Ministério do Interior, atingido em um ataque que matou dois médicos; ou o escritório de troca de moedas, cuja destruição, na semana passada, acabou ferindo um menino que estava no andar superior?

Com o aumento do número de mortos na Faixa de Gaza, surge a delicada questão de quem e o quê pode ser considerado um alvo militar legítimo em um território governado por um grupo que muitos na comunidade internacional consideram uma organização terrorista.

Este é também o grupo que venceu as eleições legislativas palestinas em janeiro de 2006 e, um ano depois, consolidou seu controle à força.

Ou seja, embora esteja por trás de uma campanha de atentados suicidas em Israel e lance foguetes indiscriminadamente para o lado israelense da fronteira, também está encarregado de escolas, hospitais, serviços sanitários e usinas de energia elétrica na Faixa de Gaza.

Leis internacionais

Israel diz que está operando totalmente dentro das leis internacionais, mas organizações de defesa dos direitos humanos temem que os israelenses estejam forçando os termos da legislação.

E, na medida em que as forças em terra entram em choque na densamente povoada Faixa de Gaza, a questão ficará mais premente.

As leis internacionais em manter as baixas entre civis em um nível mínimo são baseadas na distinção entre "combatentes" e "não combatentes".

---

[446] SHARP, Heather. Conflito em Gaza desperta polêmica sobre definição de "civis". *BBC Brasil*, 6 jan. 2009. Disponível em: <www.bbc.co.uk/portuguese/reporterbbc/story/2009/01/090106_gaza_civis.shtml>. Acesso em: 25 jun. 2012.

Quando Israel lançou sua primeira onda de ataques, o primeiro-ministro Ehud Olmert disse: "Vocês – os cidadãos da Faixa de Gaza – não são nossos inimigos. Hamas, Jihad e as outras organizações terroristas são os seus inimigos, assim como são nossos inimigos".

Mas quando um porta-voz militar israelense diz que "qualquer um afiliado ao Hamas é um alvo legítimo", as coisas ficam complicadas.

O Comitê Internacional da Cruz Vermelha – guardião das Convenções de Genebra em que as leis humanitárias internacionais são baseadas – define um combatente como uma pessoa "diretamente engajada em hostilidades".

Mas o porta-voz das Forças de Defesa Israelenses (IDF, na sigla em inglês), Benjamin Rutland, disse à BBC: "Nossa definição é que qualquer um que esteja envolvido com terrorismo dentro do Hamas é um alvo válido. Isso inclui instituições estritamente militares e outras, políticas, que fornecem apoio logístico e recursos humanos para o braço terrorista".

Definição "aberta"
Philippe Sands, professor de Direito Internacional da University College London, diz que não se recorda de uma democracia ocidental que tenha adotado uma definição tão ampla.

"Uma vez que você amplia a definição de combatente como o IDF aparentemente está fazendo, você começa a incluir indivíduos que só estão envolvidos de maneira indireta ou periférica", afirma. "Ela se torna uma definição aberta, o que mina o propósito das regras a que ela deve se aplicar." Na verdade, o próprio Hamas teria dito que o fato de que a maioria dos israelenses faz serviço militar justifica ataques a áreas civis.

Os primeiros bombardeios, que tiveram como alvo delegacias na Faixa de Gaza, são um caso-chave nessa questão – especialmente, o ataque que matou pelo menos 40 recrutas em parada.

Analistas dizem que os policiais do Hamas são responsáveis por reprimir dissidentes e remover espiões, assim como lidar com o crime e organizar o trânsito.

Mas o grupo de defesa dos direitos humanos, B'Tselem, que levantou a questão em uma carta ao procurador-geral de Israel, diz que aparente-

mente os mortos eram treinados em primeiros socorros, direitos humanos e manutenção da ordem pública.
Convenção de Genebra
O IDF diz que tem inteligência de que membros da força policial costumam "fazer bico" em esquadrões de foguetes, mas não deu detalhes sobre locais específicos ou alvos individuais.

O grupo Human Rights Watch (HRW), contudo, alega que mesmo se integrantes da polícia também servem como combatentes do Hamas, eles só podem ser atacados legalmente quando estão participando de atividades militares.

O B'Tselem e o HRW também estão preocupados com ataques ostensivos a instalações civis como universidades, mesquitas e autarquias.

O Protocolo-1 da Convenção de Genebra – citado por Israel, embora não assinado pelo país – diz que, para ser um alvo militar legítimo, um local tem que "dar uma contribuição efetiva à ação militar" e sua destruição ou neutralização também tem que oferecer "uma vantagem militar definitiva".

Israel disse que bombardeou mesquitas porque elas eram usadas para armazenar armas, liberando um vídeo de ataques aéreos que diz mostrar explosões secundárias como prova.

Mas não dá evidências para sua alegação de que laboratórios na Universidade Islâmica, que sofreram pesados bombardeios, tenham sido usados para a pesquisa de armas, ou para suas alegações de que pelo menos três agentes de troca de moeda estivessem envolvidos "na transferência de fundos para atividades terroristas".

Isso porque Israel raramente divulga material de inteligência por temer que a vida de suas fontes seja colocada em risco, segundo Rutland.
Proporcionalidade
Mas, ao atingir os Ministérios de Educação, Interior e Exterior e o prédio do Parlamento, Israel simplesmente argumenta que eles são parte da infra-estrutura do Hamas – e não há diferença entre suas alas política e militar.

"Alegar que todos estes escritórios são alvos legítimos, só porque eles estão afiliados ao Hamas, é legalmente falho e extremamente problemático", diz a diretora do B'Tselem, Jessica Montell.

Outros incidentes despertaram preocupação por estas razões, juntamente com um segundo conceito legal, de proporcionalidade.

O conceito determina que ganhos militares de uma determinada operação devem ser proporcionais às prováveis baixas entre civis ocorridas durante sua implementação.

Fred Abrahams, da Human Rights Watch, afirma: "Mesmo que tenha um alvo legítimo, você não pode simplesmente lançar uma bomba de dez toneladas sobre ele".

Investigação
Questões de proporcionalidade dependem tanto de intenção quanto do número de pessoas mortas e feridas.

Cinco irmãs da família Balousha que dormiam juntas morreram quando, aparentemente, uma mesquita próxima ligada ao Hamas foi bombardeada no campo de refugiados de Jabaliya no segundo dia da operação israelense.

A HRW está pedindo uma investigação. "A mesquita era um alvo legítimo? Nós temos nossas dúvidas", disse Abrahams. "Eles usaram armas que limitariam danos a civis? Nós temos sérias dúvidas."

Neste caso, Rutland disse que o IDF não tinha registro de um alvo naquela área específica naquele horário, e não deu mais explicações para a morte das meninas.

Um outro caso foi o lançamento de uma bomba em um caminhão que Israel disse inicialmente estar carregado de mísseis.

O B'Tselem e o dono do caminhão – que disse que seu filho morreu junto com outras sete pessoas – afirmaram depois que ele estava transportando cilindros de oxigênio. Israel insiste ter informações de que o armazém onde o caminhão foi carregado estocou armas no passado.

Quão boa era a inteligência israelense? Qual era a probabilidade, por exemplo, de que, no momento da decisão, a informação estivesse errada? E os ganhos potenciais superaram as possíveis perdas?

Sands diz que a proporcionalidade é um conceito "muito, muito difícil". "O que é proporcional para uma pessoa pode ser desproporcional para outra", afirmou.

Disparidade

A disparidade dos números da guerra na Faixa de Gaza é gritante – os palestinos dizem que mais de 500 moradores de Gaza morreram em oito dias, em comparação a 18 israelenses vitimados por ataques de foguetes desde 2001.

Mas especialistas afirmam que questões ligadas às intenções das partes como as razões para a guerra, as ações adotadas para proteger – ou expor – civis e as condições no terreno, todas entram em uma equação legal muito mais complicada.

Israel diz que advogados são consultados constantemente em suas operações. As autoridades afirmam que adotam todas as medidas possíveis para minimizar baixas entre civis.

São usadas armas teleguiadas; há telefonemas de alerta antes do bombardeio de edifícios; o IDF diz que já foram abortadas missões porque civis eram vistos como alvo.

E diz que seu inimigo está longe de ser um Exército padrão: "Nós estamos falando de um governo inteiro cuja razão de existir é derrotar Israel", afirmou Rutland. "E tudo com energia direcionada para o ataque de civis israelenses."

Testemunhas dizem, e analistas confirmam, que o Hamas lança foguetes de dentro de áreas povoadas por civis, e todos os lados concordam que o movimento viola de maneira flagrante as leis internacionais ao alvejar civis com seus foguetes.

Mas apesar de descrever o lançamento de foguetes como "um escancarado crime de guerra", Jessica Montell, do B'Tselem, acrescenta: "Eu certamente não esperaria que o meu governo agisse de acordo com o padrão que o Hamas estabeleceu para si mesmo – nós exigimos um padrão mais elevado".

17.3 As Convenções de Genebra[447]

Israel é parte nas quatro Convenções de Genebra de 1949 sobre direito internacional humanitário. Não é parte, por outro lado, do Protocolo I

---

[447] O texto das Convenções de Genebra e dos protocolos adicionais pode ser encontrado, em português (na variante adotada em Portugal), em: <www.icrc.org/por/war-and-law/treaties--customary-law/geneva-conventions/index.jsp>. Acesso em: 27 jan. 2012.

Adicional às Convenções de Genebra, de 1977, Relativo à Proteção das Vítimas de Conflitos Armados Internacionais.

Convenção IV de Genebra, relativa à proteção das pessoas civis em tempo de guerra:

[...] Artigo 2º. Além das disposições que devem entrar em vigor desde o tempo de paz, a presente Convenção aplicar-se-á em caso de guerra declarada ou de qualquer outro conflito armado que possa surgir entre duas ou mais das Altas Partes contratantes, mesmo que o estado de guerra não seja reconhecido por uma delas.

A Convenção aplicar-se-á igualmente em todos os casos de ocupação total ou parcial do território de uma Alta Parte contratante, mesmo que esta ocupação não encontre qualquer resistência militar.

Se uma das Potências no conflito não for parte na presente Convenção, as Potências que nela são partes manter-se-ão, no entanto, ligadas pela referida Convenção nas suas relações recíprocas. Além disso, elas ficarão ligadas por esta Convenção à referida Potência, se esta aceitar e aplicar as suas disposições.

Artigo 3º. No caso de conflito armado que não apresente um caráter internacional e que ocorra no território de uma das Altas Potências contratantes, cada uma das Partes no conflito será obrigada a aplicar pelo menos as seguintes disposições:

1) As pessoas que tomem parte diretamente nas hostilidades, incluídos os membros das forças armadas que tenham deposto as armas e as pessoas que tenham sido postas fora de combate por doença, ferimento, detenção ou por qualquer outra causa, serão, em todas as circunstâncias, tratadas com humanidade, sem nenhuma distinção de caráter desfavorável baseada na raça, cor, religião ou crença, sexo, nascimento ou fortuna, ou qualquer critério análogo.

Para este efeito, são e manter-se-ão proibidas, em qualquer ocasião e lugar, relativamente às pessoas acima mencionadas:

a) As ofensas contra a vida e integridade física, especialmente o homicídio sob todas as formas, as mutilações, os tratamentos cruéis, torturas e suplícios;

b) A tomada de reféns;

c) As ofensas à dignidade das pessoas, especialmente os tratamentos humilhantes e degradantes;
d) As condenações proferidas e as execuções efetuadas sem prévio julgamento, realizado por um tribunal regularmente constituído, que ofereça todas as garantias judiciais reconhecidas como indispensáveis pelos povos civilizados.
2) Os feridos e doentes serão recolhidos e tratados.
Um organismo humanitário imparcial, como a Comissão Internacional da Cruz Vermelha, poderá oferecer os seus serviços às Partes no conflito.
As Partes no conflito esforçar-se-ão também por pôr em vigor por meio de acordos especiais todas ou parte das restantes disposições da presente Convenção.
A aplicação das disposições precedentes não afetará o estatuto jurídico das Partes no conflito. [...]
Artigo 4º. São protegidas pela Convenção as pessoas que, num dado momento e de qualquer forma, se encontrem, em caso de conflito ou ocupação, em poder de uma Parte, no conflito ou de uma Potência ocupante de que não sejam súbditas.
Os súbditos de um Estado que não esteja Ligado pela Convenção não são protegidos por ela. Os súbditos de um Estado neutro que se encontrem no território de um Estado beligerante e os súbditos de um Estado co-beligerante não serão considerados como pessoas protegidas enquanto o Estado de que são súbditos tiver representação diplomática normal junto do Estado em poder do qual se encontrem.
As disposições do título II têm, contudo, uma mais larga aplicação, como se define no artigo 13º.
As pessoas protegidas pela Convenção de Genebra para melhorar a situação dos feridos e doentes das forças armadas em campanha, de 12 de Agosto de 1949, ou pela de Genebra para melhorar a situação dos feridos, doentes e náufragos das forças armadas do mar, de 12 de Agosto de 1949, ou pela de Genebra relativa ao tratamento dos prisioneiros de guerra, de 12 de Agosto de 1949, não serão consideradas como pessoas protegidas no sentido da presente Convenção.

Artigo 5º. Se, no território de uma Parte no conflito, esta tiver fundamentadas razões para considerar que uma pessoa protegida pela presente Convenção é, individualmente, objeto de uma suspeita legítima de se entregar a uma atividade prejudicial à segurança ou se ficou averiguado que ela se entrega de fato a esta atividade, a referida pessoa não poderá prevalecer-se dos direitos e privilégios conferidos pela presente Convenção, os quais, se fossem usados em seu favor, poderiam ser prejudiciais à segurança do Estado. Se, num território ocupado, uma pessoa protegida pela Convenção for detida como espia ou sabotador, ou porque sobre ela recai uma legítima suspeita de se entregar a atividades prejudiciais à segurança da Potência ocupante, a referida pessoa poderá, nos casos de absoluta necessidade da segurança militar, ser privada dos direitos de comunicação previstos pela presente Convenção.
Em cada um destes casos, as referidas pessoas serão, porém, tratadas com humanidade e, em caso de serem processadas, não serão privadas do direito a um processo imparcial e regular previsto pela atual Convenção.
Voltarão, igualmente a beneficiar de todos os direitos e privilégios de uma pessoa protegida em conformidade com a presente Convenção, o mais cedo possível, mas sem prejuízo da segurança do Estado ou Potência ocupante, conforme o caso. [...]
Artigo 13º. As disposições do título II têm em vista o conjunto das populações dos países no conflito, sem qualquer distinção desfavorável, particularmente de raça, nacionalidade, religião ou opiniões políticas, e destinam-se a aliviar os sofrimentos causados pela guerra. [...]
Artigo 18º. Os hospitais civis organizados para cuidar dos feridos, doentes, enfermos e parturientes não poderão, em qualquer circunstância, ser alvo de ataques; serão sempre respeitados e protegidos pelas Partes no conflito. Os Estados que são partes num conflito deverão entregar a todos os hospitais civis um documento atestando a sua qualidade de hospital civil e provando que os edifícios que ocupa, não são utilizados para outros fins que, em conformidade com o artigo 19º, poderiam privá-los de protecção. Os hospitais civis serão assinalados, se para tal estiverem autorizados pelo Estado, por meio do emblema estipulado no artigo 38º da Convenção de

Genebra para melhorar a situação dos feridos e doentes das forças armadas em campanha, de 12 de Agosto de 1949.

As Partes no conflito tomarão, tanto quanto as exigências militares o permitam, as medidas necessárias para tornar facilmente visíveis às forças inimigas, terrestres, aéreas e navais, os emblemas distintivos que assinalem os hospitais civis, a fim de afastar a possibilidade de qualquer acção agressiva.

Em vista dos perigos que pode apresentar para os hospitais a proximidade de objectivos militares, recomenda-se que os mesmos fiquem tão afastadas quanto possível dos referidos objectivos.

Artigo 19º. A protecção concedida aos hospitais civis não poderá cessar, a não ser que os mesmos sejam utilizados para cometer, fora dos seus deveres humanitários, actos prejudiciais ao inimigo.

Contudo, a protecção não cessará senão depois de intimação prévia fixando, em todos os casos oportunos, um prazo razoável e depois de a intimação não ter sido atendida.

Não será considerado como acto hostil o facto de militares feridos ou doentes serem tratados nestes hospitais ou serem ali encontradas armas portáteis e munições tiradas aos mesmos e que não tenham ainda sido entregues no serviço competente. [...]

Artigo 23º. Cada Parte contratante concederá a livre passagem de todas as remessas de medicamentos, material sanitário e dos objectos necessários ao culto, destinados unicamente à população civil de um outra Parte contratante, mesmo inimiga. Autorizará igualmente a livre passagem de todas as remessas de víveres indispensáveis, vestuários e fortificantes destinados às crianças, com menos de 15 anos, mulheres grávidas e parturientes.

A obrigação para uma Parte contratante de permitir livre passagem das remessas indicadas no parágrafo precedente está sujeita à condição de esta Parte ter a garantia de que não existem sérios motivos para recear que:

a) As remessas possam ser desviadas do seu destino, ou

b) A inspecção possa não ser eficaz, ou

c) O inimigo possa daí tirar uma manifesta vantagem para os seus esforços militares ou economia, substituindo estas remessas por mercadorias que deveria, de outra forma, fornecer ou produzir, ou libertando as matérias, produtos ou serviços que teria, por outro lado, de utilizar na produção de tais mercadorias.

A Potência que autoriza a passagem de remessas indicadas no primeiro parágrafo deste artigo pode pôr como condição para a sua autorização que a distribuição aos beneficiários seja feita sob a fiscalização local das Potências protectoras.

Estas remessas deverão ser enviadas ao seu destino o mais rapidamente possível, e o Estado que autoriza a sua livre passagem terá o direito de fixar as condições técnicas mediante as quais ela será permitida. [...]

Artigo 27º. As pessoas protegidas têm direito, em todas as circunstâncias, ao respeito da sua pessoa, da sua honra, dos seus direitos de família, das suas convicções e práticas religiosas, dos seus hábitos e costumes. Serão tratadas, sempre, com humanidade e protegidas especialmente contra todos os actos de violência ou de intimidação, contra os insultos e a curiosidade pública. As mulheres serão especialmente protegidas contra qualquer ataque à sua honra, e particularmente contra violação, prostituição forçadas ou qualquer forma de atentado ao seu pudor.

Sem prejuízo das disposições relativas ao seu estado de saúde, idade e sexo, todas as pessoas protegidas serão tratadas pela Parte no conflito em poder de quem se encontrem com a mesma consideração, sem qualquer distinção desfavorável, especialmente de raça, religião ou opiniões políticas.

Contudo, as Partes no conflito poderão tomar, a respeito das pessoas protegidas, as medidas de fiscalização ou de segurança que sejam necessárias devido à guerra.

Artigo 28º. Nenhuma pessoa protegida poderá ser utilizada para colocar, pela sua presença, certos pontos ou certas regiões ao abrigo das operações militares. [...]

Artigo 32º. As Altas Partes contratantes proíbem-se expressamente qualquer medida que possa causar sofrimentos físicos ou o extermínio das pessoas protegidas em seu poder. Esta proibição não tem em vista apenas o assassínio, a tortura, os castigos corporais, as mutilações e as experiências médicas ou científicas que não forem necessárias para o tratamento médico de uma pessoa protegida, mas também todas as outras brutalidades, quer sejam praticadas por agentes civis ou militares.

Israel não é parte no Protocolo I Adicional às Convenções de Genebra, de 1977. Ainda assim, seguem abaixo alguns artigos deste instrumento:

TÍTULO III
Métodos e meios de guerra – Estatuto do combatente e do prisioneiro de guerra
SECÇÃO I
Métodos e meios de guerra
Artigo 35º
1. Em qualquer conflito armado o direito de as Partes no conflito escolherem os métodos ou meios de guerra não é ilimitado.
2. É proibido utilizar armas, projécteis e materiais, assim como métodos de guerra de natureza a causar danos supérfluos.
3. É proibido utilizar métodos ou meios de guerra concebidos para causar, ou que se presume irão causar, danos extensos, duráveis e graves ao meio ambiente natural. [...]
Artigo 37º
Proibição da perfídia
1. É proibido matar, ferir ou capturar um adversário recorrendo à perfídia. Constituem perfídia os actos que apelem, com intenção de enganar, à boa fé de um adversário para lhe fazer crer que tem o direito de receber ou a obrigação de assegurar a protecção prevista pelas regras do direito internacional aplicável nos conflitos armados. São exemplo de perfídia os actos seguintes:
a) Simular a intenção de negociar a coberto da bandeira parlamentar, ou simular a rendição;
b) Simular uma incapacidade causada por ferimentos ou doença;
c) Simular ter estatuto de civil ou de não combatente;
d) Simular ter um estatuto protegido utilizando sinais, emblemas ou uniformes das Nações Unidas, Estados neutros ou de outros Estados não Partes no conflito.
2. As astúcias de guerra não são proibidas. Constituem astúcias de guerra os actos que têm por fim induzir um adversário em erro ou fazer-lhe cometer imprudências, mas que não violem nenhuma regra do direito internacional

aplicável aos conflitos armados e que, não apelando à boa fé do adversário no respeitante à protecção prevista por aquele direito, não são perfídias. Os actos seguintes são exemplos de astúcias de guerra: uso de camuflagem, engodos, operações simuladas e falsas informações. [...]

SECÇÃO II

Estatuto do combatente e do prisioneiro de guerra

Artigo 42º

Forças armadas

1. As forças armadas de uma Parte num conflito compõem-se de todas as forças, grupos e unidades armadas e organizadas, colocadas sob um comando responsável pela conduta dos seus subordinados perante aquela Parte, mesmo que aquela seja representada por um governo ou uma autoridade não reconhecidos pela Parte adversa. Essas forças armadas devem ser submetidas a um regime de disciplina interna que assegure nomeadamente o respeito pelas regras do direito internacional aplicável nos conflitos armados.

2. Os membros das forças armadas de uma Parte num conflito (que não o pessoal sanitário e religioso citado no artigo 33º da Convenção III) são combatentes, isto é, têm o direito de participar directamente nas hostilidades.

3. A parte num conflito que incorpore, nas suas forças armadas, uma organização paramilitar ou um serviço armado encarregado de fazer respeitar a ordem, deve notificar esse facto às outras Partes no conflito. [...]

TÍTULO IV

População civil

SECÇÃO I

Proteção geral contra os efeitos das hostilidades

CAPÍTULO I

Regra fundamental e âmbito de aplicação

Artigo 48º

Regra fundamental

De forma a assegurar o respeito e a protecção da população civil e dos bens de carácter civil, as Partes no conflito devem sempre fazer a distinção entre população civil e combatentes, assim como entre bens de carácter civil e objectivos militares, devendo, portanto, dirigir as suas operações unicamente contra objectivos militares. [...]

CAPÍTULO II

Pessoas civis e população civil

Artigo 50º

Definição de pessoas civis e de população civil

1. É considerada como civil toda a pessoa não pertencente a uma das categorias mencionadas pelo artigo 4º-A, alíneas 1), 2), 3) e 6), da Convenção III[448] e pelo artigo 43º do presente Protocolo. Em caso de dúvida, a pessoa citada será considerada como civil.

2. A população civil compreende todas as pessoas civis.

3. A presença no seio da população civil de pessoas isoladas que não correspondam à definição de pessoa civil, não priva essa população da sua qualidade.

Artigo 51º

Protecção da população civil

1. A população civil e as pessoas civis gozam de uma protecção geral contra os perigos resultantes de operações militares. De forma a tornar essa pro-

---

[448] Os trechos mencionados do artigo 4º-A da III Convenção de Genebra (relativa ao tratamento dos prisioneiros de guerra) dizem o seguinte:
"Artigo 4º. A. São prisioneiros de guerra, no sentido da presente Convenção, as pessoas que, pertencendo a uma das categorias seguintes, tenham caído em poder do inimigo: 1) Os membros das forças armadas de uma Parte no conflito, assim como os membros das milícias e dos corpos de voluntários que façam parte destas forças armadas; 2) Os membros das outras milícias e dos outros corpos de voluntários, incluindo os dos outros corpos de voluntários, incluindo os dos movimentos de resistência organizados, pertencentes a uma Parte no conflito operando fora ou no interior do seu próprio território, mesmo se este território estiver ocupado, desde que estas milícias ou corpos voluntários, incluindo os dos movimentos de resistência organizados, satisfaçam as seguintes condições: a) Ter à sua frente uma pessoa responsável pelos seus subordinados; b) Ter um sinal distinto fixo que se reconheça à distância; c) Usarem as armas à vista; d) Respeitarem, nas suas operações, as leis e usos de guerra. 3) Os membros das forças armadas regulares que obedeçam a um Governo ou a uma autoridade não reconhecida pela Potência detentora; [...] 6) A população de um território não ocupado que, à aproximação do inimigo, pegue espontaneamente em armas, para combater as tropas de invasão, sem ter tido tempo de se organizar em força armada regular, desde que transporte as armas à vista e respeite as leis e costumes da guerra."

tecção efectiva, as regras seguintes, que se aditam às outras regras do direito internacional aplicável, devem ser observadas em todas as circunstâncias.

2. Nem a população civil enquanto tal nem as pessoas civis devem ser objecto de ataques. São proibidos os actos ou ameaças de violência cujo objectivo principal seja espalhar o terror entre a população civil.

3. As pessoas civis gozam da protecção concedida pela presente secção, salvo se participarem directamente nas hostilidades e enquanto durar essa participação.

4. Os ataques indiscriminados são proibidos. Pela expressão «ataques indiscriminados» designam-se:

a) Os ataques não dirigidos contra um objectivo militar determinado;

b) Os ataques em que sejam utilizados métodos ou meios de combate que não possam ser dirigidos contra um objectivo militar determinado; ou

c) Os ataques em que sejam utilizados métodos ou meios de combate cujos efeitos não possam ser limitados, como prescrito pelo presente Protocolo; e que consequentemente são, em cada um desses casos, próprios para atingir indistintamente objectivos militares e pessoas civis ou bens de carácter civil.

5. Serão considerados como efectuados sem discriminação, entre outros, os seguintes tipos de ataques:

a) Os ataques por bombardeamento, quaisquer que sejam os métodos ou meios utilizados, que tratem como objectivo militar único um certo número de objectivos militares nitidamente separados e distintos, situados numa cidade, aldeia ou qualquer outra zona contendo concentração análoga de pessoas civis ou bens de carácter civil;

b) Os ataques de que se possa esperar venham a causar incidentalmente perda de vidas humanas na população civil, ferimentos nas pessoas civis, danos nos bens de carácter civil ou uma combinação destas perdas e danos, que seriam excessivos relativamente à vantagem militar concreta e directa esperada.

6. São proibidos os ataques dirigidos a título de represália contra a população civil ou pessoas civis.

7. A presença ou os movimentos da população civil ou de pessoas civis não devem ser utilizados para colocar certos pontos ou certas zonas ao abrigo de

operações militares, especialmente para tentar colocar objectivos militares ao abrigo de ataques ou para encobrir, favorecer ou dificultar operações militares. As Partes no conflito não devem orientar os movimentos da população civil ou das pessoas civis para tentar colocar objectivos militares ao abrigo de ataques ou para encobrir operações militares.

8. Nenhuma violação destas proibições dispensa as Partes no conflito das suas obrigações jurídicas perante a população civil e as pessoas civis, incluindo a obrigação de tomar as medidas de precaução previstas pelo artigo 57º. [...]

CAPÍTULO IV

Medidas de precaução

Artigo 57º

Precauções no ataque

1. As operações militares devem ser conduzidas procurando constantemente poupar a população civil, as pessoas civis e os bens de carácter civil.

2. No que respeita aos ataques, devem ser tomadas as seguintes precauções:

a) Os que preparam e decidem um ataque devem:

i) Fazer tudo o que for praticamente possível para verificar se os objectivos a atacar não são pessoas civis, nem bens de carácter civil, e não beneficiam de uma protecção especial, mas que são objectivos militares, nos termos do nº 2 do artigo 52º, e que as disposições do presente Protocolo não proíbem o seu ataque;

ii) Tomar todas as precauções praticamente possíveis quanto à escolha dos meios e métodos de ataque de forma a evitar e, em qualquer caso, a reduzir ao mínimo as perdas de vidas humanas na população civil, os ferimentos nas pessoas civis e os danos nos bens de carácter civil que puderem ser incidentalmente causados;

iii) Abster-se de lançar um ataque de que se possa esperar venha a causar incidentalmente perdas de vidas humanas na população civil, ferimentos nas pessoas civis, danos nos bens de carácter civil ou uma combinação dessas perdas e danos que seriam excessivos relativamente à vantagem militar concreta e directa esperada;

b) Um ataque deverá ser anulado ou interrompido quando pareça que o seu objectivo não é militar ou que beneficia de uma protecção especial ou que se possa esperar venha a causar incidentalmente perdas de vidas humanas na população civil, ferimentos nas pessoas civis, danos em bens de carácter civil ou uma combinação dessas perdas e danos, que seriam excessivos relativamente à vantagem militar concreta e directa esperada;

c) No caso de um ataque que possa afectar a população civil, deverá ser feito um aviso, em tempo útil e por meios eficazes, a menos que as circunstâncias o não permitam.

3. Quando for possível escolher entre vários objectivos militares para obter uma vantagem militar equivalente, a escolha deverá recair sobre o objectivo cujo ataque seja susceptível de apresentar o menor perigo para as pessoas civis ou para os bens de carácter civil.

4. Na condução das operações militares no mar ou no ar, cada Parte no conflito deve tomar, em conformidade com os direitos e deveres decorrentes das regras do direito internacional aplicável aos conflitos armados, todas as precauções razoáveis para evitar perdas.

5. Nenhuma disposição do presente artigo poderá ser interpretada como autorizando ataques contra a população civil, pessoas civis ou bens de carácter civil.

Artigo 58º
Precauções contra os efeitos dos ataques
Na medida do que for praticamente possível, as Partes no conflito:

a) Esforçar-se-ão, procurarão, sem prejuízo do artigo 49º da Convenção IV, por afastar da proximidade dos objectivos militares a população civil, as pessoas civis e os bens de carácter civil sujeitos à sua autoridade;

b) Evitarão colocar objectivos militares no interior ou na proximidade de zonas fortemente povoadas;

c) Tomarão outras precauções necessárias para proteger a população civil, as pessoas civis e os bens de carácter civil sujeitos à sua autoridade contra os perigos resultantes das operações militares.

17.4 A crise de Gaza no Conselho de Direitos Humanos das Nações Unidas

O conflito repercutiu no Conselho de Direitos Humanos da ONU, principal instância deliberativa e investigativa para assuntos relacionados à proteção dos direitos humanos. Através de uma resolução,[449] o Conselho estabeleceu uma missão de verificação dos fatos, composta por peritos independentes, e enviou-a ao local da disputa.

A missão produziu o chamado "Relatório Goldstone" (nome do principal jurista que a integrava, Richard Goldstone, juiz sul-africano que fora procurador-geral do Tribunal Penal Internacional para a ex-Iugoslávia). A missão estabeleceu alguns fatos, entre os quais o de que Israel promoveu vários avisos aos habitantes civis de Gaza antes de bombardear alguma área específica. Estes avisos incluíram chamadas telefônicas, lançamento de panfletos, mensagens radiofônicas e tiros de advertência com artilharia leve (chamados "bater no teto").

Estabeleceu também que o quartel-general da Unrwa foi bombardeado por Israel em 15 de janeiro de 2009, embora não tenha havido vítimas.

Em relação ao bombardeio do hospital palestino Al Quds, a missão considerou o seguinte:

> 601. Três médicos proeminentes no hospital e dois residentes da Rua al--Abraj indicaram que, em algum momento entre 3 e 6 de janeiro, diversos tanques encontravam-se estacionados a algumas centenas de metros do hospital al-Quds, visíveis a partir da garagem de ambulâncias. Durante os dias 5, 6, 7 e 8 de janeiro, houve significativo fogo de artilharia direcionado a alguns edifícios de apartamentos civis na rua al-Abraj. Em 8 de janeiro de 2009, o apartamento no sétimo andar do Dr. Jaber Abu al-Naja foi atingido. Sua esposa e seu genro foram mortos imediatamente enquanto estavam sentados na varanda do apartamento comendo pastéis. Sua esposa foi cortada ao meio pela explosão, e seu genro foi arremessado da varanda

---

[449] CONSELHO DE DIREITOS HUMANOS. Resolução S-9/1. Disponível em: <www2.ohchr.org/english/bodies/hrcouncil/specialsession/9>. Acesso em: 10 jun. 2012.

à rua abaixo. Sua filha, Ihsan, foi gravemente ferida e levada ao hospital al-Quds para tratamento. O Dr. Jaber Abu al-Naja é o ex-embaixador da OLP[450] no Senegal, e um conhecido político da Fatah.

602. Por volta de 15 de janeiro, a área imediatamente ao sul do hospital al-Quds (o prédio no qual funcionava uma repartição da receita e outro no qual funcionava um cartório) havia sido total ou substancialmente destruída. A área a leste, na rua al-Abraj, havia sido significativamente atacada por fogo de artilharia.

603. Por volta deste momento, um grande número de civis (diversas centenas) também se haviam reunido nas acomodações do hospital em busca de segurança.

604. Durante a noite de 14 de janeiro, as forças armadas israelenses iniciaram uma extensiva barragem de fogo de artilharia sobre a área. Esta prosseguiu até a manhã do dia 15 de janeiro. Entre 8 e 9 horas da manhã, os médicos do edifício principal do hospital encontravam-se na sala de reuniões quando projéteis atingiram o outro lado do edifício. Eles viram labaredas de fósforo branco queimando perto de um contêiner de óleo diesel, e foram feitos esforços, com sucesso, para removê-los. As explosões iniciais haviam quebrado as janelas da sala. Aproximadamente ao mesmo tempo, ficou claro que o edifício administrativo, situado na extremidade do complexo, também havia sido alvejado. O edifício hospitalar vizinho possuía diversas construções em madeira. O risco da disseminação do fogo era imenso e uma testemunha descreveu como a equipe do hospital, incluindo os médicos principais, procurou destruir, manualmente, a ponte de madeira que separava o prédio administrativo do edifício do hospital, para impedir que o fogo se espalhasse.

605. Pouco após o momento em que as explosões iniciais e o fogo haviam sido observados, um projétil de tanque acertou em cheio a parte traseira da construção central do hospital. Aquela parte do edifício é feita de ferro ondulado, e o local de entrada do projétil pode ser facilmente detectado. O projétil em seguida penetrou a parede de concreto interior do hospital,

---

[450] No original em inglês, "PLO".

onde se localizava a farmácia. O resultado foi a completa destruição da farmácia. Uma testemunha ocular descreveu que, através dos buracos feitos no ferro ondulado, observou um tanque em uma rua entre dois edifícios a uns 400 metros para leste. Embora não pudesse dizer se fora aquele tanque a atingir o hospital diretamente, aquele se encontrava em uma linha direta com relação ao ponto de entrada do projétil.

606. Durante todo o dia, o hospital não pôde buscar assistência das forças de defesa civil ou de outro apoio de combate ao fogo. Como resultado, a equipe hospitalar permaneceu quase que inteiramente absorvida na tarefa de salvar as construções e assegurar a segurança dos pacientes.

607. Somente às 16 horas foi possível coordenar a evacuação dos pacientes do hospital com assistência do Comitê Internacional da Cruz Vermelha, o qual deixou claro, ao chegar, que só poderia executar tal procedimento uma vez. Aqueles que não puderam ser evacuados nesta ocasião foram realocados nas partes operativas do hospital.

608. Por volta das 20h, deflagrou-se outro incêndio, causando danos graves ao principal edifício do hospital. Em vista deste incêndio, decidiu-se proceder a uma evacuação total dos pacientes remanescentes, bem como de vários residentes locais que haviam buscado abrigo no hospital. Foi neste momento que um dos principais médicos levou uma menina de oito anos, que havia sido atingida por uma bala na mandíbula e se encontrava em estado crítico, ao hospital de al-Shifa, onde ela, mais tarde, veio a falecer. Na ocasião, diz ele que sentiu que havia fogo maciço na área, e que parecia haver algumas tentativas de mirar diretamente ou perto da ambulância.

609. Enquanto isso, a 200 metros a leste, na rua al-Abraj, a garagem de ambulâncias do Comitê Palestino da Cruz Vermelha (CPCV) também havia sido severamente danificada. Um de seus edifícios principais havia sido inteiramente destruído. A Missão também observou os restos de três ambulâncias do CPCV que haviam sido estacionadas na entrada da garagem.

Duas destas haviam sido amassadas por tanques, mas não haviam sido queimadas. A outra ambulância exibia sinais de haver sido diretamente atingida na parte frontal, abaixo do para-brisas, e de haver queimado inteiramente.

610. A devastação causada em ambos os edifícios do hospital, incluindo a perda de todos os arquivos no prédio administrativo, e na garagem de ambulâncias, foi imensa, assim como o risco à segurança dos pacientes.[451]

Sobre bombardeio de áreas civis, a missão estabeleceu, entre outros, o ocorrido na rua al-Fakhura:

658. Por volta de 16 horas antes do bombardeio na tarde de 6 de janeiro de 2009, as forças armadas israelenses já haviam executado pelo menos um ataque, destruindo a casa do sr. Abu Askar.[452] Por volta de 1h45 da manhã do dia 6 de janeiro de 2009, o sr. Abu Askar recebeu uma chamada telefônica pessoal das forças armadas israelenses recomendando que evacuasse a casa, levando todos os que nela se encontrassem, pois esta seria destruída por um ataque aéreo. A construção abrigava não só sua família como também um grande número de parentes distantes, por volta de 40 ao todo. O sr. Abu Askar reagiu rapidamente, evacuando não só sua família como também alertando os vizinhos para o ataque iminente. Os sobreviventes da família al-Deeb confirmam ter sido avisados por volta desta hora pelo sr. Abu Askar sobre o telefonema que ele havia recebido.

659. A casa foi atingida por um míssil disparado de um F-16, de acordo com o sr. Abu Askar, aproximadamente sete minutos após a chamada ter sido recebida. Algumas horas depois, por volta das 6h, ele retornou ao local de sua casa com alguns membros de sua família, esperando reaver alguns itens de móveis. Ali, observou que algumas outras casas na área também pareciam ter sido atingidas em algum momento nas quatro horas intervenientes. No decorrer daquele dia, o sr. Abu Askar e membros de sua família

---

[451] CONSELHO DE DIREITOS HUMANOS. *Human Rights in Palestine and other occupied territories*: report of the United Nations Fact-Finding Mission on the Gaza conflict. Relatório A/HRC/12/48, de 25 set. 2009, §§601-610. Disponível em: <www2.ohchr.org/english/bodies/hrcouncil/specialsession/9>. Acesso em: 10 jun. 2012 (tradução livre).

[452] Os integrantes da missão relatam que Abu Askar é integrante do Hamas, tendo inclusive certo destaque na organização, fazendo parte do comitê que organiza as peregrinações anuais a Meca. Ele, no entanto, negou veementemente aos membros da missão qualquer envolvimento com atividades armadas.

tomaram diversas medidas para preparar a transferência da família para uma acomodação alugada nas redondezas.

660. O sr. Abu Askar estava na rua por volta das 16h quando diversos morteiros aterrissaram. Ele acredita que haveria por volta de 150 pessoas na rua naquele momento. O diretor do abrigo[453] confirmou que a rua do lado de fora da escola costumava estar cheia. Havia se tornado mais frequentada que o habitual devido ao largo fluxo de pessoas que chegavam à escola procurando abrigo. Alguns parentes estavam chegando à escola para visitar os que haviam ingressado recentemente, e novas pessoas vinham em busca de abrigo, trazendo consigo seus pertences em carroças puxadas por jumentos.

661. As testemunhas indicam que todas as explosões terminaram em aproximadamente dois minutos. Um projétil aterrissou diretamente no jardim do lado de fora da casa da família al-Deeb, onde a maior parte da família estava reunida. Membros sobreviventes da família entrevistados pela Missão explicaram que nove membros da família foram mortos imediatamente. Ziyad Samir al-Deeb perdeu as duas pernas como resultado da explosão. Membros sobreviventes da família e seus vizinhos carregaram os mortos e feridos um após o outro para o hospital. Ambulâncias vieram, mas a maior parte das vítimas foi transportada em carros privados. Alaa Deeb, uma das filhas de Mo'in Deeb, foi levada ao hospital al-Shifa e, posteriormente, ao Egito, onde morreu de seus ferimentos. No total, morreram 11 membros da família, incluindo quatro mulheres e quatro meninas.

662. Além do projétil que atingiu o jardim da família al-Deeb, três outras bombas caíram na estrada em frente. A propagação total dos quatro tiros de morteiro foi um pouco maior que 100 metros. A Missão não pode especificar a ordem na qual os projéteis caíram, porém, dirigindo-se ao sul a partir da casa al-Deeb pela rua al-Fakhura, a Missão viu o impacto de outro morteiro, a 45 metros de distância. Um terceiro projétil foi observado a 50 metros mais ao sul e um quarto, mais 10 metros ao sul.

663. Os três outros projéteis que a Missão pôde identificar como tendo aterrissado em locais diferentes na rua al-Fakhura mataram pelo menos 24

---

[453] Como os demais parágrafos desta parte do relatório deixam claro, trata-se de uma escola nas imediações que era utilizada pela Unrwa como abrigo.

pessoas. As testemunhas estimam que até 40 foram feridos pelos estilhaços. A Missão não foi capaz de verificar tais números; porém, tendo inspecionado o local e examinado a distância entre os impactos, não considera que tais números sejam exagerados.
664. Entre os que foram imediatamente mortos estavam dois filhos do sr. Abu Askar: Imad, de 13, e Khaled, de 19 anos. Também foi morto o irmão do sr. Abu Askar, Arafat.
665. O diretor do abrigo da UNRWA na escola confirmou à Missão que as explosões danificaram a parte da construção escolar que defrontava a rua al-Fakhura. Até nove pessoas ficaram feridas. Um rapaz de 16 anos, que se abrigava na escola mas que estava na rua no momento, foi morto. Nenhuma pessoa na escola morreu. Ele confirmou que nenhum disparo havia atingido as instalações das Nações Unidas, por dentro ou por fora.
666. Testemunhas descreveram a cena de caos e carnificina causada pelas bombas. Elas afirmam que pessoas foram levadas aos hospitais em carros particulares devido às dificuldades em chamar os serviços de ambulância na ocasião, embora algumas ambulâncias tenham chegado ao local.[454]

A Missão também se referiu a outros incidentes envolvendo civis:

704. De acordo com o governo de Israel, as regras de combate das forças armadas israelenses para a operação militar em Gaza enfatizavam o princípio da distinção como um dos quatro "princípios norteadores que se aplicavam de modo integrado e cumulativo: necessidade militar, distinção, proporcionalidade e humanidade". O governo define o princípio da distinção nestes termos:
"Ataques devem ser dirigidos somente contra objetivos militares ou combatentes. É absolutamente proibido atacar intencionalmente civis ou objetos civis (em contraste com danos proporcionais incidentais)".
705. A Missão investigou 11 incidentes nos quais foram feitas sérias alegações de ataques diretos com resultado letal contra civis. Parece não ter

---

[454] CONSELHO DE DIREITOS HUMANOS, 2009, op. cit., §§658-666 (tradução livre).

havido qualquer objetivo militar justificado em todos eles. Os dois primeiros incidentes dizem respeito a alegados ataques, pelas forças armadas israelenses, contra casas no bairro al-Samouni de Gaza, durante a fase inicial da invasão por terra. Os sete incidentes seguintes relacionam-se a alegados alvejamentos de civis que tentavam abandonar suas casas para irem a um local mais seguro, sacudindo bandeiras brancas e, em alguns casos, após uma diretiva das forças armadas israelenses para proceder deste modo. No último destes sete casos, uma casa foi alegadamente atingida com fósforo branco, matando cinco e ferindo outros. Outros dois membros da família foram alegadamente mortos por tiros de tropas israelenses enquanto tentavam evacuar um ferido rumo a um hospital. No incidente seguinte, uma mesquita foi alvejada durante a oração do pôr do sol, resultando na morte de 15 pessoas. Em diversos incidentes, as forças armadas israelenses alegadamente obstruíram o auxílio médico emergencial para os feridos. Outro incidente refere-se ao bombardeamento de uma casa de família, matando 22 membros desta. No último dos incidentes descritos, uma multidão de familiares e vizinhos em uma barraca de condolências foi atacada com projéteis em forma de dardo (*flechettes*).[455]

O governo de Israel, por sua vez, alegou que os combatentes do grupo terrorista Hamas, que governa o território da Faixa de Gaza, não respeitavam as leis da guerra, desrespeitando sua própria população e tornando-se culpados por muitas das mortes de civis cometidos pelas Forças Armadas israelenses. Entre as violações ao direito internacional humanitário que o Hamas, segundo Israel, teria cometido, estão:
▹ lançar ataques a partir de áreas densamente povoadas ou nas proximidades imediatas de edifícios protegidos pelas leis da guerra;
▹ colocar armadilhas em residências civis;
▹ utilizar mesquitas para guardar armas ou como base para lançamento de ataques contra as Forças Armadas israelenses;
▹ cometer abusos na utilização de instalações médicas e de ambulâncias;

---

[455] Ibid., §§704-705 (tradução livre).

- forçar civis a permanecer em uma área sabidamente sujeita a ataques, ou utilizar-se da presença dos civis para impedir ataques israelenses;
- misturar-se à população civil para evitar ataques israelenses.

Sobre tais alegações, a missão, após realizar suas verificações, afirmou:

482. A partir da informação reunida, a Missão conclui que há indicações que grupos armados palestinos lançaram foguetes a partir de áreas urbanas. A Missão não foi capaz de obter qualquer evidência direta de que isso tenha sido feito com o intento específico de camuflar os lançadores de foguetes contra ataques em resposta da parte das forças armadas israelenses. A Missão também nota, entretanto, que os grupos armados palestinos não parecem ter avisado os residentes de Gaza de modo suficiente sobre sua intenção de disparar foguetes a partir de seus bairros, de modo a permitir-lhes escapar e proteger-se contra ataques por parte de Israel aos locais de lançamento de foguetes. A Missão nota que, em qualquer evento, dado o estado densamente povoado da metade norte da Faixa de Gaza, uma vez que as forças israelenses asseguraram o controle de áreas mais abertas ou expostas nos primeiros dias da invasão terrestre, a maior parte de – se não todos – os locais ainda acessíveis aos grupos armados palestinos estavam em áreas urbanas.

483. A Missão conclui que a presença de combatentes armados palestinos em áreas residenciais urbanas durante as operações militares foi estabelecida. A partir da informação que reuniu, a Missão é incapaz de formar uma opinião sobre a natureza exata ou a intensidade de suas atividades de combate nas áreas residenciais urbanas que teriam posto a população civil e bens civis em risco de ataque. Enquanto relatórios examinados pela Missão indicam verossimilmente que membros de grupos armados palestinos nem sempre se vestiam de modo a distinguir-se dos civis, a Missão não encontrou evidência de que os combatentes palestinos se misturavam à população civil com a intenção de esconder-se de ataques.

484. A partir da informação reunida, a Missão não exclui o uso de armadilhas por grupos armados palestinos. A Missão não possui base para concluir que vidas civis foram postas em risco, uma vez que nenhum dos relatórios

registra a presença de civis em ou perto das casas nas quais alegadamente foram postas as armadilhas.

485. A partir de suas próprias investigações e de declarações feitas por funcionários das Nações Unidas, a Missão exclui que grupos armados palestinos empreenderam combates a partir de instalações das Nações Unidas que foram usadas como abrigo durante as operações militares. A Missão não pode descartar a possibilidade de que grupos armados palestinos estivessem ativos na vizinhança de tais instalações.

486. A Missão é incapaz de fazer qualquer determinação com relação à alegação genérica de que grupos armados palestinos utilizaram mesquitas para propósitos militares. Nota que, no único incidente no qual investigou um ataque israelense a uma mesquita, não encontrou qualquer indício de que a mesquita fosse utilizada desta maneira.

487. A partir das investigações conduzidas, a Missão não encontrou qualquer evidência para apoiar as alegações de que instalações hospitalares foram utilizadas pelas autoridades de Gaza ou por grupos armados palestinos para encobrir atividades militares e que ambulâncias foram utilizadas para transportar combatentes ou para qualquer outras finalidades militares.

488. A partir da informação reunida, a Missão não encontrou indícios de que a população civil foi forçada pelo Hamas ou por grupos armados palestinos a permanecer em áreas sob ataque das forças armadas israelenses.[456]

Por fim, o relatório também se debruçou sobre outras violações de direitos humanos relacionadas com o conflito geral entre Israel e os palestinos. Há seções sobre a situação dos direitos humanos na Cisjordânia durante a época da operação em Gaza e sobre o impacto do bloqueio israelense a Gaza na economia local. Os relatores também estudaram as relações intrapalestinos, exprimindo condenações contra os tratamentos cruéis e abusivos de membros do partido Fatah na Faixa de Gaza (controlada pelo Hamas), e de afiliados do Hamas e de outros partidos islamitas na Cisjordânia (controlada pela Fatah). Por fim, condenaram

---

[456] Ibid., §§482-488 (tradução livre).

veementemente o Hamas e as autoridades responsáveis pela Faixa de Gaza pelo contínuo disparo de foguetes contra Israel:

1687. Não há justificativa no direito internacional para o lançamento de foguetes e projéteis de morteiros, que não podem ser direcionados a alvos militares específicos, contra áreas onde há população civil.
De fato, grupos armados palestinos, entre os quais o Hamas, expressaram publicamente sua intenção de atingir civis israelenses. As Brigadas de al--Qassam, em seu *website*, reclamaram responsabilidade pelas mortes de cada um dos civis israelenses mortos por foguetes durante as operações em Gaza.
1688. A partir dos fatos que pôde confirmar, a Missão conclui que os grupos armados palestinos descumpriram com seu dever de proteger e respeitar civis. Ainda que as Brigadas de al-Qassam e outros grupos armados de Gaza tenham recentemente alegado que não pretendem causar dano a civis, o fato que continuam a lançar foguetes contra áreas habitadas, sem quaisquer alvos militares definidos, sendo conscientes das consequências em relação aos civis, indica sua intenção de alvejar civis.
Além disso, o lançamento de foguetes não guiados e de projéteis de morteiro viola o princípio fundamental da distinção: um ataque deve diferenciar entre alvos militares e civis. Quando não há objetivo militar definido e os foguetes e projéteis são lançados contra áreas civis, constituem um ataque deliberado contra a população civil.
1689. Dada a aparente inabilidade de os grupos armados palestinos apontarem foguetes e morteiros para alvos específicos, além do fato de que tais ataques causaram muitos poucos danos a bens militares israelenses, é plausível que um dos propósitos primordiais de tais ataques contínuos seja espalhar o terror – o que é proibido pelo direito internacional humanitário – por entre a população civil do sul de Israel.
1690. A visão acima é apoiada por declarações públicas dos grupos armados, tais como o feito pelo Hamas em 5 de novembro de 2008. Após um "raid" israelense em Gaza, o qual resultou na morte de cinco militantes do Hamas, um porta-voz do Hamas declarou: "Os israelenses iniciaram esta tensão e eles deverão pagar um preço alto... Não poderão deixar-nos afogando-nos

em sangue enquanto dormem tranquilos em suas camas". Como observado no capítulo XVI, ataques de represália não podem ser executados contra a população civil.

1691. A partir dos fatos disponíveis, a Missão conclui que os ataques de foguetes e com morteiros desencadeados pelos grupos armados palestinos em Gaza causaram terror nas comunidades afetadas do sul de Israel e em Israel como um todo. Além disso, é opinião da Missão que os morteiros e foguetes são respectivamente incontrolados e incontroláveis. Isto indica a execução de um ataque indiscriminado contra a população civil do sul de Israel, um crime de guerra que pode chegar a crime contra a humanidade. Tais ataques causaram a perda de vidas e danos físicos e mentais a civis, além de danificar residências privadas, construções religiosas e propriedade, além de erodir a vida econômica e cultural das comunidades afetadas.[457]

Em suas últimas páginas, o relatório faz uma extensa lista de recomendações a Israel, no sentido de que este revisasse seus procedimentos de combate e encerrasse diversas violações a direitos humanos examinadas no relatório. Também se dirigia brevemente aos grupos palestinos, recomendando que estes respeitassem a distinção entre civil e militar.

Escrevendo em abril de 2011, mais de um ano após a publicação do Relatório Goldstone, o principal nome da missão, Richard Goldstone, lamentava ter tido acesso tardiamente a diversos documentos que, segundo ele, demonstravam que Israel não dirigia seus ataques deliberadamente contra civis, como o relatório descrevia. O ex-juiz Goldstone enfatiza que a própria falta de cooperação de Israel à época impediu que tais fatos lhe fossem adequadamente narrados, quando se encontrava em missão. Por outro lado, destaca que, entre 2009 e 2011, o governo israelense havia implementado diversas recomendações que o relatório lhe fazia, especialmente investigando oficialmente as violações mais sérias apontadas pela missão enviada pelo Conselho de Direitos Humanos. Quanto ao

---

[457] Ibid., §§1687-1691 (tradução livre).

O caso da Faixa de Gaza

Hamas, Richard Goldstone cita outro relatório da ONU, destinado a acompanhar o cumprimento das recomendações feitas pela missão. Segundo este relatório posterior, o comportamento do Hamas até a época foi de uma omissão total. O autor encerra lembrando que entidades não estatais também estão sujeitas às leis que regem os conflitos armados, e afirmando a necessidade de responsabilizar todos os envolvidos em violações nesses campos.

Este artigo de Goldstone[458] é útil para entender como o aspecto político influencia na determinação dos fatores relevantes para a questão palestina (Goldstone, cujo tom no relatório da missão é claramente ácido contra Israel, chega ao ponto de dizer, em sua narrativa para o *Washington Post,* que o Conselho de Direitos Humanos possui uma prevenção parcial contra Israel). Da mesma forma, faz refletir sobre como as missões "oficiais" de verificação das Nações Unidas, por mais que sejam úteis e contem com *expertise* internacional, não refletem necessária e automaticamente a verdade completa, estando limitadas pela (falta de) cooperação dos países envolvidos e pela existência de testemunhas (pouco) confiáveis.

Perguntas

1. A partir das notícias acima e dos artigos da Convenção de Genebra apresentados, pode-se dizer que as partes envolvidas violaram as leis da guerra? Algum dispositivo da convenção poderia ser invocado para justificar as ações acima relatadas?
2. O fato de a Faixa de Gaza não ser governada por um Estado independente impede a aplicação das Convenções de Genebra?
3. Israel não assinou o Protocolo I Adicional às Convenções de Genebra. Assim, suas tropas estão obrigadas pelos deveres ali mencionados?

---

[458] GOLDSTONE, Richard. Reconsidering the Goldstone Report on Israel and war crimes. *Washington Post,* 1 abr. 2011. Disponível em: <www.washingtonpost.com/opinions>. Acesso em: 10 jun. 2012.

17.5 A Resolução nº 302 (IV) da Assembleia Geral, que criou a Agência das Nações Unidas de Assistência aos Refugiados da Palestina no Oriente Próximo[459]

A Assembleia Geral, [...]
1. Expressando sua apreciação aos governos que, generosamente, responderam ao apelo materializado em sua Resolução nº 212 (III), e ao apelo do secretário-geral para contribuir em fundos ou em espécie para o alívio às condições de fome e risco entre os refugiados palestinos; [...]
4. Transmite seus agradecimentos às numerosas organizações religiosas, caritativas e humanitárias que têm assistido materialmente nas operações de apoio aos refugiados palestinos;
5. Reconhece que, sem prejuízo às disposições do parágrafo 11 da Resolução nº 194 (III) da Assembleia Geral, de 11 de dezembro de 1948, é necessária uma assistência contínua aos refugiados palestinos, de modo a impedir condições de fome e risco entre eles, e para promover condições de paz e estabilidade, e que medidas construtivas devem ser tomadas cedo com vistas à terminação da assistência internacional; [...]
7. Estabelece a Agência das Nações Unidas de Assistência aos Refugiados da Palestina no Oriente Próximo:
(a) Para executar, em colaboração com os governos locais, programas de ajuda direta e de operações, como recomendado pela Missão de Observação Econômica;
(b) Para promover consultas com os governos interessados do Oriente Médio sobre medidas a ser tomadas de modo preparatório ao tempo em que assistência internacional para projetos de apoio e operações não estiver mais disponível; [...]
9. Requer do secretário-geral que indique o diretor da Agência das Nações Unidas para os Refugiados Palestinos, após consultas com os governos representados na Comissão Consultiva;

---

[459] Tradução livre do original em inglês disponível em: <http://unispal.un.org>. Acesso em: 10 jun. 2012.

(a) O diretor será o principal agente executivo da Agência das Nações Unidas para os Refugiados Palestinos, e responsável perante a Assembleia Geral para a execução do programa;
(b) O diretor escolherá e indicará sua equipe de acordo com acordos gerais feitos com o consentimento do secretário-geral, incluindo aquelas regras e regulamentos das Nações Unidas para pessoal que o diretor e o secretário--geral concordarem que sejam aplicáveis e utilizará, na extensão em que seja possível, as instalações e assistência do secretário-geral; [...]
13. Urge todos os membros das Nações Unidas bem como os não membros para que façam contribuições voluntárias, em fundos ou em espécie, para assegurar que a quantidade requerida de suprimentos e fundos seja obtida para cada período do programa, como exposto no parágrafo 6; contribuições em fundos podem ser feitas em outras divisas além do dólar dos Estados Unidos, desde que o programa possa ser executado com tais divisas; [...]

17.6 A Resolução nº 1.860 do Conselho de Segurança (2009)[460]

O Conselho de Segurança, [...]
Ressaltando que a Faixa de Gaza constitui parte integral do território ocupado em 1967 e será parte do Estado Palestino,
Enfatizando a importância da segurança e bem-estar de todos os civis,
Exprimindo grave preocupação com a escalada da violência e a deterioração da situação, em particular as pesadas baixas civis sofridas desde a recusa em estender o período de calma; e enfatizando que a população civil palestina e israelense deve ser protegida,
Exprimindo grave preocupação também com o aprofundamento da crise humanitária em Gaza,
Enfatizando a necessidade de assegurar um fluxo sustentável e regular de bens e pessoas através dos postos fronteiriços de Gaza, [...]

---

[460] Tradução livre do original em inglês. Disponível em: <www.un.org/en/sc/documents/resolutions/2009.shtml>. Acesso em: 27 dez. 2012.

Relembrando que uma solução duradoura para o conflito israelense-palestino somente poderá ser alcançado por meios pacíficos,
Reafirmando o direito de todos os Estados na região de viver em paz dentro de fronteiras seguras e internacionalmente reconhecidas,
1. Sublinha a urgência e pede um imediato, duradouro e plenamente respeitado cessar-fogo, que conduza à plena retirada das forças israelenses de Gaza;
2. Clama pelo fornecimento e distribuição desimpedida de assistência humanitária, incluindo comida, combustível e tratamento médico em Gaza;
3. Acolhe as iniciativas voltadas a criar e abrir corredores humanitários e outros mecanismos para a entrega sustentável de auxílio humanitário;
4. Pede aos Estados membros que apoiem os esforços internacionais para aliviar a situação humanitária e econômica em Gaza, inclusive através de contribuições urgentemente necessárias à UNRWA[461] e através do Comitê Ad Hoc de Ligação;
5. Condena toda violência e hostilidades direcionadas contra civis, bem como todos os atos de terrorismo;
6. Pede aos Estados membros que intensifiquem esforços para alcançar acordos e garantias em Gaza de modo a sustentar um cessar fogo e calma duráveis, incluindo a prevenção do tráfico ilícito de armas e munições, e assegurar a reabertura sustentável dos pontos de passagem nas bases do Acordo sobre Movimento e Acesso entre a Autoridade Palestina e Israel; e neste sentido, acolhe a iniciativa egípcia, e outros esforços regionais e internacionais que se encontram em progresso;
7. Encoraja passos tangíveis rumo à reconciliação intrapalestina, incluindo o apoio dos esforços de mediação do Egito e da Liga dos Estados Árabes, tais quais expressos na resolução de 26 de novembro de 2008, e em consonância com a Resolução nº 1.850 (2008) do Conselho de Segurança e outras resoluções relevantes;
8. Pede que sejam feitos novos e urgentes esforços pelas partes e pela comunidade internacional de modo a alcançar uma paz abrangente baseada na visão de uma região onde dois Estados democráticos, Israel e Palestina,

---

[461] United Nations Relief and Work Agency for Palestine Refugees – Agência das Nações Unidas de Alívio e Apoio aos Refugiados Palestinos.

vivam lado a lado em paz, com fronteiras seguras e reconhecidas, tal como objetivado pela Resolução nº 1.850 (2008) do Conselho de Segurança, e relembra também a importância da Iniciativa de Paz Árabe;

9. Acolhe a consideração do Quarteto, em consulta com as partes, de um encontro internacional em Moscou, em 2009;

10. Decide permanecer ciente da questão.

[Adotada na 6.063ª sessão do Conselho de Segurança, por 14 votos a favor e uma abstenção (EUA)].

17.7 A possibilidade de responsabilização dos agentes de Israel e Palestina

O Estatuto de Roma do Tribunal Penal Internacional[462] dispõe:

Artigo 12
Condições prévias ao exercício da jurisdição
1. O Estado que se torne Parte no presente Estatuto aceitará a jurisdição do Tribunal relativamente aos crimes a que se refere o artigo 5º.
2. Nos casos referidos nas alíneas a) ou c) do artigo 13, o Tribunal poderá exercer a sua jurisdição se um ou mais Estados a seguir identificados forem Partes no presente Estatuto ou aceitarem a competência do Tribunal de acordo com o disposto no parágrafo 3º:
a) Estado em cujo território tenha tido lugar a conduta em causa, ou, se o crime tiver sido cometido a bordo de um navio ou de uma aeronave, o Estado de matrícula do navio ou aeronave;
b) Estado de que seja nacional a pessoa a quem é imputado um crime.
3. Se a aceitação da competência do Tribunal por um Estado que não seja Parte no presente Estatuto for necessária nos termos do parágrafo 2º, pode o referido Estado, mediante declaração depositada junto do secretário, consentir em que o Tribunal exerça a sua competência em relação ao crime

---

[462] Promulgado no Brasil pelo Decreto nº 4.388/02. Disponível em: <www.planalto.gov.br/ccivil_03/decreto/2002/D4388.htm>. Acesso em: 10 jun. 2012.

em questão. O Estado que tiver aceite a competência do Tribunal colaborará com este, sem qualquer demora ou exceção, de acordo com o disposto no capítulo IX.

Artigo 13
Exercício da jurisdição
O Tribunal poderá exercer a sua jurisdição em relação a qualquer um dos crimes a que se refere o artigo 5º, de acordo com o disposto no presente Estatuto, se:
a) Um Estado Parte denunciar ao procurador, nos termos do artigo 14, qualquer situação em que haja indícios de ter ocorrido a prática de um ou vários desses crimes;
b) O Conselho de Segurança, agindo nos termos do capítulo VII da Carta das Nações Unidas, denunciar ao procurador qualquer situação em que haja indícios de ter ocorrido a prática de um ou vários desses crimes; ou
c) O procurador tiver dado início a um inquérito sobre tal crime, nos termos do disposto no artigo 15.

Artigo 14
Denúncia por um Estado Parte
1. Qualquer Estado Parte poderá denunciar ao Procurador uma situação em que haja indícios de ter ocorrido a prática de um ou vários crimes da competência do Tribunal e solicitar ao Procurador que a investigue, com vista a determinar se uma ou mais pessoas identificadas deverão ser acusadas da prática desses crimes.
2. O Estado que proceder à denúncia deverá, tanto quanto possível, especificar as circunstâncias relevantes do caso e anexar toda a documentação de que disponha.

Artigo 15
Procurador
1. O Procurador poderá, por sua própria iniciativa, abrir um inquérito com base em informações sobre a prática de crimes da competência do Tribunal.
2. O Procurador apreciará a seriedade da informação recebida. Para tal, poderá recolher informações suplementares junto aos Estados, aos órgãos da Organização das Nações Unidas, às Organizações Intergovernamentais ou

Não Governamentais ou outras fontes fidedignas que considere apropriadas, bem como recolher depoimentos escritos ou orais na sede do Tribunal.

3. Se concluir que existe fundamento suficiente para abrir um inquérito, o Procurador apresentará um pedido de autorização nesse sentido ao Juízo de Instrução, acompanhado da documentação de apoio que tiver reunido. As vítimas poderão apresentar representações no Juízo de Instrução, de acordo com o Regulamento Processual.

4. Se, após examinar o pedido e a documentação que o acompanha, o Juízo de Instrução considerar que há fundamento suficiente para abrir um Inquérito e que o caso parece caber na jurisdição do Tribunal, autorizará a abertura do inquérito, sem prejuízo das decisões que o Tribunal vier a tomar posteriormente em matéria de competência e de admissibilidade.

5. A recusa do Juízo de Instrução em autorizar a abertura do inquérito não impedirá o Procurador de formular ulteriormente outro pedido com base em novos fatos ou provas respeitantes à mesma situação.

6. Se, depois da análise preliminar a que se referem os parágrafos 1º e 2º, o Procurador concluir que a informação apresentada não constitui fundamento suficiente para um inquérito, o Procurador informará quem a tiver apresentado de tal entendimento. Tal não impede que o Procurador examine, à luz de novos fatos ou provas, qualquer outra informação que lhe venha a ser comunicada sobre o mesmo caso.

Em 21 de janeiro de 2009, o governo da Palestina emitiu a seguinte declaração, de acordo com o art. 12, §3º, do Estatuto:

Através deste instrumento, o governo da Palestina reconhece a jurisdição da Corte para o propósito de identificar, processar e julgar os autores e cúmplices dos crimes cometidos no território da Palestina a partir de 1º de julho de 2002.[463]

Uma vez que o Tribunal só pode exercer sua jurisdição em concordância com o Conselho de Segurança ou com um Estado, o procurador-geral do Tribunal Penal Internacional iniciou um processo de análise para

---

[463] Tradução livre do original em inglês, disponível em: <www.icc-cpi.int>. Acesso em: 10 jun. 2012.

determinar se a Palestina poderia ou não ser considerada um Estado. O procurador enfatizou que a Palestina já fora reconhecida como um Estado nas relações bilaterais com mais de 130 governos e por certas organizações internacionais, que incluíam órgãos das Nações Unidas. Também lembrou que, em 23 de setembro de 2011, a Palestina pedira a admissão na ONU como Estado-membro. No entanto, como o Conselho de Segurança da ONU ainda não se havia manifestado a respeito, o procurador entendeu que a solução mais aceitável seria aguardar até que os órgãos competentes da ONU (o Conselho ou a Assembleia Geral) se posicionassem em relação ao caráter estatal da Palestina.[464]

Em um parecer relativo à matéria,[465] o internacionalista francês Alain Pellet lembra que não compete ao Tribunal Penal Internacional substituir os Estados, que detêm a faculdade de reconhecer ou não uma entidade como de caráter Estatal. Tratava-se tão somente de determinar se a declaração do ministro da Justiça da Autoridade Palestina poderia surtir os efeitos previstos pelo art. 12 do Estatuto de Roma.

O professor Pellet propõe-se a verificar a validade da declaração palestina a partir de uma abordagem funcional. Isto é, não queria solucionar a questão sobre a Palestina ser ou não um Estado, mas simplesmente examinar se ela poderia, para efeitos do Estatuto de Roma, ser vista como se fosse um Estado. Em seguida, fez notar que, de acordo com o direito internacional, somente a Autoridade Palestina possuía um título exclusivo sobre o território e a população palestinos. Invocando a opinião consultiva proferida pela Corte Internacional de Justiça acerca da legalidade da construção de um muro no território da Palestina por Israel, Pellet lembra que a CIJ considerou que a Cisjordânia e a Faixa de Gaza eram territórios ocupados e que o poder ali exercido por Israel equivaleria às condições de uma potência ocupante. A Autoridade Palestina sempre teria a soberania

---

[464] PROCURADORIA DO TPI. *Situation in Palestine*, 3 April 2012. Disponível em: <www.icc-cpi.int>. Acesso em: 10 jun. 2012.
[465] PELLET, Alain. *Les effets de la reconnaissance par la Palestine de la compétence de la CPI*. Submissions on whether the declaration lodged by the Palestinian National Authority meets statutory requirements, 18 fev. 2010. Disponível em: <www.icc-cpi.int>. Acesso em: 10 jun. 2012.

legítima sobre tais territórios, ainda que não pudesse, por vezes, exercê-la de fato. Também o Estado de Israel jamais afirmou que os territórios ocupados fariam parte de seu território soberano.

Por outro lado, segundo o citado jurista, a intenção do Estatuto de Roma dirige-se claramente ao objetivo de evitar a impunidade de eventuais autores dos crimes listados naquele instrumento internacional. Caso o TPI recuse dar efeitos à declaração palestina, estaria contribuindo com a impunidade, vez que nenhum Estado poderia dar jurisdição ao Tribunal sobre crimes cometidos nos territórios ocupados.

Por estes motivos, interpretando a posição da Palestina em relação aos territórios alegadamente sob sua jurisdição, e a intenção possível de ser extraída do texto do Estatuto, Alain Pellet concluía no sentido de a declaração palestina ser válida para afirmar a competência do TPI para julgar crimes cometidos nos territórios palestinos.

17.8 Questões para fixação e aprofundamento

1. O que determinou a Resolução nº 1.860 do Conselho de Segurança?
2. As partes descumpriram a Resolução nº 1.860?
3. Quais foram os fatos investigados pelas Nações Unidas? Quais eram as partes envolvidas?
4. Quais foram as conclusões do Relatório de Investigação das Nações Unidas sobre o conflito na Faixa de Gaza?
5. Quais foram as recomendações do relatório?
6. Como você classificaria os atos de Israel e os atos dos grupos armados da Palestina realizados no período mencionado acima? Em sua opinião, o uso da força na Faixa de Gaza pode ser justificado por uma das duas exceções à proibição ao uso da força previstas na Carta das Nações Unidas?
7. Os soldados de Israel ou os integrantes do Hamas poderiam ser responsabilizados pelas violações aos direitos humanos, ao direito internacional humanitário e ao direito internacional decorrentes dos ataques armados ocorridos na faixa de Gaza entre 2008 e 2009?

Título II
A atuação dos tribunais penais internacionais

Capítulo 18
Jurisdição antecedente:
o Tribunal Militar Internacional de Nuremberg

18.1 A tentativa de julgar o imperador alemão ao final da Primeira Guerra Mundial

Após o fim da Primeira Guerra Mundial, em 1918, os Estados reunidos na Conferência de Paz de Paris, sobre a qual já se falou em uma parte antecedente deste material,[466] se perguntavam se a paz deveria ser inaugurada e garantida através do julgamento dos culpados pela confrontação. O culpado principal seria, naturalmente, o *kaiser* (imperador) alemão, Guilherme II. No entanto, os homens de Estado reunidos em Versalhes não estavam seguros quanto à justiça de tal procedimento, tampouco quanto à possibilidade de que um julgamento fosse imparcial, e muito menos sobre a conveniência de tal operação.

A opinião pública, novo e perturbador elemento, também não ajudava. Sentia-se que alguém tinha que pagar por guerra tão horrorosa; porém, havia anseio igualmente forte pela paz. O público aliado manifestava-se vibrante, mas contraditório. Em dezembro de 1918, o povo inglês queria enforcar o Kaiser; quatro meses depois, já não sabia. O francês queria

---
[466] Ver capítulo 1, supra.

rebaixar a Alemanha, mas entregá-la ao bolchevismo? Os americanos queriam destruir o militarismo alemão, mas também reabilitar a nação alemã. Os estadistas andavam às apalpadelas em Paris, tentando, a uma só vez, auscultar o eleitorado interno, honrar princípios e fazer um acordo que todos pudessem aceitar. Em vista da tarefa monumental, não admira que gastassem grande parte do tempo dos dias iniciais com um assunto muito simples, mas altamente simbólico: o destino do Kaiser.

Em 1919, Wilhelm,[467] terceiro e último soberano do império criado por Bismarck, vivia nervoso o início de seus sessenta anos de idade num castelo próximo a Utrecht. No fim da guerra, com seus exércitos se dissolvendo, fez proclamações bombásticas de que morreria com a tropa à sua volta, mas escapuliu para o exílio na Holanda. Até seus mais leais generais gostaram. Seus entusiasmos súbitos e igualmente súbitos ataques de raiva eram difíceis de aguentar. Wilhelm jamais cresceu: a criança inquieta e mal-amada virou o homem que adorava vestimentas elaboradas e brincadeiras cruéis. Seus atos erráticos e declarações violentas desestabilizavam a Europa antes da Grande Guerra. Talvez fosse clinicamente louco; vez por outra, antes de 1914, houve na Alemanha a ideia de uma regência. A rainha Victoria teve outros netos difíceis; mas nenhum causou tanto estrago. No "regime de opereta", como chamou um crítico, o Kaiser tinha grande e perigoso poder, em especial sobre os militares e as relações internacionais. Uma personalidade diferente talvez resultasse em forma bem diversa; mas, nas circunstâncias, a mais poderosa nação do continente europeu abriu caminho com guinadas e bravatas até a explosão de 1914.

O Kaiser referia-se a sua Alemanha, seu exército, sua marinha. "No fim, arruinou seu país e a si próprio", escreveu o primo George V, da Inglaterra, em novembro de 1918. "É o maior dos criminosos conhecidos por ter mergulhado o mundo nessa guerra chocante que durou quatro anos e três meses de sofrimento." O rei expressou o que muitos pensavam nos países aliados. Quando o mundo destroçado buscou um culpado, quem melhor

---
[467] "Guilherme" em alemão.

se prestava ao papel do que o Kaiser, juntamente com seu príncipe herdeiro fraco e mulherengo, e seus chefes militares?

Os políticos foram prestos em atender ao eleitorado. Na Inglaterra, a coalizão começara magnânima a campanha eleitoral pós-guerra. "Não devemos permitir", disse Lloyd George, "qualquer outro senso de vingança, espírito de ganância, transgressão dos princípios fundamentais da justiça". Mas logo ficou claro que o eleitorado preferia falar sobre o enforcamento do Kaiser. O próprio Lloyd George pareceu deplorar o linguajar, porém partilhou o sentimento. Chegou a imaginar, embora incomodasse colegas como Churchill, e irritasse o rei, esquemas elaborados para um julgamento público do Kaiser e, depois da inevitável condenação, embarcá-lo para as ilhas Falklands. Um funcionário do Foreign Office diz em seu diário, "documentos oficiais dizem as maiores bobagens sobre o enforcamento do Kaiser. Andam tão zangados com ele como já estiveram, certa vez, com Jumbo, o elefante. Deveríamos pensar em coisas melhores". [...]

Os crimes da Alemanha não tinham precedente – "a destruição sistemática da riqueza, a fim de eliminar a competição, a tortura de prisioneiros, a pirataria submarina, o abominável tratamento dispensado às mulheres nos países ocupados".

Nos encontros dos europeus em Londres antes da chegada de Wilson, a punição do Kaiser e seus subordinados tomou muito tempo, mas só houve acordo em esperar o presidente americano para saber o que ele achava. Wilson não tinha certeza. Abominava o militarismo alemão, do qual o Kaiser era símbolo tão forte, mas, quem sabe, especulava, Wilhelm não teria sido coagido por seu próprio estado-maior? Os estudiosos americanos [...] sentiam um certo desconforto quanto à legalidade de processar os alemães. Os americanos, reconheciam, podiam dar-se ao luxo de um certo distanciamento; os EUA, em comparação, sofreram pouco com a guerra. Wilson, afinal, concordou, sem entusiasmo, com um comitê para investigar a responsabilidade pela guerra e a penalidade apropriada para os culpados. Os membros americanos do comitê [...] recusaram-se a concordar que os alemães fossem julgados por crimes contra a humanidade. Wilson alertou seus companheiros *peacemakers* do Conselho dos Quatro[468] que seria muito melhor deixar o Kaiser com suas próprias desgraças: "Charles I foi uma pessoa desprezível, o maior mentiroso da história; ele é cantado em prosa e verso, e se transformou em mártir devido à sua execução". Como meio-termo (e talvez para conseguir a emenda sobre a Doutrina de Monroe que queria encaixar no pacto da Liga das Nações), Wilson concordou finalmente com uma cláusula que acusava Wilhelm de "ofensa suprema contra a moralidade internacional e a inviolabilidade dos tratados" e convidava a Holanda a entregar o Kaiser. Os criminosos alemães dos escalões inferiores seriam julgados por tribunais militares especiais quando fossem entregues aos aliados pelo governo germânico. "Primeiro pegar o coelho", foi a opinião de um dos peritos americanos.

Pela primavera de 1919, o apetite público pela caçada desvanecia. Quando a Holanda se recusou a entregar o Kaiser, os aliados, que não gostariam de ser vistos pressionando um país neutro, anuíram. Em 25 de junho, pouco antes de os alemães assinarem o tratado, o Conselho dos Quatro discutiu a matéria pela última vez. O clima foi jovial e nada vingativo. O Kaiser deveria ser levado para a Inglaterra, disse Lloyd George. "Cuidado para não deixar que ele se afogue", disse Clemenceau. "Sim, julgamento na Inglaterra, execução na França." Para onde deveremos enviá-lo depois, questionou Lloyd George. Canadá? Alguma ilha? "Por favor, não o mandem para as Bermudas," exclamou Wilson. "Quero eu ir para lá!" O governo alemão tentara até o último momento remover as cláusulas relativas. Não precisava ter se incomodado.

O Kaiser viveu até 1941, escrevendo suas memórias, lendo P. G. Wodehouse, bebendo chá inglês, passeando com seus cães e verberando contra a conspiração internacional judaica que, descobrira, tinha afundado a Alemanha e ele mesmo. Vibrou com a "sucessão de milagres" quando Hitler deu início à guerra de 1939 e faleceu pouco antes de a Alemanha invadir a União Soviética. Os aliados, no final, desistiram da ideia de julgar, eles

---

[468] Reunião permanente de cúpula da Conferência de Paz de Paris, que incluía o presidente americano Wilson e os primeiros-ministros inglês, Lloyd George, francês, Clemenceau, e italiano, Orlando.

mesmos, qualquer outro alemão. Enviaram uma lista de nomes – inclusive Hindenburg e Ludendorff – ao governo germânico, o qual instalou um tribunal especial. Das centenas da lista, apenas doze foram julgados. A maioria foi libertada de imediato. Dois oficiais submarinistas, que afundaram botes salva-vidas repletos de feridos, foram sentenciados, cada um, a quatro anos de prisão; fugiram pouco depois e nunca mais foram encontrados.[469]

18.2 O estabelecimento do Tribunal Militar Internacional de Nuremberg

Durante a Segunda Guerra Mundial (1939-1945), os líderes da Alemanha nacional-socialista (nazista) promoveram incontáveis barbáries contra os povos dos Estados dominados pelas tropas alemãs, além de brutalizar diversas minorias em solo alemão e estrangeiro, especialmente os judeus. Devido ao estado das comunicações na época e ao fato de as maiores crueldades ocorrerem longe dos olhos do público em geral, em campos de concentração ou na retaguarda imediata do *front*, os demais países só se aperceberam gradativamente da escalada dos males perpetrados pelos nacional-socialistas. No entanto, tão logo notícias neste sentido foram divulgadas, a reação dos dirigentes inimigos da Alemanha foi dura:

> Assim é que o Presidente Franklin Roosevelt, dos Estados Unidos, condenou em 1941, mediante nota lida na Casa Branca, endereçada às nações civilizadas, as brutalidades e horrores perpetrados pelos alemães, declarando que "um dia isso conduzirá a um castigo terrível". Winston Churchill, Primeiro-Ministro britânico, expressou o seu apoio ao governo americano através de nota que anunciava o castigo dos crimes praticados pelo governo de Hitler, como um dos primeiros objetivos maiores da guerra. Também a antiga União Soviética, ainda em 1941, manifestou, por intermédio de diversas notas, a certeza de que o governo nazista e seus aliados e colabo-

---

[469] MACMILLAN, Margaret. *Paz em Paris, 1919*: a Conferência de Paris e seu mister de encerrar a Grande Guerra. Rio de Janeiro: Nova Fronteira, 2004. p. 182-185.

radores não escapariam da devida punição em decorrência da prática de crimes horrendos contra os povos daquele país e contra todos os amantes da liberdade.[470]

Também em 1941, organizaram-se em Londres (que então era extraoficialmente a capital mundial da resistência ao nazismo, sede de diversos governos exilados que haviam fugido das conquistas alemãs, e símbolo da luta contra tal ideologia) duas reuniões internacionais de juristas para, em face das violações apontadas, refletir sobre a dimensão internacional do direito penal e elaborar projetos para uma futura corte internacional que não permitisse a impunidade em graves crimes de guerra.

Ainda em Londres, os representantes dos governos aliados que se encontravam refugiados na Inglaterra (França, Bélgica, Grécia, Polônia, Holanda, Tchecoslováquia, Iugoslávia, Luxemburgo e Noruega) assinaram a Declaração do Palácio de Saint James, em 13 de janeiro de 1942, na qual se comprometiam a castigar, "através da justiça organizada", os autores materiais e intelectuais dos horrendos crimes de guerra que se cometiam na Europa. Formou-se em seguida uma comissão, com o objetivo de coletar informações sobre crimes de guerra praticados contra nacionais dos países aliados – que já adotavam a denominação "Nações Unidas". Winston Churchill, primeiro-ministro do Reino Unido, discursou na ocasião:

> No vigésimo segundo mês da guerra contra o nazismo, encontramo-nos aqui no velho palácio St. James, com cicatrizes do fogo inimigo, a fim de proclamar os sublimes objetivos e determinações dos governos constitucionais legítimos da Europa, cujos países foram invadidos, e nos encontramos aqui também para animar as esperanças dos homens livres e das pessoas livres ao redor do mundo. Aqui, na mesa defronte de nós, se encontram os títulos de propriedade de dez nações ou Estados cujo solo foi invadido e poluído e cujos homens, mulheres e crianças estão prostrados e padecem sob a opressão de Hitler.

---

[470] FERRO, Ana Luiza Almeida. *O Tribunal de Nuremberg*: dos precedentes à confirmação de seus princípios. Belo Horizonte: Mandamentos, 2002. p. 36.

Jurisdição antecedente

Mas aqui também, autorizados pelo Parlamento e pela democracia da Grã-Bretanha, estão reunidos servidores da antiga monarquia britânica e os representantes credenciados dos domínios – Canadá, Austrália, Nova Zelândia, África do Sul, Império da Índia, Birmânia e colônias em várias regiões do globo. Eles sacaram suas espadas por nossa causa. Eles nunca as deixarão cair até que a vida se vá ou que se tenha a vitória. Aqui nos encontramos, enquanto do outro lado do oceano Atlântico, os martelos e tornos mecânicos dos Estados Unidos sinalizam num zumbido crescente uma mensagem de encorajamento e uma promessa de rápida e crescente ajuda.

Que tragédia, que horror, que crimes Hitler e tudo aquilo que representa trouxeram para a Europa e para o mundo! As ruínas de Varsóvia, de Rotterdã, de Belgrado são monumentos que durante muito tempo lembrarão às gerações futuras o horror do bombardeio aéreo, utilizado com crueldade cientificamente calculada contra populações indefesas. Aqui em Londres e em outras cidades da nossa ilha, e também na Irlanda, podem ser vistas as marcas da devastação. Elas estão sendo devolvidas e logo serão mais do que pagas.

Mas, pior do que estes danos visíveis é a miséria dos povos conquistados. Nós os vemos perseguidos, aterrorizados, explorados. Os homens são forçados aos milhões a trabalhar sob condições que não se distinguem em muitos casos da verdadeira escravidão. Bens e móveis são pilhados ou carregados em troca de dinheiro sem valor. Suas casas, suas vidas cotidianas são bisbilhotadas e espionadas pelo impregnante sistema da polícia política secreta, o qual, tendo reduzido os próprios alemães a uma abjeta docilidade, agora ataca as ruas e os caminhos de uma dúzia de terras. Crenças religiosas são afrontadas, perseguidas ou oprimidas, no interesse de um paganismo fantástico desenhado para perpetuar a veneração e sustentar a tirania de uma criatura abominável. Tradições, culturas, leis, instituições, tanto sociais quanto políticas, são suprimidas pela força ou solapadas pela intriga friamente planejada.

As prisões do continente não são mais suficientes. Os campos de concentração estão superlotados. Em cada amanhecer, a rajada alemã é posta em prática. Tchecos, poloneses, holandeses, noruegueses, iugoslavos e gregos, franceses, belgas, luxemburgueses fazem o grande sacrifício pela fé e pelo país. Uma raça desprezível de colaboradores – para usar a nova palavra que irá carregar o desdém da humanidade ao longo dos séculos – é contratada para bajular o conquistador, para colaborar com os seus desígnios e para impor a sua regra sobre compatriotas, enquanto eles mesmos se humilham rebaixados. Este é o apuro da outrora gloriosa Europa e estas são as atrocidades contra as quais estamos em armas.

É sobre estas bases que Hitler, com seu esfarrapado lacaio Mussolini em sua cauda e o almirante Darlan[471] saltitante ao seu lado, pretende construir, a partir do ódio, da fome e da afirmação racial, uma nova ordem para a Europa. Nunca antes uma fantasia tão ridícula pôde ocupar a mente de um homem mortal. Não podemos dizer como será o curso desta guerra cruel, à medida que se espalha sem remorso por regiões ainda mais distantes. Sabemos que será difícil, acreditamos que será longo. Não podemos medir ou prever seus episódios ou seus tormentos.

Mas uma coisa é certa, uma coisa é segura, algo se destaca, de forma absoluta e inegável, maciça e inatacável, para todo o mundo ver. Não será pelas mãos germânicas que a estrutura da Europa será reconstruída ou que a união da família europeia será conseguida. Em cada país em que os exércitos alemães e a polícia nazista entraram, brotou do solo um ódio ao nome germânico e um tal desprezo pelo credo nazista que a passagem de centenas de anos não irá apagar da memória humana. Não podemos ainda ver como a libertação virá, ou quando virá. Mas os restos das pegadas de Hitler e as manchas dos seus dedos infectados e corroídos serão purificados e absorvidos e, se houver necessidade, explodidos da superfície da Terra.

Estamos aqui para fortalecer e reafirmar nossa união dentro daquele incessante e incansável esforço que deve ser feito para que as pessoas cativas sejam libertadas. Há um ano, o governo de Sua Majestade foi deixado sozinho a enfrentar a tempestade – e para muitos de nossos amigos e inimigos pode ter parecido que nossos dias também estavam contados e que a Grã-Bretanha e as suas instituições iriam afundar para sempre. Mas posso com orgulho lembrar a suas excelências que, mesmo naquele momento sombrio, quando nosso Exército estava desorganizado e quase sem armas,

---

[471] Almirante francês do regime de Vichy, governo francês que colaborava com os alemães.

quando praticamente nenhuma arma de fogo ou tanque permanecia na Grã-Bretanha, quando praticamente todas as nossas munições e materiais haviam sido destruídos na França – nunca, nem por um momento, o povo britânico sonhou em fazer paz com o conquistador e nem por um momento desesperou-se da causa comum.

Pelo contrário, proclamamos naquele exato momento para todos os homens, não só para nós mesmos, nossa determinação de não fazer paz até que cada um dos países destruídos e escravizados fosse libertado e até que a dominação nazista fosse rompida e destruída.

Vejam o quanto andamos desde aqueles dias de tirar o fôlego de junho, há um ano. A nossa sólida e teimosa força passou neste terrível teste. Dominamos os nossos próprios céus e agora nos estendemos para fora em um revide cada vez mais forte contra o inimigo. A Marinha Real manda nos mares. A frota italiana encolhe-se de medo diminuída nos portos, a Marinha germânica está amplamente danificada ou afundada. Os ataques assassinos contra os nossos portos, cidades e fábricas não tiveram o poder de sufocar o espírito da nação britânica, de parar a nossa vida ou de suspender a imensa expansão da nossa indústria de guerra. Os alimentos e as armas que vêm dos oceanos estão chegando com segurança. A provisão plena para substituir toda a tonelagem afundada está sendo feita aqui – e ainda mais por nossos amigos nos Estados Unidos. Estamos nos tornando uma comunidade armada. Nossas forças terrestres estão sendo aperfeiçoadas com equipamentos e treinamentos.

Hitler pode se virar e se lançar com violência sobre a Europa torturada. Pode espalhar seu percurso de modo amplo e para longe, e carregar a sua maldade consigo: pode ir parar na África ou na Ásia. Mas é aqui, com esta ilha que é uma fortaleza, que ele terá de lidar no fim. Nós vamos nos esforçar para resistir por terra e por mar. Vamos estar no seu encalço onde quer que ele vá. Nosso poderio aéreo continuará a ensinar à pátria germânica que a guerra não é apenas saque e triunfo.

Nós vamos ajudar e instigar o povo de cada país conquistado à resistência e à revolta. Vamos interromper e destruir todo o esforço que Hitler fizer para sistematizar e consolidar a subjugação. Ele não vai encontrar paz, descanso, abrigo, negociação. E se, levado a riscos desesperados, tentar a invasão das ilhas britânicas, como pode acontecer, não iremos hesitar diante desta suprema provação. Com a ajuda de Deus, de quem temos diariamente de ter consciência, vamos continuar firmes na fé e no dever, até que a nossa tarefa esteja completa.

Esta, portanto, é a mensagem que mandamos hoje para os Estados e as nações, escravizadas ou livres, para os homens de toda parte que se preocupam com a causa da liberdade, para os aliados e simpatizantes na Europa, para os nossos amigos e companheiros americanos que, com sua força e do outro lado do oceano, estão cada vez mais próximos. Esta é a mensagem: recuperem o ânimo. Tudo vai acabar bem. Das profundezas da tristeza e do sacrifício nascerá novamente a glória da humanidade.[472]

Em 1943, as três grandes potências inimigas do nazismo aprovaram a Declaração de Moscou, relativa às atrocidades nazistas. Nesta, afirmava-se:

> No momento em que se conceder armistício a qualquer governo que porventura se forme na Alemanha, os oficiais e soldados alemães e membros do partido nazista que se tenham tornado partes responsáveis ou anuentes nas referidas atrocidades, "massacres" ou execuções, serão enviados aos países onde perpetraram seus crimes abomináveis para serem julgados e punidos de acordo com as leis desses países libertados e dos governos livres que aí se terão fundado. [...]
> Que se precavenham [*sic*], pois, aqueles cujas mãos ainda não estão sujas de sangue inocente para que não entrem para o rol dos culpados, porque as Três Potências Aliadas se comprometem a persegui-los inexoravelmente até os mais remotos confins da Terra, entregando-os a seus acusadores para que se faça justiça.[473]

---

[472] CHURCHILL, Winston L. S. Nossa força coesa e persistente: discurso proferido na conferência dos ministros aliados e dos comissários dos domínios britânicos, em Londres, em 12 de junho de 1941. In: _____. *Jamais ceder!* Rio de Janeiro: Jorge Zahar, 2005b. p. 204-207.
[473] FERRO, Ana Luiza Almeida. *O Tribunal de Nuremberg*, 2002, op. cit., p. 41.

Jurisdição antecedente

Outra comissão foi formada, em 1943, sempre em Londres, desta vez em nome das Nações Unidas. Já em setembro de 1944, com a derrota definitiva do Eixo (Alemanha, Itália e Japão) em vista,[474] aprovou-se o projeto final para o Tribunal. De acordo com tal plano,

> Constituiria competência da Corte o julgamento e punição de qualquer pessoa, independentemente de hierarquia ou posição, desde que a mesma houvesse cometido ou tentado, ordenado ou instigado outro indivíduo a praticar, ou cometido por si mesma, em atitude omissiva, uma infração às leis e costumes de guerra.[475]

Em fevereiro de 1945, por fim, ocorreu a famosa Conferência de Yalta, na qual os líderes do Reino Unido, Estados Unidos e União Soviética entraram em acordo sobre a reorganização de diversos territórios europeus e questões populacionais na Europa, após a prevista derrota alemã. Ali declarou-se a intenção de submeter os criminosos de guerra a julgamento. Com a capitulação alemã em 8 de maio de 1945 (o Japão só se renderia oficialmente em setembro), abriu-se o caminho para o efetivo julgamento dos criminosos de guerra. A Conferência de Potsdam, que reuniu as três nações aliadas, decidiu, entre outras questões, que os responsáveis por crimes que não tivessem particular localização geográfica (especialmente crimes disseminados por vários territórios) teriam seu juízo e castigo promovidos pelos vencedores.

A partir deste contexto, considere as duas sentenças abaixo:

> [...] os aliados, por essas declarações, qualificam-se como juízes; seu direito de punir não lhes virá da vitória, mas de sua inocência, pois é evidente que,

---

[474] Em 3 de setembro de 1943, a Itália assinara um armistício com os aliados. Como consequência, a parte norte do país formou a República Social Italiana, que prosseguiu na guerra ao lado dos alemães, enquanto que, no território do novo governo italiano ao sul, diversas tropas juntaram-se aos aliados. Também houve um grande movimento de resistência à presença dos alemães na Itália.

[475] FERRO, Ana Luiza Almeida. *O Tribunal de Nuremberg*, 2002, op. cit., p. 42.

ao condenarem a utilização pelo inimigo de certos procedimentos, eles proíbem a si próprios de recorrer a tais procedimentos.[476]

De qualquer forma, se a vitória não viria a representar a fonte do direito de punir dos aliados, ela sem dúvida lhes daria a oportunidade para exercê-lo.[477]

Perguntas

1. O que afirmam tais sentenças sobre a legitimidade do Tribunal Militar Internacional de Nuremberg?
2. Você concorda com o teor destas afirmações? Por quê?

Acordo de Londres de 8 de agosto de 1945[478]

ACORDO entre o Governo dos *ESTADOS UNIDOS DA AMÉRICA*, o Governo Provisório da *REPÚBLICA FRANCESA*, o Governo do *REINO UNIDO DA GRÃ-BRETANHA E IRLANDA DO NORTE* e o Governo da *UNIÃO DAS REPÚBLICAS SOCIALISTAS SOVIÉTICAS* para a Persecução e Punição dos *PRINCIPAIS CRIMINOSOS DE GUERRA* do *EIXO EUROPEU*

CONSIDERANDO que as Nações Unidas emitiram, de tempos em tempos, declarações acerca de sua intenção de conduzir Criminosos de Guerra à justiça;

E CONSIDERANDO que a Declaração de Moscou de 30 de Outubro de 1943 acerca de atrocidades alemãs na Europa Ocupada estabelecia que os oficiais e homens alemães e membros do Partido Nazista que foram responsáveis ou consentiram ativamente nas atrocidades e crimes serão devolvidos aos países nos quais seus atos abomináveis se perpetraram, de forma a que

---

[476] LOMBOIS, Claude. *Droit pénal international*. 2. ed. Paris: Dalloz, 1979. p. 136 apud FERRO, Ana Luiza Almeida. *O Tribunal de Nuremberg*, 2002, op. cit., p. 43.
[477] FERRO, Ana Luiza Almeida. *O Tribunal de Nuremberg*, 2002, op. cit., p. 44.
[478] Tradução livre a partir do texto em inglês. Disponível em: <http://avalon.law.yale.edu/imt/imtchart.asp>. Acesso em: 9 jun. 2012 (grifos no original).

possam ser julgados e punidos de acordo com as leis destes países libertados e dos governos livres que nestes se criarão;

E CONSIDERANDO que esta Declaração expressou não prejudicar o caso dos principais criminosos, cujas ofensas não possuíram localização geográfica particular, e que serão punidos por decisão conjunta dos Governos dos Aliados;

AGORA, PORTANTO, o Governo dos Estados Unidos da América, o Governo Provisório da República Francesa, o Governo do Reino Unido da Grã-Bretanha e Irlanda do Norte e o Governo da União das Repúblicas Socialistas Soviéticas (doravante chamados "os Signatários"), agindo no interesse de todas as Nações Unidas e através de seus representantes, os quais foram devidamente autorizados para tal, concluíram este Acordo.

Artigo 1º. Estabelecer-se-á, após consultas junto ao Conselho de Controle para a Alemanha, um Tribunal Militar Internacional para o julgamento de criminosos de guerra cujas ofensas não possuam localização geográfica particular, quer sejam acusados individualmente ou em sua função de membros das organizações ou grupos, ou ainda nos dois aspectos.

Artigo 2º. A constituição, jurisdição e funções do Tribunal Militar Internacional serão aquelas estabelecidas no Estatuto anexo a este Acordo, que deverá formar parte integral deste Acordo.

Artigo 3º. Cada um dos Signatários tomará os passos necessários de modo a disponibilizar, para investigação das denúncias e julgamento, os principais criminosos de guerra por eles detidos e que deverão ser julgados pelo Tribunal Militar Internacional. Os Signatários também empreenderão seus melhores esforços para disponibilizar para investigação das denúncias e julgamento perante o Tribunal Militar Internacional todos os principais criminosos de guerra que não se encontrem no território de qualquer um dos Signatários.

Após o fim da Guerra, os aliados decidiram dividir a Alemanha em quatro zonas de ocupação. Cada nação ficaria responsável pela administração de um setor, e os alemães só mantiveram controle em nível local, sempre sob condição da anuência do administrador estrangeiro. O território alemão foi dividido como ilustra a figura 3:

Figura 3
Divisão da Alemanha após o fim da Segunda Guerra Mundial

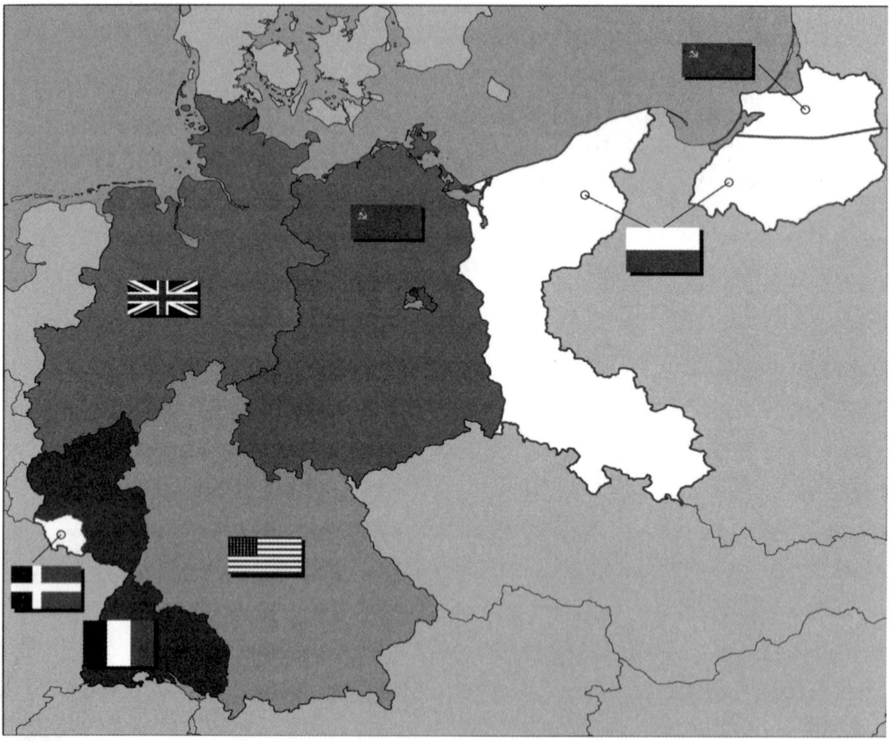

Fonte: Wikimedia Commons. Disponível em: <http://commons.wikimedia.org/wiki/File:Map-Germany-1945.svg>. Acesso em: 11 jun. 2012.

Sobre o mapa acima, vale observar que os territórios mais orientais foram atribuídos à Polônia e à URSS em caráter definitivo, isto é, a Alemanha perdeu a soberania sobre eles. Já os demais territórios foram ocupados pelas quatro potências vencedoras (Reino Unido, URSS, EUA e França) de modo provisório. Três territórios merecem destaque: a capital alemã, Berlim, encravada no coração do território sob administração soviética, também foi dividida em quatro zonas de ocupação.

Jurisdição antecedente

O Sarre, pequena região na fronteira com a França, permaneceu sob ocupação francesa e teve *status* indefinido até que seus habitantes, em 1955, votassem pela reintegração à Alemanha, que ocorreu em 1957. Por fim, no território de noroeste, sob ocupação inglesa, destaquem-se a cidade de Bremen e o porto litorâneo de Bremerhaven, mantidos sob controle americano para que os EUA tivessem uma saída marítima para suas tropas e suprimentos.

Lei nº 10, do Conselho de Controle Aliado (1945)[479]
PUNIÇÃO DE PESSOAS CULPADAS DE CRIMES DE GUERRA, CRIMES CONTRA A PAZ E CONTRA A HUMANIDADE
De modo a dar efeito aos termos da Declaração de Moscou de 30 de outubro de 1943 e do Acordo de Londres de 8 de agosto de 1945, e à Carta emitida na sequência dos mencionados instrumentos, e de modo a estabelecer uma base jurídica uniforme na Alemanha para a persecução de criminosos de guerra e outros criminosos semelhantes, além daqueles que foram processados pelo Tribunal Militar Internacional, o Conselho de Controle dispõe o que segue:
Artigo I
A Declaração de Moscou de 30 de outubro de 1943 "Acerca da Responsabilidade dos Hitleristas pelas Atrocidades Cometidas" e o Acordo de Londres de 8 de agosto de 1945 "Acerca da Persecução e Punição dos Principais Criminosos de Guerra do Eixo Europeu" tornam-se parte integral desta lei. A acessão às disposições do Acordo de Londres por qualquer uma das Nações Unidas, tal como previsto no artigo V daquele Acordo, não autorizará tal Nação a participar ou interferir na execução desta Lei na área submetida à autoridade do Conselho de Controle na Alemanha.
Artigo II
1. Cada um dos seguintes atos é definido como um crime:
(a) Crimes contra a paz. Início de invasões a outros países e guerras de agressão em violação a leis e tratados internacionais, incluindo mas não

---

[479] Tradução livre do original em inglês. Disponível em: <http://avalon.law.yale.edu/imt/imt10.asp>. Acesso em: 14 jun. 2012.

se limitando ao planejamento, preparação, deflagração ou condução de uma guerra de agressão, ou de uma guerra em violação a tratados, acordos ou garantias internacionais, ou participação em um plano comum ou conspiração para a execução de qualquer das condutas previamente elencadas.

(b) Crimes de guerra. Atrocidades ou crimes contra pessoas ou propriedade constituindo violações das leis ou costumes de guerra, incluindo, mas não se limitando a homicídio, maus-tratos ou deportação, para trabalho escravo ou para qualquer outro propósito, da população civil de território ocupado, homicídio ou maus-tratos a prisioneiros de guerra ou a pessoas no mar, assassinato de reféns, saque de propriedade pública ou privada, destruição arbitrária de cidades, aldeias ou vilas, ou devastação não justificada por necessidade militar.

(c) Crimes contra a humanidade. Atrocidades e ofensas, incluindo, mas não se limitando a homicídio, extermínio, escravização, deportação, aprisionamento, tortura, estupro ou demais atos desumanos cometidos contra qualquer população civil, ou persecuções por motivos políticos, raciais ou religiosos, em violação ou não às leis domésticas do país no qual tais atos forem perpetrados.

(d) Integrar um grupo criminoso ou uma organização declarados criminosos pelo Tribunal Militar Internacional.

2. Qualquer pessoa, sem distinção de nacionalidade ou da capacidade na qual agiu, será considerada como tendo cometido um crime tal qual definido no parágrafo 1 deste Artigo, caso ele tenha sido (a) agente principal ou (b) agente auxiliar na comissão de qualquer um destes crimes, tenha ordenado ou instigado o mesmo ou (c) tenha tomado parte voluntariamente no mesmo ou (d) tenha estado ligado a planos ou empreendimentos envolvendo a comissão de tais crimes ou (e) tenha sido membro de qualquer organização ou grupo ligado à comissão de qualquer destes crimes ou (f) tenha ocupado uma alta posição política, civil ou militar (incluindo o Estado Maior-Geral) na Alemanha ou em algum de seus Aliados, cobeligerantes ou satélites, ou tenha mantido alguma posição na vida financeira, industrial ou econômica de algum destes países.

3. Qualquer pessoa considerada culpada de qualquer um dos crimes acima mencionados será punida, após a condenação, na maneira que o tribunal determinar justa. Tal punição poderá consistir em um ou mais dos seguintes:
(a) Morte.
(b) Prisão perpétua ou por alguns anos, com ou sem trabalho pesado.
(c) Multa e prisão, com ou sem trabalho pesado em substituição.
(d) Sequestro de propriedade.
(e) Devolução forçada da propriedade injustamente adquirida.
(f) Privação de alguns ou de todos os direitos civis.
Qualquer propriedade cujo sequestro seja declarado, ou cuja restituição seja ordenada pelo Tribunal deverá ser entregue ao Conselho de Controle para a Alemanha, que decidirá sobre seu destino.
4. (a) O cargo oficial de qualquer pessoa, seja como chefe de Estado ou como funcionário responsável em um Departamento Governamental, não o exclui de sua responsabilidade por um crime nem o torna passível de mitigação em sua punição.
(b) O fato de que qualquer pessoa agiu seguindo uma ordem de seu governo ou de um superior não o livra de sua responsabilidade por um crime, mas pode ser considerado para mitigação da pena.
5. Em qualquer julgamento ou persecução por um crime aqui mencionado, o acusado não receberá quaisquer benefícios legais de limitação da jurisdição penal relativa ao período entre 30 de janeiro de 1933 e 1º de julho de 1945, tampouco será admitida a validade de qualquer imunidade, perdão ou anistia concedidos pelo regime nazista como forma de impedir o julgamento ou a punição.
Artigo III
1. Cada autoridade ocupante, dentro de sua Zona de Ocupação,
(a) terá direito de prender as pessoas que estejam nesta Zona, e que sejam suspeitas de ter cometido um crime, incluindo aquelas acusadas por crimes por uma das Nações Unidas, e tomará sob seu controle a propriedade, real e pessoal, detida ou controlada por tais pessoas, na pendência da decisão sobre sua eventual disposição.

(b) deverá relatar ao Diretório Jurídico [Legal Directorate] o nome de todos os criminosos suspeitos, as razões e locais de sua detenção, caso estejam detidos, e os nomes e localização de testemunhas.

(c) tomará medidas apropriadas para garantir que testemunhas e provas estejam disponíveis quando necessário.

(d) terá direito de fazer com que todas as pessoas detidas e acusadas nestas condições, e não entregues a outra autoridade como aqui previsto, nem soltas, sejam conduzidas a juízo perante um tribunal apropriado. Tal tribunal poderá, no caso de crimes cometidos por indivíduos de cidadania ou nacionalidade alemãs contra outras pessoas de cidadania ou nacionalidade alemãs, ou apátridas, ser um tribunal alemão, se autorizado pelas autoridades ocupantes.

2. O tribunal através do qual as pessoas acusadas por crimes de acordo com esta lei serão julgadas, bem como seu procedimento, serão estabelecidos ou designados por cada comandante de zona para sua zona respectiva. Nada nesta lei pretende obstaculizar ou impedir a jurisdição ou o poder de qualquer corte ou tribunal já estabelecido ou que venha a existir em qualquer zona, através de seu comandante, ou do Tribunal Militar Internacional estabelecido pelo Acordo de Londres de 8 de agosto de 1945.

3. Pessoas procuradas para julgamento por um Tribunal Militar Internacional não serão julgadas sem o consentimento do Comitê dos Promotores Chefes. Cada comandante de zona entregará tais pessoas, que se encontrem em sua zona, ao comitê, a pedido deste, e lhe disponibilizará testemunhas e provas.

4. Pessoas sabidamente procuradas para julgamento em outra zona ou fora da Alemanha não serão julgadas antes de uma decisão sob o Artigo IV, a não ser que o fato determinante de sua persecução tenha sido relatado de acordo com a Seção 1 (b) deste Artigo, três meses tenham se passado deste então e nenhuma requisição para entrega do tipo mencionado no Artigo IV tenha sido recebida pelo comandante de zona interessado.

5. A execução de sentenças de morte pode ser adiada, por prazo não superior a um mês após a sentença ter se tornado definitiva, caso o comandante da zona interessado tenha razões para crer que o testemunho dos condenados

seja relevante para a investigação e julgamento de crimes dentro ou fora de sua zona.

6. Cada comandante de zona fará com que os julgamentos das cortes com jurisdição competente produzam, em relação à propriedade posta sob seu controle na esteira de tais julgamentos, os efeitos que ele entender mais adequados ao interesse da Justiça.

Artigo IV

1. Quando qualquer pessoa que se encontre dentro de uma zona na Alemanha for acusada de haver cometido um crime, tal qual definido no Artigo II, em outro país além da Alemanha, ou em outra zona, o governo daquela nação ou o comandante desta última zona, de acordo com o caso, poderão requerer ao comandante da zona na qual a pessoa se encontre a sua detenção e entrega para julgamento no país ou zona no qual o crime tenha sido cometido. Tal requerimento para entrega deverá ser correspondido pelo comandante que o receber, a menos que ele acredite que tal pessoa é procurada para julgamento ou como testemunha por um Tribunal Militar Internacional, ou na Alemanha, ou por alguma outra nação além da que fez a requisição, ou se o comandante não estiver convencido de que a entrega deva ser feita. Em qualquer destes casos, ele terá o direito de reenviar tal requerimento ao Diretório Jurídico da Autoridade de Controle Aliada. Um procedimento similar aplicar-se-á às testemunhas, exibições materiais e demais formas de evidência.

2. O Diretório Jurídico considerará todos os requerimentos que lhe forem referidos, e decidirá sobre os mesmos de acordo com os seguintes princípios, devendo sua decisão ser comunicada ao comandante da zona.

(a) Uma pessoa procurada para julgamento ou como testemunha por um Tribunal Militar Internacional não será entregue para julgamento ou requerida a dar testemunho fora da Alemanha, a não ser por aprovação do Comitê dos Promotores Chefes, atuando sob o Acordo de Londres de 8 de agosto de 1945.

(b) Uma pessoa procurada para julgamento por diversas autoridades (além de um Tribunal Militar Internacional) será tratada de acordo com as seguintes prioridades:

(1) Caso seja procurada para julgamento na zona na qual se encontra, não será entregue a não ser que se tomem providências para seu retorno após seu julgamento fora;
(2) Caso seja procurada para julgamento em outra zona distinta daquela onde se encontra, deverá ser preferencialmente entregue àquela zona, em detrimento de entregas para fora da Alemanha, a não ser que se tomem providências para seu retorno para aquela zona após seu julgamento fora;
(3) Caso seja procurado para julgamento fora da Alemanha por duas ou mais Nações Unidas, de uma das quais ele seja cidadão, esta terá prioridade;
(4) Caso seja procurado para julgamento fora da Alemanha por diversos países, nem todos os quais sejam Nações Unidas, as Nações Unidas terão prioridade;
(5) Caso seja procurado para julgamento fora da Alemanha por duas ou mais das Nações Unidas, então, nos termos do Artigo IV 2 (b) (3) acima, aquele país que exibir as acusações mais graves contra a pessoa, que sejam ademais apoiadas por provas, terá prioridade.
Artigo V
A entrega, de acordo com o Artigo IV desta lei, de pessoas para julgamento deverá ser feita mediante requerimento dos governos ou comandantes de zona de um modo tal que a entrega de criminosos para uma jurisdição não se torne um meio de elidir ou atrasar desnecessariamente a execução da justiça em outro lugar. Caso a pessoa entregue não tenha sido condenada em seis meses pelo Tribunal da Zona ou país ao qual foi entregue, então tal pessoa deverá ser devolvida, mediante requerimento do comandante da zona na qual a pessoa se encontrava antes da entrega.

Estatuto do Tribunal Militar Internacional de Nuremberg (1945)[480]
[...] Artigo 2
O Tribunal será composto por quatro membros, com um substituto para cada um. Cada um dos Signatários nomeará um membro e um substituto. Na medida do possível, os substitutos assistirão a todas as sessões do Tribunal.

---

[480] Tradução livre a partir do texto em espanhol. Disponível em: <www.ehu.es/ceinik/tratados/7TRATADOSRELATIVOSACRIMENESDEGUERRA/CG73.pdf>. Acesso em: 8 fev. 2012.

No caso de enfermidade de algum membro do Tribunal, ou de encontrar-se incapacitado para exercer suas funções por qualquer outro motivo, seu substituto ocupará seu lugar. [...]

Artigo 6

O Tribunal estabelecido pelo Acordo aludido no artigo 1 do presente Estatuto para o julgamento e condenação dos principais criminosos de guerra do Eixo Europeu estará autorizado a julgar e condenar as pessoas que, atuando em defesa dos interesses dos países do Eixo Europeu, cometeram os delitos que constam a seguir, seja individualmente ou como membros de organizações:

Quaisquer dos atos que constam a seguir são crimes que recaem sob a competência do Tribunal, a respeito dos quais haverá responsabilidade pessoal:

(a) CRIMES CONTRA A PAZ: A saber, planejar, preparar, iniciar ou travar guerras de agressão, ou uma guerra que constitua uma violação de tratados, acordos ou garantias internacionais, ou participar de planos comuns ou de uma conspiração para alcançar algum dos objetivos anteriormente indicados;

(b) CRIMES DE GUERRA: A saber, violações das leis ou costumes de guerra. Estão incluídas em tais violações o assassinato, os maus-tratos ou a deportação para realizar trabalhos forçados ou para outros objetivos em relação com a população civil de um território ocupado ou em tal território, o assassinato ou maus-tratos a prisioneiros de guerra ou a pessoas no alto-mar, o assassinato de reféns, o roubo de bens públicos ou privados, a destruição injustificada de cidades ou povoações, ou a devastação não justificada pela necessidade militar, sem que as mesmas se limitem a tais crimes;

(c) CRIMES CONTRA A HUMANIDADE: A saber, o assassinato, o extermínio, escravização, deportação e demais atos desumanos cometidos contra a população civil antes da guerra ou durante a mesma; a perseguição por motivos políticos, raciais ou religiosos na execução dos crimes que sejam de competência do Tribunal ou em relação com os mesmos, quer estes constituam ou não uma violação da legislação interna do país onde foram perpetrados.

Aqueles que liderem, organizem, incitem à formulação de um plano comum ou de conspiração para a execução dos delitos anteriormente mencionados, assim como os cúmplices que participem em tal formulação ou execução, serão responsáveis por todos os atos realizados por quaisquer pessoas na execução de tal plano.

Artigo 7

A posição oficial dos acusados, sejam chefes de Estado ou funcionários a serviço de departamentos do governo, não os exonerará das responsabilidades, nem servirá para atenuar a pena.

Artigo 8

O fato de que o Acusado atuou obedecendo a ordens de seu governo ou de um superior não o exonerará de responsabilidade, porém poderá ser considerado uma atenuante na determinação da pena, caso o Tribunal estime que a justiça assim o exija.

O princípio *nullum crimen nulla poena sine lege* (nenhum crime e nenhuma pena sem lei) é um dos princípios básicos do direito penal no Estado de direito. Exprime a necessidade de que a lei penal que estabelece um crime só pode valer para atos que lhe forem posteriores, e nunca poderá ter efeitos retroativos. Em geral, admite-se a exceção a este princípio quando a lei penal posterior é mais benéfica que a lei anterior; neste caso, entende-se que ela pode retroagir e beneficiar indivíduos condenados por uma lei anterior mais severa. Fora deste caso, o princípio é tido como necessário, não sendo justo que uma pessoa sofra, por suas ações, consequências mais severas do que poderiam ser previstas ao empreender a conduta. O indivíduo deve sempre saber o que esperar do Estado, sendo gravemente iníquo que uma conduta seja posteriormente qualificada como crime, quando não o era ao tempo em que foi perpetrada. O indivíduo ficaria, assim, totalmente nas mãos do Estado, que poderia livremente rotular qualquer ação passada como "crime".

No ordenamento jurídico brasileiro, por exemplo, o princípio encontra-se insculpido no Código Penal e na Constituição Federal, conforme os excertos abaixo:

Código Penal Brasileiro
Anterioridade da Lei
Artigo 1º. Não há crime sem lei anterior que o defina. Não há pena sem prévia cominação legal.
Lei penal no tempo
Artigo 2º. Ninguém pode ser punido por fato que lei posterior deixa de considerar crime, cessando em virtude dela a execução e os efeitos penais da sentença condenatória.
Parágrafo único. A lei posterior, que de qualquer modo favorecer o agente, aplica-se aos fatos anteriores, ainda que decididos por sentença condenatória transitada em julgado.
Constituição Federal brasileira
Artigo 5º. Todos são iguais perante a lei, sem distinção de qualquer natureza, garantindo-se aos brasileiros e aos estrangeiros residentes no País a inviolabilidade do direito à vida, à liberdade, à igualdade, à segurança e à propriedade, nos termos seguintes: [...]
XXXIX. não há crime sem lei anterior que o defina, nem pena sem prévia cominação legal;
XL. a lei penal não retroagirá, salvo para beneficiar o réu.

Pergunta

3. A partir dos trechos de seu Estatuto acima transcritos, pode-se dizer que o Tribunal Militar Internacional de Nuremberg respeitou o princípio da anterioridade da lei penal? Construa argumentos nos sentidos favorável e contrário ao Tribunal.

Considere a seguinte manifestação do Tribunal a respeito da base de sua jurisdição:

A elaboração do Estatuto [...] foi o exercício do poder legislativo soberano pelos países aos quais o Reich Alemão rendeu-se incondicionalmente; e o indubitável direito destes países para legislar para os territórios ocupados tinha sido reconhecido pelo mundo civilizado. O Estatuto não é um exercício arbitrário de poder, por parte das nações vitoriosas, mas, no entender do Tribunal, [...] é a expressão do direito internacional existente na época de sua criação; e, nesse ponto, é ele próprio uma contribuição ao direito internacional. As potências signatárias instituíram este Tribunal, determinaram a lei aplicável, e fixaram as regras apropriadas de procedimento do julgamento. Agindo assim, elas fizeram juntas o que qualquer delas poderia ter feito separadamente; porque não deve haver dúvida de que qualquer nação tem assim o direito de criar jurisdições especiais para aplicar o direito.[481]

Perguntas

4. Que mudança para o direito internacional representou o Tribunal Militar Internacional a respeito: (a) da posição dos indivíduos perante o direito internacional?; (b) da relação entre direito internacional e direito interno?
5. Considerando o preâmbulo do Acordo de Londres, bem como o art. 2 do Estatuto do Tribunal, você considera que a imparcialidade deste órgão estava assegurada?
6. Compare os objetivos expressos nas declarações, pronunciamentos e acordos acima citados, que precederam o estabelecimento do Tribunal, com os crimes que acarretam na jurisdição deste órgão (art. 6 do Estatuto, acima). Em que pontos a jurisdição prevista no Estatuto vai mais além do que fora declarado antes da criação do Tribunal?
7. Segundo Ana Luiza Almeida Ferro, um dos princípios de direito internacional utilizados pelo Tribunal foi: "Toda pessoa que comete um ato que constitui crime segundo o direito internacional é responsável por tal e passível de punição".[482] Que argumentos teóricos um membro da defesa poderia esgrimir contra tal princípio?

---

[481] FERRO, Ana Luiza Almeida. *O Tribunal de Nuremberg*, 2002, op. cit., p. 61.
[482] Ibid., p. 84.

O libelo de acusação da Promotoria do Tribunal (composta, tal como a própria corte, por um membro que cada um dos quatro signatários indicou) referiu-se a quatro pontos: conspiração, crimes contra a paz, crimes de guerra e crimes contra a humanidade. Suas especificações estão no art. 6º do Estatuto, acima transcrito.

18.3 O direito internacional positivo aplicável

Convenção de Haia sobre as Leis e os Costumes da Guerra em Terra e seu anexo: Regras sobre Leis e Costumes da Guerra em Terra[483]
[...] Artigo 2º. As disposições contidas nas Regras mencionadas no Artigo 1º vinculam somente as Potências Contratantes, em caso de Guerra entre duas ou mais destas.

Tais disposições cessarão de possuir caráter vinculante a partir do momento em que, em uma guerra entre Potências Contratantes, uma Potência Não Contratante passe a apoiar um dos beligerantes.

ANEXO À CONVENÇÃO

REGRAS ACERCA DAS LEIS E COSTUMES DA GUERRA TERRESTRE

SEÇÃO I

DOS BELIGERANTES

CAPÍTULO I

Da qualificação dos beligerantes

Artigo 1º. As leis, direitos e deveres da guerra aplicam-se não somente aos exércitos, mas também a milícias e a contingentes voluntários que preencham as seguintes condições:

1. Ser comandado por um indivíduo responsável por seus subordinados;
2. Exibir um emblema fixo distintivo possível de ser reconhecido a distância;
3. Carregar armas abertamente; e
4. Conduzir suas operações de acordo com as leis e os costumes da guerra.

---

[483] Em tradução livre a partir do original em inglês. Disponível em: <www.icrc.org/ihl.nsf/full/195>. Acesso em: 15 fev. 2013.

Nos países em que a milícia ou contingentes voluntários constituam o exército, ou formem parte dele, estes incluem-se sob a denominação "exército".

Artigo 2º. A população de um território que não foi ocupado a qual, perante a aproximação do inimigo, espontaneamente pega em armas para resistir às tropas invasoras sem dispor de tempo para organizar-se de acordo com o artigo 1º, será considerada como beligerante, caso respeite as leis e costumes da guerra.

Artigo 3º. As forças armadas das partes beligerantes podem consistir de combatentes e não combatentes. Em caso de captura pelo inimigo, ambos possuem direito de ser tratados como prisioneiros de guerra.

CAPÍTULO II

Dos prisioneiros de guerra

Artigo 4º. Prisioneiros de guerra ficam em poder do governo hostil, mas não no dos indivíduos ou tropas que os capturaram.

Devem ser tratados com humanidade.

Todos os seus pertences pessoais, exceto armas, cavalos e papéis militares, permanecem como sua propriedade.

Artigo 5º. Prisioneiros de guerra podem ser internados em uma cidade, fortaleza, campo, ou qualquer outra localidade, e podem ser obrigados a não ir além de certos limites fixos; porém só podem ser confinados como medida indispensável de segurança.

Artigo 6º. O Estado pode utilizar o trabalho dos prisioneiros de guerra de acordo com sua posição hierárquica e aptidão. Suas tarefas não devem ser excessivas, e não poderão estar relacionadas às operações militares.

Prisioneiros podem ser autorizados a trabalhar para o serviço público, para pessoas privadas ou por conta própria.

O trabalho realizado para o Estado será pago de acordo com as tarifas em vigor para soldados do exército nacional empregados em tarefas similares.

Quando o trabalho for para outros ramos do serviço público ou para pessoas privadas, as condições serão estabelecidas em acordo com as autoridades militares.

Os salários dos prisioneiros tenderão a melhorar sua posição, e o montante ser-lhes-á pago ao tempo de sua soltura, após dedução do custo de sua manutenção.

Artigo 7º. O governo nas mãos do qual os prisioneiros de guerra caíram está obrigado a mantê-los.

Na ausência de acordo especial entre os beligerantes, os prisioneiros de guerra deverão ser tratados, no que disser respeito a alimentação, acomodações e vestuário, na mesma base que as tropas do governo que os capturou.

Artigo 8º. Prisioneiros de guerra estarão sujeitos às leis, regras e ordens em vigor no exército do Estado em cujas mãos eles caíram. Qualquer ato de insubordinação justificará a adoção, no que lhes disser respeito, das medidas de segurança que se fizerem necessárias.

Prisioneiros que escaparam, sendo recapturados antes de conseguir juntar-se a seu exército, ou antes de abandonar o território ocupado pelo exército que os capturou, são passíveis de sofrer punição disciplinar.

Prisioneiros que, após ter sucesso em escapar, são novamente feitos prisioneiros não são passíveis de qualquer punição pela fuga anterior. [...]

Artigo 13. Indivíduos que seguem um exército sem dele fazer parte diretamente, tais como correspondentes jornalísticos e repórteres, comerciantes e empreiteiros, que caiam nas mãos do inimigo, e os quais este entenda por bem deter, possuem direito de ser tratados como prisioneiros de guerra, desde que possuam um certificado das autoridades militares do exército que acompanhavam.

SEÇÃO II
DAS HOSTILIDADES
CAPÍTULO I

Dos meios de ferir o inimigo, dos cercos e bombardeios

Artigo 22. O direito dos beligerantes adotarem meios de ferir o inimigo não é ilimitado.

Artigo 23. Além das proibições dispostas nas Convenções especiais, é especialmente proibido

(a) Utilizar veneno ou armas venenosas;

(b) Matar ou ferir à traição indivíduos pertencentes à nação ou ao exército hostil;

(c) Matar ou ferir um inimigo que, havendo baixado as armas, ou não dispondo mais de meios de defesa, tenha se rendido incondicionalmente;

(d) Declarar que não será dado quartel;

(e) Empregar armas, projéteis ou material de natureza a causar danos supérfluos;

(f) Fazer uso impróprio de uma bandeira de trégua, da bandeira nacional ou das insígnias militares e uniforme do inimigo, assim como das divisas distintivas da Convenção de Genebra;

(g) Destruir ou tomar a propriedade do inimigo, a não ser que tal destruição ou expropriação seja imperativamente requerida pelas necessidades da guerra. [...]

Artigo 25. São proibidos o ataque ou bombardeio de cidades, aldeias, residências ou construções não defendidas.

Artigo 26. O comandante de uma força de ataque deverá, antes de iniciar um bombardeio, a não ser que se trate de um assalto, fazer tudo o que puder para alertar as autoridades. [...]

Artigo 28. É proibida a pilhagem de uma cidade ou lugar, ainda que tenha sido tomada de assalto.

CAPÍTULO II

Dos espiões

Artigo 29. Um indivíduo somente poderá ser considerado um espião caso ele, agindo de modo clandestino ou sob falsos pretextos, obtenha ou procure obter informações na zona de operações de uma parte beligerante, com intenção de comunicá-las à parte hostil.

Portanto, soldados não disfarçados que tiverem penetrado na zona de operações de um exército hostil para obter informações não são considerados espiões. De modo similar, não serão considerados espiões os seguintes: soldados ou civis que cumpram sua missão às abertas, encarregados da entrega de mensagens destinados seja a seu próprio exército, seja ao do inimigo. Pertencem igualmente a esta classe indivíduos enviados em balões para entregar mensagens, e, de forma geral, para manter a comunicação entre as várias partes de um exército ou um território.

Artigo 30. Um espião capturado em flagrante não pode ser punido sem prévio julgamento. [...]

SEÇÃO III

Sobre a autoridade militar em território hostil

Artigo 42. Considera-se ocupado um território quando for efetivamente posto sob a autoridade do exército hostil.

A ocupação aplica-se somente ao território onde tal autoridade se estabeleceu, desde que numa posição dominante.

Artigo 43. Uma vez que toda autoridade do poder legítimo haja passado às mãos do ocupante, este deverá tomar todos os passos em seu poder para restabelecer e assegurar, tanto quanto possível, a ordem e segurança públicas, respeitando, a não ser que esteja absolutamente impedido, as leis em vigor no país.

Artigo 44. É proibida qualquer coação da população do território ocupado para que tome parte em operações militares contra seu próprio país.

Artigo 45. É proibida qualquer pressão sobre a população do território ocupado para que faça juramentos à Potência hostil.

Artigo 46. A honra familiar e os direitos, as vidas individuais e a propriedade privada, assim como as convicções religiosas e a liberdade, devem ser respeitados.

Propriedade privada não pode ser confiscada.

Artigo 47. Proíbe-se formalmente o saque. [...]

Artigo 50. Nenhuma pena geral, pecuniária ou de outra espécie, poderá ser infligida à população por conta de atos de indivíduos para os quais ela não pode ser vista como coletivamente responsável. [...]

Artigo 52. Nenhuma requisição em espécie ou serviços pode ser exigida de comunidades ou habitantes, a não ser pelas necessidades do exército de ocupação. Deverá ser proporcional aos recursos do país, e de uma medida tal que não submeta a população à obrigação de tomar parte em operações militares contra seu país.

Tais requisições e serviços serão exigidos somente por autoridade do comandante na localidade ocupada.

As contribuições em espécie deverão, tanto quanto possível, ser pagas em moeda corrente; caso não o sejam, seu recebimento será certificado. [...]

Artigo 56. A propriedade das comunidades, aquela das instituições religiosas, caritativas e educacionais, e aquela das artes e ciências, ainda que sejam propriedade estatal, serão tratadas como propriedade privada.

São proibidos toda tomada, destruição ou dano intencional causado a tais instituições, a monumentos históricos, a obras de arte ou da ciência, e tais atos serão objeto de procedimentos.

Pacto Briand-Kellog de Renúncia à Guerra (1928)[484]
Artigo 1. As Altas Partes Contratantes declaram solenemente, em nome de seus respectivos povos, que condenam o recurso à guerra para a solução das controvérsias internacionais, e a isso renunciam, como instrumento de política nacional, em suas relações recíprocas.
Artigo 2. As Altas Partes Contratantes reconhecem que o regulamento ou a solução de todas as controvérsias ou conflitos, de quaisquer natureza ou origem que possam surgir entre elas, jamais deverá ser procurado senão por meios pacíficos.
Artigo 3. O presente Tratado será ratificado pelas Altas Partes Contratantes, designadas no preâmbulo, de conformidade com as exigências de suas respectivas constituições, e produzirá efeito entre elas, logo que todos os instrumentos de ratificação tenham sido depositados em Washington. [...][485]

Convenção de Haia sobre Leis e Costumes da Guerra em Terra (1907)[486]
Artigo 1º. As Potências Contratantes emitirão instruções a suas forças armadas terrestres, em conformidade com as Regras a respeito das leis e costumes da guerra terrestre, anexadas à presente Convenção.
Art. 2º. As disposições contidas nas Regras mencionadas no Artigo 1º, assim como na presente Convenção, aplicar-se-ão somente entre Potências Contratantes, e, neste caso, somente se todos os beligerantes forem partes na Convenção.
Art. 3º. Uma parte beligerante que viole as disposições de tais Regras deverá, se for o caso, ser obrigada por pagar compensação. Será responsável por todos os atos cometidos por pessoas que sejam parte de suas forças armadas.

---
[484] Promulgado no Brasil pelo Decreto nº 24.557, de 3 de julho de 1934.
[485] A lista completa de Estados que ratificaram ou aderiram ao Pacto pode ser vista em: <http://avalon.law.yale.edu/20th_century/kbpact.asp>. Acesso em: 10 fev. 2012.
[486] Tradução livre do texto em inglês. Disponível em: <www.icrc.org>. Acesso em: 10 fev. 2012.

Art. 4º. A presente Convenção, devidamente ratificada, será substituída, entre as Potências Contratantes, pela Convenção de 29 de julho de 1899, no que disser respeito às leis e costumes da guerra terrestre.

A Convenção de 1899 permanece em vigor entre as Potências que a assinaram, e que não tenham ratificado a presente Convenção.

Convenção de Genebra relativa ao Tratamento de Prisioneiros de Guerra (1929)[487]

PARTE I

DISPOSIÇÕES GERAIS

Artigo 1º. A presente Convenção aplicar-se-á, sem prejuízo das estipulações da Parte VII,

(1) A todas as pessoas mencionadas nos Artigos 1, 2 e 3 das Regras anexadas à Quarta Convenção de Haia de 18 de outubro de 1907 acerca das leis e costumes da guerra terrestre que sejam capturadas pelo inimigo.

(2) A todas as pessoas que pertençam às forças armadas dos beligerantes que tenham sido capturadas pelo inimigo no curso de operações de guerra marítima ou aérea, de acordo com as exceções (derrogações) que as condições de tal captura tornem inevitáveis. Nada obstante, tais exceções não infringirão os princípios fundamentais da presente Convenção; elas cessarão a partir do momento em que as pessoas capturadas tiverem alcançado um campo de prisioneiros de guerra.

Artigo 2º. Prisioneiros de guerra encontram-se sob o poder do governo hostil, mas não dos indivíduos ou formações que os capturaram.

Deverão ser, a todo tempo, tratados com humanidade e protegidos, particularmente contra atos de violência, insultos e da curiosidade pública.

São proibidas medidas de represália contra os mesmos.

Artigo 3º. Prisioneiros de guerra têm direito ao respeito por suas pessoas e honra. As mulheres deverão ser tratadas com toda a consideração devida a seu sexo.

Prisioneiros retêm sua plena capacidade civil.

---

[487] Tradução livre do texto em inglês. Disponível em: <www.icrc.org>. Acesso em: 10 fev. 2012.

Artigo 4º. A Potência detentora deve proporcionar o necessário à subsistência dos prisioneiros de guerra a seu cargo.

Diferenças de tratamento entre prisioneiros somente são permitidas caso tais diferenças sejam baseadas na hierarquia militar, no estado de saúde físico ou mental, nas habilidades profissionais ou no sexo dos que se beneficiarem das mesmas. [...]

PARTE III

SEÇÃO I

EVACUAÇÃO DE PRISIONEIROS DE GUERRA

Artigo 7º. Após sua captura, prisioneiros de guerra serão evacuados, tão logo quanto seja possível, para estabelecimentos que estejam suficientemente afastados da área de combates para deixá-los fora de perigo. [...]

SEÇÃO II

CAMPOS DE PRISIONEIROS DE GUERRA

Artigo 9º. Prisioneiros de guerra podem ser internados em uma cidade, fortaleza ou outro lugar, e podem ser ordenados a não ultrapassar certos limites. Também podem ser internados em campos cercados; não serão confinados ou aprisionados exceto como medida indispensável à segurança ou saúde, e somente pelo tempo em que existam circunstâncias que exijam uma tal medida.

Prisioneiros capturados em distritos insalubres ou cujo clima é deletério a pessoas provindas de climas temperados deverão ser removidos, tão logo quanto possível, a um clima mais favorável. [...]

SEÇÃO III

TRABALHO DOS PRISIONEIROS DE GUERRA

CAPÍTULO 1

Disposições gerais

Artigo 27. Os beligerantes podem empregar como trabalhadores os prisioneiros de guerra fisicamente capazes que não sejam oficiais ou possuam estatuto equivalente, de acordo com seu nível hierárquico e habilidade. Ainda assim, caso oficiais ou pessoas de estatuto equivalente peçam por trabalho que lhes seja adequado, este lhes será oferecido, na medida das possibilidades.

CAPÍTULO 2

Organização do trabalho [...]

Artigo 29. Nenhum prisioneiro de guerra pode ser empregado em trabalhos para os quais seja fisicamente incapaz. [...]

Artigo 31. O trabalho executado pelos prisioneiros de guerra não terá conexão direta com as operações da guerra. Particularmente, é proibido empregar prisioneiros na fabricação ou transporte de armas ou munições de qualquer espécie, ou no transporte de material destinado às unidades combatentes.

Artigo 32. É proibido empregar prisioneiros de guerra em trabalhos insalubres ou perigosos. As condições de trabalho não serão tornadas mais árduas em virtude de medidas disciplinares. [...]

CAPÍTULO 3

Sanções penais em relação a prisioneiros de guerra

I. Disposições gerais

Artigo 45. Prisioneiros de guerra estarão sujeitos às leis, regras e ordens em vigor nas forças armadas do Poder detentor.

Qualquer ato de insubordinação torná-los-á passíveis de sofrer as medidas prescritas por tais leis, regras e ordens, a não ser que previsto de outra forma neste Capítulo.

Artigo 46. Prisioneiros de guerra não estarão sujeitos, por parte das autoridades militares ou dos tribunais da Potência detentora, a penalidades diversas daquelas prescritas para atos similares cometidos por membros das forças armadas.

Oficiais, suboficiais ou soldados prisioneiros de guerra, ao serem submetidos a punição disciplinar, não estarão sujeitos a tratamento menos favorável que o prescrito, com relação à mesma punição, para níveis hierárquicos similares nas forças armadas da Potência detentora.

São proibidas todas as formas de punição corporal, confinamento em estabelecimentos não iluminados por luz natural e, em geral, toda e qualquer forma de crueldade.

Também são proibidas penalidades coletivas para atos individuais. [...]

II. Punições disciplinares

Artigo 54. Prisão é a punição mais severa que pode ser aplicada a um prisioneiro de guerra.

A duração de qualquer punição não excederá trinta dias.

Este prazo máximo de trinta dias não poderá, ademais, ser excedido mesmo no caso de existirem diversos atos pelos quais o prisioneiro seja disciplinarmente responsável quando sua situação for decidida, estejam tais atos conectados ou não entre si. [...]

PARTE VII

APLICAÇÃO DA CONVENÇÃO A CERTAS CATEGORIAS DE CIVIS

Artigo 81. Pessoas que seguem as forças armadas sem pertencerem diretamente às mesmas, assim como correspondentes, jornalistas, fornecedores ou empreendedores, que caiam nas mãos do inimigo, os quais este considere apropriado deter, terão direito a ser tratados como prisioneiros de guerra, uma vez que estejam na posse de uma autorização das autoridades militares das forças armadas que eles seguiam.

PARTE VIII

EXECUÇÃO DA CONVENÇÃO

SEÇÃO I

DISPOSIÇÕES GERAIS

Artigo 82. As disposições da presente Convenção serão respeitadas pelas Altas Partes Contratantes em todas as circunstâncias.

Em tempo de guerra, se um dos beligerantes não for parte na Convenção, suas disposições, ainda assim, permanecerão vinculantes entre os beligerantes que dela forem parte. [...]

Perguntas

8. A Alemanha era parte nos quatro tratados acima citados, enquanto que a União Soviética não o era em nenhum. Sendo assim, de acordo com o direito internacional da época:

   (a) Não sendo o caso de legítima defesa e a URSS não sendo signatária do Pacto Briand-Kellog, a invasão da Alemanha à União Soviética era lícita?

   (b) A Alemanha deveria respeitar as convenções de Haia e de Genebra (de 1929, relativa aos prisioneiros de guerra) no tocante aos prisioneiros de guerra soviéticos?

9. Caso as Convenções acima transcritas sejam aplicáveis, como deviam ser tratados guerrilheiros soviéticos capturados pelas forças alemãs? Em que casos tais guerrilheiros se beneficiariam das proteções do prisioneiro de guerra? O fato de o Exército alemão constituir indubitavelmente o agressor contra a URSS modifica algo no *status* dos guerrilheiros?

Leia o seguinte trecho que descreve um interrogatório do acusado general Alfred Jodl no Tribunal de Nuremberg:

Roberts [promotor]: – Bem, estudemos o Documento C-52. Lembra-se desta ordem?

Jodl: – Sim, lembro-me.

Roberts: – Segundo me consta o senhor trabalhou em sua redação. É verdade?

Jodl: – Sim, pois se trata de uma ordem de operações.

Roberts: – Com efeito. Repare no ponto 6: "As tropas à nossa disposição, para as operações de segurança nas regiões ocupadas do Leste, só serão suficientes, levando em conta a imensidão do espaço ocupado, se toda a resistência não somente for sufocada com o castigo dos culpados, mas se, além disso, as forças de ocupação criarem um ambiente de terror que corte nas suas raízes toda tentativa da população de oferecer a mínima resistência". Trata-se de uma ordem muito cruel, não lhe parece?

Jodl: – Não, não se trata de uma ordem cruel, visto que o Direito Internacional diz que os habitantes de toda a região ocupada acatarão as leis e disposições que ditar a potência ocupante.

Roberts: – Bem. Passemos às chamadas *Ordens Kommando*. Foram transmitidas por telefone a 7 de outubro de 1942 e dizem o seguinte: "No futuro todos os grupos de terror e de sabotagem dos ingleses e seus colaboradores que não se comportarem como soldados, mas como bandidos, serão aniquilados pelas tropas alemãs sem compaixão nem escrúpulos, onde forem descobertos". O senhor estabelece uma diferença entre o aviador inglês que bombardeia uma central elétrica e o paraquedista que, usando farda inglesa, dinamita a central elétrica?

Jodl: – Não. A destruição de um objetivo de importância militar está prevista e autorizada pelas leis internacionais. O que não admito é que o paraquedista use sob[488] a farda um traje civil e que no momento de ser preso levante as mãos e dispare.

Roberts: – Está bem. Mas conhecemos muitos casos em que foram executadas pessoas que só usavam a farda. Vou ler um destes casos que leva as iniciais de Keitel: "A 16 de setembro de 1942 desembarcaram na costa da Noruega dez ingleses e dois noruegueses, usando farda das forças alpinas britânicas, com armamento pesado e explosivos. A 21 de setembro, dinamitaram a central elétrica de Glomfjord. Uma sentinela alemã foi morta. Os operários noruegueses foram ameaçados com aplicações de clorofórmio, se oferecessem resistência. Os ingleses levavam injeções de morfina. Sete dos atacantes foram aprisionados e os outros conseguiram fugir para a Suécia". A seguir seguem os nomes. Estes homens foram fuzilados a 30 de outubro de 1942, conforme a ordem dada pelo senhor. Estes homens só usavam farda. Como justifica este fuzilamento?

Jodl: – Não, não posso e não desejo justificar. Considero-o contrário às leis. Além disso, esse caso não chegou aos meus ouvidos.[489]

Perguntas

10. Em relação ao primeiro caso apontado (ponto 6 do documento C-52), você concorda com a opinião de Jodl no sentido de que a disposição alemã não contrariava o direito internacional da época?
11. Em relação ao segundo caso apontado (*Ordens Kommando*), a disposição alemã é lícita? Jodl consegue justificá-la com sua resposta?
12. Ainda em relação ao segundo caso, a distinção que Jodl faz entre soldados inimigos usando fardas militares ou trajes civis encontra correspondência nos textos do direito internacional aplicável aos fatos?

---

[488] De acordo com o sentido da resposta de Jodl, aqui provavelmente ele teria dito "sobre a farda" uma vez que, se o paraquedista trajasse vestes civis sob a (debaixo da) farda, as roupas civis não apareceriam, e ele não enganaria ninguém.
[489] HEYDECKER, Joe J.; LEEB, Johannes. *O processo de Nuremberg*. Rio de Janeiro: Bruguera, 1968. p. 324-325.

13. Em relação ao terceiro caso apontado (central elétrica de Glomfjord), a explosão da usina de energia justifica o tratamento dado aos ingleses e noruegueses que participaram da ação?

18.4 O costume internacional aplicável

Como exposto, os principais criminosos de guerra em Nuremberg foram acusados por dois ou mais dos seguintes quatro pontos: crimes contra a paz, crimes de guerra, crimes contra a humanidade e conspiração para cometer os três tipos de crimes acima descritos.

Uma vez que os tratados existentes à época que haviam sido firmados pela Alemanha somente se referiam aos crimes de guerra (isto é, violações às leis e costumes de guerra) e aos crimes contra a paz (Pacto Briand-Kellog e tratados de paz e amizade assinados pela Alemanha), a Promotoria necessitou apoiar-se em grande medida no costume internacional, que haveria sido violado pelos alemães.

Também foi necessário invocar o direito consuetudinário para materializar a acusação de crimes de guerra, pois a URSS, principal vítima destes crimes, não assinara nenhuma convenção de direito humanitário, ao contrário de seu predecessor, o Império Russo. Entretanto, como a URSS constituía um Estado sucessor do antigo Império czarista, com fronteiras e sistema de governo bastante diversos, além de ter nascido do explícito repúdio a tudo que lembrava a ordem imperial, a participação do Império Russo nas citadas convenções não poderia ser tomada como base para afirmar direitos ou obrigações humanitárias.

Assim, em relação a crimes contra a paz, a mera existência do Pacto Briand-Kellog dificilmente forneceria uma base para julgar os principais dirigentes nazistas. Nada no pacto mencionava responsabilidade individual por uma conduta agressiva. Além disso, o que constituiria uma agressão não estava determinado naquele tratado – nem, de resto, no próprio direito internacional da época. Tal ilicitude só seria definida em 1974, com a Resolução nº 3.314, da Assembleia Geral da ONU. Ademais, o pacto proibia somente a guerra "como instrumento de política nacional", o que abria as portas para que os acusados se defendessem alegando que sua política nacional nazista não previa a guerra, que a guerra fora inevitável por causa da provocação de outros países, que se tratava de um choque de ideologias entre o comunismo e os "valores europeus".[490] Portanto, o direito internacional positivo da época, embora desaprovasse a guerra em linhas gerais, não possuía concretude suficiente para ensejar uma condenação dos governantes da Alemanha por "quebra da paz".

A Promotoria necessitou, então, recorrer ao direito internacional costumeiro. Tratou de argumentar não pela ilicitude da guerra em geral,[491] mas acerca da reprovação geral contra os métodos utilizados pelo Terceiro Reich alemão – ataques premeditados, executados de surpresa sobre Estados despreparados. Parte considerável das audiências no Tribunal foram devotadas a rever atas, anotações e reminiscências sobre os encontros da cúpula nacional-socialista antes da guerra, de forma a demonstrar como as violências alemãs contra os territórios alheios foram parte de uma política nacional deliberada, desenvolvida no plano teórico desde os primeiros anos da tomada do poder por Hitler, e iniciada na prática com o rearmamento alemão clandestino promovido pelo Partido Nazista na década de 1930.

Entre as provas conduzidas ao Tribunal, grande importância foi dada ao Pacto Ribbentrop-Molotov de não agressão entre a Alemanha e a URSS, firmado em 1939, meros dois anos antes da invasão de Hitler à União Soviética. Contudo, como se verá mais adiante, a liderança soviética não era menos voraz que seus "antigos parceiros" alemães, e havia

---

[490] Diversos nazistas, como o ex-ministro das Relações Exteriores Ribbentrop, buscaram politizar o debate desta maneira, apresentando-se como os guardiões da Europa (pelo menos, da Europa "ariana") contra a investida dos bárbaros bolcheviques asiáticos do Leste. A respeito, é bem ilustrativo que a última frase de Ribbentrop, imediatamente antes de ser enforcado, tenha sido no sentido de lamentar a calamidade que se abateria sobre a Terra com sua morte, pois acreditava (ou fingia acreditar) que Leste e Oeste se enfrentariam mortalmente sobre os despojos da Alemanha (HEYDECKER, Joe J.; LEEB, Johannes. *O processo de Nuremberg*, 1968, op. cit.).

[491] Isto constrangeria os soviéticos, que haviam aproveitado o clima do início da Segunda Guerra para levar a cabo agressões e anexações contra seus vizinhos ocidentais – Finlândia, Lituânia, Letônia, Estônia, Polônia e Romênia.

Jurisdição antecedente

feito inserir diversas disposições secretas no Tratado, as quais constituíam uma clara preparação de agressão contra os países bálticos[492] e a Polônia.

Argumentou-se assim que o costume internacional condenava a agressão na forma traiçoeira e secreta levada a cabo pela Alemanha.

O ponto seguinte da acusação, referente aos crimes de guerra, estava em grande parte positivado nas convenções de Haia e de Genebra (esta última de 1929, relativa ao tratamento dos prisioneiros de guerra) acerca das leis dos conflitos armados. Entretanto, como a URSS não aderira a tais convenções, foi necessário avaliar novamente as normas consuetudinárias internacionais. Desta forma, entendeu-se que as obrigações centrais, entre as previstas nos tratados em questão, exprimiam o costume internacional à época, que se voltava contra um tratamento selvagem dos soldados capturados ou da população civil de territórios ocupados. Em outras palavras, as regras específicas das convenções acerca de procedimentos, prazos, notificações etc. só se aplicariam a Estados-partes em tais instrumentos internacionais. Mas os princípios expressos por tais convenções deveriam ser universalmente respeitados. A partir desta conclusão, e também devido à magnitude e à generalização dos crimes nazistas, a Promotoria e o Tribunal não se preocuparam em identificar violações pontuais às regras das convenções, em especial no que dizia respeito ao comportamento das tropas alemãs na frente oriental. Trataram, antes, de demonstrar um quadro geral de desrespeito maciço à vida e à dignidade humanas. Conforme argumentou a Promotoria, a obrigação de respeitar o semelhante, ainda que numa situação de guerra, fazia parte do costume internacional entre as nações civilizadas[493] do século XX, e não poderia ficar na dependência da ratificação deste ou daquele tratado por um ou outro Estado.

---

[492] Lituânia, Letônia e Estônia.
[493] Hoje em dia, o termo "nações civilizadas" é visto com desconfiança, pois se pressupõe que não existam "nações não civilizadas". No entanto, à época do julgamento, o termo foi usado não tanto para afirmar uma superioridade euro-americana sobre outras culturas, mas para esclarecer que certas sociedades, exatamente por seu alto grau de sofisticação técnica, alcance internacional, possibilidades, número de habitantes etc., possuíam algumas obrigações internacionais que não seriam exigidas de outros povos. Neste sentido, "nações civilizadas" constituía uma lembrança aos alemães de que eles deveriam ter-se mantido de acordo com certos padrões, decorrentes de sua

O campo dos crimes contra a humanidade foi o que mais necessitou das consultas ao direito internacional consuetudinário. Conforme visto no tópico anterior, as leis que até então regulavam a guerra e os conflitos armados diziam muito pouco sobre o tratamento dado aos civis envolvidos. Os tratados então em vigor colocavam ênfase no civil atingido indiretamente pela guerra – o mundo pré-Segunda Guerra, apesar do aumento dos nacionalismos e das políticas etnicistas, era ainda um mundo no qual a guerra se fazia primordialmente por objetivos militares, e quando os governos se voltavam contra sua própria população, tal fato era visto como assunto interno.

Ora, a política militar nacional-socialista foi responsável por duas mudanças neste modo de ver os civis na guerra. Em primeiro lugar, as tropas da Wehrmacht,[494] em especial na frente oriental, sempre tiveram claro que seu objetivo não era puramente militar, mas racial e demográfico. A guerra não se travaria unicamente contra o Exército e os meios bélicos do inimigo, mas sim diretamente contra a população. Toda a ação alemã na guerra contra o Leste, e, em menor escala, em outros teatros de guerra como a ilha de Creta e a França e Holanda ocupadas, refletia esta disposição de enfrentar a população civil, ainda que esta não oferecesse resistência. Na verdade, a guerra do Terceiro Reich dirigia-se contra povos, e não contra exércitos. A massiva deportação de judeus dos territórios ocupados constitui um exemplo cabal do aniquilamento de civis estrangeiros em território ocupado.

A segunda "inovação" trazida pelo regime nazista foi a dimensão dos crimes cometidos contra a população interna. Como já dito, deportações, expulsões e assassinatos em massa não chegavam a ser novidade na Europa de meados do século XX. O que distinguiu os nazistas foi a dimensão em

---

própria cultura e desenvolvimento. Historicamente, o termo também foi deturpado e utilizado para justificar a dominação sobre outros povos "não civilizados", partindo-se do raciocínio falacioso segundo o qual, se era injusto exigir de civilizações mais simples um padrão "civilizado" de atenção à vida e dignidade humanas, corresponderia então aos ocidentais tratar tais civilizações de modo "não civilizado".

[494] Literalmente, "força de defesa". Famoso nome das Forças Armadas alemãs durante o período hitleriano.

que tais crimes foram cometidos. É por isso que a acusação em Nuremberg não se preocupou em separar, por exemplo, "mortes de judeus residentes em solo alemão" das "mortes de judeus residentes em territórios estrangeiros ocupados pela Alemanha". Ainda que somente as segundas fossem puníveis segundo as leis da guerra, os promotores e os juízes entenderam que a dimensão do morticínio ultrapassava os tratados sobre as regras da guerra. Tratava-se de algo novo, nunca antes visto: crimes cuja dimensão repugnava o sentimento comum de humanidade que existe em todos.

Foram, por isto, chamados de "crimes contra a humanidade", e considerou-se que a comunidade internacional já havia banido fazia muito tais barbaridades da prática internacional. O costume dos povos foi, assim, invocado contra uma política de absoluto desprezo pela vida humana.

Em relação aos "crimes contra a humanidade", é certo que a origem do termo foi cunhada a partir de considerações sobre o costume, que não estavam positivadas. Assim, tais crimes não podem ser confundidos com uma das categorias específicas de crimes que o direito penal, para efeitos didáticos, se ocupa em distinguir. Os crimes contra a humanidade não são "mais uma" divisão, ao lado dos crimes contra a vida, contra a honra, contra a administração pública etc. Trata-se, pelo contrário, de uma qualificação suplementar, conferida a crimes absolutamente comuns, quando estes são cometidos em condições especialmente graves. No caso do holocausto, por exemplo, tratou-se em regra de deportação forçada, roubo, escravidão, lesões corporais e homicídio, que são crimes antigos e que sempre foram praticados; a "novidade" estava na dimensão em que foram praticados pelos alemães. O rótulo de "crime contra a humanidade" visava deixar claro que tamanhas atrocidades não poderiam ser justificadas pelo sistema jurídico nazista. Isto é, as alegações da defesa segundo as quais os réus agiram de acordo com as leis alemãs foram rechaçadas, pois os crimes contra a humanidade não podem ser permitidos sequer por leis positivas explícitas no sentido contrário. Da mesma forma, o argumento que buscava salvar os réus afirmando que eles haviam sido forçados por instâncias superiores – em geral, Hitler em pessoa – a atuar da maneira como atuaram, também teve pouca valia perante os juízes,[495] uma vez que a ilicitude dos crimes contra a humanidade era evidente independentemente de ordem superior em sentido contrário. (No entanto, em outros julgamentos de criminosos de guerra alemães, o argumento da obediência à autoridade foi considerado para diminuir a pena.)

Assim, por mais que a expressão "crimes contra a humanidade" fosse nova, o argumento dos advogados de defesa afirmando que se tratava de uma norma penal retroativa não foi acolhido. A qualificação era nova, porém a antijuridicidade absoluta de tais atos já era clara desde antes da guerra – assim entendeu o Tribunal.

18.5 Justiça como fonte de direito

Além dos tratados internacionais e do costume, a grande fonte do direito invocada no julgamento dos principais criminosos de guerra nazistas foi a própria justiça. Isto fica bem claro quando se estudam os autos do Tribunal. Percebe-se que a Promotoria buscou evitar ao máximo as questões acerca de quais disposições jurídicas foram violadas pelos nazistas. Os membros da acusação procuraram ater-se o máximo possível aos fatos, esperando que estes falassem por si sós e que a ilicitude do comportamento dos réus ficasse evidente sem necessidade de apontar leis ou princípios específicos que houvessem sido violados. E, de fato, foi o que ocorreu. As audiências foram dominadas pelos fatos e relatos de inúmeras atrocidades nazistas.

---

[495] Em relação a muitos dos acusados, o Tribunal lembrou que eram altos líderes políticos e militares, cuja esfera de ação não poderia ser tão limitada como faziam crer no julgamento. Com efeito, até mesmo num Estado ditatorial e autoritário como a Alemanha nazista, os membros da cúpula possuem inevitavelmente alguma liberdade de ação, até porque o ditador não pode estar em todos os lugares ao mesmo tempo. Lendo-se a defesa dos réus de Nuremberg, Hitler é pintado como uma espécie de super-homem maligno, que acorrentara todos os membros da cúpula, forçando-os a cumprir todas as suas vontades, e enganando-os ao mesmo tempo sobre o holocausto (a maioria dos líderes persistiu até o fim na negação de que soubessem de algo sobre o destino dos judeus). Em último caso, restaria a opção da demissão – escolhida, com efeito, por alguns chefes militares quando vislumbraram até onde iria a loucura de Hitler. Seja como for, por mais que o direito não possa exigir heroísmo de ninguém, algo bem diferente é colaborar ativamente com um procedimento ilícito.

As discussões acerca da eventual licitude dos horrores cometidos não foram muito aprofundadas, pois a mera listagem dos crimes perpetrados no Terceiro Reich desencorajava qualquer tipo de insinuação de que estes pudessem, afinal, estar acobertados pela lei ou pelo *führerprinzip*.[496]

Fica claro que a falta de leis internacionais que pudessem aplicar-se claramente ao caso, a leniência das leis internas da Alemanha nazista e a pouca concretude do costume internacional não bastaram para impedir que o Tribunal afirmasse a gigantesca ilegalidade cometida nos crimes de guerra, contra a paz e contra a humanidade. Decidindo neste sentido, o Tribunal só poderia invocar a justiça como fundamento último.

É possível acusar os magistrados de Nuremberg de sentenciarem baseados numa noção incerta, abstrata e confusa como é a justiça. Mas não se pode esquecer que, por mais que o conteúdo da justiça possa ser discutido, há uma parte do mesmo que está fora de discussão. Este núcleo inquebrantável da justiça diz respeito às exigências mais básicas e mínimas da dignidade humana. Ora, a escala das atrocidades cometidas pelo nacional-socialismo durante seu regime na Alemanha supera em muito qualquer padrão, por mais singelo e diminuto que seja, de respeito pela dignidade humana. Assim, os juízes de Nuremberg não precisaram preocupar-se com definições conceituais sobre o que seria a justiça, para então aplicar tais definições aos casos concretos. Eles simplesmente constataram os fatos e, quando suficientemente provados, consideraram evidente a injustiça dos mesmos.

Portanto, a justiça em sentido conceitual foi um grande fundamento para os julgamentos do Tribunal Militar Internacional de Nuremberg.

18.6 Os acusados no Tribunal de Nuremberg

Escolhidos para compor o banco dos réus estavam as principais autoridades do III Reich que haviam sobrevivido ao conflito. Era um grupo bastante

---

[496] Princípio muito citado pela defesa, segundo o qual a ordem do Führer deveria ser obedecida sem ser questionada. Este princípio era uma forma de diminuir a responsabilidade da cúpula política e militar do regime nazista.

heterogêneo, que ia desde Hermann Goering – a principal figura do regime depois de Hitler – até Hjalmar Schacht – antigo Ministro da Economia do Reich, que estivera nos últimos anos da guerra em um campo de concentração – passando pelo Almirante Karl Doenitz – sucessor de Hitler como Chefe do Estado Alemão do final da guerra até que aquele Estado deixasse de existir sob a ocupação aliada. [...]

Apesar de certos nomes – como Goering e Hans Frank – terem sido óbvios para ocupar aquele rol de acusados em Nuremberg, alguns outros seriam questionáveis, demonstrando que a escolha destes fora feita sem grandes critérios ou com base em critérios subjetivos. [...]

O que deve ser ressaltado sobre a escolha destes acusados é a intenção de realizar-se um julgamento político do regime nazista e do III Reich em Nuremberg. Por meio daquele processo, "o julgamento dos grandes criminosos de guerra", os Aliados tinham como objetivo principal trazer à berlinda todas as estruturas da Alemanha Nazista, as quais deveriam ser representadas por cada um daqueles homens e organizações que se encontravam no banco dos réus. Condenando-se tais indivíduos e organizações, estar-se-ia condenando o Estado, o Regime e a Ideologia vencidos na maior de todas as Guerras. Daí porque a escolha de Fritzsche, uma vez que Goebbels[497] não fora encontrado vivo pelos vencedores. O mesmo se pode dizer com relação a Kaltenbrunner, em nome das SS,[498] já que Himmler[499] cometera suicídio ao final da guerra.

Um exemplo de que, mais do que em princípios jurídicos, baseou-se a escolha dos acusados em aspectos políticos, está no caso Krupp. O escolhido para representar os industriais alemães que apoiaram o nazismo e que teriam garantido o êxito econômico da Alemanha nos anos trinta foi Gustav Krupp von Bohlen und Halbach. Iniciado o julgamento, entretanto, verificou-se que Krupp – de avançada idade – estava bastante enfermo

---

[497] Ministro do Esclarecimento Popular e Propaganda da Alemanha.
[498] Abreviatura para "*Schutzstaffeln*", ou grupos de defesa. Formação paramilitar do Partido Nazista, que se tornou uma das maiores organizações do Terceiro Reich, responsável por atrocidades na administração dos campos de concentração e na subjugação dos territórios ocupados.
[499] Chefe das SS.

para comparecer ao Tribunal. Apesar desta condição atestada pelas próprias autoridades aliadas, o Ministério Público insistiu para que Krupp fosse ao Tribunal para ser julgado.

Após discussões preliminares onde se apresentou claros laudos e argumentos demonstrando a real impossibilidade de trazer o velho industrial a Nuremberg, a Corte decidiu-se por indeferir a demanda do Ministério Público. Mas, insatisfeitos com a decisão, os representantes do Parquet, uma vez que não podiam denunciar o velho Krupp, intentaram oferecer a denúncia contra seu filho Alfred, pelos "crimes do pai". Os Juízes de Nuremberg rejeitaram o pedido.

Assim, claro estava que mais do que simples indivíduos, era o Regime nazista que estava sendo julgado no primeiro Tribunal de Nuremberg. E, diante desta situação, aquele que analisar mais minuciosamente o Julgamento perceberá o quanto a defesa dos mesmos já se encontrava previamente prejudicada. As condenações e sentenças em Nuremberg foram a "pá de cal" no III Reich. Eis por que foram tão severas.

Aqueles que poderiam de alguma maneira simbolizar a Alemanha nazista – Goering, Keitel, Frank, Ribbentrop, Streicher, Rosenberg – foram condenados à pena capital, sem direito a recurso. O mesmo aconteceu com os que não conseguiram cair nas graças do Tribunal, mesmo que não tivessem tanta expressividade no III Reich – Kaltenbrunner, Frick, Sauckel, Jodl, Seyss-Inquart.

Outros, que representavam uma Alemanha mais tradicional, sóbria e que, nos últimos instantes do nazismo, voltaram-se contra o regime ou significassem uma nova Alemanha – Dönitz, Schirach, von Neurath, Speer – receberam penas mais leves, mesmo tendo sido condenados pelos mesmos cargos [acusações] que aqueles que foram executados. Outros ainda, sentenciados à prisão perpétua, tiveram suas penas revistas – Raeder e Funk. E houve ainda quem, talvez para que se tentasse lembrar a Alemanha de que nem todos os alemães mereciam a condenação, foram absolvidos – Papen, Fritzsche, Schacht –, mesmo que depois tenham sido condenados em seu próprio país, por outros Tribunais de Guerra.

Portanto, no microverso do Julgamento de Nuremberg, refletia-se também a Alemanha nazista e os diversos segmentos da sociedade alemã. Assim, cada grupo representado por um daqueles réus também era subjetivamente condenado de uma maneira mais ou menos severa, ou mesmo absolvido, à medida que a Corte estabelecia as sentenças. A sociedade alemã e a estrutura do III Reich eram julgadas junto com seus líderes. [...]

A severidade de algumas penas ao lado da discrepância das sentenças para casos semelhantes sempre levaram a Corte de Nuremberg a questionamentos. Convém ressaltar com relação aos acusados que suas condenações, como já foi dito, simbolizavam a condenação de diferentes segmentos da sociedade germânica. Pelas sentenças, deixavam claro os aliados que a desnazificação da Alemanha deveria ser maciça e irreversível, e quem a ela não se submetesse pagaria um preço bastante alto. Daí porque, para os condenados à morte, a execução foi quase ritualística: levados à forca como criminosos comuns, os grandes criminosos de guerra foram executados rapidamente, seus corpos cremados sob as mais secretas condições e as cinzas lançadas em um rio que só muito depois pôde-se descobrir que era o Isar, para que "nunca pudesse levantar-se ali um monumento".[500]

O processo contra os principais criminosos de guerra teve 24 acusados. Foram eles:

a) Hermann Göring[501] – marechal do Reich, chefe da Luftwaffe (Força Aérea), presidente do Reichstag (Parlamento) e um dos dirigentes políticos nazistas mais próximos de Hitler. *Condenado à morte.*[502]
b) Rudolf Heß[503] – político nazista, "substituto do Führer" (posição criada por Hitler). *Condenado à prisão perpétua.*
c) Martin Bormann – político nazista, chefe da "Chancelaria do Partido Nazista" (posição criada por Hitler em substituição à de "substituto do

---

[500] GONÇALVES, Joanisval Brito. *Tribunal de Nuremberg 1945-1946*: a gênese de uma nova ordem no direito internacional. 2. ed. rev. e ampl. Rio de Janeiro: Renovar, 2004. p. 87-91.
[501] Seu nome também pode ser escrito "Goering", substituindo-se o trema, apesar de esta não ser a norma na língua alemã.
[502] Suicidou-se horas antes da execução.
[503] O beta alemão (ß) possui som de "ss".

Führer", após Rudolf Heß ter fugido para a Inglaterra). *Condenado à morte à revelia.*[504]

d) Joachim von Ribbentrop – ministro das Relações Exteriores da Alemanha. *Condenado à morte.*

e) Robert Ley – político nazista, organizador nacional do Partido Nazista e chefe da Frente Alemã do Trabalho (organização que englobava todos os empregadores e empregados na Alemanha nazista). *Suicidou-se antes do início do processo.*

f) Franz von Papen – político centrista conservador. Chanceler (equivalente a primeiro-ministro) alemão em 1932, antes de Hitler, e, durante dois anos, vice-chanceler de Hitler. Embora tenha apoiado e possibilitado a nomeação de Hitler como chanceler, jamais fora nazista e distanciou-se progressivamente do nacional-socialismo. *Absolvido.*

g) Wilhelm Keitel – marechal alemão, chefe do Comando Supremo das Forças Armadas. *Condenado à morte.*

h) Alfred Jodl – general alemão, chefe do Estado-Maior Operacional do Comando Supremo das Forças Armadas (na prática, segundo homem após Keitel). *Condenado à morte.*

i) Erich Raeder – grande-almirante alemão, comandante da Marinha de Guerra até 1943. *Condenado à prisão perpétua.*[505]

j) Karl Dönitz – grande-almirante alemão, comandante da Marinha de Guerra a partir de 1943. Foi presidente do Reich durante uma semana, entre o suicídio de Hitler e a rendição da Alemanha. *Condenado a 10 anos de prisão.*

k) Ernst Kaltenbrunner – general das SS, chefe do Departamento Principal de Segurança do Reich. *Condenado à morte.*

l) Albert Speer – arquiteto, membro do Partido Nazista, ministro de Armamentos e Produção Bélica da Alemanha. *Condenado a 20 anos de prisão.*

---

[504] Bormann havia desaparecido no fim da guerra e nada se soube acerca de seu paradeiro. Investigações posteriores parecem concluir que ele cometeu suicídio nos dias finais da queda de Berlim.
[505] Libertado em 1955 por motivos de saúde.

m) Fritz Sauckel – político nazista, governador da Turíngia (região da Alemanha) e plenipotenciário para o esforço de trabalho, organizador das operações de transporte de estrangeiros dos territórios ocupados para trabalho forçado na Alemanha. *Condenado à morte.*
n) Hjalmar Schacht – presidente do Reichsbank (Banco Central alemão – 1923-1930 e 1933-1939) e ministro da Economia da Alemanha (1934-1937). *Absolvido.*
o) Walther Funk – presidente do Reichsbank (1939-1945) e ministro da Economia da Alemanha (1938-1945). *Condenado à prisão perpétua.*[506]
p) Gustav Krupp von Bohlen und Halbach – presidente do conglomerado de indústria pesada Friedrich Krupp AG, que apoiou ativamente e lucrou com o armamentismo alemão pré-guerra, além de utilizar largamente o trabalho forçado oriundo dos territórios ocupados do leste. *Considerado incapaz para julgamento.*
q) Hans Frank – governador-geral da Polônia ocupada. *Condenado à morte.*
r) Arthur Seyss-Inquart – político nazista austríaco, ajudou a preparar a anexação da Áustria pela Alemanha e tornou-se depois comissário do Reich (na prática, governador) dos Países Baixos ocupados. *Condenado à morte.*
s) Alfred Rosenberg – principal teórico do Partido Nazista e ministro do Reich para Territórios Ocupados do Leste. *Condenado à morte.*
t) Konstantin von Neurath – ministro das Relações Exteriores da Alemanha entre 1932 e 1938 e protetor (na prática, governador) da Boêmia e Morávia (nome da parte da Tchecoslováquia ocupada pelos alemães) entre 1939 e 1943. *Condenado a 15 anos de prisão.*
u) Wilhelm Frick – ministro do Interior e protetor da Boêmia e Morávia entre 1943 e 1945. *Condenado à morte.*
v) Julius Streicher – *gauleiter* (em teoria, chefe regional do Partido Nazista; na prática, real detentor do poder nas divisões administrativas da Alemanha) da Francônia e editor do jornal antissemita fanático *Der*

---

[506] Libertado em 1957 por motivos de saúde.

Stürmer, peça central da propaganda antissemita nazista. *Condenado à morte.*

w) Hans Fritzsche – diretor do Ministério do Esclarecimento Popular e Propaganda da Alemanha, encarregado das operações de rádio. *Absolvido.*

x) Baldur von Schirach – líder da Juventude Hitlerista e *gauleiter* de Viena. *Condenado a 20 anos de prisão.*

18.7 Algumas reações dos acusados durante o julgamento

Por trás dos bastidores do Processo, verificou-se, no caso de Keitel, um jogo extraoficial que não foi divulgado. O Doutor Robert Kempner, um dos promotores americanos, doze anos mais tarde informou pormenorizadamente os autores [deste livro]. Segundo Kempner, Keitel estava disposto a revelar do estrado das testemunhas quais eram os crimes cometidos pelo Terceiro Reich e ao mesmo tempo responsabilizar-se por todas as medidas assinadas por ele. Mas, dois dias antes da data fixada para fazer esta sensacional declaração, desistiu. Falara de tudo isso com Goering a quem, apesar de tudo, ainda considerava seu superior imediato. Goering proibira-o de fazer esta confissão, dizendo-lhe que, se alguém tentasse abandonar o barco salva-vidas, provavelmente também provocaria o afundamento definitivo.

O fato de não apresentar a declaração – comentou o Doutor Kempner – provocou reações negativas na facção aliada contra a *Wehrmacht*. Keitel as teria superado facilmente se tivesse assumido a sua culpa. Resultado, criou-se uma situação sumamente penosa. Quão diferente teria sido, se Keitel, de cabeça erguida, tivesse feito a declaração. Mas não. Quando, durante o interrogatório, não lhe restou mais nenhum recurso, passou a procurar pretextos e justificações, não admitindo a sua culpabilidade. O primeiro a lhe dirigir perguntas foi o Promotor russo Roman Rudenko.

Rudenko: – Passo agora a tratar da questão do tratamento de que foram vítimas os prisioneiros de guerra russos. Quero perguntar ao senhor sobre o relatório de Canaris. Nele Canaris fala do assassinato em massa de prisioneiros de guerra soviéticos e da necessidade de acabar com estas medidas tão arbitrárias. Ouça-me bem. É o documento de Canaris. A anotação do senhor diz o seguinte: "As objeções têm a sua origem no conceito militar de uma guerra cavalheiresca. Aqui, trata-se da destruição de uma filosofia. Por isso aprovo todas estas medidas e me responsabilizo pelas mesmas". Foi esta a decisão que o senhor tomou?

Keitel: – Sim, foi isso que escrevi. Esta foi a minha decisão depois de ter consultado o Führer.

Rudenko: – Pergunto-lhe, ao senhor que se faz chamar marechal de campo e que repetidas vezes ante este tribunal se apresentou como soldado. Com a sua sanguinária decisão do mês de setembro de 1941, autorizou e aprovou o assassinato de soldados indefesos, prisioneiros de guerra seus, não é verdade?

Keitel: – Assinei essa disposição e assumo toda a responsabilidade de acordo com o cargo desempenhado por mim.

Durante o interrogatório dirigido pelo Promotor inglês Sir David Maxwell-Fyfe, foram debatidos outros pontos.

Sir David: – Faça o favor de passar os olhos pelo Documento 769. É um telegrama do General de Aviação Christiansen, proveniente dos Países Baixos. Assina-o o seu chefe do Estado-Maior:

"Como consequência da greve de ferroviários, paralisou-se todo o tráfego na Holanda. Os ferroviários não acatam a ordem de voltar ao trabalho. A tropa deve ser autorizada a fuzilar também sem julgamento prévio as pessoas que não são terroristas nem sabotadores, segundo o conceito da ordem do Führer, mas que, ao contrário, com a sua atitude passiva são um perigo para os combatentes alemães. Solicitamos, portanto, que a ordem do Führer seja ampliada."

O senhor acusado tem de reconhecer que o fuzilamento de ferroviários que não queriam trabalhar foi uma medida cruel e brutal. Não acha?

Keitel: – Sim, uma medida cruel.

Sir David: – Qual foi a sua resposta a esta crueldade? Reparemos no Documento 770. Acho que foi a seguinte: "No caso de não ser possível entregar esses indivíduos às mãos do SD, será necessário adotar medidas mais efetivas. Não há objeções de espécie alguma contra a execução destes elementos, nas circunstâncias apontadas."

A seguir, o Promotor americano Thomas J. Dodd dirigiu uma série de perguntas que, hoje, depois das declarações do advogado Doutor Kempner, verificamos que fazem referência àquela surda luta atrás dos bastidores.

Dodd: – Quando foi interrogado pelo seu advogado, o senhor disse que se sentia dominado pela sensação de arcar com toda a responsabilidade das ordens que levavam a sua assinatura, ordens apresentadas pelo senhor ao Führer e por ele autorizadas. Na sexta feira, disse que, como soldado, mantinha-se fiel às tradições e aos princípios desta profissão e, por conseguinte, como soldado, seria incapaz de executar uma ordem que considerasse criminosa.

Keitel: – Sim.

Dodd: – Nesse caso temos de admitir que o senhor de um modo consciente pelo seu juramento de soldado, assinou ordens que sabia criminosas.

Keitel: – Sem dúvida, tinha plena consciência de que se executavam ordens em desacordo com as leis em vigor.

Dodd: – Por conseguinte, de um modo consciente, ditou e executou ordens criminosas?

Keitel: – O chefe do Estado tinha todos os poderes nas suas mãos. Que cometesse um ato criminoso não quer dizer que nós forçosamente o imitássemos.

Dodd: – O senhor declarou que algumas das ordens ditadas eram dirigidas contra as leis internacionais em vigor. Uma ordem ditada neste sentido é uma ordem criminosa, não é verdade?

Keitel: – Sim.

Dodd: – Então, nesse caso, o senhor executou ordens criminosas que representaram ao mesmo tempo uma violação do código de honra de um soldado profissional.

Keitel: – Sim.

Através de muitos rodeios, Keitel confessou a sua culpabilidade. [...]

É muito destacado o papel que Keitel desempenhou no projeto de assassinato dos Generais franceses Giraud e Weygand. A argúcia de Canaris[507] poupou-lhes a vida.

O Chefe do Estado-Maior francês, Maxime Weygand, encontrava-se, depois da derrota da França, na África do Norte. O General Henri Giraud fora aprisionado pelos alemães e internado na Fortaleza de Königstein, na Saxônia. A 17 de abril de 1942, conseguiu fugir. [...]

Erwin Lahousen, colaborador de Canaris, Chefe do Serviço Secreto Alemão, contou, submetido a contrainterrogatório pelo Promotor John Harlan Amen, o que acontecera nas sombras.

Amen: – Lembra-se o senhor de ter assistido, em 1940, a uma reunião durante a qual foi pronunciado o nome de Weygand?

Lahousen: – Sim. Durante esta reunião, Canaris nos revelou que, já há algum tempo, Keitel insistia para que se levasse a cabo uma ação com a finalidade de eliminar o Marechal francês Weygand, e que a minha seção devia-se encarregar desta ação. [...]

Amen: – O que fazia Weygand naquela época?

Lahousen: – Consta-me que Weygand, por aquela altura, se encontrava na África do Norte.

Amen: – Por que motivo tinha de ser assassinado Weygand?

Lahousen: – Temia-se que pudesse organizar, com o Exército Afro-Francês, um centro de resistência na África do Norte.

Amen: – Que mais se disse durante aquela reunião?

Lahousen: – Todos os presentes mostraram a sua viva indignação e levantaram um clamoroso protesto por esta ordem, procedente de um representante da *Wehrmacht* dirigida à nossa repartição. Quando os outros abandonaram a sala falei a sós com Canaris, que me disse: "Não tenha

---

[507] Almirante Wilhelm Canaris, chefe da Abwehr (serviço de inteligência militar alemão). Opositor constante e discreto de Hitler, foi preso pelos nazistas em 1944 e morto em um campo de concentração poucos dias antes do fim da guerra. Envolveu-se em diversas operações controversas, desde o resgate e envio aos EUA de um rabino polonês até contatos com o serviço de inteligência britânico. (RIGG, Bryan Mark. *Resgatado do Reich*: como um soldado de Hitler salvou o rabino Lubavitcher. Rio de Janeiro: Imago, 2004; BASSETT, Richard. *Almirante Canaris*: misterioso espião de Hitler. Rio de Janeiro: Nova Fronteira, 2007.)

medo, esta ordem não a transmitiremos, nem será realizada". E assim foi. Certa vez, quando Canaris e eu fomos chamados à presença de Keitel, este me perguntou o que tínhamos feito a respeito daquele assunto.

Amen: – O que é que o senhor respondeu a Keitel?

Lahousen: – Naturalmente não respondi que não pensava cumprir a ordem, visto que nesse caso hoje não estaria aqui. O mais provável é que lhe dissesse que se tratava de um caso difícil, mas que faríamos tudo o que estivesse nas nossas mãos.

Lahousen também informou que Keitel, em julho de 1942, ordenara a Canaris que fosse assassinado o General Giraud. Esta ação devia-se realizar com o nome-chave de *Gustav*. Mas o Serviço Secreto Alemão negou-se a acatar a ordem. Lahousen declarou:

– No mês de setembro, Keitel me telefonou para a minha residência particular. Perguntou-me: "O que há com *Gustav*? Lembra-se a que me refiro? Como está esse assunto? Preciso de saber com urgência tudo o que se relaciona com ele". Respondi-lhe: "Não estou informado, Canaris pessoalmente ocupa-se do caso, mas não está aqui. Está em Paris".

Lahousen imediatamente voou a Paris, para informar Canaris. Canaris estava atemorizado, mas logo teve uma ideia salvadora. Comunicou a Keitel que encarregara Heydrich[508] desta missão quando ainda vivia. Com isto ficava liquidado o assunto. Lahousen acabou a declaração com as seguintes palavras:

– Não se falou mais do assunto. Giraud fugiu para a África do Norte.

– Não sei o que dizer sobre este caso – murmurou Keitel naquela noite, em sua cela, falando com o psicólogo Gilbert. – O assunto Giraud, sim, sem dúvida, supunha que viria à baila. O que dizer? Sei muito bem que um oficial e um *gentleman* como o senhor já deve ter formado a sua opinião sobre mim. Estes fatos comprometem a minha honra de soldado. Não me importaria em absoluto que me recriminassem por ter iniciado a guerra.

---

[508] Reinhard Heydrich, oficial das SS, chefe da Agência Central de Segurança do Reich, protetor interino (governador) da Boêmia e Morávia (República Tcheca), foi um dos arquitetos do holocausto. Morreu em um atentado em Praga, em 1942.

Só cumpri com o meu dever. Mas este assunto, não sei sinceramente como me vi envolvido nele.

Keitel falou muitas vezes da sua honra de oficial. [...]

Poucos dias depois, Gilbert observou que o antigo Chefe do Alto Estado-Maior da *Wehrmacht*, Alfred Jodl, durante as refeições, já não se sentava na mesa de Keitel, como fizera até então. [...]

– Há coisas que não se podem conciliar com a honra de um soldado – disse Jodl [conversando com Gilbert].

– Por exemplo, um assassinato – insinuou Gilbert.

Jodl permaneceu em silêncio durante algum tempo. Depois respondeu em voz baixa:

– Sim, sem dúvida. Isso não se pode associar à honra de um soldado. Keitel me contou que Giraud estava sob vigilância e que foi transferido mais tarde para a Repartição de Segurança do Reich, mas não se falou de assassinato. Não, isso não é honra. Estas coisas já aconteceram outras vezes na História Militar. Mas nunca teria acreditado que um dos nossos próprios generais...

Fixou o olhar no chão.

– Observei que o senhor já não come com os altos chefes militares... na mesa de Goering e Keitel – comentou Gilbert.

– Então o senhor reparou nesse pormenor? – perguntou Jodl surpreso.

– Enfim, não quero recriminar pessoalmente nada a um homem que já está afundado, principalmente quando todos navegamos no mesmo barco.

Com estas palavras, punha-se termo ao assunto. Até o fim do Processo os outros chefes militares fugiram de Keitel. Embora o projeto de assassinar Weygand e Giraud não tivesse sido realizado, o efeito moral foi terrível para Keitel.[509]

Dias e dias, as testemunhas desfilaram ante o Tribunal de Nuremberg. Entre as provas encontravam-se filmes. Provinham dos gabinetes dos altos chefes das SS ou foram apreendidos por operadores militares aliados, depois da libertação. Até os promotores pareciam profundamente abatidos

---

[509] HEYDECKER, Joe J.; LEEB, Johannes. *O processo de Nuremberg*, 1968, op. cit., p. 316-320.

e deprimidos. Funk não parou de chorar o tempo todo. Doenitz ocultou o seu rosto entre as mãos. Outros, cabisbaixos, murmuravam: "Horrível!" O psicólogo do Tribunal, Gilbert, conversou naquela noite com vários dos acusados.

Fritzsche, estendido no seu catre, a cabeça apoiada em ambas as mãos, chorava copiosamente quando Gilbert entrou na cela. Lentamente levantou a cabeça e ficou olhando para Gilbert sem expressão. Depois, comovido ainda, disse:

— Nenhum poder, no céu ou na terra, pode apagar esta vergonha da nossa pátria... mesmo que passem muitas gerações... nem sequer no decorrer de muitos séculos.

Chorou de novo, bateu com os punhos na cabeça e exclamou finalmente:

— Desculpe-me, perdi o controle.

— Deseja um calmante para dormir? – perguntou Gilbert.

— E de que me serviria? – replicou. – Acha que uma pílula pode apagar tudo isso da minha cabeça?

Gilbert, acompanhado do psiquiatra Kelley, visitou as outras celas. Baldur von Schirach comentou:

— Não compreendo como os alemães foram capazes de fazer uma coisa assim.

Walther Funk não estava em condições de conversar com os seus visitantes. As lágrimas corriam por suas faces. Limitou-se a dizer:

— Horrível, horrível!

— Deseja um calmante?

Funk levantou os olhos vermelhos e respondeu:

— Para quê... Para quê?

Wilhelm Keitel estava jantando. Continuou comendo e, quando Gilbert começou a falar dos filmes interrompeu o jantar. Comentou de boca cheia:

— É horrível. Quando vejo estas coisas me envergonho de ser alemão. Foram os porcos das SS. Se tivesse sabido de tudo isso, teria dito ao meu filho: "Prefiro fuzilar você a permitir que entre nas SS". Mas eu não sabia de nada. Jamais poderei voltar a olhar a face de um ser humano.

Hans Frank começou a chorar quando Gilbert entrou.

– Nós vivíamos como reis e acreditávamos nessas bestas! – disse finalmente, depois de ter recuperado o domínio sobre si mesmo. – Não acredite quando lhe disserem que não sabiam nada disso. Todos sabíamos que qualquer coisa esquisita acontecia, apesar de não estarmos perfeitamente informados de todos os pormenores. Era cômodo ir na onda e acreditar que tudo estava em ordem.

Frank apontou para o jantar que não tocara:

– Tratam-nos bem demais aqui. Os nossos prisioneiros e a nossa própria gente morriam de fome nos campos de concentração. Que Deus tenha piedade das nossas almas! Sim, doutor, este Processo é a vontade de Deus. No princípio procurei me entender com os outros acusados. Agora não quero mais saber disso.

– Deseja um calmante?

– Não, obrigado. Se não conseguir dormir, rezarei.[510]

18.8 Alguns exemplos de atrocidades reveladas no julgamento

Entre as provas que o Promotor-Geral soviético Roman Rudenko apresentou ante o Tribunal, figuravam também as memórias do antigo Presidente do Senado Nacional-Socialista de Dantzig, Hermann Rauschning. Contam o que em certa ocasião lhe disse Adolf Hitler. Rudenko leu estes parágrafos absolutamente horrorosos:

"Temos de criar uma técnica de despovoação. Se o senhor me perguntar o que eu entendo por despovoação, direi que prevejo a liquidação de unidades raciais e assim farei, pois vejo nela, a grosso modo, a minha missão fundamental. A Natureza é cruel e, por este motivo, também nós poderemos ser cruéis. Se mando o melhor do povo alemão para uma guerra, sem lamentar em nenhum momento o derramamento do nosso valioso sangue, também

---

[510] Ibid., p. 384-385.

Jurisdição antecedente

tenho o direito de destruir milhões de homens de raças inferiores, que se multiplicam como parasitas. [...]"[511]

Com especial afã, Rosenberg dedicou-se à solução do chamado problema judaico. Deu instruções às quais se sujeitaria o "Instituto para a Investigação do Problema Judaico", inaugurado a 28 de março de 1941. O Promotor americano Walter W. Brudno leu o que então escrevera Rosenberg no Völkischen Beobachter:

Para a Alemanha, o problema judaico será solucionado quando o último judeu tiver abandonado o território alemão. Dado que a Alemanha, com seu sangue, se esforça para que a Europa volte a desfrutar da liberdade frente ao parasitismo judaico, julgamos poder dizer em nome de todos os europeus: Para a Europa o problema judaico será definitivamente solucionado quando o último judeu tiver abandonado o continente.[512]

Streicher repetiu várias vezes nunca ter sabido das matanças de judeus. Mas o Promotor inglês J. M. G. Griffith-Jones submeteu-o a um contrainterrogatório:

– Hoje cedo, quando o senhor falou sobre o *Israelitisches Wochenblatt*,[513] disse: "Às vezes, esses jornais faziam insinuações de que nem tudo estava em ordem. Mais tarde, em 1943, apareceu um artigo revelando que desapareciam grandes massas de judeus, mas não se apresentavam números e tampouco se fazia menção a assassínios". O senhor afirma sinceramente que nestas edições do *Israelitisches Wochenblatt*, que o senhor e os seus redatores liam, não se dizia mais nada sobre a desaparição e não se fazia menção a números nem a crimes? Pretende afirmar isto perante o Tribunal?

Streicher: – Com efeito, mantenho firmemente o que disse.

Griffith-Jones: – Nesse caso, peço-lhe que examine esta pasta. É uma compilação de artigos do *Israelitisches Wochenblatt*, de julho de 1941 até o fim da guerra. O Tribunal agora poderá comprovar as declarações de um fanático da verdade. Por favor, veja a primeira página; aí está um artigo datado de 11 de julho de 1941: "Na Polônia morreram no ano passado

---

[511] Ibid., p. 271.
[512] Ibid., p. 273-274.
[513] Revista suíça sobre a comunidade judaica mundial.

cerca de quarenta mil judeus; não há uma única cama nos hospitais". Não precisa continuar, senhor acusado. Para andarmos mais rápido, eu mesmo vou proceder à leitura. A 12 de dezembro de 1941: "Segundo informações recebidas de fontes fidedignas, milhares de judeus foram passados pelas armas em Odessa. Informações semelhantes foram recebidas de Kiew e outras cidades russas". Leu isso?

Streicher: – Não me lembro, mas mesmo que tivesse lido, isso não modificaria nada. Não serve de prova.

Streicher continuou a negar quando o promotor lhe demonstrou que o *Der Stürmer* tivera ocasião de ver de perto as condições de vida nos guetos. A 6 de maio de 1943 foi publicado na revista o artigo de uma testemunha ocular e Griffith-Jones leu alguns parágrafos de uma inspiração quase sádica:

– *Der Stürmer* mandou os seus repórteres fotográficos a diversos guetos do Leste. Um dos enviados do *Stürmer* conhecia a fundo os judeus e não havia nada que o pudesse surpreender. Mas o que viu foi uma experiência única: "O que se ofereceu aos meus olhos e à minha *Leika*, convenceu-me plenamente de que os judeus não são seres humanos, mas sim filhos do diabo e abortos do crime. Esta raça satânica não tem direito à existência". Agora fica o senhor sabendo, embora não acredite nos números, que desde que começou a guerra foram assassinados milhões de judeus. Sabia disso? Ouviu falar disso, não é verdade?

Streicher: – Talvez.

Griffith-Jones: – A única coisa que desejo saber é se ouviu falar nessas provas. Pode responder sim ou não, mas suspeito de que será um sim.

Streicher: – Sim, mas devo dizer que a única prova válida para mim é o testamento do Führer. Nele declara que essas matanças se realizaram por sua ordem. Acredito nisso. Agora acredito nisso.

Griffith-Jones: – O senhor acredita em que essa matança de milhões de judeus poderia ter sido realizada em 1921? Acha possível que sob outro regime, em 1921, pudessem ser mortos seis milhões de homens, mulheres e crianças judeus?

Streicher não quis responder a esta pergunta. Não queria confessar que a sua odiosa propaganda viria a provocar algum dia nefastas consequências para o povo judeu. Mas, no fundo, Streicher já tinha respondido, numa ocasião anterior, a esta mesma pergunta quando, embora de maneira bastante exagerada, escrevera: "O trabalho do *Stürmer* contribuirá para que até o último alemão se entregue de coração à luta para exterminar o judaísmo internacional". [...]

E o Fränkische Tageszeitung,[514] do dia 22 de dezembro de 1936, publicou:

"O Gauleiter[515] falou à juventude daqueles tempos tão terríveis do após-guerra. *Sabeis quem é o diabo?*, perguntou aos jovens que o escutavam com a respiração contida. *O judeu! O judeu!* gritaram todos."

Em janeiro de 1938 o *Stürmer* publicou o seguinte:

"Deve ser considerado mérito do *Stürmer* ter devidamente instruído o povo alemão, de maneira facilmente compreensível, sobre o perigo que representa o judaísmo para o mundo inteiro. O *Stürmer* acertou quando, ao enfocar esse problema, não se manteve restrito a veleidades estéticas. É sabido que, por sua vez, o judaísmo nunca teve a mínima consideração pelo povo alemão. Por esse motivo, também não teremos de nos preocupar quando se falar dos judeus. O que não fizermos hoje, amanhã poderá ser nefasto à nossa juventude."

Este artigo vinha assinado pelo Chefe das Juventudes do Reich, Baldur von Schirach. O Tribunal condenou-o principalmente pelos seus crimes durante o seu reinado como Gauleiter e Reichsstatthalter de Viena. Na acusação dizia-se que era responsável pela deportação de sessenta mil judeus de Viena. Baldur von Schirach era fiel a Hitler, afirmou a acusação. Era um idealista que fora frequentemente enganado, alegou a defesa. O mais provável é que fosse as duas coisas – idealista e cortesão. Foi responsável, em 1933, pela dissolução de todas as organizações juvenis do Reich que pudessem rivalizar com a sua *Hitler-Jugend*. Educou a juventude para a guerra. [...]

Schirach confessou que educara a juventude alemã num ambiente militarista. [...]

---

[514] Jornal da região alemã da Francônia, governada de fato por Streicher.
[515] O próprio Streicher.

Baldur von Schirach foi um dos poucos que em Nuremberg confessou plenamente a sua culpabilidade. Disse muito mais sobre o falso caminho pelo qual fora conduzida a juventude alemã, do que as montanhas de acusações de papel impresso contra as Juventudes Hitlerianas. A 24 de maio de 1946, Schirach declarou no banco dos réus:

– Eduquei esta geração na fé e na fidelidade a Hitler. O movimento juvenil que criei trazia o seu nome. Julgava servir o meu Führer que faria com que o nosso povo e a nossa juventude fossem grandes, livres e felizes. Milhões de jovens acreditaram nisso, como eu também, e viram no Nacional-Socialismo o seu ideal. Muitos tombaram no campo de batalha por causa desses ideais. Sou o culpado disso e responderei ante Deus, ante o meu povo e a nossa nação por ter educado esta juventude para beneficiar um homem que, durante muitos, muitíssimos anos, considerei como Führer e chefe de Estado, como um ser intocável, por ter educado para ele uma juventude que o via através dos meus próprios olhos. Sou culpado de ter educado a juventude para um homem que era o assassino de milhões de seres humanos.[516]

Hans Heinrich Lammers, Chefe da Chancelaria do Reich, foi interrogado no estrado das testemunhas de Nuremberg pelo defensor de Keitel, o Doutor Otto Nelte, sobre as origens do chamado programa eutanásico.

Doutor Nelte: – Conhecia o senhor por acaso as intenções de Hitler de eliminar, por meio de morte sem dor, os doentes mentais incuráveis?

Lammers: – Sim. Hitler expôs esta ideia pela primeira vez no outono de 1939. O Secretário de Estado no Ministério do Interior do Reich, Doutor Conti, recebeu a ordem de estudar pormenorizadamente esta questão. [...] Mais tarde, sem que eu participasse em nenhum momento desta ação, [Hitler] deu ordem ao Reichsleiter Bouhler e ao médico, Professor Brandt, então a seu serviço, para que fossem suprimidos todos os doentes mentais incuráveis.

O Promotor americano Robert G. Storey leu o citado documento, de 1º de setembro de 1939 e escrito em papel de carta particular de Hitler:

---

[516] HEYDECKER, Joe J.; LEEB, Johannes. *O processo de Nuremberg*, 1968, op. cit., p. 274-278.

Jurisdição antecedente

"Reichsleiter Bouhler e Doutor Brandt são autorizados, sob a sua responsabilidade, a conceder amplos poderes aos médicos para que doentes mentais incuráveis sofram a morte de misericórdia. Assinado: Adolf Hitler."

O Reichsleiter Martin Bormann, a mão direita de Hitler, deu essa informação aos Gauleiter no dia 1º de outubro de 1940.

O Promotor inglês Griffith-Jones leu: "O Führer dera a ordem. A lei fora assinada. Então só seriam tratados [com a "morte de misericórdia"] os casos muito claros ou aqueles completamente incuráveis. Mais tarde haveria uma ampliação".

Bormann escreveu no mesmo dia:

"A ação começará dentro em breve. Até agora, praticamente não se cometeram erros. Trinta mil liquidados. De cem a cento e vinte mil esperam. O círculo dos iniciados deve-se manter muito reduzido." [...] Apesar desta precaução, a ação não podia permanecer ignorada, quando de repente aumentaram notavelmente os óbitos nos hospitais e sanatórios, quando a cada dia eram mais os familiares dos doentes que recebiam a notícia de que o doente morrera.

O comando nacional-socialista de Erlangen, onde estava instalado um dos maiores sanatórios da Alemanha, viu-se obrigado, a 26 de novembro de 1940, a enviar uma informação a Berlim. Este relatório apresentado ante o Tribunal de Nuremberg, foi lido por Griffith-Jones:

Neste sanatório apareceu há pouco, em nome do Ministério do Interior, uma comissão constituída por um médico e vários estudantes. Examinaram as fichas clínicas dos doentes internados nesta instituição.

A comissão determinou quais eram os doentes que tinham de ser trasladados para outro sanatório e declarou que uma companhia de transportes de Berlim trataria de sua transferência e que o diretor do sanatório teria de obedecer às instruções desta companhia que estaria na posse da lista nominal de todos os doentes. Esta companhia chamava-se Transportes Sociais Sociedade Limitada.

Segundo estas instruções – continuava a dizer o relatório – foram transferidos até agora, em três transportes, 370 pacientes para Sonnenstein, próximo de Pirna, e para a região de Linz. Outro transporte foi previsto para o mês de janeiro do próximo ano. Alguns familiares receberam, pouco tempo depois de o transporte ter abandonado o nosso sanatório, o comunicado de óbito de vários dos doentes. Como causa da morte alegaram, em alguns dos casos, pneumonia; noutros, doenças infecciosas. Informava-se também os familiares de que se tinham visto obrigados a incinerar os cadáveres, e mandavam-lhes as suas roupas e objetos de uso pessoal. A repartição estatística de Erlangen foi informada igualmente de outras mortes causadas, como nos casos anteriores, por pneumonias ou doenças infecciosas, o que não corresponde, de modo nenhum, às fichas clínicas dos pacientes, fazendo supor que se trata de informações falsas. A população está muito intranquila sobre esta migração de doentes e atribui os frequentes casos de morte a esta ação. A população já fala em termos muito claros e convincentes de que os doentes são liquidados e estas manifestações resultam muito graves em tempos de guerra. Todos esses incidentes são motivos que a Igreja e outros círculos religiosos aproveitam para lançar novamente os seus abomináveis ataques contra o nacional-socialismo. [...]

Em agosto de 1941, o Bispo Hilfrich, de Limburg, escreveu ao Ministério do Interior do Reich, ao Ministério de Justiça do Reich e ao Ministério para Assuntos Eclesiásticos:

Aproximadamente a oito quilômetros de Limburg, na cidade de Hadamar, levanta-se, num sopé, um sanatório no qual, conforme dados fidedignos, aproximadamente desde o mês de fevereiro de 1941, se realiza um programa eutanásico. Várias vezes por semana chegam a Hadamar camionetas carregadas de pacientes. Até os escolares fazem comentários à sua passagem: Estão chegando os caixões. No dia seguinte ao da chegada destas camionetas, a população vê grandes colunas de fumaça elevando-se das chaminés do sanatório e pensa nos tormentos suportados pelos pacientes que foram levados para a morte.

As crianças gritam pelas ruas: Você é um bobo, vai ver como seus pais mandam você para o forno de Hadamar. E os que não querem casar dizem: Casar, para quê? Depois que se tem filhos, matam-nos no sanatório. E os velhos murmuram: Em breve, será a nossa vez, quando tenham liquidado todos os débeis mentais.

Os agentes da Polícia Secreta trataram, por todos os meios disponíveis, de evitar estes comentários da população de Hadamar, mas esta continuava firmemente convencida de que algo muito raro e esquisito acontecia entre as paredes do sanatório. E esta convicção era mais firme à medida que eram mais insistentes as ameaças da Polícia.

Presidente: – Recebeu-se resposta a esta carta?

Doutor Robert Kempner (Promotor dos Estados Unidos): – Não se encontrou nenhuma resposta. Mas tenho em meu poder outras cartas que levam a seguinte nota à margem: "Não respondam". [...]

O Arcebispo Konrad von Freiburg propôs, a 1º de agosto de 1940, à Chancelaria do Reich:

"Estamos dispostos a pagar todos os gastos que o tratamento dos doentes mentais causa ao Estado." [...]

Mas tudo isso esbarrava contra o muro de silêncio com que os responsáveis se protegiam. Os médicos, enfermeiros e auxiliares continuavam a injetar a dose mortal nos pacientes. Quando o número dos condenados à morte aumentou, a seringa hipodérmica, demasiado lenta, foi substituída pela câmara de gás.

Na sentença contra o médico Doutor Hermann Paul Nitsche, de 3 de novembro de 1947, lemos:

No sanatório de Sonnenstein procedia-se da seguinte forma: Os doentes chegavam aos sanatórios em camionetas com as janelas pintadas de verde e eram conduzidos a uma sala de recepções para identificação. A seguir passavam a outra sala onde eram examinados pelos médicos Doutor Schumann e Doutor Schmalenbach. Se o médico se decidia pela câmara de gás, levavam os pacientes a outra sala, onde se despiam. Os que não podiam fazê-lo por si mesmos eram auxiliados pelos enfermeiros. Dizia-se aos doentes que iam tomar um banho. Desta última sala eram conduzidos aos porões, a uma sala contígua à câmara de gás e, ao fim de pouco tempo, para a câmara de gás. Um dos médicos fazia funcionar o dispositivo e a execução durava poucos minutos. Esta ação era dirigida pelo acusado Doutor Nitsche. Os acusados Felfe, Gräbler e Räpke funcionavam como carrascos. Em Sonnenstein, Gräbler ordenou o transporte de vinte e cinco a trinta mil camionetas e é o culpado da morte de 15 a 16 mil pacientes. [...]

O Tribunal de Nuremberg sentenciou:

Devem-se mencionar também as medidas adotadas na Alemanha no verão de 1940, segundo as quais os "que não produziam", isto é, os doentes incuráveis, eram internados em institutos especiais para serem assassinados, enquanto as suas famílias eram informadas de que sua morte fora natural. As vítimas não eram apenas cidadãos alemães, mas também operários estrangeiros que já não estavam em condições de executar as suas tarefas a contento e que, portanto, careciam de todo o valor para a maquinaria bélica alemã. Calcula-se que foram assassinadas aproximadamente 275.000 pessoas nessas instituições subordinadas ao Ministério do Interior do Reich. Não se pode calcular o número dos operários estrangeiros que foram eliminados por este sistema.[517]

Sir Hartley Shawcross, o Promotor Geral inglês em Nuremberg, leu outro documento que reproduzimos textualmente. Trata-se da declaração juramentada do engenheiro alemão Hermann Friedrich Gräbe, que trabalhou de janeiro de 1941 a janeiro de 1944 como gerente de uma sucursal da construtora Josef Jung Solinger, em Zdolbunow, na Ucrânia polonesa. Uma das suas obrigações era visitar as obras que a empresa construía, entre elas um conjunto de silos no antigo campo de aviação da aldeia de Dubno.

"Quando a 5 de outubro de 1942 visitei nosso escritório em Dubno – leu Sir Hartley Shawcross – contou-me um dos empregados, Hubert Mönnikes [...], que perto do local onde estávamos construindo os silos tinham sido executados, em três grandes valas de uns trinta metros de comprimento e três de profundidade, os judeus de Dubno. Em média, foram executadas 1.500 pessoas por dia. Ao fim de tudo cerca de 5.000 judeus residentes na aldeia tinham sido eliminados por este processo.

Inspecionei em seguida as obras, em companhia de Mönnikes, e por perto vi alguns montes de terra de uns trinta metros de comprimento por dois de largura. Defronte, vi caminhões dos quais uma milícia ucraniana,

---

[517] Ibid., p. 285-291.

sob as ordens de um SS, obrigava a descer homens e mulheres. Estes homens e mulheres levavam nas suas roupas um distintivo amarelo, o que imediatamente me fez reconhecer que eram judeus.

Mönnikes e eu nos aproximamos. Ninguém nos disse nada. Ouvimos várias descargas de fuzil soarem atrás de um dos montes. Os homens, mulheres e crianças que tinham chegado nos caminhões eram obrigados a se despir e colocar à parte os seus ternos ou vestidos, peças íntimas e sapatos. As ordens eram dadas por um oficial das SS que tinha na mão direita um chicote. Pelo que pude notar, devia haver entre oitocentos a mil pares de sapatos amontoados ao lado de grandes pilhas de roupa.

Sem gritos nem choros, aqueles seres humanos despiam-se, formavam grupos familiares, beijavam-se em despedida e esperavam o sinal de outro oficial das SS que também tinha um chicote na mão. Durante o quarto de hora que permaneci ali não ouvi lamentações nem protestos. Observei uma família de oito pessoas, constituída por um homem e uma mulher, ambos com seus cinquenta anos de idade, três crianças, que deviam ter um, oito e dez anos, e duas filhas entre vinte e vinte e quatro anos. Uma velha levava a criança de colo nos braços e cantava-lhe uma canção de ninar em voz baixa. O casal tinha os olhos cheios de lágrimas. O pai pegava na mão do menino mais velho e falava-lhe ao ouvido. O menino lutava para não chorar. O pai apontou para o céu, acariciou seu cabelo a pareceu explicar-lhe algo.

O oficial das SS gritou qualquer coisa para seus homens. Formou-se um pelotão e ordenou-se a um grupo de judeus que passassem para o outro lado do monte. A família de que falei fazia parte do grupo. Lembro-me ainda que uma das moças, ao passar por mim, apontou para seu corpo e disse: *Vinte e três anos.*

Dei a volta ao monte e vi uma imensa vala comum. Só se distinguiam as cabeças dos que já tinham caído nela. Calculei que havia uns mil cadáveres. Um dos oficiais das SS, com uma metralhadora nas mãos, disparava de quando em quando uma rajada e fumava tranquilamente.

Aqueles homens e mulheres completamente nus desciam para a vala por degraus cavados na terra, e para ocupar o lugar que lhes era indicado deviam passar por cima dos cadáveres. O pelotão se colocou na barra e começou a disparar contra os infelizes. Admirei-me de que não me dissessem nada, mas ao voltar-me vi que não éramos os únicos espectadores: dois ou três funcionários dos correios, de uniformes, também estavam por perto.

Dei de novo a volta ao monte e vi chegarem novos grupos de vítimas. Entre elas havia uma mulher de pernas extremamente delgadas, que devia ser paralítica, pois os seus companheiros ajudavam-na a despir--se. Pouco depois, com Mönnikes, peguei o carro e voltei para o centro de Dubno."[518]

Apresentou-se em Nuremberg um homem que horrorizou os juízes, os defensores e os próprios acusados com as suas declarações: Rudolf Franz Ferdinand Höss,[519] comandante do campo de Auschwitz. Era um assassino falando das suas próprias experiências. As pilhas de declarações sobre os crimes cometidos nos campos de concentração parecem ter causado menos efeitos que o que este homem expôs com diabólica serenidade no estrado das testemunhas, como se narrasse as coisas mais naturais deste mundo. Primeiro foi submetido a interrogatório pelo defensor de Kaltenbrunner, o Doutor Kurt Kauffmann:

Kauffmann: – O senhor foi comandante do campo de Auschwitz de 1940 a 1943?

Höss: – Sim.

Kauffmann: – Foram mortos, durante esse período, centenas de milhares de pessoas?

Höss: – Sim.

Kauffmann: – É verdade que Eichmann[520] lhe disse que em Auschwitz tinham sido mortas mais de dois milhões de pessoas?

Höss: – Sim.

Kauffmann: – Homens, mulheres e crianças?

Höss: – Sim.

E, prosseguindo, informou:

---

[518] Ibid., p. 375-377.
[519] Na grafia alemã, "Höß".
[520] Adolf Eichmann, membro das SS encarregado da logística de transportes dos judeus europeus para o extermínio em campos de concentração.

Jurisdição antecedente

– No verão de 1941 fui chamado a Berlim pelo SS-Reichsführer.[521] Disse-me, embora já não me lembre exatamente das suas palavras, que o Führer decidira proceder à solução final do problema judaico e que nós, os das SS, devíamos pôr essa decisão em prática. Caso cruzássemos os braços, os judeus acabariam com o povo alemão. Ele escolhera Auschwitz por ser o campo que dispunha dos melhores meios de comunicação férrea e, além disso, poder ser facilmente isolado.

O interrogatório que o Promotor americano John Harlan Amen dirigiu limitou-se a obter de Höss a confirmação das suas declarações anteriores. Este documento, dos mais terríveis da História da humanidade, diz:

Comandei Auschwitz até 1 de Dezembro de 1943 e calculo que, pelo menos, dois milhões e meio de pessoas foram mortas nas câmaras de gás; outro meio milhão morreu de fome e doenças, perfazendo três milhões de mortos. Este número representa setenta a oitenta por cento do total de pessoas mandadas para Auschwitz; os demais foram encaminhados à indústria de armamentos ou às indústrias situadas em outros campos de concentração. Entre outras vítimas contavam-se cerca de 100.000 judeus alemães e grande número de habitantes judaicos da Holanda, França, Bélgica, Polônia, Hungria, Tchecoslováquia, Grécia e outros países. Matamos, no verão de 1944, uns 400.000 judeus húngaros em Auschwitz.

O comandante do campo de Treblinka disse-me que tinha matado 80.000 no decorrer de meio ano. A sua missão principal consistia em exterminar os judeus procedentes do gueto de Varsóvia. Usava gás de monóxido, mas eu não acreditava muito na eficácia do seu método. Por este motivo, quando construí o campo de Auschwitz, decidi-me pelo *Zyklon B*, que introduzíamos nas câmaras por uma pequena abertura. Segundo a temperatura que fizesse, as vítimas demoravam de três a quinze minutos para morrer. Sabíamos que tinham morrido quando deixavam de gritar. Esperávamos aproximadamente meia hora antes de abrir a porta e examinar os cadáveres, cujos anéis e dentes de ouro eram então retirados pelos nossos soldados.

---

[521] Heinrich Himmler, chefe das SS, que se suicidou antes de ser levado a julgamento.

Outra melhoria em relação a Treblinka foi a construção de câmaras de gás nas quais podíamos introduzir 2.000 pessoas ao mesmo tempo, enquanto as dez câmaras de Treblinka só admitiam duzentas pessoas de cada vez. O modo como selecionávamos as nossas vítimas era o seguinte:

Em Auschwitz trabalhavam dois médicos das SS que examinavam todos os recém-chegados. Os prisioneiros deviam desfilar ante um dos médicos que imediatamente tomava uma decisão. Os aptos para o trabalho iam para o campo, os outros diretamente para as câmaras. As crianças de pouca idade eram sempre destinadas à morte, pois ainda não podiam trabalhar. Com frequência, as mulheres tentavam ocultar seus filhos sob as roupas, mas, quando os descobríamos, naturalmente dávamos cabo deles. Queríamos que toda a ação fosse mantida em segredo, mas o cheiro causado pela incineração dos cadáveres inundava toda a região...

Amen: – Tudo isso é verdade?

Höss: – Sim.[522]

O assassinato de adultos e crianças judias era público. Num depoimento perante um tribunal, após a guerra, um oficial cadete que estivera servindo em Bjelaja Zerkow quando esses incidentes ocorreram, depois de descrever com horripilantes detalhes a execução de um grupo de aproximadamente 150 a 160 adultos judeus, proferiu os seguintes comentários: "Os soldados sabiam destas execuções, e eu me lembro de um dos meus homens dizer que lhe fora permitido participar... Todos os soldados que estavam em Bjelaja Zerkow sabiam o que estava acontecendo. Toda a noite, durante todo o tempo em que estive lá, tiros podiam ser ouvidos, embora não houvesse inimigo algum nas vizinhanças".

Coisas semelhantes aconteceram ao longo de todo o *front* oriental. Soldados comuns da Wehrmacht eram frequentemente ordenados a apoiar os *Einsatzkommando*[523] em suas tarefas ou se voluntariavam para isso. A ativa e entusiasta participação das tropas comuns na campanha de extermínio, por exemplo, durante o avanço do VI Exército pelas ex-áreas ocupadas

---

[522] HEYDECKER, Joe J.; LEEB, Johannes. *O processo de Nuremberg*, 1968, op. cit., p. 379-380.
[523] Comandos de aplicação. Grupos especiais formados pela polícia secreta e pelas SS especialmente para o extermínio dos judeus e outras minorias.

Jurisdição antecedente

pelos soviéticos na Polônia, especialmente em Lvov e Tarnopol, e depois pela União Soviética, é fato bastante conhecido. Em algumas regiões, comandantes divisionais tomaram a responsabilidade, sem qualquer demora, de assumir o papel dos *Sonderkommandos*[524] ou dos batalhões de polícia, quando estas unidades não estavam imediatamente disponíveis. Assim, no *Generalkommissariat*[525] da Bielorrússia, o comandante da 707ª Divisão de Infantaria decidiu, nos primeiros dias de outubro de 1941, agir por conta própria. A divisão assassinou de forma rápida e eficiente; seus homens fuzilaram 19 mil judeus, a maioria em vilas ou pequenas cidades. Nas cidades de maior porte, a tarefa foi dividida entre a Polícia de Reserva do 11º Batalhão, reforçada com auxiliares lituanos, e as unidades SD[526] de Minsk.

Os comandantes militares não se preocupavam em explicar o assassinato de mulheres e crianças para suas tropas. Da mesma forma agiu o marechal de campo Von Reichenau em sua notória Ordem do Dia de 10 de outubro de 1941: "O soldado precisa ter completa compreensão da necessidade de um tratamento duro, mas justo, da subumanidade judia".[527]

Todo paraquedista, ao entrar para o seu regimento, recebia um exemplar dos "Dez Mandamentos da Divisão de Paraquedistas", do general Student. O nono mandamento dizia: "Contra o inimigo regular, lute com cavalheirismo, mas não dê cartel[528] a guerrilheiros". Este dito refletia uma atitude bem germânica diante das regras da guerra: somente guerreiros profissionais deveriam ter permissão de lutar. E em Creta os paraquedistas tinham enfrentado uma resistência popular sem precedentes na experiência da Wehrmacht.

---

[524] Comandos especiais. Aqui, designam um tipo de comando de aplicação, empregado no morticínio de judeus.
[525] Comissariado geral. Divisão administrativa empregada pelos alemães nos territórios ocupados a Leste.
[526] *Sicherheitsdienst*, ou serviço secreto alemão.
[527] FRIEDLÄNDER, Saul. A Wehrmacht, a sociedade alemã e o conhecimento do extermínio em massa dos judeus. In: BARTOV, Omer; GROSSMANN, Atina; NOLAN, Mary. *Crimes de guerra*: culpa e negação no século XX. Rio de Janeiro: Difel, 2005. p. 56-57.
[528] Provavelmente, "não dê quartel".

As baixas altíssimas da Divisão de Paraquedistas logo foram explicadas com histórias indignadas em que velhas cretenses, com facas de cozinha, cortavam a garganta de paraquedistas presos em árvores e bandos nômades de civis torturavam soldados alemães feridos que jaziam indefesos no campo de batalha. Assim que essas histórias chegaram a Berlim, Goering ordenou a Student que estimulasse um inquérito criminal imediato e impusesse represálias. À típica moda nazista, as represálias aconteceram antes que os doze juízes militares tivessem tempo de comunicar suas descobertas. [...]

Mais tarde, depois de estudo mais cuidadoso, o juiz Rüdel só conseguiu encontrar 25 casos de mutilação em toda a ilha, praticamente todos, quase com certeza, acontecidos depois da morte. Mas o general Student já dera a seguinte ordem em 31 de maio:

"É certo que a população civil, inclusive mulheres e meninos, participou da luta, cometeu sabotagem, mutilou e matou soldados feridos. Portanto, está na hora de combater todos os casos deste tipo e de efetuar represálias e expedições punitivas, que devem ser realizadas com terror exemplar.

Devem-se de fato tomar as medidas mais duras, e ordeno o seguinte: fuzilamento para todos os casos de crueldade comprovada, e desejo que isso seja feito pelas mesmas unidades que sofreram as atrocidades. As seguintes represálias serão efetuadas:

1. Fuzilamento
2. Multas
3. Destruição total de aldeias pelo fogo
4. Extermínio da população masculina do território em questão.

A minha autoridade será necessária para as medidas 3 e 4. No entanto, todas essas medidas devem ser executadas com rapidez, omitindo todas as formalidades. Em vista das circunstâncias, os soldados têm direito a isso e não há necessidade de tribunais militares para julgar feras e assassinos. [...]"

Em 3 de junho [de 1941], Kandanos pagou o preço de resistir ao avanço dos destacamentos de motociclistas rumo ao litoral sul. "É aqui que ficava Kandanos", começava a proclamação alemã exibida no lugar enegrecido. "Foi destruída como represália pela morte de 25 soldados alemães." E em 1º de agosto um ataque punitivo ao sul de Caneia – "Ação Especial nº 1" –

Jurisdição antecedente

destruiu mais aldeias, como Alikianou, Fournès e Skenès. Mais 145 homens e duas mulheres foram fuzilados, a maior parte deles de Fournès. [...]

Em 1º de setembro, "um regimento reforçado [presume-se um efetivo de dois mil homens][529] de caçadores de montanha alemães cercou a planície de Omalos, nas Montanhas Brancas, depois de se aproximar de várias direções. Houve resistência esporádica, mas não organização guerrilheira propriamente dita. As baixas alemãs foram de um morto e dois feridos. A população teve de submeter-se ao inquérito dos Tribunais Expedicionários. Os Tribunais consideraram culpados 110 homens, entre eles 39 civis e 6 militares britânicos; todos sofreram execução sumária por tentativa de resistência.[530] O Comando Alemão considerou a expedição um sucesso total, dando à população a impressão de que até nas regiões mais distantes era impossível fugir à disciplina dos conquistadores".[531]

Nos últimos dias [da invasão da Alemanha pelos aliados em 1945], o que provara ser o maior horror escondido do Terceiro Reich começava a ser descoberto. Ao longo de todo o *front*, nessa semana de tremendo avanço, os homens [das forças anglo-americanas] haviam se tomado de choque e aversão ao encontrarem os campos de concentração de Hitler, suas centenas de milhares de internos, e a evidência de que milhões já haviam sido mortos.

Soldados endurecidos pelas batalhas mal podiam acreditar no que seus olhos testemunhavam à medida que os prisioneiros dos campos de concentração chegavam até eles. Vinte anos mais tarde os homens ainda iriam relembrar daquelas cenas com implacável revolta: os esqueletos vivos e emaciados que, cambaleantes, dirigiam-se até eles, criaturas das quais o regime nazista só não conseguira arrancar o último dos bens: o desejo de sobreviver. As covas comuns, as valas e os buracos, as filas dos crematórios marcadas por ossos carbonizados, testemunhas medonhas e caladas do siste-

---

[529] A observação entre colchetes foi mantida do original.
[530] O original traz uma nota segundo a qual "dos 1.135 cretenses executados desde o início da invasão até 9 de setembro de 1941, somente 224 foram condenados por tribunal militar". A invasão alemã a Creta começara em 20 de maio de 1941.
[531] BEEVOR, Anthony. *Creta*. Rio de Janeiro: Record, 2005. p. 286-288.

mático extermínio em massa dos "prisioneiros políticos" – que haviam sido condenados à morte, como um guarda de Buchenwald explicou, porque "simplesmente eram judeus".

As tropas encontraram câmaras de gás dispostas como se fossem chuveiros coletivos, exceto que em vez de água gás cianídrico era expelido dos bicos. Na casa do comandante de Buchenwald, as pantalhas dos abajures eram feitas de pele humana. A mulher do comandante, Ilse Koch, possuía luvas e livros encadernados com o couro dos internos; duas cabeças humanas, encolhidas e empalhadas, estavam dispostas em pequenos pedestais de madeira. Havia depósitos cheios de sapatos, roupas, membros artificiais, dentaduras e óculos – estocados e catalogados com destacada e metódica eficiência. Os dentes de ouro haviam sido removidos e enviados para o ministério das Finanças do Reich. [...]

No campo de Ohrdruf, desmantelado pelo Terceiro Exército americano em 12 de abril, o general George S. Patton, um dos mais calejados oficiais dos EUA, caminhou por entre as casas de execução e então se afastou, o rosto coberto de lágrimas, sentindo um desconforto inominável e sem controle. No dia seguinte, Patton ordenou que a população de um vilarejo próximo, cujos habitantes alegavam ignorar a situação do campo que ficava na vizinhança, fossem ver com seus próprios olhos. Aqueles que se recusaram foram escoltados até o local sob a mira das armas. Na manhã seguinte, o prefeito do vilarejo e sua mulher se enforcaram.[532]

18.9 O julgamento dos juízes

Após o fim do julgamento dos grandes criminosos de guerra, os EUA promoveram 12 julgamentos em sua zona de ocupação militar na Alemanha dividida. Tais julgamentos foram processados perante cortes militares e ocorreram nas mesmas instalações utilizadas para o famoso caso dos criminosos de guerra, visto acima, em Nuremberg. Por isso, por vezes esses julgamentos subsequentes são confundidos com "o" julgamento

---

[532] RYAN, Cornelius. *A última batalha*. Porto Alegre: L&PM, 2005.

de Nuremberg. No entanto, não foram julgados pelo Tribunal Militar Internacional de Nuremberg.

O caso dos juízes foi um destes 12 julgamentos. Seu nome oficial é "The United States of America *vs.* Josef Altstötter et al.". Trata-se da ação judicial movida contra 16 juristas alemães que haviam ocupado posições de destaque durante o nazismo. Quatro acusações lhes foram feitas.

A primeira referia-se à conspiração para promover crimes contra a humanidade e crimes de guerra. Tratava-se do solapamento do sistema judiciário alemão pelos juristas nazistas funcionários do Reich. Os réus teriam colaborado para destruir a independência dos tribunais alemães, estabelecendo cortes especiais e crimes de definição obscura, como "traição" e "ofender o saudável sentimento da população".[533] Além disso, teriam expurgado os tribunais de juízes não alinhados com o pensamento nazista, ou por motivos raciais.

A segunda acusação dizia respeito à prática de crimes de guerra. O indiciamento se referia neste passo à criação de cortes especiais para julgar os nacionais de Estados ocupados, colaborando para criar um clima de terror nestes territórios, inclusive com o uso frequente e abusivo da pena de morte, e a combinação dos resultados de julgamentos entre promotores e juízes. Também se apontaram as interpretações abusivas da lei alemã empreendidas pelos juristas e juízes principais do Reich, que resultaram na criminalização de manifestações e posturas privadas e individuais contra o regime. As cortes especiais criadas na Alemanha e nos territórios ocupados também foram apontadas como responsáveis por entregar milhares de réus e sentenciados às SS ou à polícia secreta (Gestapo), colaborando portanto com o sistema dos campos de concentração. Em relação a crimes de guerra, também se mencionou a responsabilidade em relação ao decreto "Noite e névoa"[534] de Hitler, que previa a abdução, julgamento secreto, execução ou deportação e prisão de civis engajados em atividades de resistência.

---

[533] THE MAZAL LIBRARY. *Nurenberg Military Trial*, v. III, p. 19, [s.d.]. Disponível em: <www.mazal.org/archive.htm>. Acesso em: 17 fev. 2012.

[534] Em alemão, "Nacht-und-Nebel-Erlass". Decreto de 7 de dezembro de 1941. "Nacht und Nebel" significa "noite e névoa", e compõe uma expressão alemã para "segredo".

Ademais, foi realçada a participação do Ministério da Justiça alemão nos programas nazistas de extermínio racial.[535]

A terceira acusação referia-se a crimes contra a humanidade. Os juristas do Reich eram acusados de perseguição e atrocidades contra os nacionais dos Estados ocupados, tendo transformado as leis penais alemãs, através de interpretações maliciosas, em armas voltadas contra a população civil. Em relação a tais crimes, cabe ressaltar que muitos dos atos aqui descritos repetem comportamentos já assinalados sob a rubrica anterior de "crimes de guerra". O Ministério da Justiça, através de seus funcionários, também foi acusado de contribuir decisivamente para a impunidade de nazistas que fossem culpados de crimes cruéis contra cidadãos de outros países, enquanto que cidadãos alemães rotulados como "associais" e estrangeiros eram vítimas de procedimentos criminais discriminatórios. Leis especiais também privaram todos os judeus e poloneses de sua cidadania alemã, e pavimentaram a via para que a propriedade dos judeus fosse recolhida pelo Estado alemão. Por fim, os funcionários da Justiça também foram acusados de colaborar com a incitação dada por Hitler à população alemã para que esta assassinasse eventuais pilotos aliados abatidos que se encontrassem no território do Reich. Recusando-se a julgar ou condenar os culpados por tais crimes de guerra, os juristas e juízes se tornaram corresponsáveis por tais violações.[536]

Alguns dos réus também foram acusados de fazer parte das seguintes organizações criminosas: as SS, o grupo dirigente do Partido Nacional-Socialista e o Serviço Secreto das SS. Tais organizações haviam sido declaradas criminosas pelo primeiro julgamento de Nuremberg (sobre os principais criminosos de guerra, acima comentado) e a participação nestas, segundo a Promotoria, seria merecedora de castigo.

Dos 16 acusados, um cometeu suicídio antes do início do processo e outro foi excluído dos procedimentos por doença e incapacidade de ser julgado. Entre os sobreviventes, quatro foram absolvidos, seis foram

---

[535] THE MAZAL LIBRARY, *Nuernberg Military Trial*, v. III, p. 19-22, [s.d.]. Disponível em: <www.mazal.org/archive.htm>. Acesso em: 17 fev. 2012.
[536] Ibid., p. 22-25.

Jurisdição antecedente

condenados a penas temporais de reclusão (de 5 a 10 anos), e quatro foram condenados à prisão perpétua. Nenhum dos condenados cumpriu integralmente sua pena, sendo soltos – inclusive os condenados à prisão perpétua – ao longo da década de 1950.

A defesa dos réus baseou-se nos seguintes pontos.

Antes de mais nada, foi realçada a diferença entre o direito anglo-americano, sob o qual os membros do Tribunal estavam acostumados a trabalhar, e o direito germânico, que, como representante da tradição continental, possuía particularidades próprias. Os defensores alegaram, assim, que a lei positiva era extremamente importante na Alemanha, a ponto de que novos conceitos jurídicos só poderiam ingressar no ordenamento quando codificados em lei. Ideias abstratas sobre moral e justiça, desta forma, não teriam lugar na administração judicial.[537]

A seguir, a defesa salientou o caráter crescentemente autoritário do Reich alemão, apontando que, a partir da chamada "Lei Habilitante" de 1933, Hitler obteve poderes para promulgar leis por conta própria. Os advogados também lembraram que o papel dos ministros do gabinete de Hitler era cada vez mais formal e decorativo, sendo que o chanceler (Hitler) concentrava em si todas as decisões importantes. Segundo a defesa, os encontros do gabinete serviam apenas para que Hitler exprimisse suas vontades, as quais eram acatadas pelos ministros na forma de instruções.[538] A defesa prosseguiu mostrando que, a partir de 1935, a maioria dos ministérios havia sido subordinada a outros ministérios ou órgãos novos criados por Hitler. Assim, o Ministério da Justiça (no qual trabalharam alguns dos réus) somente poderia apresentar propostas de lei por intermédio do Ministério do Interior. O Ministério da Justiça tornara-se, assim, na visão da defesa, um mero entreposto burocrático, sem qualquer poder efetivo de decisão.

---

[537] UNITED STATES OF AMERICA. *Trials of war criminals before the Nuernberg Military Tribunals under Control Council Law n. 10*. Washington, DC: United States Government Printing Office, 1951. v. III, p. 108. Disponível em: <www.loc.gov/rr/frd/Military_Law/pdf/NT_war-criminals_Vol-III.pdf>. Acesso em: 17 fev. 2012.
[538] Ibid., p. 109-110.

A grande carta da defesa, contudo, parece ter sido a apresentação dos juízes e funcionários do Ministério da Justiça como indivíduos dotados de consciência, que sabiam distinguir o certo do errado, mas se encontravam encerrados na máquina burocrática e nas relações de poder do Reich. Os juristas alemães foram exibidos como combatentes do lado mais fraco – o do Poder Judiciário – contra inimigos mais fortes – a polícia, as forças de segurança e o próprio Hitler. Não se deixou de sublinhar quais seriam as possíveis consequências de uma desobediência aos desejos do Führer.[539]

Ademais, a defesa mencionou o princípio *nullum crimen nulla poena sine lege*, o qual, na visão dos advogados dos réus, impediria que os acusados fossem julgados por crimes contra a humanidade e crimes de guerra previstos no direito internacional, uma vez que os crimes contra a humanidade são uma noção que só passou a existir com o advento dos tribunais de Nuremberg, e os crimes de guerra fazem parte do direito internacional, o qual, pelo direito alemão da época, não prevalecia sobre o direito nacional alemão.

Os defensores também tentaram desqualificar a rubrica dos crimes contra a humanidade, afirmando que, uma vez que os réus atuaram de acordo com leis alemãs em vigor, eles não poderiam ser condenados por isso como autores de crimes contra a humanidade.

Nas condenações, os juízes do Tribunal americano responderam aos argumentos invocados pela defesa. Em relação à irretroatividade da lei penal, os juízes afirmaram que as noções de crimes de guerra e crimes contra a humanidade não eram conceitos propriamente novos, pois já seriam afirmados pelo direito internacional – os crimes de guerra eram objeto de tratados e os crimes contra a humanidade estavam previstos pelo costume internacional. Portanto, os nazistas estavam conscientes de que seus atos eram ilícitos, e não se pode dizer que foram "pegos de surpresa" com a afirmação da punibilidade de tais crimes pelas cortes e juízes dos aliados.[540]

---

[539] Ibid., p. 112-113.
[540] Ibid., p. 974 e segs.

Em relação à alegação de que os acusados teriam atuado de acordo com as leis e normas alemãs, os magistrados ressaltaram que o Tribunal não deveria se ocupar da lei alemã, pois não fora estabelecido sob as leis alemãs. Antes, fora pensado para aplicar o direito internacional, a partir do qual ele fora estabelecido. Desta forma, sendo os crimes contra a humanidade um delito internacional, o fato de que eram requeridos pela lei alemã não modificava em nada a situação criminosa dos agentes. Ademais, o Tribunal relembrou que os crimes contra a humanidade, por sua própria definição, são sempre cometidos por funcionários estatais.[541]

Sobre o argumento do *führerprinzip*, isto é, da justificação de eventuais crimes cometidos pelos réus com a alegação do dever de obediência absoluta a Hitler, os juízes militares americanos reconheceram que, na Alemanha nazista, o líder Adolf Hitler estava, efetivamente, livre de qualquer constrangimento legal. Além disto, o Tribunal constatou que o líder fazia questão de interferir constantemente nos processos judiciais.[542] Da mesma forma, juízes lenientes ou que resistissem a julgar de acordo com a vontade do Führer eram removidos de seus postos e sujeitos a todo tipo de pressão por parte das SS, da polícia, de membros do Partido Nazista, dos serviços secretos e de outros funcionários públicos.[543]

Após ter reconhecido todas estas circunstâncias, os magistrados do Tribunal Militar se debruçaram sobre as sentenças de morte publicadas pelos juízes nazistas, examinando-as, em geral, através de uma divisão por categorias. Algumas destas sentenças pareceram justificadas aos olhos dos magistrados, como a pena capital para criminosos reincidentes ou para saqueadores. Em relação à pena de morte para aqueles que criticavam o governo alemão ou expressavam opiniões derrotistas, os magistrados entenderam que, embora tais medidas parecessem draconianas, eles não se sentiam seguros para declarar que constituíam crimes contra a humanidade, uma vez que foram editadas em tempo de guerra, e até mesmo a própria Constituição norte-americana impunha algumas restrições

---

[541] Ibid., p. 983 e segs.
[542] Ibid., p. 1014 e segs.
[543] Ibid., p. 1020 e segs.

à liberdade de expressão quando de uma guerra. Portanto, a aplicação de pena de morte para os que criticavam o Reich foi vista pelos juízes como algo provavelmente injusto, mas não como um crime contra a humanidade. A avaliação dos juízes foi bem diferente quanto ao crime de traição, utilizado como motivação para muitas execuções. Os magistrados notaram que a interpretação distorcida dada ao conceito de traição pelos promotores nazistas transformava qualquer soldado polonês que lutasse pela restituição de sua pátria em "traidor", pois a Polônia fora "anexada" pela Alemanha, e se tornara "parte" do Reich, segundo os alemães. Logo, como criminoso comum, qualquer soldado polonês capturado poderia ser julgado, condenado e executado, numa clara violação das leis da guerra.

De modo geral, os magistrados militares americanos enfatizaram que os réus sentenciados haviam agido de modo livre e proativo nas atrocidades descritas acima. Não se tratava de lacaios sendo forçados a cumprir as ordens de Hitler, mas de juristas inteligentes e com múltiplas possibilidades profissionais que escolheram secundar um plano cruel de perseguição e assassinato de inocentes.

O acusado Schlegelberger,[544] por exemplo, redigiu os textos de leis discriminatórias contra judeus e poloneses, que inclusive poderiam retroagir, abarcando atos cometidos antes de sua expedição.[545] Schlegelberger, que chegou a ser o ministro interino da Justiça do Reich, além de assinar decretos operacionalizando o decreto hitleriano "Noite e Névoa", também interveio em diversas sentenças proferidas por juízes alemães, adequando-as aos propósitos nazistas. O caso Klinzmann foi citado como exemplo: um juiz alemão condenou o agente policial Klinzmann, por este ter torturado e extraído confissões à força de um prisioneiro sob sua custódia. Entretanto, tal condenação irritou Heinrich Himmler, o todo poderoso chefe das SS. Após corresponder-se com Himmler, Schlegelberger simplesmente modificou toda a sentença do policial torturador Klinzmann, que terminou sendo plenamente absolvido.

---

[544] Ministro da Justiça do Reich alemão em 1941 e 1942.
[545] THE MAZAL LIBRARY. *Nuernberg Military Trial*, op. cit., p. 1084-1085.

Jurisdição antecedente

A avaliação de Schlegelberger pelo Tribunal encerra-se com os seguintes parágrafos:

> Schlegelberger apresenta uma defesa interessante, que também é alegada, em certa medida, pela maioria dos réus. Ele assevera que a administração da justiça se encontrava sob assédio constante por parte de Himmler e de outros defensores de um Estado policial. Isto é verdade. Ele alega que, se as funções da administração da justiça fossem usurpadas pelas forças sem lei sob Hitler e Himmler, o estado final da nação seria pior que o original. Ele temia que, caso renunciasse, uma pessoa pior poderia tomar seu lugar. Como as ocorrências provaram, há também muita verdade nisto. Sob Thierack,[546] a polícia usurpou as funções da administração da justiça e assassinou incontáveis milhares de judeus e prisioneiros políticos. Após ser analisada, esta alegação plausível da defesa não se compagina quer com a verdade, com a lógica ou com as circunstâncias.
> As provas mostram indubitavelmente que, de modo a manter o Ministério da Justiça nas boas graças de Hitler, e para evitar sua derrota total pela polícia de Himmler, Schlegelberger e os demais réus que compartilharam desta alegação de justificação assumiram o trabalho sujo exigido pelos líderes do Estado, e utilizaram o Ministério da Justiça como meio para exterminar a população judia e polonesa, aterrorizando os habitantes dos países ocupados e acabando com a oposição política doméstica. O fato de que seu programa de extermínio racial sob o disfarce da lei não tenha atingido as proporções que foram alcançadas pelos pogroms, deportações e assassinatos em massa pela polícia é uma pobre consolação para os sobreviventes dos processos "judiciais", e constitui uma pobre defesa perante este Tribunal. A prostituição de um sistema judicial para a efetivação de fins criminais insere no Estado um elemento maléfico que não é encontrado em atrocidades abertas que não conspurcam vestes judiciais.[547]

---

[546] Otto Thierack foi ministro da Justiça do Reich a partir de 1942, após a renúncia de Schlegelberger. Envenenou-se antes de poder ser julgado pelos aliados.
[547] UNITED STATES OF AMERICA. *Trials of war criminals before the Nuernberg Military Tribunals under Control Council Law n. 10*, 1951, op. cit., p. 1086 (tradução livre).

Da mesma forma, o acusado Rothenberger, enquanto presidente de um tribunal regional com sede em Hamburgo, aproveitou o clima de submissão instaurado no Judiciário alemão após um discurso de Hitler em 1942 para construir um sistema vertical de controle dos juízes de seu distrito. Ele se tornou capaz, por iniciativa própria, de influenciar previamente, dirigir ou modificar posteriormente qualquer sentença de seus colegas. Isto não foi feito em seguimento a ordens explícitas do Führer, mas por iniciativa do réu. Após ter obtido uma posição dominante, Rothenberger aproveitou-se da mesma para ordenar que os judeus fossem discriminados em todas as fases processuais (por exemplo, um judeu não poderia beneficiar-se das regras especiais para os pobres em um processo), bem como para proteger membros do Partido Nazista que fossem acusados de crimes.[548]

Também os ex-juízes Rothaug e Oeschey foram considerados culpados pelo Tribunal por terem agido, por conta própria, muito além do que a lei expressamente lhes requeria. Tratava-se de dois antigos juízes da Corte Especial de Nuremberg, que faziam de seu cargo ocasião para humilhar os réus e aterrorizar advogados e testemunhas. Sua prodigalidade na condenação à morte de judeus e estrangeiros chamou a atenção do Tribunal. Concluiu-se que Rothaug e Oeschey não foram simples seguidores forçados da vontade de Hitler, mas foram além do estritamente necessário, tornando-se responsáveis por dezenas de mortes e condenações injustas.[549]

Como visto, os juristas e juízes que foram condenados pelo Tribunal Militar em Nuremberg eram apoiadores convictos das políticas nacional-socialistas, e não hesitaram em seguir e até ultrapassar as ordens governamentais que destruíram a administração imparcial da justiça na Alemanha. De certa forma, o extremismo e crueldade dos réus facilitou a tarefa dos magistrados do Tribunal americano, pois este foi poupado de responder a uma pergunta inquietante: caso não se tratasse de juízes nazistas "exagerados", mas de juízes "comuns", nazistas "forçados" que aplicassem leis injustas e penas imerecidas por simples medo de sofrer repressão, seus atos seriam, ainda assim, criminosos? Juízes que, ao contrário dos acusados

---

[548] Ibid., p. 1107 e segs.
[549] Ibid., p. 1159 e segs.

apresentados aqui, não "gostassem" de aplicar o direito nacional-socialista, mas o aplicassem por medo, mereceriam uma condenação posterior?

O Tribunal também parece colocar-se esta questão. Porém não a responde. Ele se limita a indicar que o direito nacional-socialista era claramente injusto, e que os juízes do Reich, de modo geral, não se encontravam em um sistema imparcial.

Naturalmente, podemos dizer que o comportamento dos réus julgados em Nuremberg foi tão claramente criminoso e sádico que seria impossível afirmar que agiam somente por medo de represálias oficiais. Mas a pergunta inquietante segue de pé: o juiz tem a obrigação de ser corajoso? Dependendo do conteúdo de sua sentença, um juiz covarde pode ser castigado por isso?

> Ao operar, o sistema nazista forçava os juízes a encaixar-se em uma destas duas categorias. Na primeira, encontramos os juízes que ainda mantinham ideais de independência judicial e que administravam a justiça com uma medida de imparcialidade e moderação. As sentenças por eles proferidos eram afastadas através do emprego da petição de nulidade e da objeção extraordinária. Os réus por eles sentenciados eram frequentemente transferidos para a Gestapo após o fim de seus tempos de prisão, e eram então fuzilados ou enviados a campos de concentração. Os próprios juízes eram ameaçados e criticados e, por vezes, removidos de seu cargo. Na outra categoria estavam os juízes que, com zelo fanático, concretizavam a vontade do Partido com tamanha severidade que não encontravam dificuldades e muito pouca interferência dos oficiais do Partido.[550]

Pergunta

14. Como você julgaria os juízes alemães que estivessem "entre" as duas categorias acima descritas, isto é, que se submetessem relutantemente e só por medo de represálias aos padrões nazistas?

---

[550] Ibid., p. 1025.

18.10 O Tribunal Militar Internacional de Tóquio

Em vista dos combates travados contra o Império Japonês na Segunda Guerra, os aliados Reino Unido, Estados Unidos e China emitiram, em 1º de dezembro de 1943, a seguinte declaração, na cidade egípcia do Cairo:

> As diversas missões militares concordaram acerca de operações militares futuras contra o Japão. Os Três Grandes Aliados expressaram sua resolução em exercer pressão implacável sobre seus brutais inimigos através de mar, terra e ar. Esta pressão já se encontra em via de crescimento.
>
> Os Três Grandes Aliados lutam esta guerra para restringir e punir a agressão do Japão. Eles não cobiçam ganhos para si mesmos, e não pensam em expansão territorial. É seu propósito que o Japão seja privado de todas as ilhas no Pacífico que tomou ou ocupou desde o início da Primeira Guerra Mundial em 1914, e que todos os territórios que o Japão roubou dos chineses, tais como a Manchúria, Formosa e as Ilhas Pescadores, devem ser devolvidas à República da China. O Japão também será expulso de todos os outros territórios que tomou com violência e ganância. As três potências mencionadas, tendo em conta a escravização do povo coreano, estão determinadas a fazer com que, em seu tempo devido, a Coreia se torne livre e independente.
>
> Com tais objetivos em vista, os três Aliados, em harmonia com os membros das Nações Unidas que estejam em guerra contra o Japão, continuarão a perseverar nas operações sérias e prolongadas necessárias a obter a rendição incondicional do Japão.[551]

Como se vê, um dos objetivos de guerra era a punição dos japoneses por estes terem iniciado uma guerra de agressão. Também vale ressaltar a menção a atrocidades que os japoneses cometiam nos territórios ocupados.

Em 26 de julho de 1945, com a Alemanha finalmente batida e o Japão à beira de uma invasão aliada, os governos das três potências emitiram a

---

[551] Tradução livre do texto em inglês. Disponível em: <www.ndl.go.jp>. Acesso em: 16 fev. 2012.

Jurisdição antecedente

Proclamação de Potsdam, a qual visava, segundo seus próprios termos, oferecer ao Japão uma oportunidade de encerrar a guerra. A Proclamação, cujos termos a apresentavam como sendo inegociável, também mencionava que:

> Não pretendemos que os japoneses sejam escravizados como raça ou destruídos como nação, contudo, justiça severa será imposta a todos os criminosos de guerra, incluindo os que infligiram crueldades sobre nossos prisioneiros. O governo japonês removerá todos os obstáculos ao renascimento e fortalecimento de tendências democráticas entre o povo japonês. Serão estabelecidas as liberdades de expressão, de religião e de pensamento, assim como o respeito aos direitos humanos fundamentais.[552]

Por fim, nas negociações que precederam a assinatura do Instrumento de Rendição Japonesa, especificou-se que

> A partir do momento da rendição, a autoridade do Imperador e do Governo Japonês para governar estará sujeita ao Comando Supremo das Forças Aliadas, o qual tomará as medidas que entender necessárias para efetivar os termos da rendição.
> A forma definitiva de governo do Japão será estabelecida, de acordo com a Declaração de Potsdam, pela vontade livremente expressa do povo japonês. As forças armadas das Potências Aliadas permanecerão no Japão até que os propósitos expressos na Declaração de Potsdam sejam alcançados.[553]

Com sua rendição incondicional em 2 de setembro, o Japão anuiu a todas as exigências dos aliados, inclusive quanto ao julgamento de criminosos de guerra. Em 19 de janeiro de 1946, o supremo comandante das forças aliadas no Pacífico, o general americano Douglas MacArthur, instalou o Tribunal de Tóquio através de uma "proclamação especial".

---

[552] Tradução livre do texto em inglês. Disponível em: <www.ibiblio.org>. Acesso em: 16 fev. 2012.
[553] Ibid.

O Tribunal do Extremo Oriente, portanto, foi constituído de modo diferente do Tribunal de Nuremberg, que fora o resultado de um tratado.

Os dois tribunais também se diferenciavam de outras maneiras. O Tribunal de Nuremberg, como já visto, consistia de quatro juízes, um de cada potência vencedora. Já o Tribunal de Tóquio foi composto por 11 juízes, representando os países cujos soldados haviam sido detidos como prisioneiros de guerra pelo Japão – Austrália, Canadá, China, França, Países Baixos, Nova Zelândia, União Soviética, Estados Unidos e Reino Unido, além da Índia e da Comunidade das Filipinas,[554] que mais haviam sofrido com a expansão japonesa.

Tal como em Nuremberg, os acusados em Tóquio também deveriam responder por crimes contra a paz, crimes de guerra, crimes contra a humanidade, quer cometidos diretamente, quer através de conspiração. Uma diferença estava em que, para selecionar os "maiores" criminosos, o Estatuto do Tribunal de Tóquio determinava que somente os indiciados por crimes contra a paz (agressão) seriam julgados, quer somente por tal crime, quer em associação com outros.

Um ponto interessante do julgamento refere-se à convicção da Promotoria do Tribunal no sentido de que todas as mortes causadas pelos japoneses no lado aliado seriam equivalentes a homicídio, e, logo, poderiam ser imputadas aos réus como crimes de guerra. Segundo a Promotoria, o fato de a guerra iniciada pelo Japão ser uma guerra de agressão viciava todas as ações japonesas empreendidas na sequência. Logo, todos os combates seriam ilícitos e criminosos. O Tribunal, prudentemente, conseguiu evitar responder a tal questão, afirmando que a execução de uma guerra de agressão já era um crime tão grave que não seria necessário avaliar se todos os atos cometidos pelas tropas japonesas posteriormente constituiriam ou não crimes separados.[555]

---

[554] A "Commonwealth of the Phillipines" foi um Estado associado aos EUA até 1946, quando tornou-se a independente República das Filipinas.
[555] HISAKAZU, Fujita. The Tokyo Trial: humanity's justice *vs.* Victor's justice. In: TAMAKA, Yuki; McCORMACK, Tim; SIMPSON, Gerry. *Beyond Victor's justice?* The Tokyo war crimes trial revisited. Boston: Martinus Nijhoff, 2011.

Uma distinção importante a ser registrada face ao Tribunal de Nuremberg é que, em Tóquio, nenhum réu foi processado por "crimes contra a humanidade", apesar de haver tal possibilidade de acordo com o Estatuto. Tal fato encontra algumas explicações. Em primeiro lugar, o regime japonês não pode ser comparado ao governo alemão nazista, no que diz respeito ao tratamento da população civil. Embora os japoneses fossem indubitavelmente culpados de diversas atrocidades (o "estupro de Nanquim" em 1937, a escravização sexual de coreanas e taiwanesas etc.) contra os habitantes dos territórios ocupados, eles não competiam com as atrocidades sanguinárias cometidas pelos nazistas. Em segundo lugar, os crimes japoneses contra a humanidade tiveram por vítimas principalmente outros povos asiáticos, como chineses, coreanos e taiwaneses, sem chocar, portanto, os europeus e americanos na mesma medida dos crimes nazistas. Em terceiro lugar, dadas as distâncias geográficas e a dificuldade de acesso às áreas dominadas pelo Japão, a população civil obteve menos oportunidades de fazer com que seus sofrimentos fossem vistos por soldados, repórteres e políticos aliados, à diferença dos sobreviventes dos campos de concentração alemães. Por fim, enquanto que o regime alemão se caracterizou, em geral, por um tratamento correto dos prisioneiros de guerra anglo-americanos (os soviéticos, pelo contrário, sofreram privações e massacres), o Exército japonês adotou uma política de escravização, tortura e desmoralização dos soldados capturados, violando as leis de guerra. Tal prática, que ultrapassava até mesmo os nazistas em desonestidade, causou um medo compreensível nos comandos aliados, que buscaram, com o julgamento de Tóquio, deixar bem claro que afrontas às leis de guerra não seriam toleradas pela comunidade internacional. A indignação dos aliados pode ser entendida quando se considera que a "humanização" da guerra através de regras e tratados dependia de que todas as partes seguissem escrupulosamente suas obrigações. Caso contrário, o mau exemplo de um exército poderia dar motivo a outros Estados para que ignorassem as leis da guerra, e a guerra sem leis era vista como um retorno à barbárie.

Assim, não surpreende considerar que, enquanto nenhum réu foi condenado por crimes contra a humanidade, todos aqueles que foram sentenciados à morte (na forca) o foram por crimes de guerra.

Outra diferença entre o Japão e a Alemanha pode ser percebida no modo como os governos de ambos os países lidaram com seus criminosos de guerra.

Na Alemanha, tanto durante o período da ocupação aliada (até 1949) quanto depois, as instituições do Estado se preocuparam em "desnazificar" o país, condenando políticos e funcionários do antigo regime que haviam colaborado em atrocidades e buscando redimir, de alguma maneira, o passado obscuro. Também foram acordados pagamentos e indenizações às vítimas do nazismo e ao Estado de Israel (a intenção era auxiliar os judeus que fugiram da Alemanha nazista e migraram em péssimas condições para Israel). Embora a efetividade destas medidas seja objeto de controvérsia até hoje, é inegável que os governos alemães efetivamente fizeram algo para enfrentar seu passado. Em relação aos condenados pelo Tribunal de Nuremberg a penas de prisão, o governo alemão não objetou em relação ao cumprimento da pena de alguns (Dönitz, Schirach), e pediu um livramento antecipado para outros (Speer – a URSS vetou). Vale notar também que os três homens absolvidos pelo Tribunal (von Papen, Fritzsche e Schacht) foram, posteriormente, julgados por tribunais alemães e condenados, embora a penas leves, das quais foram livrados prematuramente.

No Japão, por outro lado, o governo tomou rápidas medidas para reabilitar criminosos de guerra, encerrando todos os processos que haviam sido abertos quando da ocupação pelos aliados. O Japão jamais perseguiu judicialmente criminosos de guerra dentro de seu país, ao contrário do que foi empreendido pela Alemanha.

Por fim, vale registrar uma diferença na historiografia dos dois tribunais. O Tribunal de Tóquio, tendo sido estabelecido por forças predominantemente americanas e europeias para julgar réus asiáticos, foi visto por alguns como instrumento de legitimação da colonização. É fato que os japoneses, durante seu expansionismo e suas conquistas na Ásia, se apresentavam como libertadores dos povos oprimidos e colonizados pelos europeus (Império Britânico, França e Holanda). Para alguns, as vitórias do Japão, por mais que fossem acompanhadas de crueldades, demonstravam como povos nativos poderiam vencer os ocidentais, derrubando o mito que sustentava a colonização. O julgamento, portanto, seria uma forma de legitimar e retornar às relações de colonização mantidas entre europeus e americanos e suas possessões no Extremo Oriente. Esta visão, que se alimentava sobretudo da falta de julgamento das barbaridades que também foram cometidas pelos aliados (embora em escala muito menor, caso não se conte o lançamento das bombas atômicas), foi expressa no voto dissidente do juiz indiano Radhabinod Pal, o único a concluir pela absolvição de todos os réus e pela ilegalidade do Tribunal no qual ele próprio era juiz.[556]

18.11 Questões para fixação e aprofundamento

1. Quais foram as tentativas de criação de tribunais anteriores ao Tribunal Militar de Nuremberg? Quais foram as razões para o fracasso dessas tentativas?
2. Quais foram os argumentos apresentados para justificar a criação do Tribunal Militar Internacional?
3. Quais são as competências do Tribunal Militar Internacional?
4. Quais são as regras aplicáveis ao Tribunal Militar Internacional?
5. Quem foi julgado pelo Tribunal Militar Internacional e por quais crimes?
6. Em que consiste e qual é a importância do caso dos juízes julgado perante o Tribunal de Nuremberg?
7. Quais são as principais críticas feitas à criação do Tribunal Militar Internacional e aos julgamentos por ele realizados?

---

[556] SIMPSON, Gerry. Writing the Tokyo trial. In: TAMAKA, Yuki; McCORMACK, Tim; SIMPSON, Gerry. *Beyond Victor's justice?* The Tokyo war crimes trial revisited. Boston: Martinus Nijhoff, 2011.

8. Qual a importância do Tribunal Militar Internacional para o desenvolvimento do direito internacional e, especialmente, do direito penal internacional?

Capítulo 19
Os tribunais penais internacionais *ad hoc*

19.1 Uma testemunha de Sarajevo

Abaixo foram transcritos alguns trechos do livro *O diário de Zlata: a vida de uma menina na guerra*, de Zlata Filipović, que registrou num diário sua vida em Sarajevo quando da guerra da ex-Iugoslávia. A cidade de Sarajevo, capital da Bósnia-Herzegovina, é cercada por forças paramilitares sérvias e bombardeada sem piedade. Zlata, que tinha 11 anos à época, documenta as privações atravessadas por sua família, sem perder o tom infantil e a perplexidade diante da violência.

> *Sábado, 19 de outubro de 1991*
> Um dia infecto, ontem. A gente estava se preparando para subir a Jahorina (a montanha mais linda do mundo) e passar o final de semana. Quando cheguei da escola, encontrei mamãe chorando e papai de uniforme. Me deu um nó na garganta quando papai anunciou que tinha que ir reunir-se a sua unidade de reserva da polícia porque havia sido chamado. Me abracei a ele chorando e supliquei para ele não ir, para ficar conosco. Papai disse que era obrigado a ir. Aí ele partiu e ficamos nós duas, mamãe e eu. [...][557]

---

[557] FILIPOVIĆ, Zlata. *O diário de Zlata*: a vida de uma menina na guerra. São Paulo: Companhia das Letras, 1994. p. 22-23.

Terça-feira, 22 de outubro de 1991
Parece que tudo está se ajeitando. Papai voltou ontem, dia do seu aniversário. Depois de amanhã ele vai ter que partir outra vez, vai ter que partir de dois em dois dias. Dez horas de guarda. Vou ter que me acostumar. Mas com certeza vai ser por pouco tempo. O que isso significa, eu não sei. Alguns reservistas de Montenegro chegaram à Herzegovina. Por que e para fazer o quê? Tudo isso é política e de política eu não entendo nada. Será que depois de passar pela Eslovênia e pela Croácia, os ventos da guerra vão soprar na Bósnia-Herzegovina?... Não, não é possível.[558]

Quarta-feira, 23 de outubro de 1991
Em Dubrovnik é guerra de verdade. Bombardeios terríveis. As pessoas estão em abrigos, sem água, sem eletricidade, o telefone está cortado. Na televisão aparecem cenas terríveis. Papai e mamãe estão muito preocupados, não é possível que deixem destruir uma cidade tão fantástica. Eles têm uma ligação especial com Dubrovnik. Foi lá, no Palácio do Governo, que eles assinaram com uma pena de ganso o "SIM" à futura vida em comum. Mamãe fica dizendo que Dubrovnik é a cidade mais bonita do mundo e que não pode ser destruída![559]

Quinta-feira, 5 de março de 1992
Meu Deus! A coisa está pegando fogo em Sarajevo. Domingo (1º de março) um pequeno grupo de civis armados (segundo a televisão) matou um convidado num casamento e feriu um padre. Segunda-feira (2 de março) havia barricadas por toda parte na cidade. Mil barricadas! Não encontramos pão. Às 18h00 as pessoas encheram o saco de ficar sem saber e saíram pelas ruas. Saíram em procissão da catedral. Passaram na frente da Assembleia. Deram a volta na cidade. Perto do quartel Marechal Tito houve alguns feridos. As pessoas cantavam e gritavam "Bósnia, Bósnia", "Sarajevo, Sarajevo", "Viveremos juntos" e "Saiam!". Zdravko Grebo[560] disse no rádio que a história estava sendo escrita.

---

[558] Ibid.
[559] Ibid., p. 24.
[560] Professor da Faculdade de Direito de Sarajevo, diretor da estação de rádio independente ZID. Todas as notas e inserções foram reproduzidas como no original.

Lá pelas 20h00 ouvimos tilintar uma sineta de bonde. O primeiro bonde a atravessar a cidade. Trazia de volta a vida e as pessoas todas saíram à rua com a esperança de que esse tipo de coisa nunca mais aconteça. Nós também participamos dessa marcha pacífica. Quando voltamos para casa, dormimos com o espírito tranquilo. O dia seguinte foi como de costume. A escola, a música... Mas à noite soubemos que três mil tchetniks [nacionalistas sérvios] haviam chegado de Pale[561] para atacar Sarajevo e, em primeiro lugar, a Baščaršija [velho bairro turco da cidade]. Tia Melica disse que novas barricadas haviam sido erguidas diante de sua casa e que esta noite eles não dormiriam na casa deles. Foram para a casa do velho Nedjad. Em seguida uma multidão se reuniu na frente da Intel [rede de televisão iugoslava]. Radovan Karadžič e Alija Izetbegovič[562] tomaram a palavra e brigaram. Aí Goran Milič[563] ficou bravo e obrigou os dois a encontrarem um certo general Kukanjac.[564]

Esse Milič é demais! Bravo!!!

Quarta-feira (4 de março) as barricadas foram retiradas e esses "moleques"[565] entraram num acordo. Fantástico, não?

Nesse mesmo dia a professora de desenho tinha trazido uma pintura para a gente oferecer à mestra de classe (por ocasião do dia 8 de março).[566] Entregamos a pintura mas ela pediu para voltarmos para casa. Problemas outra vez. Todo mundo entrou em pânico. As meninas começaram a berrar enquanto os meninos piscavam em silêncio. Papai também voltou mais cedo.

No entanto tudo acabou bem. Quantas emoções![567]

Terça-feira, 24 de março de 1992

Acabou-se a bagunça em Sarajevo. Mas em outras regiões da Bósnia-Herzegovina, não: em Bosanski Brod, Derventa, Modriča. Venham de onde

---

[561] Cidade não longe de Sarajevo, sob controle sérvio.
[562] Respectivamente, o líder da comunidade dos sérvios da Bósnia-Herzegovina e o presidente da Bósnia-Herzegovina, que atua em prol da manutenção de uma Bósnia-Herzegovina multiétnica.
[563] Célebre jornalista, fundador da rede de televisão Lutel.
[564] Comandante das Forças Armadas iugoslavas estacionadas na Bósnia-Herzegovina no começo da guerra.
[565] Apelido que as pessoas dão aos políticos. (Nota de Zlata.)
[566] Dia Internacional da Mulher, celebrado com destaque nos países do Leste.
[567] FILIPOVIĆ, Zlata. *O diário de Zlata*, 1994, op. cit., p. 39-40.

vierem, as notícias e as cenas são terríveis. Papai e mamãe não querem que eu assista o noticiário na televisão, mas não podem esconder da gente, das crianças, todos os horrores que estão acontecendo. Estamos outra vez cercados por inquietude e tristeza. Os Capacetes Azuis – ou mais exatamente os Boinas Azuis – acabam de chegar a Sarajevo. Agora estamos mais tranquilos. Os "moleques" se retiraram do primeiro plano.

Papai me levou de carro até o quartel general das forças da ONU. Ele me disse que agora que a bandeira azul flutua sobre Sarajevo a gente pode sentir esperança.[568]

Quinta-feira, 9 de abril de 1992
Dear Mimmy,

Não estou indo à escola. Nenhuma escola de Sarajevo está funcionando. O perigo sobrevoa as colinas que nos cercam. Apesar disso, tenho a sensação de que pouco a pouco a calma está voltando. Já não se ouvem as fortes explosões das granadas nem os tiros. Só uma rajada de vez em quando, depois o silêncio volta bem rápido. Papai e mamãe não estão indo trabalhar. Estão comprando uma grande quantidade de comida. Meu Deus, eu lhe suplico, faça com que não aconteça.

A tensão continua grande. Mamãe fica desesperada, papai tenta acalmá-la. Mamãe telefona muito. Ligam para ela ou então é ela que liga. A linha fica o tempo todo ocupada.

Zlata.[569]

Domingo, 12 de abril de 1992
Dear Mimmy,

Está caindo uma chuva de granadas sobre os bairros novos da cidade – Dobrinja, Mojmilo, Vojničko polje. Tudo está destruído ou queimado, os habitantes estão nos abrigos. Aqui no centro da cidade não está acontecendo nada. Tudo está calmo. As pessoas saem para a rua. Hoje fez calor, um belo dia de primavera. Nós também saímos. A rua Vaso Miškin estava cheia de gente, de crianças. Até parecia uma passeata a favor da paz. As pessoas saíram de casa para se encontrar, não querem guerra. Querem viver e se divertir

---

[568] Ibid., p. 40-41.
[569] Ibid., p. 45-46.

como sempre fizeram. Por acaso isso não é uma coisa normal? Quem pode gostar de guerra, desejar a guerra?

Não há nada de mais horrível.

Fico pensando naquela passeata em que eu também entrei. Era maior, mais forte que a guerra. É por isso que as pessoas vão vencer. Elas é que têm que vencer, não a guerra, porque a guerra não tem nada de humano. A guerra é uma coisa estranha ao homem.

Zlata.[570]

Sábado, 2 de maio de 1992
Dear Mimmy,

O dia de hoje em Sarajevo foi pior que os piores dias que já tivemos até agora. Os combates começaram mais ou menos ao meio dia. Mamãe e eu fomos para o corredor, que é mais protegido. Naquele momento, papai estava em seu escritório, embaixo do nosso apartamento. Dissemos a ele pelo interfone que fosse depressa refugiar-se na entrada do prédio. Depois nós duas descemos para junto dele. Levando Cicko (o canário). Como o bombardeio estava aumentando cada vez mais, não deu para escalarmos o muro e ir à casa dos Bobar, e então fomos rapidinho para nosso porão.

Nosso porão é feio, todo escuro, e tem um cheiro horrível. Mamãe, que tem pavor de ratos, é obrigada a enfrentar duas angústias ao mesmo tempo. Nós três fomos para o mesmo canto da outra vez. Ouvimos as granadas explodindo, tiros, a coisa fervia sobre nossas cabeças. Ouvimos até aviões. Num certo momento, entendi que aquele porão horrível era nossa única chance de salvar a vida. Comecei até a achar que ele era quente e bonito. Só ele pode nos proteger desses combates terríveis. Ouvimos quando os vidros de nossa rua se quebraram. É uma coisa pavorosa. Enfiei os dedos nos ouvidos para abafar aqueles sons que me davam tanto medo. Fiquei preocupada com Cicko; havíamos deixado a gaiola na entrada. Fiquei com medo de que ele passasse frio, ou de que lhe acontecesse alguma coisa. Eu estava morrendo de fome e sede e nosso almoço lá em cima, na cozinha, quase pronto.

---

[570] Ibid.

Quando os combates começaram a diminuir, papai foi até em casa subindo os degraus de quatro em quatro para trazer sanduíches. Ele nos disse que tinha sentido cheiro de queimado e que o telefone havia sido cortado. Desceu o televisor para o porão. Foi assim que ficamos sabendo que o correio central (que não é longe de nossa casa) estava em chamas e que o presidente havia sido sequestrado. Lá pelas 20h00, voltamos para casa. Na nossa rua não tinha sobrado praticamente nenhum vidro inteiro nas janelas, mas lá em casa eles não estavam quebrados. Graças a Deus. Vi o correio queimando. Um espetáculo aterrorizante. Os bombeiros faziam o que podiam, o incêndio destruía tudo. [...] O apartamento está com cheiro de queimado. Meu Deus, e dizer que todos os dias eu passava na frente do correio! Tinham reformado a fachada. Era um edifício gigantesco, e lindo, e agora as chamas estão acabando com tudo. O correio está desaparecendo. Dear Mimmy, quando se vê o que está acontecendo aqui, imagina-se o que deve ser nos outros bairros da cidade. Ouvi pelo rádio que para os lados de Vječna está uma loucura por causa dos incêndios. Estão com cacos de vidro até os joelhos. Estamos preocupados com vovô e vovó. Eles moram naquela região. Amanhã, se der para sair, vamos lá. Um dia pavoroso. O dia mais negro, mais terrível dos onze anos que já vivi. Espero que não haja outros assim.[571]

Quarta-feira, 13 de maio de 1992
Dear Mimmy,

A vida continua. O passado é cruel e justamente por isso é preciso esquecê-lo.

O presente também é cruel e não consigo esquecê-lo. A guerra não brinca. Meu presente, minha realidade é o porão, o medo, as granadas, as chamas.

Anteontem houve um bombardeio terrível. Com medo de sermos atingidos pelos estilhaços ou pelas balas, corremos para a casa dos Bobar. Passamos a noite toda, todo o dia de ontem e toda esta última noite no porão e no apartamento de Nedo (Nedo é refugiado do bairro de Grbavica. Deixou os pais lá e está morando no apartamento da irmã, que partiu). Vimos ce-

---
[571] Ibid., p. 52-54.

nas horríveis na televisão. A cidade está em ruínas, em chamas, as pessoas morrem – adultos e crianças. É incrível. [...][572]
Sexta-feira, 7 de agosto de 1992
Dear Mimmy,

Hoje trovejou em nosso bairro inteiro. Não sei nem dizer o número de granadas que caíram pertinho da nossa casa. Papai havia ido com Samra para o local onde estão fazendo distribuições da Ajuda Humanitária. Tudo estava calmo, mas de repente se ouviram tiros de canhão. Explosões. Trovões impressionantes. Emina estava em nossa casa. Num determinado momento houve uma violenta detonação. Vidros voavam em estilhaços; telhas despencavam, havia uma nuvem de poeira. Não sabíamos mais para onde ir. Estávamos convencidos de que uma granada havia atingido nosso prédio. Já estávamos correndo para o porão quando ouvimos os gritos apavorados de Nedo. Ele estava correndo para nós em meio à poeira, às telhas e ao vidro quebrado. Descemos rapidamente para o porão dos Bobar. Todo mundo já estava lá. Tremíamos como varas verdes. Principalmente mamãe. Chorando, ela nos perguntou onde estava papai, se ele havia voltado para casa. Assim que nos recuperamos um pouco, soubemos que uma granada havia caído sobre o teto justo em cima do apartamento de Emina. Tivemos sorte, pois nosso telhado está a apenas uns dez metros do de Emina. Tudo acabou bem. Vimos quando papai e Samra chegaram correndo. Estavam preocupados conosco. Quando subimos para o apartamento, encontramos tudo cheio de pó e cacos de telhas. Encontramos até um estilhaço de granada dentro da banheira. Foi preciso arregaçar as mangas e limpar tudo. Eu estava com medo de que tudo recomeçasse, mas felizmente era só aquilo. Mais um dia horrível.

Sua Zlata.[573]

Quinta-feira, 19 de novembro de 1992
Dear Mimmy,

Em política, nenhuma novidade. Estão votando resoluções, os "moleques" discutem, e enquanto isso nós morremos, congelamos, passamos fome, nos despedimos dos amigos, nos separamos das pessoas que mais amamos.

---

[572] Ibid., p. 56.
[573] Ibid., p. 80.

O tempo inteiro tento entender essa sacanagem que é a política. Acho que foi ela que provocou a guerra e que é por causa dela que nosso cotidiano é a guerra. A guerra suprimiu o tempo que passa, substituiu-o pelo horror. Hoje o que passa não é o tempo, mas o horror. Tenho a impressão de que "política" quer dizer sérvios, croatas, muçulmanos. Homens. Que são todos os mesmos. Que se parecem todos. Que não têm diferenças. Que têm braços, pernas, uma cabeça, que andam, que falam, mas "alguma coisa" faz toda a força possível para torná-los diferentes uns dos outros.

Entre meus colegas, entre nossos amigos, em nossa família, há sérvios, croatas, muçulmanos. O resultado é um grupo muito variado de pessoas e eu jamais soube quem era sérvio, quem era croata, quem era muçulmano. Hoje a política enfiou o nariz na história toda. Marcou os sérvios com um "S", os muçulmanos com um "M" e os croatas com um "C". A política quer separá-los. E para escrever essas letras ela usou o pior, o mais negro dos lápis. O lápis da guerra, que só sabe escrever duas palavras: infelicidade e morte.

Por que a política nos deixa infelizes, por que ela quer nos separar, se sozinhos sabemos o que é bom e o que não é? Os bons são nossos amigos, os maus não. Entre os bons há sérvios, croatas e muçulmanos. E entre os maus, os primeiros são tão numerosos quanto os segundos e os terceiros. Está bem, não entendo nada, é verdade que sou "pequena", que a política é coisa dos "grandes". Mas mesmo assim tenho a sensação de que os "pequenos" iam saber fazer política melhor que os "grandes". Com toda a certeza a gente não teria optado pela guerra.

Os "moleques" se divertem e é por isso que nós, as crianças, não podemos nos divertir; é por isso que estamos morrendo de fome, sofrendo, que não podemos desfrutar o sol, as flores – por isso não podemos desfrutar nossa infância. É POR ISSO QUE ESTAMOS CHORANDO.

Filosofei um pouco, mas eu estava sozinha e senti que a você, Mimmy, eu podia dizer tudo isso. Você vai entender. Ainda bem que tenho você, que posso escrever você.

Zlata.[574]

---

[574] Ibid., p. 102-103.

Sábado, 17 de abril de 1993
Dear Mimmy,

Seka está desesperada. Parece que vai ter que sair do apartamento de Bokica. Aqui, Mimmy, há um monte de refugiados, de gente que não tem onde morar, gente que não tem onde morar por causa da guerra. Pessoas que foram expulsas, incendiaram as casas delas. Essas pessoas são obrigadas a procurar um teto. O problema é que não tem tanto teto assim. Claro, tem uma porção de apartamentos vazios, das pessoas que saíram de Sarajevo. Os desabrigados acharam um teto nestes apartamentos, mas parece que a coisa está se complicando. Alguns estão indo embora de Sarajevo, outros estão vindo para Sarajevo. Uma desgraça expulsa a outra. Horrível. Nunca entendo nada. Na realidade, não entendo nada desta guerra. Só o que sei é que ela é imbecil. Ela é a causa de tudo. Seja como for, não vai fazer a felicidade de ninguém.

A situação política é uma idiotice. Uma ENOOORME idiotice, é mesmo! Não sei o que fazer, continuar a viver e a sofrer, continuar a esperar, ou achar uma viga, uma corda e... Mais uns anos assim e vou ter vinte anos; se a coisa continua – "como no Líbano", é o que dizem –, vou ter trinta. Minha infância terá passado, minha juventude terá passado, minha vida terá passado. Vou morrer e esta guerra ainda não vai ter acabado. E quando mamãe me diz: "Vamos embora daqui, Zlata", fico com vontade de me matar. Como se lá fora só estivessem esperando por Alicas, Maliks e Zlatas...

Sua Zlata.[575]

19.2 Breve histórico da fragmentação da Iugoslávia

Durante a Guerra Fria, a República Federal Socialista da Iugoslávia era formada por seis repúblicas (Eslovênia, Croácia, Bósnia-Herzegovina, Sérvia, Montenegro e Macedônia) e duas províncias (localizadas no território da Sérvia: Voivodina e Kosovo). Com o tempo, a relação entre as repúblicas

---
[575] Ibid., p. 131.

foi piorando, pois as instituições federais eram efetivamente controladas pelos sérvios, enquanto os croatas e eslovenos buscavam maior autonomia.

Em 1990, a autoridade a nível federal era praticamente inexistente e as repúblicas passaram a buscar sua independência, com a oposição da Sérvia, que pretendia mantê-las unidas e sob sua influência.

As primeiras a se separar foram Eslovênia e Croácia, que declararam sua independência em 25 de junho de 1991. O Exército iugoslavo buscou dominar a situação, mas foi rapidamente rechaçado na Eslovênia, onde lutava longe de suas bases e com a oposição de toda a população local. Já na Croácia, a obstinação sérvia em não aceitar a independência do novo Estado levou a uma guerra que só se encerraria quatro anos depois, em 1995, com a vitória croata e o estabelecimento de suas fronteiras.

A Bósnia-Herzegovina declarou sua independência através de referendo em 29 de fevereiro de 1992. Tratando-se de um território dividido, de população mista (44% de bósnios muçulmanos, 31% de sérvios ortodoxos e 17% de croatas católicos), a independência não foi fácil. A população sérvia opôs-se ferozmente à manobra, criando enclaves autônomos dentro do território bósnio e lutando para a reintegração à Iugoslávia. Tais enclaves e forças irregulares receberam maciço apoio da Iugoslávia. Por outro lado, os líderes sérvio-bósnios lançaram mão de campanhas de expulsão, mortes e aniquilamento generalizado para forçar cidadãos bósnios a abandonar as áreas reivindicadas pelos sérvios. Campanhas de limpeza étnica se sucederam nas cidades bósnias, enquanto o recém-formado Exército da Bósnia-Herzegovina buscava conter os sérvios e croatas que almejavam fatias do território bósnio para si. A guerra da Bósnia deixou um saldo de pelo menos 97 mil mortos,[576] dos quais 40 mil civis e 3 mil crianças.[577]

Os diversos crimes cometidos na guerra levaram o Conselho de Segurança das Nações Unidas a criar um tribunal internacional para julgar as violações graves cometidas contra o direito internacional humanitário.

---

[576] BOSNIA war dead figure announced. *BBC*, 21 jun. 2007. Disponível em: <http://news.bbc.co.uk>. Acesso em: 25 jun. 2012.

[577] SREBRENICA GENOCIDE BLOG. Disponível em: <http://srebrenica-genocide.blogspot.com.br/2009/10/how-many-people-died-in-bosnian-war.html>. Acesso em: 14 jun. 2012.

Figura 4
República Federal Socialista da Iugoslávia (janeiro de 1991)

Fonte: *site* do Tribunal Penal Internacional para a ex-Iugoslávia. Disponível em: <www.icty.org/sid/321>. Acesso em: 25 jun. 2012.

Figura 5
Novos Estados: Eslovênia, Croácia, Bósnia-Herzegovina, Sérvia, Montenegro e Macedônia (janeiro de 2008)

Fonte: *site* do Tribunal Penal Internacional para a ex-Iugoslávia. Disponível em: <www.icty.org/sid/321>. Acesso em: 25 jun. 2012.

19.3 A criação do Tribunal Penal Internacional para a ex-Iugoslávia

Resolução nº 827, de 25 de maio de 1993, do Conselho de Segurança da ONU[578]

O Conselho de Segurança, [...]

Expressando uma vez mais seu grave alarme perante os contínuos relatos de violações disseminadas e flagrantes do direito internacional humanitário que ocorrem dentro do território da antiga Iugoslávia, especialmente na República da Bósnia e Herzegovina, incluindo relatos de mortes em massa, detenção e estupro de mulheres de forma massiva, organizada e sistemática, e a continuação da prática da limpeza étnica, inclusive objetivando a aquisição e manutenção de território,

Determinando que esta situação continua a constituir uma ameaça à paz e segurança internacionais,

Determinado a pôr um fim a tais crimes e a tomar medidas efetivas para levar à justiça as pessoas responsáveis pelos mesmos,

Convencido de que, nas circunstâncias particulares da antiga Iugoslávia, o estabelecimento, como medida *ad hoc* pelo Conselho, de um tribunal internacional e a persecução de pessoas responsáveis por violações graves do direito internacional humanitário permitiria o alcance deste objetivo e contribuiria para a restauração e a manutenção da paz, [...]

Considerando que, na pendência da designação do Promotor do Tribunal Internacional, a Comissão de Peritos estabelecida de acordo com a resolução 780 (1992) deverá continuar, em ritmo de urgência, a coletar informação relacionada a evidências de violações graves às Convenções de Genebra e demais violações do direito internacional humanitário, tal como proposto em seu relatório interno (S/25274),

Atuando sob o Capítulo VII da Carta das Nações Unidas,

1. Aprova o relatório do secretário-geral;

---

[578] Tradução livre do original em inglês. Disponível em: <www.unhcr.org>. Acesso em: 14 jun. 2012.

2. Decide estabelecer um tribunal internacional com o único propósito de perseguir os responsáveis por graves violações ao direito internacional humanitário cometidas no território da antiga Iugoslávia entre 1º de janeiro de 1991 e uma data a ser determinada pelo Conselho de Segurança após a restauração da paz e, para tal fim, adotar o Estatuto do Tribunal Internacional anexado ao relatório supramencionado;
3. Requer ao secretário-geral que submeta aos juízes do Tribunal Internacional, quando de sua eleição, quaisquer sugestões recebidas dos Estados em relação às regras de procedimento e evidência exigidas pelo Artigo 15 do Estatuto do Tribunal Internacional;
4. Decide que todos os Estados devem cooperar plenamente com o Tribunal Internacional e seus órgãos de acordo com a presente resolução e com o Estatuto do Tribunal Internacional e que, consequentemente, todos os Estados devem tomar todas as medidas necessárias sob seus ordenamentos jurídicos domésticos para implementar as disposições da presente resolução e do Estatuto, incluindo aí a obrigação dos Estados de cumprir com requerimentos para assistência ou ordens emitidas por uma Câmara de Julgamento de acordo com o artigo 29 do Estatuto; [...]
6. Decide que a determinação da sede do Tribunal Internacional está sujeita à conclusão dos acordos apropriados entre as Nações Unidas e os Países Baixos, que sejam aceitáveis para o Conselho, e que o Tribunal Internacional pode funcionar em outro lugar quando considere que é necessário para o exercício eficiente de suas funções; [...]

19.4 Uma testemunha de Ruanda

Aqui foram transcritos alguns trechos da obra da ruandesa Immaculée Ilibagiza, que, aos 22 anos, sobreviveu ao genocídio de Ruanda escondendo-se com mais sete mulheres num pequeno banheiro durante três meses. Após o fim do perigo, redigiu um tocante relato contando seu sofrimento, angústia e esperança durante o massacre.

Ruanda é um país pequenino, engastado como uma joia na África Central. Sua beleza é tanta que é impossível não ver a mão de Deus no ondular de suas luxuriantes colinas, montanhas envoltas em névoa, vales verdejantes e lagos que cintilam. A brisa suave que desce das montanhas, por entre florestas de pinheiros e cedros, traz consigo o doce perfume dos lírios e dos crisântemos. E o clima é tão ameno o ano todo que os alemães, chegados no final da década de 1830, chamavam-na "terra da eterna primavera".

Durante a infância, jamais me falaram sobre a existência das correntes do mal que um dia dariam origem ao holocausto que inundou meu país num banho de sangue. A menina que eu era só conhecia do mundo a encantadora paisagem ao seu redor, a gentileza dos vizinhos e o amor profundo de meus pais e irmãos. Em nossa casa, racismo e preconceito eram totalmente desconhecidos. Eu não tinha consciência de que as pessoas pertenciam a tribos e raças diferentes e, até entrar para a escola, jamais havia escutado palavras como tútsi ou hútu.

Em minha aldeia, crianças caminhavam mais de 12 quilômetros, por trechos desertos de estrada, para ir e voltar da escola, mas seus pais não se preocupavam com a possibilidade de serem raptadas ou de alguma forma maltratadas. Meu maior medo nessa época era o de ficar sozinha no escuro – a não ser por isso, eu era uma menininha muito feliz, em uma família feliz, habitante do que me parecia ser uma aldeia feliz, onde as pessoas se respeitavam e eram amigas umas das outras.[579]

– De pé, tútsis!

Cadeiras se arrastaram sobre o chão, e seis alunos da quarta série em que eu estudava se puseram de pé imediatamente. Eu não entendi o que estava acontecendo, já que até então frequentara a escola de minha mãe. Agora, aos 10 anos, era meu primeiro dia na escola para os mais velhos, e me senti confusa com a movimentação. Eu nunca havia visto um professor fazer a chamada baseando-se na etnia.

– De pé, todos os tútsis – berrou o professor Buhoro. E foi marcando os nomes a lápis numa lista, a seguir parou diante de mim e me encarou.

---

[579] ILIBAGIZA, Immaculée. *Sobrevivi para contar*: o poder da fé me salvou de um massacre. Rio de Janeiro: Objetiva, 2008. p. 19.

— Immaculée Ilibagiza, você não se levantou quando chamei os hútus, não se levantou quando chamei os twas, e continua sentada depois que chamei os tútsis. Por quê? — Buhoro sorria, mas sua voz soava dura e má.

— Não sei, professor.

— A qual tribo você pertence?

— Não sei, professor.

— Você é uma tútsi ou uma hútu?

— E... eu não sei, professor.

— Saia! Saia da classe e não volte até saber quem é.[580]

— Mas, papai, qual é a minha tribo?

— Não se preocupe com isso agora. Podemos discutir esse assunto amanhã, depois que eu falar com seu professor.

Meu desejo era perguntar por que ele não me dizia logo a qual tribo eu pertencia, mas não era bem educado questionar os mais velhos. Ele era meu pai e, se preferia ser evasivo, devia ter suas razões, imaginei. Mas senti-me frustrada — não entendia por que todo mundo se perturbava tanto quando o assunto eram as tribos!

No dia seguinte papai falou com o professor, mas não me contou sobre o que conversaram, nem me disse qual era a minha tribo, como prometera. Só fiquei sabendo na semana seguinte, quando Buhoro fez nova chamada por tribo. Meu pai deve tê-lo repreendido, pois desta vez chamou-me até sua mesa antes da chamada e disse num tom de voz muito mais brando.

— Immaculée, levante-se quando eu chamar os tútsis.

Eu sorria a caminho da minha carteira, pensando *Então eu sou uma tútsi! Ótimo!* Eu não tinha ideia do que era ser uma tútsi, mas, de todo modo, me sentia orgulhosa por ser uma deles. Éramos tão poucos na turma que imaginei que devíamos ser especiais — além disso a palavra tinha um som bonito e era agradável de dizer. Mas eu continuava sem perceber qualquer diferença entre tútsis e hútus. Os twas eram pigmeus, assim era fácil reconhecê-los por sua baixa estatura. Mas, como poucos twas frequentavam a escola, eu quase não os via.

---

[580] Ibid., p. 29.

Diferenças entre tútsis e hútus eram mais difíceis de notar. Diziam que os tútsis eram mais altos, de pele mais clara e narizes mais afilados. Mas isso não era verdade, já que tútsis e hútus casaram entre si durante séculos, portanto nossas cadeias de genes se haviam misturado. Hútus e tútsis falavam o mesmo idioma – kinyarwanda – e tinham uma história comum. Nossas culturas eram praticamente iguais: cantávamos as mesmas canções, cultivávamos a mesma terra, frequentávamos as mesmas igrejas e cultuávamos o mesmo Deus. Vivíamos nas mesmas aldeias, nas mesmas ruas e, ocasionalmente, nas mesmas casas.

Aos olhos de uma criança (ou, pelo menos, aos *meus* olhos), nos dávamos muito bem. Vezes incontáveis minha amiga Janet e eu jantávamos na casa uma da outra. Durante meus tempos de menina, as únicas ocasiões em que fui lembrada de que Ruanda era habitada por tribos diferentes foi durante a chamada étnica semanal. Aquilo me aborrecia, mas não me causava muitas preocupações, porque eu ainda não havia descoberto o significado do preconceito.

Até que decidi entrar para a escola secundária.

Aos 15 anos de idade, terminei em segundo lugar, numa classe de sessenta alunos, a oitava série. [...] Resultado mais que suficiente para me garantir uma bolsa e uma vaga numa das melhores escolas secundárias públicas da região. [...]

Eu não sabia que aquelas chamadas étnicas semanais serviam para um fim sinistro: segregar as crianças tútsis como parte de um plano discriminatório conhecido como "equilíbrio étnico".

Tratava-se de um plano engendrado por Juvenal Habyarimana, o presidente hútu que havia tomado o poder durante o golpe de 1973. Segundo proclamou, o governo deveria "equilibrar" as vagas escolares e os melhores cargos do funcionalismo de maneira a refletir a composição étnica do país. Como aproximadamente 85% da população de Ruanda era composta de hútus, 14% de tútsis e 1% de twas, a maioria das vagas escolares e cargos públicos ia para os hútus. A finalidade real do plano era barrar os tútsis das escolas secundárias, das universidades e dos cargos mais bem pagos, e mantê-los como cidadãos de segunda classe.[581]

---

[581] Ibid., p. 32-33.

– Pelo amor de Deus, Immaculée, levante-se. O presidente morreu!

– O quê? O que você quer dizer com "o presidente morreu"? – gritei. O presidente prometera devolver a paz e a igualdade a Ruanda. Como ele podia estar morto?

– Estou dizendo que o presidente Habyarimana morreu! Ele foi assassinado na noite passada. Atiraram em seu avião quando ainda estava no ar.

Pensei no que havia escutado no rádio alguns dias antes. "Se alguma coisa acontecer ao nosso presidente, todos os tútsis serão exterminados." [...]

Fomos para o pátio onde meus pais [...] tinham se instalado para ouvir o rádio. O locutor anunciou que, minutos após a explosão do avião presidencial, barreiras e pontos de controle haviam sido instalados por toda a capital. Disse também que pelo menos vinte famílias tútsis haviam sido mortas em Kigali durante a noite.

Hesito em usar a palavra "anunciou"; em vez de comportar-se como um jornalista, o locutor mais parecia torcer pelos assassinos. Ao divulgar que a guarda presidencial havia se encarregado de matar os tútsis para vingar o presidente, falou como se as mortes fossem justificadas. Como se fosse perfeitamente normal arrastar famílias inteiras para a rua e trucidá-las.[582]

O pastor vivia preocupado, com medo de que nos esquecêssemos de suas recomendações e fizéssemos barulho, de modo que raramente permitia a entrada de alguém em seu quarto. Mas, de vez em quando, um de seus filhos ou um empregado ia vê-lo no quarto, e ficávamos na maior agonia até que saíssem. Mais ou menos uma semana após nossa chegada, nós o ouvimos conversar com o filho Sembeba.

– O que você pensa de todas essas mortes, papai? Não acha que está certo, que é exatamente o que os hútus devem fazer? Ensinaram na escola que, séculos atrás, os tútsis fizeram o mesmo conosco. Então eles merecem, não merecem?

– Sembeba, você não sabe o que está dizendo. Agora me deixe dormir – respondeu o pastor.

---

[582] Ibid., p. 58-59.

– Esses tútsis sempre se acharam superiores... Sempre olharam para os hútus com desprezo. Você não acha que se eles ainda estivessem no poder eles nos matariam agora mesmo? Matá-los é legítima defesa, não é?

A voz dele nos chegava tão alta aos ouvidos que dava para saber que Sembeba estava bem ao lado do armário, e tive medo de que notasse que tinha sido mudado de lugar. Entretanto, mesmo morta de medo, precisei dominar-me para não ir lá brigar com ele – suas palavras me deixaram furiosa.

Por outro lado, eu sabia que ele não era inteiramente culpado por tanta ignorância, pois seu desprezo pelos tútsis lhe havia sido ensinado na escola... a mesma que eu havia frequentado. Jovens hútus, desde a idade mais tenra, aprendiam que tútsis eram inferiores e não confiáveis, e que não havia lugar para eles em Ruanda. Presenciavam essa segregação diariamente, primeiro no pátio da escola, mais tarde em seus locais de trabalho, e aprendiam a considerar os tútsis como não humanos ao ouvi-los intitulados "serpentes" e "baratas". Não é de admirar que fosse tão fácil para eles matar-nos – serpentes devem ser mortas, e baratas, exterminadas! [...]

– Basta de bobagens, Sembeba. [...] Fico triste ao ouvi-lo falar com tanto ressentimento. Sua própria mãe era uma tútsi. Você deve saber que seus tios e tias e todos os seus primos estão sendo caçados e mortos. Agora saia do quarto e não volte aqui. *Saia!*[583]

Nessa noite o pastor veio ter conosco. Tinha a face pálida e os olhos vermelhos e cansados. Pensei que estivesse preocupado com as suspeitas de Sembeba, mas era algo pior. Tinha saído para uma caminhada nos arredores e presenciado a gravidade dos horrores que acontecem ali perto. Contou-nos que milicianos de Interahamwe, soldados e civis hútus estavam destruindo todos os lares tútsis que encontravam.

– A situação é muito ruim lá fora – explicou –, muito, muito ruim. Presenciei as chacinas de 1959 e 1973, e essas não foram nada em comparação com a atual. Vocês têm que compreender que tudo foi interrompido: as

---

[583] Ibid., p. 100.

escolas e mercados fecharam, e ninguém trabalha. O país parou até que a tarefa esteja concluída.

– O que significa "até que a tarefa esteja concluída"? Até qual tarefa estar concluída? – eu quis saber.

O pastor hesitou um pouco.

– Matar os tútsis. A tarefa só estará concluída depois que todos os tútsis forem mortos. Essa é a principal meta do governo, e querem que todos se esforcem para executá-la. Eu hoje vi coisas que desejaria jamais ter visto.

Senti um nó na boca do estômago. Pensei em minha família e tive vontade de tampar os ouvidos para bloquear a voz do pastor.

– Mataram milhares de pessoas – ele prosseguiu –, dezenas de milhares, talvez centenas de milhares, quem sabe? Foram tantos os tútsis a pedir abrigo nas igrejas que era impossível fechar as portas. As igrejas sempre foram consideradas território protegido contra execuções, mas não desta vez. Incendiaram igrejas com gente lá dentro, e quem tentava sair era abatido a tiro.

– Não, meu Deus! – exclamei. – Disseram no rádio que fossem todos para as igrejas e estádios, onde seriam protegidos.

– Talvez tenham dito, mas não com a intenção de protegê-los. Os assassinos foram mandados para lá, com metralhadores e granadas. Há pilhas de corpos, da altura desta casa... o cheiro é insuportável.

– Por favor, pastor, basta. Não diga mais nada – implorei.

Queria pedir notícias da minha família, mas não me achava em condições de ouvir o que ele talvez tivesse para dizer. Não conseguiria suportar mais uma palavra.

– Lamento contar-lhes tudo isso, mas vocês precisam saber o que está acontecendo – justificou. – Talvez sejam as únicas tútsis remanescentes em Ruanda. Se tivessem visto o que eu vi, nem sei se iriam querer continuar vivas. [...]

Pouco depois ouvimos na estação oficial a transmissão do discurso de um ministro:

– Apelo a todos os hútus de Ruanda... chegou a hora de nos aliarmos contra nosso inimigo comum. Devemos deixar de lado divergências políticas e unir-nos em nossa defesa. As serpentes tútsis querem nos matar...

precisamos matá-las primeiro. Matem tútsis onde quer que os encontrem – não poupem um único sequer. Matem os idosos e também as crianças – são todos serpentes. Se os rebeldes da FPR retornarem ao país, que seja apenas para encontrar os cadáveres de suas famílias. Apelo a todos os hútus para que cumpram com seu dever e aniquilem nossos inimigos tútsis. [...]

Em Ruanda cultua-se a obediência, e eu sabia que mesmo hútus normalmente pacíficos, ao ouvirem no rádio seus líderes mandarem-nos matar os tútsis, obedientemente pegariam seus facões.

Cerca de uma hora mais tarde, o pastor sintonizou o noticiário da BBC, e ouvimos a notícia de que a FPR (soldados tútsis rebeldes) abrira caminho vitoriosamente do extremo Norte até a capital Kigali. Dizia ainda o noticiário que o governo extremista hútu, responsável pelo genocídio, corria o risco de cair. Essa notícia fez nossos corações saltarem de alegria – se a FPR havia chegado a Kigali, poderia em poucas semanas alcançar o Sul, onde se localizava nossa província. Mais cedo ou mais tarde, chegariam a nossa aldeia e nos salvariam.

Eu desejava que fosse o mais cedo possível, pois mais tarde poderia ser tarde demais para nós.[584]

Os assassinos iam e viam à vontade; chegavam à casa do pastor sem aviso, a qualquer hora do dia ou da noite. Às vezes dezenas deles, ou algumas centenas – vinham quando lhes davam ordens para isso, quando recebiam alguma denúncia ou quando estavam entediados e com vontade de caçar alguns tútsis para torturar ou matar. Mas não deixavam de vir, e sabíamos que continuariam vindo, até nos encontrarem ou até perderem a guerra.

As notícias transmitidas pelo rádio do pastor eram desalentadoras: líderes do governo haviam convertido todas as emissoras de rádio ruandesas em uma mortífera máquina de propaganda. Por toda parte, locutores pregavam aos hútus que era seu dever matar qualquer tútsi avistado, sem fazer perguntas. Nada funcionava no país, para que o trabalho não interferisse com a tarefa de matar. Quando fazendeiros se queixaram de que suas lavouras morriam,

---

[584] Ibid., p. 102.

um funcionário aconselhou que se alguém tivesse que tirar uns dias de folga para cuidar do campo, deveriam trabalhar armados.

– Não baixem a guarda! Essas serpentes tútsis se ocultam no capim e nos bosques – dizia um deles. – Tratem, pois, de ter à mão seus facões, prontos para cortá-las ao meio. Melhor ainda, levem seus fuzis e atirem. Se não possuírem fuzis, o governo lhes fornecerá um. Se ao lavrar o campo avistarem uma tútsi amamentando seu bebê, não percam essa oportunidade de ouro. Peguem o fuzil e atirem nela para depois voltar ao trabalho. Mas não se esqueçam de matar o bebê – um filhote de serpente também é serpente, tratem de matá-lo.

Os funcionários locais distribuíam facões na aldeia, e a milícia ia de porta em porta entregando fuzis e granadas. [...]

Ao que parecia, cada hútu de Ruanda possuía um fuzil ou facão, com instruções para usá-los contra os tútsis – e ninguém neste mundo mexia um dedo para impedi-los. Pelos noticiários, sabíamos que não havia socorro nenhum a caminho e não compreendíamos como os demais países, especialmente os "países civilizados do Ocidente", nos voltavam assim as costas. Estavam a par de que éramos massacrados, entretanto nada faziam.

A ONU havia retirado sua força de paz assim que começou o massacre. Porém, Roméo Dallaire, general canadense responsável pelas tropas de paz da ONU, recusou-se a obedecer à ordem de retirada e continuou no país, com duzentos soldados. Era um homem íntegro e corajoso, mas apenas um em meio a um mar de assassinos. Ocasionalmente o ouvíamos pedir pelo rádio que alguém, qualquer um, enviasse tropas a Ruanda para pôr fim ao morticínio, mas ninguém lhe deu ouvidos. Os belgas, nossos antigos colonizadores, haviam sido os primeiros a remover suas tropas; quanto aos Estados Unidos, nem ao menos reconheciam que havia um genocídio em curso! Não era possível que não soubessem que nossos políticos não dariam o morticínio por encerrado enquanto todos os tútsis, homens, mulheres e crianças, não tivessem sido executados. Para saber o que eles pretendiam fazer – o que eles estavam fazendo – bastava a qualquer um sintonizar o rádio.

Algumas vezes o pastor contava detalhes dos planos oficiais não mencionados nas transmissões:

– Quando todos os tútsis estiverem mortos, vai ser como se nunca tivessem existido. Todos os vestígios de sua existência serão apagados – disse, como se comentasse um assunto corriqueiro. – Conheço alguns funcionários do governo que moram nas cidades; eles disseram que têm ordens para destruir todos os documentos referentes aos tútsis. Já queimaram a maior parte dos registros escolares e profissionais, agora partiram para a destruição das certidões de nascimento e casamento, e os atestados de óbito. O mesmo acontece em todas as cidades e aldeias. Não deve restar em solo ruandês qualquer vestígio da existência dos tútsis.

As únicas notícias boas que ouvíamos se referiam à guerra. O governo hútu insistia em afirmar que estava matando todos os soldados rebeldes da FPR, mas escutamos, na BBC e em outras rádios estrangeiras, que a FPR tinha vencido em algumas partes do país. Às vezes ouvíamos o líder da FPR, Paul Kagame, encorajar os tútsis a não perderem a esperança, pois os rebeldes lutavam para salvá-los. Para nós ele era um herói, embora soubéssemos que lutava em torno de Kigali e mais ao Norte – muito longe de Mataba. Os pronunciamentos de Kagame não alteravam nossa situação, mas nos davam esperanças de sermos resgatadas um dia.[585]

19.5 Breve histórico do genocídio de Ruanda

Ruanda é um pequeno país situado na região dos Grandes Lagos da África centro-oriental, fazendo fronteira com Uganda, Burundi, República Democrática do Congo e Tanzânia, com população de cerca de 11 milhões de habitantes, sendo um dos Estados africanos com maior densidade populacional.

A população ruandesa divide-se basicamente em três etnias: os hútus (84% da população, em 2009), tútsis (15%) e twa (pigmeus, habitantes da floresta – 1%). Antes da chegada dos colonizadores europeus (alemães e belgas), os tútsis haviam estabelecido uma monarquia de tipo aproxi-

---

[585] Ibid., p. 115-117.

madamente feudal. Os europeus mantiveram tal sistema, abstendo-se de alterar as relações de poder locais e utilizando as divisões étnicas em benefício próprio. Quando os belgas abandonaram a antiga colônia, em 1962, a monarquia tútsi não resistiu e os hútus tomaram o poder. Desde a tomada do poder pelos hútus, muitos tútsis passaram a ser alvo de violência, e fugiram do país, encontrando refúgio em Uganda. A partir de Uganda e do Zaire (atual República Democrática do Congo), os rebeldes tútsis lançavam ataques contra o governo de Ruanda. Em 1994, em um acidente inexplicado até hoje, o presidente de Ruanda e o do Burundi (país vizinho a Ruanda) morreram quando o avião que os levava explodiu ao aproximar-se do aeroporto de Kigali, capital ruandesa.

A morte do presidente hútu iniciou o genocídio. O Exército hútu passou a atacar os tútsis e logo formaram-se milícias paramilitares que recebiam armas do governo e eram incentivadas a matar todos os tútsis que encontrassem. Hútus moderados que não aprovassem tais atos também eram vitimados.

Os tútsis no exílio, em Uganda e na República Democrática do Congo, armaram um exército sob a liderança de Paul Kagame e invadiram o país, buscando fazer cessar o genocídio e, finalmente, tomar o poder. À medida que o Exército tútsi, formado por soldados enrijecidos por anos no exílio e com "treinamento" em muitas guerras civis africanas, avançava, o desmoralizado governo de Kigali procurava distrair a atenção da população incentivando os massacres.

O genocídio terminou somente quando os rebeldes alcançaram a capital, depondo o governo genocida de Ruanda. Pouco depois, diante da inação do Conselho de Segurança, que nada fizera durante a perpetração do genocídio, a França enviou algumas tropas para estabelecer campos de refugiados e zonas livres. O novo governo de Ruanda também se empenhou em pedir o auxílio da ONU o mais cedo possível, eis que o país estava em frangalhos.

O genocídio durou aproximadamente 100 dias, de abril a julho de 1994. Estima-se que tenham sido mortos entre 800 mil e um milhão de ruandeses.

19.6 A criação do Tribunal Penal Internacional para Ruanda

Resolução nº 955 (1994), de 8 de novembro de 1994, do Conselho de Segurança[586]
O Conselho de Segurança, [...]
Expressando uma vez mais sua grave preocupação com os relatórios indicando que foram cometidos genocídio e outras violações sistemáticas, disseminadas e flagrantes do direito internacional humanitário em Ruanda,
Determinando que tal situação continua a constituir uma ameaça à paz e segurança internacionais,
Determinado a pôr um fim a tais crimes e a tomar medidas efetivas para conduzir à justiça os responsáveis pelos mesmos,
Convencido de que, nas circunstâncias particulares de Ruanda, a persecução dos responsáveis por graves violações do direito internacional humanitário faria com que tal objetivo fosse alcançado e contribuiria com o processo de reconciliação nacional e para a restauração e manutenção da paz,
Acreditando que o estabelecimento de um tribunal internacional para a persecução dos responsáveis pelo genocídio e pelas demais violações supramencionadas do direito internacional humanitário contribuirá para assegurar que tais violações sejam interrompidas e efetivamente compensadas,
Enfatizando também a necessidade de cooperação internacional para fortalecer os tribunais e o sistema judicial de Ruanda, levando particularmente em consideração a necessidade de tais tribunais de tratar de um grande número de suspeitos, [...]
Atuando sob o Capítulo VII da Carta das Nações Unidas,
1. Decide, tendo recebido o requerimento do governo de Ruanda (S/1994/1115), estabelecer um tribunal internacional com o objetivo exclusivo de perseguir os responsáveis pelo genocídio e demais graves violações ao direito internacional humanitário cometidos no território de Ruanda, além de cidadãos de Ruanda responsáveis pelo

---

[586] Tradução livre o original em inglês. Disponível em: <www.un.org/en/sc/documents/resolutions/1994.shtml>. Acesso em: 28 dez. 2012.

genocídio e demais violações cometidos no território de Estados vizinhos, entre 1º de janeiro de 1994 e 31 de dezembro de 1994 e, para tal fim, adotar o Estatuto do Tribunal Penal Internacional para Ruanda em anexo; [...]

19.7 O caso "Tadic" perante o Tribunal Penal Internacional *ad hoc* para a ex-Iugoslávia

Dusko Tadic nasceu em 1º de outubro de 1955, em Kozarac, cidade do noroeste da Bósnia-Herzegovina. Segundo uma das sentenças do Tribunal Penal Internacional para a ex-Iugoslávia que se referem a ele,[587] sua família era uma das mais importantes entre a comunidade sérvia da área. Tadic possuía um café no centro da cidade de Kozarac. O estabelecimento era frequentado igualmente por sérvios e muçulmanos. À época, 90% dos habitantes do local eram muçulmanos, e Tadic contava diversos destes entre seus amigos. Em 1990, Tadic ingressou no SDS, ou "Partido Democrático Sérvio" da Bósnia-Herzegovina, um partido comprometido com as causas do nacionalismo sérvio. O café de Tadic começou a ser frequentado por sérvios nacionalistas e tornou-se uma referência para estes na região. Também passou a ser palco de músicas antimuçulmanas e de ameaças contra a comunidade islâmica.

Após o início dos conflitos na Bósnia-Herzegovina, a cidade de Kozarac foi bombardeada, atacada, e passou por um expurgo étnico dirigido contra seus habitantes muçulmanos. O responsável por tais atos foi o partido SDS, atuando em conjunto com milícias sérvio-bósnias e com apoio extraoficial do Exército da Iugoslávia. Na sequência, Tadic tornou-se o líder político de Kozarac. Como líder da cidade, Tadic empreendeu esforços para sua reconstrução. Em seguida, trabalhou como policial e nos órgãos governamentais sérvios de Kozarac. Em agosto de 1993, Tadic

---

[587] TPII. *Dusko Tadic*, sentença de 7-3-1997. Disponível, em inglês, em: <www.icty.org>. Acesso em: 29 jan. 2012.

mudou-se para a Alemanha, passando a residir junto com familiares que lá se encontravam.

Em fevereiro de 2004, foi preso pelas autoridades alemãs, sob acusação de ter cometido crimes como tortura e de ter auxiliado na perpetração de genocídio, no campo de prisioneiros de Omarska, em junho de 1992. Em 12 de outubro de 1992, o procurador do Tribunal Penal Internacional para a ex-Iugoslávia iniciou procedimentos contra Tadic, requerendo sua entrega pela Alemanha. O procurador elaborou 132 acusações contra Tadic, envolvendo violações graves das Convenções de Genebra, das leis e costumes de guerra, além da perpetração de crimes contra a humanidade. As denúncias incluíam perseguição, tratamento desumano, tratamento cruel, estupro, homicídio doloso, tortura, provocação intencional de grande sofrimento ou lesões graves e atos desumanos. Em abril de 1995, a Alemanha transferiu o acusado ao Tribunal Internacional e ele foi posto sob custódia na unidade de detenção das Nações Unidas, em Haia. O acusado se declarou não culpado de todas as acusações.

Em 25 e 26 de junho de 1995, ocorreu uma audiência no Tribunal acerca de uma moção da defesa de Tadic contra a competência deste órgão. Sendo negada a pretensão do acusado, os juízes internacionais afirmaram sua competência para conhecer do caso. Inconformada, a defesa decidiu apelar à Câmara de Apelações do Tribunal, alegando a incompetência absoluta do Tribunal Internacional para julgar Tadic.

Em 2 de outubro de 1995, a Câmara de Apelações julgou o pedido da defesa. Esta foi uma "decisão sobre a moção da defesa para uma apelação interlocutória sobre jurisdição". Não constituía o julgamento do mérito do assunto, mas tão somente uma decisão prévia sobre a admissibilidade do caso. Tratava-se de saber se Tadic poderia ser validamente julgado pelo Tribunal Penal Internacional para a ex-Iugoslávia. No entanto, mesmo sem constituir decisão sobre o fundo da matéria, esta sentença foi a mais importante para o direito internacional no que diz respeito ao caso "Tadic". Por isso, quando se fala em "Tadic" entre comentadores do Tribunal e doutrinadores de direito internacional, está-

-se aludindo a esta decisão interlocutória,[588] na qual algumas questões importantes sobre a essência e o funcionamento daquela Corte foram decididas.

Na moção em questão, Tadic alegava a incompetência do Tribunal baseado em três argumentos:

a) estabelecimento ilegal do Tribunal Internacional;
b) primazia incorreta do Tribunal Internacional sobre jurisdições nacionais;
c) falta de jurisdição em razão da matéria.

Decidindo, a Câmara de Apelação rechaçou, em primeiro lugar, um argumento da defesa pelo qual a questão não poderia ser decidida por um tribunal, por conter diversos elementos de natureza política. A Câmara rejeitou tal argumento citando julgados da Corte Internacional de Justiça, que reconhecia que suas decisões poderiam ter efeitos políticos, porém os considerava efeitos secundários e irrelevantes para a afirmação de sua jurisdição.

Tadic alegou também que, para estar de acordo com o direito internacional, o Tribunal deveria ter sido estabelecido por uma resolução da Assembleia Geral das Nações Unidas, por uma emenda à Carta das Nações Unidas ou por um tratado. Em vez disso, o Tribunal foi criado por uma resolução do Conselho de Segurança das Nações Unidas (Resolução nº 827, de 25 de maio de 1993). Tal criação fora feita, segundo a defesa, ao arrepio das funções conferidas pela Carta, em seu capítulo VII, ao Conselho. Ademais, o Conselho foi acusado de parcialidade, eis que a existência de outros conflitos pelo mundo não levara à criação de nenhum tribunal por este órgão. Por fim, Tadic insistiu em que o Conselho de Segurança não poderia atribuir responsabilidade criminal a ninguém, pois estaria criando tal responsabilidade. E afirmou que a primazia conferida ao Tribunal por sobre os órgãos jurisdicionais nacionais era, em si mesma, inerentemente errada.

---

[588] Trechos principais disponíveis, em inglês, em: <www.iilj.org/courses/documents/Prosecutorv.Tadic.pdf>. Acesso em: 29 jan. 2012.

O juiz de primeira instância contornou tal espinhoso tema constitucional declarando-se incompetente para julgar o estabelecimento do Tribunal, eis que examinar tal assunto não faria parte do rol de atribuições que fora designado ao próprio Tribunal. A Câmara de Apelações, entretanto, não se furtou a proceder ao exame.

Os juízes da apelação entenderam que o art. 39 da Carta estabelecia uma ampla competência para o Conselho de Segurança. Assim, tal órgão seria responsável por determinar a existência de uma ameaça ou violação à paz, bem como por decidir quais as medidas apropriadas a serem tomadas. A Câmara fez questão de indicar que tais determinações não são absolutamente discricionárias, mas devem ser feitas de acordo com o espírito da Carta da ONU, especialmente, com seu art. 24, §2º. Este afirma que o Conselho só pode atuar de acordo com os propósitos e princípios da Carta.

Voltando-se à questão concreta sob exame, a Câmara afirmou estar além de qualquer dúvida que o conflito na Iugoslávia caracterizava uma quebra da paz – ainda que se quisesse classificá-lo como conflito interno e não internacional. A Câmara recordou neste ponto os conflitos ocorridos no Congo, na Libéria e na Somália, os quais possuíam caráter inequivocamente doméstico, mas foram interpretados pelo Conselho como causadores de uma ameaça ou quebra da paz internacional. O próprio termo "ameaça" contra a paz internacional já demonstra que conflitos internos podem ser objeto da atuação do Conselho, se este entender que as consequências de tais conflitos transpassarão as fronteiras nacionais.

Segundo o apelante Tadic, a atuação do Conselho após determinar a existência de uma ameaça à paz, quebra da paz ou ato de agressão não é discricionária, mas encontra-se limitada aos mecanismos previstos pelos arts. 41 e 42 da Carta, que se encontram abaixo transcritos:

> Artigo 39. O Conselho de Segurança determinará a existência de qualquer ameaça à paz, ruptura da paz ou ato de agressão, e fará recomendações ou decidirá que medidas deverão ser tomadas de acordo com os Artigos 41 e 42, a fim de manter ou restabelecer a paz e a segurança internacionais.

[...]
Artigo 41. O Conselho de Segurança decidirá sobre as medidas que, sem envolver o emprego de forças armadas, deverão ser tomadas para tornar efetivas suas decisões e poderá convidar os Membros das Nações Unidas a aplicarem tais medidas. Estas poderão incluir a interrupção completa ou parcial das relações econômicas, dos meios de comunicação ferroviários, marítimos, aéreos, postais, telegráficos, radiofônicos, ou de outra qualquer espécie e o rompimento das relações diplomáticas.
Artigo 42. No caso de o Conselho de Segurança considerar que as medidas previstas no Artigo 41 seriam ou demonstraram que são inadequadas, poderá levar a efeito, por meio de forças aéreas, navais ou terrestres, a ação que julgar necessária para manter ou restabelecer a paz e a segurança internacionais. Tal ação poderá compreender demonstrações, bloqueios e outras operações, por parte das forças aéreas, navais ou terrestres dos Membros das Nações Unidas.[589]

A defesa também lembrou que a Resolução nº 827 do Conselho de Segurança das Nações Unidas, ao criar o Tribunal Internacional, não se referiu especificamente a nenhum artigo da Carta, evidenciando que estaria ultrapassando o âmbito delineado pelo art. 39.

A Resolução nº 827 foi atacada como inválida por três razões:
a) não há previsão de criação de tribunais internacionais entre as possibilidades abertas ao Conselho pelos artigos acima mencionados;
b) o Conselho de Segurança foi concebido na Carta das Nações Unidas como um órgão executivo, e não judicial, motivo pelo qual não possui nenhum poder jurisdicional que possa ser exercido por um órgão subsidiário seu;
c) conforme demonstrado pela atual (em 1995) situação na Iugoslávia, o estabelecimento de um tal Tribunal não contribuiu em nada para a paz na região.

---

[589] Disponível em: <www.oas.org/dil/port/1945%20Carta%20das%20Na%C3%A7%C3%B5es%20Unidas.pdf>. Acesso em: 27 dez. 2012.

Respondendo, a Câmara de Apelações entendeu que a criação do Tribunal estaria autorizada pelo art. 41 da Carta, ao referir-se este a "medidas... sem envolver o emprego das forças armadas". Tadic já alegara que tais medidas, na esteira dos exemplos citados no próprio artigo, eram de caráter político e econômico, mas não judicial. Ademais, alegou que todos os exemplos desenvolvidos neste dispositivo são comportamentos a serem empreendidos pelos Estados-membros, e não pelo Conselho agindo como instituição e criando órgãos subsidiários supranacionais. Em outras palavras, a autorização dada pelo art. 41 ao Conselho de Segurança seria para que este se valesse da cooperação e auxílio dos Estados-membros, não para que decidisse por si só estabelecer órgãos que tratassem a controvérsia a partir de uma análise judicial.

Os dois argumentos foram rechaçados pelos juízes. Estes responderam explicitando a natureza meramente exemplificativa das hipóteses narradas no art. 41 e afirmando que, embora fosse verdade que o Conselho de Segurança pudesse agir através dos membros das Nações Unidas, também seria verdadeiro que, em podendo fazê-lo, nada o impediria de atuar por conta própria para executar suas próprias decisões.

Assim, a Câmara de Apelações concluiu que o estabelecimento do Tribunal Internacional encontrava-se dentro da competência do Conselho de Segurança, segundo o art. 41 da Carta.

Em relação ao terceiro ataque de Tadic contra a Resolução nº 827, referente à ineficácia do Tribunal em contribuir para a paz regional, os juízes consideraram que tal argumento conduziria a um exame *a posteriori* do estabelecimento do Tribunal, um exame impossível de ser feito quando da adoção da resolução, e que, portanto, não poderia ser empreendido neste julgamento para declarar a invalidade do Tribunal.

A defesa de Tadic citou também diversos artigos de tratados internacionais de direitos humanos, os quais afirmavam que toda pessoa possui direito de ser julgada por um tribunal estabelecido pela lei. Segundo a defesa, o Tribunal Penal Internacional para a ex-Iugoslávia não cumpria tal requisito, que seria um princípio geral do direito, conectado diretamente à noção de devido processo legal.

Os tribunais penais internacionais *ad hoc*

Era por isso que a defesa afirmava, acima, que o Tribunal Internacional deveria ter sido precedido por uma emenda específica à Carta das Nações Unidas para ser validamente estabelecido. Segundo tal raciocínio, a Carta necessitava conferir um poder legislativo ao Conselho de Segurança, o que só poderia ocorrer através de uma modificação radical naquele tratado fundacional.

A resposta da Câmara a esta argumentação iniciou estudando os possíveis significados da expressão "tribunal estabelecido pela lei". Os magistrados internacionais afirmaram que tal termo poderia referir-se, em primeiro lugar, a uma norma elaborada por uma legislatura nacional. Outra interpretação abarcaria o estabelecimento de tribunais por órgãos que, apesar de não possuírem caráter de parlamento, detivessem o poder de editar algumas normas de caráter vinculante. Citando o art. 25 da Carta da ONU, a Câmara afirmou que o Conselho de Segurança constitui um órgão deste tipo.

> Artigo 25. Os Membros das Nações Unidas concordam em aceitar e executar as decisões do Conselho de Segurança, de acordo com a presente Carta.[590]

Uma vez que a Câmara havia acabado de determinar que a criação do Tribunal fora efetuada de acordo com o art. 41 da Carta da ONU, ficava claro que o Conselho de Segurança, com tal ato, se mantivera dentro de suas competências e, portanto, a Resolução nº 827 possuiria caráter legislativo por ser vinculante para os membros da sociedade internacional, ainda que o Conselho não fosse propriamente um órgão representativo ou parlamentar.

Por fim, a Câmara voltou-se para uma terceira interpretação possível do requisito do "tribunal estabelecido por lei". Os juízes afirmaram que tal expressão poder-se-ia referir também a um tribunal estabelecido segundo o devido processo legal e o estado de direito. Os magistrados da Câmara se reportaram a uma discussão ocorrida quando da criação

---

[590] Disponível em: <www.oas.org/dil/port/1945%20Carta%20das%20Na%C3%A7%C3%B5es%20Unidas.pdf>. Acesso em: 27 dez. 2012.

do Pacto Internacional de Direitos Civis e Políticos. Naquela ocasião, alguns delegados teriam gostado de inserir um requisito de preexistência de qualquer tribunal. Isto é, o indivíduo só poderia ser julgado por uma corte que já estivesse estabelecida quando o delito tivesse sido cometido. A proposta, entretanto, foi rechaçada, recordando a opinião majoritária que tal restrição inviabilizaria qualquer tribunal *ad hoc*, retiraria a legitimidade do Tribunal de Nuremberg e impediria, na prática, qualquer país de reorganizar o seu Judiciário.

Retornando ao caso de Tadic, os magistrados concluíram que a consideração importante para determinar se um tribunal fora instituído pela lei não estaria em observar se tal Corte fora instituída para uma situação específica, mas em analisar se foi criada incorporando os princípios processuais relevantes, observando a justiça procedimental. Os juízes examinam, então, o Estatuto do Tribunal e demais regulamentos de funcionamento, e concluem que estes fornecem todas as garantias básicas necessárias ao devido processo legal.

Portanto, concluem que o estabelecimento do Tribunal Penal Internacional para a ex-Iugoslávia não viola a exigência de devido processo legal, e que tal Tribunal pode afirmar-se "instituído de acordo com a lei".

Tendo rechaçado todos os argumentos de Tadic pela ilicitude do estabelecimento do Tribunal, a Câmara voltou-se à questão sobre a suposta injustiça da primazia do Tribunal Internacional sobre as jurisdições internas. Esta primazia foi estabelecida pelo art. 9º do Estatuto do Tribunal, o qual preceitua que:

Artigo 9º
Competência concorrente
1. O Tribunal Internacional e os tribunais nacionais possuirão competência concorrente para julgar pessoas por sérias violações do direito internacional humanitário cometidas no território da antiga Iugoslávia desde 1º de janeiro de 1991.
2. O Tribunal Internacional possuirá primazia sobre os tribunais nacionais. Em qualquer momento do processo, o Tribunal Internacional poderá reque-

rer formalmente às cortes nacionais que deem preferência à competência do Tribunal Internacional, de acordo com o presente Estatuto e as Regras de Procedimento e Evidência do Tribunal Internacional.[591]

A respeito, a Câmara teceu duas considerações. Em primeiro lugar, lembrou que os dois Estados com maior conexão com o acusado – Bósnia-Herzegovina e Alemanha – haviam renunciado a julgá-lo, não podendo o acusado, pois, escolher a jurisdição penal na qual seria julgado. Em segundo lugar, notou que o caso em questão não dizia respeito a interesses dos Estados, mas sim à consciência comum da humanidade; portanto, não haveria motivos para conferir primazia à ordem estatal. Segundo os magistrados, as fronteiras não podem servir de escudo contra o alcance da lei, nem como uma proteção para aqueles que escamoteiam dos mais elementares princípios de humanidade.

O terceiro ataque do apelante contra a competência do Tribunal, que dizia respeito à "falta de jurisdição em razão da matéria", referia-se ao fato de que só seriam da competência desta jurisdição internacional os crimes cometidos no contexto de um conflito armado internacional, o que não era o caso para as ações atribuídas a Dusko Tadic.

Entretanto, a Câmara rejeitou tal argumentação, remetendo a suas considerações anteriores, no sentido de que é o Conselho de Segurança o intitulado a decidir pela existência, ou não, de uma ameaça ou quebra da paz internacional e, portanto, de um conflito armado de caráter internacional.

A Câmara tratou, por fim e de modo adicional, de outro argumento do apelante, que fora esgrimido perante a primeira instância, mas não fora repetido perante o grau recursal. Entretanto, acreditando que tal argumento era muito importante, a Câmara decidiu respondê-lo. Tratava-se da ideia de que o Tribunal, ao julgar suspeitos de terem cometido crimes contra a humanidade, independentemente de tais crimes terem sido cometidos no âmbito de um conflito internacional ou não, estava criando

---

[591] Disponível em: <www.icty.org/x/file/Legal%20Library/Statute/statute_sept09_en.pdf>. Acesso em: 4 abr. 2013. Tradução livre.

uma nova categoria de delitos internacionais, que não existia à época dos fatos. Violar-se-ia, desta maneira, o capital princípio do *nulla poena sine lege* (irretroatividade da lei penal).

A Corte lembrou, em primeiro lugar, que já havia deixado claro (ver acima) que, no caso em foco, havia sim um conflito internacional. Em segundo lugar, afirmou que o direito costumeiro internacional não exige mais a conexão entre crimes contra a humanidade e um conflito armado para que aqueles possam ser cometidos. Segundo os magistrados, crimes contra a humanidade não dependem mais de conflito algum. Portanto, Tadic poderia ser julgado pela comissão de tais atos, ainda que ele tivesse razão quanto à não existência de um conflito armado no território da antiga Iugoslávia à época dos fatos.

19.8 Os crimes puníveis pelo Tribunal Penal Internacional para a ex-Iugoslávia de acordo com seu estatuto

Os seguintes artigos tratam da matéria de competência do Tribunal:

Artigo 2º
Graves violações às Convenções de Genebra de 1949
O Tribunal Internacional terá o poder de perseguir pessoas que cometeram ou ordenaram quebras graves das Convenções de Genebra de 12 de agosto de 1949, concretamente, os seguintes atos contra pessoas ou propriedade protegidas sob as disposições da Convenção de Genebra respectiva:
(a) homicídio intencional;
(b) tortura ou tratamento desumano, incluindo experimentos biológicos;
(c) causar intencionalmente grande sofrimento ou sérias lesões ao corpo ou à saúde;
(d) destruição extensiva e apropriação de propriedade, não justificada por necessidade militar e executada ilegalmente e arbitrariamente;
(e) compelir um prisioneiro de guerra ou um civil a servir nas forças de uma potência hostil;

(f) privar intencionalmente um prisioneiro de guerra ou um civil do direito a um julgamento regular e justo;
(g) deportação ilegal ou transferência ou confinamento ilegal de um civil;
(h) fazer reféns civis.

Artigo 3º
Violações das leis e costumes da guerra
O Tribunal Internacional terá o poder para julgar pessoas que tenham violado as leis ou costumes de guerra. Tais violações incluirão, mas não se limitarão, a:
(a) emprego de armas venenosas ou outras armas calculadas para causar sofrimento desnecessário;
(b) destruição arbitrária de cidades ou aldeias, ou devastação não justificada por necessidade militar;
(c) ataque ou bombardeio, por quaisquer meios, contra cidades indefesas, aldeias, habitações ou edifícios;
(d) tomada, destruição ou dano intencional a instituições dedicadas à religião, caridade, educação, artes ou ciências, monumentos históricos e trabalhos de arte e ciência;
(e) saque de propriedade pública ou privada.

Artigo 4º
Genocídio
1. O Tribunal Internacional terá o poder de julgar pessoas que tenham cometido genocídio, tal como definido no parágrafo 2º deste artigo, ou que tenham cometido qualquer um dos demais atos enumerados no parágrafo 3º deste artigo.
2. Genocídio significa qualquer um dos atos seguintes, cometidos com a intenção de destruir, no todo ou em parte, um grupo nacional, étnico, racial ou religioso, tais como:
(a) matar membros do grupo;
(b) causar danos graves físicos ou mentais aos membros do grupo;
(c) deliberadamente infligir ao grupo condições de vida calculadas para acarretar em sua destruição física, no todo ou em parte;
(d) impor medidas com vistas a prevenir nascimentos dentro do grupo;

(e) transferir à força crianças do grupo para outro grupo.

3. Serão punidos os seguintes atos:

(a) genocídio;

(b) conspiração para cometer genocídio;

(c) incitamento público e direto a cometer genocídio;

(d) tentativa de cometer genocídio;

(e) cumplicidade no genocídio.

Artigo 5º

Crimes contra a humanidade

O Tribunal Internacional terá o poder de julgar pessoas responsáveis pelos seguintes crimes, quando cometidos num conflito armado, seja ele de caráter internacional ou interno, e dirigido contra qualquer população civil:

(a) homicídio;

(b) extermínio;

(c) escravidão;

(d) deportação;

(e) prisão;

(f) tortura;

(g) estupro;

(h) perseguição por motivos políticos, raciais ou religiosos;

(i) demais atos desumanos.[592]

Perguntas

1. Analise o argumento da defesa no caso "Tadic", pelo qual o estabelecimento da lista dos crimes contra a humanidade no art. 5º do Estatuto feriria a irretroatividade da lei penal, pois um ato só se torna crime após ser tipificado em lei.
2. Identifique o elemento subjetivo que deve ser analisado pelo Tribunal para condenar alguém pela prática de "genocídio".

---

[592] Disponível em: <www.icty.org/x/file/Legal%20Library/Statute/statute_sept09_en.pdf>. Acesso em: 4 abr. 2013. Tradução livre.

3. Por que razão o Tribunal se limita a julgar fatos que ocorreram no âmbito de conflitos armados?
4. Dada a limitação que o Estatuto do Tribunal estabelece, é correto afirmar que os juízes do Tribunal deverão avaliar, a cada caso, se estão ou não diante de um conflito armado?

19.9 Os crimes puníveis pelo Tribunal Penal Internacional para Ruanda de acordo com seu estatuto[593]

Artigo 1º
Competência do Tribunal Internacional para o Ruanda
O Tribunal Internacional para o Ruanda tem competência para julgar as pessoas responsáveis por violações graves ao direito internacional humanitário cometidas no território do Ruanda, bem como os cidadãos ruandeses responsáveis por essas violações cometidas no território de Estados vizinhos, entre 1 de Janeiro 1994 e 31 de Dezembro de 1994, em conformidade com as disposições contidas no presente Estatuto.
Artigo 2º
Genocídio
1. O Tribunal Internacional para o Ruanda tem competência para julgar as pessoas que tenham cometido genocídio, tal como definido no nº 2 do presente artigo ou qualquer um dos actos enumerados no nº 3 deste artigo.
2. Entende-se por genocídio, qualquer um dos actos que a seguir se enumeram, praticados com a intenção de destruir, no todo ou em parte, um grupo nacional, étnico, racial ou religioso, tais como:
a) Homicídio de membros do grupo;
b) Ofensa grave à integridade física ou moral de membros do grupo;
c) Sujeição intencional do grupo a condições de existência susceptíveis de virem a provocar a sua destruição física, total ou parcial;

---
[593] Estatuto do Tribunal Internacional para Ruanda. Disponível, em português (variante utilizada em Portugal), em: <www.gddc.pt/direitos-humanos/textos-internacionais-dh/tidhuniversais/tij--estatuto-ruanda.html>. Acesso em: 25 jun. 2012.

d) Imposição de medidas destinadas a impedir nascimentos no seio do grupo;
e) Transferência forçada de crianças de um grupo para outro.

3. São puníveis os seguintes actos:

a) Genocídio;
b) Conspiração com vista ao genocídio;
c) Incitamento directo e público ao genocídio;
d) Tentativa de genocídio;
e) Cumplicidade em actos de genocídio.

Artigo 3º
Crimes contra a humanidade

O Tribunal Internacional para o Ruanda tem competência para proceder contra os responsáveis por qualquer um dos seguintes crimes, quando cometido como parte de um ataque, generalizado ou sistemático, contra qualquer população civil, por motivos nacionais, políticos, étnicos, raciais ou religiosos:

a) Assassínio;
b) Extermínio;
c) Escravidão;
d) Deportação;
e) Prisão;
f) Tortura;
g) Violação;
h) Perseguição por motivos políticos, raciais ou religiosos;
i) Outros actos desumanos.

Artigo 4º
Violações do artigo 3º comum às Convenções de Genebra e ao Segundo Protocolo Adicional

O Tribunal Internacional para o Ruanda tem competência para julgar as pessoas que tenham violado ou que tenham ordenado a prática de violações graves ao artigo 3º comum às Convenções de Genebra, de 12 de Agosto de 1949, para a Protecção das Vítimas de Guerra, e ao Segundo Protocolo Adicional, de 8 de Junho de 1977. Tais violações incluem, entre outras:

a) Actos de violência contra a vida, saúde ou bem-estar físico e moral das pessoas, em particular, o assassínio bem como os tratamentos cruéis, tais como a tortura, mutilação ou qualquer outra forma de pena corporal;
b) Penas colectivas;
c) Tomada de reféns;
d) Actos de terrorismo;
e) Ultraje à dignidade da pessoa, nomeadamente os tratamentos humilhantes e degradantes, violação, prostituição e qualquer outra forma indecente de ofensa;
f) Pilhagem;
g) Sentenças ou execuções sem julgamento prévio por um tribunal regularmente constituído, denegando assim todas as garantias judiciais reconhecidas como indispensáveis pelos povos civilizados;
h) Ameaças com vista à pratica de qualquer um dos actos atrás referidos.

19.10 A responsabilidade do Estado: o caso Bósnia *vs.* Iugoslávia perante a Corte Internacional de Justiça

Em 20 de março de 1993, a Bósnia-Herzegovina iniciou um procedimento contra a Iugoslávia perante a CIJ. A autora invocou a Convenção para a Prevenção e a Repressão do Crime de Genocídio, de 1948, que teria sido descumprida pelo Estado respondente, e cujo art. IX diz:

> Art. IX – As controvérsias entre as Partes Contratantes relativas à interpretação, aplicação ou execução da presente Convenção, bem como as referentes à responsabilidade de um Estado em matéria de genocídio ou de qualquer dos outros atos enumerados no art. III, serão submetidas à Corte Internacional de Justiça, a pedido de uma das Partes na controvérsia.[594]

A Iugoslávia dissolveu-se antes do julgamento final do caso (que ocorreu em 2007). Entretanto, a Corte considerou a declaração da Sérvia, pela

---

[594] Disponível em: <http://pfdc.pgr.mpf.gov.br/atuacao-e-conteudos-de-apoio/legislacao/segurancapublica/convenca....crime_genocidio.pdf>. Acesso em: 4 abr. 2013.

qual esta anunciava que sucedia a antiga Iugoslávia em todas as obrigações internacionais desta, e considerou também a atitude de Montenegro (segundo e último país a emergir da ex-República Federal da Iugoslávia), que jamais pretendera manter a mesma personalidade da antiga República, ao contrário da Sérvia. Portanto, a demanda foi continuada contra a Sérvia, em substituição à antiga integrante do polo passivo.

Em sua defesa, a Sérvia alegou, como exceções preliminares à competência da Corte, entre outros, que a Convenção contra o Genocídio tratava o genocídio como "crime contra o direito internacional", e que um Estado não pode cometer crime. Logo, a Sérvia não poderia ser culpada da prática de genocídio.

Outro argumento alegado pela Sérvia foi que a Convenção contra o Genocídio não proibia a prática de genocídio pelo Estado, mas se limitava a dispor algumas normas de direito penal que enfatizavam a responsabilidade do indivíduo, e não a do Estado.

Ainda, os representantes sérvios alegaram que, para que seu Estado pudesse eventualmente ser condenado por genocídio, seria necessário que, antes, algum indivíduo com relação com a Sérvia (ou com a antiga Iugoslávia) fosse condenado por genocídio. Portanto, dever-se-ia esperar os resultados dos julgamentos conduzidos na Sérvia e no Tribunal Penal Internacional para a ex-Iugoslávia até que algum indivíduo, que tivesse relação de pertencimento ou dependência com o governo iugoslavo à época dos fatos (1992 e 1993) fosse condenado pela prática específica de genocídio.

Os dispositivos relevantes da Convenção para a Prevenção e a Repressão do Crime de Genocídio são:

Artigo I. As Partes Contratantes confirmam que o genocídio, quer cometido em tempo de paz, quer em tempo de guerra, é um crime contra o Direito Internacional, o qual elas se comprometem a prevenir e a punir.
Artigo II. Na presente Convenção, entende-se por genocídio qualquer dos seguintes atos, cometidos com a intenção de destruir, no todo ou em parte, um grupo nacional, étnico, racial ou religioso, tal como:

(a) assassinato de membros do grupo;
(b) dano grave à integridade física ou mental de membros do grupo;
(c) submissão intencional do grupo a condições de existência que lhe ocasionem a destruição física total ou parcial;
(d) medidas destinadas a impedir os nascimentos no seio do grupo;
(e) transferência forçada de menores do grupo para outro grupo.
Artigo III. Serão punidos os seguintes atos:
(a) o genocídio;
(b) o conluio para cometer o genocídio;
(c) a incitação direta e pública a cometer o genocídio;
(d) a tentativa de genocídio;
(e) a cumplicidade no genocídio.
Artigo IV. As pessoas que tiverem cometido o genocídio ou qualquer dos outros atos enumerados do art. III serão punidas, sejam governantes, funcionários ou particulares.
Artigo V. As Partes Contratantes assumem o compromisso de tomar, de acordo com as respectivas Constituições, as medidas legislativas necessárias a assegurar a aplicação das disposições da presente Convenção e, sobretudo, a estabelecer sanções penais eficazes aplicáveis às pessoas culpadas de genocídio ou de qualquer dos outros atos enumerados no art. III.
Artigo VI. As pessoas acusadas de genocídio ou de qualquer dos outros atos enumerados no art. III serão julgadas pelos tribunais competentes do Estado em cujo território foi o ato cometido ou pela corte penal internacional competente com relação às Partes Contratantes que lhe tiverem reconhecido a jurisdição.
Artigo VII. O genocídio e os outros atos enumerados no art. III não serão considerados crimes políticos para efeitos de extradição.
As Partes Contratantes se comprometem, em tal caso, a conceder a extradição de acordo com sua legislação e com os tratados em vigor.
Artigo VIII. Qualquer Parte Contratante pode recorrer aos órgãos competentes das Nações Unidas, a fim de que estes tomem, de acordo com a Carta das Nações Unidas, as medidas que julguem necessárias para a pre-

venção e a repressão dos atos de genocídio ou de qualquer dos outros atos enumerados no art. III.

Artigo IX. As controvérsias entre as Partes Contratantes relativas à interpretação, aplicação ou execução da presente Convenção, bem como as referentes à responsabilidade de um Estado em matéria de genocídio ou de qualquer dos outros atos enumerados no art. III, serão submetidas à Corte Internacional de Justiça, a pedido de uma das Partes na controvérsia. [...][595]

Perguntas

5. Distinga responsabilidade do Estado de responsabilidade individual. De que modo tal diferenciação auxilia a solucionar as três objeções levantadas pela Sérvia quanto à jurisdição da Corte?
6. A jurisdição da Corte Internacional de Justiça, neste caso, reside unicamente no art. 9º da Convenção contra o Genocídio. Portanto, a CIJ teria competência para examinar se os assassinatos e massacres ocorridos constituem crimes de guerra ou crimes contra a humanidade?
7. A partir da leitura da Convenção acima transcrita, qualquer conjunto de violências em larga escala constitui genocídio? Qual o conteúdo do elemento psicológico necessário?

O Projeto de Artigos da Comissão de Direito Internacional sobre responsabilidade internacional dos Estados dispõe:[596]

Artigo 4º
1. A conduta de qualquer órgão estatal será considerada um ato do Estado sob o direito internacional, independentemente de o órgão exercer funções legislativas, executivas, judiciais ou quaisquer outras,

---

[595] Disponível em: <http://pfdc.pgr.mpf.gov.br/atuacao-e-conteudos-de-apoio/legislacao/segurancapublica/convenca....crime_genocidio.pdf>. Acesso em: 4 abr. 2013.
[596] Tradução livre do original disponível, em inglês, em: <http://untreaty.un.org>. Acesso em: 14 jun. 2012.

qualquer que seja sua posição na organização do Estado, e seja ele um órgão pertencente ao governo central, seja pertencente a alguma unidade territorial do Estado.
2. Um órgão inclui qualquer pessoa ou entidade que possua tal natureza de acordo com o direito interno do Estado. [...]
Artigo 8º
A conduta de uma pessoa ou grupo de pessoas será considerada como ato de um Estado no direito internacional se a pessoa ou o grupo de pessoas estiver, de fato, agindo de acordo com as instruções, ou sob direção e controle, daquele Estado, ao executar a conduta.

Estes dois artigos exprimem duas possíveis bases para a atribuição de responsabilidade ao Estado: caso a conduta seja exercida por algum órgão seu, ou caso o Estado direcione a conduta de algum particular ou grupo de indivíduos. Tais fundamentos da responsabilidade internacional do Estado possuem base no direito costumeiro. É por isto que a CIJ verifica se houve, no caso, responsabilidade do Estado iugoslavo a partir, sucessivamente, dos dois critérios. Para fazê-lo, ela não precisou citar o projeto de artigos (evitando assim a situação peculiar que residiria em invocar, como fonte de direito, um conjunto de proposições que sequer é ainda um tratado).

De acordo com o exame das provas disponíveis, a Corte pôde estabelecer que os massacres nos quais se provou o intento de cometer genocídio foram cometidos por integrantes do Exército da Republika Srpska. Esta era uma entidade insurgente que se estabeleceu no seio da Bósnia-Herzegovina durante a guerra, com o intuito de separar-se da Bósnia e retornar à Sérvia. A região ocupada pela Republika Srpska notabilizou-se por muitos atos de violência contra não sérvios, como croatas e, especialmente, muçulmanos. A Republika Srpska se dizia um país independente e criou instituições autônomas, como seu Exército, que não possuía relação com o Exército federal da Iugoslávia.[597]

---

[597] Hoje, a Republika Srpska é uma entidade, uma divisão política dentro da Bósnia-Herzegovina.

A partir destes fatos e das regras costumeiras sobre responsabilidade internacional do Estado, responda a pergunta que se segue.

Pergunta

8. A antiga Iugoslávia pode ser considerada responsável por algum crime cometido pelo Exército da Republika Srpska? Em que condições? O que a Bósnia-Herzegovina precisaria provar para que a responsabilidade da Sérvia ficasse bem assentada no caso?

19.11 Questões para fixação e aprofundamento

1. Faça um quadro comparativo entre o TPII e o TPIR considerando: (i) os fatos que motivaram a criação dos tribunais *ad hoc*; (ii) as diferenças e semelhanças entre os tribunais *ad hoc* e o precedente de Nuremberg; (iii) o fundamento jurídico utilizado pelo Conselho de Segurança para a criação dos tribunais *ad hoc*; (iv) o processo de instalação e funcionamento de cada um dos tribunais *ad hoc*; (v) os crimes de competência dos tribunais *ad hoc*; (vi) quem poderia ser julgado pelos tribunais; (vii) a relação entre os tribunais *ad hoc* e os tribunais nacionais.
2. Quais são as principais críticas dirigidas aos tribunais *ad hoc*?
3. Em sua opinião, o que a criação dos tribunais *ad hoc* representou para o direito internacional e especialmente para o direito penal internacional?

Capítulo 20
O Tribunal Penal Internacional

20.1 Breve histórico do estabelecimento do Tribunal Penal Internacional

A aspiração da comunidade internacional por um órgão central de punição de certos crimes particularmente graves já existe desde o fim da Segunda Guerra Mundial, quando se estabeleceram tribunais aproveitando-se o labor das conferências que prepararam a Convenção para a Prevenção e Punição do Crime de Genocídio (1948) e as Convenções de Genebra sobre o Direito da Guerra (1949). No entanto, o clima político da Guerra Fria tornou tal aspiração impossível de ser realizada.[598]

Em 1989, a ideia ressurgiu com uma iniciativa do representante de Trinidad e Tobago junto às Nações Unidas, que propôs o estabelecimento de uma corte mundial para julgar casos relativos ao tráfico internacional de drogas. Enquanto isso, durante a década de 1990, a Comissão de Direito Internacional da ONU, formada por juristas, começou a trabalhar sobre um projeto de tratado neste sentido.[599]

---

[598] DEMPSEY, Gary T. Reasonable doubt: the case against the proposed International Criminal Court. *Cato Policy Analysis*, n. 311, jul. 1998. Disponível em: <www.cato.org/publications/policy-analysis/reasonable-doubt-case-against-proposed-international-criminal-court>. Acesso em: 14 jun. 2012.

[599] CDI. *Projeto de estatuto sobre um tribunal penal internacional*. Disponível em: <http://untreaty.un.org>. Acesso em: 14 jun. 2012.

Em paralelo, diante das catástrofes humanitárias testemunhadas no início da última década do século passado na Iugoslávia e em Ruanda, os tribunais internacionais *ad hoc* vieram à luz. Em 1998, convocou-se uma conferência em Roma, à qual compareceram os representantes de mais de 100 países, para discutir e elaborar um estatuto para um tribunal penal internacional. O resultado foi o Estatuto de Roma, subsequentemente aberto para assinatura e ratificação. Uma coalizão de ONGs, a Coalition for the International Criminal Court, teve papel destacado na pressão junto aos governos para que estes aderissem ao Tratado de Roma de 1998 ou o ratificassem.[600]

Em 31 de dezembro de 2000, último dia em que o Estatuto permaneceria aberto para assinaturas, os EUA, Irã e Israel assinaram-no. Em 2002, porém, os EUA declararam que não tencionavam tornar-se parte do Estatuto de Roma e que, consequentemente, não ratificariam o mesmo.

Não obstante, em 11 de abril de 2002, atingiu-se o número previsto de ratificações, e o Tribunal pôde começar a funcionar.

20.2 O caso Al-Bashir

Omar Hassan Ahmad Al-Bashir, presidente do Sudão desde 1993, vem sendo acusado de apoiar e direcionar os ataques de milícias (Janjaweed) árabes contra sudaneses da região ocidental do Sudão conhecida como Darfur, num conflito que se arrasta desde 2003.

Em julho de 2008, o procurador do Tribunal Penal Internacional pediu sua prisão provisória ao Tribunal, acusando-o da prática de genocídio, crimes contra a humanidade e crimes de guerra. Em março de 2009, a Câmara de Pré-Julgamento do Tribunal concedeu a ordem.[601] Os motivos estão abaixo sintetizados:

---

[600] Coalition for the International Criminal Court. *Site* oficial. Disponível em: <www.iccnow.org/?mod=cicchistory>. Acesso em: 14 jun. 2012.

[601] TPI. Câmara de Pré-Julgamento. Decisão de 4-3-2009. Disponível, em espanhol, em: <www.icc-cpi.int/iccdocs/doc/doc644487.pdf>. Acesso em: 29 jan. 2012. Tradução livre (até o fim da citação, na p. 739).

CONSIDERANDO que há motivos razoáveis para crer que, desde março de 2003 até pelo menos 14 de julho de 2008, existiu em Darfur um conflito armado prolongado, sem caráter internacional no sentido da alínea (f) do parágrafo 2º do artigo 8º do Estatuto, entre o governo do Sudão e vários grupos armados organizados, em particular o Movimento e Exército de Libertação do Povo Sudanês e o Movimento Justiça e Igualdade;
CONSIDERANDO que há motivos razoáveis para crer: i) que, pouco tempo após o ataque ao aeroporto de El Fasher em abril de 2003, o governo do Sudão emitiu uma convocação geral para a mobilização das milícias Janjaweed em resposta às atividades do Movimento e Exército de Libertação do Povo Sudanês, o Movimento Justiça e Igualdade e outros grupos armados de oposição em Darfur, e a partir de então levou a cabo, através das forças do governo do Sudão, incluídas as Forças Armadas Sudanesas e seus aliados, as milícias Janjaweed, a Força Policial Sudanesa, o Serviço Nacional de Inteligência e Segurança e a Comissão de Ajuda Humanitária, uma campanha de contrainsurgência em toda a região de Darfur contra ditos grupos armados de oposição, e (ii) que a campanha de contrainsurgência prosseguia até a data da apresentação da solicitação da promotoria em 14 de julho de 2008;
CONSIDERANDO que há motivos razoáveis para crer: i) que um dos componentes centrais da campanha de contrainsurgência do governo do Sudão foi o ataque ilícito à parte da população civil de Darfur – pertencente em grande parte aos grupos Fur, Masalit e Zaghawa – identificada pelo governo do Sudão como próxima ao Movimento e Exército de Libertação do Povo Sudanês, ao Movimento Justiça e Igualdade e aos demais grupos armados de oposição ao governo do Sudão no conflito armado em curso em Darfur, e (ii) que, como parte deste componente central da campanha de contrainsurgência, as forças do governo do Sudão cometeram sistematicamente atos de saque após a tomada dos povoados e aldeias objeto de seus ataques;
CONSIDERANDO, por conseguinte, que há motivos razoáveis para crer que, a partir de pouco tempo após o ataque de abril de 2003 ao aeroporto de El Fasher, até 14 de julho de 2008, as forças do governo do Sudão, incluídas as Forças Armadas Sudanesas e seus aliados, as milícias Janjaweed, a Força de Polícia Sudanesa, o Serviço Nacional de Inteligência e Segurança e a Co-

missão de Ajuda Humanitária cometeram crimes de guerra no sentido dos incisos (i) e (v) da alínea (e) do parágrafo 2º do artigo 8º do Estatuto, como parte da mencionada campanha de contrainsurgência do governo do Sudão;
CONSIDERANDO, da mesma forma, que há motivos razoáveis para crer que, na medida em que esta era um dos componentes centrais da campanha de contrainsurgência do governo do Sudão, existia uma política do governo do Sudão consistente em atacar ilicitamente a parte da população civil de Darfur – em grande parte pertencente aos grupos Fur, Masalit e Zaghawa – identificada pelo governo do Sudão como próxima ao Movimento e Exército de Libertação do Povo Sudanês, ao Movimento Justiça e Igualdade e aos demais grupos armados de oposição ao governo do Sudão no conflito armado em curso em Darfur;
CONSIDERANDO que há motivos razoáveis para crer que o ataque ilícito à mencionada parte da população civil de Darfur era (i) generalizado, pois afetava, no mínimo, a centenas de milhares de pessoas e ocorreu em grandes partes do território da região de Darfur, e (ii) sistemático, pois os atos de violência dos quais se tratava se inscreviam, em grande medida, em uma série de atos análogos;
CONSIDERANDO que há motivos razoáveis para crer que, como parte do ataque ilícito do governo do Sudão contra a mencionada parte da população civil de Darfur e tendo conhecimento de tal ataque, as forças do governo do Sudão submeteram, em toda a região de Darfur, milhares de civis, principalmente pertencentes aos grupos Fur, Masalit e Zaghawa, a atos de assassinato e extermínio;
CONSIDERANDO que também há motivos razoáveis para crer que, como parte do ataque ilícito do governo do Sudão contra a mencionada parte da população civil de Darfur e tendo conhecimento de tal ataque, as forças do governo do Sudão submeteram, em toda a região de Darfur, (i) centenas de milhares de civis, principalmente pertencentes aos grupos Fur, Masalit e Zaghawa, a atos de deslocamento forçado; (ii) milhares de mulheres civis, principalmente pertencente a tais grupos, a atos de violação; e (iii) civis, principalmente pertencentes aos mesmos grupos, a atos de tortura;
CONSIDERANDO que há motivos razoáveis para crer que Omar Al Bashir foi o presidente de jure e de facto do Estado do Sudão e o comandante

em chefe das Forças Armadas sudanesas desde março de 2003 até 14 de julho de 2008, e que, em tais funções, desempenhou um papel essencial coordenando, junto com outros dirigentes políticos e militares sudaneses de altas posições, o projeto e aplicação da mencionada campanha de contrainsurgência do governo do Sudão;
CONSIDERANDO que, pelas razões expostas, há motivos razoáveis para crer que Omar Al Bashir é penalmente responsável, na qualidade de autor indireto, ou na qualidade de coautor indireto, com relação à alínea (a) do parágrafo 3º do artigo 25 do Estatuto, por:
i. dirigir intencionalmente ataques contra uma população civil enquanto tal ou contra civis que não participem diretamente nas hostilidades, como crime de guerra, no sentido no inciso (i) da alínea (e) do parágrafo 2º do artigo 8º do Estatuto;
ii. saque, como crime de guerra, no sentido do inciso (v) da alínea (e) do parágrafo 2º do artigo 8º do Estatuto;
iii. assassinato, como crime de lesa-humanidade, no sentido da alínea (a) do parágrafo 1º do artigo 7º do Estatuto;
iv. extermínio, como crime de lesa-humanidade, no sentido da alínea (b) do parágrafo 1º do artigo 7º do Estatuto;
v. deslocamento forçado como crime de lesa-humanidade, no sentido da alínea (d) do parágrafo 1º do artigo 7º do Estatuto;
vi. tortura, como crime de lesa-humanidade, no sentido da alínea (f) do parágrafo 1º do artigo 7º do Estatuto; e
vii. violação, como crime de lesa-humanidade, no sentido da alínea (g) do parágrafo 1º do artigo 7º do Estatuto;
CONSIDERANDO que, com relação ao parágrafo 1º do artigo 58 do Estatuto, a detenção de Omar Al Bashir parece necessária na presente fase de modo a assegurar: (i) que compareça perante a Corte; (ii) que não obstrua nem coloque em perigo a investigação em curso dos crimes pelos quais supostamente é responsável de acordo com o Estatuto; e (iii) que não prossiga cometendo os crimes mencionados;
POR TAIS RAZÕES, DITA UMA ORDEM DE DETENÇÃO contra OMAR AL-BASHIR [...]

Surgiu ainda uma controvérsia entre a Promotoria do Tribunal e a Câmara de Pré-Julgamento, consistente no pedido de indiciamento de Omar Al-Bashir por genocídio. Este pedido não foi acolhido pela Câmara, ao argumento de que a Promotoria não provara a existência da intenção específica de promover o genocídio, limitando-se a concluir pela presença de tal propósito a partir dos atos cometidos pelas forças e milícias envolvidas.

A promotoria decidiu, então, apelar à Câmara de Apelação do Tribunal, de modo a obter o indiciamento e decreto de prisão preventiva de Al-Bashir também por genocídio. A Câmara de Apelação decidiu a questão[602] fazendo referência aos seguintes artigos do Estatuto do Tribunal:

> Artigo 58
> 1. A todo o momento após a abertura do inquérito, o Juízo de Instrução poderá, a pedido do Procurador, emitir um mandado de detenção contra uma pessoa se, após examinar o pedido e as provas ou outras informações submetidas pelo Procurador, considerar que:
> a) Existem motivos suficientes para crer que essa pessoa cometeu um crime da competência do Tribunal [...]
> Artigo 61 [...]
> 7. Com base nos fatos apresentados durante a audiência, o Juízo de Instrução decidirá se existem provas suficientes de que o acusado cometeu os crimes que lhe são imputados. [...]

Segundo a Câmara de Apelação, o art. 58, que é aplicável ao caso por tratar da expedição de mandado de detenção, estabelece um padrão de prova menos exigente que o art. 61, o qual diz respeito à sentença do Juízo de Instrução. Tal diferenciação pode ser vista na própria redação dos artigos: o art. 58 pede "motivos suficientes para crer", enquanto que o art. 61 exige "provas suficientes de que o acusado cometeu" os crimes.

---

[602] Resumo da decisão. Disponível, em inglês, em: <www.icc-cpi.int>. Acesso em: 29 jan. 2012.

Em inglês, língua na qual foi redigido o acórdão, a diferença fica mais explícita, pois se fala em *"reasonable grounds to believe"* (art. 58) e *"substantial grounds to believe"* (art. 61).

Portanto, segundo a Câmara de Apelação, a Câmara de Pré-Julgamento aplicou um padrão de prova mais elevado do que o necessário à demanda da promotoria. Como consequência, o caso foi remetido de volta à primeira instância, para que esta procedesse a uma revaloração das provas relativas à acusação de genocídio.

Em julho de 2010, a Câmara de Pré-Julgamento retificou sua primeira decisão,[603] emitindo novo mandado de prisão contra Al-Bashir, desta vez também pelos seguintes crimes:

i. Genocídio mediante homicídio disseminado, no sentido da alínea (a) do artigo 6º do Estatuto;
ii. Genocídio mediante lesão grave à integridade física ou mental, no sentido da alínea (b) do artigo 6º do Estatuto; e
iii. Genocídio mediante submissão intencional a condições de existência que acarretem a destruição física, no sentido da alínea (c) do art. 6º do Estatuto.

20.3 A Resolução nº 1.593 (2005) do Conselho de Segurança das Nações Unidas

O pedido de indiciamento e prisão de Al-Bashir acima comentado foi o resultado de um inquérito aberto pela Promotoria do Tribunal após um pedido expresso do Conselho de Segurança das Nações Unidas neste sentido. Eis o texto da Resolução nº 1.593 (2005):[604]

---

[603] TPI. Decisão de 12-7-2010. Disponível, em espanhol, em: <www.icc-cpi.int/iccdocs/doc/doc919014.pdf>. Acesso em: 29 jan. 2012.
[604] Tradução livre do original em inglês. Disponível em: <www.unhcr.org>. Acesso em: 14 jun. 2012.

O Conselho de Segurança,

Tomando nota do relatório da Comissão Internacional de Inquérito sobre violações de direito internacional humanitário e direitos humanos em Darfur,

Recordando o artigo 16 do Estatuto de Roma, pelo qual nenhuma investigação ou persecução pode ser iniciada ou continuada pelo Tribunal Penal Internacional por um período de 12 meses após uma requisição do Conselho de Segurança neste sentido,

Determinando que a situação no Sudão continua a constituir uma ameaça à paz e segurança internacionais,

Atuando sob o Capítulo VII da Carta das Nações Unidas,

1. Decide referir a situação em Darfur desde 1º de julho de 2002 à Promotoria do Tribunal Penal Internacional;

2. Decide que o governo do Sudão e todas as demais partes no conflito em Darfur deverão cooperar plenamente e fornecer toda a assistência necessária à Corte e à Promotoria na esteira desta resolução e, enquanto reconhece que os Estados que não são partes no Estatuto de Roma não possuem obrigações sob tal Estatuto, urge que todos os Estados e organizações regionais e demais organizações internacionais envolvidas cooperem plenamente;

3. Convida a Corte e a União Africana a discutir arranjos práticos que facilitem o trabalho da Promotoria e da Corte, incluindo a possibilidade de conduzir procedimentos na região, o que contribuiria com os esforços regionais na luta contra a impunidade; [...]

6. Decide que nacionais, funcionários atuais ou antigos de um Estado contribuinte, excluindo o Sudão, que não seja parte do Estatuto de Roma do Tribunal Penal Internacional, estarão sujeitos à jurisdição exclusiva daquele Estado contribuinte para todos os alegados atos e omissões que decorrerem de ou se relacionarem com operações no Sudão estabelecidas ou autorizadas pelo Conselho ou pela União Africana, a não ser que tal jurisdição exclusiva tenha sido expressamente renunciada pelo Estado contribuinte; [...]

Leia também os seguintes artigos do Estatuto de Roma,[605] concernentes às condições para o exercício da jurisdição do Tribunal Penal Internacional:

Artigo 5º
Crimes da Competência do Tribunal
1. A competência do Tribunal restringir-se-á aos crimes mais graves, que afetam a comunidade internacional no seu conjunto. Nos termos do presente Estatuto, o Tribunal terá competência para julgar os seguintes crimes:
a) O crime de genocídio;
b) Crimes contra a humanidade;
c) Crimes de guerra;
d) O crime de agressão. [...]
Artigo 11
Competência *Ratione Temporis*
1. O Tribunal só terá competência relativamente aos crimes cometidos após a entrada em vigor do presente Estatuto.
2. Se um Estado se tornar Parte no presente Estatuto depois da sua entrada em vigor, o Tribunal só poderá exercer a sua competência em relação a crimes cometidos depois da entrada em vigor do presente Estatuto relativamente a esse Estado, a menos que este tenha feito uma declaração nos termos do parágrafo 3º do artigo 12.
Artigo 12.
Condições Prévias ao Exercício da Jurisdição
1. O Estado que se torne Parte no presente Estatuto aceitará a jurisdição do Tribunal relativamente aos crimes a que se refere o artigo 5º.
2. Nos casos referidos nos parágrafos *a* ou *c* do artigo 13, o Tribunal poderá exercer a sua jurisdição se um ou mais Estados a seguir identificados forem Partes no presente Estatuto ou aceitarem a competência do Tribunal de acordo com o disposto no parágrafo 3º:

---

[605] Disponível em: <www.dji.com.br/decretos/2002-004388/2002-004388.htm>. Acesso em: 28 dez. 2012.

a) Estado em cujo território tenha tido lugar a conduta em causa, ou, se o crime tiver sido cometido a bordo de um navio ou de uma aeronave, o Estado de matrícula do navio ou aeronave;

b) Estado de que seja nacional a pessoa a quem é imputado um crime.

3. Se a aceitação da competência do Tribunal por um Estado que não seja Parte no presente Estatuto for necessária nos termos do parágrafo 2º, pode o referido Estado, mediante declaração depositada junto do secretário, consentir em que o Tribunal exerça a sua competência em relação ao crime em questão. O Estado que tiver aceito a competência do Tribunal colaborará com este, sem qualquer demora ou exceção, de acordo com o disposto no Capítulo IX

Artigo 13

Exercício da Jurisdição

O Tribunal poderá exercer a sua jurisdição em relação a qualquer um dos crimes a que se refere o artigo 5º, de acordo com o disposto no presente Estatuto, se:

a) Um Estado Parte denunciar ao procurador, nos termos do artigo 14, qualquer situação em que haja indícios de ter ocorrido a prática de um ou vários desses crimes;

b) O Conselho de Segurança, agindo nos termos do Capítulo VII da Carta das Nações Unidas, denunciar ao procurador qualquer situação em que haja indícios de ter ocorrido a prática de um ou vários desses crimes; ou

c) O procurador tiver dado início a um inquérito sobre tal crime, nos termos do disposto no artigo 15. [...]

Artigo 17

Questões Relativas à Admissibilidade

1. Tendo em consideração o décimo parágrafo do preâmbulo e o artigo 1º, o Tribunal decidirá sobre a não admissibilidade de um caso se:

a) O caso for objeto de inquérito ou de procedimento criminal por parte de um Estado que tenha jurisdição sobre o mesmo, salvo se este não tiver vontade de levar a cabo o inquérito ou o procedimento ou, não tenha capacidade para o fazer;

b) O caso tiver sido objeto de inquérito por um Estado com jurisdição sobre ele e tal Estado tenha decidido não dar seguimento ao procedimento criminal contra a pessoa em causa, a menos que esta decisão resulte do fato de esse Estado não ter vontade de proceder criminalmente ou da sua incapacidade real para o fazer;

c) A pessoa em causa já tiver sido julgada pela conduta a que se refere a denúncia, e não puder ser julgada pelo Tribunal em virtude do disposto no parágrafo 3º do artigo 20;

d) O caso não for suficientemente grave para justificar a ulterior intervenção do Tribunal.

2. A fim de determinar se há ou não vontade de agir num determinado caso, o Tribunal, tendo em consideração as garantias de um processo equitativo reconhecidas pelo direito internacional, verificará a existência de uma ou mais das seguintes circunstâncias:

a) O processo ter sido instaurado ou estar pendente ou a decisão ter sido proferida no Estado com o propósito de subtrair a pessoa em causa à sua responsabilidade criminal por crimes da competência do Tribunal, nos termos do disposto no artigo 5º;

b) Ter havido demora injustificada no processamento, a qual, dadas as circunstâncias, se mostra incompatível com a intenção de fazer responder a pessoa em causa perante a justiça;

c) O processo não ter sido ou não estar sendo conduzido de maneira independente ou imparcial, e ter estado ou estar sendo conduzido de uma maneira que, dadas as circunstâncias, seja incompatível com a intenção de levar a pessoa em causa perante a justiça.

3. A fim de determinar se há incapacidade de agir num determinado caso, o Tribunal verificará se o Estado, por colapso total ou substancial da respectiva administração da justiça ou por indisponibilidade desta, não estará em condições de fazer comparecer o acusado, de reunir os meios de prova e depoimentos necessários ou não estará, por outros motivos, em condições de concluir o processo. [...]

Artigo 20
Ne bis in idem

1. Salvo disposição contrária do presente Estatuto, nenhuma pessoa poderá ser julgada pelo Tribunal por atos constitutivos de crimes pelos quais este já a tenha condenado ou absolvido.

2. Nenhuma pessoa poderá ser julgada por outro tribunal por um crime mencionado no artigo 5º, relativamente ao qual já tenha sido condenada ou absolvida pelo Tribunal.

3. O Tribunal não poderá julgar uma pessoa que já tenha sido julgada por outro tribunal, por atos também punidos pelos artigos 6º, 7º ou 8º, a menos que o processo nesse outro tribunal:

a) Tenha tido por objetivo subtrair o acusado à sua responsabilidade criminal por crimes da competência do Tribunal; ou

b) Não tenha sido conduzido de forma independente ou imparcial, em conformidade com as garantias de um processo equitativo reconhecidas pelo direito internacional, ou tenha sido conduzido de uma maneira que, no caso concreto, se revele incompatível com a intenção de submeter a pessoa à ação da justiça. [...]

Artigo 98
Cooperação Relativa à Renúncia, à Imunidade e ao Consentimento na Entrega

1. O Tribunal pode não dar seguimento a um pedido de entrega ou de auxílio por força do qual o Estado requerido devesse atuar de forma incompatível com as obrigações que lhe incumbem à luz do direito internacional em matéria de imunidade dos Estados ou de imunidade diplomática de pessoa ou de bens de um Estado terceiro, a menos que obtenha, previamente, a cooperação desse Estado terceiro com vista ao levantamento da imunidade.

2. O Tribunal pode não dar seguimento à execução de um pedido de entrega por força do qual o Estado requerido devesse atuar de forma incompatível com as obrigações que lhe incumbem em virtude de acordos internacionais à luz dos quais o consentimento do Estado de envio é necessário para que uma pessoa pertencente a esse Estado seja entregue ao Tribunal, a menos que o Tribunal consiga, previamente, obter a cooperação do Estado de envio para consentir na entrega. [...]

Perguntas

1. O Sudão não é parte no Estatuto de Roma. Assim, pode seu presidente ser julgado pelo Tribunal Penal Internacional?
2. A segunda cláusula operativa da resolução impõe deveres ao "governo do Sudão e todas as demais partes no conflito em Darfur". Ora, o conflito no Sudão envolve somente o próprio Sudão, conforme reconheceu também o Tribunal Penal Internacional, no primeiro considerando da sua primeira ordem de captura de Al-Bashir. Portanto, a quais outras partes se dirige o Conselho de Segurança? É possível que algum ator não estatal possua obrigações internacionais? Em que circunstâncias?
3. A disposição da terceira cláusula operativa da resolução autorizaria a União Africana a enviar tropas, contra a vontade do Sudão, para este país, com vistas a capturar o presidente Al-Bashir, de acordo com a ordem de captura emitida pelo Tribunal Penal Internacional?
4. Quais dos artigos acima elencados reproduzem o princípio da complementaridade, pelo qual o Tribunal só pode julgar um caso se as jurisdições nacionais não puderem ou não quiserem ocupar-se da matéria? Em que medida o princípio da complementaridade difere do princípio da primazia presente no Estatuto do Tribunal Penal Internacional *ad hoc* para a ex-Iugoslávia?

20.4 A materialização da responsabilização penal individual

Do Estatuto de Roma:[606]

Artigo 25
Responsabilidade Criminal Individual

---

[606] Disponível em: <www.dji.com.br/decretos/2002-004388/2002-004388.htm>. Acesso em: 28 dez. 2012.

1. De acordo com o presente Estatuto, o Tribunal será competente para julgar as pessoas físicas.
2. Quem cometer um crime da competência do Tribunal será considerado individualmente responsável e poderá ser punido de acordo com o presente Estatuto.
3. Nos termos do presente Estatuto, será considerado criminalmente responsável e poderá ser punido pela prática de um crime da competência do Tribunal quem:
a) Cometer esse crime individualmente ou em conjunto ou por intermédio de outrem, quer essa pessoa seja, ou não, criminalmente responsável;
b) Ordenar, solicitar ou instigar à prática desse crime, sob forma consumada ou sob a forma de tentativa;
c) Com o propósito de facilitar a prática desse crime, for cúmplice ou encobridor, ou colaborar de algum modo na prática ou na tentativa de prática do crime, nomeadamente pelo fornecimento dos meios para a sua prática;
d) Contribuir de alguma outra forma para a prática ou tentativa de prática do crime por um grupo de pessoas que tenha um objetivo comum. Esta contribuição deverá ser intencional e ocorrer, conforme o caso:
   i) Com o propósito de levar a cabo a atividade ou o objetivo criminal do grupo, quando um ou outro impliquem a prática de um crime da competência do Tribunal; ou
   ii) Com o conhecimento da intenção do grupo de cometer o crime;
e) No caso de crime de genocídio, incitar, direta e publicamente, à sua prática;
f) Tentar cometer o crime mediante atos que contribuam substancialmente para a sua execução, ainda que não se venha a consumar devido a circunstâncias alheias à sua vontade. Porém, quem desistir da prática do crime, ou impedir de outra forma que este se consume, não poderá ser punido em conformidade com o presente Estatuto pela tentativa, se renunciar total e voluntariamente ao propósito delituoso.
4. O disposto no presente Estatuto sobre a responsabilidade criminal das pessoas físicas em nada afetará a responsabilidade do Estado, de acordo com o direito internacional.

Artigo 26
Exclusão da Jurisdição Relativamente a Menores de 18 anos
O Tribunal não terá jurisdição sobre pessoas que, à data da alegada prática do crime, não tenham ainda completado 18 anos de idade.
Artigo 27
Irrelevância da Qualidade Oficial
1. O presente Estatuto será aplicável de forma igual a todas as pessoas sem distinção alguma baseada na qualidade oficial. Em particular, a qualidade oficial de Chefe de Estado ou de Governo, de membro de Governo ou do Parlamento, de representante eleito ou de funcionário público, em caso algum eximirá a pessoa em causa de responsabilidade criminal nos termos do presente Estatuto, nem constituirá de *per se* motivo de redução da pena.
2. As imunidades ou normas de procedimento especiais decorrentes da qualidade oficial de uma pessoa; nos termos do direito interno ou do direito internacional, não deverão obstar a que o Tribunal exerça a sua jurisdição sobre essa pessoa.
Artigo 28
Responsabilidade dos Chefes Militares e Outros Superiores Hierárquicos
Além de outras fontes de responsabilidade criminal previstas no presente Estatuto, por crimes da competência do Tribunal:
a) O chefe militar, ou a pessoa que atue efetivamente como chefe militar, será criminalmente responsável por crimes da competência do Tribunal que tenham sido cometidos por forças sob o seu comando e controle efetivos ou sob a sua autoridade e controle efetivos, conforme o caso, pelo fato de não exercer um controle apropriado sobre essas forças quando:

i) Esse chefe militar ou essa pessoa tinha conhecimento ou, em virtude das circunstâncias do momento, deveria ter tido conhecimento de que essas forças estavam a cometer ou preparavam-se para cometer esses crimes; e
ii) Esse chefe militar ou essa pessoa não tenha adotado todas as medidas necessárias e adequadas ao seu alcance para prevenir ou reprimir a sua prática, ou para levar o assunto ao conhecimento das autoridades competentes, para efeitos de inquérito e procedimento criminal.

b) Nas relações entre superiores hierárquicos e subordinados, não referidos na alínea *a*, o superior hierárquico será criminalmente responsável pelos crimes da competência do Tribunal que tiverem sido cometidos por subordinados sob a sua autoridade e controle efetivos, pelo fato de não ter exercido um controle apropriado sobre esses subordinados, quando:

    a) O superior hierárquico teve conhecimento ou deliberadamente não levou em consideração a informação que indicava claramente que os subordinados estavam a cometer ou se preparavam para cometer esses crimes;

    b) Esses crimes estavam relacionados com atividades sob a sua responsabilidade e controle efetivos; e

c) O superior hierárquico não adotou todas as medidas necessárias e adequadas ao seu alcance para prevenir ou reprimir a sua prática ou para levar o assunto ao conhecimento das autoridades competentes, para efeitos de inquérito e procedimento criminal.

Artigo 29

Imprescritibilidade

Os crimes da competência do Tribunal não prescrevem.

Artigo 30

Elementos Psicológicos

1. Salvo disposição em contrário, nenhuma pessoa poderá ser criminalmente responsável e punida por um crime da competência do Tribunal, a menos que atue com vontade de o cometer e conhecimento dos seus elementos materiais.

2. Para os efeitos do presente artigo, entende-se que atua intencionalmente quem:

a) Relativamente a uma conduta, se propuser adotá-la;

b) Relativamente a um efeito do crime, se propuser causá-lo ou estiver ciente de que ele terá lugar em uma ordem normal dos acontecimentos.

3. Nos termos do presente artigo, entende-se por "conhecimento" a consciência de que existe uma circunstância ou de que um efeito irá ter lugar, em uma ordem normal dos acontecimentos. As expressões "ter conhecimento" e "com conhecimento" deverão ser entendidas em conformidade.

Artigo 31
Causas de Exclusão da Responsabilidade Criminal
1. Sem prejuízo de outros fundamentos para a exclusão de responsabilidade criminal previstos no presente Estatuto, não será considerada criminalmente responsável a pessoa que, no momento da prática de determinada conduta:
a) Sofrer de enfermidade ou deficiência mental que a prive da capacidade para avaliar a ilicitude ou a natureza da sua conduta, ou da capacidade para controlar essa conduta a fim de não violar a lei;
b) Estiver em estado de intoxicação que a prive da capacidade para avaliar a ilicitude ou a natureza da sua conduta, ou da capacidade para controlar essa conduta a fim de não transgredir a lei, a menos que se tenha intoxicado voluntariamente em circunstâncias que lhe permitiam ter conhecimento de que, em consequência da intoxicação, poderia incorrer numa conduta tipificada como crime da competência do Tribunal, ou, de que haveria o risco de tal suceder;
c) Agir em defesa própria ou de terceiro com razoabilidade ou, em caso de crimes de guerra, em defesa de um bem que seja essencial para a sua sobrevivência ou de terceiro ou de um bem que seja essencial à realização de uma missão militar, contra o uso iminente e ilegal da força, de forma proporcional ao grau de perigo para si, para terceiro ou para os bens protegidos. O fato de participar em uma força que realize uma operação de defesa não será causa bastante de exclusão de responsabilidade criminal, nos termos desta alínea;
d) Tiver incorrido numa conduta que presumivelmente constitui crime da competência do Tribunal, em consequência de coação decorrente de uma ameaça iminente de morte ou ofensas corporais graves para si ou para outrem, e em que se veja compelida a atuar de forma necessária e razoável para evitar essa ameaça, desde que não tenha a intenção de causar um dano maior que aquele que se propunha evitar. Essa ameaça tanto poderá:
   i) Ter sido feita por outras pessoas; ou
   ii) Ser constituída por outras circunstâncias alheias à sua vontade.
2. O Tribunal determinará se os fundamentos de exclusão da responsabilidade criminal previstos no presente Estatuto serão aplicáveis no caso em apreço.

3. No julgamento, o Tribunal poderá levar em consideração outros fundamentos de exclusão da responsabilidade criminal; distintos dos referidos no parágrafo 1º, sempre que esses fundamentos resultem do direito aplicável em conformidade com o artigo 21. O processo de exame de um fundamento de exclusão deste tipo será definido no Regulamento Processual.

Artigo 32

Erro de Fato ou Erro de Direito

1. O erro de fato só excluirá a responsabilidade criminal se eliminar o dolo requerido pelo crime.

2. O erro de direito sobre se determinado tipo de conduta constitui crime da competência do Tribunal não será considerado fundamento de exclusão de responsabilidade criminal. No entanto, o erro de direito poderá ser considerado fundamento de exclusão de responsabilidade criminal se eliminar o dolo requerido pelo crime ou se decorrer do artigo 33 do presente Estatuto.

Artigo 33

Decisão Hierárquica e Disposições Legais

1. Quem tiver cometido um crime da competência do Tribunal, em cumprimento de uma decisão emanada de um Governo ou de um superior hierárquico, quer seja militar ou civil, não será isento de responsabilidade criminal, a menos que:

a) Estivesse obrigado por lei a obedecer a decisões emanadas do Governo ou superior hierárquico em questão;

b) Não tivesse conhecimento de que a decisão era ilegal; e

c) A decisão não fosse manifestamente ilegal.

2. Para os efeitos do presente artigo, qualquer decisão de cometer genocídio ou crimes contra a humanidade será considerada como manifestamente ilegal.

Perguntas

5. A partir dos dispositivos acima transcritos, quais diferenças é possível estabelecer entre as responsabilidades internacionais individual e do Estado?

6. Quais as diferenças que podem ser percebidas entre o Tribunal Penal Internacional, o Tribunal Penal Internacional para Ruanda e o Tribunal Penal Internacional para a ex-Iugoslávia?

20.5 Questões para fixação e aprofundamento

1. Sobre o Tribunal Penal Internacional (TPI), responda: (i) quais são as competências *ratione materiae* e *ratione personae*?; (ii) quem pode acionar o TPI?; (iii) quais são os princípios gerais orientadores?; (iv) quais são os tipos de pena previstos?
2. Qual a relação entre as jurisdições nacionais e o TPI?
3. Qual a relação entre o TPI e a ONU, especialmente o Conselho de Segurança?
4. Sobre o caso do Sudão, responda: (i) quais foram os fatos que resultaram no processo em curso no Tribunal Penal Internacional?; (ii) quem acionou o TPI no caso do Sudão? (iii) quem é o acusado? (iv) ele está sendo acusado por quais crimes?
5. Quais são as principais críticas à resolução do Conselho de Segurança que encaminhou o caso do Sudão para o TPI?

Capítulo 21
Tribunais penais de exceção: Guantánamo

21.1 A base naval de Guantánamo e a "Guerra Global ao Terror"

Figura 6
Base Naval de Guantánamo (localização)

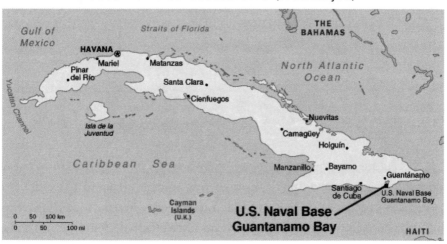

Fonte: <http://en.wikipedia.org/wiki/File:Guantanamo_Bay_map.png>. Acesso em: 14 jun. 2012.

Figura 7
Base naval americana – Baía de Guantánamo

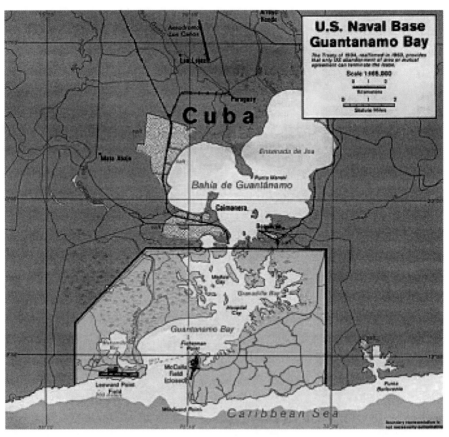

Fonte: <http://en.wikipedia.org/wiki/File:Guantanamo_Bay_map.png>. Acesso em: 14 jun. 2012.

Os ataques terroristas de 11 de setembro de 2001 expuseram os Estados Unidos a um novo tipo de inimigo, que anteriormente só aparecera em ataques isolados e de pequena escala: o terrorismo internacional. Durante a última década, a expressão "terrorismo internacional" tem sido utilizada com frequência para referir-se a fenômenos bastante distintos entre si e com propósitos políticos e jurídicos também muito diversos. No entanto, o ocasional mau uso ou invocação exagerada da expressão não a priva de seu sentido principal, do qual os atentados de 2001 são uma ilustração dramática: o terrorismo internacional abrange indivíduos ou grupos que atuam sem base territorial específica, efetuando ataques inesperados contra alvos não militares. Os ataques são previstos para causar grande número de vítimas, e os terroristas enxergam a si mesmos, frequentemente, como participantes em uma luta inter-religiosa ou civilizacional.

A resposta americana ao 11 de setembro de 2001 foi, na política exterior, a invasão do Afeganistão, identificado como o Estado que fornecera apoio material aos perpetradores dos ataques. A operação contra este país asiático ocorreu sem aprovação explícita do Conselho de Segurança.

Os defensores do ataque ao Afeganistão mencionam as resoluções n°s 1.368 e 1.373 do Conselho de Segurança, as quais, aprovadas logo após o 11 de setembro, estabelecem o dever de todos os Estados de abster-se de apoiar o terrorismo internacional, bem como de colaborar para sua erradicação. Ambas as resoluções reconheceram o direito inerente à legítima defesa individual ou coletiva. Logo após a queda do governo dos "talibãs" no Afeganistão, o Conselho de Segurança pronunciou-se, nas resoluções n°s 1.378 e 1.383, a favor de um governo livremente escolhido pelo povo afegão, condenando o regime Talibã por permitir o uso daquele país por redes terroristas. Para os defensores da posição americana, portanto, o ataque ao Afeganistão foi legítimo, pois a Carta das Nações Unidas consagra o direito inerente de legítima defesa, que não depende de autorização do Conselho de Segurança. E, de qualquer forma, se é verdade que o Conselho não autorizou expressamente o ataque ao Afeganistão, as resoluções imediatamente anteriores e posteriores eram extremamente desfavoráveis ao Talibã. Vale notar que, enquanto a luta ainda não havia terminado, o Conselho já desqualificava o Talibã, pedindo por um governo democrático a ser eleito livremente pela população do Afeganistão.

Por outro lado, a posição contrária[607] condena os ataques dos EUA ao Afeganistão, argumentando que a legítima defesa não embasava tais operações militares. Segundo esta posição, os ataques de 11 de setembro

---

[607] Ver, por exemplo, MASTOR, Wanda. La prison de Guantanamo: réflexions juridiques sur une zone de "non-droit". In: COLLECTIF, Evelyne Lagrange. *Annuaire français de droit international*. Paris: CNRS, 2008. v. 53, p. 24-43.

foram perpetrados por indivíduos, não pelo Estado do Afeganistão, e este último não poderia, desta maneira, ser responsabilizado por atos sobre os quais não detinha o completo controle. Os críticos argumentam também com a necessidade absoluta da autorização do Conselho de Segurança para qualquer utilização da força, e alegam que a investida contra o Afeganistão foi desproporcional.

Após o início das operações, começaram a ser feitos prisioneiros. Talibás, integrantes da Al-Qaeda e de outras organizações terroristas e estrangeiros denunciados por afegãos desconfiados ou atraídos por recompensas passaram ao controle das tropas americanas.

Em relação ao tratamento devido a tais prisioneiros, a grande dúvida reside em sua qualificação: é certo que foram capturados em uma guerra. Mas seriam "prisioneiros de guerra", no sentido previsto pelas Convenções de Genebra de 1949? O tratamento a eles devido variará de acordo com a resposta a esta questão.

A III Convenção de Genebra[608] trata dos prisioneiros de guerra. Ela se preocupa em deixar claro seu âmbito de aplicação:

Artigo 2º
Além das disposições que devem entrar em vigor desde o tempo de paz, a presente Convenção será aplicada em caso de guerra declarada ou de qualquer outro conflito armado que possa surgir entre duas ou mais das Altas Partes contratantes, mesmo se o estado de guerra não tiver sido reconhecido por uma delas.
A Convenção aplicar-se-á igualmente em todos os casos de ocupação total ou parcial do território de uma Alta Parte contratante, mesmo que esta ocupação não encontre qualquer resistência militar.
Se uma das Potências em conflito não for Parte na presente Convenção, as Potências que nela são partes manter-se-ão, no entanto, ligadas pela referida Convenção nas suas relações recíprocas.

---

[608] Disponível em: <www.icrc.org/por/war-and-law/treaties-customary-law/geneva-conventions/index.jsp>. Acesso em: 28 dez. 2012.

Além disso, elas ficarão ligadas por esta Convenção à referida Potência, se esta aceitar e aplicar as suas disposições.

Artigo 3º

No caso de conflito armado que não apresente um caráter internacional e que ocorra no território de uma das Altas Partes Contratantes, cada uma das Partes no conflito será obrigada, pelo menos, a aplicar as seguintes disposições:

1) As pessoas que não tomem parte diretamente nas hostilidades, incluindo os membros das forças armadas que tenham deposto as armas e as pessoas que tenham sido postas fora de combate por doença, ferimentos, detenção ou por qualquer outra causa, serão, em todas as circunstâncias, tratadas com humanidade, sem nenhuma distinção de caráter desfavorável baseada na raça, cor, religião ou crença, sexo, nascimento ou fortuna, ou qualquer outro critério análogo.

Para este efeito, são e manter-se-ão proibidas, em qualquer ocasião e lugar, relativamente às pessoas acima mencionadas:

a) As ofensas contra a vida e a integridade física, especialmente o homicídio sob todas as formas, mutilações, tratamentos cruéis, torturas e suplícios;

b) A tomada de reféns;

c) As ofensas à dignidade das pessoas, especialmente os tratamentos humilhantes e degradantes;

d) As condenações proferidas e as execuções efetuadas sem prévio julgamento realizado por um tribunal regularmente constituído, que ofereça todas as garantias judiciais reconhecidas como indispensáveis pelos povos civilizados.

2) Os feridos e doentes serão recolhidos e tratados. Um organismo humanitário imparcial, como a Comissão da Cruz Vermelha, poderá oferecer os seus serviços às Partes no conflito.

Partes no conflito esforçar-se-ão também por pôr em vigor por meio de acordos especiais todas ou parte das restantes disposições da presente Convenção.

A aplicação das disposições precedentes não afetará o estatuto jurídico das Partes no conflito.

Artigo 4º

A. São prisioneiros de guerra, no sentido da presente Convenção, as pessoas que, pertencendo a uma das categorias seguintes, tenham caído em poder do inimigo:

1) Os membros das forças armadas de uma Parte no conflito, assim como os membros das milícias e dos corpos de voluntários que façam parte destas forças armadas;

2) Os membros das outras milícias e dos outros corpos de voluntários, incluindo os dos outros corpos de voluntários, incluindo os dos movimentos de resistência organizados, pertencentes a uma Parte no conflito operando fora ou no interior do seu próprio território, mesmo se este território estiver ocupado, desde que estas milícias ou corpos voluntários, incluindo os dos movimentos de resistência organizados, satisfaçam as seguintes condições:

a) Ter à sua frente uma pessoa responsável pelos seus subordinados;
b) Ter um sinal distinto fixo que se reconheça à distância;
c) Usarem as armas à vista;
d) Respeitarem, nas suas operações, as leis e usos de guerra.

3) Os membros das forças armadas regulares que obedeçam a um Governo ou a uma autoridade não reconhecida pela Potência detentora;

4) As pessoas que acompanham as forças armadas sem fazerem parte delas, tais como os membros civis das tripulações dos aviões militares, correspondentes de guerra, fornecedores, membros das unidades de trabalho ou dos serviços encarregados do bem-estar das forças armadas, desde que tenham recebido autorização das forças armadas que acompanham, as quais lhes deverão fornecer um bilhete de identidade semelhante ao modelo anexo;

5) Membros das tripulações, incluindo os comandantes, pilotos e praticantes da marinha mercante e as tripulações da aviação civil das Partes no conflito que não beneficiem de um tratamento mais favorável em virtude de outras disposições do direito internacional;

6) A população de um território não ocupado que, à aproximação do inimigo, pegue espontaneamente em armas, para combater as tropas de invasão, sem ter tido tempo de se organizar em força armada regular, desde que transporte as armas à vista e respeite as leis e costumes da guerra.

B. Beneficiar-se-ão também do tratamento reservado pela presente Convenção aos prisioneiros de guerra:

1) As pessoas que pertençam ou tenham pertencido às forças armadas do país ocupado se, em virtude disto, a Potência ocupante, mesmo que as tenha inicialmente libertado enquanto as hostilidades prosseguem fora do território por ela ocupado, julgar necessário proceder ao seu internamento, em especial depois de uma tentativa não coroada de êxito daquelas pessoas para se juntarem às forças armadas a que pertenciam e que continuam a combater, ou quando não obedeçam a uma imitação que lhes tenha sido feita com o fim de internamento;

2) As pessoas pertencendo a uma das categorias enumeradas neste artigo que as Potências neutras ou não beligerantes tenham recebido no seu território e que tenham de internar em virtude do direito internacional, sem prejuízo de qualquer tratamento mais favorável que estas Potências julgarem preferível dar-lhes, e com execução das disposições dos artigos 8º, 10º, 15º, 30º, 5º parágrafo, 58º a 67º, inclusive, 92º, 126º e, quando existam relações diplomáticas entre as Partes no conflito e a Potência neutra ou não beligerante interessada, das disposições que dizem respeito à Potência protetora. Quando estas relações diplomáticas existem, as Partes no conflito de quem dependem estas pessoas serão autorizadas a exercer a respeito delas as funções atribuídas às Potências protetoras pela presente Convenção sem prejuízo das que estas Partes exercem normalmente em virtude dos usos e tratados diplomáticos e consulares.

C. Este artigo não afeta o estatuto do pessoal médico e religioso tal como está previsto no artigo 33º desta Convenção.

Artigo 5º A presente Convenção aplicar-se-á às pessoas visadas no artigo 4º desde o momento em que tenham caído em poder do inimigo até o momento da sua libertação e repatriamento definitivos.

Se existirem dúvidas na inclusão em qualquer das categorias do artigo 4º de pessoas que tenham cometido atos de beligerância e que caírem nas mãos do inimigo, estas pessoas beneficiarão da proteção da presente Convenção, aguardando que o seu estatuto seja fixado por um tribunal competente. [...]

Segundo os EUA, os membros da Al-Qaeda e de outras redes terroristas que foram capturados no Afeganistão são, em geral, estrangeiros não afegãos que se encontravam ali para receber treinamento de guerrilha.[609] Não se encaixam, portanto, na definição de prisioneiros de guerra do art. 4º, acima transcrito. Não eram membros das Forças Armadas afegãs (§1º), não possuíam uniformes ou distintivos, dedicando-se a lutar a partir do meio da população civil (§2º) e não respeitavam as leis da guerra, em especial a divisão entre civil e militar.[610] Da mesma forma, não se enquadravam no §6º, pois não se tratava de um levante espontâneo da população contra a invasão estrangeira (como ocorreu, embora em escala muito limitada, no Iraque), e sim da presença de nacionais de outros países no Afeganistão, que se utilizavam do território para promover ataques terroristas.[611]

Assim, os combatentes capturados pelas forças norte-americanas não poderiam ser, de acordo com estes últimos, enquadrados na categoria de "prisioneiros de guerra" do direito internacional. Isto não significa, porém, que estivessem em uma zona de "não direito", ou que seus captores pudessem fazer deles o que bem entendessem. Com efeito, o art. 3º, que é repetido nas quatro Convenções de Genebra, explicita o dever dos captores de permitir um mínimo de direitos aos capturados. O art. 3º foi redigido como um grande "guarda-chuva", para abarcar o máximo de situações possíveis. A condição dos combatentes detidos pelos EUA também está incluída no âmbito de aplicação deste dispositivo.

Por fim, deve-se mencionar a IV Convenção de Genebra, de 12 de agosto de 1949, relativa à proteção dos civis na guerra.[612] Ora, se os combatentes capturados não forem enquadrados como prisioneiros de guerra, deverão sê-lo como civis, já que o direito internacional humanitário não

---

[609] Em muitos casos houve confusão, sendo aprisionados civis estrangeiros que não se dedicavam ao terror.
[610] Para mais comentários sobre as leis de guerra, vide item 17.3.
[611] Além destes motivos, o governo dos EUA alegava também que, como a guerra era travada contra a Al-Qaeda, e como a Al-Qaeda não era signatária das Convenções de Genebra, os norte-americanos poderiam aplicar a reciprocidade prevista na própria Convenção e excluir os prisioneiros pertencentes a esta organização da proteção de Genebra. Tal argumento foi desenvolvido no caso "Hamdan *vs.* Rumsfeld", abaixo descrito.
[612] Disponível em: <www.icrc.org/por/war-and-law/treaties-customary-law/geneva-conventions/index.jsp>. Acesso em: 28 dez. 2012.

admite outra categoria além destas duas. Eis aqui os artigos sobre o âmbito de aplicação da Convenção:

Artigo 4º
São protegidas pela Convenção as pessoas que, num dado momento e de qualquer forma, se encontrem, em caso de conflito ou ocupação, em poder de uma Parte, no conflito ou de uma Potência ocupante de que não sejam súditas.
Os súditos de um Estado que não esteja ligado pela Convenção não são protegidos por ela. Os súditos de um Estado neutro que se encontrem no território de um Estado beligerante e os súditos de um Estado co-beligerante não serão considerados como pessoas protegidas enquanto o Estado de que são súditos tiver representação diplomática normal junto do Estado em poder do qual se encontrem. [...]
Artigo 5º
Se, no território de uma Parte no conflito, esta tiver fundamentadas razões para considerar que uma pessoa protegida pela presente Convenção é, individualmente, objeto de uma suspeita legítima de se entregar a uma atividade prejudicial à segurança ou se ficou averiguado que ela se entrega de fato a esta atividade, a referida pessoa não poderá prevalecer-se dos direitos e privilégios conferidos pela presente Convenção, os quais, se fossem usados em seu favor, poderiam ser prejudiciais à segurança do Estado.
Se, num território ocupado, uma pessoa protegida pela Convenção for detida como espião ou sabotador, ou porque sobre ela recai uma legítima suspeita de se entregar a atividades prejudiciais à segurança da Potência ocupante, a referida pessoa poderá, nos casos de absoluta necessidade da segurança militar, ser privada dos direitos de comunicação previstos pela presente Convenção.
Em cada um destes casos, as referidas pessoas serão, porém, tratadas com humanidade e, em caso de serem processadas, não serão privadas do direito a um processo imparcial e regular previsto pela presente Convenção.
Voltarão, igualmente a beneficiar de todos os direitos e privilégios de uma pessoa protegida em conformidade com a presente Convenção, o mais cedo

possível, mas sem prejuízo da segurança do Estado ou Potência ocupante, conforme o caso.

Como se lê, o art. 4º protege as pessoas que, "de qualquer forma, se encontrem, [...] em poder de uma Parte". Portanto, os detidos no Afeganistão merecem a proteção desta IV Convenção de Genebra.

Ademais, não se deve esquecer dos requerimentos da própria justiça, que no direito internacional é frequentemente apresentada como costume universal. Prisioneiros, qualquer que seja sua condição, devem ser tratados de modo humano. Isto não é uma exigência convencional, mas uma decorrência inevitável do uso do pensamento jurídico. Assim, os prisioneiros dos EUA fazem jus a um tratamento humano. Ainda que os limites exatos do que constitui um tratamento humano não sejam claros, alguns comportamentos, como a tortura física ou psicológica intencional, sem dúvida são proibidos.

O governo norte-americano, entretanto, enxergou os combatentes capturados como potenciais terroristas (o que muitos, de fato, eram) e entendeu que tais inimigos deveriam ser investigados a fim de que se obtivessem informações que ajudassem a evitar novos atentados. Tais investigações poderiam, segundo a visão governamental, menosprezar alguns direitos básicos dos presos, como a integridade física ou psíquica, ou ainda o sentimento de honra e a liberdade religiosa. Como tais prisioneiros não eram prisioneiros de guerra, e sim uma espécie mais nociva e incontrolável de combatentes inimigos, os EUA lhes aplicaram condições pesadas de detenção e interrogatório. Uma vez que o território norte-americano encontra-se sob jurisdição do forte sistema judicial do país, o governo passou a temer que manter os presos em solo norte-americano acabasse por conferir-lhes as garantias legais que os réus e criminosos habitualmente possuem nos EUA. O governo temeu ser eventualmente obrigado a soltar suspeitos de terrorismo nas ruas norte-americanas. Assim, recorreu-se, para o tratamento destes cativos, a prisões no exterior. De início, a agência governamental CIA recorreu a locais secretos de detenção. Com a forte reação internacional que a descoberta de tal prática gerou, passou-se à base naval de Guantánamo, em Cuba. O governo apoiava-se na tese de que o território de Guantánamo, cedido perpetuamente pelo governo cubano em 1903, teria Cuba como seu "último soberano", sendo que os EUA teriam somente o poder de controle sobre o território. Tal interpretação serviria para manter os prisioneiros sob a mão das Forças Armadas dos EUA, retirando-os da alçada das cortes nacionais. Contudo, uma série de decisões da Suprema Corte e de tribunais inferiores minaram tal argumentação, concluindo que os detidos em Guantánamo possuem direito de recorrer a tribunais norte-americanos, uma vez que se encontram em poder dos Estados Unidos.

Em uma avaliação apressada, pode-se alinhar, a favor de manter os detentos em Guantánamo, o fato de que não são, como visto, prisioneiros de guerra comuns, mas suspeitos de se dedicarem exclusivamente à destruição dos EUA. O prisioneiro de guerra comum é um soldado ou oficial que ingressou em um conflito cumprindo ordens superiores. Em geral, o integrante das forças armadas não tem nada pessoalmente contra os membros do exército inimigo. Trata-se de um profissional que defende sua pátria de acordo com um código de normas bastante específico. O terrorista, pelo contrário, participa do conflito por sua livre escolha, e a título individual. Não responde a nenhum governo, e somente participa de organizações de um modo autônomo. O ato terrorista, por ser necessariamente secreto, envolve uma grande dose de iniciativa individual. Em termos mais concretos: o soldado profissional não age por si só e não procurará destruir seu antigo inimigo após a conclusão da paz. Já o terrorista internacional age de forma totalmente espontânea e individual, e não é possível garantir com um tratado que ele não volte a atacar. Até aqui, pode-se defender o tratamento diferenciado entre suspeitos de terrorismo e prisioneiros de guerra: enquanto que estes não podem, sob qualquer pretexto, ser mantidos junto a criminosos comuns, aqueles são efetivamente criminosos, mas de uma espécie particular.

Entretanto, as forças de segurança norte-americanas se encontraram detendo dezenas de indivíduos suspeitos de terrorismo, sem saber se eram de fato culpados ou não. Para superar tal incerteza, e devido às muitas possibilidades de obter informações valiosas a partir de reais terroristas, os limites jurídicos do tratamento de qualquer prisioneiro começaram a ser cada vez mais esmaecidos.

No início de 2009, causou furor a divulgação, pela nova presidência de Barack Obama, de memorandos enviados por juristas do primeiro escalão da Advocacia Geral dos EUA (Attorney General) a funcionários da CIA sobre técnicas agressivas de interrogatório. Os memorandos legitimavam diversas condutas violentas dos interrogadores contra os detidos, alegando que não se tratava de tortura.

Partindo de uma definição legal norte-americana sobre tortura como causadora de "intenso" sofrimento, os juristas analisavam cada uma das técnicas de interrogatório agressivo, negando a ocorrência de sofrimento "intenso".

O primeiro dos memorandos referia-se a Abu Zubaydah, acusado de pertencer à Al-Qaeda e de ser próximo de Osama Bin Laden. Nas comunicações, dirigidas aos funcionários que interrogariam Zubaydah, os advogados dos EUA afirmavam a legalidade das seguintes técnicas:[613]

– [Agarrar o prisioneiro] Consiste em agarrar o indivíduo com ambas as mãos, uma das mãos em cada lado do colarinho, em um movimento rápido e controlado. No mesmo movimento em que é agarrado, o indivíduo é puxado em direção ao interrogador.

– Para o emparedamento, será construída uma falsa parede flexível. O indivíduo é posicionado com seus calcanhares encostando na parede. O interrogador puxa o indivíduo para a frente e depois, rápida e firmemente, empurra-o no muro. As omoplatas do indivíduo atingem o muro. Durante este movimento, cabeça e pescoço são apoiados por uma capa enrolada ou uma toalha, de modo a funcionar como um colar cervical para evitar o efeito chicote. Para reduzir ainda mais a probabilidade de ferimentos, o

---

[613] U.S. DEPARTMENT OF JUSTICE. *Memorandum for John Rizzo*: acting General Counsel of the Central Intelligence Agency, 1 ago. 2002, p. 2 e segs. Disponível em: <http://graphics8.nytimes.com/packages/images/nytint/docs/justice-department-memos-on-interrogation-techniques/original.pdf>. Acesso em: 26 jun. 2012. Tradução livre.

indivíduo poderá quicar na parede flexível. [...] O falso muro é parcialmente construído para produzir um som alto quando o indivíduo o atinge, o que lhe causará choque ou surpresa. Em parte, a ideia é criar um som que fará o impacto parecer muito pior do que é e que será muito pior que qualquer ferimento que possa resultar da ação.

– A pegada facial [*facial hold*] é utilizada para manter a cabeça imóvel. Uma palma da mão aberta é colocada em cada lado da face do indivíduo. As pontas dos dedos conservam-se bem distantes dos olhos do indivíduo.

– No tapa facial ou tapa de insulto, o interrogador esbofeteia a face do indivíduo com os dedos levemente separados. A mão faz contato com a área diretamente entre a ponta do queixo do indivíduo e a parte de baixo do lóbulo da orelha correspondente. O interrogador invade o espaço pessoal do indivíduo. O objetivo do tapa facial não é infligir dor física severa ou duradoura. Em vez disso, o propósito do tapa facial é induzir choque, surpresa e/ou humilhação.

– Confinamento restrito envolve o posicionamento do indivíduo em um espaço confinado, cujas dimensões restringem seu movimento. O espaço confinado costuma ser escuro. A duração do confinamento varia com base no tamanho do compartimento. No espaço confinado maior, o indivíduo pode levantar-se ou sentar-se; já o espaço pequeno é grande o bastante para que o sujeito se sente. O confinamento no espaço maior pode durar até dezoito horas. No espaço menor, o confinamento não pode durar mais que duas horas.

– Ficar contra a parede é utilizado para induzir fadiga muscular. O indivíduo permanece a uns quatro ou cinco pés[614] de uma parede, com seus pés afastados aproximadamente na largura dos ombros. Seus braços são esticados a sua frente, com os dedos apoiando-se na parede. Seus dedos suportam todo o peso do corpo. Não se permite ao indivíduo mover-se ou reposicionar suas mãos ou pés.

– Uma variedade de posições estressantes podem ser empregadas. [...] Tais posições não são efetuadas para produzir dor por contorções ou giros do

---

[614] Cerca de 1,2 a 1,5 m.

corpo. Ao invés, de modo parecido com o emparedamento, são pensadas para produzir desconforto físico associado à fadiga muscular. Duas posições particulares de estresse são convenientes para serem aplicadas em Zubaydah: (1) sentar-se no chão com as pernas esticadas a sua frente, com os braços erguidos sobre a cabeça; e (2) ajoelhar-se no chão enquanto se inclina para trás a 45 graus. [...] Observando Zubaydah em seu cativeiro, [...] ele parece bastante flexível apesar de sua ferida.

– Privação de sono pode ser utilizada. [...] Você nos informou que não privará Zubaydah de sono por mais do que onze dias de uma vez, e que você o manteve previamente acordado por 72 horas, do que não resultou qualquer dano físico ou mental.

– Você pretende colocar Zubaydah em um pequeno compartimento junto com um inseto. Você nos informou que ele parece ter medo de insetos. Particularmente, pretende contar a Zubaydah que colocará um inseto que pica no compartimento. No entanto, colocaria um inseto inofensivo no espaço. Você nos informou oralmente que colocaria, na verdade, um inseto inofensivo, tal como uma lagarta, com ele. [As duas linhas seguintes deste parágrafo foram censuradas na versão liberada para acesso público.]

– Finalmente, você pretende utilizar uma técnica chamada *"waterboard"*. Neste procedimento, o indivíduo é amarrado de modo seguro a uma plataforma inclinada, que mede aproximadamente quatro pés por sete.[615] Os pés do indivíduo costumam ser levantados. Uma toalha é colocada sobre a testa e os olhos. A seguir, água é derramada de modo controlado sobre a toalha. Enquanto isto é feito, a toalha é abaixada até cobrir tanto o nariz quanto a boca. Uma vez que a toalha esteja saturada de água e cubra completamente a boca e o nariz, o fluxo de ar é ligeiramente diminuído por 20 a 40 segundos, devido à presença da toalha. Isto causa um aumento no nível de dióxido de carbono no sangue do indivíduo. Este aumento no nível de dióxido de carbono estimula um esforço maior para respirar. Tal esforço, adicionado à toalha, produz a percepção de "sufocação e pânico incipiente", ou seja, uma sensação de afogamento. O indivíduo não introduz água em seus

---

[615] Aproximadamente 1,2 por 2,1 m.

pulmões. Durante estes 20 a 40 segundos, água é aplicada continuamente a partir de uma altura de 12 a 24 polegadas.[616] Após este período, a toalha é erguida, e permite-se ao indivíduo respirar livremente por três a quatro vezes completas. A sensação de afogamento é imediatamente aliviada com a retirada da toalha. O procedimento pode ser então repetido. A água é usualmente derramada a partir de um copo ou de um pequeno regador com um cano. Você nos informou oralmente que este procedimento acarreta numa sensação psicológica automática de afogamento que o indivíduo não pode controlar, ainda que ele possa estar ciente de que, na realidade, não está se afogando. Também nos informou oralmente que é provável que tal procedimento não dure mais do que 20 minutos.
Também entendemos que um perito médico [...] estará presente durante toda esta etapa, e que os procedimentos serão suspensos caso seja considerado clinicamente necessário para evitar danos severos mentais ou físicos a Zubaydah. Tal como acima mencionado, Zubaydah sofreu um ferimento durante sua captura. Você nos informou que serão tomadas medidas para assegurar que seu ferimento não seja agravado de nenhum modo pelo uso destes métodos, e que atenção médica adequada será fornecida de modo a assegurar que a ferida seja devidamente curada.

Os redatores deste memorando consideraram que nenhuma das técnicas descritas constituía tortura.

Perguntas

1. Em sua opinião, é possível traçar uma distinção entre tortura e sofrimentos físicos ou psíquicos inferiores? Por quê?
2. É válido alegar que todo e qualquer interrogatório de um suspeito detido já constitui, por si só, uma tortura?

---

[616] Aproximadamente 30 a 60 cm.

3. Alguns juristas e juízes norte-americanos sustentam que as proteções conferidas pela Constituição dos EUA somente se aplicam ao território norte-americano. Caso se considere que Guantánamo não faz parte do território dos Estados Unidos, que a Constituição não protege os que ali se encontram detidos e que o Congresso editou leis que podem ser interpretadas como permitindo algumas das práticas acima descritas, responda: O direito permite a prática das condutas acima descritas?
4. Em sua opinião, as diversas regras editadas pelo Congresso, pelo Poder Executivo e pelas agências de segurança norte-americanas sobre o emprego de práticas intensas de interrogatório, com vistas a estabelecer e assegurar limites no uso da força, aumentam ou diminuem o risco de abusos com relação aos presos?
5. Um dos principais políticos apontados como responsável pelas práticas acima descritas é o ex-vice-presidente dos EUA, Richard "Dick" Cheney. Em sua defesa, ele tem alegado que os procedimentos intensivos trouxeram à tona muita informação importante, que ajudou a desmantelar redes terroristas e a prevenir novos ataques aos EUA. Caso tal alegação seja verídica, e o uso de práticas mais agressivas em um suspeito realmente tenha acarretado a defesa contra um ataque terrorista em preparação, os procedimentos se justificarão?

21.2 O caso "Hamdan *vs.* Rumsfeld"[617]

Após os ataques de 11 de setembro de 2001 contra os EUA, as Forças Armadas norte-americanas bombardearam e invadiram o Afeganistão, devido ao fato de o governo deste país (controlado pelo grupo fundamentalista islâmico "Talibã") apoiar e manter os integrantes da rede terrorista responsável pelos atentados. Durante a invasão do país asiático, Salim Ahmed Hamdan, nacional do Iêmen e antigo guarda-costas e motorista

---

[617] Suprema Corte dos EUA, 548 U.S. 557 (2006). Hamdan *vs.* Rumsfeld Julgado em 29-6-2006. Disponível em inglês em: <http://caselaw.lp.findlaw.com e em www.supremecourt.gov>. Acesso em: 22 fev. 2012.

do terrorista Osama Bin Laden, foi capturado por milicianos hostis aos talibãs e entregue às tropas dos EUA. Em 2002, Hamdan foi aprisionado no centro de detenção da baía de Guantánamo. Mais de um ano depois, ele foi considerado, por decisão presidencial, como passível de julgamento por uma comissão militar. Os crimes pelos quais Hamdan seria responsável não haviam sido revelados. Após mais um ano, foi acusado de conspiração para cometer crimes puníveis por comissão militar. Hamdan moveu *habeas corpus* contra sua condição, alegando em primeiro lugar que "conspiração" não é um crime punível pelas leis de guerra, e em segundo lugar que os procedimentos adotados para processá-lo violaram princípios básicos dos direitos militar e internacional, incluindo o princípio de que o réu deve conhecer as provas produzidas contra ele.

A Corte Distrital de Washington concedeu a ordem de *habeas corpus*, afirmando que as leis da guerra incluem as Convenções de Genebra. Também deixou claro que Hamdan fazia *jus* à proteção de tais convenções, pelo menos até que se decidisse, de acordo com as mesmas, se ele seria ou não um prisioneiro de guerra. Concluiu por fim que, ainda que o iemenita fosse considerado como não sendo um prisioneiro de guerra, o processo contra ele violava tanto o Código Uniforme de Justiça Militar dos EUA quanto um dos principais artigos das Convenções de Genebra, pois a comissão militar estabelecida para julgar Hamdan detinha o poder de condená-lo baseando-se em provas que o réu jamais poderia ver ou ouvir.

A segunda instância, o Circuito do Distrito de Columbia, modificou a sentença, decidindo a favor do governo. O fundamento desta Corte foi basicamente a não aplicabilidade das Convenções de Genebra por tribunais norte-americanos.

O caso prosseguiu por via recursal, chegando à Suprema Corte dos Estados Unidos. Em 29 de junho de 2006, o caso foi julgado, alcançando-se uma decisão pelo placar de 5 a 3 (o presidente, juiz John J. Roberts, não votou).

A opinião majoritária se preocupa em afastar o presente caso de precedentes alegados pelo governo dos EUA, nos quais os tribunais federais norte-americanos se abstinham de julgar questões decididas por cortes marciais por uma questão de *comity* (cortesia) para com o Poder Executivo e de atenção para com o princípio cardeal da separação dos poderes. Ora, segundo a opinião majoritária do caso "Hamdan", tais precedentes não se aplicariam, uma vez que o réu não era um membro das Forças Armadas (portanto, a interferência judicial não causaria problemas para o funcionamento regular do sistema militar do país). Ademais, a comissão militar criada para julgá-lo estaria fora do sistema regular das cortes marciais nos EUA. Portanto, o Poder Judiciário não teria aqui nenhuma razão relevante para deixar de conhecer o caso, eis que não se tratava de um processo habitual perante uma corte marcial estabelecida de acordo com a lei.

A decisão vencedora prosseguiu afirmando o grande interesse público que haveria no caso, bem como o dever da Corte em assegurar as garantias constitucionais da liberdade.

Os cinco juízes que compuseram a maioria afirmaram que a comissão estabelecida para julgar Hamdan violava tanto o Código Uniforme de Justiça Militar dos EUA quanto as quatro Convenções de Genebra de 1949. A violação consistia, principalmente, em que o réu estava "excluído de seu próprio processo" pois, caso o oficial presidente da comissão o requisitasse, provas contrárias ao réu poderiam não ser exibidas a este nem a seu advogado civil. Um advogado militar pré-apontado deveria participar na sessão em que a comissão decidisse pelo caráter secreto da prova. Contudo, tal advogado militar poderia ser proibido de revelar a seu assistido o que se havia passado naquela sessão. Caso o oficial presidente entendesse que determinada evidência possuísse um valor probatório para uma "pessoa razoável", poderia decidir aceitar aquela evidência sem que o acusado ou seu advogado soubessem da existência de tal prova, caso entendesse que isto não impediria um julgamento pleno e justo.

Segundo a maioria da Suprema Corte, tais disposições violavam, em primeiro lugar, as regras do Código Uniforme de Justiça Militar, pois este só permitia ao presidente dos EUA um poder limitado de editar regras para as comissões militares. As regras criadas pelo presidente deveriam manter-se dentro das normas usualmente aplicadas nas cortes marciais comuns. Para desviar de tais padrões, o governo necessitaria apresentar um motivo forte. Segundo o voto da maioria, o governo do presidente George W. Bush não apresentou uma razão tão consistente para eliminar um dos direitos mais básicos do réu, que é o direito de estar presente. A razão alegada pelo presidente foi a impraticabilidade de aplicar as mesmas normas que regem casos de crimes comuns à comissão de julgamento de Hamdan. A Corte notou, entretanto, que não se deu motivo plausível para a não aplicação dos padrões das cortes marciais normais ao caso do iemenita detido.

Além disso, os cinco magistrados apontaram que os procedimentos utilizados no julgamento de Hamdan violavam as Convenções de Genebra, que eram indiscutivelmente parte das leis da guerra. Eles ressaltaram que o próprio Código Uniforme de Justiça Militar, ao prever o estabelecimento de comissões militares, especificava que estas deveriam obedecer às leis da guerra. Em seguida, trataram do argumento do governo dos EUA, segundo o qual Hamdan não seria beneficiário da proteção das Convenções de Genebra, pois ele fora capturado em uma guerra contra a Al-Qaeda, e não contra o Afeganistão. Portanto, não sendo a Al-Qaeda um signatário das convenções, os EUA não estariam obrigados a aplicar tais tratados em favor dos combatentes desta organização terrorista. O governo dos EUA (e a Corte de segunda instância que julgara o caso "Hamdan") tomou o cuidado de separar a guerra contra a Al-Qaeda (não signatária das Convenções de Genebra) de uma eventual guerra contra o Afeganistão (signatário das convenções). Como se tratava – na visão do governo – de duas guerras distintas, e como Hamdan não era um soldado das tropas afegãs, mas sim um membro da Al-Qaeda, ele não poderia se beneficiar do fato de o Afeganistão participar das Convenções de Genebra.

A maioria da Suprema Corte rejeitou tal argumento, recorrendo aos art. 2º e 3º, comuns às quatro Convenções de Genebra. Tais artigos[618] estabelecem o seguinte:

---

[618] Convenções de Genebra de 1949. Disponíveis em: <www.icrc.org/por/war-and-law/treaties--customary-law/geneva-conventions/index.jsp>. Acesso em: 22 fev. 2012.

Artigo 2º

Além das disposições que devem entrar em vigor desde o tempo de paz, a presente Convenção aplicar-se-á em caso de guerra declarada ou de qualquer outro conflito armado que possa surgir entre duas ou mais das Altas Partes contratantes, mesmo que o estado de guerra não seja reconhecido por uma delas.

A Convenção aplicar-se-á igualmente em todos os casos de ocupação total ou parcial do território de uma Alta Parte contratante, mesmo que esta ocupação não encontre qualquer resistência militar.

Se uma das Potências no conflito não for parte na presente Convenção, as Potências que nela são partes manter-se-ão, no entanto, ligadas pela referida Convenção nas suas relações recíprocas. Além disso, elas ficarão ligadas por esta Convenção à referida Potência, se esta aceitar e aplicar as suas disposições.

Artigo 3º

No caso de conflito armado que não apresente um caráter internacional e que ocorra no território de uma das Altas Potências contratantes, cada uma das Partes no conflito será obrigada a aplicar pelo menos as seguintes disposições:

1) As pessoas que tomem parte diretamente nas hostilidades, incluídos os membros das forças armadas que tenham deposto as armas e as pessoas que tenham sido postas fora de combate por doença, ferimento, detenção ou por qualquer outra causa, serão, em todas as circunstâncias, tratadas com humanidade, sem nenhuma distinção de caráter desfavorável baseada na raça, cor, religião ou crença, sexo, nascimento ou fortuna, ou qualquer critério análogo.

Para este efeito, são e manter-se-ão proibidas, em qualquer ocasião e lugar, relativamente às pessoas acima mencionadas:

a) As ofensas contra a vida e integridade física, especialmente o homicídio sob todas as formas, as mutilações, os tratamentos cruéis, torturas e suplícios;

b) A tomada de reféns;

c) As ofensas à dignidade das pessoas, especialmente os tratamentos humilhantes e degradantes;

d) As condenações proferidas e as execuções efetuadas sem prévio julgamento, realizado por um tribunal regularmente constituído, que ofereça todas as garantias judiciais reconhecidas como indispensáveis pelos povos civilizados.
2) Os feridos e doentes serão recolhidos e tratados.
Um organismo humanitário imparcial, como a Comissão Internacional da Cruz Vermelha, poderá oferecer os seus serviços às Partes no conflito.
As Partes no conflito esforçar-se-ão também por pôr em vigor por meio de acordos especiais todas ou parte das restantes disposições da presente Convenção.
A aplicação das disposições precedentes não afetará o estatuto jurídico das Partes no conflito.

Ora, como visto, o governo dos EUA argumentava citando o *caput* do art. 2º, pelo qual as convenções não se aplicariam a combatentes da Al-Qaeda. A Corte, entretanto, mencionou o art. 3º, que estabelecia uma série de direitos mínimos conferidos aos prisioneiros, entre os quais a proibição de julgamento por tribunais que não oferecessem "todas as garantias jurídicas reconhecidas como indispensáveis pelos povos civilizados" (art. 3º, §1º, "d").

O contra-argumento a esta posição da Corte alegava que a guerra contra a Al-Qaeda apresentava um caráter internacional e, assim, segundo seu próprio *caput*, o art. 3º não se aplicaria. Mas também esta alegação foi rejeitada pelo voto majoritário da Suprema Corte. Os magistrados entenderam que a expressão "caráter internacional" deveria ser compreendida como conferindo uma proteção mínima a indivíduos que não estivessem envolvidos nem com uma potência contratante, nem com uma potência não contratante, sempre que o conflito ocorresse no território de uma parte contratante. Ou seja, o adjetivo "internacional" não se referiria a "além das fronteiras nacionais", mas sim a "envolvendo Estados". Qualquer conflito que não envolvesse somente Estados, e que ocorresse no território de um Estado signatário das Convenções de Genebra, faria com que tal Estado ficasse obrigado a respeitar os direitos do art. 3º.

Portanto, segundo a Suprema Corte, o fato de a "Guerra Global contra o Terror" ter sido travada contra a Al-Qaeda e não contra Estados não privaria os prisioneiros pertencentes a organizações terroristas da proteção mínima conferida pelas Convenções de Genebra, embora esta não pudesse ser aplicada integralmente a tais cativos.

O voto vencedor na Suprema Corte prosseguiu afirmando que a comissão criada para o julgamento de Hamdan não obedecia aos requisitos do art. 3º das convenções. Embora tal artigo contivesse requisitos genéricos, que poderiam ser acomodados a diversos sistemas jurídicos, os cinco juízes da maioria entenderam que ainda assim tratava-se de requisitos obrigatórios, que deveriam ser respeitados pelo governo dos EUA e não o foram no que dizia respeito a Hamdan.

Dos cinco juízes que compuseram a maioria, quatro (os juízes Stevens, Souter, Ginsburg e Breyer) afirmaram que o crime pelo qual Hamdan fora denunciado ("conspiração") não constituía um crime punido pelas leis de guerra e não justificaria o estabelecimento de uma comissão militar. Esta opinião dos quatro juízes também mencionou o Tribunal Militar Internacional de Nuremberg, que não considerara a conspiração, por si só, como um crime a ser punido, limitando-se a julgar os líderes nazistas pelos crimes contra a paz, contra a humanidade e contra as leis da guerra.

21.3 Cinco exemplos de prisioneiros "problemáticos"[619]

Ahmed Bin Saleh Bel Bacha (nacionalidade: argelino)

Este ex-jogador profissional de futebol fugiu para o Reino Unido em 1999, após receber ameaças de morte de militantes islamitas em seu país de origem. Ele viajava pelo Afeganistão e Paquistão em 2001, e foi entregue às forças dos EUA por aldeões oportunistas que alegavam que ele era membro da Al-Qaeda. Após seis anos de prisão, foi considerado apto para

---

[619] THE PROBLEM prisoners. *Foreign Policy*, 10 jan. 2012. Disponível em: <www.foreignpolicy.com/articles>. Acesso em: 22 fev. 2012. Tradução livre.

libertação em 2007 pela administração de George W. Bush, mas permaneceu no complexo por quatro anos, lutando contra a repatriação para a Argélia, onde teme tanto a prisão pelo governo – que o julgou à revelia e o sentenciou a 20 anos de prisão por pertencer a um grupo terrorista de além-mar – quanto ataques de grupos militantes. O antigo Estado de residência de Ahmed Bin Saleh Bel Bacha, o Reino Unido, rejeitou seu pedido de asilo. A cidade de Amherst, Massachusetts, ofereceu-lhe asilo, mas a legislação federal proíbe detentos de Guantánamo de serem assentados nos EUA.

Omar Khadr (nacionalidade: canadense)

Esta ex-criança-soldado de 25 anos passou sete anos em Guantánamo desde sua captura, em 2002, por tropas dos EUA no Afeganistão. Omar Khadr, nascido em Toronto, alega ter sido pressionado a lutar contra as forças dos EUA por sua família, que possuiria conexões com a Al-Qaeda.

Khadr seria o primeiro detento a ser julgado sob o sistema de comissões militares recentemente redesenhado pela administração Obama no ano passado, uma perspectiva estranha considerando-se que adolescentes quase nunca são julgados por crimes de guerra. Ao invés, Khadr declarou-se culpado, em outubro de 2010, por lançar uma granada que matou um soldado norte-americano, aceitando um acordo que lhe permitirá cumprir sua pena de oito anos no Canadá.

Apesar do acordo, que foi aceito tanto pelo governo americano quanto pelo canadense, Khadr permanece em Guantánamo, aguardando o secretário de Defesa Leon Panetta "certificar" que o Canadá é um local seguro como destino de detentos. Os advogados de Khadr acusaram a administração de lentidão intencional.

Khadr alega que, enquanto estava preso, foi ameaçado com estupro coletivo por interrogadores, porém um juiz militar decidiu que seu tratamento não constituiu tortura.

Omar Abdulayev (nacionalidade: tadjique)

Um refugiado da guerra civil do Tadjiquistão, Omar Abdulayev foi preso em 2001, no Paquistão, através da inteligência interserviços deste país, e entregue aos EUA sob suspeita de afiliação à Al-Qaeda e ao grupo militante centro-asiático Movimento Islâmico do Uzbequistão. (Abdulayev alega ser somente um operário que deixou de pagar um suborno.) As autoridades norte-americanas alegam que ele se radicalizou em uma madraçal paquistanesa.

Após uma revisão dos detentos empreendida pelo Departamento de Justiça em 2009, a administração de Obama decidiu não mais defender a detenção de Abdulayev, e pediu aos diplomatas norte-americanos que arranjassem sua repatriação ao Tadjiquistão. Contudo, o prisioneiro de 33 anos está lutando contra a repatriação, temendo represálias em sua pátria. Ele alega ter sido visitado, durante sua detenção, por agentes do serviço de inteligência tadjique, que desejavam que ele espionasse militantes islâmicos nesta ex-república soviética e o ameaçaram com retaliações quando se recusou a cooperar.

Os cinco uigures (nacionalidade: chineses)

Todos os 22 chineses da etnia uigur detidos em Guantánamo desde 2002 foram considerados aptos para libertação – e 17 foram assentados em lugares como Palau, Bermudas e Albânia. Os uigures, que viviam no Afeganistão quando do início da guerra, foram originalmente denunciados como fazendo parte do militante Movimento Islâmico do Turquestão Oriental.

Os cinco uigures remanescentes, Abdul Razak, Yusef Abbas, Hajiakbar Abdulghupur, Saidullah Khalik e Ahmed Mohamed, solicitaram residência nos EUA e rejeitaram as ofertas de assentamento de outros países. (Os uigures não podem ser devolvidos à China por medo de prisão ou tortura quando de sua chegada.)

Uma corte de apelação federal em Washington ordenou que os uigures aceitassem o oferecimento do governo dos EUA de realocá-los no estrangeiro, ou permanecessem em Guantánamo, revogando uma decisão anterior que ordenava sua soltura nos EUA. Após inicialmente marcar uma audiência para tratar de sua petição, a Suprema Corte dos Estados Unidos decidiu não ouvir o caso em 2010.

Mohamedou Ould Slahi (nacionalidade: mauritano)

Mahamedou Ould Slahi reconhece ter jurado fidelidade à Al-Qaeda e ter recebido treinamento no Afeganistão no início da década de 1990, mas diz que cortou laços com o grupo em 1994, antes que este começasse a visar aos EUA. Segundo o relatório da Comissão de Onze de Setembro, ele se encontrou com dois dos futuros sequestradores de 11 de setembro na Alemanha, em 1999.

Slahi alega que se entregou às autoridades mauritanas após o 11 de setembro, e que foi interrogado na Jordânia por diversos meses antes de ser enviado ao Afeganistão e, em seguida, para Guantánamo. Slahi alega ter sido submetido a temperaturas extremas, espancado e humilhado sexualmente durante seu interrogatório – as gravações destes interrogatórios da CIA misteriosamente não foram encontradas, e um promotor militar recusou-se a examinar seu caso devido às alegações de tortura.

Um juiz federal ordenou a soltura de Slahi em 2010, entendendo que o governo não conseguira provar que ele continuara a apoiar a Al-Qaeda após 1994. Uma apelação daquela sentença movida pelo governo Obama foi deferida por uma corte de apelação, e o caso de Slahi segue pendente.

Como um dos informantes mais importantes mantidos em Guantánamo, Slahi foi mantido em relativo conforto, comparado com outros prisioneiros. Alguns oficiais militares argumentam que ele deveria ter sido libertado no âmbito de um programa de proteção às testemunhas, pois ele seria agora um provável alvo para outros jihadistas.

21.4 A possibilidade de responsabilização dos funcionários norte-americanos

Do Estatuto de Roma do Tribunal Penal Internacional:[620]

Capítulo II
Competência, Admissibilidade e Direito Aplicável
Artigo 5º
Crimes da Competência do Tribunal
1. A competência do Tribunal restringir-se-á aos crimes mais graves, que afetam a comunidade internacional no seu conjunto. Nos termos do presente Estatuto, o Tribunal terá competência para julgar os seguintes crimes:
a) O crime de genocídio;
b) Crimes contra a humanidade;
c) Crimes de guerra;
d) O crime de agressão.
2. O Tribunal poderá exercer a sua competência em relação ao crime de agressão desde que, nos termos dos artigos 121 e 123, seja aprovada uma disposição em que se defina o crime e se enunciem as condições em que o Tribunal terá competência relativamente a este crime. Tal disposição deve ser compatível com as disposições pertinentes da Carta das Nações Unidas.
Artigo 6º
Crime de Genocídio
Para os efeitos do presente Estatuto, entende-se por "genocídio", qualquer um dos atos que a seguir se enumeram, praticado com intenção de destruir, no todo ou em parte, um grupo nacional, étnico, racial ou religioso, enquanto tal:
a) Homicídio de membros do grupo;
b) Ofensas graves à integridade física ou mental de membros do grupo;
c) Sujeição intencional do grupo a condições de vida com vista a provocar a sua destruição física, total ou parcial;

---

[620] Disponível em: <www.dji.com.br/decretos/2002-004388/2002-004388.htm>. Acesso em: 28 dez. 2012.

d) Imposição de medidas destinadas a impedir nascimentos no seio do grupo;
e) Transferência, à força, de crianças do grupo para outro grupo.

Artigo 7º
Crimes contra a Humanidade

1. Para os efeitos do presente Estatuto, entende-se por "crime contra a humanidade", qualquer um dos atos seguintes, quando cometido no quadro de um ataque, generalizado ou sistemático, contra qualquer população civil, havendo conhecimento desse ataque:

a) Homicídio;
b) Extermínio;
c) Escravidão;
d) Deportação ou transferência forçada de uma população;
e) Prisão ou outra forma de privação da liberdade física grave, em violação das normas fundamentais de direito internacional;
f) Tortura;
g) Agressão sexual, escravatura sexual, prostituição forçada, gravidez forçada, esterilização forçada ou qualquer outra forma de violência no campo sexual de gravidade comparável;
h) Perseguição de um grupo ou coletividade que possa ser identificado, por motivos políticos, raciais, nacionais, étnicos, culturais, religiosos ou de gênero, tal como definido no parágrafo 3º, ou em função de outros critérios universalmente reconhecidos como inaceitáveis no direito internacional, relacionados com qualquer ato referido neste parágrafo ou com qualquer crime da competência do Tribunal;
i) Desaparecimento forçado de pessoas;
j) Crime de *apartheid;*
k) Outros atos desumanos de caráter semelhante, que causem intencionalmente grande sofrimento, ou afetem gravemente a integridade física ou a saúde física ou mental.

2. Para efeitos do parágrafo 1º:

a) Por "ataque contra uma população civil" entende-se qualquer conduta que envolva a prática múltipla de atos referidos no parágrafo 1º contra uma população civil, de acordo com a política de um Estado ou de uma organização de praticar esses atos ou tendo em vista a prossecução dessa política;

b) O "extermínio" compreende a sujeição intencional a condições de vida, tais como a privação do acesso a alimentos ou medicamentos, com vista a causar a destruição de uma parte da população;

c) Por "escravidão" entende-se o exercício, relativamente a uma pessoa, de um poder ou de um conjunto de poderes que traduzam um direito de propriedade sobre uma pessoa, incluindo o exercício desse poder no âmbito do tráfico de pessoas, em particular mulheres e crianças;

d) Por "deportação ou transferência à força de uma população" entende-se o deslocamento forçado de pessoas, através da expulsão ou outro ato coercivo, da zona em que se encontram legalmente, sem qualquer motivo reconhecido no direito internacional;

e) Por "tortura" entende-se o ato por meio do qual uma dor ou sofrimentos agudos, físicos ou mentais, são intencionalmente causados a uma pessoa que esteja sob a custódia ou o controle do acusado; este termo não compreende a dor ou os sofrimentos resultantes unicamente de sanções legais, inerentes a essas sanções ou por elas ocasionadas;

f) Por "gravidez à força" entende-se a privação ilegal de liberdade de uma mulher que foi engravidada à força, com o propósito de alterar a composição étnica de uma população ou de cometer outras violações graves do direito internacional. Esta definição não pode, de modo algum, ser interpretada como afetando as disposições de direito interno relativas à gravidez;

g) Por "perseguição" entende-se a privação intencional e grave de direitos fundamentais em violação do direito internacional, por motivos relacionados com a identidade do grupo ou da coletividade em causa;

h) Por "crime de *apartheid*" entende-se qualquer ato desumano análogo aos referidos no parágrafo 1º, praticado no contexto de um regime institucionalizado de opressão e domínio sistemático de um grupo racial sobre um ou outros grupos nacionais e com a intenção de manter esse regime;

i) Por "desaparecimento forçado de pessoas" entende-se a detenção, a prisão ou o sequestro de pessoas por um Estado ou uma organização política ou com a autorização, o apoio ou a concordância destes, seguidos de recusa a

reconhecer tal estado de privação de liberdade ou a prestar qualquer informação sobre a situação ou localização dessas pessoas, com o propósito de lhes negar a proteção da lei por um prolongado período de tempo.
3. Para efeitos do presente Estatuto, entende-se que o termo "gênero" abrange os sexos masculino e feminino, dentro do contexto da sociedade, não lhe devendo ser atribuído qualquer outro significado.
Artigo 8º
Crimes de Guerra
1. O Tribunal terá competência para julgar os crimes de guerra, em particular quando cometidos como parte integrante de um plano ou de uma política ou como parte de uma prática em larga escala desse tipo de crimes.
2. Para os efeitos do presente Estatuto, entende-se por "crimes de guerra":
a) As violações graves às Convenções de Genebra, de 12 de Agosto de 1949, a saber, qualquer um dos seguintes atos, dirigidos contra pessoas ou bens protegidos nos termos da Convenção de Genebra que for pertinente:

i) Homicídio doloso;

ii) Tortura ou outros tratamentos desumanos, incluindo as experiências biológicas;

iii) O ato de causar intencionalmente grande sofrimento ou ofensas graves à integridade física ou à saúde;

iv) Destruição ou a apropriação de bens em larga escala, quando não justificadas por quaisquer necessidades militares e executadas de forma ilegal e arbitrária;

v) O ato de compelir um prisioneiro de guerra ou outra pessoa sob proteção a servir nas forças armadas de uma potência inimiga;

vi) Privação intencional de um prisioneiro de guerra ou de outra pessoa sob proteção do seu direito a um julgamento justo e imparcial;

vii) Deportação ou transferência ilegais, ou a privação ilegal de liberdade;

viii) Tomada de reféns;

b) Outras violações graves das leis e costumes aplicáveis em conflitos armados internacionais no âmbito do direito internacional, a saber, qualquer um dos seguintes atos:

i) Dirigir intencionalmente ataques à população civil em geral ou civis que não participem diretamente nas hostilidades;
ii) Dirigir intencionalmente ataques a bens civis, ou seja bens que não sejam objetivos militares;
iii) Dirigir intencionalmente ataques ao pessoal, instalações, material, unidades ou veículos que participem numa missão de manutenção da paz ou de assistência humanitária, de acordo com a Carta das Nações Unidas, sempre que estes tenham direito à proteção conferida aos civis ou aos bens civis pelo direito internacional aplicável aos conflitos armados;
iv) Lançar intencionalmente um ataque, sabendo que o mesmo causará perdas acidentais de vidas humanas ou ferimentos na população civil, danos em bens de caráter civil ou prejuízos extensos, duradouros e graves no meio ambiente que se revelem claramente excessivos em relação à vantagem militar global concreta e direta que se previa;
v) Atacar ou bombardear, por qualquer meio, cidades, vilarejos, habitações ou edifícios que não estejam defendidos e que não sejam objetivos militares;
vi) Matar ou ferir um combatente que tenha deposto armas ou que, não tendo mais meios para se defender, se tenha incondicionalmente rendido;
vii) Utilizar indevidamente uma bandeira de trégua, a bandeira nacional, as insígnias militares ou o uniforme do inimigo ou das Nações Unidas, assim como os emblemas distintivos das Convenções de Genebra, causando deste modo a morte ou ferimentos graves;
viii) A transferência, direta ou indireta, por uma potência ocupante de parte da sua população civil para o território que ocupa ou a deportação ou transferência da totalidade ou de parte da população do território ocupado, dentro ou para fora desse território;
ix) Dirigir intencionalmente ataques a edifícios consagrados ao culto religioso, à educação, às artes, às ciências ou à beneficência, monumentos históricos, hospitais e lugares onde se agrupem doentes e feridos, sempre que não se trate de objetivos militares;
x) Submeter pessoas que se encontrem sob o domínio de uma parte beligerante a mutilações físicas ou a qualquer tipo de experiências

médicas ou científicas que não sejam motivadas por um tratamento médico, dentário ou hospitalar, nem sejam efetuadas no interesse dessas pessoas, e que causem a morte ou coloquem seriamente em perigo a sua saúde;

xi) Matar ou ferir à traição pessoas pertencentes à nação ou ao exército inimigo;

xii) Declarar que não será dado quartel;

xiii) Destruir ou apreender bens do inimigo, a menos que tais destruições ou apreensões sejam imperativamente determinadas pelas necessidades da guerra;

xiv) Declarar abolidos, suspensos ou não admissíveis em tribunal os direitos e ações dos nacionais da parte inimiga;

xv) Obrigar os nacionais da parte inimiga a participar em operações bélicas dirigidas contra o seu próprio país, ainda que eles tenham estado ao serviço daquela parte beligerante antes do início da guerra;

xvi) Saquear uma cidade ou uma localidade, mesmo quando tomada de assalto;

xvii) Utilizar veneno ou armas envenenadas;

xviii) Utilizar gases asfixiantes, tóxicos ou outros gases ou qualquer líquido, material ou dispositivo análogo;

xix) Utilizar balas que se expandem ou achatam facilmente no interior do corpo humano, tais como balas de revestimento duro que não cobre totalmente o interior ou possui incisões;

xx) Utilizar armas, projéteis; materiais e métodos de combate que, pela sua própria natureza, causem ferimentos supérfluos ou sofrimentos desnecessários ou que surtam efeitos indiscriminados, em violação do direito internacional aplicável aos conflitos armados, na medida em que tais armas, projéteis, materiais e métodos de combate sejam objeto de uma proibição geral e estejam incluídos em um anexo ao presente Estatuto, em virtude de uma alteração aprovada em conformidade com o disposto nos artigos 121 e 123;

xxi) Ultrajar a dignidade da pessoa, em particular por meio de tratamentos humilhantes e degradantes;

xxii) Cometer atos de violação, escravidão sexual, prostituição forçada, gravidez à força, tal como definida na alínea *f* do parágrafo 2º do artigo 7º, esterilização à força e qualquer outra forma de violência sexual que constitua também um desrespeito grave às Convenções de Genebra;

xxiii) Utilizar a presença de civis ou de outras pessoas protegidas para evitar que determinados pontos, zonas ou forças militares sejam alvo de operações militares;

xxiv) Dirigir intencionalmente ataques a edifícios, material, unidades e veículos sanitários, assim como o pessoal que esteja usando os emblemas distintivos das Convenções de Genebra, em conformidade com o direito internacional;

xxv) Provocar deliberadamente a inanição da população civil como método de guerra, privando-a dos bens indispensáveis à sua sobrevivência, impedindo, inclusive, o envio de socorros, tal como previsto nas Convenções de Genebra;

xxvi) Recrutar ou alistar menores de 15 anos nas forças armadas nacionais ou utilizá-los para participar ativamente nas hostilidades;

c) Em caso de conflito armado que não seja de índole internacional, as violações graves do artigo 3º comum às quatro Convenções de Genebra, de 12 de Agosto de 1949, a saber, qualquer um dos atos que a seguir se indicam, cometidos contra pessoas que não participem diretamente nas hostilidades, incluindo os membros das forças armadas que tenham deposto armas e os que tenham ficado impedidos de continuar a combater devido a doença, lesões, prisão ou qualquer outro motivo:

i) Atos de violência contra a vida e contra a pessoa, em particular o homicídio sob todas as suas formas, as mutilações, os tratamentos cruéis e a tortura;

ii) Ultrajes à dignidade da pessoa, em particular por meio de tratamentos humilhantes e degradantes;

iii) A tomada de reféns;

iv) As condenações proferidas e as execuções efetuadas sem julgamento prévio por um tribunal regularmente constituído e que ofereça todas as garantias judiciais geralmente reconhecidas como indispensáveis.

d) A alínea *c* do parágrafo 2º do presente artigo aplica-se aos conflitos armados que não tenham caráter internacional e, por conseguinte, não se aplica a situações de distúrbio e de tensão internas, tais como motins, atos de violência esporádicos ou isolados ou outros de caráter semelhante;

e) As outras violações graves das leis e costumes aplicáveis aos conflitos armados que não têm caráter internacional, no quadro do direito internacional, a saber qualquer um dos seguintes atos:

i) Dirigir intencionalmente ataques à população civil em geral ou civis que não participem diretamente nas hostilidades;

ii) Dirigir intencionalmente ataques a edifícios, material, unidades e veículos sanitários, bem como ao pessoal que esteja usando os emblemas distintivos das Convenções de Genebra, em conformidade com o direito internacional;

iii) Dirigir intencionalmente ataques ao pessoal, instalações, material, unidades ou veículos que participem numa missão de manutenção da paz ou de assistência humanitária, de acordo com a Carta das Nações Unidas, sempre que estes tenham direito à proteção conferida pelo direito internacional dos conflitos armados aos civis e aos bens civis;

iv) Atacar intencionalmente edifícios consagrados ao culto religioso, à educação, às artes, às ciências ou à beneficência, monumentos históricos, hospitais e lugares onde se agrupem doentes e feridos, sempre que não se trate de objetivos militares;

v) Saquear um aglomerado populacional ou um local, mesmo quando tomado de assalto;

vi) Cometer atos de agressão sexual, escravidão sexual, prostituição forçada, gravidez à força, tal como definida na alínea *f* do parágrafo 2º do artigo 7º; esterilização à força ou qualquer outra forma de violência sexual que constitua uma violação grave do artigo 3º comum às quatro Convenções de Genebra;

vii) Recrutar ou alistar menores de 15 anos nas forças armadas nacionais ou em grupos, ou utilizá-los para participar ativamente nas hostilidades;

viii) Ordenar a deslocação da população civil por razões relacionadas com o conflito, salvo se assim o exigirem a segurança dos civis em questão ou razões militares imperiosas;

ix) Matar ou ferir à traição um combatente de uma parte beligerante;

x) Declarar que não será dado quartel;

xi) Submeter pessoas que se encontrem sob o domínio de outra parte beligerante a mutilações físicas ou a qualquer tipo de experiências médicas ou científicas que não sejam motivadas por um tratamento médico, dentário ou hospitalar nem sejam efetuadas no interesse dessa pessoa, e que causem a morte ou ponham seriamente a sua saúde em perigo;

xii) Destruir ou apreender bens do inimigo, a menos que as necessidades da guerra assim o exijam;

f) A alínea *e* do parágrafo 2º do presente artigo aplicar-se-á aos conflitos armados que não tenham caráter internacional e, por conseguinte, não se aplicará a situações de distúrbio e de tensão internas, tais como motins, atos de violência esporádicos ou isolados ou outros de caráter semelhante; aplicar-se-á, ainda, a conflitos armados que tenham lugar no território de um Estado, quando exista um conflito armado prolongado entre as autoridades governamentais e grupos armados organizados ou entre estes grupos.

3. O disposto nas alíneas *c* e *e* do parágrafo 2º, em nada afetará a responsabilidade que incumbe a todo o Governo de manter e de restabelecer a ordem pública no Estado, e de defender a unidade e a integridade territorial do Estado por qualquer meio legítimo.

Artigo 9º

Elementos Constitutivos dos Crimes

1. Os elementos constitutivos dos crimes que auxiliarão o Tribunal a interpretar e a aplicar os artigos 6º, 7º e 8º do presente Estatuto, deverão ser adotados por uma maioria de dois terços dos membros da Assembleia dos Estados Partes.

2. As alterações aos elementos constitutivos dos crimes poderão ser propostas por:

a) Qualquer Estado Parte;

b) Os juízes, através de deliberação tomada por maioria absoluta;

c) O Procurador.

As referidas alterações entram em vigor depois de aprovadas por uma maioria de dois terços dos membros da Assembleia dos Estados Partes.

3. Os elementos constitutivos dos crimes e respectivas alterações deverão ser compatíveis com as disposições contidas no presente Estatuto.

Artigo 10. Nada no presente capítulo deverá ser interpretado como limitando ou afetando, de alguma maneira, as normas existentes ou em desenvolvimento de direito internacional com fins distintos dos do presente Estatuto.

Pergunta

6. A detenção, contínua e sem julgamento, de combatentes inimigos viola o direito internacional humanitário?

21.5 Questões para fixação e aprofundamento

1. Por que a atual situação da base é considerada um vazio jurídico?
2. Qual é a diferença entre prisioneiros de guerra e combatentes inimigos?
3. O art. 3º, comum às Convenções de Genebra, se aplica à situação dos prisioneiros de Guantánamo?
4. Como são realizados os julgamentos pelas comissões militares?
5. Quais normas e princípios de direito estariam sendo violados pelos julgamentos realizados pelas comissões militares?
6. Em sua opinião, a situação de Guantánamo se aproximaria de um tribunal de exceção?
7. Quais são as reais perspectivas para o fechamento de Guantánamo?
8. Quais são os fatos objeto do litígio?
9. Quais são as questões jurídicas submetidas à Corte?
10. Segundo a Corte, é possível impetrar *habeas corpus* perante as cortes federais para fazer valer os direitos protegidos pela Convenção de Genebra?
11. As comissões militares foram autorizadas pelo Congresso ou pelo Poder Executivo?

Bibliografia

1. Direito da União Europeia

1.1 Livros

a) Doutrina nacional

AMBOS, Kai; PEREIRA, Ana Cristina Paulo (Org.). *Mercosul e União Europeia*: perspectivas da integração regional. Rio de Janeiro: Lumen Juris, 2006.
CASELLA, Paulo Borba. *União Europeia*: instituições e ordenamento jurídico. São Paulo: LTr, 2002.
KLOR, Adriana Dreyzin de et al. *Solução de controvérsias*: OMC, União Europeia e Mercosul. Rio de Janeiro: Konrad-Adenauer-Stiftung, 2004.

b) Doutrina portuguesa

BORCHARDT, Klaus-Dieter. *O ABC do direito comunitário*. Luxemburgo: Serviço das Publicações Oficiais das Comunidades Europeias, 2000. Disponível em: <http://ec.europa.eu/publications/booklets/eu_documentation/02/txt_pt.pdf>. Acesso em: 21 dez. 2012.

CAMPOS, João Mota de. *Direito comunitário*. Lisboa: Fundação Calouste Gulbenkian, 1994. v. I e II.

_____. *Manual de direito comunitário*. 2. ed. Curitiba: Juruá, 2008.

_____; CAMPOS, João Luís Mota de. *Contencioso comunitário*. Lisboa: Fundação Calouste Gulbenkian, 2002.

CUNHA, Paulo de Pitta e. *Direito institucional da União Europeia*. Coimbra: Almedina, 2004.

QUADROS, Fausto. *Direito da União Europeia*. Coimbra: Almedina, 2004.

c) Doutrina francesa

BLANC, Didier. *Les parlements européen et français face à la fonction législative communautaire*: aspects du déficit démocratique. Paris: L'Harmattan, 2004.

BLANQUET, Marc; ISAAC, Guy. *Droit communautaire général*. 8. ed. Paris: Dalloz, 2001.

BLUMANN, Claude; DUBOUIS, Louis. *Droit institutionnel de l'Union européenne*. Paris: Litec, 2004.

BOULOIS, Jean; CHEVALLIER, Roger-Michel. *Grands arrêts de la cour de justice des communautés européennes*. 6. ed. Paris: Dalloz, 1994. t. 1.

_____; BLANQUET, Marc; CHEVALLIER, Roger-Michel; FASQUELLE, Daniel. *Les grands arrêts de la jurisprudence communautaire*. 5. ed. Paris: Dalloz, 2002. t. 2.

COLIN, Jean-Pierre. *Le gouvernement des juges dans les communautés européennes*. Paris: Librairie Générale de Droit et de Jurisprudence, 1966.

COSTA, Olivier; SAINT-MARTIN, Florent. *Le Parlement européen*. Paris: La Documentation Française, 2009.

DUBOIS, Louis; GUEYDAN, Claude. *Les grands textes du droit de l'Union Européenne*. 7. ed. Paris: Dalloz, 2005. t. 1.

FONTAINE, Pascal. *Uma ideia nova para a Europa*: declaração de Schuman 1950-2000. 2. ed. Luxemburgo: Serviço das Publicações Oficiais das

Comunidades Europeias, 2000. Disponível em: <http://ec.europa.eu/publications/booklets/eu_documentation/04/txt_pt.pdf>. Acesso em: 20 jun. 2012.

JACQUÉ, Jean-Paul. *Droit institutionnel de l'Union européenne*. 3. ed. Paris: Dalloz, 2004.

LAMBERT, Édouard. *Le gouvernement des juges*. Paris: Dalloz, 2005. (Reimpressão da obra publicada em 1921 pela editora Giard.)

LECOURT, Robert. *Le juge devant le marché commun*. Genebra: Institut Universitaire des Hautes Etudes Internationales, 1970.

_____. *L'Europe des juges*. Bruxelas: Bruylant, 1976.

PERTEK, Jacques. *La pratique du renvoi préjudiciel en droit communautaire*: coopération entre CJCE et juges nationaux. Paris: Litec, 2001.

PESCATORE, Pierre. *Le droit de l'intégration, émergence d'un phénomène nouveau dans les relations internationales selon l'expérience des Communautés Européennes*. Bruxelas: Bruylant, 2005. (Reimpressão da obra publicada por A. W. Sijthoff-Leiden em 1972.)

RIDEAU, Joël. *Droit institutionnel de l'Union et des Communautés Européennes*. 4. ed. Paris: LGDJ, 2002.

SIMON, Denys. *Le système juridique communautaire*. 3. ed. Paris: PUF, 2001.

d) Doutrina alemã

HUMMER, Waldemar et al. *Europarecht in Fällen*. Baden-Baden: Nomos Verlagsgesellschaft, 1991.

1.2 Artigos e obras coletivas

ACOSTA, Diego. The good, the bad and the ugly in EU Migration Law: is the European Parliament becoming bad and ugly? *European Journal of Migration and Law*, n. 11, p. 19-39, 2009.

CENTRE VIRTUEL DE LA CONNAISSANCE SUR L'ÉUROPE (CVCE). *Le premier véto du général De Gaulle*. Luxemburgo, [s.d.]. Disponível em: <www.cvce.eu/collections/unit-content>. Acesso em: 20 jun. 2012.

COMISSÃO EUROPEIA. Jurisprudência do Tribunal de Justiça relacionada com os pedidos de indemnização apresentados na sequência de uma violação do direito da União Europeia pelos Estados-Membros, p. 4. Disponível em: <http://ec.europa.eu/eu_law/infringements/pdf/jur_09_30385_pt.pdf>. Acesso em: 15 out. 2011.

DE LA HAYE, Marcel. *Le péché de la pêche française*: le manquement dit des "Poissons sous taille". Comunicação (Mestrado em Administração Pública) – École Nationale d'Administration, Paris, maio 2007. Disponível em: <www.ena.fr>. Acesso em: 13 out. 2011.

FINES, Francette. L'application uniforme du droit communautaire dans la jurisprudence de la Cour de justice des Communautés européennes. In: GAUTRON, Jean-Claude (Colab.). *Les dynamiques du droit européen en début de siècle*: etudes en l'honneur de Jean Claude Gautron. Paris: Pedone, 2004.

GAUTRON, Jean-Claude. Un ordre juridique autonome et hiérarchisé. In: RIDEAU, Joël (Org.). *De la communauté de droit à l'union de droit, continuités et avatars européens*. Nice: LGDJ, 2000.

GRIFFITHS, Richard T. A dismal decade? European integration in the 1970s. In: DINAN, Desmond. *Origins and evolution of the European Union*. Nova York: Oxford University Press, 2006.

JOLIET, René. La protection juridictionnelle des particuliers contre les manquements étatiques. *Revue Française de Droit Administratif*, Paris, n. 10, p. 647-662, jul./ago. 1994.

KOVAR, Robert. L'ordre juridique communautaire. *Jurisclasseur Europe*, Paris, n. 410, [s.d.].

_____. Primauté du droit communautaire. *Jurisclasseur Europe*, Paris, n. 431, [s.d.].

_____; LAGARDE, Paul; TALLON, Denis. L'exécution des directives en France. *Cahiers de droit européen*, Bruxelas, ano 6, n. 1, p. 274-302, 1970.

LECOURT, Robert. Quel eut été le droit des communautés sans les arrêts de 1963 et 1964? In: BOULOIS, Jean (Colab.). *L'Europe et le droit*: mélanges en hommage à Jean Boulois. Paris: Dalloz, 1991. p. 349-361.

LUDLOW, N. Piers. From deadlock to dynamism: the EC in the 1980s. In: DINAN, Desmond. *Origins and evolution of the European Union*. Nova York: Oxford University Press, 2006.

MEHDI, Rostane. Primauté du droit communautaire. *Jurisclasseur Europe Traité*, n. 3, fasc. 196, p. 1-42, 2006.

MORIJN, John. Balancing fundamental rights and common market freedoms in Union Law: Schmidberger and Omega in the light of the European Constitution. *European Law Journal*, v. 12, n. 1, p. 15-40, jan. 2006.

PERTEK, Jacques. Renvoi préjudiciel en interprétation et en appréciation de validité. *Jurisclasseur Europe Traité*, n. 3, fasc. 360, p. 1-21, 2005a.

_____. Renvoi préjudiciel en interprétation et en appréciation de validité. *Jurisclasseur Europe Traité*, n. 3, fasc. 361, p. 1-36, 2005b.

_____. Renvoi préjudiciel en interprétation et en appréciation de validité. *Jurisclasseur Europe Traité*, n. 3, fasc. 362, p. 1-27, 2005c.

PESCATORE, Pierre. Droit communautaire et droit national. *Recueil Dalloz Sirey*, v. 27, n. 23, p. 179-184, 1969.

_____. L'apport du droit communautaire au droit international public. *Cahiers de droit européen*, Bruxelas, v. 5, p. 502-507, 1970.

_____. Aspects judiciaires de l'acquis communautaire. *Revue Trimestrelle de Droit Européen*, Paris, v. 17, p. 627-651, 1981.

_____. The doctrine of "direct effect": an infant disease of community law. *European Law Review*, n. 8, p. 155-177, 1983.

_____. L'application judiciaire des traités internationaux dans la communauté européenne et dans ses Etats membres. In: MANIN, P. et al. (Org.). Études de Droit des Communautés Européennes, Mélanges Teitgen. Paris: Pedone, 1984.

_____. La carence du législateur communautaire et le devoir du juge. In: PICOD, Fabrice (Org.). *Études de droit communautaire européen 1962-2007*. Bruxelas: Bruylant, 2008a. p. 615-636.

_____. Fédéralisme et intégration: remarques liminaires. In: PICOD, Fabrice (Org.). *Études de droit communautaire européen 1962-2007*. Bruxelas: Bruylant, 2008b. p. 451-462.

_____. L'effet des directives communautaires, une tentative de démythification. In: PICOD, Fabrice. Études de droit communautaire européen 1962-2007. Bruxelas: Bruylant, 2008c.

PIMENTEL, Luiz Otávio; KLOR, Adriana Dreyzin de. O sistema de solução de controvérsias do Mercosul. In: KLOR, Adriana Dreyzin de et al. *Solução de controvérsias*: OMC, União Europeia e Mercosul. Rio de Janeiro: Konrad--Adenauer-Stiftung, 2004. p. 215-218.

PINGEL, Isabelle. La responsabilité de l'Etat pour violation du droit communautaire par une juridiction suprême.*Gazette du Palais*, Paris, p. 2, 3-4 mar. 2004.

POTVIN-SOLIS, Laurence. Le concept de dialogue entre les juges en Europe. In: LICHÈRE, François; POTVIN-SOLIS, Laurence; RAYNOUARD, Arnaud (Org.). *Le dialogue entre les juges européens et nationaux*: incantation ou réalité. Bruxelas: Bruylant, 2004. p. 19-58.

RIDEAU, Joël. Rôle des Etats membres dans l'application du droit communautaire. *Annuaire français de droit international*. Paris, v. XVIII, p. 864-903, 1972.

RIGAUX, Anne. L'arrêt Brasserie du Pêcheur-Factortame III: le roi peut mal faire en droit communautaire. *Europe*, n. 5, p. 1-6, maio 1996.

_____. Manquement sur manquement: la France expérimente le cumul de sanctions pécuniaires. *Europe*, n. 10, p. 9, out. 2005.

SARMIENTO, Daniel. O sistema normativo da União Europeia e sua incorporação às ordens jurídicas dos Estados-membros. In: AMBOS, Kai; PEREIRA, Ana Cristina Paulo. *Mercosul e União Europeia*: perspectivas da integração regional. Rio de Janeiro: Lumen Juris, 2006.

SILVA, Karine de Souza. O 50º aniversário dos tratados de Roma e os desafios impostos à União Europeia: um estudo de caso a partir do pensamento de Jean Monnet. *All Academic Research*, 2009. Disponível em: <www.allacademic.com//meta/p_mla_apa_research_citation/3/8/0/9/9/pages380995/p380995-1.php>. Acesso em: 7 jun. 2011. (Trabalho apresentado no encontro anual ISA-ABRI INTERNATIONAL MEETING, PUC-RIO, em 22 jul. 2009.)

SIMON, Denys. L'effet dans le temps des arrêts préjudiciels de la CJCE: enjeu ou prétexte d'une nouvelle guerre des juges?. In: CAPOTORTI, Francesco et. al. (Org.). *Liber amicorum Pierre Pescatore*. Baden-Baden: Nomos Verlag, 1987.

Bibliografia

_____. Les exigences de la primauté du droit communautaire: continuité ou métamorphose. In: BOULOUIS, Jean. (Colab.). *L'Europe et le droit*: mélanges en hommage à Jean Boulouis. Paris: Dalloz, 1991.

_____. *La directive européenne*. Paris: Dalloz-Sirey, 1997.

_____. Directive. *Répertoire Droit Communautaire*, Paris, maio 1998. 27 p.

_____. Les fondements de l'autonomie du droit communautaire. In: DROIT INTERNATIONAL ET DROIT COMMUNAUTAIRE, PERSPECTIVES ACTUELLES. COLLOQUE SFDI, 30 set.-2 out. 1999, Bordeaux. *Rapport général...* Paris: Pedone, 2000.

_____. Recours en constatation de manquement. *Jurisclasseur Europe Traité*, n. 3, fasc. 380, p. 1-36, 2002.

_____. La responsabilité des Etats membres en cas de violation du droit communautaire par une juridiction suprême. *Europe*, n. 11, nov. 2003.

_____. La condamnation indirecte du "manquement judiciaire": le juge national doit être asservi par le législateur au respect du droit communautaire. *Europe*, n. 3, mar. 2004.

_____. Cour de justice et tribunal de première instance des communautés européennes. *Annuaire français de droit international*, Paris, p. 725-758, 2005a.

_____. L'examen par le Conseil constitutionnel du traité portant établissement d'une constitution pour l'Europe: fausses surprises et vraies confirmations. *Europe*, v. 2, p. 6-9, 2005b.

_____; BARAV, Ami. Le droit communautaire et la suspension provisoire des mesures nationales: les enjeux de l'affaire Factortame. *Revue du Marché Commun et de l'Union Européenne*, Paris, n. 340, p. 591-597, 1990.

SOULIER, Gérard. Droit harmonisé, droit uniforme, droit commun? In: SIMON, Denys (Org.). *Le droit communautaire et les métamorphoses du droit*. Estrasburgo: Presses Universitaires de Strasbourg, 2003. p. 57-80.

WOJCIKIEWICZ ALMEIDA, Paula. Direito institucional da União Europeia. In: COSTA, Thales Morais (Org.). *Introdução ao direito francês*. Curitiba; Juruá, 2009a. v. 1, p. 246-256.

_____. O efeito útil da diretiva de retorno: as consequências de uma harmonização minimalista. In: SIMPÓSIO DE PÓS-GRADUAÇÃO EM RELAÇÕES

INTERNACIONAIS DO PROGRAMA SAN TIAGO DANTAS, II., 2009. *Anais...* São Paulo: Unesp/Unicamp/PUC-SP, 2009b.

_____. A diretiva de retorno como um reflexo do endurecimento da política de imigração da União Europeia: uma solução "à géométrie variable". *Revista de Direito do Estado*, n. 17-18, p. 435-472, jan./jun. 2010.

2. Direito do Mercosul

2.1 Livros

ALMEIDA, José Gabriel Assis de. *Mercosul*: manual de direito da integração. Rio de Janeiro: Lumen Juris, 2001.

_____. (Org.). *Dez anos de Mercosul*. Rio de Janeiro: Lumen Juris, 2005.

BAPTISTA, Luiz Olavo. *O Mercosul, suas instituições e ordenamento jurídico.* São Paulo: LTr, 1998.

CASELLA, Paulo Borba. *Mercosul*: exigências e perspectivas de integração e consolidação de espaço econômico. São Paulo: LTr, 1996.

MELLO, Celso Renato Duvivier Albuquerque. *Direito internacional da integração*. Rio de Janeiro: Renovar, 1996.

OBREGÓN, Marcelo Fernando Quiroga. *A necessidade da aplicação do direito comunitário do Mercosul.* Rio de Janeiro: Lumen Juris, 2004.

PEREIRA, Ana Cristina Paulo. *Direito institucional e material do Mercosul.* 2. ed. rev. e atual. Rio de Janeiro: Lumen Juris, 2005

VENTURA, Deisy de Freitas Lima. *A ordem jurídica do Mercosul.* Porto Alegre: Livraria do Advogado, 1996.

_____; PEROTTI, Alejandro. *El proceso legislativo del Mercosur.* Montevidéu: Konrad-Adenauer-Stiftung, 2004

2.2 Artigos e obras coletivas

ARROYO, Diego Fernández. *La respuesta del Tribunal Permanente del Mercosur a la primera "consulta interpretativa" o cómo complicar lo simple.* Instituto de

Investigaciones Juridicas (Unam), [s.d]. Disponível em: <http://biblio.juridicas.unam.mx/libros/6/2547/12.pdf>. Acesso em: 7 dez. 2012.

BAPTISTA, Luiz Olavo. Análise da funcionalidade do sistema de solução de disputas do Mercosul. *Solução de controvérsias no Mercosul,* Brasília, Câmara dos Deputados, Comissão Parlamentar Conjunta do Mercosul, p. 101-113, 2003.

BARRAL, Welber. As inovações processuais do Protocolo de Olivos. *Solução de controvérsias no Mercosul,* Brasília, Câmara dos Deputados, Comissão Parlamentar Conjunta do Mercosul, p. 233-246, 2003.

BOLDORINI, María Cristina. Protocolo de Olivos: innovaciones en el sistema de solución de controversias del Mercosur. *Solução de controvérsias no Mercosul,* Brasília, Câmara dos Deputados, Comissão Parlamentar Conjunta do Mercosul, p. 114-149, 2003.

CÁRDENAS, Emílio J. Un revés en el Mercosur. *La Nación,* 11 ago. 2007. Disponível em: <www.lanacion.com.ar/933468-un-reves-en-el-mercosur>. Acesso em: 2 jun. 2012.

DÍAZ, Edgar Ruiz. Por temor a juicio político, Lugo rechaza la "fórmula". *ABC Color,* 22 dez. 2011. Disponível em: <www.abc.com.py>. Acesso em: 22 dez. 2011.

DIPUTADO Soler critica a Chávez y exige respeto al Congreso. *ABC Color,* 22 dez. 2011. Disponível em: <www.abc.com.py/nota/diputado-soler-critica-a--chavez-y-exige-respeto-al-congreso/>. Acesso em: 22 dez. 2011.

FEDER, Berta. El Protocolo de Olivos para la solución de controversias del Mercosur: algunos aspetos particulares (técnico jurídicos, organico institucionales, procesales). *Solução de controvérsias no Mercosul,* Brasília, Câmara dos Deputados, Comissão Parlamentar Conjunta do Mercosul, p. 247-269, 2003.

INSTITUTO DE PESQUISA ECONÔMICA APLICADA. *Comunicado 143 do Parlamento do Mercosul*: análise das propostas de eleição direta em discussão no Congresso Nacional. Brasília, Ipea, 2012. Disponível em: <www.ipea.gov.br>. Acesso em: 2 jun. 2012.

KLOR, Adriana Dreyzin de. La primera opinion consultiva en Mercosur: germen de la cuestion prejudicial? *Revista Española de Derecho Europeo,* n. 23,

p. 437-461, jul./set. 2007. Disponível em: <http://dialnet.unirioja.es/servlet/revista?codigo=3157>. Acesso em: 15 fev. 2013.

_____; HARRINGTON, Carolina. Las opiniones consultivas en Mercosur: el debut del mecanismo jurídico. *Revista de derecho privado y comunitario*, n. 2, p. 551-607, 2007.

MERCOSUL aprova Código Aduaneiro Comum. *Portal G1*, 3 ago. 2010. Disponível em: <http://g1.globo.com/mundo>. Acesso em: 21 jun. 2012.

MOROSINI, Fabio. O caso dos pneumáticos: preferências regionais e questões ambientais. *Pontes entre o comércio e o desenvolvimento sustentável*: revista do ICTSD, v. 1, n. 4, out./dez. 2006. Disponível em: <www.ictsd.org/monthly/pontes>. Acesso em: 2 jun. 2012.

MOTA, Denise. Mercosul cria comissão para acelerar adesão da Venezuela ao bloco. *BBC Brasil*, 20 dez. 2011. Disponível em: <www.bbc.co.uk>. Acesso em: 22 dez. 2011.

PEREIRA, Ana Cristina Paulo. A condenação do Brasil na OMC em virtude do tratamento preferencial ao comércio intra-Mercosul de pneus reformados. In: MENEZES, Wagner (Org.). *Estudos de direito internacional*. Curitiba: Juruá, 2008. v. XII: anais do 6º Congresso Brasileiro de Direito Internacional, p. 71-77.

PEROTTI, Alejandro Daniel. Estrutura institucional y derecho en el Mercosur. *Revista de derecho del Mercosur*, Buenos Aires, ano 6, n. 1, p. 82-98, fev. 2002.

_____. Los neumáticos ponen en evidencia el dilema. *La Nación*, 8 abr. 2008a. Disponível em: <www.lanacion.com.ar/edicionimpresa/suplementos/comercioexterior/nota.asp?nota_id=1001658>. Acesso em: 2 jun. 2012.

_____. Tribunal Permanente de Revisión del Mercosur: situación institucional y opiniones consultivas. *Temas del Cono Sur*: dossier de integración, Buenos Aires, n. 49, p. 5-17, jun. 2008b. Disponível em: <www.mercosurabc.com.ar/dossier/N49_jun_08.pdf>. Acesso em: 7 dez. 2012.

REIS, Márcio Monteiro. Mercosul: um balanço judiciário (o exercício da jurisdição). In: ALMEIDA, José Gabriel Assis de (Org.). *Dez anos de Mercosul*. Rio de Janeiro: Lumen Juris, 2005. p. 37.

WHITELAW, James. The Mercosur dispute settlement system. In: LACARTE, Julio; GRANADOS, Jaime (Ed.). *Inter-governmental trade dispute settlement*: multilateral and regional approaches. Londres: Cameron May, 2004. p. 215-227.

WILSON, Peter. Venezuela to withdraw from Andean Free Trade Group. *Bloomberg.com*, 19 abr. 2006. Disponível em: <www.bloomberg.com>. Acesso em: 21 jun.2012.

WOJCIKIEWICZ ALMEIDA, Paula. A autonomia dos Estados-partes na execução do direito da integração do MERCOSUL: um paradigma da União Europeia. *Estudos de Direito Internacional*: anais do 6º Congresso Brasileiro de Direito Internacional, v. XII, Curitiba, 2008.

_____. A execução do direito da integração do Mercosul: uma limitação da autonomia dos Estados-partes. *Revista Novos Estudos Jurídicos*, Itajaí, v. 4, n. 1, 2009a.

_____. O caso das papeleras no rio Uruguai: como conciliar a proteção dos recursos naturais partilhados e o desenvolvimento econômico sustentável? In: MOTA, Mauricio Jorge Pereira da (Org.). *Função social do direito ambiental*. Rio de Janeiro: Elsevier, 2009b. p. 301-323.

_____. Les limites à l'intervention de l'État dans le marché: la portée des décisions des tribunaux de l'UE et du Mercosur en droit interne. In: STORK, Michel; COSTA, Thales Morais; CERQUEIRA, Gustavo Vieira da Costa (Org.). *Les frontières entre liberté et interventionnisme en droit français et en droit brésilien*: études de droit comparé. Paris: L'Harmattan, 2010.

ZALDUENDO, Susana Czar de. El Protocolo de Olivos y la interpretación uniforme de la normativa Mercosur. *Solução de controvérsias no Mercosul*, Brasília, Câmara dos Deputados, Comissão Parlamentar Conjunta do Mercosul, p. 209-222, 2003.

3. Direito internacional público

3.1 Livros

a) Doutrina em língua francesa

APOSTOLIDIS, Charalambos (Org.). *Les arrêts de la Cour Internationale de Justice*. Dijon: Editions Universitaires de Dijon, 2005.

AZAR, Aïda. *L'exécution des décisions de la Cour Internationale de Justice*. Bruxelas: Bruylant, 2003.

BANNELIER, Karine; CHRISTAKIS, Théodore, CORTEN, Olivier; KLEIN, Pierre (Org.). *L'intervention en Irak et le droit international*. Paris: Pedone, 2004. (Col. Cahiers Internationaux, n. 19).

BETTATI, Mario. L'usage de la force par l'ONU. *Pouvoirs*, v. 2, n. 109, p. 111-123, 2004. Disponível em: <www.cairn.info/revue-pouvoirs-2004-2-page-111.htm>. Acesso em: 3 jun. 2012.

BOURDON, William. *La Cour pénale internationale*: le Statut de Rome. Paris: Seuil, 2000.

BUZZI, Alessandro. *L'intervention armée de l'OTAN en République Fédérale de Yougoslavie*. Paris: Cedin Paris 1, 2001. (Volume 22 de Perspectives internationales.)

CARREAU, Dominique. *Droit international*. 9. ed. Paris: Pedone, 2007.

CANÇADO TRINDADE, Antonio Augusto. *Evolution du droit international au droit des gens. L'accès des individus à la Justice Internationale*: le regard d'un juge. Paris: Pedone, 2008. (Collection Ouvertures Internationales.)

COT, Jean-Pierre; PELLET, Alain; FORTEAU, Mathias. *La Charte des Nations Unies*: commentaire article par article. 3. ed. Paris: Economica, 2005. v. I e II.

COMBACAU, Jean. *Le droit des traités*. Paris: PUF, 1991. (Coleção Que sais-je?, n. 2613).

COMBACAU, Jean; SUR, Serge. *Droit international public*. 6. ed. Paris: Montchrestien, 2004.

CORTEN, Olivier. Les *conventions de Vienne sur le droit des traités*: commentaires article par article. Bruxelas: Bruylant, 2007.

DAILLIER, Patrick; PELLET, Alain. *Droit international public*. 7. ed. Paris: LGDJ, 2002.

_____; FORTEAU, Mathias; PELLET, Alain. *Droit international public*. 8. ed. Paris: LGDJ, 2009.

DECAUX, Emmanuel. *Droit international public*. 4. ed. Paris: Dalloz, 2004.

DEHOUSSE, Fernand. *La ratification des traités*. Paris: Sirey, 1935.

DUPUY, Pierre-Marie. *Les grands textes de droit international public*. Paris: Dalloz, 2004.

EISEMANN, Pierre-Michel; PAZARTZIS, Photini. *La jurisprudence de la Cour Internationale de Justice*. Paris: Pedone, 2008.

FITZMAURICE, Malgosia; LOWE, Vaughan (Org.). *Fifty years of the International Court of Justice*: essays in honour of Sir Robert Jennings. Cambridge: Cambridge University Press, 1996.

HIÉRAMENTE, Mayeul. *La Cour pénale internationale et les Etats-Unis*: une analyse juridique du différend. Paris: L'Harmattan, 2008.

JOUANNET, Emmanuelle, RUIZ-FABRI, Hélène; SOREL, Jean-Marc. *Regards d'une génération sur le droit international*. Paris: Pedone, 2008.

KOLB, Robert. *La bonne foi en droit international*. Paris: PUF, 2001a.

_____. *Théorie du jus cogens international*: essai de relecture du concept. Paris: PUF, 2001b.

MESTRE-LAFAY, Frédérique. *L'ONU*. 17. ed. Paris: PUF, 2004. (Coleção Que sais-je?)

MÉGRET, Frédéric. *Le Tribunal Pénal International pour le Rwanda*. Paris: Cedin Paris 1, 2002. (Volume 23 de Perspectives internationales.)

PETIT, Yves, *Droit international du maintien de la paix*. Paris: LGDJ, 2000.

REUTER, Paul. *La convention de Vienne du 23 mai 1969 sur le droit des traités*. Paris: A. Colin, 1970.

_____. Paul. *Introduction au droit des traités*. 3. ed. Paris: PUF, 1995.

RUIZ FABRI, Hélène; SOREL, Jean-Marc. La Cour Internationale de Justice. *Juris-Classeur Droit International*, fasc. 215, 216, 217 e 218, 2001.

SOCIÉTÉ FRANÇAISE POUR LE DROIT INTERNATIONAL. *La responsabilité de protéger*: Colloque de Nanterre. Paris: Pedone, 2008.

STERN, Brigitte. *Vingt ans de jurisprudence de la CIJ (1975-1995)*. Haia: Nijhoff, 1998.

SUR, Serge. *Le Conseil de Sécurité dans l'après 11 Septembre*. Paris: LGDJ, 2004.

ZOLLER, Elisabeth. *La bonne foi en droit international public*. Paris: Pedone, 1977.

b) Doutrina em língua inglesa

AUST, Anthony. *Modern treaty law and practice*. Cambridge University Press, 2000.

BROWNLIE, Ian. *Principles of public international law*. 7. ed. Oxford: Oxford University Press, 2008.

CANÇADO TRINDADE, Antonio Augusto. *International law of humankind*: towards a new jus gentium. Leiden: Martinus Nijhoff, 2010. (The Hague Academy of International Law monographs, v. 6.)

CASSESE, Antonio. *International criminal law*. 2. ed. Oxford: Oxford University Press, 2008.

_____; ESER, Albin; GAJA Giorgio; KIRSCH Philippe; PELLET Alain; SWART, Bert. *The Rome Statute for an International Criminal Court*: a commentary. Oxford: Oxford University Press, 2002.

LEE, Roy S.; PECK, Connie (Org.). *Increasing the effectiveness of the ICJ*. Dordrecht: Nijhoff, 1997.

THE MAZAL LIBRARY, *Nuernberg Military Trial*, v. III, p. 19-22, [s.d.]. Disponível em: <www.mazal.org/archive.htm>. Acesso em: 17 fev. 2012.

MCNAIR, Lord Arnold Duncan. *The law of treaties*. Oxford: Clarendom Press, 1961.

OPPENHEIM, Lassa Francis Lawrence. *International law*: a treatise. Londres: Longmans, Green and Co., 1935.

ROSENNE, Shabtai. *A guide to the legislative history of the Viena Convention*. Leyde: Sijthoff, 1970.

SCHABAS, William A. *The UN International Criminal Tribunals, The Former Yugoslavia, Rwanda and Sierra Leone*. Cambridge: Cambridge University Press, 2006.

_____. *An introduction to the International Criminal Court*. 2. ed. Cambridge: Cambridge University Press, 2008.

SIMMA, Bruno (Org.). *The Charter of the United Nations*: a commentary. 2. ed. Oxford: Oxford University Press, 2002. v. II.

TRIFFTERER, Otto. *Commentary on the Rome Statute of the International Criminal Court*: observers' notes, article by article. 2. ed. [s.l.]:Beck/Hart, 2008. Disponível em: <www.hartpub.co.uk/books/details.asp?isbn=9781841138886>. Acesso em: 15 fev. 2013.

UNITED STATES OF AMERICA. *Trials of war criminals before the Nuernberg Military Tribunals under Control Council Law n. 10*. Washington, DC: United

States Government Printing Office, 1951. v. III. Disponível em: <www.loc.gov/rr/frd/Military_Law/pdf/NT_war-criminals_Vol-III.pdf>. Acesso em: 17 fev. 2012.

c) Doutrina em língua portuguesa

ACCIOLY, Hildebrando. *Manual de direito internacional público*. São Paulo: Saraiva, 1996.

CACHAPUZ DE MEDEIROS, Antônio Paulo. *O poder de celebrar tratados*. Porto Alegre: Fabris, 1995.

CANÇADO TRINDADE, Antonio Augusto. *A incorporação das normas internacionais de proteção dos direitos humanos no direito brasileiro*. San Jose: Instituto Interamericano de Derechos Humanos, 1996.

_____. *O direito internacional em um mundo em transformação*: ensaios (1976-2001). Rio de Janeiro: Renovar, 2002.

_____. *A humanização do direito internacional*. Belo Horizonte: Del Rey, 2006.

CASELLA, Paulo Borba. *Tratado de Versalhes na história do direito internacional*. São Paulo: Quartier Latin, 2007.

_____. *Fundamentos do direito internacional pós-moderno*. São Paulo: Quartier Latin, 2008.

DINH, Nguyen Quoc; DAILLIER, Patrick; PELLET, Alain. *Direito internacional público*. 2. ed. Lisboa: Fundação Calouste Gulbenkian, 2003.

FERRO, Ana Luiza Almeida. *O Tribunal de Nuremberg*: dos precedentes à confirmação de seus princípios. Belo Horizonte: Mandamentos, 2002.

FONTOURA, Paulo Roberto Campos Tarrisse da. *O Brasil e as operações de manutenção da paz das Nações Unidas*. Brasília: Ibri/Funag, 1999.

GONÇALVES, Joanisval Brito. *Tribunal de Nuremberg 1945-1946*: a gênese de uma nova ordem no direito internacional. 2. ed. rev. e ampl. Rio de Janeiro: Renovar, 2004.

LACERDA, Gabriel. *O direito no cinema*. Rio de Janeiro: FGV, 2007.

_____. *Nazismo, cinema e direito*. Rio de Janeiro: Elsevier, 2012.

MAIA, Marrielle. *Tribunal Penal Internacional*: aspectos institucionais, jurisdição e princípio da complementariedade. Belo Horizonte: Del Rey, 2001.

MELLO, Celso Renato Duvivier de Albuquerque. *Curso de direito internacional público*. 15. ed. Rio de Janeiro: Renovar, 2004. v. I e II.

RANGEL, Vicente Marotta. *Direito e relações internacionais*. São Paulo: Revista dos Tribunais, 1993.

REZEK, Francisco. *Direito Internacional Público*. 11. ed. São Paulo: Saraiva, 2008.

SOARES, Guido Fernando da Silva. *Curso de direito internacional público*. 2. ed. São Paulo: Atlas, 2004.

TIBURCIO, Carmen. *Temas de direito internacional*. Rio de Janeiro: Renovar, 2006.

UZIEL, Eduardo. *O Conselho de Segurança, as operações de manutenção da paz e a inserção do Brasil no mecanismo de segurança coletiva das Nações Unidas*. Brasília: Fundação Alexandre de Gusmão, 2010. Disponível em: <www.direitointernacional.org/arquivos/20100603044954_arquivo.pdf>. Acesso em: 12 jun. 2012.

d) Doutrina em língua espanhola

CANÇADO TRINDADE, Antonio Augusto. *El ejercicio de la función judicial internacional*: memórias de la Corte Interamericana de Derechos Humanos. Belo Horizonte: Del Rey, 2011a.

_____. *El derecho internacional de los derechos humanos en el siglo XXI*. Santiago: Editorial Juridica de Chile, 2011b.

3.2 Artigos e obras coletivas

AGENCE UNIVERSITAIRE DE LA FRANCOPHONIE. La responsabilité de protéger. *Aspects*: Revue d'études francophones sur l'Etat de droit et la démo-

cratie, n. 2, 2008, disponível para download em: <www.revue-aspects.info>. Acesso em: 12 jun. 2012.

ALLAND, Denis. L'applicabilité directe du droit international considérée du point de vue de l'office du juge: des habits neufs pour une vieille dame?. *Revue Générale de Droit International Public*, Paris, n. 1, p. 203-244, 1998.

AMBOS, Kai. Establishing an International Criminal Court and International Criminal Code: observations from an international criminal law viewpoint. *European Journal of International Law*, v. 7, n. 4. p. 519-544, 1996.

_____. Les fondements juridiques de la Cour Penale Internationale. *Revue trimestrielle des droits de l'homme*, n. 40, p. 739-772, out. 1999.

AMNESTY INTERNATIONAL. International Secretariat. *USA: justice delayed and justice denied?* Trials under the Military Commissions Act. Londres, 22 mar. 2007. Sumário (tópicos 1 a 12). Disponível em: <www.amnesty.org/en/library/info/AMR51/044/2007>. Acesso em: 22 fev. 2012.

ANDRASSY, Juraj. Uniting for Peace. *American Journal of International Law*, v. 50, p. 563-582, 1956.

ANNAN, Kofi. Two concepts of sovereignty. *The Economist*, 16 set. 1999.

APÓS pressão internacional, Líbia diz que julgará morte de Kadhafi. *BBC Brasil/O Estado de S. Paulo*, 24 out. 2011. Disponível em: <www.estadao.com.br>. Acesso em: 16 jan. 2012.

APTEL, Cécile. The International Criminal Tribunal for Rwanda. *International Review of the Red Cross*, n. 321, p. 675-683, 31 dez. 1997. Disponível em: <www.icrc.org/web/eng/siteeng0.nsf/html/57JNZ5>. Acesso em: 14 jun. 2012.

ARSANJANI, Mahnoush H. The Rome Statute of the International Criminal Court. *American Journal of International Law*, v. 93, n. 1, p. 22-43, 1999.

BARAV, Ami. Déviation préjudicielle. In: GAUTRON, Jean Claude (Colab.). *Les dynamiques du doit européen en début de siècle*: études à l'honneur de Jean Claude Gautron. Paris: Pedone, 2004.

_____. La plénitude de compétence du juge national en sa qualité de juge communautaire. In: BOULOUIS, Jean. (Colab.). *L'Europe et le droit*: mélanges en hommage à Jean Boulouis. Paris: Dalloz, 1991.

BASSIOUNI, M. Charif. The time has come for an International Criminal Court. *Indiana International and Comparative Law Review*, v. 1, n. 1, p. 1-43, 1991.

_____; BLAKESLEY, Cristopher L. The need for an international criminal court in the new international world order. *Vanderbilt Journal of Transnational Law*, v. 25, n. 2, p. 151-182, 1992.

BEHIND the Kosovo krisis. *BBC News*, 12 mar. 2000. Disponível em: <http://news.bbc.co.uk>. Acesso em: 16 jan. 2012.

BISSETT, James. War on terrorism skipped the KLA. *National Post*, 13 Nov. 2001. Disponível em: <www.globalresearch.ca/articles/BIS111A.html>. Acesso em: 16 jan. 2012.

BOELAERT-SUOMINEN, Sonja. The International Criminal Tribunal for the Former Yugoslavia and the Kosovo conflict. *International Review of the Red Cross,* n. 837, 31 mar. 2000.

BOSNIA war dead figure announced. *BBC*, 21 jun. 2007. Disponível em: <http://news.bbc.co.uk>. Acesso em: 25 jun. 2012.

CANÇADO TRINDADE, Antonio Augusto. Elementos para un enfoque de derechos humanos del fenómeno de los flujos migratoiros forzados. *Cuadernos de Trabajo sobre Migración*, Guatemala, n. 5, p. 4-17, 2001.

_____. El desarraigo como problema humanitario y de derechos humanos frente a la conciencia jurídica universal. In: VALLADARES, Gabriel (Org.). *Derecho internacional humanitario y temas de áreas vinculadas*. Buenos Aires: Lexis Nexis Abeledo Perrot, 2003. p. 71-116.

CASSESE, Antonio. De Nuremberg a Roma: dos tribunais militares internacionais ao Tribunal Penal Internacional. In: AMBOS, Kai; CARVALHO, Salo de. *O direito penal no Estatuto de Roma*. Rio de Janeiro: Lumen Juris, 2005.

COMBESQUE, Marie-Agnès. Violence et résistances à Guantánamo. *Le Monde Diplomatique*, fev. 2006. Disponível em: <www.monde-diplomatique.fr>. Acesso em: 22 fev. 2012.

CONCHIGLIA, Augusta. Guantánamo, a ilegalidade total. *Le Monde Diplomatique*, jan. 2004. Disponível em: <www.diplomatique.org.br/acervo.php>. Acesso em: 22 fev. 2012.

CONDORELLI, Luigi. La Cour pénale internationale: un pas de géant (pourvu qu'il soit accompli...). *Revue générale de droit international public*, t. 103, n. 1, p. 7-21, 1999.

_____; CIAMPI, Annalisa. Comments on the Security Council referral of the situation in Darfur to the ICC. *Journal of International Criminal Justice*, v. 3, n. 3, p. 590-599, jul. 2005.

CONSELHO DE DIREITOS HUMANOS DA ONU. *Human rights in Palestine and other occupied territories*: report of the United Nations Fact-Finding Mission on the Gaza conflict. Relatório A/HRC/12/48, de 25 set. 2009. Disponível em: <www2.ohchr.org/english/bodies/hrcouncil/specialsession/9>. Acesso em: 10 jun. 2012.

DEMPSEY, Gary T. Reasonable doubt: the case against the proposed International Criminal Court. *Cato Policy Analysis*, n. 311 jul. 1998. Disponível em: <www.cato.org/publications/policy-analysis/reasonable-doubt-case-against-proposed-international-criminal-court>. Acesso em: 14 jun. 2012.

DUBOIS, Olivier. Rwanda's national criminal courts and the International Tribunal. *International Review* of the Red Cross, n. 321, p. 717-731, 31 dez. 1997. Disponível em: <www.icrcorg/web/eng/siteeng0.nsf/html/57JNZA>. Acesso em: 14 jun. 2012.

ENTENDA a recente escalada do conflito na Faixa de Gaza. *BBC Brasil. com*, 9 jan. 2009. Disponível em: <www.bbc.co.uk/portuguese/reporterbbc/story/2009/01/090108_gazaqanda_ac.shtml>. Acesso em: 7 jan. 2012.

ESTADOS UNIDOS DA AMÉRICA. Ethnic cleansing in Kosovo: an accounting. U.S. State Department Report, Dec. 1999. Disponível em: <www.state.gov/www/global/human_rights/kosovoii/homepage.html>. Acesso em: 16 jan. 2012.

EVANS, Gareth. Responsibility while protecting. *Project Syndicate*, 2011a. Disponível em: <www.project-syndicate.org>. Acesso em: 12 jun. 2012

_____. The responsibility to protect comes of age. *Project Syndicate*, 2011b. Disponível em: <www.project-syndicate.org>. Aceso em: 12 jun. 2012.

FALK, Richard. Understanding the Gaza catastrophe. *The Huffington Post*, 2 jan. 2009a. Disponível em: <www.huffingtonpost.com>. Acesso em: 10 jun. 2012.

_____. Nécessaire inculpation des responsables de l'agression contre Gaza. *Le Monde Diplomatique*, p. 12-13, mar. 2009b.

FENRICK, William J. The application of the Geneva Conventions by the International Criminal Tribunal for the Former Yugoslavia. *International Review of the Red Cross*, n. 834, 30 jun. 1999.

FRANKE, Felipe Schroeder. Otan na Líbia: objetivos se confundem, intervenção se alonga. *Portal Terra*, 19 jun. 2011. Disponível em: <http://noticias.terra.com.br>. Acesso em: 16 jan. 2012.

GARCIA, Marcio P. P. Rumo à Estação Roma: antecedentes do TPI. In: CASELLA, Paulo Borba; CELLI JR., Humberto; MEIRELLES, Elizabeth de Almeida; POLIDO, Fabrício (Org.). *Direito internacional, humanismo e globalidade*. São Paulo: Atlas, 2008. p. 236-254.

GOLDSTONE, Richard. Reconsidering the Goldstone Report on Israel and war crimes. *Washington Post*, 1 abr. 2011. Disponível em: <www.washingtonpost.com/opinions>. Acesso em: 10 jun. 2012.

GREPPI, Edoardo. The evolution of individual criminal responsibility under international law. *International Review of the Red Cross*, n. 835, 30 set. 1999.

GUILLAUME, Gilbert. The future of international judicial institution. *International and Comparative Law Quarterly*, v. 44, p. 848, 1995.

_____. La Cour Internationale de Justice: quelques propositions concrètes à l'occasion du Cinquantenaire. *Révue Générale de Droit International Public*, v. 100, p. 323, 1996.

HEINBECKER, Paul. Kosovo. In: MALONE, David N. (Org.). *The UN Security Council*: from the Cold War to the 21st Century. Londres: Lynne Rienner, 2004.

HISAKAZU, Fujita. The Tokyo Trial: humanity's justice *vs.* Victor's justice. In: TAMAKA, Yuki; McCORMACK, Tim; SIMPSON, Gerry. *Beyond Victor's justice?* The Tokyo war crimes trial revisited. Boston: Martinus Nijhoff, 2011.

ICISS. *The responsibility to protect*: report of the International Commission on Intervention and State Sovereignty. Ottawa: International Development Research Centre, dez. 2001. p. VII-18. Disponível em: <http://responsibilitytoprotect.org/ICISS%20Report.pdf>. Acesso em: 8 jun. 2012.

IRAQI deaths from violence 2003–2011. Iraq Body Count. 2 jan. 2012. Disponível em: <www.iraqbodycount.org/analysis/numbers/2011/>. Acesso em: 27 jan. 2012.

ISRAEL ataca a Faixa de Gaza. *Veja.com.*, dez. 2008. Disponível em: <http://veja.abril.com.br>. Acesso em: 25 jun. 2012.

JENNINGS, Robert. The ICJ after 50 years. *American Journal of International Law*, v. 89, p. 493, 1995.

JUILLARD, Patrick. Les organisations internationales économiques. In: Dupuy, René-Jean (Org.). *Manuel sur les organisations internationales*. 2. ed. Boston: Martinus Nijhoff, 1998.

KENKEL, Kai Michael. "Global player" ou espectador nas margens? A "responsabilidade de proteger": definição e implicações para o Brasil. *Revista da Escola de Guerra Naval*, v. 12, p. 6-57, 2008.

KRASNO, Jean; DAS, Mitushi. The Uniting for Peace Resolution and other ways of circumventing the authority of the Security Council. In: CRONIN, Bruce; HURD, Ian (Org.). *The UN Security Council and the politics of international authority*. London: Routledge, 2008.

LA DOCUMENTATION FRANÇAISE. *Justice pénale internationale*. Disponível em: <www.ladocumentationfrancaise.fr/dossiers/justice-penale-internationale/index.shtml>. Acesso em: 16 jun. 2012.

LEÓN, Pablo José Sandonato de. Titre et statut juridiques de la présence angloaméricaine en Irak à la lumière du droit international public. *Hague Yearbook of International Law*, n. 17, p. 15-36, 2004.

MACFARLANE, Neil; THIELKING, Colin; REISS, Thomas. Responsibility to protect: is anyone interested in humanitarian intervention? *Third World Quarterly*, v. 25, n. 5, p. 977-992, jul. 2004.

MASSEY, Simon. Operation Assurance: the greatest intervention that never happened. *The Journal of Humanitarian Assistance*, 15 fev. 1998. Disponível em: <http://sites.tufts.edu/jha/archives/123>. Acesso em: 16 jan. 2012.

MASTOR, Wanda. La prison de Guantanamo: réflexions juridiques sur une zone de 'non-droit'. In: COLLECTIF, Evelyne Lagrange. *Annuaire Français de Droit International*. Paris: CNRS, 2008. v. 53, p. 24-43.

PATRIOTA, Antonio de Aguiar. *Concept paper on the responsibility while protecting*, 2011. Disponível em: <www.un.int/brazil/>. Acesso em: 8 jun. 2012.

PELLET, Alain. *Les effets de la reconnaissance par la Palestine de la compétence de la CPI*. Submissions on whether the declaration lodged by the Palestinian National Authority meets statutory requirements, 18 fev. 2010. Disponível em: <www.icc-cpi.int>. Acesso em: 10 jun. 2012.

PETERSEN, Keith S. The Uses of the Uniting for Peace Resolution since 1950. *International Organization*, v. 13, p. 219-232, 1959.

POSNER, Eric. The Gaza blockade and international law: Israel's position is reasonable and backed by precedent. *The Wall Street Journal*, 4 jun. 2010.

PRASOW, Andrea. Justice on trial. *Huffington Post*, 9 maio 2012. Disponível em: <www.huffingtonpost.com>. Acesso em: 22 fev. 2012.

QUÉGUINER, Jean-François. Dix ans après la création du Tribunal Pénal International pour l'ex-Yougoslavie: évaluation de l'apport de sa jurisprudence au droit international humanitaire. *Revue Internationale de la Croix-Rouge*, n. 850, v. 85, p. 271-311, 2003.

REICHER, Harry. The Uniting for Peace Resolution on the thirtieth anniversary of its passage. *Columbia Journal of Transnational Law*, v. 20, p. 1-49, 1982.

REICHLER, Paul S. Holding America to its own best standards: Abe Chayes and Nicaragua in the World Court. *Harvard International Law Journal*, v. 42, n. 15, 2001.

RIDEAU, Joël. Souveraineté et solutions pacifiques des différends internationaux. In: BETTATI, Mario et. al. *La souveraineté au XXème siècle*. Paris: Armand Colin, 1971. p. 103-127.

ROBERTS, Adam. Law and the Use of Force After Iraq. *Survival*, v. 45, n. 2, verão 2003.

ROBINSON, Matt; CAREY, Nick. Rebeldes líbios avançam lentamente para Trípoli. *O Globo*, 17 jun. 2011. Disponível em: <http://oglobo.globo.com>. Acesso em: 16 jan. 2012.

ROSENNE, Shabtai. The three central elements of modern international law. *Hague Yearbook of International Law*, p. 3-13, 2004.

SERBIN, Andrés; RODRIGUES, Gilberto M. A. The relevance of the responsibility to protect for Latin America and the Caribbean region: prevention and the role of civil society. *Global Responsibility to Protect*, Nijhoff, n. 3, p. 266-285, 2011.

SHARP, Heather. Conflito em Gaza desperta polêmica sobre definição de "civis". *BBC Brasil*, 6 jan. 2009. Disponível em: <www.bbc.co.uk/portuguese/reporterbbc/story/2009/01/090106_gaza_civis.shtml>. Acesso em: 25 jun. 2012.

SIMPSON, Gerry. *Writing the Tokyo trial*. In: TAMAKA, Yuki; McCORMACK, Tim; SIMPSON, Gerry. *Beyond Victor's justice?* The Tokyo war crimes trial revisited. Boston: Martinus Nijhoff, 2011.

SOLANA, Javier. Failing the Syria test. *Project Syndicate*, 2011. Disponível em: <www.project-syndicate.org>. Acesso em: 12 jun. 2012.

STEYN, Eric; MORRISSEY, Richard. Uniting for Peace Resolution. *Encyclopedia of Public International Law*. Amsterdam, v. 4, p. 1232-1235, 2000.

STEYN, J. Guantánamo bay: the legal black hole. *The International and Comparative Law Quarterly*, v. 56, n. 1, p. 1-15, jan. 2004.

TAVERNIER, Paul. The experience of the International Criminal Tribunals for the Former Yugoslavia and for Rwanda. *International Review of the Red Cross*, n. 321, p. 605-621, 31 dez. 1997. Disponível em: <www.icrc.org/web/eng/siteeng0.nsf/html/57JNYY>. Acesso em: 16 jun. 2012.

THE PROBLEM prisoners. *Foreign Policy*, 10 jan. 2012. Disponível em: www.foreignpolicy.com/articles>. Acesso em: 22 fev. 2012.

TOURNIER, Michel. Le tribunal international de Nuremberg condamnait à mort les principaux chefs nazis: il y a vingt-cinq ans. *Le Monde*, n. 8309, p. 2, 1 out. 1971. (Tradução para o inglês a cargo da CVCE. Disponível em: <www.ena.lu/mce.swf?doc=913&lang=1. Acesso em: 16 jun. 2012.)

U.S. DEPARTMENT OF JUSTICE. *Memorandum for John Rizzo*: acting General Counsel of the Central Intelligence Agency, 1 ago. 2002, p. 2 e segs. Disponível em: <http://graphics8.nytimes.com/packages/images/nytint/docs/justice-department-memos-on-interrogation-techniques/original.pdf>. Acesso em: 26 jun. 2012.

VIOTTI, Maria Luiza Ribeiro. *Intervenção da representante permanente da República Federativa do Brasil na sessão do Conselho de Segurança*, 2011. Disponível em: <www.itamaraty.gov.br>. Acesso em: 8 jun. 2012.

VIZENTINI, Paulo Fagundes. O Brasil e as noções de soberania e não intervenção. *Cadernos Adenauer, Segurança e Soberania*, ano 2, n. 5, 2001.
WEINER, Justus Reid; BELL, Avi. International law and the fighting in Gaza. *Jerusalem Center for Public Affairs*, 2008. Disponível em: <http://jcpaorg/text/puzzle1.pdf>. Acesso em: 10 jun. 2010.
WOJCIKIEWICZ ALMEIDA, Paula. O caso das papeleras. *Direito GV, Casoteca Latino-Americana de Direito e Política Pública*, [s.d.]. Disponível em: <www.gvdireito.com.br/casoteca>. Acesso em: 27 dez. 2011.

4. História geral e relações internacionais

BASSETT, Richard. *Almirante Canaris*: misterioso espião de Hitler. Rio de Janeiro: Nova Fronteira, 2007.
BEEVOR, Anthony. *Creta*. Rio de Janeiro: Record, 2005.
CHURCHILL, Winston L. S. Estados Unidos da Europa: discurso proferido na Universidade de Zurique (Suíça) em 19 de setembro de 1946. In: _____. *Jamais ceder!*. Rio de Janeiro: Jorge Zahar, 2005a.
_____. Nossa força coesa e persistente: discurso proferido na conferência dos ministros aliados e dos comissários dos domínios britânicos, em Londres, em 12 de junho de 1941. In: _____. *Jamais ceder!* Rio de Janeiro: Jorge Zahar, 2005b. p. 204-207.
CONETTA, Carl. The wages of war: Iraqi combatant and noncombatant fatalities in the 2003 conflict: PDA Research Monograph, n. 8. *Project on Defense Alternatives*, 20 out. 2003. Disponível em: <www.comw.org/pda/fulltext/0310rm8.pdf>. Acesso em: 27 jan. 2012.
EMMERT, Thomas A. The battle of Kosovo: early reports of victory and defeat. In: VUCINICH, Wayne S.; EMMERT, Thomas A. (Ed.). *Kosovo*: legacy of a medieval battle. Minneapolis: Minnesota Mediterranean and East European Monographs, 1991. v. 1. Disponível em: <www.deremilitari.org/resources/articles/emmert.htm>. Acesso em: 16 jan. 2012.
FILIPOVIĆ, Zlata. *O diário de Zlata*: a vida de uma menina na guerra. São Paulo: Companhia das Letras, 1994.

FRIEDLÄNDER, Saul. A Wehrmacht, a sociedade alemã e o conhecimento do extermínio em massa dos judeus. In: BARTOV, Omer; GROSSMANN, Atina; NOLAN, Mary. *Crimes de guerra*: culpa e negação no século XX. Rio de Janeiro: Difel, 2005.

HEYDECKER, Joe J.; LEEB, Johannes. *O processo de Nuremberg*. Rio de Janeiro: Bruguera, 1968.

ILIBAGIZA, Immaculée. *Sobrevivi para contar*: o poder da fé me salvou de um massacre. Rio de Janeiro: Objetiva, 2008.

JACKSON, Robert H. International Military Tribunal: opening address for the United States of America. *The Department of State Bulletin*, v. XIII, n. 335, publ. 2432, p. 850-860, 21 nov. 1945. Disponível em: <www.ena.lu/mce.swf?doc=4049&lang=2>. Acesso em: 12 jun. 2012.

JUDT, Tony. *Pós-guerra*: uma história da Europa desde 1945. Rio de Janeiro: Objetiva, 2008.

MACMILLAN, Margaret. *Paz em Paris, 1919*: a Conferência de Paris e seu mister de encerrar a Grande Guerra. Rio de Janeiro: Nova Fronteira, 2004.

RIGG, Bryan Mark. *Resgatado do Reich*: como um soldado de Hitler salvou o rabino Lubavitcher. Rio de Janeiro: Imago, 2004.

RYAN, Cornelius. *A última batalha*. Porto Alegre: L&PM, 2005.

Seleção de *sites*

União Europeia

União Europeia: <http://europa.eu.int>.
Base de dados da legislação: <http://eur-lex.europa.eu/RECH_menu.do>.
Tribunais de Justiça da UE: <www.curia.eu.int/pt/transitpage.htm>.
Direito da União Europeia: <http://europa.eu.int/eur-lex/pt/index.html>.
Inteiro teor dos tratados: <http://europa.eu.int/eur-lex/lex/pt/treaties/index.htm>.
Site em francês com informações gerais sobre a EU: <www.touteleurope.fr>.

Mercosul

Mercosul: <www.mercosur.int>.
Parlamento do Mercosul: <www.parlamentodelmercosur.org/>.

ONU

ONU: <www.un.org/>.
Departamento das Operações de Manutenção da Paz: <www.un.org/Depts/dpko/dpko/>.
ONU Brasil: <www.onu-brasil.org.br/documentos_carta.php>.

Anexo I
Declaração Schuman de 9 de maio de 1950

Este é o texto integral da proposição apresentada por Robert Schuman, ministro francês dos Negócios Estrangeiros, e que levou à criação da União Europeia:[621]

A paz mundial não poderá ser salvaguardada sem esforços criadores à medida dos perigos que a ameaçam. A contribuição que uma Europa organizada e viva pode dar à civilização é indispensável para a manutenção de relações pacíficas. A França, ao assumir-se desde há mais de 20 anos como defensora de uma Europa unida, teve sempre por objetivo essencial servir a paz. A Europa não foi construída, tivemos a guerra.

A Europa não se fará de um golpe, nem numa construção de conjunto: far-se-á por meio de realizações concretas que criem em primeiro lugar uma solidariedade de fato. A união das nações europeias exige que seja eliminada a secular oposição entre a França e a Alemanha. Com esse objetivo, o Governo francês propõe atuar imediatamente num plano limitado mas decisivo.

O Governo francês propõe subordinar o conjunto da produção franco-alemã de carvão e de aço a uma Alta Autoridade, numa organização aberta à participação dos outros países da Europa.

---

[621] Disponível em: <http://europa.eu/abc/symbols/9-may/decl_pt.htm>. Acesso em: 7 jun. 2011.

A comunitarização das produções de carvão e de aço assegura imediatamente o estabelecimento de bases comuns de desenvolvimento econômico, primeira etapa da federação europeia, e mudará o destino das regiões durante muito tempo condenadas ao fabrico de armas de guerra, das quais constituíram as mais constantes vítimas.

A solidariedade de produção assim alcançada revelará que qualquer guerra entre a França e a Alemanha se tornará não apenas impensável como também materialmente impossível. O estabelecimento desta poderosa unidade de produção aberta a todos os países que nela queiram participar, que permitirá o fornecimento a todos os países que a compõem dos elementos fundamentais da produção industrial em idênticas condições, lançará os fundamentos reais da sua unificação econômica.

Esta produção será oferecida a todos os países do mundo sem distinção nem exclusão, a fim de participar na melhoria do nível de vida e no desenvolvimento das obras de paz. Com meios acrescidos, a Europa poderá prosseguir a realização de uma das suas funções essenciais: o desenvolvimento do continente africano. Assim se realizará, simples e rapidamente, a fusão de interesses indispensável à criação de uma comunidade econômica e introduzirá o fermento de uma comunidade mais vasta e mais profunda entre países durante muito tempo opostos por divisões sangrentas.

Esta proposta, por intermédio da comunitarização de produções de base e da instituição de uma nova Alta Autoridade cujas decisões vincularão a França, a Alemanha e os países aderentes, realizará as primeiras bases concretas de uma federação europeia indispensável à preservação da paz.

O Governo francês, a fim de prosseguir a realização dos objetivos assim definidos, está disposto a iniciar negociações nas seguintes bases.

A missão atribuída à Alta Autoridade comum consistirá em, nos mais breves prazos, assegurar: a modernização da produção e a melhoria da sua qualidade; o fornecimento nos mercados francês, alemão e nos países aderentes de carvão e de aço em condições idênticas; o desenvolvimento da exportação comum para outros países; a harmonização no progresso das condições de vida da mão de obra dessas indústrias.

Declaração Schuman, de 9 de maio de 1950

Para atingir estes objetivos a partir das condições muito diversas em que se encontram atualmente as produções dos países aderentes, deverão ser postas em prática, a título provisório, determinadas disposições, incluindo a aplicação de um plano de produção e de investimentos, a instituição de mecanismos de perequação dos preços e a criação de um fundo de reconversão destinado a facilitar a racionalização da produção. A circulação do carvão e do aço entre países aderentes será imediatamente isenta de qualquer direito aduaneiro e não poderá ser afetada por tarifas de transportes distintas. Criar-se-ão progressivamente as condições para assegurar espontaneamente a repartição mais racional da produção ao nível de produtividade mais elevada.

Ao contrário de um cartel internacional que tende a repartir e a explorar os mercados nacionais com base em práticas restritivas e na manutenção de elevados lucros, a organização projetada assegurará a fusão dos mercados e a expansão da produção.

Os princípios e os compromissos essenciais acima definidos serão objeto de um tratado assinado entre os estados. As negociações indispensáveis a fim de precisar as medidas de aplicação serão realizadas com a assistência de um mediador designado por comum acordo; este terá a missão de velar para que os acordos sejam conformes com os princípios e, em caso de oposição irredutível, fixará a solução a adotar.

A Alta Autoridade comum, responsável pelo funcionamento de todo o regime, será composta por personalidades independentes e designada numa base paritária pelos governos; será escolhido um presidente por comum acordo entre os governos; as suas decisões serão de execução obrigatória em França, na Alemanha e nos restantes países aderentes. As necessárias vias de recurso contra as decisões da Alta Autoridade serão asseguradas por disposições adequadas.

Será elaborado semestralmente por um representante das Nações Unidas junto da referida Alta Autoridade um relatório público destinado à ONU e dando conta do funcionamento do novo organismo, nomeadamente no que diz respeito à salvaguarda dos seus fins pacíficos.

A instituição de Alta Autoridade em nada prejudica o regime de propriedade das empresas. No exercício da sua função, a Alta Autoridade comum terá em conta os poderes conferidos à autoridade internacional da região do Ruhr e as obrigações de qualquer natureza impostas à Alemanha, enquanto estas subsistirem.

Anexo II
Extratos de discursos de Jean Monnet*

Nous ne coalisons pas des Etats, nous unissons des hommes [Discours, Washington, 30 avril 1952].

Cette union européenne ne peut pas se fonder seulement sur les bonnes volontés. Des règles sont nécessaires. Les événements tragiques que nous avons vécus, ceux auxquels nous assistons, nous ont peut-être rendus plus sages. Mais les hommes passent, d'autres viendront qui nous remplaceront. Ce que nous pourrons leur laisser, ce ne sera pas notre expérience personnelle, qui disparaîtra avec nous; ce que nous pouvons leur laisser, ce sont les institutions. La vie des institutions est plus longue que celle des hommes et les institutions peuvent ainsi, si elle se sont bien construites, accumuler et transmettre la sagesse des générations successives [Discours, Strasbourg, 11 septembre 1952].

"Au cours du voyage que nous venons de faire aux Etats-Unis un journaliste m'a demandé: "cette Europe que vous êtes en train de faire, elle résulte de la pression soviétique!' J'ai dit: 'Non, l'Europe que nous sommes en train de faire n'est pas le fruit de la crainte. Elle est le résultat de la confiance que nous avons

---

* Disponível em: <www.ajmonnet.eu/index.php?option=com_content&view=article&id=4&Itemid=18&lang=fr&65bfd7f0b44a4b273ffcd21c9195cf7b=efad2b1ddcd2a5ae749d5e65339632ca>. Acesso em: 15 fev. 2013.

en nous-mêmes et de la certitude que si, enfin, les Européens comprennent ce qu'il y a chez nous de qualités communes et de capacité, nous établirons un monde occidental qui apportera à la civilisation tout entière, à la paix, à l'Amérique, à la Russie une sécurité qui ne pourrait pas être obtenue d'une autre manière' [Discours, Strasbourg, 15 juin 1953].

Notre Communauté n'est pas fermée, elle est au contraire ouverte de toutes manières. Nous ne sommes pas autarciques […] et nous ne sommes pas fermés du point de vue de l'objectif final à poursuivre. Cet objectif final a été indiqué dès le premier jour lorsque M. Schuman a fait sa déclaration du 9 mai 1950 et lorsque le traité [de la CECA] a été signé en 1952. L'objet final est d'éliminer les barrières entre les peuples d'Europe; il est de réunir ces peuples en une même communauté [Discours, Strasbourg, 15 juin 1953].

Quand on regarde un peu en arrière et que l'on voit le désastre extraordinaire que les Européens se sont causés à eux-mêmes, [...] on est littéralement effrayé. Cependant, la raison en est simple, c'est que chacun, au cours de ce siècle, a poursuivi sa destinée, en appliquant ses propres règles [Conférence, Bruxelles, 30 juin 1953].

Nous n'avons que le choix entre les changements dans lesquels nous serons entraînés et ceux que nous aurons su vouloir et accomplir [Discours, Strasbourg, 12 mai 1954].

La caractéristique de la méthode que nous suivons, c'est de mettre en commun les ressources de nos pays; c'est d'avoir établi des institutions communes auxquelles ont été consentis par les parlements nationaux des transferts de souveraineté et accordés des pouvoirs de décision; c'est d'agir suivant des règles communes s'appliquant à tous sans discrimination [Discours, Strasbourg, 20 mai 1954].

Les six pays ont commencé par la mise en commun de leurs ressources. [...] Pour ce faire ils ont établi des règles qui sont les mêmes pour tous et des institutions communes auxquelles les Etats et les Parlements nationaux ont consenti une délégation d'autorité. Cette méthode est tout à fait nouvelle. Elle aboutit à des décisions communautaires grâce à un dialogue permanent entre une Commission européenne et un Conseil où siègent les gouvernements nationaux. A mesure que les Européens se rendent compte que les questions économiques affectant leur vie quotidienne ne se posent plus que dans le cadre de l'Europe, la vue qu'ils prennent du développement de leur pays et de l'Europe change [Résolution du Comité d'action, Berlin, 9 mai 1965].

[En 1952], je savais surtout que l'exemple que nous donnions [...] aurait une signification qui dépassait de loin la CECA et durerait plus longtemps qu'elle. Si nous réussissions à apporter la preuve que des hommes appartenant à des pays différents pouvaient lire le même livre, travailler sur le même problème avec les mêmes dossiers, et rendre inopérantes les arrière-pensées, inutiles les soupçons, nous aurions contribué à changer le cours des rapports entre les nations [Mémoires, Fayard, 1976, p. 452].

S'il faut beaucoup de temps pour arriver au pouvoir, il en faut peu pour expliquer à ceux qui y sont le moyen de sortir des difficultés présentes: c'est un langage qu'ils écoutent volontiers à l'instant critique. A cet instant où les idées manquent, ils acceptent les vôtres avec reconnaissance, à condition que vous leur en laissiez la paternité. Puisqu'ils ont les risques, ils ont besoin des lauriers [Mémoires, p. 273].

S'il n'est pas toujours utile de dire tout à tous, il est indispensable de dire à tous la même chose. La confiance est à ce prix, et je n'ai jamais rien obtenu, ou du moins tenté d'obtenir, sans la confiance [Mémoires, p. 488].
Quand on est déterminé sur l'objectif que l'on veut atteindre, il faut agir sans faire d'hypothèses sur les risques de ne pas aboutir. Aussi longtemps que vous ne l'avez pas essayée, vous ne pouvez pas dire qu'une chose est impossible [Mémoires, p. 373].

Les nations souveraines du passé ne sont plus le cadre où peuvent se résoudre les problèmes du présent. Et la Communauté elle-même n'est qu'une étape vers les formes d'organisation du monde de demain [Mémoires, p. 617].

Anexo III
As principais inovações institucionais do Tratado de Lisboa

Instituições	Tratado de Lisboa
Conselho Europeu (representa os chefes de Estado e de governo dos EM da EU e tem como função estabelecer as grandes orientações europeias)	Terá presidência estável, contrariamente à rotatividade de seis meses até então em vigor. O mandato será de dois anos e meio, renováveis por uma vez. Será eleito por voto em maioria qualificada pelo Conselho Europeu. Não poderá exercer qualquer cargo no nível nacional. Presidente: Herman van Rompuy Status institucional (art. 13.1) – decisões passíveis de serem examinadas pelo TJUE. Reuniões duas vezes por semestre.
Conselho de Ministros (órgão legislativo composto pelos ministros dos Estados-membros organizados conforme a pasta respectiva)	Toma decisões em audiência pública. Antes a tomada de decisões era efetuada apenas com base no peso demográfico do Estado. Nova forma de tomada de decisões – dupla maioria: Estado – acordo de 55% dos Estados da União (15 para UE composta por 28 EM); e População – representação de no mínimo 65% da população da União. Minoria de bloqueio deve incluir no mínimo quatro Estados-membros. O processo de decisão por maioria qualificada passa a englobar 96 artigos, sendo que algumas áreas continuam por unanimidade.
Comissão Europeia (27 comissários, designados pelos Estados-membros e eleitos pelo Parlamento europeu. Representa o interesse geral europeu)	Um comissário por Estado-membro, conforme solicitação da Irlanda, sendo, portanto, mantidos os 28 membros. Previsão inicial: número de comissários reduzido, a partir de 2014, para dois terços dos Estados-membros (18 para uma UE composta por 28 EM).

▼

Direito das organizações internacionais

Instituições	Tratado de Lisboa
Parlamento Europeu (eleito por sufrágio universal por 5 anos, o Parlamento representa os cidadãos da EU e possui poder decisório, votando leis e decidindo sobre o budget europeu com o Conselho de Ministros)	Poderes reforçados em matéria legislativa, financeira e de controle político. Parlamento decide junto com o Conselho de Ministros acerca da adoção do budget anual da UE. Elege o presidente da Comissão, sob proposta do Conselho Europeu. O posto é atualmente (até 2014) ocupado por José Manuel Barroso. Aprova também, dessa forma, o alto representante da União Europeia para as Relações Exteriores e para a Política de Segurança. Extensão do procedimento de co-decisão (Conselho de Ministros + Parlamento) a 50 novas áreas. Parlamento ganha poder de decisão comparável ao Conselho de Ministros. A codecisão é agora considerada processo legislativo ordinário O número de deputados não poderá ultrapassar 751. Apreciação de proposição enviada pela Comissão, que, por sua vez, a recebeu dos cidadãos europeus (1 milhão), provenientes de um número considerável de Estados-Membros. Deverá aprovar o pedido de retirada de um Estado Membro da União Europeia.
Parlamentos nacionais	Participação através do controle da aplicação dos princípios da subsidiariedade e da proporcionalidade. Devem alertar as instituições europeias, mas também o seu próprio governo, acerca de projeto de ato legislativo europeu que não respeite o princípio da subsidiariedade. Prazo: seis semanas a partir da data de apresentação de um projeto de ato legislativo europeu. Mecanismo: parecer fundamentado + aprovação por um terço ou um quarto dos parlamentares (domínio da liberdade, segurança e da justiça). Pode recorrer ao TJUE, através dos Estados-membros, propondo ação por violação do princípio da subsidiariedade por um ato legislativo.

Observações:

1. O Tratado de Lisboa também criou o posto de alto representante da União Europeia para as Relações Exteriores e para a Política de Segurança, que é ocupado atualmente (2009-2014) por Catherine Ashton. Houve a fusão do posto de alto representante da União Europeia para a Política Externa e de Segurança Comum com o posto de comissário europeu encarregado das Relações Exteriores. O alto representante será nomeado pelo Parlamento europeu, sendo vice-presidente da Comissão Europeia e presidente do Conselho de Relações Exteriores do Conselho de Ministros.

2. Institui o fim do sistema de pilares, em que o segundo e o terceiro pilares eram destinados à decisão intergovernamental. Um exemplo é a temática da cooperação judiciária e policial. O Tratado de Lisboa passa a integrar a cooperação policial e judiciária em matéria penal, passando-a para o âmbito da codecisão (criação de uma "Procuradoria Europeia").

Anexo IV
Fluxograma do reenvio prejudicial na União Europeia

Despacho de reenvio
Responsabilidade exclusiva do juiz nacional, que decide como fazer o questionamento.*
Princípio da autonomia e da liberdade do juiz nacional;
Ex officio ou a requerimento das partes.
Efeito: suspensão do processo.
* Caso Bosch: indicou a ausência de formalismo. Pode ser feito de forma direta e simples.

→

Remessa para o TJUE
Envio para a Secretaria do Tribunal de Justiça da União Europeia.

→

Acolhimento pelo TJUE
Não pode o juiz europeu julgar se as questões suscitadas são importantes para resolução do caso, nem orientar o juiz nacional quanto à aplicação do direito europeu ou indicar que solução deve ser dada à lide.
Recusa: quando ficar claro que o objeto de questionamento não tem qualquer relação com a realidade ou com o objeto do litígio principal. Após ouvir o advogado-geral, pode pedir esclarecimentos ao tribunal nacional ou que este reformule a questão.
Pode também o TJUE reformular as questões (espírito de cooperação entre os juízes) para fornecer uma resposta adequada.

↓

Fim do procedimento
Produto: acórdão com efeito vinculante, que obriga o juiz nacional a aplicar a interpretação dada pelo TJUE. Não haverá acórdão quando a questão for manifestamente idêntica a outra que o TJUE já tenha decidido.

←

Julgamento da questão prejudicial
Duas fases: (i) escrita: observações e recolhimento de informações; e (ii) oral: fase dispensável, em que se pode debater as questões suscitadas.

Obs.: papel das partes: as partes na causa e algumas entidades (Estados-membros, Comissão, Conselho, Conselho e Parlamento Europeu ou BCE, quando esteja em causa a interpretação ou validade de seus atos) estão legitimadas a intervir no processo no TJUE. Elas têm um prazo de dois meses para que sejam feitas observações escritas. Estas, contudo, não podem nem reduzir nem ampliar o conteúdo de questionamento feito pelo juiz nacional. É defeso também o pedido de explicações acerca do acórdão proferido pelo TJUE.

Autores

Paula Wojcikiewicz Almeida

Doutora em direito internacional e europeu pela École de Droit de la Sorbonne, Université Paris 1. Doutora em direito internacional e integração econômica pela Universidade do Estado do Rio de Janeiro (Uerj) (cotutela). Mestre em direito público internacional e europeu pela Université Paris XI, Faculté Jean Monnet. Professora de direito internacional e pesquisadora do Centro de Justiça e Sociedade (CJUS) da Escola de Direito do Rio de Janeiro da Fundação Getulio Vargas (FGV Direito Rio). Coordenadora do Módulo Europeu do Programa Jean Monnet da Comissão Europeia na FGV Direito Rio. Pesquisadora associada do Institut de Recherche en Droit International et Européen de la Sorbonne (Iredies). Pesquisadora do Centro de Estudos e de Pesquisas em Direito e Relações Internacionais da Academia de Direito Internacional da Haia, 2010.

Rafael Zelesco Barretto

Mestre e doutorando em direito internacional pela Universidade do Estado do Rio de Janeiro (Uerj), professor de direito internacional público da Uerj e da Universidade Federal do Rio de Janeiro (UFRJ). Tutor acadêmico da Escola de Direito do Rio de Janeiro da Fundação Getulio Vargas (FGV Direito Rio).